2016
中国文化年鉴

中华人民共和国文化部 编

国家图书馆出版社

《中国文化年鉴》(2016)
编纂委员会名单

主　任：雒树刚（文化部党组书记、部长）

副主任：董　伟（文化部党组成员、副部长）

编　委：张　旭（文化部办公厅主任）
饶　权（文化部政策法规司司长）
汪志刚（文化部人事司司长）
赵　雯（文化部财务司司长）
诸　迪（文化部艺术司司长）
孙若风（文化部文化科技司司长）
吴江波（文化部文化市场司司长）
高　政（文化部文化产业司副司长）
张永新（文化部公共文化司司长）
陈　通（文化部非物质文化遗产司司长）
谢金英（文化部对外文化联络局（港澳台办公室）局长）
李立新（文化部机关党委常务副书记）

《中国文化年鉴》(2016)
编辑部名单

主　任： 孙若风

副主任： 张志清　喻剑南　李红琼　王太钰　杨　雪　周汉萍　李　蔚　赵一红　王　娜　陈向红　李晓松　朱　琦

成　员： 王　磊　方自金　宁伟群　何亚文　于千贺　张　晴　贾贵荣　殷梦霞　金丽萍　王　雷　张　颀

《中国文化年鉴》(2016)
鸣谢单位

部机关

办公厅

政策法规司

人事司

财务司

艺术司

文化科技司

文化市场司

文化产业司

公共文化司

非物质文化遗产司

对外文化联络局(港澳台办公室)

机关党委

国家文物局

直属单位

文化部信息中心

国家艺术基金管理中心

中国艺术研究院

国家图书馆

故宫博物院

中国国家博物馆

中央文化管理干部学院

中国文化传媒集团有限公司(中国文化报社)

国家京剧院

中国国家话剧院

中国歌剧舞剧院

中国东方演艺集团有限公司

中国交响乐团

中国儿童艺术剧院

中央歌剧院

中央芭蕾舞团

中央民族乐团

中国美术馆

中国国家画院

中国对外文化集团公司

中国数字文化集团有限公司

中国动漫集团有限公司

文化部恭王府管理中心

文化部文化艺术人才中心

文化部艺术发展中心

文化部清史纂修与研究中心

中外文化交流中心

文化部民族民间文艺发展中心

中国艺术科技研究所

文化部全国公共文化发展中心

文化部海外文化设施建设管理中心

地方文化厅局

北京市文化局

天津市文化广播影视局

河北省文化厅

山西省文化厅

内蒙古自治区文化厅

辽宁省文化厅
吉林省文化厅
黑龙江省文化厅
上海市文化广播影视管理局
江苏省文化厅
浙江省文化厅
安徽省文化厅
福建省文化厅
江西省文化厅
山东省文化厅
河南省文化厅
湖北省文化厅
湖南省文化厅
广东省文化厅
海南省文化广电出版体育厅
广西壮族自治区文化厅
重庆市文化委员会
四川省文化厅
贵州省文化厅
云南省文化厅
西藏自治区文化厅
陕西省文化厅
甘肃省文化厅
青海省文化和新闻出版厅
宁夏回族自治区文化厅
新疆维吾尔自治区文化厅
新疆生产建设兵团文化广播电视局

《中国文化年鉴》(2016)
组稿人员名单

（按姓氏笔画为序）

于千贺　马　军　王旭东　王向杰　王佐政　王　忠　王学增　王禹麟　王洪波
王　眉　王　蒙　牛昆鹏　韦素兰　尤玉芳　亢　博　左孝峰　田　振　付　言
冯雅琳　吕吉洋　伍文珺　向仕富　刘伟明　刘宏志　刘　晰　江建国　祁　鑫
李文娣　李英华　李　征　李珊珊　李振国　李晓松　李海琪　李　梦　李维森
李满寅　李　静　杨　光　杨　帆　杨　安　杨　渊　杨　菊　肖明伟　吴　青
吴建华　吴　迪　邱邑洪　谷　雅　邹文姣　宋　磊　张金柱　张　斌　陈如福
陈　真　陈　越　陈　雄　武红文　范春莉　欧阳习若　罗艳琳　岳霄雁　郑晓莹
赵　旭　赵姗姗　赵建华　胡　克　胡　珺　袁　媛　顾海军　徐进毅　高子淇
郭子男　崔勇波　崔　磊　彭柯嘉　彭跃辉　董越超　董　雷　程志峰　程　鹏
裴海寓　雒遵璞　翟　璟

《中国文化年鉴》(2016)

编辑说明

《中国文化年鉴》由中华人民共和国文化部主编,客观反映全国文化系统发展状况。由文化部相关司局、直属单位、各省(自治区、直辖市)及新疆生产建设兵团文化主管部门提供稿件并审定内容。自2001年开始出版。

《中国文化年鉴》(2016)深入贯彻党的十八大和十八届三中、四中、五中、六中全会精神,深入贯彻习近平总书记系列重要讲话精神,深入贯彻中央关于文化建设的重大决策,力求全面准确反映我国文化事业和文化产业发展状况,为各级党和政府加强对文化行业的宏观指导、有效调控、科学管理和依法监督提供权威的信息参考。

《中国文化年鉴》(2016)采用分类编辑法,主体内容设类目、分目、条目三个层次。共有文化发展概况、部属单位文化发展、地方文化发展、法律法规及政策性文件、文化统计数据、附录6个类目。文化发展概况、部属单位文化发展、地方文化发展均以条目为表现内容的基本形式。文化发展概况包括艺术创作与生产、公共文化服务、非物质文化遗产保护、文化市场、文化产业、文化科教、对外和对港澳台文化交流、文化体制改革、文化人才队伍建设、文化财务管理、文化法治、文物事业12个部分。部属单位文化发展包括文化部信息中心等31个单位情况。地方文化发展包括北京市等31个省(自治区、直辖市)及新疆生产建设兵团的文化发展情况(未含港澳台地区)。文化统计数据亦不含港澳台地区。

《中国文化年鉴》(2016)收录2015年内容,书后附索引及彩色图片三百余幅。

Preface

The Yearbook of Chinese Culture is compiled under the supervision of the Ministry of Culture of the People's Republic of China, and presents an objective report on the development of cultural sector nationwide. Departments under the Ministry, ministry-affiliated units, and cultural administration offices of each province (autonomous region, municipality) and of Xinjiang Production and Construction Corps, collect, examine and approve the information and data provided in the Yearbook, which has been published since 2001.

Guided by the spirit of 18th National Congress of the Communist Party of China (CPC), the Third、Fourth、Fifth and Sixth Sessions of 18th CPC Central Committee, and CPC General Secretary Xi Jinping's Speech at the Symposium on the Arts, *the Yearbook of Chinese Culture* (2016) implements the major decisions of central government on culture development. With its comprehensive and accurate reflection on the development of China's public cultural undertakings and cultural industries, the Yearbook serves as an authoritative information reference to the Party and the government in enhancing macro guidance, effective adjustment, scientific administration and law-based supervision on the cultural sector.

The Yearbook of Chinese Culture (2016) is edited according to categories and the main content is divided into three levels, namely, class heading, classified catalog and entry.

The 6 class headings include overview on cultural sector development, cultural affairs development of ministry-affiliated units, local cultural sector development, laws, regulations and policy documents, cultural sector statistics, and appendix.

An entry serves as the basic item for such class headings as overview on cultural sector development, cultural affairs development of ministry-affiliated units, and local cultural sector development.

The section of "overview on cultural sector development" covers 12 areas, namely artistic creation and production, public cultural services, intangible cultural heritage protection, cultural market, cultural industries, cultural science and education, cultural exchanges with foreign countries and cultural relations with Hong Kong, Macau and Taiwan, cultural system reform, personnel development in cultural sector, financial management in cultural sector, rule of law in cultural sector, and cultural heritage.

The "cultural affairs development of ministry-affiliated units" section summarizes the relevant information of 31 units, such as the Information Center of the Ministry of Culture.

The section of "local cultural sector development" reviews relevant issues of the 31 provinces, municipalities, and autonomous regions (excluding Hong Kong, Macau and Taiwan).

Similarly, in "the cultural sector statistics" section, data from Hong Kong, Macau and Taiwan are also not included.

The Yearbook includes 2015 content, more than 300 color illustrations and a content index in back matter.

目　　录

文化发展概况

部属单位文化发展

地方文化发展

法律法规及政策性文件

文化统计数据

附　录

索　　引

图　　片

Main Contents

Local Cultural Development …… 139

Laws, Regulations and Policy Documents …… 263

Cultural Sector Statistics …… 351

Appendix …… 399

Index …… 451

Color Illustrations …… 493

文化发展概况

艺术创作与生产

【概况】 2015年,广大艺术工作者深入学习习近平总书记文艺工作座谈会重要讲话精神,以社会主义核心价值观为引领,以中国精神为灵魂,以中国梦为时代主题,以中华优秀传统文化为根基,以创新为动力,坚持以人民为中心的创作导向,以创作生产优秀作品为中心环节,努力把讲话精神转化为推动艺术创作生产的动力和具体举措,推出更多优秀作品,攀登艺术高峰,艺术创作生产呈现出新的面貌,创作演出工作取得新成效。

【学习贯彻习近平总书记文艺工作座谈会重要讲话精神,文艺创作的引导扶持更加有力】 组织全国文化系统认真学习贯彻习近平总书记文艺工作座谈会重要讲话精神,先后召开了全国艺术创作工作会议、国家艺术院团艺术创作工作会议。部署推进全年艺术创作重点工作,研究国家艺术院团勇攀艺术高峰的具体举措。2015年10月,组织召开"纪念习近平总书记文艺工作座谈会发表重要讲话一周年座谈会"和"进一步繁荣艺术创作专题调研座谈会",引导文艺工作者深入学习贯彻落实《讲话》和《意见》精神,并制定任务分工方案。

艺术创作生产离不开政策支撑和资金扶持。自2015年以来,党中央、国务院出台了《中共中央关于繁荣发展社会主义文艺的意见》《关于支持戏曲传承发展的若干政策》等与艺术创作密切相关的重要政策性文件。文化部着力研究制订推动艺术繁荣发展的政策措施,打基础、利长远。2015年7月,在中宣部、文化部大力推动,有关部委大力支持下,国办下发了《关于支持戏曲传承发展的若干政策》。中宣部、文化部在京召开全国戏曲工作座谈会,刘奇葆同志出席并作重要讲话,全面部署戏曲传承发展工作;文化部启动全国地方戏曲剧种普查工作,扶持"三个一批"戏曲剧本26个、"名家传戏"师徒141组,实施了针对戏曲企业的戏曲剧本孵化计划。

积极实施艺术创作扶持计划。加大财政投入,继续实施中国民族音乐舞蹈扶持工程、艺术创作引导和创新计划、优秀作品评价和传播计划、国家美术发展和收藏计划。扶持"一带一路"采风创作项目16个,举办2015年国家艺术院团演出季、第八届全国儿童剧优秀剧目展演、全国少数民族优秀声乐作品展演,以展演带动创作生产,展示创作成果。加大西部艺术创作扶持,在新疆举办第三届中国西部交响乐周,实施西部及少数民族地区艺术创作提升计划,为西部13个重点艺术作品提供专家支持;举办西部编导人才培训班,并组织观摩国家艺术院团演出季。改进国家艺术院团剧目创作生产机制,择优评审京剧《西安事变》、话剧《中华士兵》、芭蕾舞剧《鹤魂》、民族歌剧《小二黑结婚》等12部重点剧目选题,进行重点投入和跟踪指导。文化部所属9家国家艺术院团剧(节)目创排经费和公益性演出补贴达2亿多元,为精品创作提供了有力保障。

各地党委政府大力支持艺术创作,并在政策和资金上予以扶持。上海市委、重庆市委、山西省委、湖南省委、广西区委等一些省区市的主要领导同志亲自调研当地的艺术创作情况,研究出台了相关政策措施。上海市对18家市属国有艺术院团实施"一团一策"政策,尊重艺术规律,创新管理手段,各艺术院团从目标、创作、演出、管理、保障与考核等方面找准定位,激发了院团的艺术创作生产活力。

【坚持以人民为中心的创作导向，潜心创作优秀艺术作品成为广泛共识，艺术创作空前活跃】 2015年，艺术创作最大的变化是创作生态和心态的变化。艺术工作者精品意识越来越强，杜绝浮华，静心聚气，发挥工匠精神，一点一滴打磨作品。文化系统抓艺术创作的力度空前，广大艺术工作者精神振奋，特别是结合纪念中国人民抗日战争暨世界反法西斯战争胜利70周年重大时间节点，潜心创作，精益求精，推出了一批优秀艺术作品。

由文化部组织的纪念中国人民抗日战争暨世界反法西斯战争胜利70周年文艺晚会《胜利与和平》，2015年9月3日晚在人民大会堂成功演出，受到社会各界和国际嘉宾的高度评价，习近平总书记特别指出："文艺晚会气势恢宏，是一台庄重大气、独具特色的艺术精品。"这台晚会之所以在艺术上获得成功，一是因为精益求精、反复打磨。主创团队以高度的使命感和责任感，多次听取中央领导同志和各方面的意见，反复论证，策划方案前后修改了30余稿，排练期间修改了共计300余处；二是因为追求创新。这台晚会在内容、结构、题材、样式、音乐、舞美、视频等多个方面进行了创新。在样式上，运用与情境相结合的戏剧化表演，打破了以往文艺晚会歌伴舞、舞伴歌的常用套路，让人耳目一新。

坚持创新，原创新作纷呈。2015年的艺术创作呈现了新作纷呈、百花齐放的态势。据不完全统计，2015年戏曲新创剧目有《西安事变》《裘盛戎》等一百余台，话剧新创剧目有《中华士兵》《北京法源寺》《食堂》《冬之旅》等三百余台，儿童剧新创剧目有《红缨》《精卫传奇》《卖火柴的小女孩》《梦的N次方》等一百余台。另外，歌剧《我的母亲叫太行》《方志敏》、芭蕾舞剧《鹤魂》《八女投江》、舞剧《诺玛阿美》、交响音乐会《龙声华韵》、民族音乐会《泱泱国风》等，也是本艺术门类富有潜力的原创作品。

向经典致敬，向优秀传统吸取艺术营养。2015年的艺术创作，刮起了一股向经典致敬的劲风。据不完全统计，话剧复排了《生死场》《商鞅》《萨勒姆的女巫》等20台，戏曲复排了《白蛇传》《宝莲灯》《李逵与宋江》《墙头马上》等46台，其他如儿童剧、舞剧等都有复排剧目。文化部直属艺术院团2015年复排剧目37个，演出732场。在国家艺术院团演出季中，继续设立保留剧目版块，反映出对保留剧目传承艺术、培育人才、增加积累诸方面的认可。

最具典型性的是中国原创歌剧《白毛女》的复排、巡演和3D舞台艺术片的拍摄。2015年恰逢《白毛女》在延安首演70周年，文化部经过周密安排，组织开展了歌剧《白毛女》复排巡演，3D舞台艺术片拍摄、公映和座谈会等系列活动。《白毛女》在北京、延安等10个城市共巡演19场，引起社会各界强烈反响。作为民族歌剧的里程碑式作品，《白毛女》的复排，对于继承优秀传统、弘扬经典作品、引导创作方向、培养艺术新人，具有重要意义。贺敬之、郭兰英、王昆、乔佩娟、彭丽媛都给予很多的关心和支持。解放军艺术学院原政委乔佩娟说："复排歌剧《白毛女》这件事情文化部抓对了，抓了一个正确的文艺方针，一个正确的方向，一个正确的创作方法和创作道路，回答了'为了谁、如何为'的问题，用实践告诉我们要创作歌颂人民的戏剧。如果大家都按照这个道路走，创作的作品就能取得成功。"中国歌剧研究会会长王祖皆说："《白毛女》给我们的启示，就是要关注现实生活和人民命运，创作反映时代变革、具有鲜明民族风格的作品。"

紧扣时代主题，彰显家国情怀。围绕纪

念中国人民抗日战争暨世界反法西斯战争胜利70周年这一主题，创作体现铭记历史、缅怀先烈、珍爱和平、开创未来主旨的优秀作品，成了2015年艺术创作的重要特色之一。在文化部组织的抗战主题巡演中，共有60多台剧目参加，在70个城市演出360多场，观众约30万人次。由文化部主办的《铸魂鉴史 珍爱和平——纪念中国人民抗日战争暨世界反法西斯战争胜利70周年美术作品展》展出各美术机构藏品以及全国范围内近期新创作的优秀美术作品共300余件，观众超过10万人次。中国评剧院的《母亲》，以魔幻现实主义的风格，将一个真实的故事艺术化地再现于舞台，让今天的观众为中国人民在抗日战争中遭遇的苦难哀伤，也对战争做出反思。沪剧《邓世昌》表现了当年海军将士誓死卫国的大无畏精神。辽宁人民艺术剧院的话剧《祖传秘方》，展现了东北人民在国难之际的道义担当。国家话剧院的《中华士兵》，是一部正面反映抗日主战场中华儿女浴血奋战壮举的原创剧目。儿童剧《红缨》生动地创造了小英雄王二小的艺术形象，让今天美好生活来之不易的观念艺术地浸润入小观众的心田。另外，京剧《杨靖宇》、锡剧《林徽因的抗战》、评剧《安娥》、扬剧《完节堂1937》、音乐剧《犹太人在上海》、芭蕾舞剧《八女投江》等，分别从不同视角再现了中国人民在世界反法西斯斗争中的艰苦卓绝战斗，弘扬了抗战精神和民族精神，激发了各族人民的爱党爱国情怀。

另外，伴随着现实生活中惩治腐败及“三严三实”教育的开展，反腐倡廉题材创作出现了小热点。如在山西的舞台上，形成了“于成龙”现象，有至少八家院团在演出“于成龙”。再如黄梅戏《大清名相》、豫剧《全家福》、话剧《沧海清风》、京剧《正考父》等。这些作品的推出，或直面现实，或借古喻今，具有强烈的教育意义。

【“深入生活、扎根人民”活动力度空前，与人民同呼吸共命运，从生活中汲取营养的观念正在形成】 扎实推进“深入生活、扎根人民”主题实践活动，范围广、力度大、时间长，空前活跃。2015年，文化部组织直属文艺单位186批次、4400人次深入基层一线，开展了艺术采风、结对帮扶、慰问演出等活动。召开了文化部直属艺术机构“深入生活、扎根人民”表彰会，对11名先进个人(集体)进行了表彰。在2015年国家艺术院团演出季中，首次组织开展联手基层艺术人才同台演出活动，发挥“国家队”对基层的帮扶带动作用。中国交响乐团深入生活日益机制化。浙江、湖南、河南、广西等地都制定了“深入生活、扎根人民”的政策措施，让文艺工作者真正扎下去，进一步增进了同人民群众的思想感情。四川省全年共安排200余人次到基层“结对子帮扶”，指导排练剧(节)目50余个，培养文艺骨干300余人次。

【压缩评奖，加强评论，艺术评价体系进一步完善】 按照中央有关评奖改革的精神和巡视组整改的意见，精简压缩评奖项目和奖项数额，健全评奖机制。文化部常设全国性文艺评奖项目只保留了中国文化艺术政府奖1项，评奖数额由530个压缩为60个，压缩比例为89%，分项由24个压缩为8个，压缩比例为67%。同时，取消了所有国内全国性文艺比赛和展演中的评奖活动，仅保留3项国际性艺术节的评奖。文华奖奖项共20个，其中文华大奖10个、文华表演奖10个。

同时，逐步加强艺术评论。文化部组织实施了“艺术评论体系构建和引导计划”，加强评论阵地建设、评论人才培养、评论实践开展和评论成果推广，为艺术创作的繁荣发展营造了健康向上的舆论氛围。形成了一批有影响的评论阵地，比如艺术司与中国文化报合办的“艺海观潮”评论专栏，提倡评论新风，发挥引领作用；分艺术门类召开年度形势分析会，开展一剧一评、一团一评；文化部连续举办多期评论人才培训班，推出了一批评论新人；充分借助专家力量，参与艺术创作生产全过程，发挥了重要的促进作用。

【坚持把社会效益放在首位，实现社会效益和经济效益的有机统一】 文化系统坚持把社会效益放在首位、努力实现社会效益和经济效益的有机统一，通过多种惠民措施，确保让人民群众共享艺术发展成果。据统计，2015年全国艺术表演团体共演出211万场，比上年增长21%，观众9.6亿人次，增长5.3%。其中，赴农村演出139万场，观众达5.9亿人次，大部分都是免费送戏下乡，真心实意为老百姓服务。演出收入94亿元，增长24%。2015年，演出场次、观众人次和演出收入都在增长，总体上看，实现了社会效益与经济效益的有机结合。

搭建优秀作品展演的平台。举办了纪念抗日战争胜利70周年优秀剧目巡演和主题美术作品展览、第六届中国昆剧艺术节、第八届全国儿童剧优秀剧目展演、全国地方戏优秀中青年演员汇报演出、第七届中国（安庆）黄梅戏艺术节、第三届中国西部交响乐周、全国少数民族声乐作品展演、新年戏曲晚会等一系列展演活动，将近年来创作的优秀作品集中呈现给广大人民群众。全国各地也都开展了本地区艺术创作、艺术人才的展演展示活动，推广优秀作品，服务人民群众。

坚持降低票价、文化惠民。文化部引导中直院团降低票价，2015年国家艺术院团演出季，进一步加大惠民力度，100元以下低价票超过总票数的50%。全国多地政府已将惠民演出纳入为民办实事重大项目之中，加大补贴力度。2015年，安徽组织“送戏进万村”活动，全年送戏21722场，实现全省15539个行政村全覆盖，受益的农民近1000万人次；山东、陕西等地每年政府购买惠民演出都在万场以上。2015年北京市实行低价票演出补贴剧场范围达到31个，补贴低价票19万张，补贴金额达2200万元。

在坚持社会效益优先前提下，不断提高经济效益，实现两个效益有机统一。2015年，9家国家艺术院团共计演出2269场，演出收入2.1亿元，比上年增长了12.5%。舞台艺术不仅发挥了社会效益，在市场上也站稳了脚跟，实现了两个效益的统一。

【人才培养初现成效】 2015年全国文化系统加大了人才培养工作力度，通过各种形式，加强对急缺人才、中青年人才的培养。文化部2015年共举办西部编导人才培训班、艺术评论培训班、美术馆馆长及专业人员培训班等十多期艺术培训活动。2015全国文艺评论研修班，由山东省文化厅承办，来自全国各省区市艺术创作、研究单位和部分高校的29位学员参加了学习，除专家授课外，还观摩了第十届山东文化艺术节新创作优秀剧目展演。经过座谈研讨、撰写论文等理论联系实际的学习方式，学员们收获颇丰。西部编导人才培训班，由中央文化管理干部学院承办，多次组织学员观摩国家艺术院团演出季作品，并与主创人员交流座谈。举办“名家传戏——当代戏曲名家收徒传艺工程”，扶持一批老艺术家以“一带一”“一带二”的方式向每位学生传授2出经典折子戏。2015年，扶持了“名家传戏”141组，141位老艺术家向250名学生传承了280多出折子戏。

各省也都开展了系统性的人才培养工作，有些已经持续开展了很多年，形成了卓有成效的培养机制。各地艺术院团也在探索与艺术学校联合培养、院团自主培养、名师带徒等新的人才培养模式。

【实施国家美术发展和收藏计划】 着力打造国家级美术展览体系。筹备举办第二届中国设计大展及公共艺术专题展，将公共艺术的相关内容作为专题展览纳入展览框架，以案例方式呈现设计和公共艺术领域近年来的发展成果；通过两个文献展系统梳理和呈现我国现代设计和公共艺术发展脉络。持续推进美术馆专业化建设。顺利完成第二次全国重点美术馆评估工作，新增4家国家重点美术馆，首批9家国家重点美术馆均顺利通过复审。截至目前，共有国家重点美术馆13家，通过评估有效促进了各美术馆自身专业建设水平的提升。持续推进全国美术馆藏品普查工作，并启动《美术馆管理办法》制定的前期调研工作。正式颁布《国家美术作品收藏和捐赠奖励项目实施办法（暂行）》，经过评选共有6家单位的16个项目获得2015年度经费扶持，扶持经费总额超过2000万元，资助捐赠收藏作品近800件，调动地方财政经费投入收藏超过3000万元。2015年度全国美术馆馆藏精品展出季活动，25个展览项目共计展出作品2900余件（2300余件为本馆藏品），其中自入藏以来首次展出的作品超过1300件，占展出藏品数的58%，举办各种形式的公共教育活动150余场，共吸引观众超过200万人次。开展2015年度全国美术馆优秀项目评选，共有54个项目被评为优秀项目，其中国家重点美术馆优秀展览项目10个，其他美术馆优秀展览项目25个，优秀公共教育项目19个。开展美术馆专业人员培训，共举办3期馆长培训班和2期专业人员培训班，共有全国各级各类美术馆230人参加了培训。

在肯定取得成绩的同时，对照习近平总书记在文艺工作座谈会上提出的新要求，对照十八届五中全会对文化建设提出的新任务，对照全面建成小康社会的目标和人民群众的新期待，艺术创作生产还存在着差距与不足：有些作品的思想性存在一定偏差，价值引领的挑战依然存在；有些作品的艺术质量不高，有数量缺质量、有“高原”缺“高峰”的现象没有彻底改观，推出精品力作的要求依然迫切；地区之间、艺术门类之间发展不平衡，全面繁荣的任务依然艰巨；有些地方政策措施少、已有政策落实难，艺术创作生产的保障依然乏力；“高精尖”的艺术人才缺乏，后续人才队伍建设不足，人才短板依然存在。

公共文化服务

【概况】 2015年是全面深化改革的关键之年，是全面推进依法治国的开局之年，是“十二五”规划的收官之年。一年来，公共文化服务体系建设工作坚持“转变职能、完善体系、提高效能、促进公平”的工作思路，深化改革，锐意创新，取得了一系列重要成果，广大人民群众的文化权益得到有力保障。

【公共文化政策法规建设取得重要进展】 2015年1月，中办、国办正式印发了《关于加快构建现代公共文化服务体系的意见》（中办发〔2015〕2号）和《国家基本公共文化服务指导标准（2015—2020年）》，该《意见》是“十三五”时期现代公共文化服务体系建设的总纲。国家指导标准提出了包括基本公共文化服务项目、硬件设施和人员配备在内的3大类、14

项、22 条基本公共文化服务指导标准,对推进基本公共服务标准化、均等化提出了明确要求。2 月,文化部正式下发通知就各地文化系统贯彻落实《意见》工作提出要求。3 月 26 日,中宣部、文化部、国家新闻出版广电总局共同召开贯彻落实中办、国办《关于加快构建现代公共文化服务体系的意见》电视电话会议,对贯彻落实《意见》作出部署。国家公共文化服务体系建设协调组成员、联络员,各省(区、市)和新疆生产建设兵团公共文化服务体系建设协调组成员、联络员,国家公共文化服务体系示范区创建城市负责人参加会议。4 月,召开国家公共文化服务体系建设协调组第三次全体会议,对各部门贯彻落实工作作出总体部署。5 月,印发文化部关于各地贯彻落实《意见》的通报,督促各地及时建立相应的协调机制,加快制定配套文件和地方标准。为加强对《意见》贯彻落实的督查工作,2015 年年底,由文化部牵头协调国家公共文化服务体系建设协调组成员单位,文化部、新闻出版广电总局、体育总局负责同志分别带领 6 个督查组赴广东、江苏、湖南、云南、甘肃和黑龙江进行了实地考察,这次督查是首次以协调组名义开展的联合督查。全国各省(区、市)相继出台落实中办国办《意见》和《国家基本公共文化服务指导标准》的地方性实施意见、实施标准,提出的标准指标和服务项目也各具特色。截至 2015 年底,大部分省(自治区、直辖市)都已经出台了实施意见和实施标准。

2015 年 10 月,国务院办公厅正式印发了《关于推进基层综合性文化服务中心建设的指导意见》。《指导意见》下发后,10 月 29 日,文化部在重庆召开推进基层综合性文化服务中心建设工作会议,贯彻落实国务院办公厅印发的《关于推进基层综合性文化服务中心建设的指导意见》精神,交流经验,研究部署下一步工作。文化部办公厅于 2015 年 11 月印发了《关于贯彻落实〈国务院办公厅关于推进基层综合性文化服务中心建设的指导意见〉的通知》,要求各地结合实际制定具体实施意见或方案。2015 年 12 月,文化部在征求相关部委意见基础上,以办公厅文件形式印发了各部委《贯彻落实〈国务院办公厅关于推进基层综合性文化服务中心建设的指导意见〉分工方案》。文化部还将该项工作纳入了《"十三五"时期文化改革发展规划纲要》。截至 2015 年底,各地文化行政部门均就贯彻文件做了研究部署,多数省(区、市)以省政府名义出台了相应实施意见。

2015 年 11 月,文化部会同发展改革委、国家民委、财政部、新闻出版广电总局、体育总局和国务院扶贫办印发了《"十三五"时期贫困地区公共文化服务体系建设规划纲要》(文公共发〔2015〕24 号,简称"规划纲要"),明确了"十三五"时期贫困地区公共文化建设的指导思想、基本原则、总体目标和保障措施,从完善公共文化设施网络、推进公共文化标准化均等化、增强公共文化发展活力、提高公共文化服务效能等方面提出要求,力争到 2020 年,实现贫困地区基本公共文化服务主要指标接近全国平均水平的目标。2015 年 11 月,文化部会同中宣部、新闻出版广电总局在内蒙古自治区通辽市召开了全国贫困地区公共文化建设工作推进会议,交流取得的经验,部署下一步工作。

2015 年 5 月,国务院办公厅转发了文化部、财政部、新闻出版广电总局、体育总局《关于做好政府向社会力量购买公共文化服务工作的意见》。文件紧紧围绕推进依法行政、转变政府职能、推动公共文化服务社会化的目标任务,从制度上规范政府购买公共文化服务的行为,明确购买内容,创新供给形式,提高供给效率,通过引入市场机制,优化资源配置,形成引导社会力量参与公共文化服务体系建设的有效途径,实现公共文化服务供给与人民群众实际文化需求的有效对接,提升公共文化服务效能。该文件对建立健全政府向社会力量购买公共文化服务机制,完善公共文化服务供给体系,提高公共文化服务效能将发挥重要指导作用。

公共文化服务立法工作取得积极进展。公共文化服务体系建设工作引起全国人大、全国政协的高度关注。2015 年 4 月 22 日,全国人大常委会听取了公共文化服务体系建设工作情况的报告。在全国人大的积极推进下,公共文化立法工作进展顺利,《公共文化服务保障法》草案经多个层面审议批准,已提交全国人大常委会。2016 年 4 月,全国人大常委会对《公共文化服务保障法》草案进行了第一次审议。《公共图书馆法》经过多次修订完善,已于 2016 年上半年经国务院法制办办务会通过。

第三届国家公共文化服务体系建设专家委员会正式成立。为提高我国公共文化服务体系建设科学化水平,加强现代公共文化服务体系智库建设,7 月 28 日,第三届国家公共文化服务体系建设专家委员会成立大会在北京召开。本届专家委员会共聘任专家 81 名,主要由高等院校、科研机构和文化系统相关单位的专家学者组成。为进一步发挥专家团队作用,文化部确定北京大学信息管理系、中国传媒大学文化发展研究院、首都师范大学文化研究院、上海图书馆、西南大学统筹城乡公共文化服务协同创新中心为“文化部公共文化研究基地(2015—2018 年度)”。研究基地主要就公共文化政策理论和实践创新等问题开展跨学科、前瞻性的研究,探索推进公共文化学科建设和专业设置,承担培养培训公共文化方面高层次、高素质人才的任务,为公共文化事业发展提供决策咨询、智力支持和理论保障。

【公共文化服务体系建设重点改革任务稳步推进】 国家公共文化服务体系建设协调组运转顺利。4 月 7 日,国家公共文化服务体系建设协调组在京召开第三次全体会议。会议审议通过了协调组贯彻落实《关于加快构建现代公共文化服务体系的意见》工作方案和分工方案,总结了协调组成立以来的工作情况,并对下一步重点工作作了部署。全国人大教科文卫委员会介绍了公共文化服务保障法立法工作情况。5 月 26 日,召开国家公共文化服务体系建设协调组第三次联络员会议。会议就贯彻落实中央精神,推进基层综合性文化服务中心建设和文化部牵头起草的《关于推进基层综合性文化服务中心建设的指导意见》(征求意见稿)进行研究讨论。6 月 11 日,召开协调组第四次联络员会议,会议讨论通过了《落实全国人大审议意见分工方案》。这次制定的《分工方案》就是根据各部门职责和任务分工,对贯彻落实全国人大常委会《关于公共文化服务体系建设工作情况的报告》审议意见的任务、措施的分解。9 月 29 日,召开协调组第五次联络员会议。会议就文化部牵头起草的《“十三五”时期贫困地区公共文化服务体系建设规划纲要(征求意见稿)》进行研究讨论,同时部署中办、国办《关于加快构建现代公共文化服务体系的意见》2015 年贯彻落实情况督查工作。截至 2015 年,全国各省(区、市)均建立了省级协调机制,在推动公共文化服务体系建设重大改革任务落实方面发挥了重要作用。

继续推进各项试点工作。开展基层综合性文化服务中心建设的试点,各地积极探索符合各地实际的中心建设模式,如浙江在全省建设了 3400 多个文化礼堂,安徽省选择 100 个中心村作为试点兴建农民文化乐园,山东贫困村文化大院建设,甘肃的“乡村大舞台”，江苏镇江的“1 + X”服务中心，广东中山的“2 + 8 + N”社区综合文化中心，广西来宾的“五个一”村级公共服务中心建设等，都取得了较好成效。开展基本公共文化服务标准化试点工作，共设立浙江省、江苏省苏州市、福建省厦门市等 10 个国家级试点和 60 多个省级试点。公共文化机构法人治理结构试点方面，10 家国家级试点单位均已成立理事会并开始运营。初步形成了以深圳市图书馆为代表的议事决策型、以广州市图书馆为代表的决策监督型、以无锡市图书馆为代表的咨询型、以温州市图书馆为代表的社会型理事会等模式。2015 年 12 月，文化部会同中央编办共同研究起草了《公共图书馆章程示范文本》和《文化馆章程示范文本》，对公共图书馆和文化馆建立法人治理结构、组建理事会提出了具体的指导意见。

进一步转变政府职能，推进行业组织建设。经民政部报国务院办公厅批复同意，启动了中国古籍保护协会筹建工作，中国古籍保护协会成立大会于 2015 年 1 月 23 日在北京召开，审议通过了《章程》等制度文件草案，选举产生了领导机构。11 月下旬，在文化部召开了全国古籍保护工作部级联席会议，财政部、发改委、国家民委等 9 个成员单位领导参加，会议审议了第五批《国家珍贵古籍名录》和全国古籍保护重点单位，讨论了“十三五”工作思路。促进行业交流和发展。2015 年中国文化馆年会于 10 月在重庆举办，中国图书馆年会于 12 月在广州举办，两个年会均分为工作会议、主题论坛、展览会三大板块，本届年会着力在增加地方特色内容、突出论坛的参与性、增加展会的高科技含量等方面下功夫，开闭幕式从形式到内容上也进行了创新，吸引了全国图书馆、文化馆行业数千人参会，获得广泛好评。

为充分发挥典型的示范和带动作用，7 月 2 日，中宣部、文化部在上海召开创新公共文化服务体系运行机制经验交流会。会上，上海围绕全面加强公共文化服务体系建设，实行社会化、专业化运作的主要做法和成效做了交流发言。北京市文化局、四川省委宣传部等 8 家单位也在会上做了交流。与会人员实地考察了上海的成功做法，交流了各地创新思路、提高效能、因地制宜地推进公共文化服务建设的典型经验。

为进一步规范全国文化馆建设、管理与服务，发挥以评促建、以评促管、以评促用的作用，促进文化馆事业科学发展，按照每 4 年进行一次全国文化馆评估定级工作的要求，文化部于 2015 年 4 月 16 日正式启动了第四次全国文化馆评估定级工作，组织 11 个文化部评估组，赴各省（区、市）开展省级、副省级文化馆实地评估工作。经评估，确定全国上等级文化馆共计 2546 个，其中，一级文化馆 1151 个，二级文化馆 670 个，三级文化馆 725 个。

推进公共数字文化建设。为加强对公共数字文化工程建设的组织管理，完善工作机制，提高工程建设的科学化水平，2015 年 6 月 18 日以文化部办公厅名义正式印发《文化部公共数字文化工程管理办法》，对公共数字文化工程的实施管理、重点任务、评价考核、奖惩等做出明确规定。推进公共数字文化建设“十三五”规划编制工作。组织公共数字文化建设专家委员会、国家图书馆、全国公共文化发展中心等单位，共同编制公共数字文化建设“十三五”规划。2015 年 12 月，在中国图书馆年会期间组织召开“全国公共数字文化建设工作会议”，总结“十二五”时期全国公共数字文化建设工作成果，分析“十三五”时期公共数字文化建设面临的形势和任务，部署下一步工作。会同国家图书馆、文化部全国公共文化发展中心组织开展数字图书馆推广工程、数字文化馆试点评审工作，推进边疆万里数字文化长廊、公共数字文化支撑平台、基层公共数字文化服务管理平台等公共数字文化项目建设。文化共享工程各级资源总量已达到532TB，数字图书馆资源总量达到1129TB。

【基层群众文化繁荣发展】 改革文艺评奖，推动群众文艺创作繁荣发展。贯彻落实习近平总书记在文艺工作座谈会上的重要讲话精神和《中共中央关于繁荣发展社会主义文艺的意见》，开展繁荣群众文艺创作政策研究，形成了繁荣群众文艺创作研究报告。按照中办、国办《关于全国性文艺评奖制度改革的意见》要求，修订《群星奖评奖办法》，坚持公平、公正、公开的原则，完善评奖机制，规范评奖程序，优化评奖标准；坚持把社会效益放在首位，将服务惠民贯穿于"群星奖"评奖全过程，评奖标准注重群众评价，评奖成果加强推广展示，使"群星奖"成为活跃群众文化生活，丰富优秀公共文化产品供给，推动基层公共文化服务体系建设的重要抓手。加强群众文艺创作队伍培训，举办群众文艺创作系列专题培训班，为群众文艺精品的产生创造丰厚土壤。

为贯彻落实两办《意见》精神，活跃基层群众精神文化生活，引导广场舞活动健康、文明、有序开展，在深入调查研究和广泛听取意见的基础上，文化部会同体育总局、民政部、住房城乡建设部，共同研究制定了《关于引导广场舞活动健康开展的通知》，并于2015年8月正式印发。《通知》充分肯定了广场舞活动的积极作用和独特价值，分析了当前广场舞活动存在的主要问题，从优化服务、加强引导、创新管理入手，提出了一系列引导广场舞活动健康开展的具体举措。

开展示范性培训，发挥示范导向作用，整合各方资源，全面推进全国基层文化队伍培训工作。全年举办示范性培训班51期，其中全额拨款班33期，定向补贴班18期，共培训来自全国基层文化干部和业务骨干约2500人；举办公共文化巡讲活动30期，其中公共文化类巡讲22期，图书馆专业类巡讲8期，共培训各地基层文化干部和业务骨干约4500人。通过"公共文化空中大课堂""网络书香讲坛"和"数字学习港"三个平台举办远程培训共18期，培训基层文化队伍30余万人。组织编撰第二批全国基层文化队伍培训教材，根据构建现代公共文化服务体系的总体部署和基层文化队伍实际工作需要，以科学性、指导性、实用性、开放性为原则，充分调动各地、各方参与基层队伍培训教材建设的积极性，通过开展教材选题申报和评审工作，确定第二批全国基层文化队伍培训教材立项选题20种。研究制定全国基层文化队伍培训"十三五"规划，为"十三五"时期培训工作进行顶层设计。

加强"中国民间文化艺术之乡"建设。在"中国民间文化艺术之乡"评审命名工作基础上，分专题策划组织交流展示活动，加强"中国民间文化艺术之乡"建设管理。6月、9月分别在江苏省苏州市吴江区、湖北省仙桃市举办"中国民间文化艺术之乡"民歌、山歌展演活动和剪纸交流展示活动，通过展演、研讨、讲座、展览、巡演等活动，为各地"中国民间文化艺术之乡"搭建交流展示平台，交流"中国民间文化艺术之乡"建设经验，推动各地通过民间文化艺术的普及推广，带动基层公共文化服务体系建设。10月，与外联局共同在意大利米兰举办"'2015米兰世博·中国民艺的传承与创新'发布展示系列活动"，积极探索推动中国民间文化艺术走出去。

【特殊群体基本文化权益保障不断加强】 继续开展文化志愿服务工作。会同中央文明办印发了《关于开展2015年文化志愿服务工作的通知》(文公共发〔2015〕2 号),召开了全国文化志愿服务工作推进会议,组织了项目对接。继续实施两项示范活动和 9 个主题活动。“春雨工程”——全国文化志愿者边疆行和“大地情深”——国家艺术院团志愿服务走基层两项示范性活动实施项目 140 个。内地 19 个省(市)文化厅(局)和文化部 15 个直属单位以及 4 家中直院团组织 4500 多名文化志愿者为边疆民族地区群众举办各类文艺演出、辅导讲座、展览展示 200 多场,服务群众 100 多万人次。同时,各地文化行政部门和公共文化机构围绕 9 个主题,组织开展了丰富多彩、形式多样的基层文化志愿服务活动,有力推动了基层文化志愿服务工作开展。推动文化志愿服务制度化建设。研究起草《中国文化志愿服务发展报告》《文化志愿服务管理办法》和《公共图书馆、文化馆文化志愿服务工作规范》,2016 年 7 月,文化部印发了《文化志愿服务管理办法》(文公共发〔2016〕15 号)。

加强特殊群体文化权益保障工作。9 月 1—4 日在黑龙江省齐齐哈尔市举办了“永远的辉煌”——第十七届中国老年合唱节,8 月 7—9 日在浙江省嘉兴市南湖区举办了第六届中国少年儿童合唱节。25 个省(区、市)的 46 支老年合唱团、2000 多名老年人,26 个省(区、市)和 3 个计划单列市的 36 支少儿合唱团、1600 多名少年儿童参与,集中展示了当代老年人和少年儿童良好的精神风貌。“两节”均增加了专家讲评辅导和广场社区惠民演出,成为一大亮点。

组织面向特殊群体的示范性文化活动。会同全国妇联、全国残联等部门印发了《关于庆祝 2015 年“六一”国际儿童节的联合通知》《关于组织开展全国特教学生文艺汇演活动的通知》和《关于组织开展“残疾人文化周”活动的通知》等文件,动员各地广泛开展面向特殊群体的文化活动。组织开展“歌声伴着我成长”第四批全国新创少儿歌曲征集活动。征集 1500 多首曲目,推荐 30 首曲目作为第四批全国推荐新创少儿歌曲并组织开展传唱活动。联合北京市文化局、全国公共文化发展中心举办了“文化关爱　梦想同行”系列活动,为山区留守儿童、打工子弟等开展文化艺术培训。委托国家大剧院、国家京剧院于岁末年初举办以“文化暖心”为主题的示范性农民工专场慰问演出。

加强老年非学历教育工作。系统梳理近年来老年非学历教育工作情况,并以文化部名义向国务院领导同志报告了有关情况。举办全国老年非学历教育工作座谈会,开展全国文化系统老年大学规范化建设试点工作,在全国文化系统确立了 10 个老年大学试点单位。会同教育部等部门制定《全国老年教育发展规划》。

加大农民工文化建设的政策支持。研究起草《关于进一步做好为农民工文化服务工作的意见》(文公共发〔2016〕2 号),并于 2016 年 2 月会同国务院农民工办、全国总工会印发。向国务院农民工办推荐重庆图书馆作为全国农民工工作先进集体候选单位。积极配合国务院妇儿工委组织开展《中国妇女发展纲要(2011—2020)》和《中国儿童发展纲要(2010—2020)》中期评估工作。

积极推进西部开发和少数民族文化建设工作。研究提出“十三五”时期推进西部开发和少数民族文化建设工作的思路、措施和项目,及时向有关部门报送工作进展情况。配合有关部门开展民族地区宣传思想文化工作专题调研和民族区域自治法执法检查、中央民族工作会议精神贯彻落实情况监督检查等工作。

【推进国家公共文化服务体系示范区(项目)创建】 组织开展国家公共文化服务体系示

范区（项目）创建工作。修订示范区（项目）创建方案、创建标准、申报方案，印发《关于国家公共文化服务体系示范区（项目）创建工作的通知》，启动第三批创建示范区（项目）申报工作，并协同推进第一、二批示范区（项目）创建工作。2015 年 5 月 25 日至 28 日在中央文化管理干部学院组织开展第三批示范区（项目）创建资格评审工作，共有 30 个城市进入示范区创建资格名单、54 个项目进入示范项目创建资格名单。

推进创建示范区制度设计课题研究工作。2015 年 1 月 22—23 日在中央文化管理干部学院组织召开第二批创建国家公共文化服务体系示范区制度设计研究工作推进会。分组听取东、中、西部示范区创建城市制度设计研究进展情况的汇报，对制度设计课题研究的阶段性成果进行指导，形成书面意见反馈各省文化厅（局）和示范区创建城市，指导和督促制度设计研究工作。11 月 18—20 日在中央文化管理干部学院组织召开第三批创建国家公共文化服务体系示范区创建规划和制度设计评审会。组织专家分组听取东、中、西部示范区创建城市创建规划和制度设计研究进展情况的汇报，指导第三批示范区创建城市科学开展示范区创建工作，提高创建规划和制度课题设计制定的科学性。

加强第三批国家公共文化服务体系示范区创建工作的培训指导。6 月和 8 月，先后举办第三批国家公共文化服务体系示范区联络员培训班、示范项目联络员培训班和示范区创建城市市长研讨班。分期分批对第三批示范区（项目）创建城市有关人员就示范区创建重点任务、开展制度设计研究、制订发展规划等内容进行专题培训。市长研讨班采取专家授课、学员互相交流研讨等方式，重点就党的十八届三中全会关于构建现代公共文化服务体系的要求、深化文化体制改革的工作思路、当前公共文化服务体系建设各项重点任务、推进国家公共文化服务体系示范区创建工作的要求等内容进行研讨和培训。

组织开展示范区区域文化联动工作。以第二批示范区创建城市为主体，根据群众文化需求和公共文化服务体系建设需要，在示范区城市之间精心策划、组织开展内容丰富、形式多样的联动交流活动，扩大创建示范区的影响力，发挥典型示范带动作用，形成互学、互看、互促和比学赶超的创建工作氛围，促进优秀公共文化资源交流共享。9—11 月，先后在广西玉林市、浙江嘉兴市、宁夏石嘴山市、湖北襄阳市、辽宁沈阳市沈河区和黑龙江哈尔滨市南岗区、重庆市北碚区、天津市河西区组织了东北、华北、西北、华东、华南、西南、华中七个片区经验交流活动。

筹备第二批创建示范区（项目）验收工作。组织专家制订《国家公共文化服务体系示范区（项目）验收办法》和《验收标准》，筹备下发《验收工作通知》。

非物质文化遗产保护

【概况】 2015 年以来，在部党组领导下，深入贯彻党的十八届三中、四中、五中全会精神，以“巩固抢救保护成果，提高保护传承水平”为指导，以加强规范化建设和传承人群研修培训为重点，努力推进非物质文化遗产常态化保护，较好地完成了各项工作任务。

【开展非遗传承人群研修研习培训工作】 在与中央美术学院共同举办中青年非遗传承人研修交流活动基础上，启动“中国非物质文化遗产传承人群研修研习培训计划”试点工作，以传统工艺为切入点，在全国范围委托 23 所高校试点开展非物质文化遗产传承人群研修培训，共举办 35 期研修培训班，培训学员近 1700 人。试点工作引起了社会和媒体的广泛关注，得到了参训者和学校的普遍欢迎。在总结试点工作基础上，与教育部联合印发《关于实施中国非物质文化遗产传承人群研修研习培训计划的通知》，正式启动研培计划。

【探索传统工艺振兴措施】 一是赴相关省份和中国工艺美术协会开展专题调研，了解相关行业总体情况、面临的突出问题和增长潜力。二是举办漆器类、刺绣类非遗项目传承与创新交流活动，探索发展思路。三是在第五届中国成都国际非遗节期间，专门召开“传统工艺与现代设计座谈会”，对传统工艺如何融入现代教育与现代设计等进行研讨。四是推动设立传统工艺工作站，帮助当地传统工艺企业和从业者解决工艺难题，提高产品品质，培育品牌，拓展市场。

【推进非遗整体性保护】 一是印发《关于开展国家级文化生态保护实验区总体规划实施情况试评估工作的通知》，对山西晋中、安徽徽州、福建闽南文化生态保护实验区进行试点评估。二是配合住房城乡建设部等部门开展传统村落保护工作，联合印发《关于做好 2015 年中国传统村落保护工作的通知》，对传统村落保护情况进行了专项督查。

【加强名录项目的动态管理】 一是新认定 464 家第四批国家级非遗代表性项目保护单位，强化保护传承职责。二是对 331 家不具备独立法人资格、不具备保护单位基本条件、不具备履责能力、机构情况发生变化的保护单位进行了调整和重新认定。三是完成“农历二十四节气”申报联合国教科文组织人类非遗代表作材料撰写工作。

【启动第五批国家级非遗代表性传承人申报工作】 印发《文化部办公厅关于开展第五批国家级非物质文化遗产代表性项目代表性传承人申报工作的通知》，并对各省工作人员进行了培训。此次认定工作对评审标准和工作程序作了改进，适当降低代表性传承人从业年限要求，鼓励年富力强的传承人进入国家级非遗代表性传承人行列；扩大非遗专家库，增加高等院校的中青年专家；强化专家责任，公示专家推荐意见，增强评审透明度。

【推进抢救性记录工作】 制定《国家级非物质文化遗产代表性传承人抢救性记录工作规范》，印发《关于开展国家级非物质文化遗产代表性传承人抢救性记录工作的通知》，明确工作计划和要求，部署国家级非遗代表性传承人抢救性记录工作。

【争取中央财政资金投入】 一是配合国家发展改革委下达 2015 年中央预算内资金 1.57 亿元，支持各地建设 23 个非遗展示、展演设施。二是配合财政部下达 2015 年度非遗保护专项资金 6.6298 亿元，对 843 个国家级非遗代表性项目、6 个国家级文化生态保护实验区、1671 名国家级非遗代表性传承人的保护和传承工作进行了补助，支持对 268 位国家级非遗代表性传承人进行抢救性记录。

【开展非遗保护基层工作人员培训】 在全国部署举办 60 个非遗保护工作人员业务培训班，就非遗法律法规宣传、代表性项目和代表性传承人的申报和保护、文化生态保护区建设、专项资金申请及使用、非遗活动开展等非遗保护有关内容对各级工作人员进行培训，共培训人员4500人，进一步提升了基层工作人员业务水平和工作能力。

【办好非遗品牌活动】 一是开展2015年“文化遗产日”活动，组织举办了非遗讲座月、公开课、摄影展、非遗剧种经典折子戏展演、传统皮影精品展等一系列活动，宣传展示非遗保护工作成果。二是在2015年春节期间，以“我们的家乡　我们的节日”为主题，在18个国家级文化生态保护实验区开展了600余项具有地方特色的春节文化活动，为公众参与了解各地丰富的年俗文化搭建了良好平台。三是参与举办第五届中国成都国际非遗节，吸引众多国内外非遗项目参展，展陈方式更加人性化、个性化，各界反响热烈。节会专业化、高端化、国际化水平比往年有显著提高。

文化市场

【概况】 2015年文化市场工作落实简政放权、放管结合、优化服务的要求，围绕完善文化市场体系，一手抓促进行业发展与繁荣，一手抓加强市场执法与监管，努力为行业发展提供更好的公共服务，创造更加健康有序的市场环境。

【顶层设计和政策法规建设取得重要突破】 2015年是文化市场政策法规建设大年，一系列涉及文化市场顶层设计的政策法规相继出台。

*落实先照后证，推进行政便利、优化公共服务。*定向修改《娱乐场所管理条例》《营业性演出管理条例》《互联网上网服务营业场所管理条例》有关条款，修订出台《艺术品经营管理办法》，印发《文化部关于落实“先照后证”改进文化市场行政审批工作的通知》，衔接先照后证，放宽准入条件，取消总量布局限制，简化审批材料，提高服务水平。北京、安徽、四川等地积极规范审批行为，提高行政效率。

*扩大开放，完善行业管理政策。*制定在天津、福建、广东、北京等省市特定区域扩大文化市场对外开放的相关政策。印发《文化部关于允许内外资企业从事游戏游艺设备生产和销售的通知》，由自贸区试点向全国推开，解除游戏游艺设备生产和销售的13年行业禁令，全面放开游戏游艺设备面向国内的生产和销售。与公安部联合印发《关于进一步加强游戏游艺场所监管　促进行业健康发展的通知》，坚持放管结合，推动游戏游艺场所管理常态化、规范化、法治化。广东、安徽、四川、贵州分别制定了本区域游戏游艺设备内容审核办法，加强行业管理。制定外国人入境完成短期营业性演出活动的办理程序和工作指引，指导地方办理营业性演出短期工作证明。

*建设信用体系、加强事中事后监管。*以内容监管为重点、信用管理为手段，以划定红线、精确打击的理念，加强文化市场事中事后监管。公布38部网络动漫、120首网络音乐和19家上网服务场所等3批黑名单，在全社会和行业内产生了重要影响。研究制定《文化市场黑名单管理办法（试行）》，在全国试行文化产品黑名单制度，在河北、天津、上海、浙江、湖南、广东、广西、重庆、云南等9省市试点文化市场主体黑名单制度。文化部会同近40个部门签订《失信企业协同监管和联合惩戒合作备忘录》，启动对严重失信主体的联合惩戒工作。通过全国文化市场技术监管与服务

平台,将文化市场业务活动、违法违规信息与经营主体信息相关联,为信用体系建设及黑名单制度实施提供保障。

加强顶层设计、深化综合执法改革。2015年,根据中央全面深化改革领导小组、中央文化体制改革和发展工作领导小组工作安排,文化部会同中央宣传部、中央网信办、中央编办、新闻出版广电总局共同制定进一步深化文化市场综合执法改革的有关文件。深化改革的重点是总结和确认 2004 年以来文化市场综合执法改革的成果和经验,完善文化市场综合执法有关政策和运行机制,解决文化市场综合执法深层次问题,并按照商事制度改革和行政执法改革的新形势,对加强和改进文化市场综合执法工作提出要求。受中宣部有关部门委托,开展了《文化市场综合行政执法管理研究及条例草案起草》课题研究。

【行业转型升级成效显著】 2015 年,文化部坚持供给侧改革思路,深入推进文化市场转型升级,激发市场内生动力,扩大和促进文化消费。

上网服务行业方面。2015 年是转型升级工作全面深入推进,并取得明显进展的一年。各级文化部门多措并举,将转型升级工作抓细抓实。印发转型升级工作指引,每季度通报政策落实和工作进展情况,开展片区调研和工作交流,对重点地区进行实地调研和工作督导,加强对典型经验做法的宣传推广。指导全国行业协会开展上网服务场所服务环境分级评定、制订三年培训规划、举办行业年会等一系列开创性工作;在上网服务场所举办首届智力竞技网络夏令营,推动这些场所成为智力运动培训、比赛、考试场所;举办转型升级媒体恳谈会、上网服务业高峰论坛、高级研修班等行业交流研讨活动。河南、广西、湖北、四川、重庆、浙江等地积极探索,引导扶持转型升级,工作成效显著。一年来,行业发生显著变化,场所环境明显改观,服务水平明显提高,参与基层公共服务持续增多。同时市场环境逐步改善,竞争机制作用明显,行业开始提质增效。准入政策调整后,行业优胜劣汰,有进有出,场所数量小幅增长,行业收入明显增加。

文化娱乐行业方面。在总结上网服务行业转型升级工作的基础上,2015 年第四季度启动了文化娱乐行业转型升级工作,引导和促进经营场所阳光化,游戏内容益智化、健身化、技能化,经营形式联网化,经营方式竞技化,鼓励企业增加投入、改善装备、改造服务环境、扩大消费人群、参与公共服务,促进行业提质增效、健康发展。湖南、河北、云南开展阳光文化娱乐活动,支持综合娱乐场所建设,倡导健康娱乐方式,扩大文化市场惠民消费。

在我国复杂经济环境中,2015 年文化市场许多行业逆势上扬,持续保持较高增长速度,发挥了稳增长、促消费的积极作用。据"文化市场数据监测点"统计,2015 年演出市场平稳运行,票房总收入 161.72 亿元,较 2014 年 148.32 亿元增长 9.03%。2015 年游艺娱乐经营场所全年营收 592.6 亿元,全国连锁企业扩张速度加快,知名连锁品牌的连锁门店超过 200 家。游戏游艺机销售收入达 96.7 亿元,家用主机游戏全年销售收入 21.5 亿元。上网服务营业场所营业收入 641.7 亿元,同比增长 12.6%。网络游戏市场销售收入达 1330.8 亿元人民币,同比增长 25.3%,产生了世界最大的网游企业。

【文化内容管理全面加强】 2015 年,文化部以文化产品内容监管为重点,确立了划定监管红线、实施精准打击的工作理念。

在准入环节改进内容审查管理。印发《文化部关于进一步加强和改进网络音乐内容管理工作的通知》，明确了企业内容自审加政府事前引导、事中事后监管的制度，在强化企业主体责任的同时，明确管理部门的各项职责。印发《文化部关于加强网络游戏宣传推广活动监管的通知》，对网络游戏宣传推广中存在的含有暴力色情内容、虚假欺诈、侵犯著作权、侵犯用户隐私等问题，做出明确规定。对营业性演出内容审核工作进行指导，严格演出准入，指导各地开展演出项目的审核审批工作。修订完善网络音乐、网络游戏内容审核指引，举办自审人员培训班，加强对网络文化经营单位内容自审工作的服务和指导。研究制定关于进一步加强营业性演出管理、艺术品市场管理的有关规定，对情色艺人来华演出、艺术品进入文化市场等做出明确规定。开展进口网络游戏内容审查和国产网络游戏备案工作，全年审查进口网络游戏76款，备案国产网络游戏1232款。

在执法环节加强含有禁止内容重大案件的查办。2015年，文化部认真解决领导关心、群众关注的问题，加强文化市场案件的查办，全年共处理网络举报19301件，督办含有禁止内容类案件185件。其中以打击暴恐动漫、网络游戏低俗宣传为重点，开展第二十三批、第二十四批违法违规互联网文化活动查处工作，依法给予88家互联网文化经营单位行政处罚，关停15家网站。重点督办了福建厦门“0311”违法网络动漫网站案、英国某乐队、日本某乐队、香港某乐队、“果宝酱”组合、河北成安色情演出等重大案件，有力净化了文化市场经营环境。

探索公开发布文化产品黑名单。2015年，文化部公布了含有诱导未成年人违法犯罪、渲染暴力、危害社会公德内容的38部网络动漫，含有渲染淫秽暴力、教唆犯罪内容的120首网络音乐等2批文化产品黑名单，禁止以任何方式出版、发行、流通或者提供，在全社会和行业内产生了重要影响。

【综合执法能力不断提升】 2015年，经全国评比达标表彰工作协调小组批准，文化部组织评选了50个单位为“全国文化市场综合行政执法先进集体”，100名执法人员为“全国文化市场综合行政执法优秀个人”。开展年度综合执法考评工作和形势分析研讨活动，评选文化市场十大案件和重大案件，开展综合执法案卷评查活动，评选“十佳案卷”“优秀案卷”和“规范案卷”。各级综合执法机构队伍建设不断增强，执法办案日益规范，执法水平不断提升。

队伍建设方面。印发文化市场综合执法队伍业务技能训练考核大纲，制作规范化课件50个。开展两批共29个网络文化市场案件的以案施训工作；开展10场文化市场综合执法师资片区巡讲活动。2015年，文化部直接组织和支持文化市场综合执法培训31个班次，培训执法业务骨干3285人次。全国各级文化行政部门和文化市场综合执法机构组织开展各类培训7035场，培训近18.1万人次；组织考试1871场，近5万人参加。深入推进“中西部地区文化市场综合执法能力提升三年行动计划”，将全国各省区市纳入行动计划范围，对口交流协作项目取得明显进展。2015年东部地区共投入500多万元支持中西部地区，北京、江苏、广东、福建、上海、山东、浙江等地投入大、成效显著。

执法办案方面。各地加强文化市场日常巡查和执法办案，取得良好成效。江苏、天津狠抓案件办理，加强执法考评，人均办案4件以上；北京加强网络动漫市场专项执法，研究网络淫秽色情监管长效机制；广西、安徽、河南、内蒙古、四川加强网络文化案件查办工作，取得新进展；河北、江苏、湖南、陕西加强演出市场集中整治，有效规范演出市场经营秩序；上海加强娱乐场所监管，取缔一批无证娱乐场所；西藏以及四川、甘肃、青海、云南五省藏区建立协作机制，加强涉藏、涉民族宗教案件查办工作；福建研究说理式文书制作要求和模板，辽宁下发说理式文书制作规范，执法规范化进一步加强；上海推行“三级联动”，宁夏推行“执法＋协会”，取得良好成效。

专项整治方面。开展文化市场安全生产排查整治工作，强化文化市场安全监管，消除文化市场安全生产隐患。以县城、乡镇和城乡接合部为重点，开展互联网上网服务营业场所专项整治行动，严厉打击违规接纳未成年人行为，整治经营场所营业环境。派出 13 个暗访抽查组、6 个交叉执法检查组，赴 76 个地市的 140 个县（市）区，抽查 3115 家文化市场经营单位。

据统计，2015 年全国各级文化行政部门和文化市场综合执法机构共出动执法人员 964 万余人次，检查经营单位 435 万余家次，受理举报 1.8 万余件，立案调查 3.7 万余件，办结案件 4.2 万余件，警告 5.2 万余家次，罚款 1.4 亿余元，责令停业整顿 4814 家次，吊销经营许可证 131 家，有力打击了违法经营行为，确保文化市场平稳有序运行。

【监管平台建设向纵深发展】 经过四年建设，全国文化市场技术监管与服务平台“1511”整体构架初步实现，设计、开发、应用步步迭代的平台建设工作思路和方式得到有效验证，为顺利承接“十三五”时期文化市场管理各项改革举措奠定了基础。

业务应用系统推广方面。全国共有 356 个地市、3321 个区县上线应用平台，占全国地市、区县总量的 90%；采集存量经营主体 45 万家、活动 12152 项、执法案卷 74208 个；通过平台办理审批业务 63917 起，发起日常检查 1069341 次，立案调查 18201 件，基本实现了平台的预期目标。平台以全国文化市场基础数据库为纽带，全面实现市场主体和产品服务数据的“一户一档”。数据资源在全国范围内“部、省、市、县”共享互用，消除信息孤岛、打破部门隔阂，为文化市场信用体系建设打下坚实基础。安徽、黑龙江、湖北将平台应用纳入日常考核和年度考评，加大督查力度；江苏、江西采取领导分片负责的形式督促平台应用，将任务分解到人；天津、深圳顺利实现平台与地方政务系统的对接，取得了较好的应用示范效果。

平台子系统建设方面。完成地理信息系统在江苏常州、福建厦门两地的试运行，实现移动执法终端与大平台的实时交互，优化执法资源配置，提升执法效能，并启动在广东深圳、四川泸州、达州的进一步试点应用。在线培训考试系统已在安徽、江苏、四川三省综合执法机构完成试点工作，三省通过该系统共开展培训 160 次，组织考试 145 场，培训执法人员 3471 人。决策支持系统一期功能已基本开发完毕，查询统计、专题分析、自定义报告等功能建设完成，并根据工作需要对网络音乐、网络动漫等专项整治行动生成专题分析报告。移动执法系统已完成无图版的开发工作，并启动了在陕西咸阳、甘肃白银等地的试点工作。

总体来看，2015 年文化市场各项工作齐头并进、扎实饱满，文化市场管理思路有较大突破，政策有较大调整，工作有较多新的举措，行业有较大变化，文化市场安全、平稳、有序。

文化产业

【概况】 2015年，按照部党组的统一部署，努力推动落实文化产业政策，加快文化产业立法进程，实施重大文化产业项目，促进动漫产业转型升级，提高公共服务水平，圆满完成年初制定的工作任务。

【加快文化产业立法进程，推动文化产业政策落地】 正式建立由文化部牵头，中宣部、全国人大教科文卫委员会、国家新闻出版广电总局等11部门参与的文化产业促进法起草工作机制。召开文化产业促进法起草工作启动会，进一步修改完善文化产业促进法草案。积极会同北京市人民政府，加强对国家文化产业创新实验区建设的顶层设计、统筹规划和业务指导，推动国家层面文化产业政策在实验区试点，研究起草相关政策实施细则和政策文件。组织各地文化行政部门、文化企业到实验区实地调研考察、交流研讨。

【开展促进文化消费相关工作】 联合财政部共同实施拉动城乡居民文化消费试点项目，成立试点工作领导小组，制定2015年度实施方案，召开试点项目工作布置会，选择东部北京市海淀区、中部安徽省合肥市、湖北省武汉市武昌区、西部贵州省遵义市汇川区作为试点地区，采取不同的促进文化消费的措施进行政策试点，探索建立扩大文化消费长效机制。按照方案要求，各项具体试点工作已全面实施，并于10月底发布了拉动城乡居民文化消费试点项目阶段成果。

【组织实施特色文化产业发展工程，推进藏羌彝文化产业走廊、丝绸之路文化产业带建设】 开展特色文化产业、丝绸之路文化产业及藏羌彝文化产业走廊重点项目库建设，确定118个重点项目进入项目库，加强对重点项目建设的指导和服务。通过举办培训班，加大对特色文化产业人才的培养和扶持。召开藏羌彝文化产业走廊建设发展座谈会。研究编制丝绸之路文化产业发展规划，形成较成熟的规划文本征求相关部门意见。研究制定推动特色文化产业示范区建设的工作方案。

【加强小微文化企业扶持工作】 文化部办公厅印发《2015年扶持成长型小微文化企业工作方案》，对2015年度支持小微文化企业工作的总体思路、扶持重点、工作任务、工作要求等进行了整体部署。开展小微文化企业发展专项研究，举办小微文化企业发展论坛，首次发布小微文化企业发展数据。举办小微文化企业投融资路演及项目推介活动并开展相关业务培训。加大财政支持力度，协调降低小微文化企业申报中央财政文化产业专项资金门槛。

【促进动漫产业转型升级】 顺应动漫产业发展“拐点”之势，谋划推进动漫工作。制定弘扬社会主义核心价值观动漫扶持计划和国家动漫品牌建设和保护计划的实施办法。引导优秀动漫作品创作，20个动漫产品和40个动漫创意项目入选弘扬社会主义核心价值观动漫扶持计划。培育民族动漫品牌和骨干企业，实施国家动漫品牌建设和保护计划。加强对优秀原创动漫作品的展会推广、边疆推广、校园推广和新媒体推广。推动手机（移动终端）动漫标准获得国家和国际标准立项，在国内积极推进标准示范工程，促进应用推广，并在国际电联会议上推出中国标准，争取广泛支持。

【实施重要人才扶持计划】 继续实施文化产业创业创意人才扶持计划，共征集优秀创意作品3000多件，培训入库人才约500人次，搭建青年创意人才展示推介机会与交流平台。继续实施重点文化设施经营管理人才培养计划，培训国家级文化产业示范园区基地、文化产业重点项目实施单位等高级管理人员约700人次，提升重点文化设施经营管理水平。

【积极推进其他工作】 开展“十三五”文化产业发展规划研究编制和“十二五”文化产业倍增计划实施情况第三方评估工作。召开文化部文化产业对口援疆工作会暨全国文化产业工作会。联合财政部实施“文化金融扶持计划”，对138个重点项目给予11.8亿元资金支持，较上年增长75%。圆满完成第11届深圳文博会、第10届义乌文交会、第11届中国国际动漫游戏博览会等主办工作，提升重点展会的专业化、市场化、国际化水平。完善文化产业项目服务平台，建成文化消费服务平台，做好重点项目库的建设维护和入库项目的宣传推广。完成《文化企业品牌建设现状与政策建议调研报告》。加强人才培训，举办各类文化产业人才培训班。

文化科教

【概况】 2015年，文化科教工作贯彻落实党的十八大和十八届三中、四中、五中全会精神，学习领会习近平总书记系列重要讲话精神特别是文艺工作座谈会重要讲话精神，紧紧围绕“四个全面”战略布局，以大力推进文化科技创新为主线，推进文化科技融合，有效发挥艺术科研决策咨询作用，着力提升艺术教育行业指导水平，呈现出诸多工作成果与亮点。

【推动文化与科技融合发展，充分发挥科技对文化建设的驱动、支撑和引领作用】 强化文化科技计划顶层设计与战略研究，推动文化科技创新内容纳入国家科技管理工作体系。国家科技计划（专项、基金等）管理工作进行深入改革，逐步建立公开统一的国家科技管理平台，使原来分散在40多个部委的100多个科技项目凝聚整合成5大类项目，逐步取消原有的科技计划经费渠道，涉及文化部的部分文化科技项目也在改革之列。

顺应国家科技计划管理改革精神，文化部作为由科技部、财政部、发改委等多部委组成的科技计划（专项、基金等）管理部际联席会议一员，参与国家科技发展战略规划制定、科技计划布局与设置、重点任务与指南发布等专项事务。抓住“十三五”国家重点研发计划优先启动重点研发任务建议征集工作的契机，围绕科技如何助推文化发展，提升文化产业竞争力及文化服务能力等，凝练整合出《数字文化资源产业化应用》《数字演艺装备研发》《社会治理与公共文体服务》等3项文化领域的重大科技任务，报送科技部，将有望纳入改革之后的国家重点研发计划，实现管理模式上更加有效的支撑，经费上更加充沛的支持。

强化科技项目组织实施与载体建设，着力构建文化科技支撑体系。一是围绕文化工作重点，组织实施文化领域内的国家科技支撑计划项目，加强前瞻性技术研发与集成应用。2015年，《文化云服务平台关键技术研发及应用示范》《公共数字文化全国共享服务关键技术研究与应用示范》和《中国地方志数字化关键技术研究与演示平台设计》3个项目通过国家科技支撑计划批复立项。组织完成

《文化资源数字化关键技术及应用示范》和《文化演出网络化协同服务及应用示范》2个2012年度国家科技支撑计划项目下设11个课题的验收工作。先后赴中央歌剧院、中国数字文化集团有限公司，开展2013年度国家科技支撑计划项目实施情况专项检查工作，积极推进项目及下设课题顺利实施。

二是围绕文化工作全局，组织实施国家文化科技提升计划、文化部文化科技创新项目等部级科技项目，加强基础性技术研发与成果应用。2015年上半年，经申报、专家评审、报部审批等环节，完成各类项目的评审立项工作。《近现代数字文化作品的收集保存系统研发与展示应用》等9个项目获批国家文化科技提升计划项目，《公共文化机构法人治理结构创新与实践》等16个项目获批国家文化创新工程项目，《视频检测技术在版权保护中的应用研究》等22个项目获批文化部科技创新项目，验收结项《国家文化资源信息平台建设》《移动式公共文化方舱系统》等12个科技项目，不断实现科技成果在文化领域的集成、转化与应用。

三是围绕文化科技载体建设及环境优化，开展各项基础性工作。加强对文化部重点实验室的组织建设，举行了文化部重点实验室颁牌仪式，在“国家文化科技提升计划”中设立实验室专项，助推重点实验室开展技术人才培养、研究开发、学术交流等专项活动，切实服务文化建设。围绕科技对文化企业的贡献率，文化科技企业的发展现状等主题，开展全国文化科技企业现状调研，形成调研报告初稿。组织开展《全国科学素质行动计划纲要》宣传、贯彻、实施工作，把提高全民科学素质、优化科学研究环境融入各项文化工作中。积极参与科技活动周的组织、筹备等工作。

强化标准化制修订及推广应用，有效提升文化行业标准化水平。文化领域的标准化是促进文化艺术与现代科技紧密结合，推动文化有序发展的重要技术保障。2015年，《移动终端动漫内容要求》等4项国家标准计划项目获得国家标准委批准立项；完成推荐性国家标准《文化馆服务标准》《乡镇综合文化站服务标准》《图书馆馆藏资源数字化加工规范　第5部分：视频资源》制定工作，报送国家标准委审批、编号、发布；发布《公共图书馆评估指标》系列标准等8项推荐性行业标准；完成2015年度国家标准、文化行业标准制修订计划项目、文化行业标准化研究项目征集工作。共申报国家标准计划项目2项，立项行业标准计划项目6项，研究项目6项。

【夯实艺术科研管理基础，加强应用对策研究，提升项目规划管理水平】　在完成艺术学各级各类项目评审立项工作的基础上，逐步完善项目管理体系，提升艺术科研管理水平充分发挥理论研究对文化建设的深化指导及咨询服务作用。

加强项目管理，遴选培育对策性、时代性、创新性俱佳的艺术科研项目。2015年，全国艺术科学规划领导小组办公室组织评审立项了国家社科基金艺术学重大项目、国家社科基金艺术学年度项目（含重点项目、一般项目、青年项目、西部项目）、文化部文化艺术科学研究项目；组织评审推荐了国家社科基金艺术学后期资助项目、成果文库项目。

一是在国家社科基金艺术学重大项目评审方面，在全面征集建议选题和进行专家论证基础上，设立了《中国传统艺术精神在现当代艺术中的创新实践研究》《戏曲艺术的当代传承研究》《国家文化法制体系研究》等11个重大招标选题。经过严格的评审程序，《“中国梦”影视创作与传播策略研究》等4

个项目获得资助立项。

二是在艺术学年度项目评审方面，经过资格审查、匿名通讯评审、会议评审、网上公示等环节，《马克思主义艺术理论关键词的中国化研究》等 184 个项目获得国家社科基金艺术学项目资助。其中重点项目 7 项，一般项目 112 项，青年项目 49 项，西部项目 16 项。在文化部文化艺术科学研究项目评审方面，《江西省“团、场、线”联盟发展现状及新型组织模式探究》等 71 个项目获得资助立项。

三是在国家社科基金艺术学后期资助项目、成果文库申报评审方面，完成了两批国家社科基金后期资助项目（艺术学）评审工作，共受理申报 53 项，经过匿名通讯评审并报全国哲学社会科学规划办公室审批，《走向人文与批判的西方现代艺术史学》等 10 个项目获得资助立项。完成国家哲学社会科学成果文库（艺术学）评审工作，共受理申报 12 项，经过匿名通讯评审并报全国哲学社会科学规划办公室审批，《中国古代戏曲理论通史》等 2 个项目获得资助立项。

四是在全国艺术科学规划项目鉴定结项方面，完成 7 批 143 项成果结项工作，推出《新形势下中国影视文化发展与创新》《梨园行会文献辑录与演剧艺术规律研究》《中国现代手工艺术的发展研究（1978—2013）》《我国公共文化服务设施运营机制研究》《促进我国文化产业会展规范发展对策研究》等一批研究成果。这些成果中，既有丰富和完善艺术学学科体系的基础性研究成果，也有关注并深入研究当前文化工作急需的应用性研究成果，很好地兼顾了学理探索与实践诉求，提出了许多新观点新见解。

创新全国艺术科学规划管理工作思路，积极引导文化艺术研究关注文化改革发展整体问题，突出应用对策研究，不断开创规划管理工作新局面。一是开展“文化艺术智库体系建设”。为贯彻落实中央《关于加强中国特色新型智库建设的意见》，建立健全文化艺术决策咨询制度，2015 年，研究编制“文化艺术智库体系建设工程”。一方面，设立《文化艺术智库体系建设研究》委托项目，开展相关理论研究工作；另一方面，组织“文化艺术智库体系建设”专题调研活动，在全国选取具有代表性的艺术科研机构及相关文化行政管理部门开展有针对性的实地调研。调研活动通过调查问卷、实地调研、总结研讨等方式，摸清艺术研究院所发展现状，重点研究领域，了解行政管理部门对对策性研究的需求。在上述工作基础上，形成《文化艺术智库体系建设专题调研报告》，编制《文化艺术智库体系建设实施方案》。

二是修订完成《全国艺术科学规划项目管理办法》。《全国艺术科学规划项目管理办法》是指导、规范全国艺术科学规划项目申报、评审、管理、结项等工作的重要基础性文件。自 2014 年开展修订工作以来，全国艺术科学规划领导小组办公室总结近年来管理工作模式和经验，依据《国家社科基金管理办法》，坚持全面从严、着眼体系建设、突出艺术学特色、注意衔接等原则，经广泛征求有关部门和专家意见，于 2015 年 12 月 3 日由文化部颁布施行。新的管理办法对组织与职责、项目类别、申请资格与评审规则、监督与处罚等方面做出了详细的规定，强调了按照 5∶1 的比例抽选评审专家、文化部机关工作人员不能申报项目、相关管理人员离职后 3 年之内不能申报项目等规则。

三是完成《全国艺术科学“十二五”研究状况和“十三五”发展趋势调研报告》。为总结艺术科学“十二五”研究状况，谋划“十三五”发展和布局，全国艺术科学规划领导小组办公室于 2015 年 3 月委托中国艺术研究院牵头成立课题组，研究撰写《全国艺术科学“十二五”研究状况及“十三五”发展趋势调研报告》。课题组已完成10个艺术学子学科报告初稿,将在此基础上,进一步凝练综合报告,为推动“十三五”时期全国艺术科学规划管理工作奠定理论基础。

四是加强成果宣传。为全面扩大和提高全国艺术科学规划项目的影响力与引导力,给研究成果提供专业、高端的学术展示平台,更好地发挥其导向示范作用,加强了与相关专业性期刊、报刊、网站进行合作,定期介绍全国艺术科学规划项目成果,并适时发布全国艺术科学规划工作动态信息,推动文化领域理论研究工作进一步开展。

夯实基础建设,完善“全国艺术科学规划项目申报管理系统”。2015年是全国艺术科学规划项目实行网上申报的第二年,“全国艺术科学规划项目申报管理系统”稳定运行,有效提升了管理效能。该系统自2011年着手研发以来,逐年进行完善,国家社科基金艺术学项目和文化部文化艺术科学研究项目全面实行网络申报和电子化通讯评审,改变了传统的人工管理模式,大大提高了工作效能。2015年,除继续完善网上申报、通讯评审、发放立项通知书、审核经费预算等系统功能外,还完成了年度检查、项目变更、鉴定结项等管理模块的测试工作。

【积极拓展思路,艺术教育服务文化建设】 充分发挥艺术教育对于文化建设的人才培育和传承创新作用。

切实整改,精简评奖活动。为落实《文化部关于中央巡视组反馈意见整改方案》和《文化部关于中央巡视组反馈意见整改工作分工方案》,按照《文化部整改工作领导小组第五督导组工作方案》的要求,制定了整改方案,确定多项整改措施,认真落实有关评奖活动的指示意见,对相关的8项评比项目进行全面梳理,取消全部比赛,“桃李杯”舞蹈比赛、全国青少年民族乐器演奏比赛、全国青少年戏曲比赛三个活动因其在业内的权威地位和重大影响予以保留,但转变形式为展演活动。在改革后,积极研究举办方案,保障活动形式顺利过渡,坚持社会效益和经济效益相统一,严格程序,以更负责任的态度继承以往优良的工作传统,进一步改进工作方法,加强统筹管理,切实发挥展演活动的正面引导作用。

多措并举,着力提升全民艺术素养。完成“我的音乐厅——外国经典音乐欣赏”项目成果宣传推广活动,一是在国家图书馆艺术中心举办一系列集演出、展览、讲座等多种形式为一体的宣传推广活动。通过现场邀请媒体记者观演等形式,向公众介绍“我的音乐厅”项目的发起、项目的成果、项目的意义、成果使用政策、推广宣传的计划等,通过媒体的渠道发布给各界,提高项目的影响力。二是为了有效推广该项目,文化部、教育部共同举办“我的音乐厅”原创影像作品征集活动。

拓展思路,推进高等艺术院校共建工作。加强高校共建,积极推动文化部与山东艺术学院、中国美术学院的共建协议签订事宜;2015年11月印发《文化部办公厅关于〈山东省人民政府　文化部关于共建山东艺术学院的协议〉的复函》,确定共建山东艺术学院的具体内容,细化了共建条款。2015年12月,浙江省人民政府、教育部、文化部三部门共同签发了《教育部　文化部　浙江省人民政府关于共建中国美术学院的意见》,确定部省共建中国美术学院的具体内容。

为提升文化产业人才的数量和质量,为文化产业发展提供强有力的人才支持,大力推进设置文化产业管理硕士专业学位相关工作,在进行了全面调研的基础上,组织相关研究机构,围绕文化产业管理专业学位设置开展深入研究,形成了《关于设置文化产业管理专业硕士学位的论证报告》，经过长时间研讨、完善后以文化部名义向国务院学位办报送，以期优化完善文化产业人才教育教学培养环境。

搭建平台，推动艺术职业教育有序发展。2015 年 12 月召开全国艺术职业教育工作会议，本次会议是新中国成立以来首次以艺术职业教育为主题的全国性业务工作会议，以“深化改革创新，提高教育质量，更加自觉主动地为繁荣发展社会主义文艺服务，为建设文化强国提供智力支持和人才支撑”为主题，以贯彻落实《国务院关于加快发展现代职业教育的决定》，提高我国艺术职业教育支持文化建设能力为目的，以经验交流、讲座为形式。

为进一步发挥全国职业院校技能大赛的宏观指导和品牌作用，进一步整合文化艺术行业、企业的专业优势和特色资源，深入推进我国艺术职业教育的改革和发展，充分展示全国职业院校艺术专业的教育教学成果，着力促进学生综合职业能力和创造精神的培养，为选拔和推出优秀艺术人才，继续配合教育部举办全国职业院校技能大赛艺术技能比赛，搭建艺术教育展示平台，举办 2015 全国职业院校技能大赛及中华优秀传统文化艺术表演赛。

简政放权，加大社会艺术水平考级管理改革力度。根据《文化部　国家发展改革委关于放开社会艺术水平考级收费标准的通知》文件要求，2015 年 1 月 1 日起放开社会艺术水平考级报名费、考级费和考级证书费标准。根据国务院审改办的要求，加大社会艺术水平考级管理改革力度，自 2014 年年底文化部经与国家发展改革委协商并发文放开社会艺术水平等级考试收费标准后，着力加大监管力度，营造艺术考级公平竞争环境，同时加强调研，探索形成取消审批权后新的管理制度。在开展艺术考级审批权改革时，重点考虑如何进一步“转变职能，提高效能”，对照简政放权成效的具体标准，积极探索新的管理模式，为取消考级审批权做好基础性准备工作，主要思路可以归纳为，修《办法》、立标准、树品牌、建立信用体系、强化社会监督、实现行业自律。

2016 年，文化科教工作原则是突出重点、夯实基础、整合资源、协同发展。将围绕文化发展需求，加强技术集成应用与成果转化，提升艺术科学工作管理效能，加强艺术教育行业管理，协同配合文化行业各领域工作，凸显文化科教工作的基础性地位和支撑性作用。

对外和对港澳台文化交流

【概况】 2015 年，对外和对港澳台文化交流工作按照中央外事工作会议精神和国家总体对外战略部署，以及《关于进一步加强对外和对港澳台文化工作的意见》精神，根据“政府统筹、社会参与、官民并举、市场运作”的总方针，以“创新、协调、绿色、开放、共享”五大发展理念为引领，以创新发展为主轴，以推动中华文化走出去、提高国家文化软实力为核心目标，紧紧围绕中国特色大国外交和文化强国建设两大中心任务，将党风廉政建设与业务工作紧密结合，深入开展“三严三实”专题教育，深入贯彻中央八项规定精神，开创了党建工作与业务工作齐头并进、相互促进的良好局面，在“十二五”规划收官之年圆满完成了各项预设目标。

党中央、国务院领导同志多次在不同场合对对外和对港澳台文化工作给予高度评价。截至“十二五”期末，我国已与 157 个国家签署了文化合作协定，累计签署的文化交流执行计划达 700 余个，并深度参与中国与美、英、法、俄、印尼、欧盟等国家和国际组织的高级别人文交流机制，初步形成了覆盖世界主要国家和地区的政府间文化交流与合作网络。“十二五”期间，大力推动春节文化走出去，“欢乐春节”等品牌活动影响不断扩大，春节逐渐成为国际性节日。在双、多边等场合举办国家级重大涉外文化活动30余起，邀请1400余名国际文化名人和1200余名青少年文化使者来华访问。新增海外中国文化中心16个，作为自主海外文化阵地的文化中心在“十二五”期末达到25个。已投入运营的文化中心开展各类文化活动达4000起，为34个省区市“走出去”提供服务，各类培训班注册学员3万余人次，直接受众约300万人次。我国列入联合国教科文组织人类非物质文化遗产代表作名录的项目达到30项，列入急需保护的非物质文化遗产名录7项，入选优秀实践名册1项。完善内地与港澳文化工作机制，巩固宽领域多层次工作格局，面向青年，深耕基层，深化思想，交流与融合，扩大中华文化在港澳影响，夯实中华文化传承根基。对台文化工作力度不断加强，中华文化影响逐渐覆盖全岛。第二届海峡两岸文化遗产节等一系列有新意、有影响的交流活动陆续入岛，不断成为岛内乃至海外文化热点。

2015年，配合中央和部领导参与各类高访和出访68次，接待外国政府文化代表团28起，落实中央领导、文化部领导议定事项26项，回复人大、政协议案提案建议66件。经文化部审批的涉外文化交流项目共计833起，人员交流14788人次；对港澳文化交流项目128项，3360人次；对台文化交流项目265项，5187人次。受理各类护照签证团组1038个。制作建交图片展33个，橱窗图片290套。发送各类期刊1010种共31800册，制作宣传短片3部、纪录片4部，译制完成故事片和纪录片19部。

【做好顶层设计，坚持服务大局】 2015年，我国与27个国家签署了文化交流执行计划，中华文化走出去的机制化水平进一步提升。习近平主席、李克强总理参加由文化部举办的文化活动或见证相关文件签署共计26起。102个驻外文化使（领）馆文化处（组）以及常驻联合国教科文组织代表团、驻欧盟使团和日中友好会馆开展大文化领域活动19000多起。在对外文化交流活动品质和影响持续提升的同时，通过网络大力进行对外文化传播，文化传通网（中文）、中国文化网（英文）2015年点击量逾7亿。

推进《文化部“十三五”时期对外和对港澳台文化工作规划》和《文化部“一带一路”文化发展行动计划（2016—2020年）》。 十八届五中全会提出了“创新对外传播、文化交流和文化贸易方式”的新要求。为落实全会和中办国办印发的《关于进一步加强对外和对港澳台文化工作的意见》精神，在扎实推进文化部“十三五”规划对外和对港澳台文化工作部分编制工作的同时，大力推进《文化部“十三五”时期对外和对港澳台文化工作规划》和《文化部“一带一路”文化发展行动计划（2016—2020年）》的编制工作。

配合国家外交大局承办重要任务。 高水平的文化活动日益成为国家领导人重要外事活动的有机组成部分，有效服务元首外交。习近平主席在访英期间出席了中英创意产业交流活动，访问南非期间观看了南非中国年闭幕式演出。李克强总理访问拉美期间出席了中拉人文交流研讨会及中拉文明互鉴活动，与来访的法国总理共同出席了纪念中法建交50周年闭幕活动并参观展览，出席了中国—中东欧国家领导人会晤文艺演出、上海合作组织成员国政府首脑（总理）理事会文艺演出。此外，在亚太经合组织（APEC）第22次领导人非正式会议期间，成功举办了专场

文艺演出;在纪念中国人民抗日战争暨世界反法西斯战争胜利 70 周年之际,成功举办了庆祝抗战胜利 70 周年非正式晚宴和午宴的文艺演出,并在联合国总部策划组织了专场音乐会和图片展。

*深度参与中外高级别人文交流机制。*在中法高级别人文交流机制第二次会议、中欧高级别人文交流对话机制第三次会议和中英高级别人文交流机制第三次会议期间,举办配套文化活动,签署重要合作文件。在刘延东同志的直接领导下,积极参与中以联合创新委员会第一次会议及中印尼副总理级人文交流机制的建立。首届金砖国家文化部长会议签订了《金砖国家政府间文化合作协定》。第二届中国—中东欧国家文化合作论坛、第七次中日韩文化部长会议、第三届亚洲文化论坛、第六轮中美人文交流高层磋商机制会议等政府间对话活动进一步提升了对外文化交流的机制化水平。

*落实领导人关于举办双边、多边"文化年"的倡议。*根据习近平总书记和李克强总理与对方国家达成的协议,积极筹划落实 2015—2016 中加文化交流年活动,2015 年智利中国文化年活动、2016 中埃文化年活动、2016 中卡文化年活动、2016 中拉文化交流年活动。南非中国年文化活动高潮迭起,开创在非洲国家举办"国家年"活动先例。成功在华举办俄罗斯文化节、中俄文化大集、波兰文化季。在波罗的海三国举办中国艺术节。配合英方成功举办了中英文化年英国文化季活动,启动中国文化季活动。

【"一带一路"文化先行,民心相通助力各领域全面合作】 *打造丝路文化建设平台。*为配合国家"一带一路"战略部署,大力推动与"一带一路"沿线国家的文化交流与合作,成功举办第二届丝绸之路国际艺术节、第十四届亚洲艺术节暨第二届海上丝绸之路国际艺术节。"东亚文化之都"逐渐成为凝聚亚洲文化共识,推动"一带一路"沿线各国文化交流与合作的重要平台。在深圳文博会、上海国际艺术节等综合平台设置"一带一路"文化专题版块,宣介"共商、共建、共享"理念。支持举办丝绸之路国际文化论坛。

*加大与丝路沿线国家文化交流力度。*充分依托现有双边、多边交流工作机制,重点向"一带一路"沿线国家倾斜,加强文化交流与合作。利用"欢乐春节"平台宣介"一带一路",2015 年春节,在"一带一路"沿线 48 个国家 120 多个城市举办近 300 场主题活动。完善与丝路沿线国家人文合作机制,建立中阿(尔及利亚)文化联委会、参加上合组织文化部长第十二次会晤、举办第二届中国—中东欧文化合作论坛等。积极开展"丝绸之路文化之旅"品牌活动,举办"意会中国"——知名艺术家访华交流活动、举办"中国—东盟"文化论坛等。2015 年,尼泊尔、新加坡中国文化中心正式运营,目前我国已在"一带一路"沿线国家设立了 9 个中国文化中心。

*加强国内"一带一路"文化建设。*统筹全国"一带一路"文化领域建设项目,扶持超过 20 个省(区、市)结合自身特色,打造了一批精品项目,如福建歌剧舞剧院大型舞剧《丝海梦寻》、甘肃省《丝路花雨》和广西舞剧《碧海丝路》等。支持泉州建设"海上丝绸之路艺术公园",为"海上丝绸之路"沿线各国辟出专门区域建立国家馆。支持银川建设"中阿友谊雕塑园",完成首期创作。

*深化与丝路沿线国家文物合作。*中国、哈萨克斯坦、吉尔吉斯斯坦三国联合申报的"丝绸之路:长安—天山廊道的路网"申遗圆满成功。"海上丝绸之路"已列入申遗预备名单。与丝路沿线国家互办文物展览。扩大对丝路沿线文物援助力度,其中援助柬埔寨吴

哥古迹茶胶寺工程已通过验收。

【思想交流、人员交流和合作项目静水流深，文化品牌更加靓丽】 落实中央领导同志关于做好海外汉学家翻译家工作指示。由中外各领域著名学者参加的2015“汉学与当代中国”座谈会成功举办，被媒体誉为“国际性的思想盛宴”。“青年汉学家研修计划”“中外文学翻译研修班”“中外影视译制合作高级研修班”着力培养各国有潜力的青年人才以及知华友华、致力于传播中华文化的国际学者、翻译家。汉学家数据库暨中国文化译研网等平台基本建立，为思想文化交流的长期发展夯实了基础。截至2015年11月，中国文化译研网平台促成国内外127家机构达成合作意向，机构会员库成员383家，全球译者会员库达1744人，入库推荐作品731部，推动了一大批中国优秀文学、出版、影视、艺术、学术作品通过高水平译介“走出去”。

深入推进人员交流培训和合作项目。与西欧各国继续开展人员交流和合作项目，先后成功举办“中英博物馆高级管理人才工作坊”“2015中德博物馆人员交流项目”、中德“互探”项目和第四届中法文化管理人员高级培训班。组派国内代表团赴捷克“布拉格舞蹈节”、斯洛文尼亚“艾克索多斯当代表演艺术节”等国际知名艺术节进行观摩，学习成功经验。在西安成功举办第三届欧亚经济论坛文化分会暨欧亚戏剧高峰论坛，邀请“一带一路”沿线国家戏剧大师研讨，推动该地区国家在戏剧领域的深度专业合作。举办首届阿拉伯文博专家研修班。实施“中非文化人士互访计划”，搭建中非艺术家直接对话平台。依托“对非培训基地”，为非洲国家培养文化人才。2015年，各部门举办对非文化培训14起，为非洲26个国家和非盟培训文化人才176人，涉及文化管理、文物、武术、动漫等领域。以人员往来和专业培训为切入点扎实推进“中国—南亚文化交流计划”，支持故宫国际博物馆协会国际博物馆培训中心举办中国—南亚博物馆高级管理人员研修班，邀请南亚8国和中国西部5省博物馆高级管理人才集中研修。与尼泊尔合作举办第4期中国—南亚青年艺术家来华采风项目。结合2015东盟共同体建成，举办第10期中国—东盟文化论坛，以公共文化服务案例分析为主题，举办10+3人力资源开发合作研讨班。

文化品牌活动提质增效。大力推动春节文化走出去，2015年海外“欢乐春节”活动以“品牌化、本土化、市场化”为宗旨，在全球119个国家和地区的335座城市开展了900多项文化活动，逐步推动春节成为国际化节日。“跨越太平洋”“华艺新颜”等当代中国文化展示活动借助美洲地区主流平台推介中国文化。中央芭蕾舞团访美参加林肯艺术节实现了社会效益和经济效应双丰收。大型民族音乐剧《又见国乐》运用多媒体手段展示中华传统文化精粹，在美国巡演反响热烈。“威尼斯双年展”中国馆集中展示我国当代艺术成就。赫尔辛基艺术节“中国主宾国”活动成为我国在欧洲重要艺术节平台进行全方位、高水平艺术展示的范例。“中英文化交流年”成为首次与西欧国家合作举办，以展示文化创意、推动产业合作为重要内容的国家级系列文化活动。波罗的海三国“中国艺术节”精彩不断，好评如潮。在国内举办的“相约北京”联欢活动、新疆国际民族舞蹈节、北京国际音乐节、上海国际艺术节、成都国际非物质文化遗产节、吴桥国际杂技艺术节、中国国际马戏节等对外文化“主场”活动在不断提升国际影响的同时，注重文化惠民，有效服务于国内文化建设，成为当地民众的文化盛会。

【深度参与国际文化事务,加强国际节赛活动指导】 与教科文组织保持良好合作关系,持续深度参与相关工作。组团参加了教科文组织《保护和促进文化表现形式多样性公约》缔约方大会第五届会议、教科文组织第38届大会文化委员会、保护非遗政府间委员会第十届常会、保护文化多样性政府间委员会第九届常会等国际会议。推动民间专业机构参与国际文化事务,对中国民俗学会参与保护非遗政府间委员会审查机构工作给予指导和资金支持。参与中、日、韩三国亚太中心管委会会议等。

加强节赛活动指导。把握政策导向,按照新出台的《节庆活动管理办法实施细则》和《党政机关境内举办展会活动管理办法》做好各项审批工作,并对各节会比赛活动进行梳理、指导,加强管理。

【海外文化阵地多模式建设加速推进,管理水平不断提高】 文化中心建设成为领导人外事活动重要成果。2015年,党和国家领导人3次为文化中心揭牌,8次见证政府文件签署,体现了中央对文化中心建设与发展的高度重视。习近平主席为巴基斯坦、新加坡中心揭牌,刘延东副总理为比利时中心揭牌。习近平主席、李克强总理、张高丽副总理、刘延东副总理先后见证了与白俄罗斯、越南、新加坡、印度尼西亚、芬兰、马来西亚、南非设立文化中心的政府文件签署。

圆满完成年内设立5个文化中心的目标,海外文化中心总数达25个。2015年,比利时、新加坡、坦桑尼亚、新西兰和斐济的中国文化中心相继投入运营。

大力推进部省(市)、部直合作,实现多模式发展。文化部与上海合建的布鲁塞尔中心由刘延东副总理和比利时副首相共同揭牌,与北京市共建的雅典中心已进入商谈合作共建协议阶段。协调21个省(市、区)与22个海外中心开展2015年部省对口合作,推动各省(市)自治区地域文化海外传播。加强部直合作,与国家图书馆签署合作共建海外中心图书馆战略协议,率先启动海外中心数字图书馆建设,与中国儿童艺术剧院达成机制化合作意向,与首都师范大学合作举办"首期外籍汉语教师研修班"。

实施品牌项目,加强资源整合。配合国家"一带一路"战略举办"发现中国"系列讲座,文化部组派著名作家王蒙、中国社会科学院和敦煌研究院专家学者先后赴德国、澳大利亚、埃及、土耳其、丹麦、老挝等国宣介我国经济、文化、社会发展现状,受到驻在国主流群体关注。接待"中心伙伴""来华创作"团组4批次,邀请近60名海外中心学员访华参加"奖学之旅",并举办首次汇报演出。

加强队伍建设,规范运营管理,加大对内对外宣传力度。与北大新媒体研究院合作,制定海外中心绩效评估机制。举办海外中心主任培训班和外籍教师研修班。加大宣传力度,制作《中国文化中心——连接中国与世界的桥梁》图片展,在布鲁塞尔和新加坡中心揭牌仪式上展出。与北京电视台合作完成《窗口》8集纪录片并在中央电视台中文国际频道和北京电视台播出,取得良好社会反响。初步完成海外中心视觉形象整体设计,统一海外中心标识。

积极推进中共六大会址修复工程和中共六大会址常设展览馆对外开放。按照中央领导同志关于修复六大会址的指示要求,圆满完成中央交办的修复工程和六大会址常设展览馆对外开放的政治任务。

积极有效监管外国在华文化中心。全年为9个外国文化中心办理各项手续130余起,加强对其活动的日常动态跟踪。为拟来华设立文化中心的国家提供信息咨询。

【公共服务平台助力文化贸易发展，现代对外文化传播体系逐步建立】 对外文化贸易加速发展。开展全面调研。为落实习近平总书记重要批示精神，召开民营文化企业“走出去”的经验交流会。为落实国务院“稳增长”部署，开展外向型文化企业“稳增长”专题调研，对大型国有文化企业和文化厅局外事部门主要负责同志进行调研和访谈。

参与制定国际文化贸易规则。参加中美、中欧投资协定等涉文化领域的多双边谈判，探索以准入前国民待遇加负面清单模式进一步完善文化领域管理模式，在简政放权的大背景下，探索对外文化贸易放管结合新模式。

国家对外文化贸易基地继续发挥示范和引领作用。北京基地举办“2015 年‘欢乐春节’中国文化产品跨境电商节”，推出“大设计·新丝路”计划，在首尔、米兰、科隆、迪拜等城市建立中国设计产品体验中心。上海基地建成国内第一个文化装备产业基地，组织文化企业参加科隆游戏展、洛杉矶艺术展等国际展会。深圳基地在文博会期间举办丝绸之路文化贸易论坛，推动“一带一路”各国文化遗产、创意设计跨界交流与合作。

公共服务平台助力文化企业拓展出口渠道。“国家演艺出口公共服务平台”组织全国文化机构和企业参加美国演艺出品人年会等国际展会。“国家数字内容对外贸易服务平台”与韩国、西班牙等国举办的国际知名影视、动画、游戏展会建立合作关系，为数字内容产品海外展示和输出疏通渠道。“国家文化贸易学术研究平台”为中韩文化产业论坛等多项中外文化产业交流活动提供智力支持。组织中国演出行业代表团连续第三年赴中东欧国家采购节目，不断拓宽我国与该地区演艺产品双向交流的市场运作渠道。

打造民族品牌，推动中华传统工艺创新发展。与西藏林芝市签署关于推动非遗产品“走出去”的战略合作协议。打造平台支持对传统工艺进行国际化创新，实施“国家院团海外商演推广计划”“中国民间工艺海外推广计划”。在巴黎中国文化中心举办“文人造物艺术设计展”等。

注重文化贸易人才培育。举办 2016 全国对外文化贸易培训。在深圳、恩施、常州、上海成功举办“第五届中国文化产品国际营销年会”系列品牌活动。

现代对外文化传播体系逐步建立。多模式多渠道讲好“中国故事”。创建外宣新品牌“中华文化讲堂”，在西欧、北美和亚洲推出 9 个主题共 23 场讲座和展示活动。推出《时尚中国》和《丝路新颜》两个主题图片展，在世界 150 多个国家和地区展出。与探索频道合作拍摄的三集纪录片《中国文化之旅》，在春节期间通过探索亚太频道在 30 多个国家和地区播出，覆盖数亿观众。以文化为切入点拍摄《中国文化热像》《中国艺术家》等 2 部纪录片，讲述当下中国故事，阐释“中国梦”内涵。

围绕国家重点工作开展文化外宣。策划制作了《丝路新颜》摄影图片展、“一带一路”专题外宣短片、橱窗图片展及外宣台历，并举办“草原丝路”主题驻华外交官“文化中国行”活动。通过首都机场文化国门展出《伊斯兰风情摄影图片展》。联合多部门共同策划大型图片展《为了和平的纪念》和外宣短片，在联合国总部展出。为 33 个驻外使馆制作配发了建交图片展。

创新对外文化传播途径。开通了脸书“中国文化”官方账号，粉丝量已逾 5 万。改版外宣英文网站“中国文化网”，浏览量同比增长 25%。创建并举办两期“乐享中国”全球网友互动活动。启动“对外文化传播云平台”建设工程，搭建对外文化传播海内外互联共享的工作平台。将外宣礼品进行全新包装设计并升级为“中国文化礼”，使之成为传播中国文化的有效载体。

【对港澳文化工作深耕厚植，青少年文化培育成效显著】 服务港澳工作大局，加强顶层设计与机制建设。全面准确贯彻“一国两制”方针，支持港澳文化发展，支持其发挥独特优势，参与国家“一带一路”文化建设和国家对外文化工作。巩固文化部与港澳特区政府文化主管部门工作机制，落实年度文化交流合作执行计划。统筹指导部省、部直合作，完善对港澳文化交流重点项目扶持机制和品牌项目申报承办机制，推进粤港澳文化合作机制深入发展。

推进品牌项目提质增效，展示文化魅力，凝聚人心。遵循文化工作规律，提升品牌活动实效，深耕港澳基层文化土壤，扩大中华文化影响。继续举办“艺海流金”“内地与港澳文学对话”促进文化界交流融合。利用“欢乐春节”“香江明月夜”“濠江明月夜”等节庆活动和港澳主流艺术节、文化产业交流平台，推动文艺和文创精品进港澳。

寓教于文，增强港澳青少年国家意识和中华文化传承。持续举办“港澳大学生内地文化实践活动”“粤港澳青年文化之旅”“香港校园艺术大使交流”等示范项目，为港澳青年了解祖国文化搭建平台。举办“港澳视觉艺术双年展”“中国国际青年周之海峡两岸暨港澳地区青年联欢”等活动，助推港澳青年艺术人才成长发展。

【对台文化工作稳中求进，推动两岸携手传承和弘扬中华文化】 贯彻落实中央精神，加强对台文化工作。召开对台文化工作座谈会，研究探讨新形势下加强两岸文化交流的思路和举措。组派闽南地方特色剧目赴台湾中南部地区进行“乡音之旅”巡演、举办“情系青春——两岸青年吴越行”、实施“艺传两岸——台湾青少年传统艺术人才培训”、以“青少年与传统艺术”为主题举办海峡两岸民间艺术节、实施“文化名家进校园”计划，派专家赴台高校讲座。

共庆传统节日，凝聚两岸亲情。包括海峡两岸春节民俗庙会等13个项目，878人赴台举办“欢乐春节”，台湾地区副领导人、台文化事务主管部门负责人吴敦义、洪孟启及200万民众出席活动。举办海峡两岸中秋灯会等活动，体现两岸文化一脉相承和相互融合。

创新主题和形式，推动两岸文化交流和合作。继续探索对台文化交流放管结合新模式，激发两岸文化交流新活力。海峡两岸文化创意展、海峡两岸文化遗产节、两岸小剧场艺术节、“情系丝路牵手宁夏”两岸文化联谊行、两岸汉字艺术节、两岸文博会、两岸文学对话等活动成功举办。分藏两岸的河北幽居寺释迦牟尼佛像实现佛首佛身合璧展出并将回归大陆。

文化体制改革

【概况】 2015年，是全面深化改革的关键之年，是全面推进依法治国的开局之年，也是“十二五”收官之年和“十三五”谋划之年。作为全面深化改革的重要组成部分，文化体制改革服务大局、结合整改、围绕发展，在创新方式加快现代公共文化服务体系建设、深化文化市场综合执法改革、清理整顿文艺评奖、规范文化部直属企业管理等方面解决了一些难题，在战略性工作、制度性安排等方面取得重要突破，总体保持了积极健康向上的良好态势。

【文化宏观管理改革不断深化】 “十三五”规

划编制工作取得阶段性成果。文化部和各省(区、市)文化厅(局)结合实际,谋划"十三五"时期文化改革发展的总体思路、重大工程、重大项目、重大政策。文化部创新规划工作机制,部党组成员分别带队赴基层开展规划编制调研,积极组织开展前期研究和集中研讨,首次通过媒体广泛征求社会意见,首次成立规划编制专家委员会,进一步理清了思路和研究方向,完成了文化部"十三五"时期文化发展改革规划初稿,并积极对接国家总体规划进行修改完善。各领域专项规划、地方规划及区域协同发展规划的编制工作积极推进,研究起草了《文化部"一带一路"文化发展行动计划(2016—2020)》等。

行政审批制度改革工作取得良好成效。2015年7月建立"文化部职能转变重点任务会商督促工作机制",加强组织领导和统筹协调,落实国务院推进政府职能转变工作的重大部署及相关工作安排。取消由中央设定地方实施的"中外合资经营、中外合作经营的演出场所经营单位设立审批的初审""中外合资经营、中外合作经营的演出经纪机构设立审批的初审"2项行政许可项目,减少了行政审批环节、时间。在上海、天津、广东等地特定区域实施文化市场扩大对外开放相关政策,向全国推广上海自贸区试点经验,解除游戏游艺设备生产和销售的行业禁令。落实先照后证要求,定向修改娱乐场所、营业性演出、互联网上网服务营业场所管理的法规,修订美术品、互联网文化市场管理的规章,印发《关于落实"先照后证"改进文化市场行政审批工作的通知》《关于进一步加强游戏游艺场所监管促进行业健康发展的通知》。

文化部主管社会组织的管理得到规范。推动行业协会商会与行政机关脱钩,将中国文化管理协会、中国文化信息协会、中国演艺设备技术协会、中国文化产业协会、中国少数民族美术促进会等5家行业协会列入脱钩试点。坚持依法依规管理,严格控制文化部主管社会组织的数量,规范挂靠成立审批程序,加强日常监管,建立季度工作通报会议制度和违规记录制度,使相关社会组织步入健康发展轨道。

【国有文化单位改革继续推进】 国有文化企业改革持续深化。对中央办公厅、国务院办公厅印发的《关于推动国有文化企业把社会效益放在首位、实现社会效益和经济效益相统一的指导意见》中涉及文化部的职能工作进行任务分解和梳理,结合《落实〈关于推动国有文化企业把社会效益放在首位、实现社会效益和经济效益相统一的指导意见〉的重要举措和工作项目分工方案》,制定文化部的具体工作方案。同时,于2015年10月出台《文化部直属企业管理暂行办法》及《文化部直属企业国有资产重大事项管理暂行办法》等相关配套文件,第一次从人事、资产、法人治理、党的建设等方面对文化部直属企业管理工作提出全面要求,特别是规范了直属企业新设机构和投融资行为的管理,推动相关直属企业规范建立有文化特色的现代企业制度。

文化事业单位改革进一步推进。与国家事业单位分类改革相衔接,推进文化事业单位人事、收入分配、社会保障等制度改革。加强文化部直属事业单位管理,修订"三定方案",对内设机构等进行专项检查和治理,并印发《文化部关于直属事业单位人事管理工作有关事项的通知》《文化部转制企业负责人薪酬管理办法》《文化部转制企业负责人经营业绩考核办法》等,规范人事管理和收入分配秩序,调整工作人员基本工资标准,并顺利实现各直属事业单位养老保险缴费"预扣"。深入推进公共文化机构法人治理结构建设,指导各地公共图书馆、博物馆、文化馆等组建理事会,发布《关于推进博物馆理事会建设的指导意见》。

【对文艺创作生产的引导进一步加强】 艺术创作规划和引导扶持机制进一步完善。贯彻《中共中央关于繁荣发展社会主义文艺的意见》,以人民为中心的创作导向更加明确,创作优秀作品的中心任务更加突出。深入生活、扎根人民的长效机制更加健全,186 批次、近 4400 名文艺工作者深入基层,开展创作采风、结对帮扶、慰问演出等活动。国家艺术院团潜心创作,围绕"中国梦"和社会主义核心价值观推出了一批优秀作品,实现了"两个效益"的双丰收。全国戏曲工作座谈会召开,各地积极落实国务院办公厅印发的《关于支持戏曲传承发展的若干政策》,制定相关配套政策。国家艺术基金的管理制度、资助体系和运行机制深化创新,2015 年项目评审顺利完成,资助 728 个项目共 7.5 亿元,项目数和资助额大幅增长,新增美术创作资助项目指南。北京创新设立剧目排练中心,扶持原创、力推精品。

文艺评价体系逐步健全。改革文艺评奖制度,全面开展文艺评奖清理整顿,大幅压缩奖项数额,调整奖项设置,健全评奖机制。压缩 9 项节庆活动中的全国性评奖,节庆文艺评奖仅保留 3 项,中国文化艺术政府奖(文华奖、群星奖、动漫奖)评奖数额从原有的 530 个压缩为 60 个,压缩比例达 89%。加强文艺评论体制建设,开展文艺节庆展演一剧一评,促进评论与创作良好互动,扭转"重奖轻评"的倾向。实施艺术评论体系构建和引导计划,组建评论员队伍,加强业务培训和评论实践。《中国文化报》开设"艺海观潮"评论专栏,有效发挥评论引领作用。严肃评奖纪律,文艺批评风气逐步改善,低俗媚俗作品得到遏制,文艺市场逐渐回归理性,文艺工作者更加注重德艺双馨。

【现代公共文化服务体系建设进一步完善】 基本公共文化服务标准化均等化深入推进。中央办公厅、国务院办公厅于 2015 年 1 月出台《关于加快构建现代公共文化服务体系的意见》,对现代公共文化服务体系建设进行了全面系统的顶层设计。《国家基本公共文化服务指导标准(2015—2020 年)》作为《关于加快构建现代公共文化服务体系的意见》的附件一并印发。文化系统积极贯彻落实,并开展贯彻落实情况督察,截至 2015 年底,共有 21 个省(区、市)制定了具体的实施意见和实施标准。推进老少边穷地区文化建设,文化部、国家发展改革委、国家民委、财政部、新闻出版广电总局、体育总局和国务院扶贫办等 7 个部委联合印发了《"十三五"时期贫困地区公共文化服务体系建设规划纲要》。

公共文化服务社会化程度不断提升。国务院办公厅于 2015 年 5 月转发由文化部会同财政部、新闻出版广电总局、体育总局起草的《关于做好政府向社会力量购买公共文化服务的意见》后,文化部制定部机关适用的《文化部向社会力量购买公共文化服务管理暂行办法》,印发《文化部办公厅关于贯彻落实〈关于做好政府向社会力量购买公共文化服务工作的意见〉有关事项的通知》,辽宁、吉林、上海、山东、云南等地和新疆生产建设兵团出台了具体的实施意见,引导社会力量参与公共文化服务体系建设。发挥行业协会作用,运用市场机制举办 2015 年中国图书馆年会和中国文化馆年会。推进"文化志愿服务制度建设年"各项工作,研究制定管理办法及相关规范,文化志愿服务更加制度化和规范化。

公共文化管理和运行机制更加优化。国务院办公厅于 2015 年 10 月印发《关于推进基层综合性文化服务中心建设的指导意见》。各试点地区结合实际进行创新探索，浙江农村文化礼堂、安徽农民文化乐园、甘肃乡村舞台建设等取得积极成效。公共文化服务技术标准和评价标准建设得到加强，制定图书馆、文化馆业务规范。公共文化服务运行机制不断创新，涌现出内蒙古自治区图书馆“彩云服务”等一批典型。城市社区文化活动中心首次纳入免费开放范围。博物馆青少年教育资源与学校教育对接取得新成效，《关于加强文教结合　发挥博物馆青少年教育功能的指导意见》发布。文博机构积极开发创意产品，推动文物资源走进生活、生动呈现。

【现代文化市场体系更加健全】 进一步深化文化市场综合执法改革工作顺利推进。文化部会同中央宣传部、中央网信办、中央编办、新闻出版广电总局共同起草《关于进一步深化文化市场综合执法改革的意见》，推动解决深层次问题。开展规范化建设，制定和修订7个综合执法标准规范。组织文化市场综合执法培训31个班次，培训执法业务骨干3285人次。继续推进“中西部地区文化市场综合执法能力提升三年行动计划”。狠抓重大案件督察督办，查处多起涉及农村演出市场等的重大案件。集中部署文化市场安全生产排查整治、互联网上网服务营业场所专项整治，加强网络文化市场监管，查处4批违法网络文化活动，依法给予61家网络文化经营单位行政处罚，关停18家违法网站。

以内容监管为重点、以信用监管为核心的事中事后监管体系得到完善和创新。应对网络音乐、网络游戏、涉外演出、艺术品市场的新动向，出台加强内容管理的系列新政策，修订网络游戏内容审核指引，印发涉外营业性演出内容审核工作指引。研究起草《推广文化市场随机抽查　规范文化市场事中事后监管工作实施方案》，建立“双随机”抽查机制。推进信用管理，发布《文化市场黑名单管理办法(试行)》，在全国试行文化产品黑名单管理，在9个省(直辖市)试行文化市场经营主体黑名单管理，已公布38部网络动漫、120首网络音乐、19家上网服务场所黑名单。组织签订《失信企业协同监管和联合惩戒合作备忘录》，启动对严重失信主体的联合惩戒制度。加强网络文化市场监管，查处4批违法网络文化活动。进一步推广应用全国文化市场技术监管与服务平台，已覆盖90%的地市、区县。

【现代文化产业体系加快发展】 文化产业投融资体制和模式深化探索。进一步深化文化投融资合作，引导各地不断探索完善文化金融政策体系，积极研究制定和发布本地区促进文化金融合作的政策文件。2015年，在各项政策扶持下，金融机构不断创新文化金融产品及服务，文化产业信贷融资规模不断扩大。文化部联合财政部实施2015年“文化金融扶持计划”，对138个项目给予11.8亿元资金支持。

文化与科技融合创新力度加大。举行文化部重点实验室颁牌仪式，在“国家文化科技提升计划”中设立实验室专项。完成《文化科技企业调研报告》。贯彻实施《全国科学素质行动计划纲要》。文化部组织申报的《文化云服务平台关键技术研发及应用示范》等3个项目获得2015年度国家科技支撑计划批复立项。经文化部组织评审遴选，14个项目获批国家文化科技提升计划项目，22个项目获批文化部文化科技创新项目。组织完成2个2012年度国家科技支撑计划项目下设的11个课题的验收工作。完成47项文化科技创新类项目的验收结项工作，不断实现科技创新成果在文化领域的集成、转化与应用。

【进一步推动中华文化走出去】 海外中国文化中心加速布点建设。比利时、新加坡、坦桑尼亚、新西兰和斐济的中国文化中心相继投入运营，海外中国文化中心总数已达到25个。已建成的中国文化中心共开展活动2000余起，影响220万主流社会民众。中央领导同志高度重视中国文化中心建设，习近平主席访问巴基斯坦和新加坡期间为中国文化中心揭牌，产生了巨大反响；李克强总理访问马来西亚期间见证了设立中国文化中心谅解备忘录的签署；刘延东副总理为比利时中国文化中心揭牌。

中外思想文化交流机制不断优化。举办2015"汉学与当代中国"座谈会，邀请来自22个国家的26位汉学家，与21位中国各领域的著名专家进行研讨交流。举办2015"青年汉学家研修计划"，邀请来自30个国家的36位优秀青年汉学家，来华开展专业研修和交流。汉学家联合工作组赴土耳其、荷兰和俄罗斯访问，进一步加强了与国外汉学界及中国问题研究机构的联系，并探讨下一步开展汉学家工作的有效路径。同时，汉学家数据库、中外文化译研网等服务平台基本建立。

对外文化贸易工作联系机制取得明显成效。推动国有和旗舰文化企业创新贸易模式、拓展海外渠道，支持和组织企业与有关机构参加第58届美国演艺出品人年会、科隆游戏展等国际性活动。发挥北京、上海、深圳3个国家对外文化贸易基地的先行先试作用，辐射作用更加凸显。继续发挥"国家演艺出口公共服务平台""国家数字内容对外贸易服务平台"等国家级公共服务平台作用，文化贸易公共服务平台不断完善。

文化人才队伍建设

【概况】 2015年，文化部深入贯彻党的十八大和十八届三中、四中、五中全会精神，深入贯彻习近平总书记系列重要讲话精神，积极实施"人才兴文"战略，精心谋划人才工作思路，推进重点工作落实。以转变职能为契机，切实推进各项人才工程项目，统筹推动各类文化人才队伍建设工作。

【深入调研，为推动文化人才队伍建设提供决策依据】 开展高层次艺术人才成长规律课题研究。高层次艺术人才队伍是推进文化繁荣、带动文化创新的中坚力量，在艺术创作生产领域发挥着引领发展、建设梯队的作用。为进一步加强高层次艺术人才队伍建设，文化部开展了高层次艺术人才成长规律课题研究，并列为"十三五"时期文化改革发展规划前期研究课题之一。通过对成名艺术家的成长经历进行个案研究，总结艺术院团人才培养经验，参考人才成长相关理论著作和文献资料，形成了《高层次艺术人才成长规律研究报告》，围绕高层次艺术人才特征、成长环境和成长规律进行了初步探讨，并就加强高层次艺术人才队伍建设提出了意见和建议，为研究制定高层次文化人才培养扶持方案提供依据。

承担文化艺术专业人员职称制度改革课题。根据人力资源社会保障部关于深入职称制度改革课题研究的总体安排，文化部承担了"文化艺术专业人员职称制度改革研究"课题，成立了由文化部人事司牵头、文化部文化艺术人才中心具体承办以及相关单位参加的课题研究小组。课题研究主要采取调查问卷、实地调研、座谈交流等形式,形成了《文化艺术专业人员职称制度改革研究课题报告》,针对文化艺术专业人员职称制度现状和存在的主要问题,提出文化艺术专业人员职称制度改革建议,报送人力资源社会保障部参考。

*完成非公有制领域文化人才队伍建设调研报告。*为做好对非公有制领域人才的管理、联系和服务工作,围绕非公有制领域文化人才在评定职称、参与培训、申报项目、表彰奖励等方面存在的问题,在非公有制领域文化人才队伍建设调研的基础上,形成了《非公有制领域文化人才队伍建设调研报告》,对非公有制领域文化人才队伍的现状及特点、存在的问题及成因做了初步分析,并针对问题提出一些政策措施建议,为加强非公有制领域文化人才队伍建设打下了扎实基础。

*开展干部教育培训工作调研。*为进一步提升干部教育培训工作水平,切实增强培训工作实效,年初即赴外交部、公安部、教育部等部委开展干部培训工作调研,学习借鉴兄弟单位好的经验,后又赴全国组织干部学院、全国宣传干部学院等单位,深入了解他们在计划制定、重点班次、培训组织、教学安排等方面的先进经验。并在征求机关各司局和中央文化管理干部学院意见的基础上,形成了《关于干部培训工作调研情况的报告》,对加强和改进干部教育培训工作起到了积极作用。

【多措并举,努力推进各类人才队伍建设】

*着力培养选拔高层次人才。*一是做好海外高层次文化人才引进工作。按照中央组织部的统一部署,继续开展2015年"千人计划"文化艺术人才项目申报工作,确定了6人入选该项目。试点实施了文化部海外高层次文化人才引进计划,3名入选人员每人获得专项补助10万元。

二是做好高层次人才推荐选拔工作。开展了2014年文化名家暨"四个一批"人才、"万人计划"哲学社会科学领军人才推荐选拔,文化部13人入选。做好国家百千万人才工程人选、第四届全国中青年德艺双馨文艺工作者评选推荐工作。

三是拓展人才培养途径。实施动漫高端人才联合培养实验班计划,由文化部和教育部共同实施,北京师范大学、中国传媒大学和北京电影学院联合培养,2015年开展了最后一届招生工作。该计划是动漫学历教育的重要突破,自2012年以来共招生近80人,为动漫产业发展培养了一批高端人才。继续实施专业技术人才知识更新工程。经人力资源社会保障部批准,由文化部人事司主办,故宫博物院和中国数字文化集团分别承办了主题为文物单位知识产权保护、数字出版业务与数字版权技术的高级研修班,全国148名学员参加了研修。积极依托博士后科研工作培养高层次人才。国家图书馆、故宫博物院、国家博物馆、中国国家画院均已设立了博士后科研工作站,中国艺术研究院设立了博士后科研流动站,为培养高层次研究人才提供了平台。

*重视扶持青年人才发展。*一是实施国家艺术基金人才培养资助项目。2015年,国家艺术基金对人才培养项目进行了整合,实施青年艺术创作人才资助项目和艺术人才培养资助项目,共立项资助99项,资助金额10763万元。其中,青年艺术创作人才项目重点针对40周岁以下青年艺术人才进行资助,有效激发了青年艺术家的创作热情。

二是实施文化产业创业创意人才扶持计划。依托中央文化管理干部学院、义乌文交会、苏州创博会、深圳文博会、北京文博会等机构和平台,开展创意设计作品征集遴选、展示推介、人才培养,共征集优秀创意作品3000多件,培训入库人才约500人次,涉及环境艺术设计、建筑设计、视觉传达、工艺美术、动漫、互联网、新媒体等多个领域。为青年原创设计师提供交流、学习平台与展示、推介机会，帮助青年设计师们实现从设计作品到产品的跨越，有力促进了文化产业领域创新创业。

三是充分利用国家公派留学计划和留学归国人员资助项目培养支持优秀人才。继续加强与教育部国家留学基金委沟通协调，选派有发展潜力的优秀学者和中青年艺术家到国外著名院校或机构留学，开展 2015 年艺术类人才培养特别项目申报推荐工作。

四是实施名家传戏——当代戏曲名家收徒传艺工程。这是文化部实施"中华优秀传统艺术传承发展计划"、支持戏曲繁荣发展的重要内容之一，也是落实国务院《关于支持戏曲传承发展的若干政策》精神的重要措施。聘请一批老一辈戏曲名家采用"一带二"的形式，即每位名家向 2 名学生传授两出经典折子戏，使青年戏曲演员通过拜师学艺，逐渐完成传承上的对接融合、自然过渡，带动全国戏曲院团继续加大对青年艺术创作人才和表演人才的培养力度。2015 年共扶持京剧、昆曲和全国 31 个地方戏曲剧种的 141 组"名家传戏"，培养了一批青年戏曲人才。

大力培养基层文化人才。一是全面推进"三区"人才支持计划文化工作者专项。根据《边远贫困地区、边疆民族地区和革命老区人才支持计划文化工作者专项实施方案》（文人发〔2013〕1 号）要求和各有关省（区、市）的实际情况，继续实施边远贫困地区、边疆民族地区和革命老区（以下简称"三区"）人才支持计划文化工作者专项。2015 年"三区"人才支持计划文化工作者专项向中西部"三区"选派 16000 余人到县以下文化单位工作或服务，培养急需紧缺文化人才 1520 人。文化部分别赴重庆、河北开展专项实施情况督导工作，及时了解各地项目进展，并举办了"三区"人才支持计划文化工作者专项实施人员能力建设培训班，对项目实施情况进行总结交流。

二是实施全国文化干部素质能力提升工程。委托中央文化管理干部学院组织开展专项培训，以 5 年为培训周期，采取干部调训和省部联训两种方式，对全国文化系统的党政领导干部、专业技术人才和经营管理人才进行分级分类培训。内容涉及公共文化服务、文艺院团管理、文化创意设计、文化活动策划、文化遗产保护等多个专题。2015 年共举办培训班 25 期，培训学员 1040 余人。

三是开展"公共文化空中大课堂"网络专题培训工作。依托全国基层文化队伍远程培训网将优质培训资源直接推送至基层，提供面向基层文化工作者的在线学习服务，鼓励基层文化工作者利用业余时间自主学习。2015 年在进一步打造精品课程的基础上，成立了专门的技术小组全程跟踪，播放做到零差错零故障。全国各省（区、市）400 多个接收教学点参与，全年共举办 6 期，每期受训学员约 2 万人。

四是开展中西部地区文化市场综合执法能力提升三年（2014—2016 年）行动计划。印发《文化部办公厅关于 2015 年〈中西部地区文化市场综合执法能力提升三年（2014—2016 年）行动计划〉有关工作的通知》，确立 31 个省（区、市）和新疆生产建设兵团的对口交流协作关系。召集省级文化行政部门或文化市场综合执法机构负责人及业务骨干，举办中西部地区文化市场综合执法培训模式示范班，推广"少讲大课、加强实操"的培训模式；补助资金 52 万元，支持了中西部地区 22 个重点培训项目开展。

五是试点推动中国非物质文化遗产传承人群研修培训计划。为提高非物质文化遗产传承人群的实践水平和传承能力，印发了《文化部非物质文化遗产司、中国非物质文化遗产保护中心关于开展中国非物质文化遗产传承人群研修培训计划试点工作的通知》,公布清华大学等23所院校为试点院校。2015年,开展了21期普及培训,启动了9期研修班。在试点工作基础上,文化部会同教育部印发《关于实施中国非物质文化遗产传承人群研修研习培训计划的通知》,在全国范围内全面启动中国非物质文化遗产传承人群研修研习培训计划。

*加大急需紧缺文化人才培养力度。*一是积极开展紧缺艺术人才培养。2015年,相继举办了举办了西部编导人才培训班、全国文艺评论研修班,并联合上海戏剧学院举办2015年国际导演大师班(北欧班),加强观摩交流,注重创作实践,收到良好成效。文化部文化科技司和全国文化艺术职业教育教学指导委员会举办了全国艺术职业教育师资培训班,开设音乐、美术与设计、舞蹈、戏曲4个班次培训,来自全国58个单位的260余名艺术职业院校的院(校)长及专业教师参加了培训。同时,还举办了全国舞台监督培训班、全国小剧场经理高级研修班、剧本创作研修班等班次,培训学员600人次。

二是继续开展文化产业人才培养。加大西部地区文化产业人才培养力度,在广西举办了第12期西部文化产业经营管理人才培训班,给予新疆20万元资金补贴和师资支持,单独举办了2期2015年新疆文化产业人才培训班。继续开展文化产业投融资培训,举办了3期"文化产业投融资高级实务研修班",累计培训了300余家文化企业的企业负责人及财务负责人。加强动漫人才培养,2015年,继续打造国家原创动漫高级研修班动漫人才研修品牌,先后委托中国传媒大学、北京电影学院等举办了3期不同主题方向的高级研修班,让参训企业与新媒体渠道、投融资机构、授权合作商、动漫会展、海外发行等进行对接,使高级研修班不仅成为人才培养的平台,同时也成为动漫企业在资本、传播、项目、产品发展上的新平台和务实推动动漫产业发展的新载体。

三是继续实施重点文化设施经营管理人才培养计划。2015年,组织实施了6个专题(即园区集聚区、新兴业态类文化企业、艺术品和工艺美术及创意设计类文化企业、文化旅游和演艺及文化娱乐类文化企业、特色文化产业项目实施单位等高管人才培训,以及新疆重点文化设施经营管理人才专题培训)的21期专题研修班,培训文化园区及企业高管约1000人次。

【聚焦需求,不断提升干部教育培训质量】

*进一步加强教育培训统筹规划。*为进一步提高干部教育培训的统筹性、针对性和实效性,全面提升培训质量,根据中共中央印发的《2013—2017年全国干部教育培训规划》有关要求,以落实《2014—2018年全国文化干部教育培训规划》中的培训任务为重点,2015年10月,印发《关于进一步做好文化干部教育培训工作的通知》,作为今后一个时期开展干部教育培训工作的指导性文件,明确要求开展全国省、地、县文化厅局长轮训,并对强化主体培训班次、加强培训工作计划管理、培训阵地建设等方面做了明确部署。

*进一步加强培训基础建设。*一是进一步加强培训网络建设。通过加强宣传、完善管理、补贴经费等方式,进一步加大对全国文化干部网络学院的支持力度。全国文化干部网络学院具有在线学习、教学考评、培训管理、课程共享、交流互动等功能,共有5大类4000余门课程供在线学习。2015年,网络学院参学规模扩大到文化部直属单位,为7000余名直属单位干部职工配备了参加网络学院学习

的用户名和登录密码。为促进培训工作信息化、公开化建设,加大培训工作宣传和信息交流力度,在文化部官方网站开设干部教育培训专栏。主要发布部领导在培训班上的讲话及关于培训工作的指示、培训工作通知、文化系统培训工作相关信息等。国家图书馆和文化部全国公共文化发展中心充分发挥自身资源优势,通过数字图书馆推广工程"网络书香讲坛"、全国文化信息资源共享工程"数字学习港"等项目,参与全国基层文化队伍远程培训工作,丰富了远程培训工作内容体系,扩大了基层文化队伍培训工作的覆盖面和影响力。

二是进一步规范全国文化干部培训基地的建设管理。根据《全国文化干部培训基地建设管理暂行办法》,通过评审考核,新增了山西戏剧职业学院和宁夏艺术职业学院为全国文化干部培训基地,基地总规模扩展为 8 家。从经费、师资、教学管理制度等方面加大对培训基地的支持,鼓励基地充分利用自有优质资源和地方特色资源,开门办班、开放办学。举办培训基地业务骨干培训班,对各基地分管干部教育培训的领导和部门工作人员开展培训,进一步提升了工作人员的业务能力和服务意识。

三是进一步开发与编写培训教材。组织开展了第二批全国基层文化队伍培训教材选题申报和评审工作,确定第二批全国基层文化队伍培训教材共 20 种,计划分 5 年完成。2015 年 11 月召开了首批出版图书初审暨签约会,组织公共文化服务体系专家委员会相关委员对《基层图书馆管理与服务》《文化类社会组织培育与规范》《公共文化政策法规解读》《公共文化服务标准化建设》四种教材大纲进行评审,计划于 2016 年 3 月出版。中央管理干部学院根据承担研究项目,组织编写《中国公共文化服务发展报告蓝皮书(2014—2015)》《文化管理干部培训研究》《2013—2014 年度国家公共文化服务体系制度设计课题研究成果选编》《文化产业创业创意人才扶持案例集》等,出版一批研究成果作为培训教材和案例集等教学资料。

继续做好文化干部培训工作。一是继续推进部机关干部全员培训。为提升机关公务员队伍综合素质和业务水平,举办了多种形式的学习交流活动。继续开展专题讲座和自主选学工作。继续举办机关干部读书征文活动。作为每年一次的传统学习交流活动,为每个机关干部配发了 2 本必读书籍和若干自选书籍,请干部撰写读书体会,进一步提高了机关干部参与自主学习的积极性。继续与国家对外文化交流研究基地合作,在上海举办了"讲好中国故事"驻外干部专题培训班;并与国家对外文化交流研究基地签订合作编写文化外交官培训教材协议,计划由基地编写并出版《文化外交官高级研修班教程》。这是我国第一套针对各驻外使领馆文化外交官和驻外中国文化中心工作人员的专业教程,也是我国地方文化系统外事人员的培训参考读本。

二是继续组织实施主体培训班次。在吸取以往好经验、好做法的同时,突出培训主题,在培训内容、培训形式、培训方法等方面不断创新,将主体班次打磨成品牌班次。2015 年共举办了 16 期示范性培训班,如地方党政领导干部构建现代公共文化服务体系专题研究班、文化部系统司局级领导干部加强党性修养专题培训班、第 24 期全国地市文化局长培训班、第 9 期全国文化系统青年公务员培训班、第 4 期全国文化系统企事业单位青年干部培训班、第 4 期全国艺术院团经营管理人才高级研修班、第 7 期全国文化系统高技能人才培训班等。培训对象涵盖机关干部、部直属单位干部、全国县市长、全国文化厅(局)长、全国地市文化局长、全国文化系统青年公务员、全国文化系统企事业单位经营管理人员、青年干部和高技能人才等。做好支持援疆、援藏工作，专门举办针对新疆、西藏地区的培训班，如新疆文化管理干部培训班、西藏文化管理干部培训班、藏区文化干部培训班等。

三是继续加大示范性培训力度。继续举办全国基层文化队伍的示范性培训班，积极开展与地方合作在培训基地办班的探索，集中定向培训地方的文化骨干；广泛开展公共文化巡讲活动；稳步推进远程培训工作，进一步重心下移。全年在中央文化管理干部学院和7家全国基层文化队伍培训基地共举办示范性培训班50期，其中全额拨款班33期，培训来自全国32个省(区、市)的基层文化干部和业务骨干1500余人；定向补贴班17期，培训来自全国11个省(区、市)的基层文化干部和业务骨干800余人；在全国19个省(区、市)举办公共文化巡讲26期，受训学员达5000人次。中央文化管理干部学院和7家全国基层文化队伍培训基地除负责部本级培训工作的实施，积极开展辐射全国的特色专题培训和辐射周边的区域性培训，2015年，共承办各地文化部门委托举办的各类基层文化队伍培训班64期，累计培训近8000人。

【改革创新，进一步健全完善文化人才工作机制】 进一步健全人才选拔使用机制。一是进一步加强干部队伍建设。始终将习近平总书记提出的好干部标准贯彻于选拔任用全过程，积极创新工作思路，完善工作程序，加强干部监督，不断提高干部管理水平。通过出台相关制度规定，进一步严格选拔任用工作程序不断提高选拔任用规范化、科学化水平。通过调整和优化领导班子和干部队伍，采取考录、公开遴选等方式招录机关青年公务员，从全国范围内选拔优秀外语和会计人才等措施，进一步完善领导干部队伍、机关公务员队伍和驻外干部队伍结构。通过开展抽查个人有关事项报告、违规办理和持有因私出国(境)证件专项治理、对领导干部兼职取酬问题进行专项检查、部管干部档案专项审核等工作，不断加大对领导干部监督管理力度。

二是稳步推进人事制度改革。在直属事业单位开展了人事管理突出问题专项整治工作，对不符合中央和文化部规定的人事管理“土政策”和内设机构进行专项检查和治理。通过建立基本信息月报制度、加强中层干部任职管理监督、严格机构编制管理、严控编外人员和规范退休人员管理，进一步规范直属事业单位人事管理工作程序，明确有关工作权限。启动了直属事业单位“三定”方案修订完善工作。积极推进法人治理结构试点工作，协助中央编办组织制定“公共图书馆、博物馆、文化馆章程示范文本”，并督促10家法人治理结构试点单位积极推进。制定文化部直属文艺院团实行事业单位企业化管理改革绩效评价指标体系和考核办法，积极稳妥地推进院团管理不断深化。

进一步创新人才激励保障机制。一是认真推进养老保险制度改革、规范收入分配秩序。根据中央要求完成了机关事业单位工作人员基本工资标准调整工作，同步推进养老保险制度改革。出台《文化部转制企业负责人薪酬管理办法》和《文化部转制企业负责人经营业绩考核办法》等薪酬制度改革文件，合理确定并严格规范文化部转制企业负责人薪酬水平。

二是积极推动国家荣誉制度建设。国家勋章和荣誉称号法的立法工作已列入全国常委会2015年立法工作计划。2015年，根据全国人大法工委要求，两次就《中华人民共和国国家勋章和国家荣誉称号法(征求意见稿)》提出建议,就国家勋章和国家荣誉称号的设立、授予、范围、待遇等内容提出了修改意见。

进一步完善人才评价机制。一是继续开展职称评审工作。严格执行评审条件,强化对职称评审材料的审核。在评审会议中严格履行评审程序,坚持公正、公平原则,评委对参评人员逐一评议审核,确保评审质量。

二是做好职业资格清理整顿工作。根据人力资源社会保障部要求,对文化部机关、直属单位及社团开展的职业资格工作进行了全面自查,并提出工作建议。

三是继续开展文化行业特有职业技能鉴定工作。2015 年,在全国 11 省市内进行了 44 期近 8000 人次的鉴定,鉴定量增长 30%。全年共组织文化行业职业技能鉴定考评员(考官)培训 153 人,新增北京、上海、四川 3 家定点培训单位。

【强化服务,进一步营造文化人才成长良好氛围】 生活上热情关心,发放生活困难补助。2015 年初,为解决部分生活有特殊困难及身患重病的老艺术家、老专家生活困难问题,按照国务院的要求,向文化部直属院团和在京中央部委直属艺术院团 769 名老艺术家、老专家发放困难补助,发放补助总金额为 867 万元。此外,根据人力资源社会保障部安排,对按月享受政府特殊津贴人员情况进行了核查,及时将按月享受政府特殊津贴专项资金核拨到各有关单位。

搭建学习交流平台,组织开展高层次专家研修工作。一是举办文化领域高层次专家国情研修项目。会同中央组织部在中国延安干部学院举办文化领域高层次专家国情研修班,参加学员 37 人,主要为各地及文化部系统的历届文化部优秀专家。研修班依托延安及周边的革命历史资源,根据文化系统的工作实际,精心设计研修内容,采取课堂讲授与研讨交流相结合、理论学习与现场教学相结合的形式,取得了良好的效果。

二是举办高层次文化人才论坛。为加强高层次文化人才的联系,探索建立人才交流新型平台,发挥高层次文化人才的专长和优势,广泛听取他们的意见和建议,充分发挥他们在文化人才队伍建设中的示范和推动作用,在国家图书馆举办高层次文化人才论坛。论坛主题为“新时期　新机遇　新挑战——建设德艺双馨的文化人才队伍”,主要探讨在新的时代背景下如何建设高层次文化人才队伍,来自全国文化系统的 35 名高层次文化人才代表参加论坛,为高层次文化人才提供学习、研讨和交流平台。

三是继续组织专家考察休假。组织文化部系统 21 名在国内同行中有较高知度的专家赴重庆考察休假。参加考察休假活动的专家均具有高级专业技术职务,涉及艺术研究、文物博物、新闻出版、表演等专业。考察休假为专家提供了疗养身心的机会和学术交流的平台,增强了他们对重庆文化艺术发展历史和基层文化发展现状的了解,对地方图书馆、博物馆和文艺院团等文化工作提出了建设性意见和建议。

积极为人才排忧解难,为他们解决后顾之忧。解决夫妻两地分居,是解决干部后顾之忧的民心工作。按照条件办理的原则,以人为本,积极为文化部机关及各直属单位职工排忧解难。由于文化事业快速发展和人才流动速度加快,两地分居现象越来越突出,工作量急剧增加。文化部 2015 年为 38 名干部办理了解决夫妻两地分居手续,解决了干部后顾之忧,稳定了人才队伍。

文化财务管理

【概况】 2015年,全面贯彻党的十八大和十八届三中、四中、五中全会精神,深入学习贯彻习近平总书记系列重要讲话精神,紧紧围绕部党组统一部署和中心工作,以抓好"三严三实"专题教育为有力促进,以专项巡视自查整改为主要抓手,以落实党风廉政建设主体责任为重要保障,坚持问题导向,明确"监督管理年"的工作主线,按照年初制定的工作方案和任务目标,扎实有效地推进文化部财务管理重点工作。主要情况如下:

【政府购买公共文化服务工作全面铺开】 根据中央深化文化体制改革实施方案确定的任务分工,牵头并会同财政部、新闻出版广电总局、体育总局等部门,按时完成了《关于做好政府向社会力量购买公共文化服务工作的意见》的研究起草工作。《意见》经中央政治局常委会原则审议通过,于2015年5月由国务院办公厅正式转发。

《意见》的出台是一项开拓性、创新性的工作,通过转变政府文化投入方式,扩大广大群众有效参与,深入激发市场主体活力,构建起了多层次、多渠道的文化服务供给机制,对于转变政府职能、推动公共文化服务社会化、提高服务效能、规范和引导社会组织发展具有重要的意义。

为推动《意见》全面贯彻落实,及时下发了《文化部办公厅关于贯彻落实〈关于做好政府向社会力量购买公共文化服务工作的意见〉有关事项的通知》(办财务函〔2015〕250号),要求各地文化厅(局)会同财政、新闻出版广电和体育部门制定本地区政府向社会力量购买公共文化服务的指导性目录或具体购买目录。截至2015年年底,上海、辽宁、河北、吉林、重庆、甘肃等地已出台了本地区适用的购买公共文化服务实施办法,部分省市设立了专项资金。同时,《文化部向社会力量购买公共文化服务管理暂行办法》也正式印发,将于2016年起实行。

【文化投入保障力度持续加大】 在财政形势十分紧张的情况下,共落实2015年部门预算60.81亿元(含国家艺术基金8亿元,文化产业发展专项资金3180万元,国有资本经营预算1.02亿元),首次突破60亿元,比2014年同口径增加7.35亿元,增幅13.75%。同时,落实中央补助地方文化事业专项资金40.23亿元及发改委地方文化设施建设专项资金7.57亿元。

紧紧围绕文化改革发展中心工作,优化预算申报,科学核定申报规模,确保重点项目投入。以弘扬社会主义核心价值观、中华优秀传统文化、宣传"中国梦"为中心,支持文艺创作和展演展示,及时落实纪念抗战胜利70周年文艺晚会、歌剧《白毛女》3D舞台艺术片制作经费;落实国务院办公厅《关于支持戏曲传承发展的若干政策》,争取财政部在文化产业发展专项资金中安排优秀基层戏曲院团奖励资金5460万元,对81个县级转企改制院团和47个民营戏曲艺术表演团体给予扶持。围绕基本公共文化服务标准化、均等化建设,争取中央财政首次将城市社区文化中心纳入免费开放范围,落实专项资金1.43亿元;继续实施流动图书车工程,落实专项资金3624万元,将剩余151个国家扶贫开发重点县纳入配置范围,实现流动图书车在贫困地区的全覆盖。指导直属文化企业申报文化产业发展专项资金和国有资本经营预算项目,分别落实专项资金3180万元和1.02亿元,有力支持了直属国有文化企业发展。

积极适应财政体制改革要求,顺利完成三年支出规划编制工作,已落实 2016 年部门预算 54.16 亿元,相对 2015 年同口径略有增长,保证了文化部重点工作的资金需要。会同国家发展改革委、财政部深入开展"十三五"公共文化设施建设项目和扶贫重点支持项目调查研究,编制了"十三五"公共文化设施建设规划;争取财政安排贫困地区村文化室设备购置专项资金和提高乡镇文化站免费开放补助标准。

【文化阵地建设稳步推进】 重大文化设施推进明显加速,管理进一步严谨规范。国家美术馆工程建筑设计方案通过优化,获得国务院领导同志原则同意。中国工艺美术馆工程可研报告通过部党组会审议,已报送国家发改委。落实《京津冀协同发展规划纲要》要求,国家图书馆国家文献战略储备库项目选址调整到河北省承德县,项目建议书获得国务院批准。组织召开"平安故宫"工程领导协调小组会议和专题协调会,北院区项目立项申请报送国务院。中央歌剧院剧场工程完成施工等招投标工作,如期取得开工证。中国国家画院扩建、中央芭蕾舞团扩建、中国交响乐团团址翻扩建等项目均取得不同程度的进展。

海外文化中心建设稳步推进,习近平总书记亲自为新加坡中国文化中心揭牌,年内实现新加坡、比利时、坦桑尼亚、新西兰、斐济 5 个中心揭牌的目标。中共"六大"会址修复工作克服干扰、加快推进。塞尔维亚中心及时调整建设思路,有序推动筹建工作。尼泊尔中心装修改造克服地震影响,投入试运营。丹麦中心完成改造方案。罗马尼亚、瑞典、希腊等中心确定选址。

【监管工作有效延伸】 结合形势要求,打破原有工作界限,监管网络有效延伸和覆盖。针对中央巡视组反馈的主要问题,结合直属企业的现状特点,研究制定了《文化部直属企业国有资产重大事项管理暂行办法》,重点明确了国有产权转让、专项资金管理、对外投融资、大额资金运作等事项的决策程序、审批权限、审批方式,加强和规范了直属企业国有资产管理。组织 5 家直属企业及其 69 家子企业清产核资工作,进一步摸清家底,及时提出对策建议。

在配合审计署开展 2014 年预算执行审计的同时,首次实施 24 家直属事业单位审计全覆盖工作,形成了审计情况通报,并督促进行整改。开展了社会组织"小金库"治理、文化产业发展专项资金和国有资本经营预算核查。首次组织了驻外文化机构资产清查和财务轮审工作,形成了情况报告,并印发通报。针对审计和检查中发现的问题,及时梳理分析,追根溯源,明确责任,督促整改,切实堵塞了管理漏洞。同时,启动了中央补助地方资金监管研究工作。

【制度机制进一步健全】 一是完善制度体系。坚持用制度管权管事管钱,形成务实管用的长效机制。针对审计发现问题和管理的薄弱环节,以贯彻执行八项规定为抓手,修订了《文化部因公临时出国经费管理办法》《文化部机关会议费管理办法》等 3 项制度,制定了《文化部本级拨付资金管理办法》《文化部机关委托课题经费管理办法》《关于规范文化部机关劳务酬金发放的通知》《海外中国文化中心会计核算办法》《海外中国文化中心资产管理办法》《全国文化文物统计报表制度》等 11 项制度。积极落实《政府采购法实施条例》,多次组织政策培训、案例分析和答疑工作,推动各司局、各直属单位履行政府采购程序，据初步统计，2015 年部本级政府采购金额达 4779 余万元，同比增长 220%。此外，还制定了因公临时出国、团组出国演出等项目的支出参考标准和文化中心资产配置参考标准，文化财务制度体系进一步健全和完善。

二是创新工作机制。不断创新监管方式，化被动为主动，寓服务于管理之中，有效化解财务风险，提高财务管理水平。开展 29 家直属事业单位财务综合考评，建立起科学的评价体系，促进单位从被动接受监督检查向主动加强内部控制、强化内部管理转变。深入推进 8 家中直院团企业化管理工作，按照把社会效益放在首位、实现社会效益和经济效益相统一的原则，确定了绩效评价体系，并首次依据评价结果对奖励资金进行了分配，激发中直院团内生活力。

此外，还健全了对口支援新疆、西藏工作机制，建立季度监测制度，将 37 项对口援藏任务和 47 项对口援疆任务落实分解到各个部门，有效提高了对口支援工作的资源整合水平。文化扶贫工作有序推进，对文化部对口支援的江西黎川县进行了重点支持。

三是推动信息化建设。通过财务信息资源的共建、共享、共用，提高管理效率，增强服务决策的能力。部本级会计核算信息系统正式上线。直属单位财务联网系统、文化中心跨境资金监管系统、国有资产管理信息系统和政府采购计划管理系统的建设和升级工作有序推进。全面实施全国文化统计网上直报系统，统计数据的及时性和准确性进一步提高。深入开展统计分析研究，及时公开发布《2014 年文化发展统计公报》，圆满完成《2015 中国文化文物统计年鉴》《2015 文化发展统计分析报告》等统计材料的编印工作。

四是加强内部管理。加强重点工作的督促检查，针对领导批示件、“四会”议定事项、2015 年工作要点任务分工及其他重要专项工作，即时建账、经常对账、定期通报，抓工作落实的效能和水平进一步提升。重视抓好宣传信息工作，全年编发财务简报 40 期，《文化部简报》《工作交流》的采用量有较大幅度提升，文化财务工作信息多次得到部领导批示。

回顾 2015 年的文化财务工作，主要取得以下三方面成效：

*统筹协调紧密衔接的大财务工作架构基本建成。*经过几年的不懈努力，按照财务工作流程，构建了比较完善的组织体系，这个体系前有统计支撑，后有监督检查，中间包括预算编报、财务管理、资金核算、基本建设和资产管理（政府采购），形成了“大财务”的工作框架。

*完整规范的文化财务监督管理体系基本健全。*相继出台一系列管理制度，强化预算全过程管理。贯通“预算编报—预算执行—支出核算—监督检查—分析考核”的闭环管理链条，不同工作环节之间相互制约和促进，完善了预算编制与执行情况挂钩机制。同时，进一步拓宽监管范围，丰富监管手段，将监督管理触手由部本级、直属事业单位延伸覆盖到驻外机构、直属企业和地方专项，确保不留空白和盲点。

*文化财务工作科学化规范化水平不断提升。*总体上看，文化部的项目资金，在设立上有比较充分的论证，在资金分配上有相对统一的标准，在资金监管上有具体可行的办法。通过严格执行财经纪律和管理制度，并不断强化财务信息化建设、财务人员培训等基础工作，文化部财务工作基本实现了程序化运作、规范化管理。

新的一年，文化财务工作面临许多新任务和新要求，包括经济新常态对文化财政投入提出的新要求、建设现代财政制度对文化财政保障方式提出的新要求、监督检查多样化对文化财务管理提出的新要求等。对此，将进一步突出问题导向，按照部党组的统一部署，准确把握形势要求，在深入开展研究分析的基础上，形成扎实有效的工作措施，推动文化财务工作水平再上一个台阶。

文化法治

【概况】 2015 年，文化法治工作紧紧围绕文化建设的中心和大局，按照党的十八届三中全会、四中全会和习近平总书记关于全面推动依法治国重要讲话精神，统筹推动各项工作，不断为文化建设提供制度性保障。总的来说，2015 年是文化法治建设取得重要进展的一年，具体表现在文化领域的制度建设得到加强，文化领域依法行政工作不断改进，文化法制宣传教育的理念和方法日渐新颖有效。

【文化立法工作稳步推进】 *加强制度建设和统筹领导*。一是组织召开 2015 年全国文化法治工作会议。为深入学习贯彻党的十八大、十八届三中、四中全会精神，认真贯彻习近平总书记系列重要讲话精神，2015 年 5 月 18 日至 20 日，全国文化法治工作会议在北京召开。会议全面分析了文化法治工作面临的新形势新要求，总结梳理了文化法治工作的成效、经验和不足，对下一阶段文化法治的重点任务进行了安排部署。文化部机关各司局，各省、自治区、直辖市文化厅（局），新疆生产建设兵团文化局，各计划单列市文化局，文化部各直属单位负责文化法治工作的同志 120 余人参加会议。

二是制定文化部立法工作计划。2015 年 6 月，文化部印发了《文化部 2015 年立法工作计划》。《计划》提出，要认真贯彻落实党中央、国务院的决策部署，认真贯彻落实全国文化法治工作会议精神，紧紧围绕文化部 2015 年的中心工作，完成好公共文化服务、文化产业发展、网络文化传播、对外文化交流和艺术教育等领域立法工作。要及时总结文化领域改革发展的成功经验，通过法定程序将实践证明行之有效的改革举措上升为法律法规，通过文化立法推动改革、保障改革，为改革提供基础支撑。要坚持突出重点、兼顾需要与可能的原则，加快推动各项重点立法项目。《计划》将文化部各项立法项目根据成熟度、实际进展情况分为不同档次，并明确各档次的标准和推进要求。一档项目为立法必要性突出、调整对象明确、制度措施可行、已有初步成熟草案的立法项目，力争年内可以进入全国人大、国务院或部务会的审议程序。二档项目为有明确的立法必要性和可行性，起草司局已开展扎实的前期研究，进入到草案起草阶段的项目，条件成熟时可提交部务会审议。《计划》要求立法项目起草单位要按照分档要求，加强分类统筹，推动立法工作。《计划》还对起草单位加强调研总结、广泛征求意见、处理重大问题和困难分歧做出要求，建立了立法计划执行情况评估机制，将执行《计划》的情况作为下一年度制定立法计划的重要参考，确保《计划》执行到位。

文化领域基本法律研究进展顺利。改革开放以来，文化立法的基本思路是急需的先立、容易的先立，难免存在应急立法和经验立法的不足。为改进这些问题，文化部不断加强文化基本法律的研究工作。十八届四中全会明确提出，要制定公共文化服务保障法，促进基本公共文化服务标准化、均等化；要制定文化产业促进法，把行之有效的文化经济政策法定化，健全促进社会效益和经济效益有

机统一的制度规范。

一是加快了《公共文化服务保障法》立法进程。加快公共文化服务保障立法是保障公民基本公共文化权益、促进公共文化服务体系建设的必要措施。根据中宣部《未来五年(2014—2018)加快推进我国文化立法工作的建议》,该法的立法责任单位为全国人大教科文卫委员会。2015 年,文化部积极配合全国人大教科文卫委员会开展工作,在草案修改、征求意见方面积极参与,推动《公共文化服务保障法》尽快报请全国人大常委会审议。

二是加强了《文化产业促进法》立法工作力度。加快文化产业立法进程不仅符合我国大力发展文化产业的战略要求,也是推动文化产业成为国民经济支柱性产业的重要举措。2007 年起,文化部通过课题委托、专家座谈、收集资料等方式开展了大量的立法前期研究和学术准备。为加强对文化产业促进法起草工作的领导,有效组织文化产业促进法起草、论证等各项工作,确保起草工作顺利有序开展,2015 年,在中宣部指导下,正式建立由文化部牵头、多部门共同参与的文化产业促进法起草工作机制,设起草领导小组、工作小组,负责对起草工作的全面领导和具体推进。召开文化产业促进法起草工作启动会,起草工作机制各成员单位参加会议,标志着文化产业促进法起草工作正式启动。文化产业促进法起草工作机制建立以来,进一步组织研究论证,继续推进《文化产业促进法(草案)》的起草和修改完善工作,目前已经形成《文化产业促进法(草案)》、关于《文化产业促进法(草案)》的起草说明等阶段性成果,并对国内外相关立法成果、产业政策及其他相关资料进行了收集整理,形成文化产业促进法立法参考资料汇编。

其他重要立法项目稳步开展。《公共图书馆法》方面,2015 年,随着党的十八届三中、四中全会对文化建设提出了新的要求,特别是 2015 年 1 月中办、国办下发了《关于加快构建现代公共文化服务体系建设的意见》,对公共文化服务体系建设做出了具体部署。为贯彻落实上述会议和文件精神,国务院法制办提出对公共图书馆法法条进行修改,将中央新的要求体现在法条之中。为此,文化部委托国家图书馆研究院、国家行政学院、中国政法大学组成三个课题组针对国务院法制办提出的要求开展课题研究,对公共图书馆法法条进行修改完善,同时完成了社会力量兴办图书馆、其他类型图书馆、理事会制度、总分馆制度、捐赠制度、经费保障制度等 6 份研究报告。此后,文化部将公共图书馆法(工作稿)报送国务院法制办并共同修改研究。2015 年年底,国务院法制办面向社会广泛征求意见。

文化市场领域法律法规修订方面,2015 年,文化部配合国务院法制办对《营业性演出管理条例》《互联网上网服务营业场所管理条例》提出两项定向修改的意见:一是贯彻《国务院关于印发注册资本登记制度改革方案的通知》精神,按照先照后证的要求对相关的条款进行了调整;二是贯彻《国务院关于促进市场公平竞争维护市场正常秩序的若干意见》精神,增加了信用监管制度的条款。2016 年 3 月 1 日,国务院发布《国务院关于修改部分行政法规的决定》,吸收了文化部修改意见。

外国文化中心登记管理条例方面,2015 年,文化部及国务院法制办组成联合调研组,赴瑞典、匈牙利、法国开展文化中心调研工作,重点调研文化中心立法情况。经调研,国务院法制办提出了暂缓条例立法进程的建议,提出文化部先根据外国文化中心管理涉及的不同领域,由相应部门按照已有相关法规进行管理。对于部门间的协调问题,可以提请国务院召集协调会编发会议纪要,或者提请国务院出台管理文件。此后，文化部积极研究法制办建议，分析选择立法路径及方式。

古籍保护条例方面，2011 年 4 月，受文化部委托，国家图书馆、国家古籍保护中心成立古籍保护立法工作小组，在前期调研的基础上，于 2011 年 4 月初起草立法初稿，并听取了有关专家意见，进行了多次讨论修改。2015 年，根据党的十八大、十八届三中、四中、五中全会精神及中办、国办《关于加快构建现代公共文化服务体系的意见》要求，国家古籍保护中心组织专家对初稿进行了修改，基本形成了古籍保护立法思路、框架和主要内容。

【文化领域依法行政工作不断深入】 行政审批制度改革工作成效显著。一是建立“文化部职能转变重点任务会商督促工作机制”。2015 年 7 月，文化部建立了职能转变重点任务会商督促工作机制，该工作机制的内容主要包括三项。一是落实国务院推进职能转变工作的重大部署及推进国务院职能转变协调小组及有关专题组、功能组的工作部署，对涉及文化部的重点任务进行细化和分工，落实到具体责任司局，明确时间进度；二是沟通交流重点任务进展情况，了解推进过程中存在的问题和困难，会商下一步工作思路和举措；三是研究解决重点任务推进过程中的难点问题，并及时向国务院职能转变协调小组及有关专题组、功能组反映，提出相关工作建议，请其帮助沟通、协调、督促相关部门，推进任务落实。

二是继续取消行政许可项目。2015 年，根据中央简政放权精神，结合文化工作实际，文化部决定取消两项由中央设定地方实施的行政许可项目，分别为“中外合资经营、中外合作经营的演出场所经营单位设立审批的初审”“中外合资经营、中外合作经营的演出经纪机构设立审批的初审”。2016 年 2 月，国务院印发《关于第二批取消 152 项中央指定地方实施行政审批事项的决定》，决定再取消一批中央指定地方实施行政审批事项。上述两项行政许可项目均包含量在其中。这两项行政许可项目的取消，减少了行政审批环节、时间，为行政相对人提供更多便利。

三是贯彻文化市场主体准入“先照后证”制度。根据国务院的统一部署，文化部将涉及演出、娱乐、网络文化等 14 项主体准入审批项目，全部实施“先照后证”。2015 年 7 月 2 日，文化部下发《文化部关于落实“先照后证”，改进文化市场行政审批工作的通知》（文市函〔2015〕627 号）。《通知》要求进一步简化申报材料，减轻企业审批申报负担；落实注册资本登记制度改革，取消设立经营性互联网文化单位最低注册资本 100 万元，从事网络游戏经营活动最低注册资本 1000 万元的限制；审批过程中，文化行政部门不再要求申请人提供相关验资报告或者资金证明，设立章程、合同、企业管理制度等材料；取消文化行政部门对含有电子游戏机的游艺娱乐场所、互联网上网服务营业场所总量和布局规划的要求，省级文化行政部门可以根据法规规定的条件，对互联网上网服务营业场所、娱乐场所设立地点的认定做出具体规定等。

四是继续完善和创新事中事后监管方式。2015 年，文化部研究起草了《推广文化市场随机抽查　规范文化市场事中事后监管工作实施方案》，以推广文化市场随机抽查为抓手，创新文化市场监管方式，规范文化市场综合执法行为，营造公平竞争的文化市场环境。一是准备制定文化市场随机抽查事项清单，明确抽查依据、抽查主体、抽查内容和抽查方式；二是建立“双随机”抽查机制；三是合理确定随机抽查的比例和频次；四是加强抽查结果运用。同时，文化部正在研究起草文化市场黑名单管理有关办法,逐步构建以信用监管为核心的事中事后监管体制。

五是制定业务指南和服务规范,加强服务职能。文化部已对文化市场领域的 14 项 29 种审批事项的《办事指南》《业务手册》以及《行政审批通用文书》进行汇总修订;2015 年年底前将修订印发《涉外营业性演出内容审核工作指引》《网络音乐内容审核指引》《网络游戏内容审核指引》《文化部办公厅关于进一步加强营业性演出管理的通知》等文件,建立行政审批行为、程序、社会监督等全流程的示范性标准,着力修好行政审批工作的最后"一公里"。

六是优化对文化企业和创业人员的相关服务。2015 年,文化部印发了《2015 年扶持成长型小微文化企业工作方案》,为小微文化企业和文化领域创业者送政策、理思路、解难题,并在此基础上组织开展了小微文化企业投融资路演等一系列工作。文化部还积极协调财政部、国家税务总局修订完善《动漫企业认定管理办法》,进一步为动漫企业享受优惠政策创造便利条件,并在有关动漫扶持项目申报工作中,开通网上申报渠道,方便动漫企业申报。

*文化系统知识产权工作全面推开。*2015 年以来,文化部继续深入实施国家知识产权战略,促进文化领域知识产权工作顺利开展,有效发挥知识产权在促进文化大发展大繁荣中的重要作用。

一是加强规划引导。文化部开展了"十三五"时期文化领域知识产权保护重大课题研究,初步拟定了"十三五"时期文化领域知识产权工作的总体思路、主要目标和重点任务,相关成果拟纳入"十三五"文化改革发展规划。同时,文化部组织开展知识产权专题调研,研究起草关于加强文化知识产权工作的指导意见,针对文化系统知识产权工作薄弱环节和各个领域的工作特点,委托了国家图书馆等 3 家单位分别研究制订相关领域的知识产权工作指南。文化部还通过修订全国文化文物统计制度,首次将知识产权状况作为文艺院团、动漫企业、艺术科研机构等部门统计报表的重要内容,按年度进行统计。

二是加强文化品牌开发建设。文化部通过实施"国家动漫品牌建设和保护计划",在中央财政的支持下遴选一批优秀动漫品牌和动漫创意予以扶持,同时以品牌授权为方向,举办国家原创动漫高级研修班,促进动漫与相关产业融合发展,提高品牌开发和保护意识。文化部还启动了文化企业品牌建设现状及政策建议调研,收集地方政府扶持文化企业品牌建设的政策措施,摸清全国范围内不同业态的文化企业品牌培育与经营情况。文化部支持有关研究机构开展文化品牌价值评估体系研究,发布 2015 中国文化企业竞争力排行榜、2015 中国文化企业品牌价值"TOP50",引导文化企业加强内容创意、深化品牌建设,提高企业核心竞争力。

三是加大文化市场执法力度。文化部通过加强对地方文化市场综合执法的指导,下发季度执法工作要点,对全国文化市场综合执法机构打击侵犯知识产权行为进行部署,并且通过国际合作加强相关执法培训,在商务部的统一协调下积极参与"中欧知识产权 IP-Key 计划"合作项目,在合作项目框架下举办 2015 年第二期网络文化市场执法培训班。强化暗访抽查,加大市场监管力度。2015 年,文化部先后组织 13 个暗访组,对 13 个省(区、市)的 3115 家文化市场经营单位进行了暗访抽查,并派出 6 个检查组赴 12 个省(区、市)的 48 个县区开展交叉检查。加强重大案件管理,重点打击网络侵权,清理整顿互联网文化市场。文化部开展第九批、第十批网络文化市场案件以案施训工作,发布违法违规黑名单，依法给予 29 家网络动漫经营单位行政处罚，关停 8 家违法动漫网站，重点督办福建厦门“0311”违法网络动漫网站等案件。

四是参与国家知识产权重要政策文件的制定工作。2015 年，文化部积极参与《国务院关于新形势下加快知识产权强国建设的若干意见》的制定工作；参与了著作权法修订、专利法修订等立法研讨工作；同时就制订《深入实施国家知识产权战略行动计划（2014—2020）》等多份文件研究提出意见建议。

【文化法制宣传教育工作全面推开】 2015 年，文化系统坚持把法制宣传教育工作作为提高文化管理水平的重要举措，认真贯彻“六五”普法规划，加大工作力度，完善制度建设，创新普法形式，不断增强文化系统领导干部和工作人员的宪法意识、依法行政意识、公民文化权益保障意识、知识产权保护和文化遗产保护等法律意识，提高学法用法能力，为加快文化立法进程、提高文化执法水平，推动文化事业建设，促进文化大发展大繁荣奠定了坚实的思想基础，营造了良好的氛围。

*继续举办“文化与法治”法学名家系列讲座。*为创新法制宣传教育工作的新方式，不断增强文化系统领导同志和工作人员的法律意识，提高学法用法能力，文化部于 2011 年年底开始，筹办了“文化与法治”法学名家的系列讲座。截至 2014 年年底，共举办五期“文化与法治”法学名家系列讲座。2015 年，文化部政策法规司联合人事司、机关党委，委托国家图书馆筹办了“文化与法治”法学名家系列讲座第六期、第七期。其中，第六期配合国家知识产权周宣传，邀请华中师范大学法学院博士生导师、知识产权研究所所长刘华教授围绕“知识产权文化的中国实践”主题进行讲座；第七期邀请我国著名行政法学专家、中国政法大学副校长、中国行政法学研究会会长、中国行为法学会副会长、博士研究生导师马怀德教授围绕“依法行政和简政放权”主题进行讲座。两次讲座共培训文化部各司局、直属单位干部职工 200 余人，在文化系统内受到高度关注和热烈欢迎。

*编辑发行文化法制通讯、文化法规汇编。*目前制约文化法制建设的重要因素，一是理论研究相对薄弱；二是法制队伍不够健全；三是文化工作者运用法律的水平有待提高。解决这些问题，需要长期艰苦的努力，文化法制通讯的创办，正是这种努力之一。将《文化法制通讯》办成展示文化法制工作的窗口、加强理论研究的平台和凝聚文化法制队伍的纽带。通讯中包括文化法制动态的及时反映、最新法规的权威解读、理论研究的前沿探索、典型案例的透彻剖析、实践经验的深入交流等重要内容。《通讯》的宗旨，一方面是要洞悉文化发展的规律，促进纷繁复杂的文化形态和文化现象与法律思维、制度、环境的有机结合。另一方面，是要将国家法制建设中的普遍要求应用到文化管理的实践中，提高文化系统依法治理的水平。没有对文化规律的深刻把握，文化法制建设就是无源之水、无本之木，成为一项无的放矢的工作；没有制度建设的支撑和保障，文化业务工作就容易陷在琐碎的事务中不能自拔。2015 年，文化部共编辑发行了 4 期《文化法制通讯》，刊登工作动态、理论研究、法学论坛、法谚等文章 50 余篇，受到部领导、机关各司局、各地方文化厅局同志的欢迎，对文化普法工作起到了积极的推动作用。同时，文化部还编辑发行了《2014 年文化法规汇编》，发放给文化部各处室和地方文化厅局作为法制宣传教育基础材料。

根据政府信息公开的要求，在文化部网站上及时公布最新文化法规、规章和规范性文件。对文化部网站上涉及文化政策法规的公众留言及时进行了回复。

文化法治人才培训工作不断加强。为加强文化法治人才队伍建设,文化部于11月底举办了全国文化法治联络员研讨培训班,邀请了国务院法制办教科文卫司的领导、文化法治专家委员会的专家以及部法律顾问为培训班授课。各司局、直属单位和地方同志80余人在培训班上进行了充分交流和全面互动,以此培养文化法制工作者的法治思维,不断提高运用法治思维和法治方式处理问题的能力和水平。除举办专门的培训班外,文化部相关部门还结合工作需要,举办各种法治专题讲座,并定期为全国文化法治联络员提供学习资料。

文物事业

【概况】 2015年是“十二五”规划的收官之年,文物保护基础工作不断夯实,文物资源状况基本廓清,文物保护状况明显改善,博物馆建设步伐加快,公共文化服务水平稳步提高,文物对外交流合作日益扩大,国际影响力进一步增强,文物法规体系框架初步形成,这些都为建设社会主义文化强国、全面建成小康社会、实现中华民族伟大复兴中国梦贡献了力量。

【认真学习贯彻习近平总书记文物保护重要论述精神】 召开文物系统学习贯彻习近平总书记关于文物保护重要论述精神座谈会,编印《习近平总书记关于传统文化和文物保护重要论述摘编》。协调新华社、《人民日报》、中央电视台等中央主要媒体集中开展习近平总书记关心重视文物保护的专题宣传活动,促进各级党委政府和全社会更加重视文物工作,取得良好反响。

认真学习领会中央领导同志重要批示精神,组织起草国务院进一步加强文物工作的指导意见,筹备召开全国文物工作会议。2015年6月,召开由国务院有关部门负责同志参加的文物工作专题协调会,刘延东副总理出席会议并对国务院文件起草工作提出具体要求。

落实习近平总书记重要指示精神,积极推进长城保护工作。制定工作计划及任务分工方案,印发长城保护规划编制指导意见,督促长城沿线地方落实保护责任,开展长城全线巡查,指导河北文物、公安部门开展打击盗卖长城文字砖专项行动,加快推进一批中央财政支持的长城保护重点工程,部署实施重点段落安全防护工程,起草《长城执法巡查办法》《长城保护员管理办法》,组织中央媒体开展长城保护实地采访报道,举办小学生长城文化遗产公开课,开展“长城卫士”新媒体征文活动。

习近平总书记关心的一批重点文物保护项目取得显著成果。辽宁阜新万人坑死难矿工遗址修缮完毕,纪念馆新馆落成开放并举行隆重公祭仪式。侵华日军七三一部队旧址保护修缮工作全面完工,罪证陈列馆正式开馆并对外开放。河北正定古城保护工程进展顺利,武汉中共中央机关旧址保护利用工程全面启动。

【学习贯彻十八届五中全会精神,科学编制文物事业发展规划】 认真学习贯彻十八届五中全会精神,举办两期系统学习贯彻五中全会精神培训班,认真学习《中共中央关于制定国民经济和社会发展第十三个五年规划的建议》,并将建议要求贯彻到文物事业发展“十三五”规划的编制之中。深入开展调查研究,广泛征求意见,形成文物事业发展的重大项目、重大工程和重大政策，起草完成文物事业发展“十三五”规划征求意见稿。

编制古建筑石窟寺及石刻保护、大遗址保护、近现代重要史迹和代表性建筑保护等专项规划。加大对地方特别是边疆少数民族地区文物事业发展规划编制工作的指导，组织西藏、新疆和四省藏区“十三五”重点文物保护项目论证会，明确实际需求，确定重点工程和项目。

【深化文物系统改革，提高依法行政水平】 落实国务院简政放权工作部署，清理中央指定地方实施的116项文物行政审批事项，取消“馆藏文物拍摄许可”等4项行政审批事项，取消“全国重点文物保护单位修缮方案编制”等3项中介服务事项，取消考古发掘领队、文物进出境责任鉴定员2项职业资格。

加强行政审批事项后续监管，印发《关于进一步做好取消和下放行政审批事项后续工作的通知》。将“文物拍卖许可”等6项列入国家发改委市场准入负面清单。制定《国家文物局行政审批审查工作细则》，公布新版《国家文物局行政审批事项服务指南》。运行新版国家文物局网报网审平台，加快审批速度，优化审批流程。

推进博物馆理事会建设，出台《关于推进博物馆理事会建设的指导意见》，制定博物馆理事会建设指导示范文本。与中编办联合调研云南省博物馆，并将其作为试点单位，积极探索博物馆理事会建设经验。指导河南、湖南等省级博物馆成立博物馆理事会。

【深入开展文物资源调查，不断夯实工作基础】 全面推进第一次全国可移动文物普查。统一平台登录收藏单位11601家，其中8301家单位完成登录任务，共登录文物4203万件（合1548万件/套）。普查社会服务平台进入试运行，提供收藏单位、展览、藏品等多角度的信息检索。重庆、河南等地在普查基础上结合文物资源特点开展专项调查。北京、山东、山西、辽宁等省政府与各地市签订责任书，将普查工作情况纳入年度考核指标。浙江、江苏、湖北、四川等省文物与教育部门联合建立教育系统普查工作机制。青海、西藏等地通过普查将宗教场所收藏保管文物纳入文物保护管理体系。

加强“三普”后续文物保护基础管理，完成第六、七批国保单位记录档案建立备案工作。研究制定《未定级不可移动文物保护管理导则》《近现代建筑保护利用导则》，发布《古建筑日常保养技术规程》，完成《古建筑开放利用规程》《古建筑保护工程施工组织设计编制要求》。

分门别类开展文物保存状况调查。首次组织对古建筑类国保单位的保存现状进行专项调查。完成全国壁画彩塑现状调查。完成全国抗战文物资源调研，基本摸清保护利用现状。开展流失海外中国文物专项调查，完善流失海外中国文物调查项目数据库。

【加大文物保护力度，改善文物保存状况】 围绕纪念抗战胜利70周年加强抗战文物保护维修。召开文物系统纪念抗战胜利70周年推进抗战文物保护利用电视电话会议，印发《关于做好抗战文物保护和纪念抗战胜利70周年活动的通知》。实施40个抗战类全国重点文物保护单位维修项目，文物系统管理的113处抗战类国保单位在2015年8月底前全面实现开放。

重点文物保护工程稳步实施。重庆大足石刻千手观音造像保护修复项目全面竣工。山西南部早期建筑保护工程中的105处文物维修工程完工95处，应县木塔保护工程进入专业施工阶段。西藏“十二五”重点文物保护工程22个古建筑维修项目全部完工,四川芦山地震灾后文物抢救保护工程130个项目全部开工,延安革命旧址22个灾后文保项目基本完成,赣南等原中央苏区革命旧址保护利用工程启动150项。

传统村落整体保护项目有序开展。推进首批51个国保省保集中成片传统村落整体保护利用项目,启动第二批100个项目。确定浙江松阳为传统村落保护利用试验区。

考古和大遗址保护不断加强。三峡文物保护工程专项验收全面完成。组织全国专业力量对南昌西汉海昏侯墓考古发掘进行现场指导,获得一系列重要发现。持续推进大遗址保护及国家考古遗址公园建设,实施景德镇御窑厂遗址保护等一批大遗址保护展示重点工程。开展山东曲阜鲁国故城、江苏扬州城遗址、安徽凌家滩遗址等8处大遗址综合效益评估。

世界遗产工作成果丰硕。湖北、湖南、贵州三省土司遗址成功列入《世界遗产名录》,我国世界遗产数量达48项。左江花山岩画文化景观、厦门鼓浪屿申遗项目前期准备工作进展顺利,海上丝绸之路申遗前期工作加紧推进。组织丝绸之路、大运河保护状况巡查,完成中国世界文化遗产地监测预警体系建设一期项目。

水下文化遗产保护有序实施。召开全国水下文化遗产保护工作会议,国家文物局水下文化遗产保护中心独立建制。全年实施14项水下考古项目。编制《水下考古工作规程》。“南海I号”考古发掘、出土文物保护和数字化展示工作有力推进,“丹东一号”水下调查获得重要发现,西沙海域等水下考古调查取得阶段性进展。

【发挥文物资源作用,提升博物馆工作水平】

加强博物馆建设和管理。《博物馆条例》颁布实施,博物馆数量已达4692家,其中国有博物馆3582家,非国有博物馆1110家。辽宁省博物馆、贵州省博物馆、云南省博物馆新馆建成并对外开放。制定非国有博物馆运行评估办法及指标体系,对符合评估条件的846家非国有博物馆进行评估。

提升博物馆展览质量。发布《关于提升博物馆陈列展览质量的指导意见》,持续开展“全国博物馆十大陈列展览精品推介”,重点推介天津博物馆“器与道”等12项展览作为“弘扬优秀传统文化、培育社会主义核心价值观”主题展览。首次举办“全国博物馆展览季”活动。故宫博物院建院90周年“《石渠宝笈》特展”盛况空前。加强抗战文物展览展示,策划推出了一批有影响力的抗战文物专题陈列展,支持四川建川博物馆与美国海外抗日战争纪念馆合作举办“尊重历史·珍惜和平”展。编制《全国重要抗战文物导览(2015)》并免费发放,出版《文物在诉说——抗战遗迹概览》。

开展经济社会发展变迁物证征藏试点。召开“经济社会发展变迁物证征藏工作”专家座谈会,遴选北京、山西、山东、四川、广东5省市和北京鲁迅博物馆进行试点。山东省将新中国成立以来农村经济社会发展变迁情况作为征藏试点,制定13大类数百项物品的征藏标准和程序。

发挥博物馆教育功能。与教育部联合发布《关于加强文教结合,发挥博物馆青少年教育功能的指导意见》,与中国博物馆协会、教育部联合召开博物馆青少年教育工作研讨会。继续部署北京、内蒙古等10个试点工作完成情况较好的省份继续开展2015年度试点工作。

推动博物馆文创产品开发。对故宫博物院、首都博物馆的文化产品开发进行专题调研,组织召开博物馆文化产品开发工作推进座谈会，制定《博物馆商业经营活动管理办法》。确定中国国家博物馆等 10 家单位为首批“全国博物馆文化产品示范单位”。举办“博物馆及相关产品与技术博览会”。

提升文物流通管理服务水平，加强文物进出境审核监管。研究制定文物拍卖企业经营评估方案和评估标准体系，对 8 省 38 个文物拍卖企业进行重点抽样评估。研究制定文物拍卖标审核办法和标准。起草规范民间收藏文物鉴定活动指导意见，会同国家新闻出版广电总局健全文物鉴定类广播电视节目监管机制，与海关总署签署合作备忘录并积极落实文物进出境监管各项重点工作。完善文物进出境责任鉴定员资格管理制度，运行文物进出境审核管理系统和电子标签。

【强化执法督察，加强安全监管】 加大文物督察力度。设立文物违法举报中心，出台《文物违法案件举报受理办法（试行）》，开通“12359”文物违法举报热线、网站。制定《文物违法案件督察督办管理办法》，加大文物违法案件督察力度，全年直接督办文物违法事项 120 余件，重点督察甘肃景泰明长城索桥堡段损毁案等重大案件。实地督察郑州上街区、福州仓山区等地不可移动文物消失情况，在安徽黄山、河南洛阳两市 12 个区县开展不可移动文物遥感执法监测。对 270 处传统村落中的不可移动文物进行全面执法检查。遴选推介 2014—2015 年文物行政执法十大指导性案例。完善苏浙沪文物执法协作机制，指导北京、杭州、南京完善文物安全执法志愿服务机制。

强化文物安全。与公安部联合印发《文物建筑消防安全十项规定》，开展文物建筑消防安全专项检查。加快推进“平安故宫”工程，全面部署 100 处国保单位中文物建筑集中分布的古城镇、古村寨、古建筑群消防工程建设，跟踪督办云南巍山拱辰楼火灾、重庆黄山抗战遗址草亭火灾等重大文物安全案件。出台《文物建筑防火设计导则》，制修订《古村寨火灾防控技术规范》等 4 项文物建筑消防标准。

联合打击文物违法犯罪。与公安部联合印发《关于加强打击和防范文物犯罪工作的通知》，重点督察辽宁朝阳公安、文物部门破获“11·26”盗掘古文化遗址古墓葬案，破获河北定州特大文物盗窃案。健全与海关总署打击文物走私联合工作机制。与中国海警局协商确定将沿海重要水下遗址纳入海警日常执法巡航范围，推进南海海域文物执法专项巡查前期工作，指导沿海省份文物、海洋等部门持续开展水下文化遗产执法巡查。

【强化保障机制，加强能力建设】 文物法治建设深入推进。扎实推进《文物保护法》修订，起草完成并上报《文物保护法》修订草案（送审稿），国务院法制办已将该草案公开向社会征求意见。全国人大常委会公布关于《文物保护法》四个条款的修改决定。召开全国文物系统贯彻落实《博物馆条例》电视电话会议，发布《关于贯彻执行〈博物馆条例〉的实施意见》，编著《博物馆条例释义》。推动最高法、最高检联合公布《关于办理妨害文物管理等刑事案件适用法律若干问题的解释》。

文博队伍建设力度加大。考古专业人员、文物修复师等 9 个文博行业职业纳入新修订的《中华人民共和国职业分类大典》。遴选 9 家单位作为文博人才培训示范基地（试点单位）。圆满完成为期 5 年、25 期的全国县级文物行政部门负责人培训项目，累计培训 2716 人。扎实推进文博人才培养“金鼎工程”，全年举办博物馆条例、“十三五”规划编制等 50 多个培训班，培训人员 3000 余名。与西北大学、北京建筑大学合作实施“高层次文博行业人才提升计划”。推进全国文博网络学院一期项目建设。

文物科技水平不断提升。“一带一路”文化遗产保护与传承科技专项建议列入科技部专项规划。与国家自然科学基金委建立战略合作关系。推进精品文物、精品展览数字产品和智慧博物馆试点,各级文博单位全年主导和参与的智慧导览和文博 APP 产品首次超过 5000 个。审议发布 10 项行业标准,指导完成《博物馆建设标准》国家标准编制。会同工业和信息化部、重庆市启动国家文物保护装备产业基地建设。

文物宣传工作取得明显成效。举办重庆文化遗产日主场城市活动、河北博物院国际博物馆日主会场活动,策划推出全国“十二五”文物保护成果展,开展社会力量参与文物保护典型事例宣传推介,与中国摄影家协会联合征集传统村落摄影作品并举办专题展。召开可移动文物普查、《博物馆条例》颁布实施、抗战文物保护利用等新闻发布会,组织中央媒体对河北幽居寺佛首金身合璧、甘肃大堡子山流失文物回归、辽宁朝阳古遗址盗窃盗掘大案告破等进行实地采访报道。局官方微博运行良好,累计发布信息超过 2000 条,原创率超过 95%。加大文博舆情监测报送工作力度,积极应对云南巍山拱辰楼火灾等舆情事件,及时发声,正确引导舆论。扎实推进《中国文物志》编纂工作。

【扩大交流合作,中华文化影响力不断提升】

海外流失文物追索成果丰硕。美国政府向我国移交海关截获的 22 件流失文物和 1 件古生物化石,这一成果列入国家领导人访美联合公报和成果清单。首次促成法国政府及原始捐赠人先后两次向我国返还 60 件甘肃大堡子山遗址流失金饰片文物。在台湾佛光山成功举行河北幽居寺释迦牟尼佛首捐赠仪式,实现佛像身首合璧。

政府间交流合作不断加强。与柬埔寨、尼泊尔、罗马尼亚签署打击走私文化财产双边协定,与中国签署协定的国家已达 19 个。与西班牙签署《关于促进文化遗产领域交流与合作的谅解备忘录》。实质性参与中美、中俄、中欧、中法、中英高级别人文交流机制,作为中方成员单位参与中美、中欧投资贸易协定谈判,亚洲投资银行创始章程中增加“文化遗产”的表述和标准。

国际组织交流日益深化。联合国教科文组织 1970 年公约第三次缔约国大会正式通过《公约操作指南》,有关条款充分吸收了《敦煌宣言》内容。参加联合国教科文组织水下公约缔约国大会,介绍我国近年来水下文化遗产保护工作情况。履行与国际文化财产保护与修复研究中心(ICCROM)框架协议,成功举办博物馆库房重整培训班。

对外展览扩大中华文化影响力。习近平主席对新加坡中国文化中心“文物带你看中国”3D 触摸屏给予充分肯定。配合李克强总理访问秘鲁,举办“天地之中——中华文明之源”文物图片展。赴法“汉风——中国汉代文物展”取得圆满成功。

文物援外工作不断拓展。基本完成中国政府援助柬埔寨吴哥古迹茶胶寺保护修复主体工程,援乌兹别克斯坦花剌子模州希瓦古城历史文化遗迹修复项目进展顺利,援助蒙古国科伦巴尔古塔抢险维修项目完成实地勘察、方案编制设计工作并进场施工。完成中国政府援助尼泊尔文物修复建议报告,加德满都杜巴广场九层神庙修复项目列入我国对尼震后重建重点项目。

与台湾、香港、澳门的交流日益活跃。第二届海峡两岸及港澳地区文化遗产活化再利用研讨会在台湾成功举办,以“分享、交流、发展”为宗旨共同探讨文化遗产保护与合理利用的平衡发展之路，目前已成为文化遗产领域海峡两岸及港澳地区共同参与的机制性交流平台。成功举办赴港“汉代文物展”和澳门“申遗成功十周年文物保护成果展”。

【积极推进其他工作】 落实中纪委文件精神，开展文物保护单位内违规私人会所自查。中央教育实践活动办公室提供的会所名单中，文化文物部门管理使用的文物保护单位（含不可移动文物点）内的 27 个私人会所全部处置完毕。

（国家文物局　彭跃辉）

2016

中国文化年鉴

Yearbook
of
Chinese Culture

部属单位文化发展

文化部信息中心

【概况】 2015年，文化部信息中心进一步完善政府门户网站建设，创新电子政务云平台建设，启动安全管理和技术支撑平台建设，推动文化信息资源的开发管理和综合利用，促进信息应用服务，大大提高了文化部信息化管理水平。

【内部管理】 以制度建设为抓手，保障业务工作有序进行。完成信息化资产登记造册工作，起草文化部网络安全和信息化建设运维工作方案；配合财务司拟定《文化部机关公务电话安装使用管理规定》；修订《文化部信息系统等级保护管理制度》，起草《文化部信息系统应急处置规程》，提高信息系统运行维护管理水平。

加强组织建设，优化人员配备。中心成立技术服务站，明确岗位职责和业务范围，科学合理调配中心网络管理和业务系统的运行维护资源，提高网络安全和信息化的技术支撑保障能力与事故响应速度。进一步优化处室职能分工，调整人员岗位，新招聘一名应届毕业生作为中心技术工程师，加大人才培养力度，组织技术培训和研讨活动，进一步提高技术服务水平。

重视和加强财务管理工作，管理内容全面扩展，管理水平不断提升。不断规范预决算管理，确保预决算编制内容填列完整、准确；加强预算执行进度，保证预算执行率达到各阶段计划指标；完善财会制度，严格会计资料管理；加强资产管理及使用；对政府采购的预算编报和操作流程严格管理，确保采购实施科学合规。积极配合文化部财务司开展文化部直属事业单位2014年度财务考评工作。经过对中心的预决算管理、财会基础工作、资产管理、政府采购、审计与监督检查以及机构与人员6个方面的考评，中心综合得分在90分以上，评定为“优”。

【信息服务】 加强文化部政府门户网站建设，发挥政务公开和新闻宣传效能。为进一步规范文化部政府门户网站建设，按照国办通知要求，文化部开展了政府门户网站自查整改工作，对部门户网站主站及子站近300个栏目进行地毯式自查。关闭、调整29个子站，新设计制作栏目4个，迁移数据近3万条，修复或删除不可用链接近400条，补充内容更新近200条，提高了政府门户网站运行效率。2015年，文化部政府门户网站共发布各类政务信息8000余条；积极开展各类新闻发布会、通气会的宣传工作，共进行网上直播11场，同步访谈7次，制作各类宣传视频15个；推出“两会代表委员谈文化”“国家级非物质文化遗产代表性项目名录——二十四节气”等热点专题4个；加强政府网站政策解读和意见征集功能，设计制作《关于做好政府向社会力量购买公共文化服务的意见》政策解读图解，并开展网上征集意见。

实施文化部电子政务平台建设，促进信息交换共享。2015年，文化部实施电子政务平台一期项目。一期项目以公文处理为抓手，通过建设电子政务云平台，实现办公系统从涉密非涉密混合到分网运行的转变，实现终端电脑从物理机到云桌面的转变，提升了办公效率，减少了客户端操作的复杂性，提高了网络运行的安全性。为推动文化部电子政务各项业务系统的全面整合，促进信息交换共享奠定基础。

开展政务信息资源数据库项目建设，提升政府治理能力。为进一步加强文化政务信息资源数字化管理工作，中心以文化部政务资源目录为纲，制定了《文化部政务信息资源目录元数据标准》《文化部政务信息资源标识符编码标准》和《文化部政务信息资源分类标准》等标准规范，对部内业务流程中产生的政务信息资源进行收集、整理、汇编，并对外部相关政务信息资源进行关联、筛选、汇集，形成文化部政务信息资源库运行体系。项目一期主要开发建设文化法律法规文件数据库和文化部内部资料库。积极开展课题和数据标准研究工作。中心申报的《数字文化作品的收集保存系统研发与展示应用》项目被列入2015 年度“国家文化科技提升计划”。

启动文化部安全管理和技术支撑平台建设，增强重要信息系统安全保障能力。针对全国文化系统信息安全形势日益严峻，安全建设管理相对滞后的情况，中心启动了安全管理和技术支撑平台建设。该项目建成后能实现对文化部系统和地方文化厅局网站和重要信息系统的即时监测、安全事件的预警和有效处置，推动文化部信息安全管理工作的标准化。

【系统运维】 改善部机关信息基础设施建设。完成文化部机关内、外网机房、卫星电视、电话机房的机房改造工程，并通过验收。按照部机关搬迁工作安排，按时完成部机关政府网站和各信息系统的迁移和上线工作。配合机关服务局完成部机关弱电改造工程建设工作。

完成视频会议系统视频会议室改造工作，部署直属单位节点建设工作。文化部原视频会议系统与全国 32 个省市连接，已运行 8 年有余，设备进入老化期，故障频发、运维困难，影响文化部视频会议的正常召开。2015 年 7 月，中心把握部机关大楼装修改造的工作契机，更换陈旧、老化的软硬件设备，完成了部机关 309 视频会议室改造。为扩展视频会议系统功能，8 月启动直属单位节点建设。目前，已多次召开全国性视频会议，画面清晰，音频信号稳定。

加强网络和信息系统安全建设，推进信息系统安全管理工作。完成政府门户网站、视频会议系统、业务专网财务信息系统的等级保护测评工作和涉密办公网信息安全分级保护整改工作。配合部办公厅完成涉密办公网加密卡安装调试工作，完成保密检查工具的选型和测试等工作。开展文化部系统网络和信息安全通报工作，推动文化行业信息安全等级保护工作。完成 2015 年文化部网络安全检查工作。

利用信息化手段配合各司局业务开展工作，提高工作效率和管理水平。中心积极配合司局研发业务系统，完成了文化部财务司财务信息系统虚拟化平台建设，涉外营业性演出公示系统、国家艺术基金复评系统研发。中心配合司局开展课题和数据标准研究工作。《非物质文化遗产多媒体资源库建设与示范应用——民族器乐音频资源部分》项目被列入 2014 年度“国家文化科技提升计划”项目。2015 年，《民族器乐元数据》《民族器乐分类与代码》《民族器乐数据建设规范》3 个规范性文件，民族器乐音频资源库开发和音频资源收集整理，经典民族器乐音频采集和成果物 CD 制作等工作全部完成。

【信息安全】 推进文化部网络安全和信息化工作。中心认真研究中央网信办 2015 年工作要点分工，推进落实重点工作。“加快文化资源数字化，统筹推进文化信息资源库建设”是文化部担任牵头单位的工作要点，中心密切联系业务司局，汇总上报文化资源数字化最新进展；编制了《文化信息资源库建设规划》，作为“十三五”电子政务建设规划提交至国家发展改革委。2015 年，中心与行业信息化主管部门对接与合作，共办理中央网信办等信息化主管部门来文来函20余件。

进一步统筹文化部信息化资产运维和安全管理工作。中心结合工作实际,撰写《关于加强文化部信息化资产运行维护和安全管理工作的报告》。经部务会讨论通过后,逐条研究落实。起草《关于文化部信息系统审计发现问题整改措施》,针对审计发现问题,研究提出针对性强、易操作、利于文化部网络安全和信息化工作发展的整改建议。

(袁　媛)

国家艺术基金管理中心

【概况】 2015年度基金资助范围包括艺术的创作生产、传播交流推广、征集收藏、人才培养等方面,资助项目立足示范性、导向性,努力体现国家艺术水准。

2015年,在文化部正确领导下,在财政部大力支持下,在基金理事会直接指导下,国家艺术基金管理中心(以下简称“管理中心”)深入贯彻党的十八届三中、四中、五中全会精神,深入学习习近平总书记《在文艺工作座谈会上的讲话》,贯彻落实《中共中央关于繁荣发展社会主义文艺的意见》和《国务院办公厅印发关于支持戏曲传承发展若干政策的通知》,按照“公平公正,公开透明”的要求,顺利完成资助项目调研规划、指南发布、征集评审、监督验收和工作体系建设等工作,通过开展“三严三实”专题教育,积极推进党组织建设和队伍建设。

【管理体系】 落实“科学化、规范化、系统化”要求,不断健全完善艺术基金的资助体系、制度体系和管理工作体系。在广泛调研,深入论证,认真听取各方面意见基础上,经基金理事会审定,将2014年度设立的美术书法摄影创作人才项目扩展为青年艺术创作人才项目,新增了对戏剧编剧、曲艺文本、音乐作曲、舞蹈、舞剧编导和工艺美术创作等当前艺术发展急需紧缺人才的支持。制定发布《国家艺术基金美术创作资助项目申报指南》,自2016年起开展美术创作项目申报评审,发挥艺术基金对美术创作的引领示范作用;调研论证开展捐赠工作方式、方法,研究制定《国家艺术基金接受社会捐赠工作管理办法》等配套文件,进一步完善艺术基金资助体系。

制定发布《国家艺术基金资助项目监督管理若干规定(试行)》《国家艺术基金资助项目结项验收办法》和《国家艺术基金标识使用管理办法》等艺术基金的规范性文件。制定实施《国家艺术基金管理中心保密工作规定》《国家艺术基金管理中心外事工作暂行管理办法》等管理中心内部规章制度30多件。加强财务管理、细化财务制度,制定《国家艺术基金财务内部控制方案》《国家艺术基金管理中心经济责任制若干规定》,积极配合专项审计工作,在文化部直属事业单位财务工作考评中名列前茅。围绕资助项目指南发布、申报评审、监督验收等重点环节,制订详细方案,明确运行程序,保证重点工作能够“按制度管理,按程序运行”,把纪律和规矩挺在前面。

在艺术基金的组织架构上,构建了理事会、专家委员会、管理中心“三位一体”、适当分设、相互制约、相辅相成的管理运行模式,形成了“决策、执行、监督”的现代治理体系。管理中心6个内设部室从内控原则出发,按基金工作流程构成了纵向关联的闭环,形成了内部制衡和监督模式。进一步巩固理事会决策、专家委员会评审、管理中心组织运行和各省(区、市)文化厅(局)密切配合,面向各级各类艺术单位、机构和艺术工作者的工作体系。

在各省(区、市)初步形成了文化厅(局)领导牵头,以艺术处或财务处为职能部门,以艺术研究院、创编室为实施单位的地方工作体系。部分省(区、市)设立了艺术基金工作办公室,江苏成立了江苏艺术基金,筹建省级艺术基金工作有新进展。

【2015 年度资助项目申报评审工作】 落实"公平公正,公开透明"要求,不断提高艺术基金资助项目申报评审工作的规范化水平。认真总结2014 年度资助项目申报评审工作,科学修订申报指南,广泛开展宣传解读和培训,做好项目申报动员工作。充实完善专家库,对规划专家、评审专家、监督专家和评论员队伍实行动态管理,密切与专家之间的沟通联系,及时更新专家信息。升级资助项目申报评审系统,实现评审专家由信息化系统"一键抽取",深化回避规定,建立评审系统的"单位法人回避,项目负责人、联系人回避,项目主创回避,文化厅(局)相关领导回避,推荐人(青年艺术人才项目)及授课教师(艺术人才培养项目)回避"要求。保证参加项目评审专家更新率,与上一年度相比,参评专家更新率为76%。落实"先培训,后评审"要求,召开国家艺术基金 2015 年度专家大会,以电视电话会议方式培训专家 3000 多人。

顺利完成依托省级文化行政部门进行申报项目审查,组织专家开展网络初评、会议复评,安排申报主体答辩;汇总评审结果,报请理事会审定,通过媒体公示、公告;制定资助资金核定办法,核定资助额度,拨付资助资金等工作。2015 年,共从 3268 个各级各类申报主体申报的 4402 个项目中,经评审确定了728 个立项资助项目,资助总金额约为 7.5 亿元。项目申报数、立项资助数和资助额度数分别较 2014 年提高了 3.4%、85%和 78.6%。2015 年度资助项目在申报质量和策划水平方面较上年一度有所提高,把握住了中华民族伟大复兴中国梦主题,坚持了以人民为中心的创作导向,在践行社会主义核心价值观、弘扬中华优秀传统文化方面进行了积极探索,特别是在传播当代中国价值观念、体现中华文化精神、反映中国人审美追求方面有了新突破、新亮点。

完善监督机制,推进信息公开。邀请驻部纪检监察局工作人员和资深媒体人、青年学者、艺术评论员、机关和部队干部、中小学艺术教师作为第三方人员全程监督评审工作。发布《国家艺术基金 2015 年度资助项目申报指南》及《指南解读》,《国家艺术基金 2015 年度项目申报情况报告》《国家艺术基金 2015 年度项目评审报告》《国家艺术基金 2015 年度项目评审监督报告》《国家艺术基金 2016 年度资助项目申报指南》及《指南解读》。形成了驻部纪检监察局监督、管理中心内部监督、媒体监督和社会监督等多层次、全流程的项目评审监督工作体系。

【资助项目监督验收工作】 落实"申报评审、监督实施、成果运用并重"要求,切实做好2014 年度资助项目实施的监督验收工作。完善监督验收工作制度,研究制定资助项目结项验收办法和绩效评价办法。举办国家艺术基金资助项目片区培训会、国家艺术基金资助项目经费使用及监督管理工作培训班,实现 2014 年度、2015 年度资助项目实施单位、机构培训工作全覆盖。开发资助项目监督管理信息系统,对项目实施过程中的经费使用情况开展日常监督。共组织监督专家近 622人次,对 153 项大型舞台剧和作品创作项目首演、传播交流推广项目首展首演和艺术人才培养项目开班等资助项目实施的关键环节进行现场监督,就在监督中发现的问题约谈了实施单位、机构负责同志。

研究制定资助项目结项验收办法和绩效评价办法，根据“成熟一批、结项一批”的原则，对达到结项要求的项目予以结项。共组织艺术专家、财务专家、项目运营及管理专家124人次，对第一批343个项目进行了结项验收。对部分未能按期通过结项验收的项目，艺术基金也依据相关规定做了妥善处理。

2014年度资助项目实施主体普遍高度重视项目实施工作，能够严格按照申报指南的要求和资助项目协议书约定，较好地完成项目实施工作，推出一批精品力作，开展一批深受群众欢迎的艺术活动，培养一批优秀艺术人才，为促进我国艺术事业繁荣发展做出了积极贡献。

【对外宣传及交流合作】 落实“扩大交流，加强合作”要求，积极做好对外宣传和交流合作工作。为提高社会对艺术基金的认知和了解，树立艺术基金良好形象，围绕艺术基金重要节点工作开展、重点亮点项目实施，通过举办新闻发布会、记者通气会、组织集中采访、提供文字稿件等方式，充分利用传统媒体、互联网站、微博微信等渠道广泛深入地开展宣传活动。出版了《国家艺术基金年度报告》《国家艺术基金2014年度资助项目优秀申报方案汇编》等书籍。建立由300多位艺术评论家和资深媒体记者组成的评论员队伍，开展资助项目艺术评论工作。

加强国际交流。组织国家艺术基金代表团先后出访英国、美国、比利时等国家和地区，与国（境）外的同类基金建立联系，了解、借鉴相关管理经验，同时积极探索建立艺术基金对外交流工作的平台。派员赴澳大利亚艺术理事会学习实践。2015年10月，在习近平主席在英国进行国事访问期间，与英国文化协会共同签署《国家艺术基金与英国文化协会战略伙伴合作备忘录》，就深入开展交流合作达成了协议。

（杨舟贤　罗艳娟）

中国艺术研究院

【概况】 2015年，在文化部的领导和关心下，中国艺术研究院领导班子圆满完成了部党组交给的各项任务，政治上坚定正确，始终与党中央保持高度一致；工作上重点突出，亮点频现，取得了明显的成绩和经验，全院风清气正的氛围更加浓厚、干事创业的热情更加高涨。

【艺术科研】 以国家队标准、中国艺术研究高地的定位和要求为动力，集中力量推动科研工作再上新台阶。

课题研究量大面广质优。全院有7项课题获国家社会科学基金艺术学项目立项，8项课题获文化部艺术科学项目立项。12项课题顺利结项。《2014年度中国各艺术门类发展研究报告》、“全国艺术科学‘十二五’研究状况及‘十三五’发展规划研究”、院“一带一路”文化发展规划等顺利完成。

科研管理机制更加健全。2015年，科研处与计划财务处共同制定了《中国艺术研究院基本科研业务费项目实施细则》，共有34项院基本科研业务费项目获准立项。

努力开展高端学术交流，大力推进学术品牌建设。组织或参与了第七届世界儒学大会、第三届海峡两岸文化发展论坛、互联网思维下的中国电影国际传播研讨会、梅派艺术传承发展学术研讨会等一系列重要的学术会议，继续推动凤凰中华艺文讲堂、文化中国讲坛、惠新讲坛、王朝闻学术讲坛、青年文艺论坛等已有一定知名度的学术活动向品牌化发展。

学术出版质优量大。在科研处“学术文库”编辑部的努力下，大型学术成果推广项目《中国艺术研究院学术文库》完成出版 47 本，另有 36 部书稿正在印刷当中。

学术评奖导向鲜明、效果良好。举办中国艺术研究院 2015 年学术年会暨优秀科研成果评选活动，探索切合人文学科特点的学术评价机制，促进学科横向交流，激发创新活力，具有开创意义。

中国艺术研究院按照“在文化艺术领域为党中央、国务院以及各级决策机构和整个社会提供文化艺术方面的真知灼见，发挥思想库、智囊团的作用”要求，积极建成国家文化艺术智库，服务中国特色新型智库建设。一年来，全院在坚持基础性研究的同时，不断加强现实问题研究，特别是涉及我国文化艺术发展全局性、前瞻性的理论和实践问题的对策性研究，国家级特色智库建设取得显著进展。

【艺术教育】 研究生教育坚持面向社会、面向国家发展需要，培育学有所成、用有所长的专业人才，为文化建设和创业创新输送生力军。

着力做好学位授权点自我评估工作。研究生院制订了《学位授权点自我评估工作方案》，建立起学位授权点评估的顶层设计，为下一步工作确立了路线图。同时，根据自评估方案进一步制订、修改了研究生院一系列规章制度，修订了《研究生手册》。

改进研究生招生工作，报名人数和生源质量均持续提高。修订博士生招生简章，改进网上报名系统，创新博士后流动站管理办公室管理机制，对博士后管理实行“联络人”负责制。因研究生生源质量和录取结果优良，研究生院在 2015 年研究生招生录取工作会上受到北京教育考试院表彰，并连续两年获得国务院学位办给予的增加招生名额的鼓励。3 名进站的博士后获得中国博士后基金会的基金资助。

加强课程建设。按需设课、因材施教，提高教学质量，加强实践类研究生人才培养。

进一步做好着力提高学位授予质量的学位管理工作。荣获“2014 年度北京地区学位授予信息报送工作先进单位”称号。

【艺术创作】 系统学习、深入贯彻习近平总书记《在文艺工作座谈会上的讲话》《中共中央关于繁荣发展社会主义文艺的意见》的重要内容和精神实质，落实刘云山同志在繁荣发展社会主义文艺推进会上的要求，自觉提高思想认识，强化文化担当，以之为推动创作繁荣发展的动力和准绳。一方面，坚持以人民为中心的创作导向；另一方面，“提高创作生产的组织化程度”“集中力量、集聚资源，推出一批有筋骨、有道德、有温度、艺术震撼力强的大作力作”，学习贯彻习近平总书记在文艺工作座谈会重要讲话精神系列展、“深入生活、扎根人民”主题实践活动等采风写生、创作展览均取得重要成果。此外，还举办了“大美寻源——凤凰雅集：中国艺术研究院美术作品展”，影像“中国梦”摄影艺术展十城市巡展，中国非物质文化遗产摄影展，“伟大的胜利——中国人民抗日战争胜利暨世界反法西斯战争胜利 70 周年中国中青年雕塑家邀请展”，中国艺术研究院中国篆刻艺术院第三届院展等重要活动。

【人才建设】 切实做好人才和干部人事工作。

扩大选人用人范围。千方百计建平台，用组织的优势和力量，把各个艺术专业、学科门类的顶尖人物汇聚起来。

加大人事工作创新力度。工笔画艺术研

究院积极探索项目研究员制度，实施研究员负责制。全院机构设置经过优化重组更加科学合理。部门工作总结大会灵活务实，组织高效。

干部选拔任用规范严谨，公平公正。进一步健全人事管理和干部选拔任用制度，注重抓好民主推荐、组织考察、纪检监督、讨论决定等重要环节。坚持干部任前廉政谈话制度、人事和纪检监察部门沟通机制。

【对外交流】 在对外文化交流的深度和广度上发力，举办多场声势大、反响好的国际性活动和两岸交流活动。如在北京举行的“文明的互动与交融——东西方当代陶艺对话展”，在台北举行的“第六届两岸汉字艺术节”，与莫斯科合办的纪念反法西斯胜利70周年油画展。参与承办在福建省泉州市举行的第三届亚洲文化论坛，这是文化领域以国家名义配合“一带一路”宏大战略的第一次大型活动。

【非遗保护】 坚持围绕保护做工作。精心组织、实施中国非物质文化遗产传承人群研修研习培训计划，国家级非物质文化遗产抢救性记录工作规范培训班，“‘十三五’时期非物质文化遗产保护传承研究课题”研究工作，“国家级非物质文化遗产保护研究基地”的命名及专项课题立项、验收工作。参与承办“第五届中国成都国际非物质文化遗产节·非物质文化遗产国际论坛”。组织实施二十四节气、中国木版年画申报联合国教科文组织“人类非物质文化遗产代表作名录”的申报材料评审工作。

着眼保护开展国际培训。在培训内容、形式、对象、地点上做出新开拓，设计各有侧重的专题，在不同国家进行系列培训。加强与联合国教科文组织总部的联系与合作，成功承办联合国教科文组织“亚太地区非物质文化遗产保护计划与政策支持师资培训班”，联合国教科文组织全球非物质文化遗产二类中心第三届联席会议。

着眼实用好用，不断推进非物质文化遗产的数字化保护工作。

【期刊和出版】 期刊、出版工作坚持抓正确导向、抓重大选题、抓编辑质量，坚持把社会效益放在首位、把学术质量挺在前面，提供导向正确、思想过硬、经得起人民和历史检验的学术成果、精神食粮，不断加强权威度、扩大影响力。

院期刊积极拓展办刊思路，有14家期刊通过建立微信平台等途径，有效促进学术推广、刊物宣传。《文艺研究》被国家新闻出版广电总局列为国家“百强”期刊（文化部系统唯此一家），被中国社会科学院社科评价研究中心列为艺术类专业期刊中全国唯一的“顶级”期刊，在一定程度上，这是对中国艺术研究院期刊群体地位和成绩的总体肯定与好评。文化艺术出版社出版图书200多种，发货码洋3500多万；集中力量确保重点出版项目，全力以赴宣传推广重点图书；以成为首批“中央文化企业数字化转型升级项目实施单位”为动力，提高图书数字资源生产的精细化、专业化程度，建设各艺术门类专业数字资源库。

【业务工作】 基础设施建设取得新进展。中国工艺美术馆（中国非物质文化遗产馆）前置项目审核报批、可行性研究报告编制等工作取得重要进展。完成学术报告厅及配电室工程的竣工审计及结算工作。

日常行政管理工作高效规范。院办公室在做好办文办会办事的常规工作的同时，不断提高服务能力，积极发挥督办作用。离退休工作在让组织放心、让老同志安心方面取得新进展。

财务工作依法规范，运转良好。计划财务处编制院2016—2018中期财务规划，严格财务收支管理，积极推动公务卡的使用；顺利通过文化部组织的2014年财务收支审计、年度决算审签，以及审计署组织的稳增长政策落实跟踪审计。此外，在文化部直属事业单位2014年度财务考评工作中获评“优秀”。

安保和后勤工作安全可靠。安保技术防范工作达到新高度，积极探索防灾减灾和安全生产工作一体化。后勤工作保障有力，服务到位。

纪念馆博物馆切实强化专业性、公益性。中国工艺美术馆精心开展藏品征购工作，精细实施馆藏珍品维护；梅兰芳纪念馆认真整理、拍摄、录入馆藏文物档案，逐步建立完成文物档案电子化管理系统；积极推进“梅兰芳艺术大系”“梅兰芳研究系列”及“梅派艺术大系”的编撰、翻译、校对工作。图书馆注重馆藏珍品资源的活化利用，整理编辑《地方戏曲剧本集成》（第一集），积极推进馆藏古琴音响和阿炳纪念光盘出版等项目。

（陈　越）

国家图书馆

【概况】 2015年是国家图书馆的“规划发展年”，一年来，国家图书馆深入开展“三严三实”专题教育，科学谋划“十三五”事业发展，圆满完成全年各项工作任务。

【“十三五”规划】 为落实部领导重要批示精神，国家图书馆将2015年确定为“规划发展年”。围绕事业发展环境及目标、优秀传统文化传承体系建设、国家文献信息资源总库建设、资源整合战略、分层服务战略、数字图书馆建设与发展、业界引领示范等国家图书馆事业发展中的重大突出问题进行专题研究，以准确把握国家经济社会发展大势，充分借鉴国内外成功经验，形成60余万字的规划预研报告。在此基础上，进一步明确发展思路，确定发展重点，策划发展项目，规划发展路径，形成以《国家图书馆“十三五”规划纲要》为重点，科研、人才等专项规划为支撑，点面结合、系统完备的规划体系，为将国家图书馆建设成为“国内最好，世界领先”的图书馆做好路线图设计。

受文化部公共文化司委托，组织编制《全国公共图书馆事业发展“十三五”规划》；结合有关重点文化工程，组织或参与编制中华古籍保护计划、民国时期文献保护计划、公共数字文化工程等专项规划；支持行业组织编制中国图书馆学会、全国图书馆文献缩微工作、全国图书馆标准化工作等“十三五”规划。这些规划是国家图书馆发挥行业引领作用和图书馆业务指导职能的重要体现，也为国家图书馆“十三五”时期推进有关工作提供了重要依据。

【展示馆藏】 以纪念“中国人民抗日战争暨世界反法西斯战争胜利70周年”为主题，精心策划举办“不朽的长城——纪念中国人民抗日战争暨世界反法西斯战争胜利70周年馆藏文献展”“以史为鉴·和平发展——纪念抗战胜利70周年联合国资料特藏文献网络展”等线上线下专题文献展览；组织“中国的抗日战争与日本的战后处理”“新四军在抗日根据地的历史地位和作用”等专题讲座；举办“聆听经典——战争年代的歌”“神圣的战争——大型诵读音乐会”“铭记历史筑梦中华——抗战胜利70周年纪念歌会”等抗战主题音乐会；组织“冯仲云图书馆揭牌暨重走抗联路”主题纪念活动；召开“抗战时期古籍抢救保护史迹研讨会”，举办“烽火中的记忆·国图与抗战”学术征文；开展“中日战事史料征辑会资料整理与研究”工作；建设并发布“东京审判资源库”，依托“中国记忆”项目采集东北抗日联军老战士口述史料，编辑整理“中国记忆”项目东北抗日联军专题、抗战史料、对日战犯审判史料等系列图书；设立中文图书阅览区抗战图书专架。

典籍博物馆在修整完善基本陈列的同时，举办“红学重要文献——李煦诞辰360周年特展”“三山五园文化巡展——圆明园四十景文化展”“千年古郡九朝神韵——正定历史文化展”“册府千华——珍贵古籍雕版展”“我们的文字——非物质文化遗产中的文字传承”“炫彩童年——中国百年童书展”“甲骨文记忆展”“非遗传承，人人参与——2015中国非物质文化遗产摄影展”等近20场重大专题展览，全年共接待个人参观77万余人次，并接待多位重要领导、多国文化官员，提供公益讲解2500余场次。

受中宣部委托，组织开展《中华优秀传统文化百部经典》编纂工作。设立编纂办公室，根据“有主题的节选、有内涵的提炼、有特色的设计”的要求，进一步明确工作思路，建立工作机制，确定首批选题，邀请多位知名专家参与编纂，首批样书已提交中宣部审查。编辑出版《中华珍贵典籍史话丛书》《佳联赏析》。依托国家图书馆出版社，出版《中华再造善本总目》《楚辞文献丛刊》《中国古籍珍本丛刊》等三种重要文献整理成果。《抗日战争史料丛编·第一辑》《中华大典·艺术典·音乐分典》等四种图书获2015年度国家出版基金资助，《国家图书馆藏样式雷图档·圆明园卷(一)》等五个出版项目获2015年度国家古籍整理出版资助。

【国家文献信息资源总库】 入藏多件具有重要历史意义的珍贵文献。一是入藏天成二年刻本《佛说弥勒菩萨上生经》、唐末五代刻本《弥勒下生经》及李仁锐雕印《金刚经》等三件珍贵刻本，为研究唐末五代中国民间文化提供了重要实物证据。这三件早期印刷品的发现是重大古籍新发现，其中，《佛说弥勒菩萨上生经》是世界上现存有明确纪年的第二件雕版印刷典籍，在世界印刷史上堪称标志性例证。二是从宁夏私藏购入西夏文纸本文献18包、大小擦擦37个、僧帽装饰物6件，其中世俗文献《碎金》《谚语集》《三才杂字》等具有很高的价值，丰富了国家图书馆珍贵少数民族文字馆藏。

在国家图书馆几届领导班子的大力推动下，国家图书馆从保障中华民族文明成果长久、安全保存和传承，保障经济社会发展拥有可靠、坚实文献支撑，保障国家图书馆事业长远发展的高度，围绕国家文献战略储备体系建设进行了大量前期研究，在此基础上提出了国家图书馆国家文献战略储备库建设方案，并根据国家发改委要求与专家评审意见，同有关方面积极沟通，不断论证完善。近日，项目方案已正式由国务院批准立项。

全年入藏各类型文献140万册件，馆藏文献总量达3518.15万册件，中文图书全品种缴送率为75%；开展46个文献数字化专项，完成近7.4万种文献、84小时视频资源的数字化加工，完成缩微文献数字化转换超过602万拍，完成44个国内专题网络信息资源采集和2967次国外网站收割，采集制作“我们的文字”“非物质文化遗产”等100余小时专题口述资源，数字资源总量达1160.98TB。积极拓展文献补藏渠道和方式，重点加强对海外珍贵古籍文献的数字化和缩微补藏，以及周边国家、重要专题的文献补藏，全年补藏各类型文献近1.9万种。

全年制作各类型文献书目数据达86.6万

余条；大力推进基于元数据的资源整合，编制《数字馆藏元数据著录规范》，完成 116 万条中文数字馆藏的元数据改造和 16 万条馆藏外文电子资源元数据的清洗，馆藏数字资源基础元数据创建和维护工作基本完成；基于主题对馆藏各类型资源进行整合，策划开发图书鉴赏、历史图书、民国报纸史料和戏曲文化知识 4 个专题数据库；对读者门户系统、手机门户网站、数字资源发布系统进行升级改造，实现资源可视化展示和多终端统一发布；元数据仓储有序开展，全年完成约 2200 万条元数据的接收和存储，截至目前，“文津搜索”系统整合的元数据已达 2.8 亿条，月均访问量近 1000 万次；编制完成 2014 年中国国家书目。此外，还初步搭建了数据管理与分析平台，利用大数据技术对资源、服务及读者数据进行分析和汇总，为资源建设与服务政策调整提供依据。

金石拓片、民文古籍、善本、手稿、新善本等上百万册件古籍善本文献安全回迁；完成综合布线、安防布控、漏水报警等系统设备安装，一期维修改造工程顺利竣工，馆藏文献存藏条件显著改善；制定缩微文献存藏规范，完善母片库及拷底片库建设。配合中共中央网络安全和信息化领导小组办公室，就在全国建立分级分布的网络信息资源采集与保存体系开展研究，制订方案；全年共保存数字资源 187.25TB，长期保存数字资源量达 1292TB；取得国家文物局“可移动文物修复资质”。

【重大服务】 国家级公共开放课程平台“国图公开课”上线，以馆藏各类型文献信息资源和历年积累的专家学者讲座等资源为依托，通过互联网为公众提供 16 个学科、12 个专题的精品讲座 900 余场，策划《汉字与中华文化》等六门精品课程，已制作完成 36 讲，发布上线 19 讲，初步形成较为完善的精品课程体系。自 4 月 23 日“国图公开课”专题网站上线以来，网络访问量月均 45 万人次，中宣部和文化部领导同志先后做出重要批示，高度肯定该项目对于拓展互联网宣传教育阵地的重要作用。

全年举办部级领导干部历史文化讲座 12 期，讲座总数达 229 场；启动讲座视频库建设；进一步规范讲座管理，修订完成《部级领导干部历史文化讲座工作手册》。许其亮、孙春兰等国家领导同志多次莅临，并对讲座内容和形式给予高度好评。

新建“两会”人大和政协平台，圆满完成“两会”服务任务；“中办数字图书服务平台”上线，实现对中央最高决策层的数字化信息保障服务；建立第 16 家部委分馆——最高人民法院分馆，成为首个面向全国实现四级人民法院系统垂直化服务的部委分馆；着力推进中国边疆文献研究中心建设，编辑出版《文献为证：钓鱼岛图籍录》《南海图籍录》，与国家海洋局南海信息中心合作建设南海数字图书馆；全年完成党政军文献信息专题咨询 1674 件，与 2014 年同比增长 28.6%。

筹备建设国家图书馆科学评估中心，面向科研和教育用户提供科学评价类咨询和论文收引查证服务，科技查新工作获得国家查新业务管理机构的正式认可；全年累计完成专题委托咨询 7009 件；接收文献传递、馆际互借、国际互借请求 5.4 万宗，为科研院所和高等院校开展科研教育工作提供文献支撑；完成国家图书馆企业信息服务平台改造升级工作。

开展“关爱夕阳”老年课堂服务，针对老年读者特点提供上网、智能手机应用等个性化培训服务，设立“老年读者绿色通道”，为老年读者提供优先预约、文献咨询和检索等便利服务；少年儿童馆新馆于 6 月 1 日顺利迁址并开放服务，服务面积从 600 平方米扩大到

1200平方米，文献数量和阅览座席均比原馆址增加一倍；积极策划"全国少年儿童主题阅读年""儿童阅读推广进校园"系列活动，进一步发挥国家图书馆在少年儿童服务方面的示范引领作用；采集保存腾讯微信"为盲胞读书"项目声音资源，面向中国盲人数字图书馆读者提供服务，同时制作专题网站，联合全国33家省级图书馆面向视障读者提供读书服务。

在一期维修改造工程全面竣工，读者服务空间逐步调整到位的基础上，坚持免费开放和零门槛服务，不断探索交互式、个性化、多媒体等多种服务形式，服务效能显著提升，全年办理读者证卡21.15万个，接待到馆读者388.29万人次，文献流通超过2308.12万册次，网站访问量近14.5亿次，解答各类咨询近102万件，举办各类公益性展览、讲座、培训活动768场。圆满完成第十届"文津图书奖"评奖活动，10种图书获奖，60种图书获得推荐图书奖，在全国80余家图书馆举办获奖图书巡展，受到社会各界广泛关注；与京港地铁有限公司联合启动"M地铁·图书馆"项目，为公众提供移动阅读服务；国图艺术中心正式开放，向公众提供艺术素养培育服务，全年共举办演出127场，接待观众10万余人次。

【重点文化工程】 "中华古籍保护计划"深入开展。全年主要工作一是继续推进全国古籍普查登记工作，与国家文物局"第一次全国可移动文物普查"进行数据对接；"全国古籍普查登记基本数据库"发布数据32万条；出版9种《全国古籍普查登记目录》，公开发布68家收藏单位的古籍普查登记目录；《中华古籍总目·天津卷》编纂成稿。二是完成第五批《国家珍贵古籍名录》和"全国古籍重点保护单位"的评审上报工作，编纂《第五批国家珍贵古籍名录图录》。三是推进新疆、西藏古籍保护工作专项，基本完成新疆汉文古籍普查，《新疆维吾尔自治区珍贵古籍图录》已交付出版；成立西藏自治区藏文古籍修复中心，深入宗教系统，重点推动布达拉宫、哲蚌寺等藏文古籍收藏量大的著名寺庙的古籍保护。四是首次开展"中华古籍普查志愿服务行动"，遴选来自京津冀6所高校的76名志愿者，在河北5个古籍存藏单位共清点普查古籍1.5万种19万余册，有力推动了河北省古籍普查工作的进程，为进一步在其他地区推广古籍保护工作志愿服务积累经验。五是建设"中华古籍资源库"，推进古籍数字化，累计接收19家单位的约29万拍国家珍贵古籍影像资源。六是大力开展古籍文献整理与研究，《中华珍贵典籍史话丛书》累计出版10种史话（其中6种为本年度出版），反响良好；一至三批《国家珍贵古籍名录》中的古籍题跋整理工作全部完成，共整理87家收藏单位近1000部珍贵古籍中的手书题跋3500余条，约63万字。七是依托国家级古籍修复中心、国家古籍保护人才培训基地，加大古籍保护人才培养，全年共举办各类培训班17期，培训694人次；增设9家国家级古籍修复技艺传习所，累计达15家，传习所全国布点工作基本完成。八是加强古籍保护宣传与推广，开展"我与中华古籍"摄影大赛，在全国458家图书馆巡展，社会反响热烈。

"民国时期文献保护计划"顺利实施。按照习近平总书记关于深入开展中国人民抗日战争研究的要求和中宣部"加强中国人民抗日战争研究专题会议"精神，进一步深入推进"民国时期文献保护计划"，在中宣部启动的十个抗战研究项目中，由国家图书馆主持或参加的研究项目达六个。全年主要工作一是深入开展文献普查，启动面向专业图书馆的普查合作，与中国社会科学院近代史研究所和中国科学院文献情报中心签署普查合作协议。截至2015年年底,征集书目数据近30万条,馆藏50余万条;启动《民国时期文献总目(图书卷)》编纂工作。二是积极开展海外民国文献征集,制定《国家图书馆海外民国时期文献数字化加工规范》;重点围绕细菌战、天皇战责、日本虐俘罪行等主题,启动美国国家档案馆藏纸质抗战档案和日本战争罪行专题档案数字化回归工作;完成美国藏二战盟军联合军事会议记录、陆海军联合情报处报告等民国时期缩微文献5批58种1784卷的征集入藏。三是推进专题文献整理开发,完成2015年民国时期文献整理出版项目申报评审工作,立项22个项目;加快日本战争罪行、抗日战争系列文献资料的整理出版,集中首发《国际检察局讯问记录》(70册)、《抗日战争史料丛编:第二辑》(50册)、《中华抗战期刊》(67册)等三套大型抗战文献;筹划"对日战犯审判文献精选编译"工作。四是开展专题文献数据库建设,"东京审判资源库"面向社会提供服务,启动"抗战时期图片资源库"建设工作。五是积极开展项目宣传推广,举办"民国时期文献保护计划"宣传推广系列活动。六是推进文献保护研究与人员培训工作,开展"民国时期文献脱酸研究与脱酸设备研制"。

数字图书馆推广工程有序推进。工程建设重点由硬件与网络平台建设转向资源建设与服务,服务效益不断凸显。全年主要工作一是构建联通全国的数字图书馆网络体系,275家省、市级图书馆接入该体系,各地图书馆平均网络带宽、存储容量、服务器速度等指标较"十一五"末翻一番。二是以唯一标识符系统、统一用户管理系统为代表的数字图书馆业务平台投入使用,全国各级图书馆356个业务平台实现互联互通。三是开展全国性资源共建共享,272家公共图书馆参与资源联合建设,当年新增资源量超过1TB;通过专用网络向全国各级公共图书馆提供160余万册中外文图书,1000余种中外文期刊,500余种中文报纸,23万余篇学位论文,以及2500余场视频讲座等,向少数民族地区推送民语资源60GB。四是开展基层图书馆数字资源提升活动,向全国所有县级图书馆提供4TB优秀数字资源,包括电子图书、电子期刊、视频、图片、政府公开信息等。五是开展全媒体服务,实名用户超过655万人,遍布内地及港澳和部分海外地区,各服务系统年均点击总量超过12亿次。其中,移动阅读用户辐射全球44个国家,总访问量达到9600万次;数字电视及互联网电视面向全球67个国家50万用户服务;盲人数字图书馆为101个国家和地区的用户服务,总点击量近2000万次。各类活动带动全国百余家图书馆参加,服务人数超过351万人次。六是加强培训,完善在线培训平台,举办馆员研修、"网络书香"讲坛等专题培训23场,培训7700人次,网络培训4万人次,协助16个地区开展区域培训,提供授课师资40余人次。

【全国图书馆事业统筹】 积极履行全国图书馆发展研究中心职能,围绕图书馆事业和公共文化事业发展中的重大业务、制度及政策问题开展调研,为各级政府文化主管部门科学决策和各级图书馆创新发展提供参考;受文化部公共文化司委托,围绕《公共图书馆法》开展立法支撑研究,启动《古籍保护条例》立法工作,完成省、市、县三级公共图书馆业务规范研制,组织开展公共文化机构法人治理结构改革、文化行业标准化工作体系等专题调研;组织编纂《中国图书馆史》《中国图书馆年鉴·2015》《中国图书馆事业发展报告(蓝皮书)》《国家图书馆概论》《全国少年儿童图书馆基本藏书目录(2015卷)》等;依托全国图书馆标准化技术委员会、全国文献影像技术标准化技术委员会，进一步完善图书馆标准规范体系，全年共申请立项标准制修订项目5项，标准化研究项目4项。

在已有各业务合作平台的基础上，进一步拓宽合作领域，深化合作内容。全国联合编目中心成员馆达2530家（其中图书馆用户1986家），书目数据超过1120万条，规范数据超过139万条，馆藏数据3099万条，全年上传数据10.5万条，下载数据超过909万条；全国图书馆文献缩微复制中心确定两批11家成员馆为数字缩微建设单位，推动文献缩微合作模式转型；开展全国省级公共图书馆决策咨询服务协作平台应用部署和业务培训，探索资源联合建设模式，启动成员馆“中国市情数据库”共建试点工作；全国图书馆讲座联盟全年累计完成平台主讲人和讲座数据约5000条。

国家图书馆作为中国图书馆学会、中国古籍保护协会等五个社会组织的秘书处挂靠单位，为其发展提供了人员、经费、设施设备等全方位支持与保障。成功举办中国图书馆学会第九次全国会员代表大会，选举产生第九届理事会；顺利召开中国古籍保护协会第一次代表大会，完成理事会选举；完成第二届全国图书馆标准化技术委员会和第六届全国文献影像技术标准化技术委员会换届；组织召开2015年中国图书馆学会年会、第九届全民阅读论坛、第五届百县馆长论坛、中国儿童阅读发展论坛、第三届图书馆现代技术学术研讨会、2015年海峡两岸学术交流活动等重要学术会议，就图书馆事业发展的战略性、全局性问题进行深入交流研讨。

【文化海外传播】 启动“海外中华古籍调查暨数字化合作项目”，对散落海外的中华典籍进行全面调查，促使其以数字化形式回归。今年成功实现法国国家图书馆《圆明园四十景图》数字版本和英国牛津大学博德利图书馆19册《永乐大典》的高清数字版本回归；“海外古籍登记平台”累计完成数据10万条；启动《海外中华古籍珍本丛刊》《海外中华古籍书目书志丛刊》编纂工作，出版《宋拓本兰亭序》《西班牙藏中文古籍目录》《文求堂书目》等海外古籍整理成果；与北美大学图书馆就善本书志、古籍编目等领域开展合作。

配合国家“一带一路”战略，积极与丝绸之路沿线国家和地区图书馆开展交流合作，与阿盟秘书处合作举办首届中阿图书馆及信息领域专家会议；与突尼斯国家图书馆、土耳其国家图书馆、阿塞拜疆国家图书馆、伊朗德黑兰大学中央图书馆签署合作协议，达成“共同保护、利用与展示丝绸之路”的共识；筹备建立“丝绸之路”图书馆联盟和“丝绸之路”数字图书馆。

紧密围绕典籍展览、文献数字化、古籍保护与修复、数字图书馆建设等重点业务工作，谋划国际及港澳台交流活动，全年共接待来访66批次、732人次，组织出访39批次、99人次，与60个机构举行了双边或多边交流活动，参加国际会议59人次，参加境外展览及商议办展5场次，外事工作对事业发展的促进作用进一步增强。制订海外中国文化中心数字图书馆建设方案，着力推进中华传统文化的国际传播，展示中国现代化建设成就。

【综合管理】 顺利完成调整工作人员基本工资标准、增加离退休人员离退休费、实施事业单位养老制度改革、物业采暖补贴发放方式调整等工作，在财政资金不到位的情况下，积极筹措资金，按时发放离退休费增加部分636万元、在职人员基本工资增加部分2283万元和员工物业、采暖补贴1184万元，调整员工伙食补助发放形式并适度提高发放标准，全年共计补助600余万元；调整现行退休政策，规范退休审批程序，共计为 40 人办理退休手续。

严格遵循聘任调整程序，完成 4 名处级干部职务调整工作，完成 3 名馆属企业负责人职务聘任工作，完成 121 人次科级干部聘任、调整工作；接收大学应届毕业生 73 人、军转干部 2 人，补充安全工程、给排水等急需专业人才，为保卫、后勤人才队伍提供有力保障；完成 2015 年度职称评审工作，推荐晋升各系列高级职称 13 人，通过晋升或转任副研究馆员 50 人；分批次对 85 名科组长进行集中轮训，组织员工业务培训 11 场，培训员工 1100 人次。

成功立项国家科技支撑计划项目 1 项，国家社科基金项目 3 项，国家社科基金后期资助项目 1 项，全国艺术科学规划项目 1 项，文化部国家科技提升计划项目 2 项，中国博士后科学基金第 57 批面上资助一等项目 1 项，获科研资助经费共计 610 万元；立项资助 48 个馆级科研项目，资助经费 77 万元，6 项“馆史资料征集、整理与研究”项目，资助经费 29 万元；承担 6 项全国文化系统 2015 年度课题研究与调研项目，6 项文化行业标准化研究项目和标准制修订项目；“我国文化场馆语言文字使用情况调查及对策研究报告”被评为 2014 年度全国文化系统优秀调研成果；自主研制的文献脱酸剂和脱酸系统已申报国家专利，研制完成国内首个一体化民国文献整本脱酸设备。

围绕馆内重大活动和重点工程，开展全方位、多媒体、立体化宣传推广，全年与国家图书馆有关的各类新闻媒体报道共计 9000 余篇。世界读书日活动宣传成效显著，文化部首次围绕国家图书馆的工作内容举行专题新闻发布会，中央电视台、《人民日报》、新华社等近 50 家来自广电、平面、网络、新媒体等媒体的现场报道，人民网、光明网先后对韩永进、陈力等馆领导进行视频专访。出台《国家图书馆网络公众信息服务管理办法》，截至年底，微博微信累计用户超 22 万人。向文化部信息刊物报送稿件 60 余篇，稿件采用量在文化部直属单位中高居榜首。国家图书馆的社会影响力进一步提高。

（程　鹏　王旭东）

故宫博物院

【概况】 2015 年是故宫博物院成立 90 周年，故宫博物院以 90 年院庆为契机，不搞大型庆典、纪念仪式，继续发扬典守珍护、弘扬服务、敬业奉献、开放创新、奋发和谐的故宫人精神，让院庆年成为“文物展览年”“学术研讨年”“观众服务年”，以回馈社会。2015 年，继续建设“平安故宫”工程，召开工程领导小组第二、三次全体会议；发布《故宫保护总体规划 2013—2025》向征求社会意见。举办“石渠宝笈特展”“普天同庆——清代万寿盛典展”等 18 项展览。为加强故宫博物院安全建设，成立消防处、安全技术处，并组建安全部。6 月 13 日，故宫博物院实行每日限流 8 万人次及实名制售票措施，为实现“平安故宫”打下了坚实的基础。全年接待观众 1506 万人次，比上年减少 1.24%。门票收入为 7.08 亿元，比上年减少 2.2%。

【“平安故宫”工程】 2015 年是“平安故宫”工程实现近期目标的节点。“平安故宫”工程领导协调小组召开第二、三次全体会议，落实刘延东副总理第三次专题调研“平安故宫”工程时的指示，要求各成员单位狠抓落实，重点解决突出问题，按时完成阶段性任务。同时，为建立健全落实“平安故宫”工程的长效机制，故宫博物院成立非建制的安全部，下辖保卫处、开放管理处及新成立的消防处和安全技术处。

北院区建设，于12月18日举办项目启动仪式，正进一步完善工程前期各项工作和建筑设计方案。地下文物库房改造、基础设施改造正紧锣密鼓地进行开工前的审批工作。世界文化遗产监测有序推进，其中，午门城台监测项目结项，观众动态监测系统开始二期建设。故宫安全防范新系统进展顺利，安防报警系统改造工程通过验收，预警防控能力加强。院藏文物防震，形成防震规划的同时，继续推进库房防震改造。院藏文物抢救性科技修复保护，院内修复文物668件，合作修复文物76件（套），技术复制与人工临摹180件，制作文物囊匣108件。西河沿文物保护综合业务用房主体建筑封顶。

【文物保管】 藏品管理方面，继续推进三年文物清理工作，配合全国第一次可移动文物普查工作，上报国家文物局、北京市文物局四批院藏品数据，第一批为钱币类，第二批为雕塑类、绘画类、玉石器类、铜器类，第三批为铭刻类、金银器类、漆器类、外国文物、其他文物，第四批为织绣类、文具类、生活用具、钟表仪器、宗教文物，至年底共提交1293844件文物数据、458245个文物影像。修订《故宫博物院藏品管理规定》。接受捐赠藏品19件（套）。

与国际文物修护学会（IIC）签署《国际文物修护学会和故宫博物院成立国际文物修护学会培训中心的框架协议》，成立国际文物修护学会培训中心，主办以“预防性保护科学”为主题的第一届专题培训班。举办“故宫博物院文物保护修复技艺特展”，展示非物质文化遗产传承。开展“养心殿保护修复项目”可移动文物伤况的初步勘查。

【文化遗产保护】 《故宫保护总体规划2013—2025（讨论稿）》发布，并举办咨询会向社会各界各方征求意见和建议。古建筑修缮方面，推动古建修缮工程向古建保护研究项目转化，提升古建筑保护项目中科研内容的比重。永寿宫、午门雁翅楼、宝蕴楼等三处古建筑修缮工程竣工，并确定养心殿、乾隆花园、大高玄殿、紫禁城城墙四大修缮工程作为具有科研性质的维修项目。大高玄殿修缮工程也已在年内开工。

明清官式建筑保护研究国家文物局重点科研基地暨故宫研究院古建筑研究所开办官式古建筑营造技艺木作、裱糊作培训班，努力实现从实践到理论，用理论指导实践的最终目标。

初步完成《宁寿宫花园建筑彩画研究》，继续明清宫廷建筑大事史料长编、中国明清建筑历史图集、清代乾隆时期皇宫内檐装修研究，启动“故宫彩画颜色效果绘制图”“灵沼轩全面记录研究”项目。

【陈列展览】 90年院庆推出系列展览，让院庆年成为“文物展览年”。全年共举办“石渠宝笈特展”“普天同庆——清代万寿盛典展”“清淡含蓄——故宫博物院汝窑瓷器展”“庆隆尊养——崇庆皇太后专题展”等18项重量级展览。“石渠宝笈特展”吸引17万余名观众争相观展，《人民日报》评论其堪称近年来中国文博界最成功、最具影响力的展览。赴境内文博机构举办或参与展览9个。

同时不断增进文化交流与互动。举办和参加各类涉外展览共6项，如赴澳门艺术博物馆举办“太乙嵯峨——紫禁城建筑艺术特展”，赴澳大利亚维多利亚州国家美术馆举办“盛世乾隆展”，赴美国大都会艺术博物馆参加“中国·镜花水月展”等。

【安全保卫与开放管理】 故宫博物院成立消

防处、安全技术处，组建安全部，安全监管和综合治理保障力量得到强化。消防报警系统改造工程完工，视频监控系统无缝隙加密工程完成前端施工，门禁系统升级改造项目完成软件开发、与钥匙管理系统对接等工作，文物藏品全时空技术防范项目通过初步验收，应急指挥平台项目、高压消防给水系统改造项目按计划推进。全年组织联合大检查5次，开展安全培训，举办三场消防安全知识专题讲座，联合驻院消防队在端门城楼进行消防实战演习。

扩大开放面积，实施分流限流。年内，宝蕴楼、慈宁宫——寿康宫区域、午门——雁翅楼区域、东华门区域、端门数字馆等五大新区域开放，故宫博物院开放面积由52%增至65%，吸引观众向中轴线以外区域分流。自6月13日起试行、10月10日正式实施每日限流8万及实名制售票措施。为保障限流分流工作顺利实施，售票口全部移至端门西朝房；与公安、武警等相关部门积极联动，设置四道管控措施；设立“黑名单”制度，限制黑导游、倒票人员等各类非法人员购票进入；院内标示牌统一更换为与环境相和谐的样式，并在重点区域增加多个标示牌，方便引导观众。召开多次联席会议，研究制订限流方案、细化限流管控措施，形成一套完整、操作性强的限流安保方案，暑期限流25次，国庆假期限流5次，11月限流2次，累计32个超过8万观众的接待日全部实施了限流。

为观众营造良好参观环境。进行东长房前后区域综合景观提升，增加绿植景观，对古树进行有效保护，在御花园安装树箆子和藤条保护罩。调整开放区域观众座椅171处，增加临时果皮箱202个，更换靠背座椅木板200套。春节、“五一”、暑期、“十一”等小长假和黄金周期间增设临时指路及提示牌70余块。

【学术与出版】 整合学术资源，建设学术故宫。成立明清宫廷制作技艺研究所、文博法治研究所，使故宫研究院发展为一室十四所的机构规模，初步完成故宫学术研究布局。国家社科基金重大项目《新中国出土墓志》（二期工程）、《故宫藏殷墟甲骨文整理与研究》进展顺利，并有成果出版。故宫明清宫殿遗址考古将现场发掘与大众观摩融为一体，开创首都文博界边发掘边开放的人文考古新模式。

故宫学院拓宽合作渠道助力博物馆人才培养。故宫学院受国家文物局委托，面向全国文博业界，开设玉石器鉴定培训班、官式古建筑木构保护及木作营造技艺培训班、文物安全联合执法人员文物鉴定培训班、藏传佛教文物保管与保护培训班。在故宫学院（苏州）举办10场“故宫讲坛走进苏州”讲座，与北京国际职业教育学校、北京联合大学合作探索职业教育人才培养模式。

举办各类学术培训、讲座，召开学术研讨会，取得丰收学术成果。举办22讲故宫专题学术讲座及第四届故宫学高校教师讲习班，面向院内员工举办满文中级培训班、明代书画鉴定培训班。召开“故宫博物院90年暨普天同庆——清代万寿盛典展学术研讨会”“宋代五大名窑科学技术国际学术讨论会”等7项重要学术研讨会。完成《清风雅韵：清代宫廷戏曲研讨会论文集》《宫廷与江南学术研讨会论文集》《故宫文物南迁史料长编》出版工作，编纂《故宫学研究报告（2015）》。

故宫出版社全年成书共计141种，其中新书109种、重印书32种。2个项目获得国家资助。《故宫藏画的故事》《建筑紫禁城》《故宫画谱》系列等16种图书入选中小学生图书馆（室）推荐书目；《清墨图录——张子高藏墨》获得第五届中华优秀出版物奖图书提名奖；《米芾书法全集》电子版获得第五届中华优秀出版物奖;《中国古代金银首饰》获得第十届文津奖;《故宫识珍》获得2014年度全国文化遗产十佳图书。

【数字故宫】 全新改版建设的青少版及英文版网站完成开发工作并通过在线测试。启动中文版主站建设项目,“故宫名画记”书画互动欣赏栏目上线。发布《韩熙载夜宴图》《每日故宫》《清代皇帝服饰》《故宫陶瓷馆》等四款APP,前三款均入选“2015年度精选”,被评为“本年度最具想象力、创造力和吸引力的作品”。承担文化部创新工程《故宫书画的全媒体传播策略和关键技术研究》,开展《院藏玻璃底片整理数字化及保护研究》。

展厅数字展示方面,端门数字馆进入试运行,第1期展览(即常设展),共有数字古建(VR节目)、数字沙盘、数字长卷、数字法书(兰亭序)、数字绘画(写生珍禽图)、数字多宝阁、数字宫廷原状(三希堂)、数字宫廷文物(织绣和服饰)等9个交互节目。

应用技术研究方面,对《角楼》VR节目数据进行提升和修正。开启以御花园为研究对象的三维数据可视化研究,启动“V故宫”线上三维数据应用项目开发。虚拟现实演播厅共接待119场、2554人次。

【宣教与服务】 开展丰富多彩的宣传教育活动。在“5·18国际博物馆日”“6·13中国文化遗产日”举办“从故宫·向未来”亲子艺术活动、“支持故宫限流”宣传活动。寒暑假期间举办“故宫钟表趣谈”“走进故宫陶瓷馆”等教育活动。赴西城区青年湖小学开展“皇帝的新衣”动手教育活动,与北京市汇文中学联合举办相关课程及培训。推出结合清代八旗制度和清宫武备收藏开发的全新课程——甲胄八旗动手教育课程,为观众举办“朝珠DIY”“拓片制作”等动手教育项目。“故宫讲坛”共举办22场讲座,在秦皇岛市“故宫大讲堂”举办10场讲座。志愿者共131人次参与服务,开展“石渠宝笈特展”讲解等服务工作,服务观众4万余人次。

【对外交流】 故宫博物院充分开展馆际间的交流与合作。与卡地亚制表工坊、美国博物馆联盟签署合作意向书;与印度国家博物馆签署展览合作意向书;与香港特区政府康乐及文化事务署签署人员交流合作意向书;与台北故宫博物院开展满文教学合作交流;与卢浮宫学院、法国国家文化遗产学院等开展交流,探索培养博物馆人才的多元化模式。

举办多项活动,增进不同文化间的相互了解。主办首届“紫禁城论坛”,33位国内外著名博物馆馆长及来宾围绕“博物馆的传统职能及未来使命”主题深入交流,审议通过并发布了以“和谐互动、共享文化”为主题的《紫禁城宣言》。邀请美驻华大使及其他外交人员参加第四届驻华使节进故宫活动。国际博协国际博物馆培训中心举办2015年春季、秋季及非洲特别培训班。派出赴外出访团组37个。

【建设管理】 召开第七届一次职工代表大会,开展贯穿全年的工作竞赛,充分激发职工爱岗敬业的热情,增强职工凝聚力。加强共青团组织建设,开展“紫禁鉴赏”系列讲座及“寻找最美青春记忆”活动,由青年组织开展适合青年需求的各项活动,成立话剧社“海棠社”、自行车骑行队“紫微星之队”。积极开展与兄弟单位团组织的合作交流。

进一步健全规章制度,完善《故宫博物院规章制度汇编》。新发布实施《故宫博物院预算项目审核管理办法》《预算处工作职责》《故宫博物院指纹身份信息采集存储管理办法(试行)》。

维护故宫良好形象，积极主动做好宣传报道，结合重要活动和工作，积极组织策划媒体宣传29场次，向媒体发布新闻稿106篇，接待专题采访100余次。通过平均每月2—3次举办新闻发布会及媒体专场等方式，邀请40余家媒体记者前来，将故宫重点工作最新进展及时向社会公布。实时监测日常舆情，就热点、敏感、负面话题制订媒体预案，进行舆情应对25次。

根据全院发展，以协调全局、深化管理为原则，做好精神文明建设、院容环境整治、办公设备维护、通讯保障服务、安全用电监测管理及房管、水暖、医疗卫生等服务工作。

（杨　安）

中国国家博物馆

【概况】 2015年，国家博物馆坚持"人才立馆、藏品立馆、学术立馆、服务立馆"的办馆方针，全面落实从严治党主体责任，积极推进国家博物馆各项工作，管理和服务水平持续提高，举办陈列展览59个，接待观众729万。被评为全球最受欢迎的博物馆第二名。全年以来，国家博物馆主要做了如下工作。

【宣传实践"中国梦"】 中国国家博物馆是"中国梦"的发源地。2012年11月29日，习近平总书记在这里首次提出了实现中华民族伟大复兴的"中国梦"。"中国梦"凝聚了全世界中华儿女的心。2015年11月29日，是习近平同志提出实现"中国梦"三周年，中宣部、文化部在国家博物馆隆重举办系列纪念活动。11月29日，以弘扬中华优秀传统文化、宣传实践"中国梦"为主题，举办"中国梦与中华优秀传统文化"座谈会，中宣部副部长景俊海主持，专家们共聚一堂，共话"中国梦"。7月1日，国家博物馆参与摄制的大型历史文献纪录片《筑梦中国》在全国播映。7月25日，举办《中国梦——人民幸福》特种邮票首发仪式。11月26日，举办大型巨幅中国画主题创作《新中国诞生》收藏展出仪式。这些活动的举办，有力地宣传和传播了"中国梦"。

【文物普查工作】 为保证国家可移动文物普查工作的质量和效率，国家博物馆成立了以吕章申和黄振春同志为正副组长的文物普查工作领导小组，认真制订普查工作方案，馆领导多次召开专题会议，深入文物库房，推动工作进展；以建立健全藏品信息管理系统为抓手，文物普查工作与藏品数据完善同步进行，提高国家博物馆藏品管理水平；全馆统筹协调，统一调配，从其他部门抽调工作人员，充实到普查工作中去，加快普查工作进展；设立专人审核数据，实行两级审核制，由有经验的库房管理员作为一级数据审核人进行初审，各部门再指定专家终审，确保登录数据准确。文物普查与文物保护同时进行，对普查过程中发现的文物病害现象及时进行处理，确保文物安全。国家博物馆馆藏由过去的120余万件增加到130余万件（套）。截至年底，基本完成这项馆藏文物普查工作的历史性任务。

【文化艺术展览】 2015年是抗日战争胜利70周年，也是世界反法西斯战争胜利70周年，7月7日，国家博物馆以习近平总书记文艺座谈会精神为指导，以文艺为主题，举办了特色鲜明的"抗战与文艺：纪念抗日战争胜利70周年馆藏文物系列展"，引起巨大反响，中央电视台新闻联播专门介绍"抗战与文艺"展。国家博物馆以党的领袖和人民群众为主题，在中央大厅展出唐勇力、冯远、杨力舟、王迎春创作的三幅历史美术题材巨幅画作，充实了"领袖·人民——馆藏现代经典美术作品展"。以馆藏珍品为基础,举办"中国国家博物馆典藏——甲骨文、金文集粹"和"近藏集粹——中国国家博物馆近年新入藏文物专题展"等展览。与河南博物院共同举办"大象中原——河南历史文化展"。2015 年,共有 59 个陈列展览为观众开放,其中,新举办展览 37 个。还包括"时代领跑者——美术作品展""文怀沙一百零五岁法书展""学艺融通——饶宗颐百岁艺术展"等多个具有中国传统文化艺术特色的临时展览。其中,连续举办了饶宗颐、黄君璧、文怀沙、赵丹、赵青、赵梅生、何水法等多位文化和艺术大师的展览,对弘扬中国优秀传统文化艺术、培育社会主义核心价值观具有重要意义。4 月 27 日,李克强总理亲切会见饶宗颐先生,祝贺饶宗颐百岁艺术展在国家博物馆举行。俞正声、吴邦国、贾庆林、李岚清、李长春、刘奇葆等领导同志来馆视察参观。这些展览进一步丰富了国家博物馆特色的展陈体系。

【特色服务】 2015 年,国家博物馆以青少年教育工作为重点,依托北京市中小学校,推出多项公共文化服务内容。其中,国家博物馆与史家胡同小学以馆藏文物为基础,以"说文解字""美食美器""服饰礼仪""音乐辞戏"为主题,进行课程和教学设计,合作开发《史家教育师资人文素质培训课程开发》项目,出版《中华传统文化——博物馆综合实践课程》,7 月 9 日,国家博物馆隆重举办《中华传统文化——博物馆综合实践课程》成果推广会,受到北京市政府和教委的高度评价。同时,与北京教育科学研究院基础教育研究中心合作编写《认知——国家博物馆课程学习绘本》,北京市教委订购 2 万册送入全市各中小学,用于社会主义核心价值观的日常教学。协助北京市教委开展北京市中小学生综合实践课活动,获得中小学校的广泛欢迎,已累计接待中小学生近 20 万人次。鉴于国家博物馆在青少年公共教育方面取得的成效,教育部和国家文物局在国家博物馆举行"博物馆青少年教育示范课程推广会",启动博物馆青少年教育试点工作。6 月 2 日,来北京参加"中国少年先锋队第七次全国代表大会"的少先队员代表 200 余人来国家博物馆参观"古代中国"和"复兴之路"基本陈列。

2015 年,国家博物馆观众接待量因受天安门广场大型活动管制影响比上年略有下降,共接待观众 729 万人次,其中未成年人观众 131 万人次、国外观众 62 万人次。提供专职讲解服务 5030 批次,志愿讲解服务 4767 批次,提供国博课程服务 8834 小时,为北京市教委培训一线教师 1800 人次。同时,积极利用网站、微博、微信等多媒体手段服务社会公众,与国家互联网信息办公室合作举办"网络名人走进国博看展览"活动。本年度设计文创产品方案 367 款。近年来共开发馆藏文物 140 余件套,自主研发文创产品 2000 余款,使文创产品成为传播中国优秀文化和艺术的重要渠道。国博衍艺电子商务网站上线。

【学术研究出版】《中国国家博物馆馆刊》坚持高水平学术质量办刊原则,在学术界享有广泛声誉,11 月 10 日被文化部和国家新闻出版广电总局首批认定为 A 类学术期刊。11 月 20 日,金属文物保护国家文物局重点科研基地在国家博物馆挂牌成立。2015 年共出版精品图书 20 部,其中,包括《海外藏中国古代文物精粹·英国国立维多利亚与艾伯特博物馆卷》和《中国国家博物馆典藏甲骨文金文集粹》等。同时,国家博物馆以"国博讲堂"为平台,配合展览举办了包括《饶宗颐的学术与艺术》等学术研讨会和学术讲座 15 场,10 月 30 日,国家博物馆举办星云法师《贫僧有话要说》新书发布会和相关讲座。

【对外交流】 国家博物馆作为国家的文化客厅,文化交流活动和影响力不断扩大。全年接待外宾团组170余个,3900余人次。国家博物馆与波兰、俄罗斯、美国、罗马尼亚等国家相关机构合作举办了“来自肖邦故乡的珍宝:15至20世纪的波兰艺术”“伏尔加河回响——特列恰科夫画廊藏巡回画派精品”“生命之绘——迪士尼经典动画艺术展”“安娜·高美雕塑艺术展”“博特罗在中国——费尔南多·博特罗作品展”等国际交流大展,在国内外产生了巨大反响。承办了多场大型文化活动。1月30日,李克强总理和法国总理瓦尔斯来馆参加中法建交50周年闭幕活动并发表重要讲话,对国家博物馆的国际文化影响力高度评价。12月16日,李克强总理在国家博物馆宴请俄罗斯总理梅德韦杰夫并参观展览。3月6日,刘延东副总理来馆参观“永远的思想者——罗丹雕塑回顾展”和墨西哥“玛雅:美的语言”文化展。4月5日,刘延东副总理在国家博物馆会见泰国公主诗琳通并共同观看文艺演出。9月20日,马凯副总理在国家博物馆宴请英国财政大臣乔治·奥斯本并参观展览。部领导先后两次在国家博物馆接待来自港澳地区的嘉宾,并与毛里求斯共和国艺术与文化部部长桑塔拉姆·巴布会谈。3月26日,中国丹麦博物馆领域文化圆桌会议在国家博物馆举办。11月2日,星云法师为海峡两岸新人祈福暨“寻找两岸美丽新人”活动启动仪式在国家博物馆举行。鉴于国家博物馆在对外文化交流方面做出的巨大贡献,12月15日,法国总统奥朗德授予吕章申馆长法国国家荣誉军团“军官勋章”。

【管理工作】 2015年国家博物馆新征集古代珍贵文物42件(套),征集艺术类及近现代实物文物2270件(套),其中包括接收中央礼品118件(套)。开展了以“师承制”为形式的文保专业技术人才培养工作。继续进行山西绛县周家庄遗址、中国古代矿冶遗址遥感考古等调查工作。实施综合业务服务平台、财务预算管理系统等信息化建设。积极筹备蜡像艺术展,推进博物馆专业图书馆建设,开展艺术品鉴定、书画艺术创作研究等业务工作。

(郭子男)

中央文化管理干部学院

【概况】 一年来,学院在部党组的领导下,在部各司局的支持下,班子全体同志积极贯彻落实党风廉政建设主体责任和监督责任的要求,认真开展“三严三实”专题教育,以“谋事要实、创业要实、做人要实”的要求,认真履行职能,在党的建设和业务建设方面都尽责尽心尽力,较好地完成了学院各项工作。

【重点业务】 紧紧围绕部中心工作,做好各级各类培训班次及会议。全年共举办各级各类培训班次及会议240个,共16623人次。其中,文化部党校完成春、秋季处级干部进修班,部机关和直属单位处级干部60人参加了两期班的学习。部机关文化产业高管人才千人培训计划、全国基层文化队伍千人培训计划、全国文化干部素质能力提升工程千名管理干部培养计划以及国家文物局县级文物行政部门负责人培训计划都如期得到实施。顺利执行了文化部文化产业创业创意人才培训计划、全国演艺企业经营管理人才系列培训计划、全国艺术职业教育师资系列培训计划等重要项目。空中大讲堂和公共文化服务巡讲活动也得到有序开展,网络学院的注册学员已经达到1.6万人次,通过"空中大课堂"活动参与学习的基层文化干部约10万人次。涉外培训项目8个,培训国外文化官员211名,涉及亚、非、欧等州的51个国家。

学院承接的重要培训和会议的能力得到了检验。连续三期的五中全会培训班、连续三天的文化部第九次党代会,规模之大、规格之高,在学院历史上都是罕见的。学院积极筹划、通力合作,圆满完成重要班次和重要会议的承办组织工作,各部门、各环节都接受住了考验,对学院整体工作进行了很好的检验。

学院培训工作重点加强了培训项目统筹的计划性和资源调配的科学性,统筹档期和项目计划制定由月度调整为按季度制定,最大限度提高了资源的使用效率。加强培训理念的创新,把学员变成教员,把案例变成教材。突出培训的"平台"作用,放大孵化、调研和智库等功能。加强培训形式的创新,增加工作坊、头脑风暴、众创空间等互动形式的比例,推出翻转课堂、微课堂、微论坛、结构化论坛等新的形式,重在引导学员发散思维,强化学员的角色意识,提高学员自我吸收、汲取知识的主动性。加强教学内容的创新,从"文化"拓宽到"文化+",打破以往就文化工作谈文化培训的束缚,将文化与社会治理等内容有机融合,形成学院特有的开放的培训教学产品。涉外培训班在教学内容和形式上也不断创新,设立"中华文化大讲堂"系列课程,课程设置和参观考察都围绕着中国文化的主题来设计,设立了汉语、书法艺术、戏曲艺术等方面的课程,使学员对中国文化有更全面的认识。

*密切联系文化工作实践,做好科研咨询。*首次获得国家社科基金项目立项;推选出400余名优秀青年设计师进入文化部创业创意人才库。组织编写出版一批研究成果,如《中国公共文化服务发展报告蓝皮书(2014—2015)》《文化管理干部培训研究》《2013—2014年度国家公共文化服务体系制度设计课题研究成果选编》《文化产业创业创意人才扶持案例集》等先后由社科文献出版社、光明日报出版社出版发行。由教务处编写的《文化产业园区建设案例研究》也已由光明日报社出版发行。

学院自2014年首次建立了院级课题制度,目前2014年度院级课题已经结项,并编辑出版了课题文集。2015年院级课题立项申报也已顺利完成,正着手结项工作。

*确保核心业务有序开展,做好内部建设。*学院队伍建设成效明显。坚持公开、公平、公正的工作原则和德才兼备的选人原则,通过公开招聘等形式,共吸纳5人来学院工作。公开竞争选拔中层干部8人。推荐4名同志参加文化部职称评审。做好离退休人员服务工作,坚持每两个月为老同志们报销一次医药费,做到及时,准确,不拖欠;坚持经常走访制度,平日随时关心走访生病住院、长期患病困难的老同志;坚持重大节日慰问制度,2015年元旦春节期间,分别走访慰问了病残、特困的离退休干部等。

学院宣传工作有声有色。充分利用网站、院报、微信、宣传栏等媒介和文化部党建在线等平台,服务学院党建、培训、科研等中心工作,宣传各项业务工作,弘扬正风正气,扩大学院知名度和影响力。

学院群团工作蓬勃开展,学院文化和谐向上。院工会紧密配合学院中心工作,关爱职工生活。坚持以人为本,积极开展送温暖活动,为职工办实事。院团委充分发挥青年主力军作用,开展了"五四"青年节义务劳动、"培训者的培训"——周末大讲堂、"共筑中国梦·青年先锋行"——文化青年与灾区学生联谊等系列活动,丰富青年员工业余生活,打造了积极向上的校园文化。

学院强化预算管理，提高财政资金使用效益。根据学院培训工作蓬勃发展的实际情况，合理、科学编制预算，严格预算执行。加强政府采购管理，通过政府采购公开招标的货物、服务和工程价格比市场价格降幅较大，服务和质量也得到最大程度的保证，对学院来说，不仅从采购环节保证了国有资产的安全，还提高了资金的使用价值。

学院后勤保障顺利完成。总务部门上下配合，紧紧围绕学院中心工作，以逐步提高后勤工作服务水平和服务质量为宗旨，把接待服务和后勤保障各项工作落到实处，为上万余人次提供住宿和会务服务、就餐服务、车辆和维修保障等各项后勤服务工作。按照国管局规定，培训外出需要租用的车辆进行了政采的招标。对全院包括2栋家属楼水暖电的维修进行了积极探索，尝试引进社会化的管理新模式，与众人物业公司洽谈并签订了托管协议。一年来设备、维修工作基本得到了保障。

学院安全保卫保障有力。紧密联系驻区的公安、综治、消防等业务职能部门，紧紧围绕学院的中心工作，保卫部门齐心协力，团结协作，在校园管理，安全防范，法纪安全教育，维护学院稳定和周边整治等各方面做了大量的工作，确保学校的稳定和良好的校园治安秩序，保证学院正常的教学、生活秩序和人员、财产的安全。

（于春城）

中国文化传媒集团有限公司（中国文化报社）

【概况】 2015年，在文化部正确领导下，中国文化传媒集团始终坚持把社会效益放在首位，主动适应经济发展新常态，围绕“调整结构、理顺关系、提升质量、增强效益”这个总的基调，深入学习，加强建设，努力开拓，科学发展，各项工作取得新进展。集团制定年度工作要点，细化重点任务分工，明确责任人和完成时限，较好地完成各项任务，达到预期目标。

截至2015年年底，集团资产总额为5.06亿元，同比增长19.8%。所有者权益总额为3.59亿元，同比增长39.98%，国有资产实现了保值增值。全年收入总规模达到1.54亿元（2014年收入总规模为1.45亿元），同比增长6.2%。营业总收入突破1.46亿元，同比增长31.71%。全年累计实现国有净利润127万元，同比增长140%。

【宣传报道】 围绕中央及文化部重要工作，圆满完成全国“两会”、十八届五中全会、“三严三实”专题教育、“深入生活 扎根人民”主题实践活动、纪念抗战胜利70周年、全国文化厅局长会议、公共文化服务体系建设等中央及文化部重要会议、重要活动和重大部署，全方位、立体式开展形式多样的宣传报道。同时，紧密结合宣传思想、文化领域读者比较关注的热点问题，推出一系列涉及文化民生、聚焦业界难题、助力行业发展的报道。

加强理论评论工作，结合践行社会主义核心价值观和学习习近平总书记的系列重要讲话精神，推出“艺海问道”系列文化论坛和“传递正能量”等专栏，“微评论”“百家横议”及结合文化部中心工作刊发的“本报评论员文章”，中宣部新闻阅评组对相关报道给予了好评。

配合“一带一路”战略规划及《藏羌彝文化产业走廊总体规划》，精心策划，联合新华社、人民日报等多家中央媒体成功组织实施“梦想丝路”国际行（陕西段）、“藏羌彝文化产业走廊建设巡礼”等多项大型采访报道活动，营造良好的文化舆论氛围。

坚持“三贴近”、坚持“走转改”，通过设立读者俱乐部等形式加大对文化系统尤其是基层的宣传报道，及时反映文化政策的贯彻落实情况，受到读者和基层文化工作者的欢迎和好评。

集团主管的“三刊”（《艺术市场》《艺术教育》《文化月刊》）专业性和可读性增强，社会影响力不断扩大，2015 年，《艺术教育》杂志以较高的学术质量、严谨的学术规范和专业的编辑水平，被国家新闻出版广电总局认定为 A 类学术期刊。

积极探索全媒体报道模式，加快推进以《中国文化报》为核心、报网刊联动的文化传媒平台建设，推动传统媒体与新兴媒体的深度融合。中国文化传媒网、国家动漫产业网社会影响力不断扩大，年点击率为 780. 2 万，日均点击率约为 2. 11 万；动漫产业网年点击率也超过 93. 54 万，中国文化手机报被越来越多的系统内单位认可，成为宣传工作必备媒体，同时，2015 年新推出了中国文化报官方微信和文化报 APP · 新闻客户端“天下文化（中国文化融媒）”公众微信服务平台，新媒体宣传渠道日益健全。

【双效统一】 以《艺术市场》杂志社有限公司为依托，形成较为完善的艺术品产业链，积极整合资源，吸纳社会力量，着力打造艺术品全产业链，建立宣传推广、展览展示、艺术创作、市场营销、学术交流等五个业务平台。2015 年实现总收入 3964. 60 万元，除上交集团 500 万元外实现利润 742. 30 万元。目前，股改工作已基本完成，增资扩股及新三板上市稳步推进，计划 2016 年正式挂牌，预计融资规模可达 20—30 亿元。

中传院线建设取得新成效，效益不断增加，在原有五家影院的基础上，江苏启东影院新投入运营开业，已开业的 5 家影院全部完成年初制定的各项指标，总收入达到 6000 万元。天津、南京和无锡均可超额完成年度业务目标的 10% 以上，其中天津影院 2015 年上半年票房指标同比增长超过 150%，南京影院开业一年多票房也已达到 1000 万元。

“我的手艺网”更名“中国手艺网”，电子商务实现转型发展，初步形成线上和实体店交错销售的格局。

文化金融迈出新步伐，集团下属中传金控股权投资基金管理公司已取得深圳市政府核发的 QFLP（合格境外有限合伙人）资质。福建平潭海洋文化中心综合体项目稳步推进。影视剧及相关服务业务得到拓展。战略发展研究、文化产业调查评估、文化产业规划、区域规划与设计等工作在探索中初见成效。广告中心积极探索开辟新的渠道，增加经营收入。网站等新媒体盈利模式逐渐清晰，形成稳定收入。印刷厂克服机器设备老化的困难，圆满完成“两会”等印刷任务。

由集团主办的第三届中国游牧文化旅游节暨达茂旗第 26 届那达慕、第十届全国艺术院校院（校）长高峰论坛、第 10 届中国（义乌）文化产品交易会、第四届中国苏州文化创意设计产业交易博览会、2015 中国文化财富榜暨一带一路文化发展高峰论坛等文化创意活动，扩大集团影响力，实现社会效益与经济效益双丰收。

【对外交流】 组织多家企业和艺术家参加第 20 届洛杉矶艺术博览会，并设立“中国国家展区”，成功开辟新的文化贸易渠道，将更多具有代表性的优秀中国文化推向海外。

“视觉中国 · 洲际行”共完成日本、意大利、俄罗斯等 7 次国际展览和艺术交流活动，有效推动中国文化艺术在海外的推广与传播，取得良好的经济效益和社会效益。

“温馨之约——中外文化传媒论坛”在荷兰和南非成功举办，继续保持高规格、高水准,突出专业化,为更多中国艺术家、学者和企业搭建走出去的文化平台,在提升国际传播能力、讲好中国故事、传播好中国声音方面发挥积极作用。

在巩固已有伙伴关系的基础上,与香港卫视国际传媒集团签订了文化建设战略合作协议,与沙特阿拉伯文化传媒控股集团就“一带一路”文化资源开发、互联网合作等达成共识,为推动双方深层次合作奠定了良好基础。

【企业管理】 根据《文化部关于中央巡视组反馈意见整改方案》,在财务司指导下完成了集团清产核资审计工作。按照中央文资办要求,完成了集团 25 家下属企业国有资产产权登记与发证工作。加大二级公司管理力度,注销中传华丽(北京)服饰有限公司、中传文化艺术(杭州)有限公司,转让中传(成都)文化投资集团有限公司等的股权,使集团产业结构优化合理。报社顺应形势要求和实际工作需要,整合资源成立了品牌活动部。集团通过建立领导周报制度、职能部门业务学习报告制度,进一步改进工作作风,提高工作水平。招聘管理制度不断完善,职称评审工作进一步规范,培训力度和广度加大。干部职工管理工作切实加强,退休人员服务管理扎实有效,后勤安保工作不断改进,工会活动丰富多彩。集团官网已全新改版上线。

(李海琪)

国家京剧院

【概况】 2015 年,在文化部党组的领导下,剧院贯彻从严治党要求,紧紧围绕中心工作开展党建,抓建设、抓队伍,将创作作为全年的重中之重,积极推进“深扎根”主题实践活动,着力搭建人才成长平台,完善管理制度,探索构建适应新常态的运行体系,推动剧院全面协调发展。

【艺术创作】 剧院精心打造三部新创剧目、修改两部 2014 年创排剧目、复排七部经典剧目。重点创排了现代京剧《西安事变》。在中宣部、文化部高度重视和社会各界的广泛关注下,剧院汇集了孟冰、娄迺鸣、孙桂元、于魁智、朱强、李胜素等主创阵容,以一团为基本团队,与党史、军史、戏剧专家专题研讨 20 余次,赴中央文史馆、国家图书馆查阅资料,赴西安采风,16 次修改文本完成剧本创作。10 月,在梅兰芳大剧院进行首轮四场演出,《人民日报》《光明日报》、中央电视台等 40 余家媒体报道、评论,剧院官网点击率过千万次。每场演出后,组织专家座谈,近 30 位专家学者和有关领导建言献策,《西安事变》现正加工提高。

新编历史京剧《伏生》移植改编自同名话剧,剧院重点抓剧本创作,经过历时一年多的剧本修改打磨,于 2015 年 8 月试演。该剧汇集孟冰、罗周、王晓鹰、荀皓、张建国、魏积军等主创,以三团为基本团队,在保持原作深刻思想性的基础上,充分发挥京剧的优长,以丰富的美学构思和表现手段,将这一宏大深沉的历史题材以京剧形式再现舞台。该剧于 2015 年 12 月在国安剧院首演三场,修改打磨后于 2016 年 2 月 3 日、4 日再次公演,剧院官网点击率超过 120 余万次。

京剧《浮士德》由剧院与意大利基金会联合制作,中、意、德三国艺术家联合创演。2015 年 10 月赴意大利参加 VIE 艺术节,并在意大利巡演 12 场,11 月在清华大学演出两场。该剧由王琳娜、李美妮、徐孟珂、陈晓满、刘大可、王璐等青年主创担纲,以二团为基本团队,尝试以京剧艺术解读西方经典名著,在遵循京剧规律的基础上大胆融入西方审美元素，是一次中西方文化的交融碰撞，是一次"以中国语汇讲述世界故事"的有益探索和尝试，剧院官网点击率超过200万次。

加工提高并再度演出2014年创排剧目《安国夫人》《丝路长城》。完成朱镕基同志关心支持的"京剧电影工程"《穆桂英挂帅》的拍摄和制作工作，并编辑丛书。完成了经典保留剧目《白蛇传》《平原作战》《宝莲灯》《李逵与宋江》《荀灌娘》《闹天宫》《姚期》的复排和演出。

对剧院的艺术创作和生产进行制度性规划，发挥艺术指导委员会作用，多次召开院内外专家创作规划会，制定2016年新创和复排剧目申报内容，规划论证2016—2019年创作计划。启动艺术资料库安防监控系统建设、艺术档案管理系统建设、实体库整理与数字转化，使艺术资料得到妥善保管和积极利用。

【"深入生活、扎根人民"活动】 在文化部的统一部署下，2015年，剧院制定"深入生活、扎根人民"活动规划，足迹遍布河北、新疆、广西、山东、陕西、湖北、湖南、甘肃等地，在创作采风、结对帮扶、演出教学等方面开展了卓有成效的工作。

积极开展演职员基层采风活动。选派青年创作人员赴公安部宣传局、公安文联、北京市检察院反贪局深入体验生活；赴酒泉卫星发射中心、马兰基地，采访当年参加"两弹一星"的老科学家及他们的家人，为创作积累素材。

积极与地方院团结对帮扶共建。剧院先后与乌鲁木齐(新疆)京剧团、青岛市京剧院、宁夏回族自治区京剧院、湖北省京剧院、广西戏剧院京剧团、山东海阳市京剧团签订结对共建协议，通过名家授徒、剧目传承、交流演出、指导创作等措施，为地方京剧院团剧目建设、人才培养给予支持。

以慰问演出、专业辅导、与基层院团演员同台演出、京剧讲座等形式，深入基层开展活动。元旦，在北京怀柔北房镇宰相庄村、人民剧场开展慰问农民工及农民工子弟的公益演出活动。春节前，赴河北省涞水、广西边境开展慰问基层群众边防官兵演出。在北京城建集团槐房再生水处理工地为工人慰问演出；时值新疆维吾尔自治区成立60周年之际，驱车2000多公里，先后赴新疆吐鲁番、鄯善、哈密市、巴里坤、奇台、阜康等地慰问演出；为酒泉卫星发射中心航天城官兵、科技人员演出，3500余名官兵现场观看，航天城三万人观看了演出直播。同时，赴航天城的全体演职员接受了一次生动的爱国主义教育。

【艺术演出】 2015年，一、二、三团共完成各类演出317场。为庆祝建院60周年，剧院召开了纪念大会，组织了"国家京剧院优秀剧目展演"，从元月1日至3月，三个团历时75天，在梅兰芳大剧院演出45场，平均出票率90%以上，观众达4万人次。组织优秀青年演员优秀保留剧目展演12场，由2015年度"青年演员业务考核"成绩优秀的26名青年演员领衔主演，每场出票率均达85%以上。参加"2015年度国家艺术院团演出季"的《红灯记》《安国夫人》《西安事变》三台剧目8场演出均实行低价惠民举措。"高雅艺术进校园"活动走进辽宁、天津、江苏、安徽、广东、河北、青海、福建8个省市的34所高校，5万余名师生欣赏到精彩演出和京剧讲座。2014年年底，剧院还成功承办由中宣部、文化部主办的"新年戏曲晚会"。

【对外交流】 2015年，剧院共出访14个国家与地区，演出39场，开展交流活动共计20批463人次，接待12个国家及地区的36位外宾来院参观洽商；接待"一带一路"沿线20国主流媒体来院;与国务院侨办签订合作备忘录,共建中华才艺培训基地。

剧院组团携经典剧目《杨门女将》赴美国纽约林肯中心演出三场,访演被列入中美人文交流高层磋商文化领域的成果清单。剧院组团携经典剧目《杨门女将》赴波罗的海三国爱沙尼亚、拉脱维亚、立陶宛参加"波罗的海东方音乐节"和"立陶宛艺术节",拉脱维亚时任总统、新当选总统和前总统及该国多位政要到场观看。组团赴澳大利亚参加第七届墨尔本中国戏剧节。组团赴韩国光州演出现代京剧《红灯记》。实验京剧《浮士德》赴意大利巡演 12 场。组团赴英国伦敦、利物浦演出《杨门女将》《霸王别姬》等七场,BBC、《卫报》《星期日邮报》等主流媒体予以报道,演出获英国媒体最高五星级好评。组团完成第 19 次赴台演出七台大戏。组团赴斯洛文尼亚演出四场《大闹天宫》,该国国民议会主席、副总理等多位政要出席观看。与对外友协、中日友协等共同主办"中国京剧·日本歌舞伎联袂演出",原国务委员唐家璇,日本驻华大使木寺昌人,参议院议员、前外务大臣中曾根弘文等观看演出,日本 NHK、富士电视台、TBS 等十余家日本主流媒体予以报道。

【人才培养】 人以戏传,戏以人传,剧院充分发挥老艺术家传帮带作用,完成杜近芳收徒付佳、刘琪,张春华收徒靳智棋、刘佳、王浩,叶少兰收徒张兵的仪式;落实引进人才田磊进京户口指标,办理王越调转相关手续;在新创复排剧目中启用优秀青年担任编剧、唱腔、音乐、服装、舞美、灯光等;高明同志改编的《江油关》获得文化部"三个一批"戏曲剧本创作人才扶植项目;举办本年度全院青年演员业务考核。人才培养迈出坚实步伐。推进"珍贵资料抢救——口述史"工作,共完成 38 位老艺术家拍摄。承接文化部委派的"名家传戏——当代京剧名家收徒传艺"工程。

【梅兰芳大剧院】 梅兰芳大剧院全年演出用场 302 天,演出 261 场。艺术发展中心在北京范围内举办首届京剧社会艺术水平考级,200 余名考生按照国家京剧院考级委员会制定的《京剧考级大纲》,参加各行当 9 个级别考试。完成艺术基金资助项目——京剧《杨门女将》表演人才培训工作,由原排老艺术家王晶华、冯志孝、刘琪、孙元意及剧院资深演员担任主教老师,全国 9 家京剧院团的 24 名学员在人民剧场参加为期 30 天的培训课程,结业后在梅兰芳大剧院举办专场汇报演出。

【民生工程】 2015 年,剧院重点关注演职员民生福祉,尽力改善员工生活。结合实际,调整演职员收入分配方案,提高一线演员工资待遇,2015 年全院演职员工资比 2013 年平均上涨 45%。改善年轻演职员收入偏低的境况。解决剧院两地分居的演职员朱世杰、孙亮、陈勇、赵志勇 4 人配偶户口进京问题,按年限排序上报文化部国家京剧院两地分居的演职员贾家林、刘搏、张铮艳 3 人配偶户口进京的申请。改善就餐环境,完成职工餐厅改建。充分发挥工会职能,组织演职员年度体检、参加植树登山、乒乓球比赛等活动、为演职员办理北京公园游览年票、发电影卡;关心离退休老同志生活,为生活特困的老同志发放补助。为全院职工购入补充医疗保险和补充意外伤害保险业务。

(罗艳琳)

中国国家话剧院

【概况】 2015 年,中国国家话剧院坚持"以人民为中心”的创作导向，坚定“中国原创、世界经典、实验探索”的创作方向，践行“团结、担当、传承、创新”的剧院精神和“创作、演出、管理”三位一体的发展理念，全年演出剧目26部，其中新创剧目5部、复排经典剧目2部。2015年共演出460场，观众人数累计40万人次。

【伟大抗战精神的艺术表达】 为纪念中国人民抗日战争暨世界反法西斯战争胜利70周年，中国国家话剧院创作的剧目《中华士兵》于9月3日在北京保利剧院首演。在北京、上海演出后相继召开三次京沪专家研讨会，专家学者们对《中华士兵》的艺术品质和反思精神给予高度评价。

为纪念抗战胜利70周年，演出《生死场》和《四世同堂》。复排话剧《生死场》时隔16年后原班人马重登舞台，导演的深度挖掘和演员的精湛表演得到首都新老观众的热烈反响，为剧院“保留剧目制”的建立再树成功范例。7月，话剧《四世同堂》在上海大剧院迎来第200场的纪念演出。由文化部承办的纪念抗战胜利70周年《胜利与和平》晚会，9月3日亮相人民大会堂，中国国家话剧院选派导演和演员20余人参与创作和演出，出色完成文化部交付的任务。

《中华士兵》《生死场》《四世同堂》和《胜利与和平》为纪念中国人民抗日战争暨世界反法西斯战争胜利70周年献上一份厚礼，彰显出中国国家话剧院的社会责任与文化担当。

【中英战略合作的完美呈现】 作为中国国家话剧院与英国国家剧院战略合作的首个项目，舞台剧《战马》中文版历时两年筹备，一年多的演员训练，首轮演出于9月4日至10月31日在国家话剧院剧场连续演出58场，观众反响热烈。剧院推行的“低票价”政策，使得更多观众有机会走进剧场一睹高水平剧目。首演当日，英国首相卡梅伦向剧院发来亲笔贺信。英国驻华大使、英国国家剧院行政总监到场祝贺。

舞台剧《战马》中文版首次引入“互联网+”的运营模式，开创票务众筹的全新手段，联合多家教育机构开展戏剧教育活动。中、英双方通过表演、导演、舞台技术以及运营机制等方面的密切合作与交流学习，有效提升艺术人才的专业化水平，对中国戏剧的发展产生积极的推动作用，为中英两国在舞台艺术和创意产业的合作树立成功典范。

12月4日，舞台剧《战马》中文版受邀参加“2015南非‘中国年’闭幕式文艺演出”，与南非演员合作演出精彩片段。中国国家主席习近平同出席中非合作论坛约翰内斯堡峰会的非洲国家的元首、政府首脑或代表以及非盟委员会主席一同观看演出。

11月15日开始，舞台剧《战马》中文版在上海文化广场驻场演出。截至12月31日，舞台剧《战马》中文版演出过百场，持续演出场次、总票房、单场票房均为今年话剧市场冠军，实现社会效益和经济效益的高度统一。

【跨界联手打造的新创剧目】 11月20日，中国国家话剧院与北京市西城区人民政府在天桥演艺中心正式签署《战略合作协议》，双方将发挥各自资源优势，开展剧目创排、戏剧教育、剧场环境、特色文化品牌、社区文化建设等全方位的深度合作，中国国家话剧院在构建区域合作发展上又迈出坚实的一步。《北京法源寺》是双方合作的首个成果。

12月5日，新创话剧《北京法源寺》作为新落成的北京天桥艺术中心中剧场开幕大戏精彩亮相，从剧本创作、导演手法、演员表演以及舞台呈现，均体现出原创的探索精神。

【寻求实验探索的跨年新作】 创作、演出两部原创小剧场话剧:关注生态环境话题的荒诞小剧场话剧《青蛙》,12 月 25 日在国家话剧院先锋剧场首演;12 月,由青年导演执导的小剧场话剧《特殊病房》开排,于 2016 年 1 月演出。

【奏响原创话剧的强者之音】 3 月 15 日,中国国家话剧院主办的首届“中国原创话剧邀请展”正式开幕,以“重视原创,紧跟时代、艺术精湛、服务人民”为宗旨,开创性地将国有院团、民营剧团以及社区戏剧的全国艺术院团共聚一堂。历时三个月先后上演 20 部大剧场和 15 部小剧场原创剧目,共演出 135 场。同时还举办三场主题论坛及演后谈等活动,审视当下,直面困难,共同探寻原创话剧的现状和未来发展。

中国原创话剧邀请展的成功举办受到业内人士、普通观众和新闻媒体的关注,充分体现中国国家话剧院的代表作用、示范作用和导向作用。

【国家艺术水准的集中展示】 2015 年中国国家话剧院继续推出“全国演出季”,以演出季的形式集中展示剧院的保留剧目和新创剧目。天津、重庆、上海、杭州和台北市,五大演出季共演出剧目 15 部,110 场,观众人数近 10 万人次,演出场次和观众人数较 2014 年演出季均有大幅提升,品牌认知度逐渐提高,也为剧院今后实施“项目制”打下良好基础。再次以整团建制在台北地区举办的演出季,相继上演《纪念碑》《恋爱的犀牛》《红色》《霸王歌行》4 剧目,对于提升国家话剧院品牌影响力,同时让台湾民众了解大陆戏剧文化有着深远意义。

春节期间,《向上走,向下走》剧组奔赴上杭、古田、遵义、延安等革命老区,为当地百姓送去温暖与欢乐;积极推进“高雅艺术进校园”活动,《向上走,向下走》和《哥本哈根》走进甘肃、贵州、成都等地十余所高校,为万名师生带来高品质的话剧作品。

中国国家话剧院选送《中华士兵》《萨勒姆的女巫》和《长夜》三部剧目参演 2015 年度的国家艺术院团演出季,好评如潮。

由中国国家话剧院主办、国家艺术基金资助的“戏剧台词人才培养”培训课程正式开班。

【走向戏剧交流的梦想舞台】 《理查三世》受邀赴匈牙利参加“莎士比亚戏剧节”开幕演出。赴以色列参加卡梅尔剧院“第 8 届特拉维夫国际戏剧节”演出 2 场。再次赴本剧的首演地英国伦敦莎士比亚环球剧院剧场演出 4 场。《理查三世》这部融入中国元素的世界经典剧目,不仅体现戏剧民族化的重要性,更是中国国家话剧院在中国戏剧国际化道路上的不断探索。

【寻找戏剧创作的本源力量】 2015 年,中国国家话剧院深入贯彻“扎根人民、深入生活”主题实践活动要求,探寻艺术创作的灵感与本源。“七一”前夕,《中华士兵》主创人员前往山西、陕西两地创作采风。走进“中条山”体验生活,参观西安事变纪念馆,身临其境了解抗战时期的历史,体会、找寻艺术创作的源泉,为创作排练奠定了坚实基础。

中国国家话剧院与西藏自治区话剧团建立帮扶计划,剧院青年导演白皓天克服高原反应先后数次入藏区采风,为西藏自治区话剧团导演话剧《共同家园》并在北京成功首演,为剧院争得荣誉,受到文化部的表彰。

【挖掘剧目建设的不竭动力】 加强推动原创作品的创作,2015 年 5 月召开《文学 · 戏剧 ·

生活》原创笔会，邀请戏剧界有影响力的作家、学者与剧院青年编剧、导演共同探讨对当代原创戏剧的思考与认识，为剧院创作建言献策。12 月，举办“剧本朗读会”，院内外编剧、导演、演员和专家学者齐聚一堂，研读剧本，展示新人新作，交流探讨，并首次邀请戏剧爱好者全程观摩。每年的“笔会 + 朗读会”创作交流模式已逐步形成，为剧院的创作打下坚实的基础。

中国国家话剧院影视中心制作出品的电视剧《功夫婆媳》已经在江苏、浙江等地方台播出。与海南省委宣传部、海南省文联联合制作出品的青春励志电影《爱在北纬十八度》，与最高人民检察院合作出品反腐倡廉题材电影《天网狼蛛》正在拍摄中，计划 2016 年与广大观众见面。

【构建和谐剧院的坚实保障】 经过广泛研讨，确立“团结、担当、传承、创新”的剧院精神，并在党员干部中积极倡导增强“纪律意识、责任意识、剧院意识、国家意识”。剧院党委把践行剧院精神、提升“四个意识”作为贯穿全年党建工作的主线，展开各项学习教育、组织生活及党日活动。剧院具有特殊的生产和工作机制，党建工作要主动适应这种条件。剧院以重心下移、活跃支部为基本思路，予以引导和支持。把中央精神、上级党组织要求最终落实细化到剧院的实际当中，转化为思想作风提升、队伍建设进步和剧院全面发展。

完善深化剧组临时支部建设。依照 2014 年剧院党委制定的《中国国家话剧院剧组临时党支部工作规则》，在《战马》《北京法源寺》《生死场》及《中华士兵》等 8 个全部新创剧组建立临时支部。演出一线的思想建设和作风建设得到加强，也推动剧院基层党建工作，为剧院发展提供更为有力的保障。

重视青年队伍建设，完善青年工作机制，团组织和党组织配套建立，印发《国家话剧院政治和业务学习办法》。以青年为主要对象，举办“谈如何写剧评”专题讲座。开展“与戏剧同行”主题活动，组织青年关注戏剧、关注业务，增进交流。为青年成长搭建平台，营造剧院良好学风。

（吴　青）

中国歌剧舞剧院

【概况】 2015 年是“十二五”收官之年，也是中国歌剧舞剧院各项工作狠抓落实、加速推进的一年，剧院深入贯彻党的十八大和十八届三中、四中、五中全会精神，深入贯彻习近平总书记系列重要讲话精神，深入贯彻中央关于文化建设的重大决策，立足发展实际。

【文艺创作】 2015 年，剧院始终紧扣创作这个中心环节，深入贯彻落实习近平总书记系列重要讲话和《中共中央关于繁荣发展社会主义文艺的意见》精神，定期组织业务骨干挂职锻炼、采风实践。剧院今年新创剧目共 5 部：歌剧《号角》、歌剧《星海》，民族管弦乐《国之瑰宝》，交响音诗《复兴》，舞剧《赵氏孤儿》。

纪念“中国人民抗日战争暨世界反法西斯战争胜利 70 周年”，唱响爱国主义主旋律。排演两部重点剧目歌剧《号角》和歌剧《星海》。这两部作品分别展现了音乐家聂耳和冼星海的艺术人生。创作之初，剧院积极响应中央“深入生活，扎根人民”的号召，由院领导带领歌剧《星海》主创人员赴陕西延安进行实地采风，在生活中汲取创作营养，激发创作灵感。5 月 23 日，时值毛泽东同志在延安文艺座谈会上作重要讲话 73 周年之际，中央电视台新闻频道对歌剧《星海》的主创团队赴陕西延安采风活动进行了专题报道,引起了社会的广泛关注。歌剧《号角》主创团队由院领导带队赴云南昆明、玉溪等地多次开展采风实践活动。歌剧《号角》于9月10至13日在保利剧院成功首演,演出得到了观众和业界的充分肯定。歌剧《星海》于10月21至23日在天桥艺术中心上演,观众好评如潮。

保质保量,全面完成歌剧《白毛女》拍摄和巡演任务。通过近一年时间的工作,在文化部的带领下,在各方面的共同努力下,取得预期的效果。其中主力队伍从排练、拍摄到巡演,放弃不少商演机会;为了保证队伍稳定,提出许多办法解决他们的后顾之忧,演员们精神可嘉,有的生病有的带病坚持,克服很多困难;有的演员不计个人得失,为保障演出顺利进行,能上能下。

打造民族民间音乐精品,传承和弘扬中华优秀传统文化。剧院经过半年多的深入民间采风,到福建泉州、吉林延吉等地,通过到艺术生产创作第一线体验学习民族民间音乐,提升艺术创作水准、创新艺术表现形式,于9月9日推出民族管弦乐《国之瑰宝》,这是一场举全院之力创作的音乐会,瑰集了全国不同地区的乐种组合与经典曲目,以弘扬、传承、发展国乐精神为主旨,邀请了来自地方基层的演奏家与剧院的演奏家共同演出,被部领导誉为2015年国家艺术院团演出季一道靓丽的风景线。为了将其打造成为获得社会认可、具有品牌性的精品,剧院召开民族管弦音乐会《国之瑰宝》专家研讨会,中国文化报文艺版面两次全版面对民族管弦音乐会《国之瑰宝》研讨会进行报道。民族管弦音乐会《国之瑰宝》将继续打磨修改提高,力臻完美,成为民乐团扛鼎之作。

弘扬中华优秀传统文化,培养社会主义核心价值观。舞剧《赵氏孤儿》以元杂剧《赵氏孤儿案》故事为蓝本,通过舞剧形式呈现“忠信诚义”的文化精髓,最终于12月17日将这台精心创排的舞剧搬上了舞台,该剧首演后,广受好评,并得到国家艺术基金专家们的高度赞赏。

【社会效益】 认真完成演出任务,普及高雅艺术。2015年,剧院积极参加相关重大纪念活动,同时,中国歌剧舞剧院还参与“高雅艺术进校园”等公益性低票价惠民演出活动,为普及高雅艺术、艺术服务于人民,做出我们的贡献。

剧院歌剧团、舞剧团派出演员参加《胜利与和平——纪念中国人民抗日战争暨世界反法西斯战争胜利70周年文艺晚会》,得到一致好评。歌剧团、交响乐团共同录制“抗战歌曲展播”在中央电视台1、3、4、7频道和几十家地方电视台及几十家广播电台同时播出。

民乐团《四大名著》经典音乐会、舞剧《孔子》、青春舞剧《恰同学少年》参加2015年“高雅艺术进校园”活动。

剧院还做好低票价惠民公益演出,将惠民演出票价降低至几十元,让更多的老百姓走进剧场,欣赏到优秀的艺术作品。交响乐团拥军慰问演出,舞剧《孔子》赴甘肃、佛山、珠海等地进行惠民演出,在文化部的组织下,歌剧《白毛女》赴陕西延安、山西太原、河北石家庄等十几个省市进行巡演,受到了观众们的热烈欢迎。

【对外交流】 2015年,是剧院外事交流活动的丰收年。这一年,剧院出访演出创历年之最,出国项目数量及增长率均列为九大院团之首。剧院赴澳大利亚、巴西、保加利亚、南非等25个国家,演出足迹遍布全球除南极洲外的六大洲。

积极配合国家重要外事活动。①剧院舞剧团、民乐团、舞美部共同参加在约翰内斯堡举行的南非“中国年”闭幕式文艺演出；8月15日，赴澳大利亚、新西兰参加纪念中国抗日战争暨世界反法西斯战争胜利70周年演出《黄河大合唱》专场，音乐会结束，观众都热泪盈眶，掌声经久不息，华侨们喊出“向祖国问好！”；参加由国务院侨办文化中国艺术团举办的“文化中国——纪念中国人民抗日战争暨世界反法西斯战手胜利70周年蒙特利尔专场演出”。

11月12日，舞剧《孔子》作为“中国—中东欧国家文化合作论坛”开幕演出在保加利亚索非亚歌剧芭蕾舞剧院隆重上演，舞剧《孔子》成为论坛中的热议话题，各国文化部长和代表纷纷称赞舞剧《孔子》精彩至极。

发挥文化纽带作用，促进对港澳台文化交流。在台湾和澳门成功演出民族舞剧《孔子》。作为2015年“欢乐春节北京文化庙会台北之旅”的重要内容，中国歌剧舞剧院舞剧《孔子》在台北孙中山纪念馆上演，受到当地观众热捧。舞剧《孔子》于9月25、26日作为“月满照濠江——庆中秋系列活动”重头节目，在澳门文化中心上演。

体现民族特色，具有中国气派，展示剧院整体实力。舞剧《孔子》11月4日至11月14日赴希腊、马其顿、保加利亚、塞尔维亚四国巡演，作为中国文化的使者在欧洲的舞台上大放异彩。此次巡演都是在当地主流剧场，面对主流人群售票演出，演出票全部售罄，座无虚席，媒体报道说：舞剧《孔子》是来自中国的奇迹。马其顿、塞尔维亚国家电视台并对舞剧《孔子》做了全场转播。驻马其顿使馆还给文化部发送了明码电报表扬信称赞中国歌剧舞剧院舞剧《孔子》充分展示了中国舞蹈艺术的最高水准，剧院不负祖国和文化部重托，精神饱满、演艺精湛、纪律严明，出色完成了此次演出任务。

【内部管理】 细化规章制度，提高艺术质量。认真执行2014年出台的业务管理制度，各业务团结合自身实际情况相继出台更加细化、具体的规章制度。其中，歌剧团在考勤方面增加清晰的奖惩制度；交响乐团不仅进一步健全考核制度、考勤管理等，同时更加注重演出、排练、请假等细节规定；民乐团各声部长职责较之以前有了更明确、更细致的要求。人保部与各团沟通，并经院务会批准，正式制定《剧院年终考核及业务考试暂行办法》，不断优化业务团队的人员素质和专业水平，继续实行末位淘汰制，让年终考核成为推动剧院年年上台阶的正能量源泉。

为保证演出质量，剧院大幅度提高排练费，同时，统一复排剧目及新创剧目的排练费标准。剧院坚持把资源向一线院团倾斜，在职称评定、年终绩效奖励、服装乐器更新等方面，始终以一线人员为首先考虑的对象。

进一步规范细化艺术委员会章程，每次新剧目创作、演出等重要安排，都以会议或电话咨询的方式征求艺委会专家意见，每场演出不管多远多忙，坚持都由院领导带队，发现问题及时反馈，并加以解决。

注重人才培养，加大人才队伍建设的力度。剧院与北大洽谈人才培养合作项目、组织开办意大利歌剧大师班、支持演员参加高级别的艺术比赛、申报国家艺术基金民族舞剧青年表演人才培养项目等，通过这些指挥棒的作用，表达剧院领导重视演员队伍建设的工作导向。

不断提高制度化管理水平。2015年严格执行院务会、党政联席会、院长办公会、院长书记碰头会等会议制度，“三重一大”等重点工作严格按照相关规定执行。明确规定每次出访及巡演，都要召开动员大会，成立临时党支部，做好思想政治工作，提出安全注意事项，并要求演职人员遵守当地法律法规，认真落实外事纪律，确保演出圆满成功。

开源节流，剧院总收入大幅度增长。2015年，剧院节约一切可以节约的费用，严格审批每一笔费用支出，同时，积极拓展业务，集中资金用于艺术创作上。

（胡　珺）

中国东方演艺集团有限公司

【概况】 2015年，中国东方演艺集团有限公司（以下简称集团）在文化部党组的领导下，积极开展整改工作和各项工作。特别是7月9日以来，在部党组、第五督导组、中纪委驻部纪检组的指导下，集团新领导班子和广大演职员工认真学习，统一思想；深抓整改，依法治团；抓实工作，凝心聚力，“稳定了局面，也打开了新的局面”，得到了部领导的肯定。

【整改工作】 2015年2月，中央第二巡视组反馈意见中指出集团存在的问题，提出整改要求。在文化部党组和第五督导组的高度重视和正确领导下，文化部整改工作领导小组第五督导组多次来到集团，召开整改工作会议，对集团整改工作和未来发展提出意见和要求。在以宋官林同志为班长的新领导班子的带领下，集团全体演职员工勤奋努力，励精图治，整改工作取得一定的成绩。

及时调整整改工作领导机构，由宋官林同志任集团整改工作领导小组组长，崔建飞同志协助分管整改工作。

积极推行依法治团，建立党政领导班子联席会议制度，在整改工作的特殊时期，原则上坚持每周召开党政联席会，严格按民主集中制原则研究“三重一大”问题。进一步完善董事会、党委会、监事会职能，重新梳理应制定的制度性文件清单，修订完善《中国东方演艺集团董事会、党委会联席会议暂行规定》，制定《中国东方演艺集团财务管理制度》，研究《中国东方演艺集团艺术创作工作计划》，积极筹备集团第一届职工代表大会。

调整领导班子分工，明确整改阶段及今后一个时期的发展战略，即求稳定，谋生存；求生存，谋发展；求发展，谱新篇，在进行“三严三实”教育、营造风清气正良好氛围、认真进行整改、巩固团结稳定的基础上，谱写集团深化改革、扭亏为盈、建立现代文化企业制度、重振东方雄风的新篇章。

协助配合纪检监察和司法部门的案件调查。在集团内树立纪律规矩意识，使广大党员干部和演职员工充分认识到党的纪律规矩既是约束又是保护，把党的各项纪律和规矩不折不扣落实到位。

调整内部艺术生产和管理机构，通过调研和论证，启动建立符合艺术规律、符合东方发展规律和未来发展目标的精干高效、严谨有序、依法依规的工作办事机构。着手制定岗位出勤补贴分配方案和年度考核长效机制，逐步建立起公平公正、奖勤罚懒、有利于艺术生产力发展的薪酬分配体系和人才激励机制。

成立清算核查小组，依法依规清理各子公司不良资产，建立科学监管机制，大力盘活优质资产，重点对东方资产物业公司进行财务清算，上报撤销该公司的报件。对于东方歌舞团股份有限公司下属的各个公司，将协同司法部门案件调查的进度，待条件成熟后及时清理。

传扬东方精神，举行周巍峙、王昆同志铜像落成暨骨灰安放仪式和王昆同志逝世一周年暨已故艺术家纪念座谈会。体现集团全体演职员工继承东方传统、弘扬民族精神、为中国音乐舞蹈事业奋斗的决心。

在三个月之内重点工作，通过调研、论证，组建三人小组，班子几次研究，制定了《东方汇报提纲》。

【艺术创作】 集团认真贯彻落实“艺术创作一定要常抓不懈，一刻也不能放松”的要求，高度重视艺术创作和艺术生产，经过四个月的工作实践，切身体会到，创作是国家艺术院团的中心任务，也是检验集团整改工作的重要标志。

积极开展“深入生活、扎根人民”主题实践活动。文化部开展“深入生活、扎根人民”主题实践活动以来，集团高度重视，利用自身资源优势，结合集团艺术创作规划以及地方基层单位的具体需求，组织艺术团队、创作团队、知名艺术家和艺术骨干，深入基层一线，开展了形式多样的艺术采风、艺术创作、体验生活、结对帮扶等工作。

中国东方演艺集团锦州凌海创作基地在辽宁省锦州市凌海市小上五旗村挂牌成立，签订合作协议，并开展“深入生活、扎根人民”的慰问演出活动，为村民们上演精心准备的大型歌舞晚会《东方歌舞凌海情》。集团骨干艺术家斯日吉德玛荣获文化部“深入生活、扎根人民”主题实践活动先进个人。

2015年国家艺术院团演出季演出。集团推出两台晚会参加国家艺术院团演出季演出。9月，集团与延边大学合作演出的《东方情——崔京浩音乐会》在北京世纪剧院上演。此台音乐会是集团国家一级演员、著名朝鲜族歌手崔京浩从艺30周年的纪念音乐会。崔京浩在音乐会上心情舒畅地尽现才华，展示割除腐败毒瘤后集团呈现的人才欣然归来、焕发艺术激情的蓬勃可喜的局面。

10月，大型环球经典音乐会《东方之声》作为2015年国家艺术院团演出季的压轴剧目在北京梅兰芳大剧院隆重上演。音乐会以纪念中国人民抗日战争暨世界反法西斯战争胜利70周年为主题，汇聚“东方”最优质的艺术资源，为观众献上一部致敬历史、致敬经典的大气之作。通过创作排演，达到恢复艺术秩序，创作优秀作品；吸引人才回归，凝聚人心，焕发艺术家的激情；传承东方精神，重塑东方品牌的效果。《东方之声》于2016年3月至4月赴沈阳、大连、营口、青岛、烟台、上海、嘉兴、绍兴、宁波、杭州、福州、柳州、南昌等地巡回演出。

加强艺术创作生产，着力打造两台经典剧目。2015年，集团通过重点打造大型环球经典音乐会《东方之声》和大型环球歌舞情景秀《东方之爱》两台晚会。旨在通过创作，恢复中国东方应有的艺术秩序；调整艺术家的艺术状态、激活创作团队的创作热情、拥抱艺术人才回归；恢复以王昆老师为代表的几代艺术家留下的宝贵艺术财富和艺术精神，擦亮东方歌舞团的艺术品牌；建立健全理顺宣传机制和营销体系，重新建立起观众对东方歌舞团品牌的热爱和信心。通过两台剧目的创排，不仅恢复现有歌、舞、乐队艺术家的精神状态，也吸引一批因各种原因离开东方的创作人员、演员重新归队。

大型环球情景秀《东方之爱》于12月14—17日在北京梅兰芳大剧院隆重上演。《东方之爱》以“爱情”为主线，通过一对年轻情侣梦幻般穿越世界的寻爱之旅，展现印度、非洲、俄罗斯、泰国、中国等十多个国家原汁原味又包含新意的音乐舞蹈作品，诠释“爱”这一人类永恒的主题。在延续东方歌舞团擅长表现世界歌舞艺术风格的基础上，以全新的语汇解读“对中外优秀文化的包容性、艺术表现的丰富性、与时俱进的时代性”的东方艺术精神，探索更加富有新鲜感、时代感的“新”东方艺术特色。首演结束后，《东方之爱》于12月18日起赴成都、兰州、西宁、临沂、上海、厦门、珠海、澳门、广州巡演 17 场，于 2016 年 2 月重返北京在保利剧院连演三场。

【其他演出】 “高雅艺术进校园”演出。5—6 月，“高雅艺术进校园”演出团队，走进山西、陕西、湖南、新疆四个省份的 16 所高校，让广大高校师生们在观赏演出的过程中了解高雅艺术、爱上高雅艺术。

重大国事演出任务。集团在 2015 年多次承担重大演出任务，在新加坡总统、越共总书记、新西兰总督、土耳其总统、哈萨克斯坦总统等国家元首访华及第 54 届亚非法律协商组织年会、纪念反法 70 周年等重要活动的欢迎晚宴上献上精彩的节目，展现中国音乐舞蹈艺术的精髓，通过艺术这一无国界的形式搭建起友谊的桥梁，得到中央领导同志和外国元首的高度赞扬。

9 月，集团按照文化部统一安排部署，参加《胜利与和平——纪念中国人民抗日战争暨世界反法西斯战争胜利 70 周年文艺晚会》的重要演出，集团全力投入，积极参与演出工作，全体参演人员不辞辛劳，圆满完成演出任务，以实际行动贯彻落实习近平总书记在文艺工作座谈会上的讲话精神，展现集团演职员工良好的精神风貌。

（谷　雅）

中国交响乐团

【概况】 2015 年，中国交响乐团全体深入学习贯彻习近平总书记在“文艺座谈会”上的讲话精神，继续坚持以艺术生产为中心，继续坚持“提高与普及并重，面向市场，面向大众，面向未来”的演出方针，继续坚持走“交响乐中国化，中国交响乐国际化”的发展道路，继续坚持“深入生活、扎根人民”，演出与创作两手抓，同步走，积极弘扬中国当代优秀原创音乐作品，打开中国交响乐创作从“高原”到“高峰”的进阶之路。

2015 年，顺利完成各项既定目标，创造巨大的社会效益，尤其在挖掘、传承我国民族音乐文化，促进传扬我国当代原创的优秀作品方面创造新的辉煌，登上新高度，经济效益方面继续保持近年来的良好水平。

【多元演出　享誉中外】 2015 年，中国交响乐团在文化部党组的正确领导下，在团党委和领导班子率领下，以深入全国总演出 109 场、惠民过 10 万人次的成绩收获各地观众无数好评。

2015 系列公益音乐会——文化惠民　艺术惠民。作为中国交响乐的旗舰乐团，国交常年来一直不遗余力的致力于公益性演出的组织和实施，在民众中广泛普及和推广交响乐，既立足于普及西方古典音乐，又积极推广中国交响乐的新作面世，讲中国故事，谱中华乐章。国交乐队及合唱团每年保持 120 场左右音乐会的艺术生产，巡演足迹遍及国内外。乐团自 20 世纪起，就率先开展送音乐到基层的艺术实践，将交响艺术送到学校、部队，甚至田间地头。时至今日，这一优良传统由一代代音乐家薪火相传，发扬光大。

3 月 2 日，在国家大剧院音乐厅，2015 全国“爱耳日”公益音乐会由陈燮阳执棒。至 2000 年全国“爱耳日”成立以来，中国交响乐团担任 7 届“爱耳日”公益音乐会的演出任务，不仅在艺术表演上获得到场观众的一致赞扬，更以对公益事业的倾力支持赢得全国“爱耳日”宣传教育活动办公室授予的“爱耳日活动突出贡献奖”。

2015 年 6 月 5 日，在国家大剧院音乐厅，在普罗科菲耶夫《三个橘子的爱》的悠扬旋律中，谭盾挥棒中国交响乐团“爱的三次方”——国际环境日交响音乐会正式开演。小提琴演奏家姚珏带来《爱的三次方》。这部作品展现爱对于每个人、文化和世界的种种可能。青年打击乐演奏家初初与乐队带来谭盾的《三个音符的诗》，歌颂友情之爱、赞美自然之爱、对音乐起源进行追忆回顾。

2015 年 1 月 10—16 日，中国交响乐团在重庆市南岸区，为期 7 日的“深入生活、扎根人民”活动。16 日晚，在重庆市南岸艺术中心，在《春节序曲》热闹的锣鼓点中，“最好的未来”新年音乐会喜气洋洋的开演。北斗村农民管乐队接连带来《在希望的田野上》和《走在大路上》两首曲目，而青年钢琴家吴牧野则献上关峡的钢琴协奏曲《奠基者》。盲童配乐朗诵《最好的未来》震撼心灵，管弦乐版《我的祖国》凝聚全场观众。2010 年，中国交响乐团与重庆市南岸区人民因音乐而结缘。五年来，我们靠音乐手拉手、心连心。

9 月 22 日，国交参演 2015 国家艺术院团演出季的剧目，“最好的未来”公益音乐会在国家大剧院音乐厅上演，邵恩指挥中国交响乐团、合唱团携手重庆市特殊教育中心扬帆管乐团、重庆市南岸区迎龙镇北斗村农民管乐队联袂演出。文化部各级领导与北京市各中小学生代表共近 2000 位观众一起近距离地感受盲童孩子们和农民兄弟姐妹们用音乐描绘出的五彩世界。

6 月 23 日，由张峥执棒，成功在北京音乐厅举办《你好，百老汇》——中外经典电影、音乐剧主题合唱音乐会。与以往的大部分都是古典传统曲目的音乐会不同，本场音乐会别具一格，在演出曲目上不断创新，选曲皆出自于音乐剧和中外经典电影，演唱风格也更加灵活多变，为首都观众带来一场美妙的音乐之旅。6 月 30 日晚，在姜金一的指挥下，由关峡团长创作的音乐会版原创民族歌剧《悲怆的黎明》在福建大剧院激情上演，由中国国家交响乐团合唱团与福建省交响乐团联袂演出。

7 月 4 日，在清华学堂，谭利华带领北京交响乐团与中国交响乐团合作演出《平安俊作品音乐会》，这是近几年中国交响乐团第二次承接作曲家平安俊的专场音乐会。7 月 20 日晚，在作曲家金巍的亲自指挥下，在北京音乐厅成功举办其作品《古诗新韵》——中国古典诗词合唱音乐会，本场音乐会为全年三大创排剧目之一，演出融入舞美和灯光的巧妙设计，细节具体到节目单别具匠心的制作，使音乐会得以最好的呈现，观众从中享受到古典诗词文化和音乐艺术双重的饕餮盛宴。此外，7 月，还数次抽出时间，参加歌剧《白毛女》的录音与录像工作。

《龙声华韵》系列——演奏推广中国交响乐原创作品。《龙声华韵》系列音乐会立意于弘扬民族音乐文化，扶持中国民族音乐家，传扬中国民族交响乐创作佳品，带动民族交响乐发展。《龙声华韵》系列至今共为 40 多位海内外中国作曲家累计推出了 300 多部中国交响乐作品。本年度推出的《龙声华韵》系列中国作品音乐会包括：

2 月 1 日，在国家大剧院音乐厅，中国交响乐团以《记忆中的旋律》——“经典浪漫迎新春”交响音乐会收官 2015 春节前的乐季演出。

4 月 3 日，在国家大剧院音乐厅的《龙声华韵》——王酩纪念音乐会。

5 月 6 日，在北京音乐厅，指挥李心草携手多位独唱、独唱音乐家带来《龙声华韵》赵季平作品专场音乐会。

6 月 11 日，在北京音乐厅演出的《龙声华韵》——王西麟作品专场音乐会，由阿根廷圣胡安交响乐团首席指挥，瑞士指挥家埃曼纽尔·斯菲尔特挥棒。钢琴家陈萨担任独奏演出王西麟的《钢琴协奏曲》和第四、第五交响曲。

6月19日，在国家大剧院音乐厅，国交演出了《龙声华韵》——常平作品专场音乐会。

10月18日，国交百名音乐家不远千里，将交响乐带到祖国的边陲，在云南省红河大剧院，由邵恩指挥国交演出"云之南"交响音乐会。

11月4日，在北京音乐厅，经过一年打磨提高的委约作品《中国梦随想》进行了第二次公演。

《聆赏经典》与《向经典致敬》系列——完美呈现西方经典作品。

3月15日，在国家大剧院音乐厅，邵恩指挥携手旅美青年钢琴家田佳鑫，和国交一起带来"匈牙利之夜"交响音乐会，进行多纳尼《儿歌变奏曲》的中国首演。

4月24日，在国家大剧院音乐厅的"聆赏经典"交响音乐会中，钢琴演奏家陈瑞斌带来当代"最原版"《帕格尼尼狂想曲》，张艺指挥的布鲁克纳《第四交响曲"浪漫"》，留给观众无尽的回味。

5月28日，在国家大剧院音乐厅，中国交响乐团及合唱团，联手德国纽伦堡爱乐合唱团一起带来《大地安魂曲》交响合唱音乐会。

6月25日，在北京音乐厅"纪念西贝柳斯诞辰150周年"交响音乐会大放异彩，演出西贝柳斯经典之作：《芬兰颂》《小提琴协奏曲》和《第二交响曲》。

7月4日，在国家大剧院音乐厅带来"中法文化之春"交响音乐会，演出了福雷的《佩利亚斯与梅丽桑德》组曲、拉威尔的乐队歌曲《天方夜谭》和勃拉姆斯的《第四交响曲》。

7月23日，国家大剧院音乐厅，"中国交响乐团2014—2015音乐季闭幕式音乐会"盛大举行。

10月29日，在国家大剧院音乐厅，"聆赏经典"交响音乐会在国家大剧院音乐厅激情上演。

11月29日，在国家大剧院音乐厅，由国际著名指挥斯坦尼斯拉夫·科钱诺维斯基挥棒，携手台湾青年小提琴演奏家曾余谦，在"聆赏经典"交响音乐会中演出柴可夫斯基《第六交响曲》和《小提琴协奏曲》。

2015年国家艺术院团优秀剧目展演及"纪念音乐会"。国交乐队肩负塑造和传播国家艺术形象的重要任务，而展演音乐会则充分展现国家艺术乐团所具有的"旗舰"风范。国交以三台音乐会参加2014年国家艺术院团优秀剧目展演，此次的展演音乐会在突出经典性的同时，还强调"纪念中国人民抗日战争暨世界反法西斯战争胜利70周年"这个主题。故此，除了上述提到的9月22日的"最好的未来"公益音乐会，国交今年还演出三台"纪念中国人民抗日战争暨世界反法西斯战争胜利70周年"交响音乐会，一台"南京大屠杀死难者国家公祭日音乐会"和四台《黄河大合唱》音乐会：

8月24日，在北京音乐厅，演出"铭记历史　向英雄致敬"交响合唱音乐会。

9月6日，在国家大剧院音乐厅，演出"纪念中国人民抗日战争暨世界反法西斯战争胜利70周年"交响音乐会。

10月13日，在北京音乐厅，演出"纪念中国人民抗日战争暨世界反法西斯战争胜利70周年"中国交响乐团交响合唱音乐会。

12月13日，在国家大剧院音乐厅，演出"南京大屠杀死难者国家公祭日音乐会"。

5月29日、6月5日、7月29日、8月24日，在北京音乐厅，演出《黄河大合唱》音乐会。

海外演出——践行中国交响乐"走出去"。2015年10月3—5日，中国交响乐团受邀出访"亚洲管弦音乐周"。10月3日，中国交响乐团一行125人，在团长关峡、指挥李心草的率领下抵达日本东京，应邀参加“亚洲管弦音乐周”的开幕式演出。这也是此音乐周唯一一次二度邀请中国地区相同乐团参加演出。

国交近年来，大行文化“走出去”方针，连续出访法国、德国、奥地利、美国、韩国，收获世界范围内音乐同仁的肯定与赞扬。此次，国交以超大编制参演亚洲管弦音乐周，不仅是国交继2006年中日文化年后的再度惊艳东京，更是希望以中国代表乐团的身份，与亚洲各国交响乐团共建合作平台，以音乐文化交流切实促进亚洲地区的人文交往。

10月22—25日，中国交响乐团合唱团受邀出访德国纽伦堡。10月22日，中国交响乐团合唱团一行60余人，在乐团党委副书记、副团长巩保江、合唱团团长姜金一、指挥邵恩的带领下赶赴德国历史文化名城纽伦堡，参加中、德文化交流活动的相关演出。

11月28日，国交首席弦乐重奏组受邀前往高雄大东文化艺术中心举行室内乐音乐会。此次受邀赴台，将演出海峡两岸作曲家的室内乐作品，展现两岸现当代优秀的音乐创作精品，也为架起海峡两岸的文化友谊之桥而努力。

2015《木兰诗篇》“丝绸之路西部巡演”。此次巡演紧跟中央对“丝绸之路”文化带头“一带一路”的战略构想，从甘肃出发，经青海，最终到达陆上丝绸之路的起点，中国古代都城长安（今西安），共为三地观众演出五场，旨在借用“木兰”的历史符号，高举和平发展的旗帜，让这部饱含历史底蕴与民族情怀的伟大作品在祖国西部大地的音乐舞台上展开一幅波澜壮阔的恢宏画卷，传达中华民族追求和平的心声和中国民族歌剧的东方之美。

探寻创新之路，跨界多媒体合作。在延续几大系列音乐会的同时，国交也一直在积极探寻着创新之路，无论是在曲目上的推陈出新，还是音乐表演形式上的与时俱进，都是国交推进多元化经营的大胆开拓。

6月1日，在国家大剧院音乐厅，作为“六一”儿童节的礼物，中国交响乐团与“红果果、绿泡泡、谭盾盾、黄豆豆”在国家大剧院音乐厅，一起为大朋友、小朋友们带去了《彼得与狼》交响童话音乐会。此次国交携手谭盾带来指挥大师阿巴多的全新版本，赢得孩子和家长们的一致赞扬。

7月10日，在北京音乐厅，“打开音乐之门”——“飞翔的交响乐”多媒体音乐会盛大举行，为1000多名观众完美呈现韩国原版动画与交响乐相结合的多媒体视听版圣桑的《动物狂欢节》与柴可夫斯基芭蕾舞剧《胡桃夹子》组曲。

2015年新年音乐会系列。1月9日，在国家大剧院音乐厅，国交演出“2015新春音乐会”。此场音乐会曲目丰富，以柴可夫斯基歌剧《叶甫盖尼·奥涅金》中的《波兰舞曲》拉开序幕。接着吴牧野奏响肖邦《大波兰舞曲》炫技惊艳。此外，还有勃拉姆斯《第一匈牙利舞曲》和小约翰·施特劳斯《春之声圆舞曲》等西方经典曲目，和关峡的《滇池组曲》和黄若的《交响民谣组曲》等此类难得一见的中国当代原创新作品。

12月26日，在国家大剧院音乐厅，国交演出“2016中国交响”新年音乐会，带来鲍罗丁创作的《波罗维兹舞曲》（选自歌剧:《伊戈尔王》）、小约翰·施特劳斯的《春之声圆舞曲》和《蝙蝠序曲》（选自轻歌剧《蝙蝠》）。

公共服务音乐会——“大地情深”与“打开音乐之门”系列音乐会。2015年，“大地情深”国家艺术院团志愿服务走基层活动也完满完成，在活动的过程中，国交从选曲、编排节目到最后的演出，在部领导和公共文化司领导的支持与帮助下，在地方文化城区非常到位的组织安排和宣传下，每场演出都非常成功，受到众多观众的喜爱。

2015 年，公共服务音乐会共演出 16 场：

1 月 4 日，大连，“大地情深”——“打开音乐之门”室内乐音乐会；

6 月 13 日，山东省会大剧院，“紫禁城弦乐四重奏”音乐会；

6 月 14 日，山东省会大剧院，“紫禁城弦乐四重奏”音乐会；

6 月 15 日，北航晨兴音乐厅，《士兵的故事》音乐会；

7 月 24 日，山东省会大剧院，铜管五重奏音乐会；

7 月 25 日，山东省会大剧院，铜管五重奏音乐会 2 场；

8 月 12 日，北京音乐厅，吴牧野与弦乐首席重奏组室内乐音乐会；

10 月 19 日，广州大剧院，铜管五重奏音乐会；

10 月 20 日，广州大剧院，弦乐首席重奏组音乐会；

10 月 23 日，珠海华发中演大剧院，铜管五重奏音乐会；

10 月 24 日，珠海华发中演大剧院，弦乐首席重奏组音乐会；

12 月 4 日，德州大剧院，木管五重奏音乐会；

12 月 5 日，山东省会大剧院，木管五重奏音乐会；

12 月 6 日，山东省会大剧院，木管五重奏音乐会；

12 月 6 日，甘肃大剧院，弦乐首席重奏组音乐会。

2015 年国事及外事演出。2015 年，共参与 11 场国事演出：

2 月 17 日，人民大会堂，中国交响乐团，2015 春节团拜会；

3 月 27 日，博鳌论坛（海南），紫禁城弦乐四重奏，马来西亚总理的欢迎晚宴；

3 月 28 日，博鳌论坛（海南），中国交响乐团 11 人室内乐团，博鳌论坛欢迎午宴，习近平总书记及夫人宴请参与论坛的各国政要；

3 月 20 日，钓鱼台，紫禁城弦乐四重奏，习近平夫人彭丽媛宴请美国总统夫人米歇尔·奥巴马；

8 月 1 日，钓鱼台，紫禁城弦乐四重奏，中央外事办主任杨洁篪宴请乌干达外事人员；

9 月 2 日，钓鱼台，中国交响乐团 11 人室内乐团，国家主席习近平宴请俄罗斯总统普京等参加阅兵的外宾；

9 月 3 日，人民大会堂，中国交响乐团，为参加“抗战阅兵”招待午宴的嘉宾演出；

9 月 4 日，人民大会堂，紫禁城弦乐四重奏，李克强总理宴请埃塞尔比亚总理；

9 月 15 日，钓鱼台，中国交响乐团 11 人室内乐团，国务院副总理张高丽宴请越南副总理阮春福；

10 月 14 日，北京饭店，中国交响乐团 11 人室内乐团，国家副主席李源潮宴请“亚洲政党丝绸之路专题会议”各国参会外宾；

11 月 2 日，人民大会堂，中国交响乐团 11 人室内乐团，习近平总书记宴请法国总统奥朗德。

【“深扎”“稳打”攀登高峰】 为深入贯彻习近平总书记在文艺工作座谈会上的重要讲话精神，以及《关于在文艺界广泛开展“深入生活、扎根人民”主题实践活动的意见》要求，中国交响乐团坚持以人民为中心的创作导向，坚持走与时代相结合的文艺道路，深入生活、扎根人民，在 2015 年，分别于 1 月 10—17 日、5 月 11—15 日、10 月 12—19 日前往重庆市、云南省红河哈尼族彝族自治州等地进行创作采风及演出，保持与人民群众的血肉联系，吃透生活底蕴，汲取创作营养，让采风落地生根，让创作开花结果。

“深扎”“勤种”开花结果正当时。

1月11日，在文化部艺术司演出处杨雄处长和团长关峡的带领下，中国交响乐团再次到南岸区“深入生活、扎根人民”。12日，国交的6位音乐家到重庆市特殊教育中心，为学校的盲童扬帆管乐团进行音乐指导。14日，国交与由他们手把手扶持起来的北斗村农民管乐队一起，为乡亲们带来了精彩的“田园音乐会”。16日，国交又以60余人的大队伍再次来到重庆特殊教育中心，为孩子们带去“梦想沙龙”和“梦想课堂”。1月17日晚，为期7日的“深入生活、扎根人民”活动在重庆市南岸艺术中心，以新年音乐会的形式顺利闭幕，国交与北斗村农民管乐队、扬帆管乐团同台献艺，为这微寒的冬日重庆，带去阵阵暖风。

5月11日上午，文化部艺术司副司长明文军、中国交响乐团团长关峡、中国人民解放军总政治部歌舞团政委刘景智等，率两团艺术家走进重庆市特殊教育中心，参观特教中心美丽的校园，走进课堂了解孩子们的学习情况，体验盲人门球运动，最后在扬帆管乐团梦想课堂。陪伴孩子们度过一段美妙的音乐之旅。

9月22日，在国家大剧院音乐厅，邵恩指挥中国交响乐团、合唱团携手扬帆管乐团、北斗村农民管乐队演出“最好的未来”公益音乐会，文化部各级领导与北京市各中小学生代表共近2000位观众一起近距离地感受盲童孩子们和农民兄弟姐妹们用音乐描绘出的五彩世界。

构建采风创作长效机制，打通中国交响乐创作从“高原”到“高峰”的进阶之路。2015年，通过“深入生活　扎根人民”在艺术创作方面进行创作采风、建立实践基地、演出音乐会三部分工作：

四次创作采风：1月16日，重庆市南山抗战纪念馆；1月19—27日，王西麟在重庆和滇西进行为期8天的实地采风；5月11—15日，云南省红河哈尼族彝族自治州元阳县、阿扎河乡垤施村、普春村创作采风；10月12—19日，云南省昆明市、红河哈尼族彝族自治州蒙自市、元阳县创作采风。

四次创作基地挂牌：1月16日，重庆市南山小学中国交响乐创作中心重庆创作基地挂牌；4月29日，厦门国际会议中心召开厦门创作基地筹备会；10月13日，云南省红河州元阳县新街镇箐口村“哈尼小镇”中国交响乐创作中心暨云南红河州创作实践基地揭牌仪式；10月17日，在昆明召开“中国交响乐创作中心云南创作实践基地揭牌座谈会”。

一场“深扎”音乐：10月18日，红河大剧院开幕，“云之南”交响音乐会。

【合唱团】　中国交响乐团是我国唯一拥有合唱团的职业交响乐团，中国交响乐团合唱团是我国合唱艺术中的旗舰，近年来也在国内外赢得了无数荣誉。2015年，合唱团工作提高得很快，健全日常管理机制，严肃考勤、考核等各项纪律，人才选拔和使用坚持公平、公正、公开，台上台下精神面貌都有明显提升，虽然工作越来越忙，排练越来越多，要求越来越高，同志们的热情和积极性却越来越旺盛，成绩也越来越明显。2015年，合唱团全年演出共计29场，很多独立演出或与乐队合作演出均获得热烈的社会反响，例如《伏尔加之声》《中外经典名曲》《黄河大合唱》《感悟论语》《龙声华韵》《贝多芬第九交响曲》《肖斯塔科维奇第13交响曲》《纪念反法西斯战争胜利70周年》合唱音乐会、中德合作演出《大地安魂曲》和《布兰诗歌》，以及歌剧电影《白毛女》的录制等，尤其是参加大阅兵文艺晚会，以高超的演唱水平和爱国奉献的精神面貌，为晚会的成功举办做出突出贡献，也为乐团赢得了荣誉。目前的合唱团,可谓管理有效,水平一流,人才涌现,特别是担纲领唱、独唱的年轻人才不断脱颖而出。这支历史悠久的艺术团队,正焕发出越来越振奋的生机和活力,朝着新的目标不断迈进。

【改革创新】 在改革与创新方面,中国交响乐团除了继续推进完善企业化管理之外,根据李克强总理在政府工作报告中提出的"互联网+"概念,研究设计"中国交响之声新媒体平台"方案,即将文化与科技相融合,利用数字化技术、"三网合一"在保护舞台艺术产品知识产权的同时,实现从单轨的传统"舞台",拓展到"舞台""电视""网络数字化"的"三轨产业模式"。旨在突破高雅音乐传播瓶颈,更好地完成习近平总书记提出的艺术为人民服务的目标。目前,这一项目得到一些社会企业的关注,希望以多种形式合作。该项目将于近期启动,如顺利投入运营,将产生巨大社会效益,也会成为乐团新的经济增长点。

(刘　晰)

中国儿童艺术剧院

【概况】 2015 年,在文化部党组的正确领导下,中国儿童艺术剧院认真贯彻落实党的十八大和十八届三中、四中、五中全会精神,深入学习习近平总书记系列重要讲话精神,坚持以人民为中心和"一切为了孩子"的工作导向,以创作和演出为中心,以建设"国内一流,国际知名"剧院为目标,以改革创新为动力,全院同志团结奋斗、开拓进取、勇于创新,使剧院在"出精品、出效益、出人才"上实现了新发展,取得了令人振奋的新成果,取得了社会效益和经济效益双丰收。

【艺术创作】 2015 年完成《东海人鱼》《红缨》、独角戏《木又寸》、"中国故事"之《成语魔方二》、中芬合作儿童音乐剧《国王在姆咪谷》等五部新创剧目,这些作品的主题和体裁体现中国儿艺在创作上的一贯追求和集体审美意识,即艺术的高品质与题材和表现形式多样性的统一,思想性、艺术性和观赏性的统一,传承和创新的统一。

剧院重新创排的儿童剧《东海人鱼》,是一部中国人的"人鱼故事",如果说安徒生的"人鱼故事"是对纯真爱情的讴歌,那么这部中国人的"人鱼故事"则是对人间大爱的颂扬。该剧用新的舞台呈现方式,追求艺术和技术的完美融合,2015 年 7 月在第五届中国儿童戏剧节上首演,随后参加国家院团演出季,全年共演出 23 场。

为纪念反法西斯战争胜利 70 周年,剧院倾心打造反映抗日小英雄王二小事迹的儿童剧《红缨》,将这个曾感染几代人的动人故事搬上舞台。该剧是对中华民族这段抗战历史的铭记,对战争中勇于牺牲的英雄们的礼赞。剧目在 8 月份第五届中国儿童戏剧节闭幕式上首演,随后参加国家院团演出季,全年共演出 20 场。

剧院积极推动小剧场剧目创作,提升小剧场剧目的影响力,让小剧目和大剧目的光彩共同绽放。儿童独角戏《木又寸》作为中国儿童剧舞台上第一部独角戏作品,用新的艺术手法让孩子们感受到人与自然、人与人间的爱,在欢笑和感动中感受生命和成长的意义。从《木又寸》开始,剧院开始尝试儿童剧演出剧目的年龄分级。分级既为观众负责,也为艺术负责。该剧于 6 月首演,全年共演出 19 场。

剧院向传统文化借故事、借思想。组合式儿童剧"中国故事"之《成语魔方二》是中国儿艺延续"中国传统文化年",在挖掘、发扬中国优秀传统文化方面的探索，是继系列组合剧“中国故事”之《成语魔方一》获得普遍赞誉后的再实践。该剧在今年国庆节首演，全年共演出14场。

2015年是中芬建交65周年，经院内、外专家论证及院务会集体研究决定，将原计划2015年签约、2016年投排的芬兰家庭音乐剧《国王在姆米谷》提前到2015年年底完成。此剧由中国儿艺与芬兰瑞典语剧院联合制作，该剧的上演增进两国在文化艺术领域更深层次的交流，也让中国的小观众领略到芬兰儿童剧的魅力，首轮演出即达23场。

【艺术演出】 剧院全年共完成39台剧目595场演出（其中商业演出521场，公益演出53场），演出足迹遍布20个省、自治区、直辖市的60个市区县；开展儿童戏剧工作坊、儿童戏剧推广日、夏令营等公益儿童戏剧活动20多项；赴西班牙、芬兰、丹麦、德国、日本、法国、罗马尼亚等14个国家和地区艺术交流和演出，国内外观众达37万人次。

*以互联网+模式培育观众，深入打造优秀剧目轮换上演制品牌。*全年20多台保留剧目轮换上演。为加强演出营销，实行官网、微博、微信宣传推广方式联动和网上、手机、窗口等多种购票方式，有效运用互联网+模式，宣传剧院和培育观众，让艺术搭上新媒体快车。2月，剧院联手优酷架构起中国首个互联网儿童戏剧直播平台。儿童剧《宝船》实现互联网全球直播，预告片首日点量即达77.3万，创下优酷当日点播之最，无论观众在世界哪个地方，只要能上网，就可以通过互联网看到中国儿艺的演出。加强与新浪、淘宝、京东等一批有影响力的门户网站合作，打造有影响力的网络营销方式。剧院现有微博粉丝15万人、会员3万余人，观剧卡用户1万余名、微信关注人数1万余人。

*精心组织国家院团演出季。*中国儿艺参加国家院团演出季的《东海人鱼》《小飞侠彼得潘》《红缨》三部戏，体现剧院坚持的中国经典、外国经典和现实题材“三并举”的创作方向。剧院秉承高品质、低票价、公益性的原则，积极做好宣传和演出推广工作，展演期间三部戏演出场次达24场，占到国家院团演出季期间总演出场次的近一半，观众近2万人次，平均上座率达90%，近30家中央和首都主要媒体进行报道，很多观众还借助网络媒体表达对展演剧目的喜爱。通过展演，展示剧院的艺术创作成果和良好的精神风貌。

*继续办好第五届中国儿童戏剧节。*戏剧节共有7个国家27家演出团43部儿童剧，演出194场，同时开展了15项戏剧活动，为孩子们打造了异彩纷呈的艺术节日。戏剧节的品牌效应和影响力日益扩大，已经成为促进中国儿童戏剧健康发展，加强中国与世界儿童戏剧界交流与合作的重要平台。

【基层实践活动】 剧院用实际行动践行国家院团将社会效益放在首位的社会责任。剧院在面向市场、努力开拓北京和经济相对发达地区的商业演出的同时，始终不忘国家剧院的社会责任，本着把少年儿童的“第一粒扣子扣好”的追求，践行和弘扬社会主义核心价值观，坚持把优秀儿童剧送到基层，为老少边穷地区的少年儿童演出精彩的儿童剧，服务少年儿童。2015年，共进行公益演出53场，低票价公益性演出521场，使75000多名观众受益。

一是使“深入生活，扎根人民”主题实践活动常态化，共有11名创作人员多批次深入抗战根据地采风和深入学校体验生活。二是组织实施“温暖童心”优秀儿童剧走进基层演出活动，将公益演出覆盖面拓展到河北邯郸峰峰矿区、青海互助土族自治县、吉林省吉林市、江西黎川革命老区等。三是在票房最火爆的“六一”期间，组织“温暖童心共筑中国梦”公益演出，通过《中国文化报》、新浪网等媒体在“六一”期间为困难群体派发公益演出票，同时邀请首都“十大孝心少年”免费走进剧院观看演出。四是积极参与全国公共文化示范区的建设，相继赴洛阳、金昌、三明等地进行“大地情深”演出 16 场，体现了国家剧院作为公共文化服务领域的排头兵作用。五是参与北京市教委组织的“社会力量支持小学艺术教育”活动，剧院与灯市口、革新里等五所小学建立了六年的艺术教育对口帮扶关系。中央电视台等中央、首都和各地媒体刊登剧院公益性演出和活动的报道近百余次。

【对外交流】 儿童戏剧走出国门，将友谊和文化的种子播撒到世界各地，对弘扬中华优秀传统文化、增强中华文化的影响力，具有重要的现实意义和深远的历史意义。全年 5 台剧目出国境演出 8 次，走进欧洲 6 个国家（西班牙、芬兰、丹麦、德国、法国、罗马尼亚），亚洲 2 个国家（日本、泰国）。以及 2 次走进台湾地区。分别参加了西班牙欧洲儿童戏剧节、德国西风青少年儿童艺术节、日本冲绳国际儿童青少年戏剧节等三个重要国际知名戏剧节。

艺术家及艺术机构间的交流成效显著。剧院艺术家共有 27 人次分别到法国、瑞典、丹麦、德国、俄罗斯、日本、印度、罗马尼亚、美国、新加坡等 10 个国家访问、交流、观摩和学习，增进友谊，开阔视野，激发创作灵感。成功举办“第五届中国儿童戏剧节 · 国际戏剧沙龙”，来自美国、俄罗斯、罗马尼亚、日本、韩国、墨西哥、澳大利亚等国家的 11 名儿童戏剧专家和国内专家 30 多名，共同探讨国际儿童戏剧的交流、发展与未来，提高中国儿童戏剧节的品牌影响力和国际知名度。全年接待法国、芬兰、丹麦等 13 个国家及香港、台湾地区的艺术机构和艺术家来访，剧院国际知名度和影响力进一步提升。

国际合作更加深入持久。与美国米苏拉儿童剧院共同打造的全英文儿童音乐剧《公主与豌豆》，列入“2015 年第六轮中美人文交流高层磋商联合成果清单”；与芬兰瑞典语国家剧院联合制作的中国版儿童剧《国王在姆咪谷》，影响深远；与罗马尼亚卡达尼卡剧院签定战略合作协议，实现多次互访交流和演出；与法国城市剧院合作日益密切，11 月赴法演出创造“演出、展览、论坛”三位一体的对外交流模式，并正在探讨签订战略协议和联合制作剧目；10 月，剧院参加由习近平主席出席的新加坡中国文化中心揭牌仪式，并与文化中心签订联合办学协议，使剧院艺术教育走向海外。

全年赴境外演出 8 次，共演出 36 场，出国交流观摩 10 批 27 人次，出国人员达 161 人次，其批数、场次、人数均创历史新高；接待美国、俄罗斯等 16 个国家 19 批 62 人次的外宾来访。这是中国儿艺为实现“国内一流、国际知名”目标迈出的坚实步伐。

【内部管理】 按照文化部关于事业单位实行企业化管理的要求，剧院领导朝着把剧院建设成为中国儿童戏剧创作演出的最高殿堂、儿童戏剧艺术教育普及的重要基地、中国儿童戏剧对外交流的首要窗口的目标和任务，探索进一步完善剧院决策、执行和监督相互统一、相互协调、相互制约的法人治理结构，建立健全企业化管理运行机制。

一是完善决策机制。在重大事项决策、干部任免、重大项目安排、大额度资金使用等方面，都必须上院务会研究讨论。在议事决策过程中，院班子成员充分发表意见，进行民主决策。剧院去年的各项决策，都有高度的共识。二是调整、修订、完善剧院各项规章制度。2015年新出台和修订《中国儿童艺术剧院财务管理暂行规定》《中国儿童艺术剧院演职人员管理守则》等9项规章制度。通过建章立制,使工作有章可循,有规可依,使剧院各项建设更加科学化、制度化和规范化。三是加强部门间的协作与沟通。坚持每月召开中层干部月度工作会,通过通报部门工作,加强协同配合,提高了执行力和工作效率。四是加强人才建设,通过举办声乐、台词和舞台美术培训班,业务人员的专业能力有了一定的提高。通过招录、引进和解决遗留问题,使不少岗位得到充实,并有两人从京外调入。五是加强基础建设,剧场设备设施改造工程基本完成,为迎接建院60周年创造良好的条件。

(崔勇波)

中央歌剧院

【概况】 2015年,中央歌剧院认真贯彻党的十八大和党的十八届三中、四中、五中全会精神,深入学习贯彻习近平总书记系列重要讲话精神,按照全面从严治党要求,狠抓学习贯彻、健全机制、明确责任、督促落实,在党风廉政建设方面收到积极效果;广泛开展"深入生活、扎根人民"主题实践活动,创排出三部不同时代背景下的中国原创歌剧,同时排演多部中外经典剧目,使艺术创作生产呈现出重点突出、亮点纷呈、整体推进的特点。

【基层实践】 中央歌剧院始终重视并坚持文化惠民工作,通过结对帮扶、下基层、进校园、进社区等活动,将高雅艺术普及到基层群众的生活中。

1. 剧院开展帮扶对口支援活动,协助浙江省组建成立宁波市交响乐团;赴浙江省镇海区宁波港海员文化中心、河北省任丘市抗日革命老区、赴基层联系基地辽宁省东港市慰问演出音乐会6场。

2. 剧院连续十年参加"高雅艺术进校园"活动,仅2015年就走进贵州、云南、四川、重庆、内蒙古、湖北、湖南的7省高校、演出28场,受益师生达几万余人。还在清华大学的新清华学堂华丽上演2场"大师有约"音乐会,迎来无数清华师生的喝彩和掌声;在北京大学百年纪念讲堂演出2场精装小剧场版歌剧《茶花女》,作为第六次"北大艺术之旅"剧目,再次为北大师生呈现了歌剧的饕餮盛宴。

3. 剧院组织著名的演(奏)员到单位驻地的朝外街道为街道合唱团义务做艺术系列辅导讲座;合唱团小分队主动到东直门街道和敬老院慰问演出;交响乐团演奏员自发为地震灾区的学生演出音乐会等,他们为基层的文化给予大力的支持和指导,注入了无限的活力和生机。

4. 剧院的主创人员多次赴西藏、贵州等地采风,为原创歌剧《红军不怕远征难》搜集素材。

剧院在深入基层的演出中,培养出一大批基层群众和青年学生的高雅艺术知音。艺术家们也在享受观众热烈掌声的同时,更加坚信"深入生活,扎根人民"是成为人民欢迎的艺术家的必由之路,是院团发展的必由之路。

【艺术创作】 原创歌剧的创作排演一直是剧院工作的重中之重,创作优秀作品一直是艺术家始终坚持和追求的目标。2015年,中央歌剧院推出三部原创歌剧:一部是以习近平总书记批示的"践行党的群众路线的好干部兰辉同志"为原型的当代现实主义题材歌剧

《北川兰辉》，此剧作为第五届年度歌剧公共免费开放日在京首演之日即受到文化部领导的高度重视和好评；一部是为纪念中国人民抗日战争暨世界反法西斯战争胜利70周年而创作的歌剧《我的母亲叫太行》；一部是以传承伟大民族精神的清唱剧《中华史诗》系列之《屈原颂》，该剧使人深刻感悟到中华先贤济世爱民的高尚品格和爱国主义精神。剧院还新创作两首“中国梦”主题歌曲，由交响乐团、歌剧团和合唱团共同录制成唱片后被文化部选送至中宣部。

中央歌剧院按照习总书记提出的“必须认真学习借鉴世界各国人民创造的优秀文艺”的要求，在狠抓原创作品的同时，大力演绎经典作品：排练演出《白毛女》《茶花女》《山林之梦》《托斯卡》《图兰朵》、瓦格纳的鸿篇巨制《众神的黄昏》等中外世界经典歌剧以及著名的贝多芬第五、第七、第九交响曲、歌剧《乡村骑士》《丑角》等音乐会。剧院还邀请国内外知名导演、舞美设计、主要演员加盟到的第七届国际歌剧季的演出中，不断加大向国际化前行的步伐。

剧院沿着习总书记要求的“为人民抒写、为人民抒情、为人民抒怀”这条道路，努力排演和创作着社会效益和经济效益相统一的艺术作品。参加纪念抗日战争胜利70周年文艺晚会在人民大会堂的演出，并录制晚会的全部18首合唱曲目；启动了《复兴之路》音乐会的新一轮巡演；通过实行“123”低票价活动，把高雅艺术变成“亲民艺术”，受到部领导、艺术司领导高度重视并在国家艺术院团演出季中予以大力推广。

【对外交流】 中央歌剧院到欧洲两国三地巡演，先后参加意大利的梅拉诺艺术节、普契尼音乐节以及斯洛文尼亚的卢布尔雅那艺术节三个世界知名的盛大艺术节，演出两部歌剧和一场音乐会，以完美的、高质量的演出赢得欧洲观众的赞誉。

8月25日，中央歌剧院在意大利的梅拉诺凯瑟尔剧院，演出代表中华民族声音的《黄河》钢琴协奏曲以及宏伟而充满哲理性、英雄性的壮丽颂歌——《贝多芬第九交响曲》。观众用经久不息的掌声和欢呼声表达着对中国音乐家的赞赏，指挥家俞峰教授的5次出场谢幕预示着有着30年历史的梅拉诺艺术节在艺术家的精彩演出中掀开成功的序幕。

28日，在意大利著名的塔湖贾克莫．普契尼露天大剧院，当歌剧《图兰朵》以强大阵容亮相在作曲家普契尼的家乡参加第61届普契尼音乐节时，立即引起巨大的轰动，因为普契尼音乐节还没有邀请过任何一个外国团队来上演过普契尼的作品，数千目光聚焦于这支来自中央歌剧院的精彩演出之中。就连普契尼在世的最后一位孙女、也是唯一一位后嗣、已经85岁高龄的Simonetta Puccini女士也亲临现场观看演出、兴奋不已地称赞这次创造历史的演出。文化部领导当晚致信祝贺中央歌剧院为祖国赢得的极高荣誉。

9月1日，作为我国在斯洛文尼亚举行的“庆祝中华人民共和国成立66周年国庆招待会”内容之一，在拥有60多年历史的卢布尔雅那艺术节上，中央歌剧院上演具有东方特色的西洋歌剧《图兰朵》。斯洛文尼亚总理、两位斯洛文尼亚前总统、卢布尔雅那艺术节的几任主席及中国驻斯大使叶皓等贵宾出席观看演出并纷纷表达对演出的赞赏和祝贺，整个谢幕时长达17分钟。斯洛文尼亚观众用热情的掌声作为最美丽的鲜花献给了中国的艺术家。

【演出季演出】 在“2015年国家艺术院团演出季”中，中央歌剧院推出一部中国原创歌剧、一部世界歌剧巅峰之作和一台专场音乐会。

9 月 12 日，为纪念中国人民抗日战争暨世界反法西斯战争胜利 70 周年，中央歌剧院上演国家艺术院团演出季的重头戏——气势雄宏的《黄河大合唱》以及纪念南京大屠杀的交响大合唱《金陵祭》，本场音乐会的演出票早早售罄，当晚的音乐厅内座无虚席，雷鸣般的掌声证明优秀作品的强大生命力。值得一提的是，此专场音乐会作为“深入生活、扎根人民”的主题实践活动之一，还帮助河北省安新县端村学校白洋淀荷声合唱团进行训练并同台演出，收到很好的效果。

原创歌剧《我的母亲叫太行》是为纪念中国人民抗日战争暨世界反法西斯战争胜利 70 周年而创作的大型原创歌剧，该剧讴歌了太行军民浴血抗战、前赴后继、抗战到底的精神，赞美了老百姓和八路军之间血浓于水、舍生取义、生死与共的雨水深情。这是一部充满正能量的文艺作品，充满浩然正气的精神盛宴。剧中大胆采用别具一格的舞美艺术形式——版画，开创了歌剧的新风格。

瓦格纳的鸿篇巨制尼伯龙根指环之四《众神的黄昏》，演出时长达 5 个小时，全部由中央歌剧院的演员担纲，被媒体称为绝无仅有的“全华班”阵容；伦敦金融时报评誉为：“迄今为止看到的瓦格纳作品中最好的歌剧版本的演出。”这充分证明剧院的艺术生产能力和水平，标志着中央歌剧院已经成为亚洲最强的歌剧院。目前，剧院依靠自己的专业队伍，能够将任何一部世界经典歌剧搬上舞台，推动国家舞台艺术形象的进一步发展。

【管理严格】 中央歌剧院业务考核自 2006 年至今已连续进行十年，无论是在编还是签约的在岗专业人员均参加考试，合格后方可上岗。剧院的整体业务水平和个人业务素质通过严格的优胜劣汰的考核制度飞速提升，经典保留剧目明显增多，保持着旺盛的持续的艺术创作生产能力。

连年来，中央歌剧院的招聘考试采取的是资格审查——考试——公示等环节，实行公开、公正、透明的考试方法和严格的考试制度。2015 年，在 600 多名报考人员中最终择优录取 40 余名，延续艺术的年轻化发展道路。

作为国家艺术基金项目——《青年指挥人才培养》大师班的课程如期完成，俞峰教授等多名指挥届的知名教师为来自全国各地的学员上大师课，并由学员指挥演出了贝多芬的《艾格蒙特》序曲和《第七交响曲》音乐会、西贝柳斯《小提琴协奏曲》专场音乐会以及威尔第的歌剧《茶花女》作为大师班的学习成果展示，为青年指挥提供实践的平台和指挥歌剧、交响乐的机会。

【产业发展】 中央歌剧院在文化科技创新推动艺术创作生产、公共文化服务以及文化产业的发展方面具有前瞻性和引领性。进一步推进《国家文化科技提升计划项目》《“十二五”国家科技支撑计划项目》和《舞台数字化多维空间科技》3 个项目的结项工作。

【基本设施建设】 大剧场建设稳步有序进行，陆续取得《中央歌剧院剧场工程建设项目申请使用国有用地的批复》《建设工程规划许可证》《人防工程施工设计备案通知书》；已完成施工总承包和监理单位招标资格预审文件备案、评审、评审结果备案工作，签订《施工单位总承包合同》《监理单位总承包合同》；已完成舞台机械系统采购施工和监理单位招标公告、评审、签订《舞台机械采购合同》等。至 12 月 31 日取得《建筑工程施工许可证》，2016 年 1 月正式转入施工阶段。全部工程于 2018 年年底前完成。

（李英华　武红文）

中央芭蕾舞团

【概况】 2015 年,在习总书记文艺座谈会讲话精神的鼓舞下,中央芭蕾舞团认真贯彻落实文化部党风廉政建设工作会议精神,夯实"两个责任"的组织领导和制约监督。在以人民为中心的艺术创作、积极"走出去"大力发挥中华人文影响力、下基层走边疆送服务,以及组织高质量的国际文化交流演出平台等方面,都获得了历史性的突破和超预期的成功。

【艺术创作】 大型原创芭蕾舞剧《鹤魂》是剧团 2015 年重大艺术创作举措。作品从剧团艺术总监萌发构思、酝酿筹备,到定位集体创作、采风创排并于 9 月正式公演,历时逾 5 年。该剧是一部赞颂年轻生命奉献大爱、讴歌理想奋斗、对美好生活充满憧憬和信心的现实主义题材作品。为培养中国自己的编创力量和人才,剧团特意安排历年来在"芭蕾创意工作坊"中表现突出的年轻编导、设计师参与主创工作。为使创作更贴近真实生活和体会作品主人公无私奉献的精神,团长亲自带队奔赴故事发生地体验生活。创作团队冒严寒、顶酷暑,5 次赴扎龙、盐城丹顶鹤保护区深入生活、创作采风。体验生活的年轻演员们,在英雄事迹的感召下,纷纷登上木板栈道搭建的临时舞台,不顾烈日暴晒皮肤脱皮和滚烫的地胶烫伤脚,激情满怀地为养鹤工人和齐齐哈尔基层群众进行慰问演出。当舞台上翩翩起舞的曼妙舞姿与蓝天背景中随音乐缓缓飞起飞落的白鹤身影共同组成一幅美丽的大自然画卷时,人们无不为之赞叹!演出不仅令观众无比感动,演员自己也将难以忘怀。通过创排《鹤魂》,剧团有效地开展了一次从上到下的集体主义爱团教育活动,广大演职员深切体会到,当艺术创作扎根大地时,当艺术养分源自于生活、源于广大人民时,艺术家将真切感受到人民的期望、大地的呼唤,从而创作出为人民抒情、为人民抒怀的时代作品。

《鹤魂》首轮演出,受到文化艺术界、教育界及社会各界观众和媒体的热烈赞扬。每到梦娟展现大爱为鹤捐躯的场景时,观众就会爆发激动的掌声,以此表达内心受到强烈感染的情绪,很多观众几度落泪,各界对演出的强烈反响超出预期。中央电视台《新闻联播》《朝闻天下》《文化十分》等栏目以《鹤舞东方,打造民族芭蕾新经典》为专题做了多次报道,在社会上引起强烈反响。新华社、《人民日报》《中国文化报》等主流媒体均对演出做大幅报道,好评如潮。

除大型舞剧《鹤魂》外,剧团再接再厉,创作、首演交响芭蕾《四季》,以西方经典音乐融入中国传统文化梅、兰、竹、菊"四君子"形象,用芭蕾绘制出一幅幅和谐雅致、音律优美的古诗词美学画卷,生动展示中华人文精神中自强不息、清雅高洁、淡泊明志、不媚世俗的人格魅力。

推出《第六届芭蕾创意工作坊》《追梦——新人新作暨演员考核晚会》。工作坊是年轻编导创作采风到舞台演绎的实践,如反映新疆地域民族特点的《黑眼睛的姑娘》,同时体现由小节目逐步向中型剧目延伸和过渡的创作提高,如由中国古典文学《白蛇传》提炼改编的中型舞剧《白蛇 · 人间》。《追梦——新人新作暨演员考核晚会》涌现若干中小新作,在观众群中广受年轻人追捧。

为纪念中国、丹麦建交 65 周年,剧团聘请布依维尔学派专家来团,合作创排浪漫芭蕾代表作《仙女》。很多驻华使馆代表观看了双方合作的演出,一致给予好评。

此外,剧团与八一电影制片厂合作,派出

优秀青年演员曹舒慈担纲反法西斯战争胜利70周年献礼影片《战火中的芭蕾》，得到了电影、媒体等各界好评。

【对外交流】 7月，中芭历史上首次受纽约林肯中心艺术节邀请出访演出。在文化部大力支持下，访演被两国政府纳入第六轮"中美人文交流高层磋商"文化领域成果清单。此次访演的影响范围非常大，纽约时代广场大屏幕长时间滚动播报中芭《红色娘子军》与《牡丹亭》的演出预告。芭蕾舞剧《牡丹亭》传承明代戏曲家汤显祖的历史书写，浸透当代艺术家的心血塑造，将观众带入婉约、纯真、唯美的中国诗画意境。连续三晚，每当粉红花瓣飘落而下、淡金色大幕徐徐关闭之时，屏息的观众席都会瞬间爆发出雷鸣般的掌声，"Bravo"喝彩声不绝于耳。7月11、12日，激情似火、洋溢历史情怀的《红色娘子军》以气贯长虹的磅礴气势，震撼了林肯艺术中心，震撼了"世界之都"纽约城。舞台上下，群情高昂，掌声雷动，很多观众慨叹大有相识恨晚之感，谢幕时，舞台、乐池、观众席一再沸腾，人们沉浸在彼此心灵相通的感动中。

在华盛顿狼阱表演艺术国家公园法林中心、纽约州立大学帕切斯学院表演艺术中心、萨拉托加表演艺术中心，中芭所到之处无不被热烈追捧。在萨拉托加，接待方为庆贺中芭演出成功，特地燃放了大量的五彩礼花。美国主流媒体从演出开始，场场追随中芭进行报道。如面向全球读者的权威杂志《经济学人》发表题为《大步向前飞跃》的评论，称"《牡丹亭》有着惊人的美""《红色娘子军》中女性追求解放的故事积极进步"。来自美国各州及世界各地的3万多名观众观看了访美演出，本轮访演成为中美两国人文交往中极具影响的重要事项。

美国荣归后，8月，剧团再携《红色娘子军》参加"赫尔辛基艺术节——中国主宾国"活动开幕式演出，艺术节总监大为惊赞，多次对外介绍"4000多名观众观看演出，创造了艺术节的观演纪录"。

11月，中芭交响乐团90人应邀赴瑞士日内瓦，与贝嘉精英舞蹈学校合作演出，共庆中瑞建交65周年，参加安理会五大常任理事国首次联合举办的"纪念联合国成立70周年和纪念反法西斯战争胜利70周年"音乐会演出，向世界发出珍爱和平、和谐共处的呼声。中国代表团吴海龙大使激动地表示："中芭艺术家们精彩的演出打动了在场观众，这次演出是一次出色的公共外交，很好地宣传了中国，是对中国外交工作的大力支持。"

在澳门基金会的盛情邀请与支持下，剧团连续第10年赴澳门举办"高雅艺术进校园"活动。经过长期用心经营，中芭品牌已深入到澳门各大学、中学，成为澳门文化生活的组成部分。

【演出推广】 2015年，中芭有史以来首次登上世界"第三极"，走进西藏的林芝、拉萨高校校园，完成了四场特殊的演出。中芭艺术家作为文化部使者，满怀对兄弟民族的热爱，真诚践行国家院团导向性、引领性责任，在克服强烈高原反应的情况下，带病带伤为当地学生和民众献上了精彩演出，观众长时间的热烈掌声，是兄弟民族与国家院团真诚互动的最好明证。

在新疆，少数民族聚居的民族学校学生与中芭年轻演员进行了友好热情的交流，学生们像过节一样兴奋不已，成群结队围着与他们同龄的演员问长问短，脸上流露出相互间无隔阂的真诚友谊。中芭的年轻巡演团队犹如一台播种机和收割机，一边播种艺术之花，一边收割友谊之果。

为发扬国家院团服务基层精神，中芭对

口帮扶兰州芭蕾舞团和泸州艺术教育基地，在艺术创作、人才培养、师资培训领域为兰州芭蕾舞团提供系统支持。为泸州师生编写教学大纲，选派优秀教员赴泸州授课、讲座，开办暑期夏令营等，得到了广大师生、家长的热烈欢迎。

10 月至 12 月，中芭“第二届国际芭蕾演出季”为中外艺术交流提供了宝贵的互鉴交流机会，成为国际芭蕾界的一大盛事。演出季不仅吸引了上芭、广芭等国内优秀芭蕾舞团和明星演员的参与，也吸引了如莫斯科大剧院、巴黎歌剧院、美国芭蕾舞剧院等知名舞团、艺术家的到来。

在近两个月时间内，不同风格、不同流派的 12 台大戏、30 场演出，为 5 万多观众带来了丰富多彩的艺术享受。俄罗斯三大芭团 10 位首席同台亮相，首次在中国登台的南非民间舞等演出，彰显中芭打造的国际芭蕾演出季平台正逐步受国际舞蹈艺术界多方关注和瞩目。

【艺术教育】 2015 年 9 月，“中央芭蕾舞团学员班”迎来了 30 位可爱的小学员，迈出了中芭自主培养专业舞蹈人才的第一步。招生工作中，考委兵分几路，冒严寒、顶酷暑，赴全国 11 个省市、30 多个城市招生。为给偏远地区孩子考试机会，考委们走到西部，走进农村希望小学，从浙江丽水到大漠敦煌，从呼伦贝尔草原到河西走廊。中芭体现教育公平理念的招生，令广大贫困地区师生、家长非常激动，所到之处得到了真诚热烈的欢迎。

教学过程中，学员班注重历史传统教育和爱国主义教育，以培养具有中芭风格、德艺双馨、符合社会主义文化发展要求的综合性芭蕾人才为办学宗旨。按照教学大纲，学员班不仅进行常规教学活动，还定期安排有中芭特色的美育观摩、舞台实践活动，坚持文化课与专业课并重，人文情怀与技术技巧并重。在师生们的共同努力下，学员班打下了培养复合型、高素质人才的良好开端。

（彭柯嘉）

中央民族乐团

【概况】 2015 年，继续坚持以创作和演出为中心，以改革发展为目标，全年演出共计 176 场次，其中商业演出 68 场次。全年商业演出总收入为 2950 万元，比 2014 年演出收入 2880 万元增长了 2.4%。全年观众总人数达 20 万人次。全年新创大型主题性剧目 9 台，新创单曲体音乐作品 80 余首。全年创收总额资金为 4100 万元。

【文化创作】 用高雅的音乐作品引领市场、引导大众，创作出既有民族特色又体现时代精神的优秀作品成为乐团艺术工作的中心。民族乐剧《又见国乐》、民族音乐诗剧《行歌坐月》《向大师致敬——纪念闵慧芬专场音乐会》《光明行——纪念刘天华诞辰 120 周年音乐会》《国风浩荡——赵季平作品音乐会》《国乐的追思——纪念世界反法西斯战争暨中国人民抗日战争胜利 70 周年音乐会》《国乐的风采——土地与生命的赞歌》《乐赏江南》《南海组曲》、参加文化部 2015 国家艺术院团演出季展演、在国家大剧院全年上演近 30 场次音乐会的推出，全面体现了中央民族乐团作为海内外民族音乐行业领军人的重要标志和主导作用。

《又见国乐》以全新的舞台理念、以创新的作曲编曲思想、融合时代化的戏剧表演模式，让观众在音乐与语言的双重表述中、在多视角的语境中获取对“经典”的重新解读。演出得到社会各界观众的广泛赞誉，反响十分热烈。中央电视台、《光明日报》《中国文化报》、人民网、搜狐网、新浪网等几十家媒体进行了详尽报道。演出对传统文化如何继承、发展、创新的课题引发了强烈的社会舆论效应，该剧已在全国10个城市进行巡回演出30多场，商业演出收入近2200余万元。12月份还赴美国进行商业演出。可以说，《又见国乐》的创作和演出极大地推动了民族音乐的普及与推广，真正做到了以人民为中心的创作核心，为国乐艺术推广做出了重大贡献，使民族音乐在历史的长河中有活力、有自信、有传承，更有当代民族代表性，是深入贯彻落实习近平总书记提出的用优秀传统文化去讲述“中国梦”的艺术体现。

【文化演出】 中央民族乐团的创作与表演作为中国最优秀的民族音乐代表，今年圆满地完成了多项重要的文化走出去演出任务。

2015年1月，携两台创新音乐会《印象国乐》《泱泱国风》在台湾进行了两岸文化交流，这7场商业演出获得了巨大成功。特别是剧目的创新精神和形式给台湾艺术界带来了深刻的社会影响。

5月6—10日，应美国阿斯彭学会和中国人民对外友好协会邀请，中央民族乐团音乐家一行20人赴美国参加首届中美媒体圆桌会议，并在会议期间的“琴台”启动仪式上举办了两场民族音乐会和一场“中国民乐”专题讲座，吸引了近600位美国政商名流和中美媒体人士观看。

11月初，音乐家小组在指挥家何建国的带领下赴台湾参加鹿港小镇艺术节，与台湾长荣交响乐团合作演出了中国民族音乐经典作品，并且成为第一个大陆在台湾进行纯公益性合作演出的艺术团体，两场演出约一万名台湾同胞观赏了音乐会。

12月上旬，中央民族乐团有120人的演出团赴美国最负盛名的华盛顿肯尼迪艺术中心歌剧院、纽约林肯艺术中心音乐厅、卡内基音乐厅这三个全美顶级的剧场上演《又见国乐》《泱泱国风》，音乐会以当代优秀作品和精湛的演奏，展示中国最具民族代表性的国家文化形象。

【援疆援藏活动】 积极开展一系列帮扶结对子活动，先后与贵州黔东南州歌舞团、广东音乐曲艺团、西安安志顺打击乐团、江苏女子民族乐团、西藏歌舞团、重庆民族乐团、成都民族乐团、新疆民族乐团、浙江民族乐团开展合作。

2014年，中央民族乐团帮助贵州共同创作的侗族音乐剧《仰欧桑》，获得了中宣部“五个一工程奖”。2015年1月8日，乐团继续帮扶贵州创作了苗族音乐诗剧《行歌坐月》，并分别在全国各地进行了8场次的巡回演出，吸引了上万观众到场观看。这台剧目的创作演出也引发社会各界对传统经典如何传承和今后的出路问题进行了广泛的探讨。

5月中旬，中央民族乐团艺术家小组一行18人在席强团长的带领下赴西藏为藏区中小学生、驻藏干部及驻藏部队官兵开展中国民乐专题讲座、慰问演出及赠送乐器活动，在海拔4500米的那曲行署礼堂等地共演出讲座6场，在高寒地区，演员们以缺氧不缺精神的力量克服了多重困难，使当地观众欣赏到国家一流的音乐表演，感受到了民族音乐带给他们的情感关怀。

8月下旬，为庆祝新疆维吾尔自治区成立60周年，由文化部艺术司、自治区党委宣传部及文化厅共同主办，中央民族乐团与新疆艺术剧院一行120人携《丝绸之路》大型民族音乐会在新疆6个地区进行巡演。演出成为民族音乐联结新疆各族人民团结奋进的精神纽带，更是贯彻习近平总书记提出的"建设美丽新疆　共圆祖国梦想"的文化援疆之行。

《乐赏江南》是帮助浙江民族乐团而委约创作和同台演奏的音乐会，通过结对子帮扶创作和演出活动，地方院团在乐队训练上得到帮助、在创作思想上转变观念、在管理模式上进行交流，极大地提升地方民族乐团的建设发展。

【基层采风活动】　从 2011 年开始，中央民族乐团每年在新春之际分别组织艺术家赴全国各地采风学习。今年在福建、海南、山西、陕西、甘肃、江苏、广西等地进行了民间音乐的采风活动，其目的就是让乐团的青年演员们了解生活、认识传统，使他（她）们在今后的艺术道路上多一份传承民族音乐的责任，并为开拓当代舞台艺术创作与表演积累丰富的经验。这些采风活动不仅使演员们得到了教育和熏陶、乐团每年也积累了一批新作品，而且还彰显了当代民族音乐舞台的正能量传播，使民族音乐事业从传承的角度得到继承。9 月 26 日，《国乐风采——"土地与生命的赞歌"》音乐会，中央民族乐团与来自全国各地的 40 位民间音乐家同台共同演奏、演唱了几十首优秀民族音乐作品。这些鲜活而浓郁的曲目得到了观众的热烈欢迎，很多专家激动地说"深入生活就应该像中央民族乐团这样接地气"。可以说"一票难求"成为这场演出的真实写照，谁说民族音乐没有市场，多年来，只为自己的"高大上"追求而忘记和忽略了人民在精神上的朴素需求，今天，中央民族乐团将这一传统再找回来，使观众们在心灵上得到了慰藉，在精神上凝聚了信心，国家艺术院团就应该在教育人民、引导大众、从出精品、出优秀作品上去下功夫，创作推出让人民喜爱的优秀作品，才能无愧于国家艺术院团这个光荣称号。正是由于艺术家们深入到基层、了解到原汁原味的民间音乐，中央民族乐团近年创作推出的一系列音乐会才能引领市场，获得观众的票房，赢得民族音乐在商业演出市场中经济创收的绝大部分份额。特别是，在国家大剧院这个既是高雅艺术殿堂，又是商业演出试金石的舞台，中央民族乐团每年能够占有 30 场次的门票比例。这些优秀的作品、一流的表演、深入生活的创作思想，使我们取得这些来之不易的艺术成就。

【管理工作】　2015 年，乐团从企业化管理要求入手，严格演员管理规定条例，从制度上去落实人员岗位职责，使全团在收入分配、责、权、利的责任目标管理上有了进一步的加强。

2015 年是中央民族乐团创新发展取得重要成就的一年，全团演职人员在团领导班子的带领下，为了民族音乐的繁荣发展而齐心协力，共同奋斗，特别是创作出了这个时代具有民族代表性，富有艺术感召力的精品力作，这不仅是文化部党组赋予我们的使命，同时也是我们民族音乐工作者们肩负的历史责任，我们决心在文化部党组的领导下，规划好明年的创作与演出任务，贯彻落实好"深入生活，扎根人民"主题实践活动，为深化乐团的艺术建设与发展而继续努力。

（李　梦）

中国美术馆

【概况】　2015 年，中国美术馆在文化部的领导下，以"弘扬优秀传统文化，典藏大家精品，加强国际交流，促进当代艺术创作，打造美术高原高峰，惠及公共文化服务"的美术馆工作新思路，圆满完成各项重点任务，不断推动国家美术馆事业取得新进展、新成效，呈现出许多新亮点。

【艺术展览】 紧紧围绕党和国家的文艺指导思想,创新展览文化,努力发挥国家美术馆的文化引领作用,进一步整合展览资源,彰显国家美术馆展览文化的品牌效应。策划了国家捐赠与收藏、典藏活化、弘扬中国精神、国际交流四大展览系列;举办了"人民的形象""人民的艺术家""向人民汇报""中国写意""翰墨传承""纪念中国人民抗日战争暨世界反法西斯战争胜利70周年国内美术作品展及俄罗斯美术作品展""黑白的力量——柯勒惠支经典作品展""梦笔新境——纪念中新两国建交25周年美术作品展"等一系列主题大展、经典好展与品牌特览,特别在配合国家重大事件的纪念活动中,营造了严肃高雅的文化氛围。

好展不断,精彩纷呈,举办各类高质量的美术展览百余个,接待观众百万人次。展览展示的设计水平不断提高,公众观展的满意度进一步提升。中国美术馆的展览展出中国精神、民族魅力、时代风格,努力办成让专家、艺术家、人民满意的美术馆。

【艺术典藏】 截至12月22日,全年收藏作品共计1475件,其中常规收藏并捐赠作品479件,专项捐赠作品996件。落实"国家美术收藏和捐赠奖励计划"10项,成功举办了老舍、胡絜青藏画捐赠展,马常利、罗尔纯、高二适、吴印咸、顾长卫、王临乙、王合内等艺术大家的作品捐赠展,所收藏艺术品的质量非常高,形成捐赠展览的整体品牌效应。著名科学家杨振宁教授捐赠熊秉明雕塑作品活动,成为年度收藏工作的收官创举,向全社会弘扬捐赠义举,吸引更多的大家和家属的捐献。

建立严格的藏品管理制度,依托全国美术馆藏品普藏工作,展开藏品图片和档案信息的完全数字化工程,全年完成藏品图像信息采集31679件,月均采集量近3000件,是去年的三倍之多。艺术品修复"4+1工程"完成年度计划,稳步推进"国家美术藏品保存与修复示范中心"的建立,《国家美术馆藏品保护与修复专业人才培养》课题申报获得国家艺术基金资助。

通过"典藏活化"工程,让躺在库房里的作品真正活起来,从"人民的形象""江山多娇"等馆藏经典主题陈列,到苏天赐、赵望云、滑田友等艺术大师的馆藏个案研究特展,以及配合艺术家的诞辰活动举办的"纪念黄宾虹150周年作品展""纪念华君武100周年特展",许多作品库藏几十年是第一次与观众见面,反响热烈,被观众一而再,再而三要求延期,这种典藏活化真正活出了精彩!为实现藏品固定陈列与专题研究,开辟6层空间作为"中国美术馆馆藏经典陈列厅",第一期馆藏精品陈列"明月入怀——中国美术馆所藏明代书画珍品选粹"对外开放;延伸了馆藏雕塑的展陈空间,打造"中国美术馆户外雕塑长廊"项目工程;响应国家"一带一路"的号召,策划"走向西部——中国美术馆经典藏品西部巡展"分别赴重庆、新疆、广西、宁夏等地展出,受到当地观众的极大欢迎,促进了西部美术的艺术创造。全年各类藏品出入库数量为1396件(套)次,藏品图片使用数量为4626张次。

【文化服务】 策划"大师讲大美"高端学术类公共教育新品牌。邀请杨振宁、袁行霈等大师、学者座客讲坛,其中杨振宁畅谈"美在科学与艺术中的异同",社会反响强烈。创新开展油画示范讲座活动,邀请俄罗斯艺术大师祖拉博·采列捷利为普通公众现场授课,打造普通公众与艺术大家零距离互动。

举办社会特殊群体及亲子家庭专场活动。策划打工子弟进殿堂·共绘美的梦想"六一"大型公益专场活动,在"5·18"国际博物馆日举办“共赏艺术之美”社区文化惠民活动。积极配合馆内重要展览举办丰富多彩的公共教育活动,全面促进国民的艺术与人文素养的提升。

组织志愿者服务与交流活动。志愿者队伍年直接服务观众十万人次,并加强与台湾、香港的志愿者双向交流,加强行业与国际交流,举办策划了“2015 中德艺术管理春季学院‘美术馆管理与公共教育’主题研讨会”“新常态、新境界——2015 全国美术馆公共教育年会”等学术交流论坛,业界反响强烈。

推广构建“美术馆形象”的品牌建设。进一步加强门户官网、手机微信平台、学术期刊、馆藏画集等媒介的推广效应,创新多种举措推动美术馆的影响力。中国美术馆官网连续两年获得文化部政府网站群绩效评估“年度最佳奖”。数字美术馆基础设施不断完善,编制了 7 个技术标准规范,数据资源持续增长,累计达 60TB。完成美术馆公共教育空间改造项目,公共服务空间中国美术馆咖啡厅改造即将完成,为公众创造了更好的学习交流的文化氛围。新闻宣传工作力度不断加大,全年邀请媒体千余家,发布平面新闻 4603 条,电视媒体 100 条,其中央视 32 条。通过主流媒体对重大展览与活动进行的充分宣传报道,取得良好社会效果。

【对外交流】 引进“柯勒惠支经典作品展”“法国大师皮埃尔·卡隆艺术展”以及“波兰的民间美术和现代设计展”,举办“胜利:1945—2015!——纪念世界反法西斯战争胜利 70 周年俄罗斯美术作品展”等主题大展,并接受国外艺术家的捐赠;积极推动中国艺术走出去,让馆藏精品走出国门,赴墨西哥举办“来自中国美术馆的艺术”,展现当代中国水墨、雕塑、版画和传统民间艺术;赴新加坡举办“梦笔新境——庆祝中新建交 25 周年美术作品展”展现中国当代名家优秀创作成果。

创新中国美术走出去的新模式,借助馆内的优秀展览举办“中国美术馆之夜——驻华使节专场”,邀请在京的外国使节来馆参观,扩大中国艺术的国际影响力,做到“不出国、不拿护照、不用批文”推动中国文化向世界传播。举办“第十二届全国美展”“第十一届全国书法篆刻展”“老舍、胡絜青藏画捐赠展”,每一场外宾专场均有 50 多个国家的驻华使节到场参观。

与香港中文大学、新加坡国家美术馆、白俄罗斯国家美术馆、俄罗斯艺术科学院、墨西哥盛伊德方索学院等签署了文化交流合作协议,建立长效合作机制。全年接待外事来访、业务洽谈等 200 余人次。以中外文化多层面和深层次的交流与合作为契机,与国外著名美术馆、博物馆等艺术机构密切合作。

【管理工作】 人才队伍建设得到加强,各类业务人才特别是中青年人才的培训切实有效,提高人才培养交流的国际化水平,不断完善人才的激励机制。财务管理更加规范,财务制度建设更加完善,强化了预算管理,专项资金管理得到加强,事业发展的经费投入得到保障并取得新的增长。行政后勤保障水平进一步提高,国有资产管理更加规范,馆所维护及时有效、各项设备设施安全正常运转,无事故发生,重大节日期间安保工作保障有力。

(陈　真)

中国国家画院

【概况】 在 2015 年度工作会上明确了“创作研究是立院之本”的主题,制定了“重点创研、推进基建、加强管理”的方针,并全面布置了各项工作,包括"一带一路国际美术工程""画院扩建工程""中国美术报创刊"等。按照制定的发展目标开展具体工作,取得了一定成果。

【基层实践】 认真学习"习主席讲话精神",定期开展专题研讨,并组织全体职工及研究员召开了"纪念习近平主席文艺座谈会讲话发表一周年"座谈会。积极配合文化部开展的"深入生活、扎根人民"主题实践活动,经广泛动员、认真组织及全员参与,按部就班地实施相关项目并取得了阶段性成果。具体项目包括:

陆续开展陆上、草原、海上和南方(茶马古道)四大主线丝绸之路写生活动。

四项公益展览类项目:在成都画院举行"大地情深志愿服务走基层——艺术大讲堂"活动;在广西美术馆举办广西三江农民画展,并与广西基层艺术家进行座谈及文化交流活动;在延安革命纪念馆与陕西省国画院、延安美协共同举行"深入生活、扎根人民"主题座谈会。在福建福州举办"2015年中国国家画院(福建)国画展",并通过收藏、讲座等方式,推动本地美术事业发展。

三项结对帮扶类项目:赴广西南宁隆安县三卡屯村参加"新村竣工仪式",国家画院相继捐赠当地政府共计64万元善款用于新村改造;赴陕西省甘泉县城关镇参加延安百名儿童"手拉手"捐赠仪式及帮扶助学活动;赴宁夏回族自治区回族贺兰县及同心县等贫困地区为当地百姓写生造像、捐赠生活物资。

【创作工作】 "丝绸之路美术创作工程"实施方案(修改稿)已得到文化部艺术司的相关批复(艺美函〔2015〕40号)。

由院领导分别担任"一带一路国际美术工程"各条考察线路召集人。陆上丝绸之路召集人杨晓阳、曾来德;草原丝绸之路召集人卢禹舜、赵卫;南方丝绸之路召集人龙瑞、张江舟;海上丝绸之路召集人龙瑞、张江舟,还有美术研究院组织研究员对丝绸之路的考察,召集人张晓凌,全面负责组织并召集近百人的采风考察团队开展采风、创作、研究活动。考察范围涵盖了:以西安、兰州、嘉峪关、银川、武威、麦积山、敦煌为主的河西走廊地区;以成都、康定、丽江、香格里拉、大理、腾冲为主的茶马古道地区;以阴山山脉、响沙湾、苏泊罕、成吉思汗陵为主的内蒙古草原地区;以福建福州、泉州、海南为主的南部沿海地区;

沿丝绸之路采风写生。此外,大批画家通过分散、自由组合的方式走出国门,远赴中亚的乌兹别克斯坦、伊朗和部分欧洲国家等海外丝路沿线地区进行大型写生创作活动。

【展览工作】 举办"写意中国——2015中国国家画院年展"。开幕式于12月27日在中国美术馆举行,持续到2016年1月6日,在中国美术馆全部区域布展。展览汇集国家画院200余位艺术家共计500余件作品,涵盖国画、书法篆刻、油画、版画、雕塑、公共艺术等全部专业的展品。

举办"新中国美术家系列"四川、甘肃、山西、江西四省国画作品展。"新中国美术家系列"是中国国家画院策划主办的重要展览,先后于4月3日、5月20日、12月10日、12月20日,分别与地方文化厅合作,在画院美术馆举办了四川、甘肃、山西、江西省国画作品展。

举办"2015中国国家画院丝绸之路采风写生作品展"。11月12日,"2015中国国家画院丝绸之路采风写生作品展"在中国国家画院美术馆隆重开幕,展出70余位艺术家的数百件作品。

完成"写意中国——2014年中国国家画院作品展"巡展。按照国家画院的总体部署,将国家画院 2014 年度的“写意中国”作品展在江苏、山东、河南、陕西等地进行了巡展。

启动海上丝绸之路考察采风。8 月 8 日,中国国家画院海上丝绸之路考察采风启动仪式在福建泉州举行。继沙漠丝绸之路、草原丝绸之路、南线丝绸之路考察开展以后,中国国家画院正式揭开海上丝绸之路考察的序幕,代表着中国国家画院丝绸之路创作计划的全面实施。

举办“第二届丝绸之路国际艺术节”系列美术展。9 月 7 日至 16 日,“第二届丝绸之路国际艺术节系列美术展”之“写意中国 · 中国国家画院国画作品展”在陕西省美术博物馆举办。展出 140 余幅作品,展示了丝绸之路项目的最新阶段成果。展览还邀请了几位陕西当地优秀艺术家一同参展,促进国家画院与陕西美术家之间的相互交流。

举办“以心接物——走进学院 · 2015 年全国高校青年教师中国画作品展”。该展是中国国家画院又一全国性展览品牌,预计将每两年举办一次。本次展览邀请 8 大美院,15 所师范大学类美术学院(系),43 所各类综合大学美术院(系)和 15 个画院在内的 211 位中青年艺术家参展,基本做到对当下国内中国画专业教学机构的全覆盖。

“笔墨新体——中国国家画院美术研究院学术提名展”。2 月 1 日上午,在中国国家画院美术馆开幕。“笔墨新体”展将是中国国家画院美术研究院的常设性展览。

国外展览。在美国举办“中国风格——中国国家画院名家作品展”;在法国举办“大美无界——中法艺术家对话展”;在德国举办“聚精荟萃——中国国家画院馆藏版画作品暨中德版画艺术联展”等。对推动中国文化走出去,宣传具有代表性的中国当代美术及发展成果都发挥了重要作用,收到广泛好评。

【专业院活动】 国画院。除按照国家画院统一部署进行“一带一路国际美术工程”创作研究,参加院内学术活动外,还积极深入生活,双扎根,到基层采风写生。与此同时,国画院参与多项社会公益活动,捐款、捐画。特别是多位研究员,多次为中纪委、驻外大使馆、中央国家机关等创作作品,以及作为国礼赠送给外国友人,其中很多都是巨幅作品。其他还有为文化部办公厅创作数十幅作品,陈列于文化部办公厅大楼。

书法篆刻院。承办的“中国当代写意篆刻研究展”和学术论坛等系列活动取得圆满成功,并应广大篆刻家和篆刻爱好者们的强烈要求,此展和学术论坛又不间断在河南省美术馆、陕西国画院美术馆举行、兰州美术馆、山东临沂鸿儒美术馆、岭南美术馆、成都市美术馆和深圳市宝安图书馆(新馆)举行巡展。

承办“中韩书法年展”。7 月 18 日在中国国家画院美术馆开幕,展出扇面、中堂、条幅、对联等 120 件作品,作者包括中国国家画院研究员及在全国有代表性的书法家和韩国代表性的书法家共 120 人,促成两国书法与当今时代相适应的多元化、个性化格局。

9 月 28 日至 10 月 9 日,中国国家画院书法篆刻院 2015“丝绸之路”采风考察团顺利完成为期 13 天的北疆“丝绸之路”实地考察。

主办、承办“沈门七子书法作品展”“沈门蓬溪五人书法展”“首届中国书法国际文化论坛”“中国现代书法 30 年系列展暨学术论坛”等系列学术活动。

油画院。继续推进国家艺术基金批准立项的“中华意蕴——中国油画艺术国际巡展”工作。经过多重努力,与百瑞信托公司达成资助协议,提供资助 800 万元,使得项目得以顺利进行。在获得资金支持之后,油画院迅速推进各项已经开展的工作,并于 12 月初派出工作小组，赴巴黎考察展览场馆等事宜。同时油画院进行作品征集的各项准备工作。

版画院。3月13日，由版画院执行院长广军、副院长姜陆、中国美术家协会版画艺委会副主任齐凤阁担任策展人的“继往开来——2015中国版画家邀请展”在中国版画博物馆开幕；4月8—18日，赴云南怒江进行为期9天的“深入生活、扎根人民”主题实践活动；聚精荟萃——中国国家画院馆藏版画作品暨中德版画艺术联展在德举行。

雕塑院。出版《大家说雕塑——中国国家画院雕塑院研究员文选》；6月，中国国家画院向德国杜塞尔多夫市捐赠陈云岗雕塑作品《中国老子》，并举行隆重的捐赠仪式，为推动中德文化交流发挥重要作用；申请并通过国家艺术基金项目“共生共荣——中国国家画院雕塑精品展”并获得国家艺术基金100万资金支持。通过“一带一路国际美术工程”项目，组织雕塑家对欧洲进行为期20天的中国文物考察并搜集大量流失文物资料。

美术研究院。7月12日，由张晓凌副院长策划的“杨晓阳大写意理论研讨会”在北京《中国书画》杂志社举办；7月22日，中国国家画院学术日，中国国家画院美术研究院邀请浙江大学历史系教授、博士生导师刘进宝就“丝绸之路”的几个问题进行讲座。

理论研究成果：《中国现代美术史》即将交付出版社；“中国画论翻译工程”已经启动；出版大型理论文集《历史记忆与民族史诗——中外重大题材美术创作研究》，填补学术空白；出版《“丝绸之路·汉唐精神与中国国家美术发展战略”——第四届中国美术·长安论坛文集》和《中国山水画的意境与空间——第二届荆浩论坛文集》等。

公共艺术院。12月9日，由公共艺术院副院长何洁策划主持，中国国家画院公共艺术院、山东工艺美术学院主办，视觉艺术研究所承办的“第二届·城市公共艺术论坛”在山东工艺美术学院长清校区举行；11月3日下午，“袁运甫画展”在国家博物馆隆重开幕，此次展览既是对袁运甫60年艺术实践的系统总结，又是其艺术成就的集中展示；编辑出版《中国公共艺术年鉴》；发起中国建设文化艺术协会“公共艺术专业委员会”（住建部）；规划完成8个“一带一路”系列通用航空公共艺术小镇一期；与多家单位联合举办“丝路精神——首届西部国际设计双年展”。

青年画院。与大连市委宣传部、大连市文联等单位共同举办的“中国·大连首届中国画展”，自启动以来，始终坚持“中国精神、中国标准、中国风格”的活动宗旨，以挖掘当代文化艺术实力创作中青年实力派为主要目的，共收到作品2000余件，评选出收藏奖32件（其中包括收藏一等奖3件、收藏二等奖6件、收藏三等奖8件、收藏优秀奖15件），收藏提名奖50件，入围奖273件。

【研究工作】 由国家画院美术研究院牵头，邀请国内理论界的专家、学者，开展“中国现代美术史”“中国画院史”的理论研究接近结题，启动对古代文艺经典画论中具有代表性的论著论述的翻译工作；出版关于中外重大题材美术创作研究的书籍《历史记忆与民族史诗》；拍摄的《岁月丹青——共和国老艺术家口述历史大型文献纪录片》60集已举行发布会、《南北对话》等系列纪录片正在进行；推广“新中国美术家系列”已举行9省、“以心接物”系列展览已转型提升，致力于当代中青年艺术名家档案的研究和整理。

【《中国美术报》创刊】 12月26日，《中国美术报》在人民大会堂举办创刊大会，并于2016年1月正式出版。该报每期40个版面，是中国美术界盼望已久的权威性国家级专业报纸，旨在通过展示国内外美术创作、研究的最新成果，积极推动当代中国美术的繁荣发展。具体还开展了：

办理《中国美术报》社有限责任公司工商注册、税务登记、刻章等手续；

落实报纸国内邮发代号、国际邮发代号及相关邮发业务的对接工作；

设计《中国美术报》整体采编及运营框架，组织编辑《中国美术报》样刊、试刊；

组织起草《中国美术报》有限公司章程、岗位设置及说明、规章制度等相关文件；

参与组织采编及经营团队的招考及团队组建工作；

参与组织创刊问计会及创刊大会及创刊展；

参与组织报社办公室的设计及比价采购，印刷厂的比价采购及考察等工作；

组织报纸公共微信号；

“中国美术报”运营公司“东方既白传媒科技有限公司”正在注册；

“中国美术报”网络平台正在建设；

“中国美术报”各省的艺术中心正在洽谈。

【扩建工作】 “让土地腾退单位北京市自来水集团抢险中心建设过渡用址”的设想，文化部给予充分肯定。截至目前，其临时周转选址尚未确定，国家画院正积极协调自来水集团领导，加快办理选址工作。已办理用电申请并缴纳防洪费等相关费用，并组织完成初步设计方案专家评审会，已申报规划部门审批初步设计图纸及上报国家发改委审批概算投资。

【教学工作】 2015 学年在稳定招生规模的同时，增设了课题班，根据导师情况对访问学者的规模进行了调整，其中访问学者开设 2 个班（共计 6 人）、新增课题班 9 个、高研班 25 个，共计 36 个班。杨晓阳工作室获得 2015 国家艺术基金的项目资助。还完成《学员档案数据库管理》软件的实施。

为加强国家画院博士后管理建设，切实做好博士后工作发展规划，建立健全各项规章制度，制定《博士后科研工作协议》《博士后管理工作规定》《博士后考核办法》等相关条例，确保博士后研究人员的质量，如期完成第二届博士后进站工作，共进站 3 人。

【收藏工作】 2015 年在画院收藏经费相对有限的情况下，积极探索实行以展代藏、以捐代藏等多元收藏方式，完成预定收藏任务：

捐赠奖励收藏了一批老画家的大幅作品。

完成刘勃舒作品的捐赠工作，举行捐赠仪式、颁发收藏证书。

完成林晓先生作品的捐赠工作，举行捐赠仪式、颁发收藏证书。聘请林晓先生为中国国家画院艺术考古研究所所长、并颁发聘书。

根据“中国美术作品（小品）巡展计划”实施方案，收藏陶艺 26 件。

协同财务部门完成 2015 年各种项目的预算申报工作。

对画库进行两次盘点。

丝绸之路美术创作工程购书，创研部资料室 2015 年度购买“丝绸之路”类或相关学术书籍、图册 2000 余种。

编辑整理《中国国家画院 2015 年度大事记》。

【外事工作】 先后与美国中国文化艺术基金会、法国巴黎中国文化中心、德国德中艺术设计交流协会、英国皇家美术学院、俄罗斯艺术科学院、乌兹别克斯坦国家艺术科学院等文化交流机构商讨合作意向并签订相关协议，旨在通过学术研讨、互办展览等方式推动我国对外艺术交流的不断加深。

【建制工作】 专业创作方面。针对丝绸之路美术工程,进一步完善《中国国家画院财务考察写生实施办法》及制定《中国国家画院“丝绸之路”考察写生费用管理办法(暂行)》。

行政管理方面。完善国家画院艺术家管理制度,分阶段通过《中国国家画院研究员聘任管理办法》;针对办公室行政管理,完善并制定《中国国家画院院长办公室岗位职责及规章制度(暂行)》等制度。

【财务工作】 完成财政部教科文司要求的财政拨款当年预算整体执行进度和项目预算执行进度不能低于98%的目标,也兑现了之前签订的《预算执行任务承诺书》中的承诺。

年初配合审计署驻文化部审计组对画院2014年度预算执行情况进行了审计。并对审计结果进行了整改。

完成2014年度画院的决算工作、固定资产的决算工作、工会会计的决算工作及2016年预算工作。

7月份,对全院在职职工的工资调整、养老金和职业年金的预扣及退休职工的退休金调整工作。

接管艺术交流中心的出纳、会计工作。

【美术馆展览坚持学术把关】 美术馆秉承“学术建馆”的理念,不断完善自己,共举办不同类型的展览30个,展览学术上呈现多元化的格局。同时配合院里所举办的“新中国美术家系列展活动”顺利地完成展览活动,在每个展览的布置,展览的效果,展览的服务上力争有所突破,满足观众的审美需求。与此同时,在美术馆学术委员会的严格把关下,展览学术质量快速提升,得到社会和美术界的广泛好评。

【艺术信息工作持续推进】 1. 负责维护院内两个网站(中国国家画院官网和中国国家画廊网)、微信公众账号的运行。

2. 组织安排画院大型活动的新闻稿撰写、媒体邀请及接待、随队报道、活动宣传推广。

3. 组织安排画院大型活动综述撰写及媒体专题版面的编辑创意等工作。其中,协助院领导宣传报道“写意中国——中国国家画院年展”。

4. 参与“写意中国——中国国家画院年展”专题片(上、下集)摄制制作。

【后勤工作】 优化院内环境管理。在日常水电服务管理上继续深入精细化管理。水电维修实行登记制度,由基本做到随报随修,确保院内工作秩序的正常进行,同时,对院内办公场所及设施定期进行管理维护,及时维修乙楼厕所及画库楼部分墙壁等。还进一步加强协调文化部高知楼及国家画院办公区的冬季供暖管理,完成冬季供暖的中央政采工作。始终以创建园林式院区为目标,根据实际需要,不断强化环境整治,努力提高环境建设。

安防及消防。根据文化部相关部署,结合国家画院工作实际,对消防、安防设备维修采取整体规划,分步实施。在院内主要通道、公共部位加装、更换监控,重点要害部位逐步实现全覆盖,并加装院围墙护网和门禁系统等,及时发现处理安全隐患。同时健全制度预案,促进规范有序管理。配合院领导及相关部门,积极稳妥的化解各类矛盾,保障院内安全稳定工作环境。

【文化产业研究中心持续推进国家课题“中国

水墨国际话语权推广项目”】 2015 年度文化产业研究中心的工作重心是在承办完成国家课题“中国水墨国际话语权推广项目”。完成大美水墨为系列展览、系列沙龙、系列出版物以及系列视频片的制作。

展览分别为：

1.“大美水墨·古代、近现代作品文献展”；

2.“大美水墨·当代邀请作品展”；

3.“大美水墨·当代主题作品展”。

沙龙主题分别为：

1.“全球视野下的中国当代水墨与文化战略”；

2.“笔墨精神与水墨问题”。

通过展览呈现出当代语境下中国艺术家在水墨领域的探索，呈现中国当代水墨创作在传承的基础上形式语言和创作观念上新的突破。通过沙龙多角度地探讨中国水墨艺术之美。

【当代艺术研究中心《中国国家当代艺术档案库》项目顺利进展】 当代艺术研究中心努力推进获得国家艺术基金支持的《中国国家当代艺术档案库》项目，并在 2015 年完成了团队建设，征集作品，建立档案库和官方网站，推出展览（“中国国家当代艺术档案库”第一期展览——“思想的构境”手稿展），项目宣传和出版物（《近现代经验史》丛书）等工作，该项目在 2016 年将有进一步推进。

（董　雷）

中国对外文化集团公司

【概况】 2015 年，中国对外文化集团公司全力配合国家大局，整合国内外优质资源，坚持双效统一，克坚攻难，开拓创新，连续第七次获得“全国文化企业 30 强”殊荣，各项业务取得丰硕成果。

【文艺演出】 按照部领导“把中央重大外事活动文艺演出作为重大政治任务来完成”的明确要求，以高度的政治责任感和国家使命感，全力以赴，精心策划，有效整合国内国际优质文化艺术资源，向“世界各国元首、政府首脑”这些“最有影响的人”完美展示中国文化魅力。

根据中央和外交部要求，在文化部党组的坚强领导下，先后圆满完成“中拉合作论坛欢迎文艺演出”“中国人民抗日战争暨世界反法西斯战争胜利 70 周年纪念活动文艺演出”、“中非合作论坛暨南非‘中国年’闭幕式演出”等 15 起重大国事活动文艺演出的策划承办，其中习近平主席出席 9 次，近 90 个国家的政府首脑和重要贵宾出席相关活动，参演的中外优秀艺术家达 1475 人次。

成功策划承办第 15 届相约北京艺术节、第 14 届亚洲艺术节、第 8 届中国国际青年艺术周、第 56 届威尼斯双年展中国国家馆、中国当代艺术欧洲行等大型重点文化交流项目，充分发挥国家级文化交流平台的强大传播作用和影响力。

在习近平主席访英启动中英关系“黄金时代”之际，集团公司引进伦敦西区经典音乐剧《剧院魅影》在北京、广州两地巡演。作为中英合作“黄金时代”的“黄金大戏”，《剧院魅影》在京穗两地创造票房超一亿元的喜人纪录，获得两个效益双丰收。这也是集团公司继成功制作推出音乐剧《妈妈咪呀!》和《猫》中文版后，与英国著名文化机构的再一次成功合作。

【文艺合作】 集团公司作为对外文化工作国

家队、主力军,主动配合中央“一带一路”战略,发起“丝绸之路国际剧院联盟”。保加利亚“第二届中国——中东欧国家文化合作论坛”期间,文化部领导向与会的匈牙利文化部负责人及其他各国文化部长重点介绍由57家中国剧院组成的中演院线及其所倡议的“丝绸之路国际剧院联盟”。论坛结束后,相当于匈牙利国家大剧院的布达佩斯艺术宫与集团公司中演院线签署战略合作协议,成为“丝绸之路国际剧院联盟”的首座海外加盟剧院。

举办或承办“一带一路”文化项目共计35项,其中演出20项、展览3项、人员交流及综合类活动12项;涉及“一带一路”沿线的50个国家和国内14个省份,已累计在国内外演出1000多场,参与交流人员约700人次。

【商演和展览】 发挥文化央企攻坚破难的龙头带动作用和中介专业能力,累计派出17省(市)2300多位演员;以商业演出为主,在海外150余座城市举办大中小型各类演出和组派参与外方演出近4000场;在海外33个城市举办各类艺术展览24起。

以有思想高度的创意策划与有价值观的推广传播,创新文化交流、文化贸易方式,采取点面结合方式推动中华文化走出去,既有一批精品力作不断登上世界艺术殿堂,又有万众云集的“天下华灯”嘉年华活动;既面向主流观众,又面向普通大众。在文化人格化走出去、海外运营本土化、陆港联手协作等三大方面,取得了积极成果。

与中国戏曲学院合作,策划运营我国京剧表演艺术家张火丁登上纽约林肯中心核心剧场大卫·寇克剧院,演出全本京剧《白蛇传》《锁麟囊》,获得空前成功,确立“中国文化人格化走出去”的新模式。《纽约时报》《美国戏剧》杂志等主流媒体均发表大篇幅的正面报道,其中《纽约时报》先后四次在其国内版和国际版的重要版面以《京剧艺术巨星在美演出》《京剧大师美国展示京剧迷人魅力》等为题,图文并茂地报道演出盛况。

与中央民族乐团共同投资策划,将《又见国乐》纳入“中华风韵”系列,推上与集团合作多年的华盛顿肯尼迪艺术中心舞台,再次成功实践“文化人格化走出去”的创新模式。集团公司与华盛顿地区多年合作的主流公关公司、广告公司联手,投入资金提前进行整体策划推广,通过户外广告、地铁广告、公交广告、平面媒体、电视电台及脸书、推特、谷歌等社交网络媒体,立体化全覆盖地向美国公众有效推广《又见国乐》,为《又见国乐》迅速赢得知名度与可喜上座率。《华盛顿邮报》以整版篇幅报道评论,《华盛顿邮报》杂志与《大都会周刊》及当地电视台、网络等主流媒体也纷纷介绍评价。

按照本土化、市场化、品牌化的方向,中演北美有限公司与美方合作推出的“天下华灯”嘉年华品牌,融入美国民众的传统节庆活动,把中国文化传播节庆化、生活化。“天下华灯”融合中国传统庙会与美国嘉年华两大特色,将大型中国灯展、舞台演出、非遗展示、游乐设施、特色风味小吃、纪念衍生品销售整合为一体。2015年11月至2016年1月,“天下华灯”在美国加利福尼亚州首府萨克拉门托市举办,购票入园观众已经超过35万人次。

集团公司主办香港舞蹈团民族舞剧《花木兰》赴纽约林肯艺术中心演出,北美暴风雪期间,场场座无虚席。这是内地与香港艺术界深度合作,联手开拓美国演艺市场、共同讲述中国故事,传播中华价值观的一次重要尝试。

海外商业巡演重点项目京剧意象杂技晚会《北京梦》,与超级版芭蕾《天鹅湖》,在规模效益与品牌推广方面取得积极成果。《北京梦》于习近平主席访美前夕开启北美巡演之旅,历时 100 多天,赴美加 70 多座城市,行程约 4.5 万公里,演出 93 场;上海芭蕾舞团超级版《天鹅湖》赴荷兰 8 座城市巡演 26 场。两大巡演均受到沿途各城市观众的热烈欢迎,城市主流媒体的不断好评,以及合作伙伴美国哥伦比亚公司、荷兰星辰公司的交口称赞。

集团公司面向欧美各国主流社会的高端文化传播品牌“中华风韵”,先后组派民族舞剧《花木兰》《十里红妆》《逐梦天涯》,京剧《白蛇传》《锁麟囊》及民族乐剧《又见国乐》等剧目分别赴美国、新西兰、英国、德国、法国等 9 国的著名大剧院演出数十场。美国《纽约时报》《华盛顿邮报》、新西兰《星期日电讯报》《时代报》《新西兰先驱报》、澳大利亚《悉尼先驱晨报》《先驱太阳报》等当地主流媒体,对以上演出予以大幅报道评论。此外,新华社、《人民日报》、中央电视台、《中国日报》等中央级驻外媒体,《大公报》《明报》等香港主流媒体,以及《世界日报》、美国中文台等当地华文媒体,也对演出活动进行密集报道。

【文化体系】 中演院线九大直营剧院积极参与当地公共文化服务体系建设,不断扩大艺术服务范围,为所在城市的持续发展,提供重要文化动力。如山东省会大剧院每场演出均预留 20—80 元的惠民票,同时推出全场统一低票价的公益场演出,获得了非常高的社会评价。

中演演出院线的第九家直营剧院——北京天桥艺术中心,11 月 20 日开业后就推出了惠民演出季,将来主要通过艺术普及、惠民演出、扶新计划、文化传承四大举措,助力北京公共文化服务体系建设。通过央地合作,65 年来首次在首都北京拥有自己管理的大剧院、国际文化交流与对外演出发展基地,并且让天桥艺术中心成为文化部直属系统在北京的最大演出平台。

充分发挥中演院线东南直营剧院的地缘优势,持续增强对港澳台的文化辐射力,常年设有“粤港澳台演出季”“海峡两岸艺术节”等品牌项目,吸引大量港澳台优秀演出团体和艺术家积极参与;今年厦门闽南大戏院与台湾知名旅行社达成票务代理合作,并赴金门举办推介会,充分利用金厦两地开放“落地签”的便利条件,吸引金门及台湾本岛观众,通过打造两岸文化共享平台,形成长期、稳定、深入的厦金、厦台文化交流新常态。

(王洪波)

中国数字文化集团有限公司

【概况】 2015 年,在文化部党组的领导和有关司局的支持下,中国数字文化集团有限公司(以下简称“中数集团”),全面贯彻落实党的十八届四中、五中全会精神和习近平总书记系列讲话精神,切实遵循文化产业发展的客观规律和市场经济发展的内在要求,各项工作稳步推进。

【加强企业内部管理】 中央巡视组入驻文化部工作后,对企业管理方面提出许多具体的整改意见,部党组对企业整改工作高度重视,提出“正确对待、高度重视、坚决整改、接受检验”的工作要求。2015 年上半年,中数集团把这项工作作为头等大事来抓,成立整改工作领导小组,主要领导亲自上阵,制订整改工作方案、修订公司管理制度。召开多层次会议,查找问题存在的根源。针对巡视组提出的 5 个方面问题,集团共提出 23 项整改措施,其中立行立改的 17 项措施已全部完成。集团始终把制度建设作为企业管理的重要抓手,对集团制定的制度进行梳理、修订和完善,针对薄弱环节重新制定一些行之有效的管理制度。

【推进国有资本金项目】 公司成立后，先后获批多项国有资本金项目。但随着市场环境的变化，特别是原设计用于《中国数字文化内容原创与集成基地》（以下简称《基地》）项目落地的人民剧场使用权一直不能落实，延迟了项目的执行进度。一方面财政部对项目的执行提出时限要求，另一方面集团还要确保项目执行的经济收益。面对这种情况，只能改变原来的项目实施路径，多策并举，积极推进项目的执行。集团成立《基地》国有资本金项目领导小组，确定《基地》项目启动方案，以文化部“口述史”项目的落实为契机，以具体项目的实施启动基地项目建设。与此同时，提前策划并积极申报国家扶持资金项目。《中数少儿益智互动游戏平台——少儿互动英语游戏》《“中数在线”数字出版发行平台建设》2 个项目获批，资金 2400 万元。

【完成经营业务计划】 2015 年年初，按照集团确定的文化园区、文化科技、文化金融这三大经营业务板块，确定 14 项折子工程，每一个工程都确定责任人和工作进度时间表。截至年底，已完成 4 项，继续实施和等待结算的 5 项，终止的 5 项。14 项折子工程中，集团投资的动漫电影《西游新传 2：真心话大冒险》于 6 月正式上映，反响良好；投资的中国梦主题电影《中国推销员》已经正式开机；充分利用数字化、网络化、信息化技术的《中国文化产品数字化海外营销平台》（汇唐网）项目，已完成商品招商 30834 件，网站访问量超过 800 万次。

数字出版业务一直是中数集团核心业务之一，2015 年，集团共完成出版 170 个音像制品，其中录音制品 59 个、录像制品 111 个。按地区划分，国产音像制品 56 个，引进音像制品 114 个。加上正在审批中的 60 多个节目，预计在全年出版物数量将达到 230 个左右。

2015 年 3 月，集团注册成立全资子公司北京中数世纪传媒有限责任公司，将原中录总社下属公司中录电视制作公司业务平移至中数世纪传媒。2015 年策划、制作文化部老部长、老艺术家、老专家“口述史”、苹果应用《非遗在中国》（2015 版）、“文化部对外文化传播云平台”等项目；《漫话春节》（中英文版）、《中国春节》（中英文版）、《木色与灵石》等 10 本电子图书在亚马逊网站上线；策划并承制曼谷中国文化中心官方网站建设。

【解决中录总社遗留问题】 在理清中录总社及其下属公司的债务数额（约 2 亿元）、债务类型（中录总社应负债务、下属公司自负债务）等情况的基础上，研究提出债务解决的基本办法和思路，制定《中录总社债务化解方案》。中录总社遗留问题多而且比较复杂，大部分牵扯到职工的劳资权益。集团始终把维护稳定作为第一要务，主动上门家访和约谈，化解了一些突出的矛盾和纠纷。与此同时，集团积极引导当事人通过司法途径依法处理经济纠纷问题，已经有几件诉讼案件由法院做出判决。在保证维稳的前提下，着手进行中录资产的清理、登记和处置工作。

【管理工作】 强化监督制约，规范权力运行。坚持“三重一大”事项集体决定制度，制定《中国数字文化集团关于落实“三重一大”决策制度实施办法》，建立“责、权、利”相统一的考核管理机制，切实规范一把手权利，强化责任追究；防范投资和运营风险，成立投资评审委员会，为集团投资决策提供前期的论证报告，制定和修改了《投资评审委员会工作细则》《投资管理办法》《合同管理办法》及各项财务管理办法，规范了集团投资管理和决策程序，完善了监督制约机制。制定《中国数字文化集团参股企业管理办法》和《中国数字文化集团控股企业管理办法》。修订《中国数字文化集团党委工作制度》和《中国数字文化集团纪委工作制度》。

加强培训，提高员工综合素质。通过业务座谈、制度培训、网络课堂、购书自学等形式组织内部培训10余次，参训人员233人次，培训时间累计24天，其中有5次是制度培训。组织中层干部、相关职能部门的员工学习《投资管理办法》《投审会制度》《中国数字文化集团有限公司参股企业管理办法（试行）》《中国数字文化集团有限公司控股企业管理办法（试行）》《中国数字文化集团有限公司“三重一大”决策制度实施办法》等9项重要制度。

落实中央“八项规定”，切实改进工作作风。坚持把执行党的政治纪律、政治规矩放在首位，旗帜鲜明反对“四风”。要求纪检监察部门加大监管查处力度，对顶风违纪者发现一起处理一起。为杜绝违规违纪行为发生，坚决防止“四风”反弹，集团党委要求各部门、各直属公司采取有效措施开展经常性自查，把廉洁自律、制止奢侈浪费专项工作作为一项重要工作来抓。

抓住突出问题，不折不扣抓好整改。按照中央巡视组及部党组的要求，成立整改工作领导小组，认真查找问题存在的根源，在专项研讨措施、广泛征求意见的基础上，针对巡视组提出的5项问题，共提出23项整改措施，并按照“谁主管、谁负责”的原则，实行领导牵头、明确责任、限时改进、定期督查。在23项整改措施中，立行立改措施17项，中长期整改措施4项，长期整改措施2项。

（李满寅）

中国动漫集团有限公司

【概况】 2015年，在文化部正确领导和大力支持下，动漫集团经过调整领导班子，切实落实巡视整改意见，坚持问题导向，坚持社会效益优先、社会效益和经济效益相统一，恢复正常的工作与经营秩序，明确战略发展方向，营造团结向上的工作氛围，有关工作取得较好成绩，产生积极影响，得到部领导、业务指导司局的肯定和员工的支持。

【组织建设】 落实整改工作。上半年，集团重点落实中央巡视组整改要求，召开4次干部员工座谈会，4次公开征求群众意见，提出、上报《中国动漫集团关于中央巡视组有关反馈意见整改方案》《中国动漫集团关于中央巡视组有关反馈意见整改情况的报告》，制定《中国动漫集团“三重一大”事项决策制度》《中国动漫集团二级公司股权转让管理办法》《中国动漫集团二级公司增资扩股管理办法》《中国动漫集团监事会工作制度》等34项制度。2015年7月以来，又逐项梳理集团规章制度，分别予以“废、改、立”，以使各项规章制度有用、管用。已制修订《财务审批程序及费用开支暂行管理办法》《中国动漫集团有限公司关于物业和采暖货币化改革方案》《中国动漫集团有限公司绩效考核办法》《关于考勤管理存在的问题及解决办法》等20多项规章制度。

严格执行各项制度。按照“三重一大”规定，集团召开13次班子会，结合员工意见，研究决定重大问题、重要人事任免、重大决策、大额资金、组织结构调整等事项。集团通过恢复月例会、周例会制度，增收节支、降本提效，以及严格考勤与绩效考核等措施，“作风、业务、财务”三项整顿和建设工作，提高管理水平、整体效能，改革绩效考核办法，着力培育“创收最光荣，无功即是过”的企业文化。

开展大学习大调研。按照“三严三实”专题教育的问题导向要求，着力解决“本领恐慌”和能力不足，于2015年8月印发《中国动漫集团实施“能力提升计划”创建学习型组织整体方案》，致力于打造一支“乐于学习业务，精于开拓业务，勇于创造业绩”的团队，发挥人才第一资源作用。相继开展了“中国动漫产业现状及未来”、公文写作培训和动画流程制作培训讲座，观看优秀动画电影《大圣归来》《小王子》，观摩国博“迪尼斯经典动画艺术展”。各部门结合业务需要，开展调研，撰写调研报告；外出参加完各类培训和研修班的员工分享心得；以头脑风暴方式开展集团战略规划研讨。

加强集团形象和企业文化建设。集团建立领导和中层干部微信群，全员使用即时通信工具，开通微信公众号和官方微博，升级改版集团官网、网博会网站，召开宣传与媒体营销座谈会，集团媒体建设、集团形象建设讨论会。集团所有会议纪要、重要工作与行业动态、有关工作布置与学习资料，均通过内网向全体员工推送。微博、微信公众号粉丝日增，单日最高阅读数近3万次。集团领导积极参加有关网络、动漫类的座谈会近10次。工作效率提高了，透明度和凝聚力增强了，社会责任得以彰显，行业知名度和影响力得以提升。

【业务建设】 开展增收节支和降本提效。集团新班子一经组建，就成立增收节支工作领导小组，排查、解决成本费用管理薄弱环节，争取可盈利项目，开展“增收节支，降本提效”专项活动。在“减人降本”上，从细微入手，取得了初步成效，如严格控制车辆用油，减少停车和车险费用；降低公务用车成本。争取大厦物业“空中花园”免物业费；与物业、电信和联通沟通协调，避免部视频会议系统新接入网络产生费用；调减机房空调运行负荷及电力开支等。

成功举办第13届网博会。11月25日，中国国际网络文化博览会组委会在文化部新闻发布厅召开新闻发布会，宣布将由文化部主办，中国动漫集团、广州基金联合承办，北京网络文化协会、北京中娱智库协办第13届网博会。

国有资本经营等项目有了新进展。10月，国家动漫游戏综合服务平台门户网“酷漫网”2.0版本上线试运行；“中华文化经典精髓动漫化数字化运营”项目被中央文资办和文化部确定为新国有资本经营预算项目，安排资金1500万元，为集团在内容产品研发上打下坚实基础。

此外，集团与北京电影学院、武汉江通动画、广州知识城等签署战略合作协议。其中拟与江通动画合作的《中国共产党的故事》全媒体内容创作系统工程，已被中央党史办立项，得到中宣部、文化部的认可与力推。集团与华特迪士尼（上海）、腾讯公司合作的动漫创意研发合作项目，产生的3个兼具传统与创意元素的动漫IP，启动商标申请登记工作。

清产核资和清理整顿二级公司。根据《文化部直属企业管理暂行办法》要求，草拟二级公司管理实施细则，开展全面清查。集中清理整顿长期亏损、不符主业、业务停滞的北京皇城艺术品交易中心公司、北京中文发文化发展集团，寻求中国动漫游戏产业股权投资公司遗留问题的解决办法。

（范春莉）

文化部恭王府管理中心

【概况】 2015 年,在文化部党组的正确领导下,在社会各界的关心支持下,在全体职工的共同努力下,恭王府管理中心以十八大精神为统领,认真学习贯彻十八届三中、四中、五中全会和习近平总书记系列重要讲话精神。管理中心坚持以园林为依托,以历史为脉络,以特色博物馆建设和文化空间营造为工作重心,充分履行文物保护、旅游开放、博物馆建设、文化空间营造和文化产业五大职能赋予的责任与担当,深入挖掘历史、文化、旅游、民俗四方面的特色资源,加强管理、服务、业务和经营四项能力建设。

全年接待游客超 300 万人次,比去年减少 20 万人;收入 1.5 亿元,比去年略有减少。全年无火灾事故、无刑事案件、无责任事故、无游客投诉,向部党组交上一份经得起检验的年终答卷。

【制度建设年】 围绕这个主题,恭王府认真做好中央巡视组反馈意见的整改落实,在人事管理、资产管理、经费管理、工程管理、经营管理等各个领域,对原有的 200 多项规章制度、工作规范和工作流程进行全面梳理,对照部党组的要求进行全面修改完善。

中心领导班子率先垂范,成员分工明确,凝聚力、战斗力强,在综合职能、业务研究、支撑保障、经营开发四大领域沟通配合、恪尽职守。可以说,恭王府的制度建设、人事管理、资产管理、经费管理、工程管理、经营管理均有法则可循、有制度可依。涉及经费、工程等重大决策时,更是严格执行部门初核、分管领导初审、财务复核、审计终核、主管领导复审、领导班子审定的“三审三核”制度,让每一项工作的运转都严谨、良性、有序。

新起草制定、修订的规章制度有《恭王府管理中心公务接待管理办法》《恭王府信息化建设“十三五”规划方案》《恭王府因公出国办理流程》《恭王府管理中心因公临时出国管理办法》《职工(因私出国/境)审批流程》《规范加值班费计算标准和审批程序的规定》《委派到下属企业工作的人员管理办法》《恭王府管理中心劳保用品发放管理办法》《恭王府管理中心学术研究机构管理办法》《展览项目合作及安全协议》《非遗展览展示活动、藏品管理、长廊管理制度》等,具体可行条例达 870 条。

【旅游服务提升年】 恭王府把 2015 年确定为旅游服务质量提升年,不仅圆满完成了旅游接待、政务接待、外事接待等任务,还在繁重的接待工作之外完成基础设施和景区服务的升级改造。

1 月 1 日至 11 月 23 日“两防改造”闭馆止,共接待游客超 300 万人次,在期间闭园 54 天的情况下仍比去年同期增加 60000 多人,按全年开放日单日计算,去年每个开放日平均接待游客 9457 人次,而今年为 11555 人次,平均每个开放日增加 2098 人次,工作压力逐年增加。尤其是国庆节、黄金周单日游客接待量和总人数都创出新高。一线职工日复一日,不畏辛劳,恪守职责。

免费接待残疾人游客 20601 人,接待国内外参观来访团组 139 个,共计 3600 人。此外作为中央国家机关工委公布的第一批 6 个廉政教育基地之一,接待 175 批,共计 6000 余学员参观学习。

见缝插针高效率完成基础设施和景区服务的升级改造。完成游客中心改造,使旅游咨询、投诉接待、书报阅览、行李寄存、轮椅租借、手机充电等多项原本分散在园区不同地方的贴心服务，集合成一站式服务，使服务更加便捷。增设游览服务大厅，包括团队讲解服务、散客讲解服务、自助语音导游机租赁、团队预订、旅行社导游服务、手机APP服务、影视厅等多样游览服务，能满足不同层次游客的不同需求。共计改造厕所三座，小小厕所看似不登大雅之堂，但却是一个景区内最能反映服务质量和环境好坏的重要标志。厕所改造项目现已被北京市政府评为“旅游厕所提升改造项目”示范工程。

【安防消防安全年】 在这种高强度的安保压力下，恭王府用“安防、消防、人防、技防的前提是心防”来要求干部职工提高警惕，全体员工都是“安全员”，每天的园区人员巡视多达几十次。

11月下旬至2016年1月底，启动消防、安防系统改造工程。改造内容涉及火灾自动报警及联动控制系统、监控中心气体灭火系统、室外庭院消防自动水炮系统、视频安防监控系统、入侵报警系统、电子巡更系统、库房改造、厕所改造等20余项，以此守护恭王府的长治久安。

【非遗工作】 2015年，恭王府全力打造“国家非物质文化遗产展示保护基地”，以独具特色的展览、展示、展演、展销和研讨、研究、研修“四展三研”模式开展工作。在建设方面已经先后投入900多万元，均为自筹。

先后与江苏、河北、山东、四川、河南、广东、福建、江西等省合作，举办木雕、年画、织绣染、皮影、青茶等中华传统技艺的展览展示，并开展相关学术研究，编辑出版相关著述。现已启动“中国非物质文化遗产——传统技艺类专业分类标准”为学术核心的研究项目。与中国社科院研究生院合作，从2016年10月起招收首届“中国非物质文化遗产与传统技艺保护”专业方向全日制硕士研究生。

6月13日，将展、演、研相结合，集中推出皮影、唐卡、非遗传承人造像、非遗成果展等展览，以及昆曲、古琴、皮影戏等演出。

6月14日，中央政治局委员、国务院副总理马凯同志到恭王府视察参观，其中重点考察恭王府的非遗保护与展示工作。

据恭王府和国家图书馆数据中心合作统计，2015年全年各大社会媒体对恭王府的源发新闻报道量多达4000条，其中60%的内容是关于恭王府非遗工作。仅中央电视台“朝闻天下”“新闻直播间”两档节目中，就已播出5次时长3分钟以上的非遗专题报道，恭王府的非遗工作成绩可谓有目共睹。

【打造文化空间】 围绕“打造活态文化空间、弘扬中华传统文化”的主题，恭王府继续开展一系列精彩纷呈的文化活动。元旦欣唱、纳福迎祥过大年、春分祈福、海棠雅集、端午诗会、昆曲古琴演出季、梅香雅韵、中秋寄唱等相继登场，赢得较广社会影响，现已成为恭王府的一张张新文化名牌。

中央政治局委员、国务院副总理马凯同志为2015年海棠雅集发来诗作助兴，至此马凯同志已连续五届为该活动赋诗领唱。91岁的加拿大皇家学会院士、中华古典诗词专家叶嘉莹现场读颂新作散曲，积极参与。海棠雅集是恭王府对传统文化的有益探索，名士大家代代相传，以诗词墨香记载了中国文化的春秋历史。

【五大展览体系】 截至2015年年底，恭王府全年各类展览数量突破60个，在已有文物展、艺术展、非遗展三大展览类别基础上，又诞生两大新的展览类别——园艺展、影像展。

9月，恭王府影像系列艺术展厅正式投入

使用，以“9.3 大阅兵摄影展”为首个开幕展览，后又举办“国家记忆——老照片展”，至此，恭王府“影像展”落地生根。

10 月，恭王府联合北京市植物园、北京颐和园举办秋季“芳菊送福”菊花展和“云外天香”桂花展，近 60 个品种、上百盆菊花和各式桂花在恭王府院落展出，开创“园艺展”先河，也填补恭王府秋冬季节绿化工作的一处空白。改造完成花园东南山体植物的种植工程，引进新品种，丰富园林花卉色彩。同时选种在北方适应性较强、名贵的乔灌木矮紫杉、粗榧、黄丁香、元宝枫、火焰紫薇等，美化王府园林景观。

（李珊珊）

文化部文化艺术人才中心

【概况】 2015 年，文化部文化艺术人才中心（以下简称“人才中心”）在文化部党组的领导和有关司局的指导支持下，认真贯彻党的十八届三中、四中、五中全会精神，围绕“提高素质、规范管理、保持稳定、创新发展”的总体思路，按照“为文化人才服务，为用人单位服务，为社会文化发展服务”的宗旨，抓管理、抓服务、抓业务、抓自身建设，促进文化人才工作全面服务社会文化建设，顺利完成全年工作目标和任务，为人才中心持续健康稳定的发展打下坚实基础。

【制度建设】 人才中心始终把贯彻落实习近平总书记系列重要讲话精神作为提高工作水平、推动事业发展的重大政治任务，认真学习贯彻落实中央和文化部的部署安排。按照全面从严治党的要求，扎实开展“三严三实”专题教育，期间制定修订《人才中心“三重一大”事项议事决策规则》《人才中心对外合作培训项目实施办法》《人才中心工资收入分配实行办法》等一些亟待执行的新制度，将注重正面引导和加强约束管理结合到具体工作中。

深入学习领会党的十八届五中全会精神，研究拟定《人才中心“十三五”发展规划》，以时不我待、锲而不舍的定力、奋发有为的进取，扎实做好“十三五”期间文化人才服务和发展工作，推动人才中心“十三五”工作迈上新台阶。

【文化行业职业技能鉴定工作】 2015 年，人才中心完成文化行业职业技能鉴定工作 55 期计 9324 人次，鉴定量比 2014 年增加 52%，新增定点培训单位 3 家，鉴定工作共涉及歌唱演员、民族乐器演奏员，外国乐器演奏员等 15 个专业，遍布北京、浙江、湖北等全国 11 省市。同时全年完成三期共 153 名文化行业考评员的培训工作。

通过“以培训带动鉴定量的增加、以鉴定带动培训质的提高”的理念，人才中心各项业务得到均衡发展，同时文化行业职业技能鉴定量增至历史最高，为社会文化艺术事业、文化艺术产业的发展提供坚实的人才保障。

【人才服务工作】 2015 年，人事代理集体委托存档立户单位达到 153 家，较 2014 年增长 10.9%，人事档案存档总量达到 6827 册。派遣业务新增服务单位 3 家，总量达 33 家，派遣员工总量达到 1227 名。组织完成包括文化部恭王府管理中心、国家话剧院、国家艺术基金管理中心的全流程人员招聘工作，涉及人数 158 人。

海外中国文化中心文化交流人才储备派遣项目进展顺利，人才中心继续为文化部相关部门开展海外中国文化中心文化交流人才储备派遣工作,并建立对驻外人员的招聘、选拔、培训、储备、派出等配套的工作流程,初步形成经考核评价后以派遣或借调的形式将优秀的文化艺术人才派至海外中国文化中心的工作模式。新录用驻外员工4人,总量达到13人,其中已正式派驻国外4人。此项工作为扩大中外文化交流、提升中国国际文化形象创造了有利的人才条件。

【人事保障工作】 尽职履行文化部人事争议调解委员会办公室各项工作任务,按照法律法规及有关程序开展劳动人事争议调解处理工作,完善矛盾纠纷预防化解机制。预防、调解、处理、化解各类争议69起,其中企业内处理派遣员工离职争议56起,部直属单位劳动人事争议7起,国文公司派遣员工劳动争议仲裁3起,国文公司民事诉讼(劳动争议)3起。

贯彻并推动“互联网+政务服务”保障机制的建立,主动作为,向互联网要效益,策划并筹建“互联网+劳动人事法律保障”模式机制,通过建立文化人才劳动人事法律保障公共服务网络系统,为进一步有效预防化解文化人才劳动人事争议发生夯实基础。

【人才培训工作】 开设“艺术品经纪人研修班”“书画家研修班”“书画、玉器鉴定研修班”等培训班。共组织进行艺术形象设计、演艺设备系统工程项目经理、艺术品鉴赏、艺术品营销等多个项目的培训及考试总计25期(次),培训学员663人次。

由人才中心举办、国家艺术基金资助的“艺术品营销人才培养”项目于5月5日至6月3日在北京举办。该项目以“高起点运作、高标准实施、高质量完成”为工作原则,以加强各地区人才之间的经验交流和业务合作、促进我国艺术品市场的健康良性发展为目标,为社会培养造就一批懂经营、会管理、掌握艺术生产规律、熟知国内外文化市场规则,具有宽阔国际视野和较强组织协调能力与创意创新能力的艺术品营销领军人才。同时也提高人才中心独立运营培训项目的能力,拓展人才中心培训业务资源的范围。

【安全保障工作】 对机房进行重新规划,完成机房电话柜的整体迁移、线路梳理及号码分配,使机房的空间利用更为合理高效;新增一批硬件设备并对机房进行电力升级;开展网络双链路建设,使员工上网与对外服务分开隔离,进一步提升人才中心网络的安全性;按照文化部《关于开展视频会议系统(直属单位节点)建设工作》通知要求,如期完成视频会议系统建设工作;搭建人才中心无线网络体系;对中国文化人才网显示界面进行更新,新增加视频宣传窗口及电子画册展示。各项举措的实施为人才中心互联网+业务发展打下有力的基础。

对中国文化人才网论坛版块进行集中整治,清理广告3357帖,删除不良会员41人,有效净化网络环境。

【职称培训考试工作】 根据部人事司的安排,2015年度文化部职称培训测试工作由人事司监督,由人才中心组织实施。为确保文化部职称培训测试工作顺利进行,人才中心针对工作中的考试出题、试卷印刷、试卷密封存放、考场安排、阅卷统分等细节问题制订出切实可行的解决方案及应急事件处置方案。全年参加培训测试的单位有20家,共计397人,分三次组织21个考场的考试,共对602人次进行培训和测试。截至7月底,证书全部发放完毕。

在职称评审阶段,人才中心事前注重加强业务培训,完善工作流程,工作过程中对评审材料仔细审阅,严格把关,圆满完成2015年度文化部职称评审工作,得到部人事司有关领导的积极肯定。

【考级服务工作】 在考级业务开展方面,顺利完成2015年度全国社会艺术水平考级考官资格审核及证书发放;做好中国歌剧舞剧院、中央音乐学院等考级机构申请新增设考级开考专业的专家论证工作等全国社会艺术水平考级中心日常工作任务。

在考级中心内部管理方面,人才中心在加强制度建设的同时认真做好考级服务系统、考级备案系统的开发事宜。在制度建设方面,人才中心协助文化部科技司进行《社会艺术水平考级管理办法》修订调研工作,在广泛调研的基础上整理调研成果,形成调研报告;着手起草社会艺术考级规定、考级收费标准、社会艺术水平考级考官管理规定等,加大规范力度。力争通过基础建设和制度管理两方面,将考级工作引上健康、有序、快速发展的轨道。在系统开发方面,人才中心与文化部信息中心合作开发的"全国社会艺术水平考级服务系统"已全面上线,满足全国各考级机构在考级工作中涉及的考生、考官证书制作、统计、管理等各类需求;"全国社会艺术水平考级备案系统"开发工作已正式启动,备案系统的开发有助于提高文化主管部门对考级活动进行事中事后监管的便捷性。

【《中国京剧》杂志】 《中国京剧》杂志始终坚持"开门办刊、专家办刊、市场办刊、规范办刊"的理念,通过内部提高办刊质量,外部拓宽渠道,把丰富杂志内容和调整经营模式相结合,提升整体效益。在丰富杂志内容方面,精炼文章内容,扩大约稿数量,在国家新闻出版广电总局开展的首批学术期刊认定及清理工作中被认定为A类学术期刊;在调整经营模式方面,加强沟通交流,拓宽合作渠道,尤其在媒介融合和"互联网+"的大背景下,注重借力新媒体平台,构建《中国京剧》杂志官方微博、微信等平台,充分运用O2O经营模式,让互联网成为新的交易平台。

通过对杂志内容的丰富以及对经营模式的调整,《中国京剧》杂志圆满完成全年12期杂志的出版发行工作,满足广大戏迷票友的阅读需求,实现社会效益与经济效益的双丰收。

(李振国)

文化部艺术发展中心

【概况】 2015年,文化部艺术发展中心在部党组的正确领导下,认真学习领会十八届四中、五中全会精神及习近平总书记系列重要讲话精神特别是关于文化工作的重要论述,扎实开展"三严三实"专题教育活动,求真务实,扎实工作,现将今年的工作情况汇报如下:

【业务发展】 第五届中国国际文化艺术博览会成功举办。2015中国国际文化艺术博览会(以下简称"艺博会",即Art China 2015)于9月25—27日在北京全国农业展览馆(新馆)举办,为期3天。共分为十大展区:国际艺术展区、画廊展区、中国艺术展区,非遗展区,艺术南京精品展区、保利"学院之星"展区、新媒体艺术展区、艺术互联网展区、艺术院校邀请展区、新生代藏家邀请展区等。展出内容增加了新媒体艺术、世界级大师作品等,同时博览会引入艺术互联网概念,为艺术品走入千家万户打通了渠道。参展的艺术机构、艺术家及艺术作品除中国大陆外,还有来自法国、德国、韩国、俄罗斯、乌克兰、加拿大、印尼、朝鲜、缅甸等10个国家。博览会共有近

200家知名艺术机构、500余位现当代艺术名家参展，展出艺术作品8000余件，其中近百件作品单品估价百万元以上。经初步统计，前来本届艺博会参观的买家和观众35000多人次，成交额超6000万元。现场还举办18场不同主题的讲座活动，引来众多听众，效果明显。

被纳入“第三届北京惠民文化消费季”的整体宣传，并得到官方媒体《中国文化报》《中国书画报》的特别支持，得到了中央电视台、北京电视台的持续性报道，同时还得到了雅昌艺术网、中国经济网、中国美术传媒网等艺术类媒体的特别支持。2015年9月25日中央电视台《新闻直播间》和2015年9月26日北京电视台《北京新闻》均播出博览会的实况报道。

圆满完成《中国美术大事记》当代美术(年度)史料文献系列丛书的编辑出版工作。按照《中国美术大事记》2014卷年度出版计划，2015年圆满完成配套出版项目《中国美术大事记年度索引简明本》《中国美术大事记——当代美术家代表作品全集》(当代版《石渠宝笈》)、《中国美术大事记——当代美术名家创作状态档案典籍精品工程》等系列丛书编辑出版工作。

“中国美术创作研究基地”转变合作方式，保持对云南、福建和西藏等3家省级基地项目合作单位以专业资源供给服务为主，努力做好文化产业试点工作。

艺术考级有序开展，不断壮大文化艺术人才队伍。社会艺术考级活动有序开展，仅就美术考级而言，2015年，全国美术承办单位达到150家；为适应艺术考级市场发展需求，中心已完成了音乐考级系列教材的《钢琴》《古筝》《萨克斯》《长笛》《爵士鼓》等5个专业及表演考级系列教材的《朗诵》上册(1—3级)编写工作，考级教材已正式出版发行；成立中国最大规模美术考级网站——中国美术考级网和中国第一家全专业艺术考级网站——中国艺术考级网两个官方网站，同时还开通了官方微博、微信等网络工具。还主办了“2015中国艺术考级论坛年会”。

着眼社会效益，影视制作产业化发展。2015年，中心影视部制作的多部影视作品，取得了经济和社会效益的双丰收。经外交部、广电总局和中央重大题材领导小组办公室审核批准，23集电视剧《将军外交家黄镇》现已制作完成并通过重大办、外交部和央视的审看，于2016年上半年由央视一套黄金时段播出；反腐题材电视连续剧《下访工作队》完成制作并通过中纪委、河北省纪委和央视的审看，计划于近期播出。与此同时，中心影视部正在启动五十六个民族大型系列剧《民族之花》的准备工作以及《磁州窑传奇》《中国新农民》《拆弹专家》《吹响集结号》和《极地大营救》这五部电视剧的筹备工作。

(李　静)

文化部清史纂修与研究中心

【概况】 在部党组和国家清史纂修领导小组的领导下，文化部清史纂修与研究中心领导班子认真贯彻党的十八大和十八届五中全会精神，以审改整修工作为中心，加强管理工作，严格质检把关，推动清史纂修工作不断向前发展。

【新修《清史》稿件整修】 《清史》书稿整修工作。坚持新修《清史》的学术规范，注意著作权保护，防范抄袭、剽窃等学术不端行为。对项目成果严格审查，在二审清稿进入审改定稿程序前，利用防抄袭软件进行检测，对疑似抄袭甄别研判，确属抄袭，将进行学术问责和追究。随着书稿审改的推进，对部分稿件存在前沿新成果运用不足、新发掘史料应用不够等问题，组织相关领域专家学者对文稿进行补充完善。作为新修清史的附录部分，《清史地图集》5 月正式启动，现已完成立项审批工作及合同签署。注重整修专家的遴选，尽量遴选承担过清史项目、认真负责、年富力强的主持人或是审改专家。加强责任意识，明确工作任务与相关要求，与整修专家签订工作协议，特别是要求整修专家提交包含具体修改细节的详细工作报告，以利质量核查，确保整修实效。截至 12 月底，典志、传记需要整修的 99 个项目，有 86 个已经进入整修，进入率 87%；其中典志进入整修的 66 个，进入率 94%；传记进入整修的 20 个，进入率 68%。史表、图录项目审改、整修工作也稳步推进。

《清史》稿件质检工作。2 月，为配合做好整修工作，加强监督力度，切实保证编纂质量，成立质检组，全面启动质检工作。注意听取主体组和整修专家反馈的意见建议，不断总结经验教训，调整完善质检工作方式，多次修订《质量检查工作细则》和《质检工作规范与流程》，使质量检查工作有的放矢、有章可循。认真贯彻部领导“要进一步增强做好清史纂修工作的责任感，特别是要学习‘大阅兵’分毫不差的精神，严把质量关，精心打磨书稿，争取达到国家标准”的要求。针对质量检查时间性强、专业要求高以及全年工作量分布极不平衡等特点，统筹安排工作，科学合理分工，尽量发挥质检人员自身的专业优势，对稿件中存在的政治敏感性问题，人名、地点、时间、职官、数量等多项标准进行核查，并提出修改建议，效果显著。截至 12 月底，接收典志和传记整修书稿 36 部，总字数逾千万字，已完成质检 29 部。

《清史》书稿（项目）总体完成情况。截至 12 月底，主体类需要审改的项目 144 个，已经提交全部最终成果的 144 个，占 100%；进入一审项目 143 个，占 99%；完成一审项目 142 个，占 99%；进入二审项目 139 个，占 97%；完成二审的项目 138 个，占 96%。

【基础业务工作】 加强基辅类项目的整理、评审、出版工作力度。密切与出版社合作，及时解决编校疑难问题，严格出版质量，推进出版进度。完成出版采购两个批次共 7 个项目，分别与 5 家出版单位签署了图书出版合同。出版《盛宣怀档案选编》《桐城派名家文集》《清代闺阁诗集萃编》《国之大臣——王鼎与嘉道两朝政治》等图书 18 种，共计 211 册。累计出版各类图书总数已达 214 种 2998 册，总字数超过 18 亿字。举办《国之大臣》《盛宣怀档案选编》两次新书研讨会，以及“清史工程出版成果展示会”，受到学术界广泛关注与好评。文献丛刊《清代稿钞本》（一至六辑）荣获第 30 届全国优秀古籍图书奖一等奖，《黄以周全集》获得第十八届华东地区古籍优秀图书奖二等奖。

继续加强对档案图书的收集和管理，促进档案图书的方便利用。承接中国第一历史档案馆《端方档》未完成著录档案的专业著录工作（共计 71489 件）。制定《清史工程端方档案著录方案》，整理端方档案相关人物对照表、电报韵母对照表及标准著录等材料，完成著录《端方档》46000 余件。根据审改整修需要，整理馆藏清代档案类影印图书细目数据，共计 22 种图书 1189 册，约 33 万余件细目，编制《清史工程图书馆藏综合类档案图书细目指南》，方便阅览者快速锁定检索点。全年完成各类档案整理 1779 件。截至目前，清史工程存纸本档案 23791 件，电子档案 188578 件，光盘档案 467 盘，入册照片档案 11445 张。

“中华文史网”改版升级工作完成，正式

提供修史专家使用。根据新修《清史》审改及书稿整修工作需求，于2014年年底将门户网站“中华文史网”与“清史工程数字资源总库”两部分整合升级。改版后的“中华文史网”新增“数字图书馆”系统。通过该系统将《清史》全部文稿、长编、考异等纂修成果进行数字化加工入库，实现跨部类检索、复合检索、精确检索等功能，实现了清史工程全部清代档案、文献史料数字化成果的检索利用，为清史纂修审改和总纂工作提供切实、有效的技术支持，并为今后《清史》成果的进一步拓展和全方位展示打下好的基础。整合后网站共计收录《清史》文稿以及相关资料长编和考异1.9亿余字；清代档案199余万件，近2000万页；清史工程出版图书以及所收集史料的数字化资源合计309种，11226册。“数字图书馆”自上线以来，合计注册用户256人，总浏览量为398895次，其中清代档案浏览394405次、文稿浏览2780次、图书浏览1710次。

加强《清史参考》选题策划，增加了更多系列专题。着重约编一批反映时政的系列稿件，如“嘉道两朝大案要案”“清朝与周边关系”“新修《清史》涉台人物传稿节选”三个系列。全年编发《清史参考》48期，约23万字。其中，《中国文化报》“清史探秘”栏目共转载14篇文章。“嘉道两朝大案要案”系列被《法制日报》转载。整理《清史参考》上年度刊发的46篇文章，公开出版《清史镜鉴》第八辑，影响力不断提高。加强清史工程宣传与信息报送，建立工作机制，及时编发《清史纂修简报》6期，《清史工程工作动态》43期，其中部分稿件被部办公厅《工作交流》转载。

【队伍建设】 以年度全员考核与聘用为契机，进一步完善各类人员的分类管理，规范了编制人员、兼职专家、全日制外聘人员三类人员聘用工作，明确岗位职责和工作要求，坚持择优聘用。开展人事管理专项自查工作，对内部管理制度进行梳理和自查。组织做好干部个人有关事项填报和档案专项审查工作。规范了编制人员与全日制外聘人员人事档案管理与交接手续，按照干部人事档案接收标准，规范档案的装订、使用、管理。进一步完善了考勤制度，强化以部门为主体的考勤机制，考勤与出勤津贴挂钩，同时对月度绩效进行考评，重点就完成的工作情况进行考核，效果明显。

做好人员培训工作。注意队伍建设，通过专题性学习、辅导和研讨，开展时事政治学习、传达中央有关文件精神，紧密结合清史纂修工作实际，注意提高干部员工的理论素养和解决问题的能力。共组织参加部内、部外培训学习28班次，共计58人次。利用自身优势，开展清史专题系列讲座，全年完成《请记住这个名字——王鼎及其时代》《甲骨文的发现与殷墟考古》《清朝皇帝大婚》《左宗棠——追求近代中国富强的奋斗者》《清代蒙古朝觐制度》《雍正皇帝功过是非》等系列讲座共计6讲。选配清史专业的同志担任讲座主持人，突出专业性，锻炼队伍。增加与老师的互动环节，提高对相关问题的探讨。特别是赴故宫现场教学，实地讲解清朝皇帝大婚的礼制，收到非常好的效果。全年参加中心组织的学习、培训人数累计450余人次，提高全员学习的自觉性，增长见识，拓宽视野，政治素质与业务水平得到提升。

（高子淇）

中外文化交流中心

【创新合作】 落实《文化部关于调整中外文

化交流中心职能的通知》(文人函〔2015〕70号)精神,创新“交流中心+”的合作模式,即“ORG/GOV/MEDIA/.com 四位一体”,将政事分开、官办分离具象化、形象化、公式化[即ORG联手主办、GOV联手支持、中外媒体协办(Media)、企业参与、协助(.com)]。在有中国文化中心的国家,由交流中心单独或与部直属单位等联合文化中心举办项目;在无中国文化中心的国家,则选择当地与本中心类似性质机构合作,同时邀请文化部、驻在国使馆或文化处及当地政府机构支持、邀请中外媒体全程参与报道,寻求合适企业参与相关项目并予以协助。

11月23—29日,由王蒙老部长带队,在埃及和土耳其举办的“《我从新疆来》作者见面会及相关活动”便采用“交流中心+”的模式。活动由交流中心+新世界出版社联手主办(ORG联手),在埃、土两国分别由文化部、驻在国使馆和对方国家机构联手支持(GOV支持),全程由中国网、文化传通网和《中外文化交流杂志》等媒体进行报道(媒体协办)。2015年,与恭王府管理中心在泰国中国文化中心推出的“禅境三味——吕章申、范扬、连紫华联展”、在首尔中国文化中心推出“张乐平三毛形象八十周年回顾展”、与中国儿童艺术剧院在巴黎中国文化中心联袂推出“Dramaland中国儿艺面对面”、与中央音乐学院在曼谷中国文化中心推出“与民乐经典近距离·圣风/阮族室内乐团音乐会”等活动都采用上述合作模式。

在无文化中心国家,如赫尔辛基艺术节主宾国活动中,与赫尔辛基艺术节组委会联袂推出《白蛇传》《器乐与呼麦音乐会》《十二生肖》《太极与茶艺》《挑滑车》等节目。

配合相关机构与地方部门共同拍摄文化外宣影片,自2014下半年始,文化部外联局与北京市东城区政府、东城区文化委员会联合出资,本中心作为监制方,共同拍摄制作纪录片《戏剧东城》,这也是在国内尝试使用这一模式的体现。

【品牌项目】 完成海外中国文化中心优秀学员“奖学之旅”组织承办工作和“发现中国”讲座组派出工作;提供日常业务开展所需资源:设计“中国文化中心——连接中国与世界的桥梁”揭牌展55块展板,完成30个海外中国文化中心铜牌的设计和制作任务,完成海外中国文化中心触摸屏内容策划和视频片花脚本策划;配合布鲁塞尔中国文化中心、新加坡中国文化中心和坦桑尼亚中国文化中心揭牌仪式,为上述中心设计制作揭牌展展板、展头、展墙,采购和发运相关揭牌用品;统筹海外中国文化中心宣传报道工作:于2015年年初,对海外中国文化中心网站改版,改版后的海外文化中心网站试运行期间网站访问量日渐提高,海外文化中心网站主站2015年1—9月(前三季度,截至24日)新增文章1066篇,图片3457幅,文字724301字。

【重要活动】 纪念中国人民抗日战争、世界反法西斯战争胜利暨联合国成立70周年。承办“为了和平的纪念——纪念中国人民抗日战争、世界反法西斯战争胜利暨联合国成立70周年”展览:该展由文化部、国家档案局和新华社共同主办,本中心承办。作为我国常驻联合国代表团与文化部等主办的70周年系列纪念活动之一,于8月24—28日在联合国展出;举办“纪念反法西斯战争胜利70周年——张乐平‘三毛’形象80周年回顾展”:该展由本中心与首尔中国文化中心共同举办,于9月7—21日在韩国弘益大学现代美术馆举办;拍摄和制作抗战相关影视作品。为前方使领馆制作和选购纪念活动影片,为部分使领馆精心选购多部抗日题材的老电影，丰富纪念活动的内容，剪辑制作《为了和平的纪念》一片，拍摄文化部在京举办中国人民抗日战争胜利70周年纪念章颁发仪式等。

承办2015“青年汉学家研修计划”2015“青年汉学家研修计划”和“汉学与当代中国座谈会”。于7月5—24日承办来自美国、印度、以色列等30个国家和地区优秀青年汉学家应邀来华研修活动，落实10月25—31日“汉学与当代中国座谈会”承办工作。

积极参与赫尔辛基艺术节主宾国活动。在赫尔辛基“中国主宾国”活动中负责中央芭蕾舞团、北方昆曲剧院、上海杂技团、中国戏曲学院、中央音乐学院、音和思琴乐团、陶身体现代舞团、“造化”手工设计展等多个团组、团体出访安排、项目甄选、签证办理、项目对接、筹备等工作，共计派出400余人参加主宾国演展活动，并于8月4日在国家博物馆成功举办赫尔辛基“中国主宾国”新闻发布会。

【传统业务】 外宣服务方面。配合各阶段文化外宣工作需要，策划、制作、发运海外中国文化中心和驻外使（领）馆开展“欢乐春节”、纪念抗战胜利70周年等重大活动所需展览图片、饰品和礼品、影视片；做好日常外宣服务工作，及时为海外中国文化中心和驻外使（领）馆采购、发运小额援助物品和、开展活动所需物品。全年共计为280余个驻外使（领）馆和海外中国文化中心发运期刊、《建交图片》、小额文化援助物资、配发外宣纪念品、欢乐春节物品等共计354887件/套/幅，发运物品合计111390.66公斤。

网刊工作方面。文化传通网内容的日常更新，设计制作文通网专题和图片专题。开通文化传通网微信公众平台并定时推送图文消息。更新文通网、海外中国文化中心等网站文章14822篇，15227527字，图片24699幅；完成中英文《中外文化交流》杂志各12期的出版工作；出版《致敬2014——庆祝中法建交50周年系列文化活动》大型画册、《“汉学家与中外文化交流”座谈会文集》《2014青年汉学家访华研修计划论文集》《2014“汉学与当代中国”座谈会文集》等外宣出版物。

【对外交流】 继续做好“中国（常州）国际动漫艺术周”等长期对外合作项目；承办和参与主办北京市教委学生团5个出访任务、第四届中美文化论坛、北京现代舞团法兰克福巡演项目、巴林左旗国际摄影季和“不朽的城雕”公共艺术展等文化交流活动。

（翟　璟）

文化部民族民间文艺发展中心

【概况】 2015年，文化部民族民间文艺发展中心在文化部党组领导下，深入学习党的十八大和四中、五中、六中全会精神和习近平总书记系列重要讲话精神，贯彻落实文化部各项工作部署，建章立制，提高管理水平。文化部领导多次来具体指导工作、对工作做出指示，切实推进各项事业的发展。

【国家哲学社会科学重大委托项目】 2015年，组织重大科研项目《中国节日志》《中国史诗百部》《十部民族民间文艺集成志书·港澳卷》齐头并进、成果突出。截至2015年年底，《中国节日志》共立项143个，累计出版35卷（40本）；《中国节日影像志》立项70个、结项27个；《中国史诗百部工程》立项32个、结项10项；《十部文艺集成志书·港澳卷》完成三卷初稿。

本年度全国近 200 个课题组、2000 余研究人员参与研究工作，作为组织实施单位，在立项评审、业务培训、中期检查、工作督促、终审定稿、编辑出版、学术研讨等工作环节付出卓有成效的努力，克服人员严重短缺的困难，全年组织各类会议近百次，保证国家工程的顺利推进。

扎实推进《中国节日志》编纂。《中国节日志》（文本）的立项工作已经接近尾声。1300 余人参与到 143 个子课题中，共设调查点 691 个，提交各类调查报告约 720 篇。已立项项目共提交文本 2600 余万字，图片约 81800 余张，录像资料约 41780 分钟。

2015 年度结项工作顺利开展，编辑部共召开结项评审会 6 次，共结项 16 项。整个节日志项目累计结项 88 项，除去今年年内 8 个新立项目，结项通过率达 65%。完成复审项目累计达 20 卷。与本项目相关的其他工作也在有序展开，《节日研究》辑刊改版完成，第十辑“节日与狂欢”专辑已经出版。截至 2015 年年底，《中国节日志》项目累计出版 35 卷（40 本）。同时，《节日研究》在 2015 年度出版了第十辑“节日与狂欢”、第十一辑“节日与舞蹈”。

《中国节日影像志》进入立项上升期。70 个课题组的近千名项目组成员在开展工作，拍摄素材量超过 2000 小时，成为国内目前传统节日文化素材量最大的机构。项目成果纷纷获奖，如《苗年》于 5 月获北京国际影展民族题材影片永久收藏奖，《骂社火》《卡雀哇节》《苦扎扎节》于 9 月荣获中国影视人类学会“学院奖”等，标志着《中国节日影像志》项目不仅在广度上第一次实现了传统节日的系统拍摄，在深度上也获得了业界的广泛认可，被称为国内对影视人类学科发展动力最大的国家级项目，亦是中国国内第一次系统的进行传统节日拍摄记录的重大研究项目。

《中国史诗百部工程》逐步展开。《中国史诗百部工程》的项目执行进入第三年，体例规范、组织管理逐步健全。32 个课题组的 500 余名成员在工作。《中国史诗百部工程》已收集到超过 200 小时的素材资源，涵盖南北 23 个民族的史诗调查内容，内容不仅包含史诗的完整演述，也包含特定的史诗演述传统。发现了土家族迁徙史诗《廪歌》等濒危史诗；在《玛纳斯》等经典史诗中发现重要演述人。其资料将填补史诗影像及当前活形态史诗的研究空白。

《十部文艺集成志书基础资料卷》收集工作成果显著。《十部文艺集成志书》正式出版省卷本 4.5 亿余字，未入省卷的基础资料字数约在 60 亿左右，绝大多数的地区、市、县基础卷都未曾出版，这批极为珍贵的资料如今多散轶民间。2015 年年初，启动基础资料的搜集工作，旨在对珍贵资料实施再度抢救，建立“十部文艺集成志书资料档案库”。至 10 月底，通过对民间书肆的查访和网络渠道，共收购地、市、县级集成志书基础卷达 900 余册，这些卷本多为油印或铅印内刊，资料价值高。

【“文化与科技融合”项目】 以项目为抓手，继续积极推进文化与科技融合的工作。坚持以科研成果的实际应用为导向；以前瞻性、示范性为项目设计原则；以开放共享、互利共赢为合作原则。一批具有实际应用价值的研究项目取得阶段性成果：

国家科技支撑计划课题《动态数字文化多维展示技术研究》结项。该课题研究运用多维影像、运动捕捉等现代科技手段，对中国戏曲表演身段、民间舞蹈做采集记录，并自动生成为国际通用的人体动作谱——拉班舞谱。这种快捷、便利、准确的形体动作记录方式的研发成功，是我国民间文艺资源保护方式的重大突破。

推进国家科技支撑计划项目“基于位置服务的文化旅游综合服务研究与应用示范”。统筹7个项目组，推动30余项约束性指标任务，建设3个文化与旅游信息资源数据库，采集资源数据51000余条。开发移动互联网应用文化产品2个，完成针对主流IOS、Android操作系统的文化旅游空间地理信息位置云计算服务应用的技术研发。

完善中国传统文化基础资源数据库著录系统，重建资源发布平台，完成数据库升级。研发“中国文化历史时空定位”与“图像语义分类与检索”两大技术模块并将其嵌入著录系统，研究中国地理历史时间空间自动转换、图像资源技术信息自动提取等功能20多项，力争实现文化艺术资源多维度、多层级、多关联性展示和检索，实现资源管理、用户管理、安全管理功能，资源发布兼顾专业性、普及性、趣味性，探索“知识众筹”和“资源共享”数据库运行模式。

协同创新项目“中国民族艺术数字化传播平台”进入实质性项目实施阶段。协同中国音乐学院、北京舞蹈学院、解放军艺术学院等3所高等艺术院校，分别申报《中国传统乐器数典工程》《中国民族舞蹈数字化传承、保护与创新研究》《红色民间文艺资源数据库建设与应用》等3个2016年“协同创新”项目，并全部获批，占全部获批项目总额近一半，预期成果20余项，将整合民族文化艺术资源20多万笔。

自主研发中国传统音乐制谱软件，开始曲谱转换。软件将实现“中国传统文化艺术基础资源数据库”中数十万首戏曲、曲艺、器乐、民歌乐谱资料的数字化识读，中国传统音乐特殊符号的记录，简谱与五线谱互换，乐谱中文字、音乐信息的检索，民族乐器数字化音源接入等5大功能；将为中国传统音乐图谱资源的保存和传播，“中国记忆”数据库的建设，民族艺术的科研、教育和创作，中国传统文化艺术的“走出去”和“再创造”起到基础支撑和推动作用。

其他文化科技项目成果。全国艺术科学规划项目、全国对外文化交流重点项目等四个申报管理系统上线应用；与澳门基金会合作项目“澳门记忆”上线运行；中国音乐、戏曲、曲艺数据库元数据研究取得阶段性成果并开始应用性资源整备；自主研发中国传统音乐制谱软件，开始曲谱转换；以节日文化研究成果为基础的互联网应用尝试取得喜人成果等。

【配合相关司局工作】 在非遗保护、文化交流、政策研究、科研管理等方面，以部里工作大局为导向，在部有关司局的指导下，非遗保护方法研究、切实推进人文交流、协助提高管理水平等方面取得实际成果。

全力保障完成非遗司的委托工作：“中国非物质文化遗产传承人群研修培训计划”官网维护、非物质文化遗产保护规划的研究、编制等工作。

配合外联局完成“澳门内地春节习俗展演活动”“香港青少年民族文化研习计划”“璀璨中华文化夏令营——走遍中国”“中美文化寻力项目”等对外文化交流活动组织。

承担完成文化科技司委托的全国艺术科学规划领导小组办公室事务性工作：国家社科基金艺术学年度项目、重大项目的受理、审核、会议组织，提供技术保障和支持；组织并参加“文化艺术智库建设体系建设”调研；管理“全国艺术科学规划项目成果库”。

配合办公厅节庆管理的相关工作，组织专家对黄帝陵公祭、舜帝公祭、中国农民歌会的调研；合作推出“我们的节庆”公众微信号；撰写、编辑《节庆管理参考》，完成《中国节日年度发展报告》。

【内部管理】 稳扎稳打强化内部管理和制度建设。年初，根据《文化部关于中央巡视组反馈意见整改方案》，本着“有则改之、无则加勉”的精神，认真进行自查，制订“以党风廉政建设为重点、以完善和制定各项制度为核心”的整改方案。一年来，在党政办公、人事管理、财务管理、信息宣传、项目管理等方面先后建立、修订《领导班子工作规则》《党风廉政建设责任制实施办法》《会议制度》《保密工作制度》《公章管理办法》《公文管理制度》《外事管理制度》《工作人员年度考核办法》《工作人员公开招聘程序》《科研经费管理办法》等40余项规章制度，从而进一步规范管理，为工作和发展保驾护航。

（邱邑洪）

中国艺术科技研究所

【概况】 2015年度，按照文化部的工作部署，中国艺术科技研究所（以下简称艺科所）突出文化科技融合的主导路线，在文化科研和相关业务工作方面取得了一些成果。

【科研工作】 舞台科研工作。继2014年艺科所CMA申报获得批准，拥有舞台设备检测的国家资质后，本年度完成CMA的内审、管理评审、实验室比对等工作，并应邀参与多项技术检测。

根据国家“十三五”规划“大数据战略规划”要求，艺科所启动财政课题“演艺场所装备质量和安全评估数据平台建设”第一阶段工作，对典型演艺装备生产厂商与典型演艺工程项目的装备质量和安全数据进行收集和调研，初步建成标准数据库平台。并与山东省文化厅合作，共同推动研究课题扎实落地，更好地为地方文化工作服务。

由艺科所和总装备部工程设计研究总院共同实施的文化部国家文化科技提升计划项目“移动式公共文化方舱系统”通过验收，其成果具有很好的产业化前景，具有很大的社会效益和经济效益，正积极进行成果转化及推广工作。

4月，正式获批成立“演艺装备系统技术文化部重点实验室”。本年度实验室完成学术委员会和客座教授的选评，完成2015年开放课题的甄选，承担文化科技提升计划“互联网演艺设备大数据采集抽取和检索技术研究”项目以及科技司委托的“十三五演艺技术发展规划研究”课题。其中开放性课题成果“感温变色示警电缆”得到了部长批示。

5月，贵州毕节市大剧院发生舞台倒塌事故，应毕节市文广新闻出版局邀请，第一时间赶到现场，进行事故现场勘查和技术分析，并出具详细的技术报告。

数字艺术研究。国家科技支撑计划《文化资源数字关键技术及其应用示范》子课题《文化资源数字化采集、加工、支撑技术研究》于3月顺利通过文化部、科技部的课题验收。

国家财政研究项目《中国典型视觉文化符号特征量及数字化表达研究》通过对视觉文化符号特征的分析，并进行软件原型设计与实现，总结出一系列在采集、处理、呈现方面的有益经验，向实用化迈出重要的一步。该项目已顺利结题。

自主课题《基于4K超高清系统的视觉文化符号的艺术采集与表现》，对武夷山茶文化进行了4K超高清内容的采集、拍摄和剪辑。

文化政策基础研究。国家财政项目《新型城镇化视域下文化建设指标体系及采集分析系统研发》顺利结题，得到了验收专家的高度评价。项目成果《中国新型城镇文化建设指数（UCI）报告》已由中国发展出版社正式出版。

艺科所承担的文化部“十三五”时期文化改革发展规划前期研究课题《“十三五”时期新型城镇化进程中文化建设关键指标及重大问题研究》通过验收。

“中国艺术科技研究所浙江艺术科技创新协同平台”通过了文化部办公厅批准。艺科所将与浙江省文化厅、浙江工业大学一起，以该平台为依托打造“浙江文化科技创新模式”，为全国文化科技创新发展提供示范。

文化标准化研究。国家质检公益性行业科研专项《基层公共文化服务场所重要技术标准研究》已完成。课题重要成果《文化馆服务标准》《乡镇综合文化站服务标准》已上报至国家标准技术审查部，根据审核意见再次进行了修改，该两项国标即将颁布。

书法绘画相关研究。完成国家文化科技提升计划《汉字书法数字化建设及其应用示范》项目的结题工作；与湖南大学合作申报并开展社科基金艺术学重大项目《艺术产品价值评估的方法和标准研究》；与首都师范大学合作申报了国家社会科学基金艺术学一般项目《佛教美术演变进程—丝绸之路中外美术比较研究》并开展实施。

论文、专利及重要媒体发表情况。本年度发表国内国际论文约60篇，申请专利十多项，完成《中国新型城镇文化建设指数(UCI)报告》《新型城镇化视域下京津冀文化协同发展研究》《中国近现代文化传播方式与途径演进研究》等成果的出版。部分论文在《光明日报》《人文天下》等刊物发表。

【考级工作】 2015年，美术考级承办单位由去年的155家增加到目前的166家，美术考级考生总人数也达到了14万人次。

2015年，经部里批准，考级中心新增项中国舞、芭蕾舞考级专业。截至2015年11月，中国舞考级承办单位为101家，芭蕾舞考级承办单位为113家。参加艺科所舞蹈考级的总人数逾7万人次。

（宋　磊）

文化部全国公共文化发展中心

【概况】 2015年，文化部全国公共文化发展中心（以下简称“发展中心”）在文化部党组统一领导和有关司局的支持指导下，认真学习贯彻习近平同志系列讲话精神，深入贯彻落实部领导关于公共数字文化建设的重要指示精神，坚持党风廉政建设与业务建设同步，以品牌化、专业化、社会化“三个转变”的发展思路，加快“转变”速度，加大“推广”力度，着重在平台渠道和内容建设上下功夫，推动文化共享工程和公共电子阅览室建设提档升级。

【国家公共文化数字支撑平台】 国家公共文化数字支撑平台以打造公共数字文化总平台、主阵地为目标，2015年在推进前三批24个省级平台建设的同时，启动第四批9个省级平台建设；国家中心平台基础软硬件系统已初具规模，包括800TB存储、17台服务器、105个集成应用、854万条使用和评估数据，云管理、资源共享、应用集成3大基础软件系统上线服务，网络分发、评估管理系统已进入整合测试阶段；实现15个省级平台与国家平台的对接联通；相继推出地方特色文化资源申报评审系统、文化馆评估系统、公共文化服务满意度调查系统、公共文化交流系统、文化通、文化微播等应用系统，并取得初步应用效果。各地结合实际也相继推出本地“品牌”，如北京市将支撑平台国家中心和本地数字资源、文化应用进行整合定制，通过全市公共电子阅览室终端提供统一的公共文化服务导航；广西壮族自治区依托支撑平台实现全区数字资源的自动采集、分布式存储备份、智能定位服务；浙江“文化通”实现全省图书馆、文化馆等“一站式”服务，用户量已超过 10 万；上海“嘉定文化云”实现个人用户浏览、预约文化活动及团体用户预订本地场馆开展文化活动的功能，上线半年用户量便突破 30 万。

【公共数字文化传播渠道】 边疆万里数字文化长廊。不断探索边疆地区公共数字文化服务有效模式，优化布局，消除盲点，升级配置，2015 年对 240 个偏远地区乡镇基层服务点的配置标准进行补充提升，建设数字文化驿站 5982 个，累计对 1050 个乡镇服务点进行配置提升，并在草原牧场、边防哨所、边境口岸、边贸集市等服务盲区建设 9086 个数字文化驿站。6 月份，发展中心与公安部边防管理局政治部签署战略合作协议，依托双方的网络体系，合作共建“边疆万里数字文化长廊”，在构建数字文化服务网络、汇聚共享数字文化资源、深入开展惠民服务活动等方面深入合作。继 2014 年在内蒙古包头市召开以探索陆疆模式为主题的现场会之后，2015 年在山东省威海市召开现场会，对边疆数字文化长廊的海疆模式进行了总结和推广。

中国文化网络电视。作为文化共享工程重要服务渠道，充分发挥新媒体传播优势，以“入站”模式进入文化共享工程基层服务点、公共电子阅览室、各级图书馆及文化馆（站）等公共文化服务场所，以“入户”模式进入百姓家庭，以“入手”模式进入个人数字智能终端，并通过在线直播实现“2015 年中国文化馆年会”“中华优秀文化数字化建设与传承计划——戏曲动漫推广会”的现场与网络互动、服务点播、手机直播等数字服务，启动了“家风家教万里行”和“中国大能手”两大主题的线上线下相结合的专题服务活动。2015 年，中国文化网络电视“入站”模式进入云南、江苏等 17 省（区、市）的乡镇文化站、街道（社区）文化中心以及边疆数字文化驿站，新增 3583 个服务点，累计达到 7683 个服务点，“入户”模式新增 788 万户，累计进入 17 省（区、市）的 1388 万户家庭。

国家数字文化网。立足于专业文化资讯汇聚、特色文化资源展示、文化行业业界交流、文化品牌项目推广的网络平台，在多方培育和打造下，已经成为集中体现文化信息资源共享工程文化传播、社会教育和基层信息服务功能的综合性公共数字文化新媒体的服务网站。“经典剧场”“公共文化服务体系”“数字学习港”等栏目分类合理，提供各种专项服务；“培训通知”“培训文件”栏目不只停留于浏览，还提供下载服务，“信息互动”栏目，除设置留言板、在线调查、微博入口等多个板块外，还及时对留言咨询的信件及处理情况进行公开，增强网站的透明度。2015 年度文化部政府网站群绩效评估中，国家数字文化网获得“年度最佳奖”和“快速发展奖”，紧随国家博物馆和中国美术馆官网之后，在文化部直属单位中名列第三。

全军政工网“文化共享工程专栏”。以丰富多样的数字文化内容服务广大部队官兵，实现“零”距离服务和精细化管理，进一步推动了栏目供给和官兵需求的有效对接。同时，推动线上服务与线下活动的紧密结合，开展“文化记忆 · 致敬荣光——纪念中国人民抗日战争暨世界反法西斯战争胜利 70 周年网络答题活动”，部队官兵和基层群众共计 30 余万人次参与竞答。2015 年，发展中心共计提供 6000 余部、2300 小时的视频资源和一批精品资源库等，资源总量接近 3000GB；文化共享工程专栏访问总量已达 215 万人次，1982 万页次。

数字文化馆试点。经各地申报、专家组评审、公示并经文化部审批，确定四川省文化馆等10家文化馆为2015年数字文化馆试点单位。各试点单位重点围绕数字文化馆建设标准规范研究、完善数字化服务设施设备、整合利用公共数字文化资源、搭建文化馆线上线下数字服务应用平台、探索线上线下互动结合的文化馆数字文化服务新模式等方面开展试点。

【资源建设】 资源建设目标任务稳步推进。截至2015年年底，发展中心本级资源建设总量达73TB，地方资源建设总量达459TB，共计532TB，顺利完成文化共享工程"十二五"规划中要求数字资源总量达到530TB的任务。

资源建设机制转变初步完成。以基层群众需求为导向，按照产品化、社会化、专业化的思路，改革、完善资源建设工作机制。发展中心本级确立"定制资源产品"的资源建设新模式，提高资源针对性和实用性，5000小时视频资源中，文化专题片占25.6%、农业专题片17.9%、文化微视频15%、生活服务类专题片12.7%、科普专题片10%、戏曲8.2%、电影6.2%。补充一批短缺的优质资源，优化资源结构。地方资源建设推行"先立项评审、后定经费盘子"的新机制，建立健全项目成果的验收与评价，2015年度地方资源项目立项131个，资源项目建设质量明显提高，选题策划、资源形式和内容进一步向需求导向、应用导向转变，形成系列精品资源，工作出现新气象。

资源建设树立大局意识。作为政府提供的公益性文化服务项目，文化共享工程牢固树立服务大局意识，弘扬主旋律，传播正能量。2015年，配合中国人民抗日战争暨世界反法西斯战争胜利70周年，推出红色历史动漫和抗战资源，宣传中国人民抗日战争历史，弘扬爱国主义为核心的民族精神，培养少年儿童的家国情怀，完成两部24集红色历史动漫的制作。传承和弘扬中华优秀传统文化，联合八省建设戏曲动漫项目，开展戏曲动漫进校园活动，让少年儿童享受到戏曲艺术的熏陶。配合国家"精准扶贫"战略，为中西部地区配送数字资源，提供新的服务手段。继续开展心声·音频馆服务，启动海南、广西、云南、西藏等地的特色音频资源建设，补充征集音频资源37785部/集，9960小时，服务人数超过300万，总访问量达到4300万人次，助推残疾人文化资源获取，缩小文化鸿沟。

【文化馆协会工作】 按照文化部部署，促进政府职能转变，以"全民艺术普及——文化馆的责任与使命"为主题，承办2015年中国文化馆年会，举行8场论坛活动，展示20个全国公共文化服务创新案例和8个数字文化馆示范项目，博览会总成交额达5000万元，带动城市直接经济效益达2亿元，实现经济效益和社会效益的双丰收；以新指标、新手段、新方法完成了第四次全国文化馆评估定级工作，对32个省、市、区以及新疆生产建设兵团3100余个文化馆评估数据进行统计分析，起草《第四次全国文化馆评估数据分析报告》。

大力推进协会组织体系建设。2015年，中国文化馆协会已成立理论研究、数字文化、音乐创作、国际民间艺术交流、书画、舞蹈、文化会展以及合唱8个专业委员会，各专业委员会也结合本地实际相继举办"红星闪耀——纪念红军长征胜利80周年群众美术书法作品联展""舞在江海全国优秀文化馆舞蹈作品交流展演"等9次区域性、示范性群众文化活动。截至2015年12月，全国共发展会员847个，其中省级32个、副省级15个、市县级683个、文化站15个、个人会员179个。

【宣传培训】 公共数字文化宣传工作。不断创新内容、创新形式、创新方法,着力在可看性上下功夫,《文化共享工程深化军民文化融合发展》《中国文化馆年会实现经济效益、社会效益双丰收》等近 20 篇信息被文化部简报、文化部办公厅工作交流采用,国家数字文化支撑平台、边疆万里数字文化长廊、戏曲动漫进校园、国家数字文化网建设等工作先后被新华网、人民网、央广网、《中国文化报》等主流媒体报道,《工程通讯》印发 11 期,刊登 100 篇稿件,122 幅图片,约 11 万字。

文化培训。坚持增量、保质两手抓,采用集中面授与网络授课相结合的方式面向文化共享工程各省级分中心(省级公共图书馆)、区县支中心(区县公共图书馆)、乡镇(街道)和行政村(社区)基层服务点专兼职工作人员以及各级文化馆(群艺馆)业务骨干等开展 19 次培训,服务 225527 人次。

【专题研究】 完成一批国家级、部级课题任务,组织开展了文化共享工程"十三五"发展规划重点方向课题研究,确定 17 家单位就区域性公共文化综合服务管理平台、公共文化服务大数据的采集与分析等 7 大重点方向开展专题研究。2015 年,发展中心党支部课题报告《运用新媒体加强党建工作研究——文化共享工程推进党建工作的探索与实践》,荣获文化系统党建研究会 2015 年度课题评选一等奖同时荣获全国党的建设研究会 2015 年度调研课题优秀成果三等奖,并受中央国家机关党的建设研究会通报嘉奖。

【内部管理】 抓好建章立制,重新修订《党风廉政建设责任制实施办法》《领导班子工作规则》《发展中心工作规则》《财务管理办法》《劳务酬金管理办法》等;加强内控和风险管理。成立政府采购办公室,制定政府采购管理办法。中心完成政府采购 53 项,成交金额 4561 万元。

(程志峰)

文化部海外文化设施建设管理中心

【概况】 根据国务院批复的《海外中国文化中心发展规划(2012—2020 年)》,到 2020 年,我国将在海外建成 50 个中国文化中心。海外文化设施建设管理中心(以下简称为"外管中心")严格落实:搭好架子、找准路子。抓住机遇,做好规划,尤其要完成好重点国家和地区的海外中国文化中心建设;建设过程中以内容为中心,将建设与使用紧紧捆绑在一起;深度参与到海外文化设施建设过程中,始终起主导作用;规范操作,在每个工程建设过程中做到廉政、自律。

【自身建设】 按文化部统一要求,对照国家和文化部有关人事管理政策规定,对外管中心已制定的人事管理有关制度、规定逐项进行检查,确保了现行人事管理制度、规定既符合国家和文化部政策规定,又能切合中心实际。结合外管中心实际,制定了党风廉政建设责任制、财务管理、差旅费管理、因公临时出国经费管理、公务卡管理、督办工作、保密管理、人事管理、员工考核、考勤管理、公开招聘、入(离)职和岗位调动管理、加班管理、大事记、介绍信使用管理、支部委员会会议 16 项制度,完善了中心内部运行机制。

为加强对公开招聘工作的管理,制定了《公开招聘工作人员办法》《规范入职、离职和岗位调动的管理办法》两项制度。按照事业单位公开招聘工作程序,组织开展 2015 年度高校应届毕业生公开招聘工作,充实了管理中心人才队伍。通过组织政策理论学习,参加部机关组织的党务、人事、外事、财务和审计培训班等,提高了人才队伍素质。

为规范财务管理工作,制定了《财务管理暂行办法》《差旅费管理暂行办法》《因公临时出国经费管理暂行办法》《公务卡管理暂行办法》4 项制度。在涉及中心财务管理各类事项中,均坚持严格执行财经纪律,按章办事,保证了各项经费开支合规合理。通过细化管理中心财务预算编制、申请预拨建设单位管理费等工作,努力争取落实管理中心运行经费。

【业务工作】 重点推进莫斯科中共六大会址修复工程、丹麦哥本哈根中国文化中心装修改造工程、墨西哥中国文化中心/文化处改扩建工程项目等,取得了一定进展。

莫斯科中共六大会址修复工程:该项目是中央交给文化部的政治任务,受到国家领导人的高度关注。在刘延东副总理的亲自过问下,在文化部党组和财务司、外联局的正确领导下,争取到俄罗斯政府有关部门的支持和帮助。管理中心选派工程管理人员赴俄监督工作进度,通过与莫斯科中国文化中心,中国建筑股份有限公司,俄方设计单位、设计监理、技术监理单位等参建各方及时协调,在各方共同努力下,莫斯科中共六大会址修复工程取得了新的较大进展,一是完成与俄方设计合同签署工作;二是俄方设计单位完成全部施工图设计工作及设计概算编制工作;三是会址防险支护工作全部完成;四是修复施工有序组织进行;五是根据现场实际情况,制订建筑外部全包围封闭供热的冬季施工方案,以保证冬季施工质量,2016 年 7 月 1 日正式对外开放。截止到 10 月底,六大会址修复累计完成全部施工的 45% ,累计完成投资额 257. 3 万美元。

丹麦哥本哈根中国文化中心装修改造工程:在丹麦设计公司进行深化设计期间,管理中心为保证工程设计充分满足文化中心对外开放使用功能需求,不断与前方文化中心及中国、丹麦设计单位沟通协调,并根据现场实际情况进行了优化调整。目前,已完成施工图设计及工程总投资估算,正在向财政部进行申请。施工单位招标文件已准备完成,待总投资估算通过后即可开始组织施工单位招标。

墨西哥中国文化中心/文化处改扩建工程:外管中心对前方文化处提供项目所在地块城市规划、使用性质(土地用途及房屋建设)的具体要求进行了研究。因涉及文化参赞轮换,管理中心已与新任文化参赞就文化中心/文化处改扩建工程进行沟通,待其就任后进一步开展相关工作。

(杨 光)

2016

中国文化年鉴

Yearbook

of

Chinese Culture

地方文化发展

北京市

【概况】 2015年是“十二五”收官之年和“十三五”规划的谋划之年。北京市文化系统认真落实文化部、市委、市政府和市委宣传部的决策部署及工作要求，立足首都城市战略定位，落实京津冀协同发展战略要求，适应新常态、新形势，出政策、建机制、搭平台、树品牌、育人才，大力推动文化改革发展取得新的明显成效。

【文化体制改革】 加强规划政策引导。开展“十三五”时期文化改革发展规划编制工作，将重点文化工作项目纳入全市“十三五”规划予以保障。制定完善优秀群众文化扶持奖励办法等政策措施，增强政策的含金量和针对性。巩固文化治理法制基础，积极推动公共文化服务、非物质文化遗产保护的立法工作。

深化文化事业单位改革。分类施策，对已转企改制的7家文艺院团，完善法人治理结构，探索建立有文化特色的现代企业制度；对保留事业体制文艺院团，形成“一团一策”的长效扶持机制，以项目制和名家工作室等形式深化院团内部管理机制改革，提升院团发展活力。各市属院团也积极开展精品剧目展演、公益惠民服务演出、戏曲传承演出等重点活动，在弘扬优秀传统文化中发挥了主力军的作用。

放管结合优化环境。推动简政放权，开展行政许可、非行政许可核查清理工作。清理后，北京市文化局共有行政审批事项12项。严格依法审批，全年共受理各类审批事项3551项，同比增长26.5%。根据全市统一安排，北京市文化局审批部门已按时入驻北京市政务服务中心并受理审批业务，工作进一步规范。调整“先工商后文化”的审批程序，做好审批事项调整后的衔接和指导。加强事中事后监管，做好春节元旦、全国两会、纪念抗日战争胜利70周年活动和世锦赛等重要时间节点和重大政治活动期间的安全监管工作。

【公共文化服务】 明确“一二三四五”的公共文化服务建设总体思路。五大工程进展有序，效果突出。“一”是坚持以人民为中心的工作导向。“二”是强化阵地意识和文化民生意识“两个意识”。“三”是构建完善公共图书服务、文化活动、公益演出三大公共文化服务配送体系。“四”是大力推进基层公共文化服务实现标准化、均等化、社会化和数字化。“五”是积极开展“引领工程”“提升工程”“示范工程”“培训工程”“保障工程”等五项公共文化服务工作。

引领工程强化顶层设计。在全国率先研究制定了“1+3”公共文化政策体系。建立了由北京市文化局牵头，19个相关部门参加的全市公共文化联席会议制度。开展基层图书服务资源整合工作，确定海淀区、延庆区为基层图书服务资源整合试点，切实推动基层公共文化设施共建共享和综合利用。

提升工程完善网络。全市共有四级文化设施6743个，建有率达98%，全部实现免费开放。新建成文图两馆10个、在建8个，新增设施25万平方米；新建街道（乡镇）文化中心54个，新增设施12万平方米；共享工程站点4295个，率先实现“村村通”。加强重点文化设施建设，推进北京市文化艺术中心、北方昆曲艺术中心新建改建，推动中和戏院、广和剧场、吉祥戏院等老字号演出场所的重建、改造、修缮工程。

示范工程塑造标杆。加强第二批国家公共文化服务体系示范区（项目）督导。海淀区获得第三批国家公共文化服务体系示范区创建资格，石景山区“公共文化服务目录制”、房山区“基层公共文化资源整合的‘房山模式’”分别获得第三批示范项目创建资格。召开首都公共文化服务体系示范区创建工作部署会，全面启动首都示范区创建工作。第二届首都市民系列文化活动，贯穿全年，覆盖全市，开展“舞动北京”“歌唱北京”“戏聚北京”“艺韵北京”“影像北京”和“阅读北京”六大系列活动，共组织活动 2 万场，参与群众达 3000 万人次。推广全民阅读，开展“阅读之城——市民读书计划”“北京换书大集”等全市性公益阅读活动，发挥首都图书馆经典文化品牌“首图讲坛”“首图展览”示范带动作用，有效提升全市整体阅读水平。

培训工程打造人才。实施“千人培训”计划，按照“六会”的要求，培养一批相对稳定、专业化水平较高的专职基层文化组织员队伍，完成千名基层文化组织员培训任务。加强文化志愿者队伍建设，全市基层群众文艺团队已达 9204 支，文化志愿者 3 万余名。

保障工程丰富供给。保基本，每年市财政公共文化经费转移支付 2.3 亿元，明确乡镇（街道）、行政村（社区）文化业务经费标准。重实效，推动图书馆总分馆制服务体系、文化馆文化辅导配送体系和公益演出下基层配送体系建设，实现群众需求与文化服务高效对接，全年共有 300 余家文艺团体参加万场演出下基层活动，演出 11000 余场，吸引观众 400 余万人次。

【文艺创作】 2015 年 12 家市属文艺院团新创剧目 42 台，复排加工剧目 65 台。全市 135 家营业性艺术演出场馆共举办演出 24238 场，吸引观众 1035.63 万人次，演出收入 15.49 亿元。

原创精品力作涌现。狠抓艺术生产规划，确定 2015 年为艺术生产年。围绕抗战胜利 70 周年等重点题材，推出原创主题舞台艺术作品，反映抗战母亲邓玉芬英雄事迹的评剧《母亲》演出 80 余场，被文化部列入纪念抗日暨反法 70 周年全国巡演剧目。评剧《母亲》、京剧《正考父》、昆曲《李清照》、河北梆子《张居正》被列为北京市文化精品项目。

艺术生产服务不断强化。落实舞台艺术展演补贴办法，支持优秀剧目的展演展示以及传播交流。关注两端，创作端以剧目排练中心为核心，以降低成本，服务主体为宗旨，构建新创剧目的发现、孵化、培育机制。市场端以剧院运营服务平台为核心，加强剧场、院团、优秀剧目资源有效对接，推动剧目、院团走向市场，实现剧院、剧团、观众三方共赢。筹建北京文化艺术基金，初步明确了基金的制度设计、资金来源、管理方式、资助对象以及评审方式等内容，推动形成良好的艺术发展机制。

文艺惠民深入人心。修订完善低价票补贴管理办法，2015 年的低价票补贴工作被列入市政府为群众办实事项目，实行低价票演出补贴剧场范围达到 31 个，全年共补贴演出 931 场，补贴低价票 19 万张，补贴金额达 2200 万元。

品牌活动影响广泛。2015 年共举办京津冀精品剧目展演、“春苗行动”优秀少儿剧目展演、“圆梦中国・北京故事”优秀小剧场剧目展演等七大展演活动，为优秀剧目脱颖而出搭建平台。

【文化产业发展】 2015 年全市文化创意产业实现增加值 3072.3 亿元，占地区生产总值的比重为 13.4%。

文化市场主体活力增强。全市共有文艺表演团体 640 家，演出场所经营单位 114 家，演出经纪机构 1478 家，互联网上网服务营业场所1504家,娱乐场所经营单位2131家,互联网文化经营单位1242家。

重点行业平稳发展。动漫游戏产值达455亿元,占全国三分之一,出口额达58.7亿元,居全国首位。尤其是以移动游戏为代表的创新类游戏高速发展,2015年全市移动游戏企业产值287.6亿元,占全国移动游戏产值的65%,高居榜首。行业资本吸引能力显著增强,新三板挂牌北京企业增加至22家。北京市已有25家国家文化产业示范基地,2015年共实现收入39.5亿元,利润7.12亿元。

品牌展会效果显著。“艺术北京”“演艺北京”“动漫北京”展会吸引力增强,交易额大幅上升,“动漫北京”展会上,动漫和游戏衍生品销售收入超过3000万元。

【非遗传承】 北京市共有各类非遗资源12000余项,其中,入选联合国教科文组织“人类非物质文化遗产代表作名录”项目10项,拥有国家级非物质文化遗产代表性项目126项、市级代表性项目273项,国家级非物质文化遗产项目代表性传承人85人、市级代表性传承人267人。

修订完善《北京市非物质文化遗产保护专项资金管理办法》,共74个项目保护单位获得了年度资金支持,拨付专项资金2487万元。加大资金支持力度,市级非遗代表性传承人补助费由原来的每人每年1万元提高至2万元。

推出一批“北京市非遗生产性保护示范基地”“北京市非遗培训基地”和“北京市非遗优秀实践名册项目”,认定北京东来顺集团有限公司等2个单位为“北京市非遗生产性保护示范基地”,体育馆路小学等10所院校为“北京市非物质文化遗产培训基地”,民族乐器的复制复原项目被列为“北京市非物质文化遗产优秀实践名册项目”。

联合津、冀两地文化部门举办京津冀非物质文化遗产展暨传统手工艺作品设计大赛,共有70余个非遗项目,140余位非遗传承人,220余件套作品参展。

推动非遗保护成果利用,编辑出版《北京非物质文化遗产丛书》(十册)及《北京非物质文化遗产传承人口述史》(十册),有效整理并保存了北京市非物质文化遗产相关史料。

【对外和对港澳台文化交流】 配合领导高层访问。赴伦敦举办“北京之夜”活动,与匈牙利布达佩斯市签署文化艺术合作谅解备忘录,举办“北京画院藏齐白石精品展”,成立“齐白石艺术国际研究中心匈牙利中心”。

圆满完成重大外事项目的文化交流活动。米兰世博会北京活动周、国际奥委会评估团专场演出、亚信非政府论坛首次年会欢迎晚宴文艺演出等活动凸显北京文化特色。“欢乐春节”品牌活动提质增效,活动已连续举办14年,在30多个国家和地区留下足迹。

友城交往长效机制逐步健全。与芬兰赫尔辛基市、匈牙利布达佩斯市、韩国首尔市的多领域文化交流内容丰富。立足共鸣,推动民间交流成为京港澳台文化交流的新常态。北京市4个民间演出团体项目入选文化部2015年度全国对港澳文化交流重点项目,占全国名额的三分之一。

【管理规范】 参与各级各类文化培训,促进人才发展。在全国率先制定动漫游戏专业技术职称评价办法,助力首都文化创意产业发展。制定督查项目任务书,确保重要决策部署和重点工作任务落实到位。完善局系统纪检监察有关制度建设,规范工作程序。加大信访案件查办力度,强化文化安全,加强对重点演出活动和小剧场的现场监管,约谈演出经纪机构16家,监督1163场次小剧场演出活动。

【亮点工作】 制定公共文化建设“1+3”政策文件，夯实文化惠民基础。在全国率先制定《北京市人民政府关于进一步加强基层公共文化建设的意见》和《北京市基层公共文化设施服务规范》《北京市基层公共文化设施建设标准》《首都公共文化服务示范区创建方案》三个支撑文件，形成公共文化设施建设、管理、服务、绩效等上下衔接的指标体系，为全市构建现代公共文化服务体系明确方向和目标，得到中宣部和文化部的充分肯定。

创新艺术生产扶持机制。建立北京市剧院运营服务平台，政府购买剧场资源，零场租或低场租提供给文艺院团，实现剧场、院团、优秀剧目资源有效对接。在中国评剧大剧院试点运行“戏曲院团联袂驻场演出”，吸引全国戏曲院团来京驻场演出，努力建设全国地方戏曲演出中心，得到刘奇葆同志高度肯定。统筹整合资源，建立北京剧目排练中心，作为全国首个以政府购买服务方式搭建的公益性剧目排练服务平台和全国首个舞台艺术孵化基地，在解决文艺院团“排练难、排练贵”问题的基础上培育精品、扶持原创，被作为典型经验在全国推广，并纳入“十三五”文化改革发展规划。

京津冀文化交流合作不断深化。签署三地演艺领域深化合作协议，举办京津冀优秀剧目展演，成立京津冀演艺联盟、京津冀艺术职业教育协同发展联盟以及京津冀群艺馆、图书馆协同发展联盟。加强三地在动漫游戏、文艺演出、艺术品交易领域的合作对接。联合津冀两地举办京津冀非物质文化遗产展暨传统手工艺作品设计大赛，集中展现70多个非遗项目，有效提升非遗项目影响力。全市各区、局属单位已开展或拟开展三地文化合作项目约50项。

京味儿品牌助力文化交流。2015年“欢乐春节”活动整合优选全市40多个文化机构的演艺资源，组织30个团组，演员近千人，在美英法等16个国家和地区，举办300多场活动，直接受众400多万人，有效推动对外文化交流品牌化、精品化、本土化，彰显北京文化在国家对外文化形象塑造中的重要地位。8集系列专题片《窗口》好评如潮，成为今年文化部海外文化中心建设的亮点工作，并被作为典型经验在全球海外文化中心推广。

（北京市文化局　赵姗姗）

天津市

【概况】 2015年，全市文化系统全面贯彻党的十八大和十八届三中、四中、五中全会精神，深入学习贯彻习近平总书记系列重要讲话精神，认真落实市委、市政府决策部署，围绕中心、服务大局，抢抓京津冀协同发展等重大国家战略机遇，推进文化改革发展取得显著成绩，为建设文化繁荣、社会文明的魅力人文之都、全面建成高质量小康社会奠定了坚实文化基础。

【建章立制】 “十三五”规划草稿编制完成。制定《天津市文化广播影视“十三五”规划编制工作方案》，对12个前期研究课题进行评审验收，深入4个区县开展实地调研，召开专题座谈会4次，认真总结“十二五”文化改革发展成绩，深入查找问题和不足，制定《天津市文化广播影视“十三五”规划（初稿）》，明确“十三五”文化改革发展的主要目标、重点任务和举措。调查研究工作成效明显，召开调研工作总结交流会，评选2014年度优秀调研文章25篇，2篇调研文章被文化部评为全国文化系统优秀调研成果。

依法行政全面推进。推行权力清单责任清单制度，对全局权责事项进行梳理，45 项行政职权经市政府常务会议审议同意统一向社会公布。行政审批更加规范，梳理确定 2015 年行政许可事项目录，确定局本级许可事项 15 项，滨海新区、环城四区和市内六区文广系统许可事项分别为 16、13、11 项，全年共做出许可事项决定 1097 项。

文化人才队伍建设显著加强。起草完成《天津市文化广播影视系统“十三五”人才发展规划(草案)》。加强高层次文化人才培养，1 人入选国家“千人计划”，完成 18 名“131”人才、17 名“五个一批”人才的推荐申报工作。加强艺术职业教育，举办京剧尚派艺术表演人才培训班和两岸“京苗剧艺研习营”活动，3 个专业入选国家级民族文化传统专业示范点；高质量完成全国职业院校技能大赛艺术赛项承办及参赛和表演赛协调服务工作，参赛 4 个项目全部获奖，接待来宾 500 余人，得到教育部、文化部等部门的表扬。完成 5 个系列 2700 余人的继续教育工作。启动第三期“名师教室”专项教学工程，选聘 26 位专家学者担任导师，招录 37 名专业人才接受培训。

【公共文化服务】 现代公共文化服务体系建设制度机制进一步健全。率先出台《关于加快构建现代公共文化服务体系的实施意见》和《天津市基本公共文化服务实施标准》，整体指标高于先进地区平均水平。建立公共文化服务体系建设协调组。设立规模近 9 亿元的基层公共文化服务体系建设专项资金，制定《天津市基层公共文化服务体系专项资金管理暂行办法》。与市财政局联合出台《天津市市对区县财政文体传媒一般性转移支付资金管理暂行办法》，为全市现代公共文化服务体系建设提供了制度和资金保障。

文化惠民取得新成果。北辰区、滨海新区、西青区成功创建国家公共文化服务体系示范区、示范项目。高质量完成市 20 项民心工程文化项目，建成公共电子阅览室 232 家，实现街乡镇全覆盖。发行文化惠民卡 6 万张，投入 2400 万元对市民观看文艺演出进行补贴。数字群艺馆、数字非遗微信平台、公共文化民心桥平台、“百姓选书我买单”微信平台等“公共文化数字为民服务平台”正式开通。天津图书馆实现与市内六区、环城四区图书馆通借通还。开展“文化惠民基层行”系列文化志愿服务活动，全年下基层演出 6400 场，受益群众约 196 万人次。

文化中心引领示范作用更加突出。各场馆全年组织公益文化普及活动 700 余场，发放“天津文化中心公益文化消费券”近 7 万张、“公益文化活动安排宣传单”24 万张，受益市民约 60 万人次。向 32 场高端演出和 3 个高端展览提供财政补贴。设立“支持本市老年人免费观看演出专项经费”，13550 名老年人免费观看演出。开通文化中心网站、手机客户端，为群众提供更广泛、更优质、更及时的信息化服务。

公共文化设施网络更加完善。完成周邓纪念馆西花厅、北疆博物院和李叔同纪念馆修缮，天津艺术职业学院(中国北方曲校校区)改扩建积极推进，群星剧院维修项目立项。津南区、蓟县公共文化设施和基本文化服务项目全部免费对公众开放。北辰区文化馆新馆和图书馆新馆建设正式启动。武清区推动 6 个镇(街)文化广场提升改造，全区镇(街)文化广场覆盖率达到 70%。

群众文化活动品牌影响不断扩大。第五届“和平杯”中国京剧小票友邀请赛、首届“董湘昆杯”全国京东大鼓邀请赛、首届全国“文化杯”优秀群众文学期刊评奖等 7 大全国性群众文化活动影响力进一步扩大。天津市第十届滨海艺术节、第八届“七里海”文化旅游节、首届少儿舞蹈大赛等9大市级品牌群众文化活动成功举办，百姓文化生活更加丰富。

【文艺创作】 艺术创作生产机制进一步健全。出台《天津市舞台艺术创作生产规划》《天津市文化广播影视局直属艺术院团重点剧（节）目管理办法（试行）》，建立天津市文化广播影视局艺术指导委员会，成立舞台艺术评论员队伍，艺术创作生产的规划和引导进一步加强。国家艺术基金申报项目82项、入选19项，立项率居各省区市第5位。13名戏曲名家收徒传艺活动入选“名家传戏”项目，2部京剧剧目入选“2015年度京剧优秀剧目演出补助”项目。

精品生产再创佳绩。创作排演了芭蕾舞剧《吉赛尔》、音乐会版歌剧《茶花女》、大型歌舞乐《梦回丝路》、歌剧《党的女儿》、交响乐《英雄——贝多芬·马勒交响乐全集》等一批优秀作品和演出，加工提高了京剧《康熙大帝》《钦差林则徐》《洛阳宫》《香莲案》、舞剧《泥人的事》等一批剧目，完成京剧电影《乾坤福寿镜》《香莲案》的拍摄制作。录制“像音像”工程戏曲剧目21台。

“深入生活、扎根人民”步入常态。制定《“深入生活 扎根人民”主题实践活动长效机制实施方案》，设立艺术创作基地5个、采风创作基地5个，确定结对帮扶单位18个，开展“结对子、种文化”活动214次，深入基层演出93场，受益观众近8万人。启动“戏曲名家志愿进社区，千场普及辅导培训工程”，深33个社区开展辅导活动422场。

文艺演出精彩纷呈。举办2015年名家经典惠民演出季，演出300场，受益观众13万人次，较2014年均翻了一番。与北方演艺集团共同举办天津市2015年文化进万家“喜气洋洋迎新春惠民演出月”，演出145场，丰富了市民文化生活。局直属专业艺术院团全年演出835场，观众约54万人次。圆满完成天津市2015年军民春节联欢晚会、达沃斯论坛“天津之夜”等重点演出任务。

艺术科研创新发展。市艺术研究所创办《天津文艺观察》，撰写评论文章66篇，国家核心期刊刊载10篇。国家级艺术学项目“天津曲艺老艺人口述史研究”年度任务完成。申报2015年度全国艺术科学规划项目74项、国家社会科学基金艺术学重大项目1项，获得国家级立项4项、文化部立项2项。

【文化产业发展】 文化产业发展环境不断优化。加大中小微文化企业扶持力度，积极搭建文化与金融合作交流平台。组织编印《文化产业政策汇编》，落实《天津市中小微企业贷款风险补偿金管理办法（试行）》，面向文化企业和区县文化部门开展政策解读。2个项目入选文化部文化金融合作项目库（信贷融资）。修订《天津市文化产业示范基地管理办法》，开展全市文化产业示范园区考核与基地巡检。制定《天津市文化产业人才培训计划（2016—2020）》，举办全市剧场经营者培训。

重点文化产业项目培育和扶持成果丰硕。国家数字内容贸易服务平台落户天津。建立天津市特色文化产业资源库，确定特色文化产业项目64个，2个项目入选全国特色文化产业重点项目，24个项目入选全国文化产业重点项目，1个项目获得国家文化产业专项资金扶持。加大原创动漫扶持力度，新增2家国家认定动漫企业，神界漫画公司“春节娃娃”入选国家动漫品牌建设和保护计划，《56个民族大家庭的故事》等3个项目入选文化部弘扬社会主义核心价值观动漫扶持计划，5个项目入选国家动漫企业项目资源库。评选命名先农大院文化产业园区和C92文创园两家园区为第二批市级文化产业示范园区。

文化市场规范化建设持续推进。与中国天津自贸区管委会联合公布《天津自贸试验区文化市场开放项目实施细则》。推进文化市场技术监管与服务平台建设,完成1637家文化市场经营单位的信息录入和审核。互联网上网服务营业场所转型升级成效显著,出台《市文化广播影视局关于推动互联网上网服务行业转型升级的意见》,搭建服务平台,推动转型升级,90余家上网服务场所成为转型升级试点单位。放宽全市互联网上网服务营业场所准入条件,取消总量控制和布局要求,进一步激发市场活力。

【文化遗产保护】 文物保护基础工作进一步夯实。天津市第一次全国可移动文物普查进展顺利,全市130家单位全部完成文物登录平台登记注册,累计登录文物648263件/套,实际数量1687513件。完成藏品登录的单位达109家,占应登录单位的83%。印发《关于进一步做好天津市文物拍卖标的审核备案工作的通知》及《天津市文物拍卖管理暂行办法》,强化对文物拍卖经营活动的事中事后监管。积极推进大运河遗产监测系统建设、记录档案著录等工作,启动《五大道建筑群保护规划》编制,完成文昌阁等10处市级文物保护单位修缮方案论证,完成天津市不可移动文物信息管理平台项目方案论证。

博物馆公共服务效能进一步提升。举办特色展览240余个,观众1094万余人次。天津自然博物馆《家园·生命》主题展览荣获第十二届全国博物馆十大陈列展览精品奖。市政府支持的高端展览补贴项目《苏比拉克中国巡回大展》《璀璨的欧洲绘画——16—18世纪的欧洲艺术》圆满展出。天津美术馆公共美术普及项目《国际高端艺术展览与本土化公共教育形式结合的探索》在"协调·合作——2015年全国美术馆公共教育年会"上作为经典案例予以推介。组织"践行核心价值观　送展览服务社会"走基层进校园系列活动,举办巡展60余个,宣讲70余场。开展2014年度博物馆纪念馆考评、天津市博物馆纪念馆首届优秀原创展览评比、第五届讲解员大赛和博物馆安全工作培训,博物馆工作基础进一步夯实。

非物质文化遗产保护深入开展。102人被认定为天津市第三批非物质文化遗产项目代表性传承人,覆盖了非遗全部十大类别。开展非物质文化遗产保护暨代表性传承人申报专题培训,培训人员200余人,提高非遗保护工作人员的业务能力。举办"振兴传统工艺——天津市非物质文化遗产生产性保护工作对接会",搭建非遗生产性项目保护单位与设计企业对接的平台。举办非遗进校园、进课堂和非遗系列讲座等活动,与天津相声广播联合主办"欢声笑语校园行·非遗技艺有传承"系列巡演,走进天津市11所高校开展活动,惠及近万名大学生。

【对外和对港澳台文化交流】 文化交流服务外交大局的作用进一步发挥。充分发挥天津文化的优势和特色,深入开展多渠道多层次多形式的对外文化交流。全年共办理对外及对港澳台派出文化交流事项29项、400人次。"2015欢乐春节"天津共派出7个团组、119人次分别赴哥伦比亚、智利等11个国家和地区访演,是历年来派出团组最多、参与人数最多、访演国家最多的一次。"相约看天津"非遗展参加"2015南非·中国年"德班站活动,代表中国非物质文化遗产项目首次走进南非。"美丽天津"艺术团赴斯里兰卡中国文化中心进行了首次大型综合演出,进一步扩大天津文化的国际影响。

重点文化交流项目影响广泛。成功举办2015天津国际少年儿童文化艺术节,是艺术节举办以来规格最高、规模最大、内容活动最丰富的一次艺术盛会。天津京剧院访问捷克、"美丽天津"艺术团访问马尔代夫、天津青年京剧团访问法国、塞舌尔、津巴布韦等重点交流活动集中彰显天津文化的独特魅力。华夏未来少儿艺术团 2015"中国梦·世界梦"全球巡演成功走进 7 个国家 10 余座城市,传播中国文化,展示天津良好形象。

文化交流渠道进一步拓宽。推荐 3 名天津画家赴南非、纳米比亚等地参加交流活动,这是天津首次参加该项目的交流活动。成功举办"第三期非洲武术学员培训班"和"第二期非洲学员游戏制作及影视后期培训班"。加快推进天津市融入"一带一路"文化建设,制定完成《中蒙俄经济走廊合作规划(文化部分)》。

【京津冀文化协同发展】 三省市文化文物部门深入贯彻《京津冀协同发展规划纲要》,签署了《京津冀演艺领域深化合作协议》《京津冀三省(市)群众艺术馆(中心)协同发展合作协议》和《京津冀三地长城保护工作框架协议》,成立京津冀演艺联盟、文化产业联盟、公共文化服务示范走廊发展联盟、图书馆联盟、艺术职业教育协同发展联盟,协同发展机制进一步健全。举办京津冀河北梆子优秀剧目巡演(天津站)活动、首届京津冀精品剧目展演、京津冀 2015 演艺项目交易会、京津冀文化产业交流研讨和项目推介会、"地域一体·文化一脉——京津冀历史文化展"等系列文化活动,三地文化交流合作更加紧密,京津冀文化协同发展形成多领域合作、多层次推进的良好态势。

【纪念抗日战争暨世界反法西斯战争胜利 70 周年系列活动】 突出"铭记历史、缅怀先烈、珍爱和平、开创未来"的主题,积极开展展演、展览、展映等系列活动,形成纪念抗日战争胜利 70 周年的高潮。新排演、加工提高音乐会《黄河》、民族交响乐《和平颂》、评剧《红高粱》、儿童剧《鸡毛信》等 21 台抗战题材剧(节)目,演出近 50 场。歌剧《中华儿女》参加文化部纪念抗战胜利 70 周年优秀剧目巡演。组织全市民营院团开展"纪念抗战胜利 70 周年进社区系列演出"活动,推出主题音乐会、广场音乐、歌咏大会、消夏纳凉晚会等 14 场演出。举办《为抗战呐喊——中国共产党与抗战文艺》《亚洲主战场展》等 10 余项特色展览。

(天津市文化广播影视局　王学增)

河北省

【概况】 2015 年,河北省文化系统紧紧围绕省委、省政府的工作大局,坚持以人民为中心的工作导向,深化改革,创新而为,务实而干,各方面工作都取得了新的明显成绩,全省文化建设呈现出创新发展的良好局面。

【公共文化服务】 体制机制建设逐步完善。成立由姜德果副省长任组长,省财政厅、省发改委、省教育厅等 26 个厅局组成的河北省公共文化服务体系建设领导小组。以河北省委、省政府两办名义印发《关于加快构建现代公共文化服务体系的实施意见》和《河北省基本公共文化服务保障标准》。

重点文化设施建设取得新进展。河北省群艺馆新馆、裴艳玲艺术中心、河北省艺术中心改造工程有序推进,列入国家"十二五"地市级三馆建设的唐山市图书馆新馆已于 2015 年底前投入使用。

公共文化服务建设凸显新亮点。廊坊市

创建第二批国家公共文化服务体系示范区工作进入验收阶段，在文化部制度设计课题评审中取得全国第一的好成绩。沧州市成功列入第三批国家级示范区创建城市。唐山市丰南区图书馆公共文化机构法人治理结构试点工作顺利推进。圆满完成全国人大常委会副委员长、民进中央主席严隽琪一行，全国政协副主席卢展工对河北省公共文化服务体系建设情况调研的相关工作任务。

文化惠民工程取得新成效。出台《关于向社会力量购买公共文化服务的实施意见》和指导性目录。积极争取中央资金支持，为燕山、太行山连片特困县配备流动图书车34台，为全省300个城市社区文化中心配发专用设备。全省各级公共博物馆、图书馆、美术馆、文化馆（站）全部实现免费开放。

【文艺创作】 艺术创作精品不断。河北省与北京战友文工团共同创排的大型声乐套曲《西柏坡组歌——人间正道是沧桑》获得习近平、刘云山、刘奇葆、许其亮等中央领导的肯定和批示。围绕“中国梦”和纪念抗日战争胜利70周年主题，创作了舞剧《天边的鼓声》、河北梆子《耿长锁》、杂技剧《吴桥娃娃》、评剧《安娥》等剧目。在文化部举办的纪念抗日战争胜利70周年优秀剧目展演活动中，河北省有三台剧目入选，居于各省首位。国家艺术基金立项获资助总额达1807万元，较2014年增长1071万元。围绕“纪念抗日战争胜利暨世界反法西斯战争胜利70周年”主题，组织开展了美术创作和展览活动，组织了“山清水秀，美丽河北——走进太行”全国油画名家河北古村落写生作品展。

惠民活动丰富多彩。围绕“深入基层，扎根人民”惠民主题，组织开展了“中国梦·赶考行——走进美丽乡村”、百场儿童剧进校园、百场民乐进校园、儿童剧《“下次开船”港》太行山区百场巡演等文化惠民活动，仅河北省文化厅采购惠民演出就达1000余场。成功举办了“优秀传统文化进校园暨河北省乡土艺术展演活动”、第二届中国河间西河书会、首届京津冀（廊坊）京东书会。

品牌文化活动异彩纷呈。成功举办第十五届中国吴桥国际杂技艺术节，河北省参赛节目取得一金一银的历届最好成绩。采取三节合一的创新模式，组织开展第十届河北省戏剧节、河北省纪念中国人民抗日战争暨世界人民反法西斯战争胜利70周年、京津冀舞台精品（河北站）展演，累计演出144场，惠及观众近30万人。组织歌剧《白毛女》全国巡演石家庄站的演出、中韩友好周演出等活动。

【文化产业发展】 宣传推介工作成效显著。深圳文博会上，发布文化产业项目141个，实现签约项目51个，签约总额名列全国第1位，河北省获“优秀展示奖”“优秀组织奖”。北京文博会上，首次亮出河北文房瑰宝展，实现现场销售和合同交易额576万元。成功举办了第四届河北省特色文化产品博览交易会。促成中关村保定数字文物文化产业园、中关村互联网文化产业园承德园、中信国安香河一城文化产业园等重大项目落户河北省。

太行山文化产业带建设扎实推进。会同省财政厅、省委宣传部起草《河北省太行山文化产业带建设发展规划》，组织开展太行山文化产业项目征集谋划和评审工作，从88个项目中评出25个给予支持，下达中央支持资金5000万元，同时带动中央资金对河北省的整体支持。据统计，2015年度中央对河北省文化产业的支持金额名列全国第一位。

【文化市场管理】 综合执法队伍建设取得显著成效。举办了全省文化市场行政执法培训班，承办了京津冀三省市文化市场行政执法师资巡讲培训班，开展综合行政执法案卷评查，河北省推荐案卷被评为“全国文化市场综合执法优秀案卷”。组织实施中西部地区文化市场综合执法能力行动三年计划，并制订河北省行动方案。开展文化市场技术监管与服务平台推广应用工作，组织全省市县三级准入、执法管理员400余人参加培训，达到了培训全覆盖。组织协调查办网络文化案件6件，其中1件入选文化部“以案施训”案例；督办各地案件30余件，其中1件获评文化部“2014—2015年度全国文化市场十大案件”。

*执法检查力度进一步加大。*坚持省市县协调联动，组织各级综合执法机构，在全省范围开展了文化市场管理交叉执法检查。各级文化市场综合行政执法机构共出动执法人员19.32万人次，检查网吧、娱乐、演出等文化市场经营单位7.35万家次，责令改正882家次，警告327家次，责令停业整顿52家次。

*文化市场发展环境进一步优化。*认真落实行政审批取消下放及商事登记制度改革衔接各项工作，加强与市县业务指导和沟通协调，确保行政审批工作有序开展。扎实开展互联网上网服务行业转型升级工作，突破试点地区过往以“机时费”收入为主的单一盈利模式，多元经营效益开始显现。

【文化遗产保护】 *长城保护管理工作取得历史性突破。*围绕贯彻落实习近平总书记、刘延东副总理和省领导关于长城保护工作的重要指示精神，推动召开全省长城保护工作会议和设立省级长城保护专项资金，成立以姜德果副省长为组长的河北省长城保护协调领导小组，初步形成齐抓共管的格局。分市印发《长城保护责任段》，提请省政府将已认定的389处长城公布为河北省文物保护单位，完善属地政府保护责任制和长城身份证体系。涞源乌龙沟长城、金山岭长城、紫荆关长城等修缮保护工程按计划完成或顺利推进；明长城总体保护规划已完成初稿，山海关等7处明长城重点地段保护规划编制进程加快。

*重点文物保护工程扎实推进。*正定古城、承德避暑山庄、清东陵及清西陵、元中都遗址等重大修缮工程进展顺利，推动抗战文物和传统村落文物保护工程，按计划完成了保护任务。仅承德避暑山庄就有28项工程通过国家文物局组织的国家级验收，其中，普乐寺保护修缮工程获2014年度“全国十佳文物保护工程”。赵王城遗址、元中都遗址、泥河湾遗址国家考古遗址公园建设稳步推进；泥河湾考古和行唐故郡抢救性发掘等工作均取得丰硕成果。加快明长城总体保护规划及重点地段保护规划、正定古城墙保护规划编制工作，提高文物保护的科学性、规范性和精准度。

*文物陈列展示水平不断提升。*承办由国家文物局和河北省政府交办的2015年国际博物馆日主场活动，河北博物院的“大汉绝唱——满城汉墓”展被评为“全国博物馆十大陈列展览精品”。

*非物质文化遗产保护工作成效显著。*在承德市成功举办第八届河北省民俗文化节，在河北大学举办“优秀传统文化进校园暨河北省乡土艺术展演”活动。对近年来全省县域非物质文化遗产保护工作进行了专题调研，形成《县域非物质文化遗产保护现状调查报告》。举办两期非遗保护工作业务培训班。部署了第六批省级非遗代表性项目申报工作。完成了向文化部推荐申报第五批国家级非物质文化遗产代表性传承人工作。

【对外和对港澳台文化交流】 *对外文化宣传不断扩大。*紧紧围绕国家外交大局和河北省对外开放的中心工作，以文化部在加拿大举办的中加文化交流年为契机，组派河北文化代表团分别赴加拿大、美国成功举办“河北文化周”活动。认真落实国家“一带一路”战略和省委、省政府关于全面深化与中东欧国家的合作部署,组派河北青年艺术团赴匈牙利参加文化遗产日的文化专场推广演出活动。

对港澳台文化交流不断加深。省文物局会同中国文物交流中心、佛光山佛陀纪念馆,承办了由中华文物交流协会、台湾佛光寺等主办的“佛光普照——河北幽居寺塔石佛暨佛塔宝藏艺术展”,共吸引参观者达 76 万人次,进一步促进台海文化交流。河北省京剧艺术研究院两次组团赴台湾进行演出和传承教学活动,由河北艺术职业学院组成的河北青年舞蹈艺术团赴台湾高雄、台北、花莲、台东等地进行演出,加强了冀台文化界的深度交流。

重大项目引进取得突破性进展。组派河北文化产业代表团访问美国,与美国好莱坞派拉蒙影视公司和好莱坞娱乐传媒联盟,就“好莱坞中国梦想城”落户迁安项目的规划建设进行了细致磋商,“好莱坞中国梦想城”中国迁安项目现已在北京正式签约。

河北文化影响力进一步提升。为稳步推进“部省合作”计划的实施,省文化厅与东京中国文化中心开展了年度对口合作计划,举办河北省现代美术作品展、承德风情展、河北现代名窑名瓷展、唐山皮影专题展演、文化企业展品展示等活动。同时,组派河北艺术团赴日本参加了 2015 东京国际旅游博览会、箱根中秋节庆典和中国驻日本大使馆国庆招待会的专场文艺演出活动。利用国家海外文化中心这一交流平台积极推广河北文化精品,提升河北文化影响,扩大对外文化宣传和文化贸易。

【文化建设】 文化财政投入稳步增长。2015 年省文化厅落实部门预算 2.71 亿元,较上年增加 1182.3 万元,全年省本级累计追加投入 5937.54 万元,落实中央转移支付资金 1.51 亿元。各市对文化建设投入也逐步增加,预算管理执行得到加强,资金使用效率进一步提高。

人才队伍建设不断加强。坚持习近平总书记关于好干部的评价标准,贯彻落实省委关于忠诚干净担当实干的用人导向,干部队伍建设得到加强,素质能力不断提升。干部教育培训内容更加丰富,形式更加多样,在中央文化管理干部学院举办县区长“河北省现代公共文化服务体系构建专题培训班”,以结对帮扶和导师制形式举办“省青年剧作家培训班”“省青年戏曲音乐家培训班”,在省委党校举办“省直文化系统处级干部培训班”,面向文博、图书高级专业技术人员,举办高级研修班。面向各级文化行政管理人员和文化产业基地园区、文艺院团、剧场负责人,举办三期全省文化产业经营与管理人员培训班。面向社会公开招聘了一批年轻优秀专业人才,进一步充实文化人才队伍的梯队建设。组织指导省市县三级向国定、省定贫困县选派文化工作者 945 名、为贫困县选培文化工作者 45 名。

机关运转更加务实高效。制作行政审批工作流程图,开展法规规章、规范性文件和权力清单的清理工作。积极推进政府信息公开,公开各类文件 16 件,信息 120 余条。扎实做好文化宣传和文化信息工作,全年在《中国文化报》刊稿 120 余篇,编印下发《河北文化信息》73 期,向上级单位报送重点信息 100 多条(篇)。

【京津冀文化协同发展】 建立联盟,协同发展的基础得到夯实。积极推进三地在各业务领域开展全方位对接合作,谋划和促成了“京津冀演艺联盟”“京津冀公共文化服务示范走廊发展联盟”“京津冀图书馆联盟”“京津冀长城保护联盟”“京津冀博物馆协作平台”“京津冀艺术职业教育协同发展联盟”，在联盟框架内组织开展系列活动。

创建品牌，协同发展的水平得到提升。打造惠民活动品牌，积极推进、实施“牵手京津冀　欢乐进万家”等文化惠民工程。打造产业推介品牌，依托京冀两地产业资源，共同打造北京文博会、河北特色产业博览会等交易平台。打造协同发展成果展示品牌，在河北省图书馆举办“央企入冀战略成果图片展”，开通“京津冀协同发展服务平台”。

突出重点区域，协同发展的亮点初步显现。在环北京周边沿线，大力加强沿线公共文化服务基础设施建设，建立公共文化产品政府交叉采购机制，加大公共文化服务产品供给和能力提升。在北京至秦唐廊沧沿海走廊沿线，共同推进“公共文化服务示范走廊”项目，建成集中连片公共文化服务示范区域。在北京至河北张家口冬奥会文化旅游沿线，依托张家口的文化、生态、土地资源优势和京津的人才、创意、科技、金融资源优势，发展民俗游、生态游及其他创意产业。

注重文化融合，协同发展向横向拓展。与体育融合，与张家口市相关部门沟通，抓住张家口成功申办 2022 年冬奥会契机，提出了“历史文化、民俗精品、草原风情、冰雪温泉、葡萄(酒)品游”等文化主题。与旅游融合，参加中信国安集团等单位在香河“天下第一城”联合主办的首届“一带一路一城”国际文化艺术节。与“互联网＋”融合，推进三地数字图书馆、数字文化馆、数字博物馆的共建共享和信息互通。支持保定市与北京中关村数字文物产业联盟共同推进中国·保定数字文物文化产业园项目。

（河北省文化厅　李　征）

山西省

【概况】 2015 年，山西文化系统紧紧围绕省委“五句话”总体要求和“六大发展”，坚决贯彻落实山西省委、省政府决策部署，大力弘扬“三个文化”，推动文化改革发展取得新成效。

【文化设施建设】 山西晋剧艺术中心和山西省少儿图书馆、省古籍保护中心工程顺利推进。山西省古籍保护中心得到国家图书馆大力支持，挂牌成立“国家级古籍修复技艺传习中心山西传习所”。

深入开展“文化惠民在三晋”系列活动。包括欢乐下基层、爱心接力、润物无声、快乐生活、美丽三晋、幸福使者等 10 项活动和“阵地服务、流动服务、数字服务、优惠服务、共建服务”等 5 项服务。落实省级购买公共演出资金 1100 万元，购买演出 371 场，各市落实购买资金超过 4000 万元，购买演出 9974 场，观众达 800 万人次。会同省武警总队深入开展“三联三创”活动，深入驻军、武警和企业重点工程演出 70 余场。牵头举办“中国梦·黄土情”晋冀蒙陕甘宁六省(区)地方戏曲及民乐民歌“三展”活动，25 个艺术团体、3000 多名演员演出 200 场。这样规模和格局的文化交流在山西还是第一次，受到省内外好评。

省级文化单位惠民活动丰富多彩，发挥引领和示范作用。山西大剧院全年演出 328 场，观众 30 万人次，在保利院线 43 座剧院考核中排名第二；山西省图书馆接待读者 178 万人次，举办“文源讲坛”“文源视界”等各类讲座展览 170 余场；山西省群艺馆举办公益培训和文化活动 130 余场(次)；山西画院举办建院 30 周年纪念展；山西书法院深入各市开展

“翰墨薪传”大型书法公益培训，培训学员2500余人，在全国书法界引起较大反响。

*着力提升市县公共文化设施建设水平。*落实专项资金2910万元，支持晋中市图书馆、临汾市图书馆和太原市小店区等9个县级“两馆”建设。全省公共文化设施达标率达80.19%，完成“十二五”规划目标。实施“农村公共文化服务提升工程”，保障乡村两级文化站（室）免费开放，落实中央和省、市投资1.5亿余元。朔州、晋中扎实推进国家公共文化服务体系示范区建设。朔州、长治启动基层综合性文化服务中心建设试点工作。

*深化公益性文化事业单位改革，加强文化类社会组织管理。*山西省图书馆成立理事会，《山西省文化厅文化类社会组织管理暂行办法》出台实施。

【文艺创作】 深入学习贯彻习近平总书记在文艺工作座谈会上的重要讲话和王儒林书记在山西省委常委会上对繁荣发展戏曲和文艺事业提出的要求，紧扣“中国梦”和“三个文化”主题打造精品力作。山西省委宣传部、省文化厅组织晋剧《于成龙》、音乐剧《火花》、儿童剧《红星杨》、话剧《生命如歌》、晋剧《红高粱》、舞剧《吕梁英雄传》、京剧《陈廷敬》、话剧《村官段爱平》、北路梆子《续范亭》、歌舞剧《太行奶娘》等10部新创舞台剧晋京演出，标志着山西艺术创作又达到了一个新的高度。还涌现出襄垣秧歌剧《法显》、晋剧《王家大院》、蒲剧《枣儿谣》等一批好作品。

围绕纪念中国人民抗日战争暨世界反法西斯战争胜利70周年，大力弘扬红色文化，组织开展“5+1”活动，即分别在北京和太原举办“中国梦·太行魂——全国中国画作品展”“红色记忆颂太行·弊革风清倡廉政”剪纸艺术作品展、“历史的足迹·红色的记忆”优秀舞台剧展演、“烽火三晋·红色文华”三大抗日根据地文献展、“戏曲精品老区行”慰问演出等5项活动，其中深入老区慰问演出109场，涉及全省11个县区、51个乡镇、47个行政村，惠及数万群众；拍摄一部专题片《烽火丹青——抗战时期山西根据地美术事业》，在中央数字电视《书画频道》和山西卫视播出。上述活动弘扬了伟大的抗战精神和老区精神，使山西这个老根据地在全国纪念抗战胜利70周年系列活动中亮点频现。

创新全省艺术创作机制，出台《艺术创作联席会议制度》《新创剧目报送制度》《首演剧目报送制度》，实现全省艺术创作信息和资源共享。

组织30个项目入选国家艺术基金资助名单，获得资助3737万元，居全国第三，比上年增加1952.5万元，有力支撑了全省艺术创作。

【文化产业发展】 *加快推进省级重点项目建设。*山西省文化保税区2015年9月8日开工建设，由山西省文化厅与山西省投资集团合作建设，总投资6亿元，是全国为数不多的文化保税专区；山西省文化产业园中的孟母文化广场已经建成，博物馆、非遗片区、文化驿站等项目建设顺利推进；山西省文化产权交易中心建设路径基本确定；山西文化云平台启动建设，山西省文化厅已与晋能集团签署合作协议，运用云计算、大数据等对山西文化资源进行数字化保存整理和开发利用。与国有大型企业开展合作是近年来山西推动文化产业发展的一个重要特征和全新突破，促进了文化部门政策资源优势与大型国企技术资金优势的整合，拓宽文化工作的视野和路径，得到文化部领导的肯定。同时，支持民营文化企业发展，山西省民营文化企业协会筹建工作基本就绪，确定入会企业1000余家。

*主办和参加一系列文化产业展会活动。*参与主办文博会，配合举办书博会、体博会、

农博会，会同山西省演艺集团、山西省工美集团完成非遗和工美展览专场15000多平方米，安排多场演出。组织参加山西品牌中华行，参加第十一届深圳文博会、第九届中博会、第二届中国—东盟博览会文化展、第十届北京国际文化创意产业博览会等。全年举办国内外展览54场，扩大山西文化产业影响力。

加快发展新兴文化产业。组织全省动漫企业参加国家动漫企业认定，国家认定的动漫企业达10家，《一代廉吏于成龙》等3个原创动漫品牌入选国家动漫扶持计划。平定县冠窑砂器有限责任公司等7家企业成为第三批省级文化产业示范基地，目前全省省级文化产业示范基地达41家。

【文化市场管理】 扎实推进“六权治本”，依法确定5类22项行政权力，建立权力清单和责任清单，绘制权力运行流程图，并在山西省文化厅官网公布。完成文化市场技术监管和服务平台建设，经营场所录入和网上激活率达98%以上，全年准入办理6168个，执法办理11060个，被文化部评为2015年度文化市场综合执法优秀单位。加强行政审批和综合执法人员培训与管理，组织全省执法队伍技能大比武、文化市场综合执法案卷评查活动，组织检查经营单位10余万家次。推进网吧转型升级，全省转型升级试点网吧达到160余家。

【非遗保护】 一是启动实施“乡村文化记忆工程”，在全省112个乡镇开展试点工作，依托乡镇综合文化站，对乡村历史脉络、文化烙印、传统街区和乡风民俗等进行调查整理和科学保护展示，拓展了弘扬中华优秀传统文化和非遗保护的新领域。二是推进“晋中文化生态保护实验区”建设，出台《关于建设“晋中文化生态保护实验区”的意见》，制定《晋中文化生态保护区总体规划实施细则》《山西省非物质文化遗产生产性保护示范基地中长期规划》。三是完成第五批国家级非物质文化遗产代表性项目代表性传承人的申报推荐。评审认定第四批省级非遗项目代表性传承人202人，目前省级传承人达到816人。开展10项国家级非遗代表性传承人抢救记录。四是与晋中学院合作开展《山西省非物质文化遗产生产性保护示范基地中长期发展规划》课题研究。组织全省部分基层非遗传承人参加中国非物质文化遗产传承人群研修研习培训。

【文化交流】 山西省文化厅与葡萄牙里斯本大学孔子学院签署合作协议，与毛里求斯中国文化中心建立长期合作机制，这是山西文化部门近年来首次与国家驻外文化机构开展战略合作。

组织参加山西品牌丝路行，赴匈牙利、俄罗斯、意大利等国推介山西文化和经贸项目，会同山西省演艺集团、山西省工美集团举办各类演出20余场，展出非遗和工艺精品2400余件；组织华晋舞剧团等赴俄罗斯、泰国、香港参加交流演出和“欢乐春节”等活动。全年开展对外文化交流10批、264人次。

创新文化援疆方式，创作话剧《生命如歌》并赴疆巡演22场，这是19个援疆省份中第一部专题援疆文艺作品。扎实推进人才援疆援藏，选派优秀援疆干部，为新疆和西藏培训文化干部60余名，在山西戏剧职业学院举办三年制新疆曲子班，培养学员30名。

【文化政策】 编制《山西省“十三五”时期文化改革发展规划》《山西省“十三五”时期红色文化传承保护与开发规划》。尤其是山西作为革命老区编制出红色文化规划，在山西历史上是第一次，也是全国第一个省级红色文化专项规划，具有十分重要的意义。

起草《关于贯彻落实〈进一步加强对外和

对港澳台文化工作的意见〉的实施意见》《关于提高公共文化服务水平的若干措施》《关于实施“山西省戏曲传承发展振兴工程”的意见》等政策措施。出台《山西省节庆活动管理办法》,承担省清理和规范庆典研讨会论坛活动工作领导小组办公室各项工作。完善公共文化服务体系建设协调组议事规则和成员单位职责任务分工。

实施“三区”人才支持计划文化工作者专项。山西戏剧职业学院成为华北地区唯一被文化部命名的文化干部培训基地。

全年中央和省级安排资金 6.39 亿元,其中专项资金 5.2 亿元,较上年增加约 7000 万元,增幅为 13.5%(转移支付市县专项资金约 3.1 亿元)。

推进文化法治建设,印发《关于加强文化法治工作的实施意见》,为全省文化工作第一个综合性法治文件。配合开展《非物质文化遗产法》和《山西省非物质文化遗产条例》执行情况调研,受山西省政府委托向省人大常委会做了专题报告。

(山西省文化厅　杨　渊　邹文姣)

内蒙古自治区

【概况】　内蒙古自治区文化厅是主管全区文化艺术事业的自治区人民政府组成部门。厅机关现有公务员编制 55 名,在职 48 人,离退休 63 人,设职能处室 12 个,管理区直文化单位 11 个,职工 1351 人。

一年来,文化厅深入学习贯彻党的十八大和十八届三中、四中、五中全会精神,深入学习贯彻习近平总书记系列重要讲话和考察内蒙古重要讲话精神,紧紧围绕自治区“8337”发展思路和打造祖国北疆文化繁荣亮丽风景线的总体要求,积极落实全国文化厅局长、全国艺术创作和全区宣传思想文化工作会议精神,召开了 2015 年全区文化局长和文物工作会议,精心组织谋划“十三五”文化发展规划,以改革创新的精神状态和求真务实的工作作风,推动各项工作取得新发展呈现新面貌,为实现建设文化强区目标奠定坚实的基础。

【建章立制】　“十三五”规划编制是 2015 年的一项重要工作。在已完成“十三五”规划前期调研报告的基础上,厅领导班子成员分别带队深入基层开展调研工作,聘请文化部、北京大学、中国人民大学、自治区相关部门的专家进行了评审,征求了盟市文化部门意见,先后集中力量进行了 5 次修改完善,现已形成初稿。

建章立制,明确责任。制定了《2015 年文化厅改革工作要点》,建立了《文化厅 2015 年文化体制改革工作台账》。积极推进改革试点工作。分别召开了全区改革试点地区、单位推进会和经验成果交流会,对改革试点地区和单位进行了指导、验收和总结。有序推动改革任务的落实。文化厅负责的 7 项改革任务,3 项已经自治区党委深改组通过,3 项待审批,剩余 1 项法人治理结构试点工作进展顺利。内蒙古博物院等 9 家公益性单位均已成立理事会,并在运行中逐步完善,此项工作于 2017 年在全区全面推广。

【公共文化服务】　扎实推进基础设施和“十个全覆盖”工程。文化基础设施续建项目 20 个,现累计完成投资 6.48 亿元。2015 年度“十个全覆盖”工程 4688 个嘎查村文化室设备配发任务,已完成 97.7%,其余均进入采购程序。中宣部、文化部、广电总局在通辽市召开现场会议并进行推广。继续开展公共文化评选创优活动。圆满完成全区第四次文化馆评估工作;评选命名了 2013—2014 年度成绩突出的基层十佳图书馆、文化馆、文化站、民间剧团、文化户(大院);内蒙古图书馆李晓秋被评为“2015 中国图书馆十大榜样人物”,包头市稀土高新区万水泉镇综合文化站被命名为“2015 全国优秀文化站”。推进公共文化示范区创建工作。呼和浩特市入选第三批全国公共文化服务体系示范区创建城市。公共数字文化惠民工程取得新进展。“数字文化走进蒙古包”工程投入 3500 万元,建设 242 个一级数字加油站、810 个移动数字加油站,受益人群共达 200 多万人。“彩云服务”成为一项重大创新项目。举办示范性群众文化活动。积极推动“春雨工程”文化志愿者边疆行活动。组织 4 支队伍参加全国社会文化比赛。节庆活动、主题文化活动丰富多彩。全区现有内蒙古草原文化节、呼和浩特昭君文化节、包头鹿城文化节、额济纳胡杨节等特色化、品牌化、规模化节庆文化活动 166 个,参与人数多、持续时间长、影响广泛。

【文艺创作】 认真贯彻落实习近平总书记在文艺工作座谈会上的讲话精神和《中共中央关于繁荣发展社会主义文艺的意见》,坚持以人民为中心的创作导向,艺术创作取得新进展。按照“规划一批、扶持一批、推出一批”,涌现出一批《尹湛纳希》《我的贝勒格人生》《北梁人家》等优秀新剧目。创排的《草原上的乌兰牧骑》在京汇报演出获得了圆满成功。制订出台了《全区舞台艺术 2015——2017 年创作规划》和《自治区文化厅关于开展以“中国梦”为主题向社会力量征集优秀舞台剧本的通知》,目前已投入 80 万元,完成了第一次项目开标。持续推进“深扎”活动。设立了艺术创作采风基地,部署“深入生活、扎根人民”的主题实践活动,开展“结对子、种文化”等活动。全区乌兰牧骑深入基层,提炼艺术创作,掀起了“深入生活、扎根人民”演出、宣传、辅导、服务热潮和以人民为中心的创作高潮。坚持把社会效益放在首位,大力开展文化惠民演出。全区三级文艺院团深入基层演出 7000 余场。内蒙古民族艺术剧院启动了 2015“春节演出季”活动,推出了 22 场惠民演出。充分挖掘和展示内蒙古特色文化,繁荣戏剧舞台艺术。举办了全区蒙古语和汉语小戏小品比赛。宁城乌兰牧骑评剧《烽火宁城》和包头市漫瀚艺术剧院漫瀚剧《风祥楼》参加了全国“纪念中国人民抗日战争暨世界反法西斯战争胜利 70 周年优秀剧目巡演”活动。积极完成各项演出活动,提升了草原文化影响力。截至目前,共进行了 25 场国内外交流演出,12 台剧目参加了“草原文化节”展演,圆满完成中蒙博览会承办任务。对《千古马颂》进行了改版升级,共演出 87 场,其中惠民演出 20 场,观众近 10 万人次。加强培训、评估和国家艺术基金项目申报工作。全年共举办 3 次培训,有 350 余人参加。开展了全区第六次乌兰牧骑评估工作。《我的贝勒格人生》等 15 个项目入选国家艺术基金资助项目,获得资助总额 2215 万元。

【文化产业发展】 推进文化与旅游融合发展。制定了《进一步促进文化与旅游融合发展的指导意见》。举办了“第二届文化与旅游融合发展”,15 个项目成功签约,项目总投资 232 亿元。推动文化产业重大项目建设。呼伦贝尔中俄蒙文化产业园等 7 个项目获国家文化产业专项资金支持。内蒙古民隆文化产业园等 3 个项目获得国家文化产业特色项目专项资金扶持。将《千古马颂》《马可波罗传奇》等项目确定为年度重点文化创意项目。加快文化产业园区、示范基地建设。评审了第一批自治区级文化产业园区和第四批自治区级文化产业示范基地。促进文化创意产业与相关产业融合发展。举办了“第二届内蒙古自治区工艺美术创新作品大赛”，共有209家企业的209件精美文化创新产品参加了评奖活动。发挥政银合作平台作用。截至目前，有25家文化企业获得银行贷款26.7亿元。以市场为载体，积极培育新动力。组织20家企业参加了深圳文博会，成功签约119项，合作金额2.45亿元，现场销售额近500万元，取得了良好的经济和社会效益。

【文化市场管理】 扎实推进“文化市场北疆稳定工程”。共派出11个检查组，对10个盟市的文化市场经营秩序、安全生产工作进行了督察。组织开展了全区文化市场安全生产大检查及年度考评验收工作。强化事中事后监管。注重由“重事后处罚”向“重事前预防”转移，由“重管理”向“重服务”转移，鼓励各地利用视频技术进行实时监管。全面应用全国文化市场技术监管与服务平台。到2015年6月底前，实现了全区三级全面上线应用平台的目标，分片区举办了9个盟市全员应用培训班。进一步规范行政审批，做好下放衔接工作，营造健康发展环境。举办了全区文化市场行政审批培训班，指导盟市做好下放的8项审批项目的衔接。落实网吧管理的新政策新要求，做好转型升级工作。指导各盟市选取15—20家网吧启动了上网服务营业场所转型升级试点工作。加强文化市场执法和法制宣传。组织开展“12318”普法宣传活动。以自治区和盟市执法队伍为重点，采取以案施训方式，重点学方法，突出操作性，培养骨干群，层层带动，实现全区网络文化市场查办案件的新突破。共办结网络文化市场案件13件。首次有4件案件分别被评为全国文化市场十大案件和重大案件。加大培训力度，提高队伍能力素质。共举办培训16期，参训人员达980多人次。

【文化遗产保护】 认真贯彻落实习近平总书记、李克强总理和刘延东副总理关于长城保护工作的重要批示和讲话精神。自治区召开了“全区长城保护工作会议”，刘新乐副主席部署了全区长城保护工作，签订了《长城保护责任状》。制定了《内蒙古自治区关于加强长城保护工作的实施意见》，从主席预备费列支1000万元作为2015年长城保护专项经费。从2016年起，将长城保护经费纳入自治区本级财政预算。设立自治区长城保护管理机构和长城保护基金。结合国家“一带一路”战略，认真开展万里茶道内蒙古段申遗工作。举办了“万里茶道内蒙古段申遗文物展览”，把万里茶道文物保护列入今年文物工作重点，确定了自治区申遗的节点城市，推进了中蒙联合考古工作，发布了联合考古10年取得的重要成果。文物考古取得了突出成绩。“蒙古族源”工程考古研究取得重要成果，陈巴尔虎旗岗嘎墓地被列为我国重要的六大考古新成果，锡正镶白旗伊和淖尔鲜卑墓群荣获“2014年度全国十大考古新发现”。做好全区可移动文物普查工作、重点文物保护项目申报、立法执法、安全保卫和宣传培训等工作。申报项目获批59项，申请到资金约2.3亿元；会同锡材部勒盟开展了《元上都遗址保护管理条例》的立法调研，会同住建厅制定颁发了《关于全区传统村落建筑评审管理办法》；组织开展了《血沃草原——纪念中国人民抗日战争胜利70周年大型文物展览》、“文化遗产日”、《博物馆条例》等宣传活动。积极开展人才队伍培养和建设工作，建立了3个培训基地，举办和协办了3期培训；推进博物馆、纪念馆免费开放工作。内蒙古博物院全年接待观众198万人次。启动了全区智慧博物馆建设工作。扎实推进了非遗工作。继续实施

"双百工程"和内蒙古文化艺术长廊建设计划，已经完成31个项目的采录工作；开展了第五批自治区级非物质文化遗产名录项目的推荐申报工作，组织申报乌兰察布市隆盛庄为第二批中国传统村落保护利用项目；启动了非物质文化遗产蒙汉文手机平台的开发工作，出版了《内蒙古蒙古族长调风格区及其典型曲目》的编撰工作，完成了《内蒙古非物质文化遗产普查手册》与《普查试点集》的蒙古文翻译及审稿等工作；举办了"全区非物质文化遗产展"，开展了全区"中国文化遗产日"系列宣传活动，推动了"千校万户"实施进度和传承队伍建设。

【对外和对港澳台文化交流】 按照"向北开发"发展战略，推进与俄蒙文化交流工作。制定了《进一步加强与俄罗斯和蒙古国进行文化交流的意见》，旨在建立自治区与俄蒙文化交流长效机制、打造中俄蒙文化交流品牌、深入开展各领域合作。积极开展文化交流活动。在丹麦举办了"美丽草原我的家——丹麦·中国内蒙古文化周"活动。派团赴泰国参加了2015"欢乐春节"活动，赴非洲进行了访问演出活动。全年共派出30个团组、239人次，赴17个国家和地区开展了文化交流活动，10余个国家和地区的329名文化艺术工作者来访。高质量完成了承办的任务。圆满接待了第三届驻华外交官"文化中国行"内蒙古文化之旅活动，20余名驻中国大使及参赞来访，进一步提升草原文化的知名度和美誉度。呼和浩特演艺集团的《马可波罗》剧走进欧洲，全年国外演出场次达167场，在文化"走出去"上进行了新的探索。加强培训工作。选派21人赴英国，参加"文化产业创意设计培训班"学习，举办全区对外交流工作骨干培训班。

（内蒙古自治区文化厅　赵建华　王佐政）

辽宁省

【概况】 2015年，全省文化工作者认真学习领会中央和省委、省政府关于文化繁荣发展的精神和要求，紧紧围绕辽宁振兴大局，团结进取，务实创新，推动各项文化建设取得了新成效。

【公共文化服务】 认真贯彻中办、国办《关于加快构建现代公共文化服务体系的意见》（中办发〔2015〕2号）精神，积极推进全省公共文化服务体系建设。推进公共文化服务均等化。省政府办公厅印发《省文化厅等部门关于政府向社会力量购买公共文化服务实施意见》。盘锦市进入第三批国家公共文化服务体系示范区创建行列，辽阳灯塔市"燕州乡村大舞台"、朝阳市"凌河沿岸群众文化活动带建设"等5个项目被列入第三批国家公共文化服务体系示范创建项目。命名民间文化艺术之乡3个、文化先进乡镇（街道）40个、文化先进村（社区）92个。在全国第四次文化馆定级中，辽宁6个市群众艺术馆、52个县（区）文化馆达到国家等级馆标准。实施文化惠民工程。举办2015辽宁省群众文化节，围绕"植根沃土·铸梦辽宁"主题开展群众文化活动500余项，全省有9个市同时举办联动演出，历时40天，受益群众180万。省图书馆新馆试开馆三个多月，接待读者40余万人次。公布705部第三批省珍贵古籍名录和2个第三批省古籍重点保护单位，"中国文化网络电视"落户辽宁，文化共享频道播放视频节目5472小时，推送图文信息13950条。打造群众文化活动品牌。开展2014年度"七个一百"群众文化活动品牌评审，评选出特色群众文化活动基地、示范广场、群文之星等一批典型。举办的“走进辽图、书海畅游”辽宁省第四届全民读书节和“周末百姓大舞台”活动，收到良好效果。各市突出地域特色，打造了一批群众文化活动品牌，沈阳的“社区文化节”、大连的“公益文化百村行”、鞍山的“千山文化节”、抚顺的“秧歌大赛”、本溪的“十惠民生工程”、丹东的“朝鲜族民俗游园会”、锦州的“京剧评剧票友节”、阜新的“消夏文化广场”、辽阳的“河东之夏”、铁岭的“铁岭欢歌”、盘锦的“鹤乡之夏”、朝阳的“农民春晚”、葫芦岛的“沙滩音乐季”等活动，深受人民群众喜爱。多点推开流动文化服务。为厅直单位配备了第一批流动文化服务用车7辆，省图书馆的“百万图书万里行”活动累计服务589个点次，流动图书馆外借9万人次、18万册次。省群众艺术馆开展“百馆千站万村”培训77场次，涵盖480个村屯，培育基层业务骨干4000多人。省非物质文化遗产保护中心自办和与市县联办“流动传习所”活动60场。各市开展各类流动文化服务活动6600场。继续推进文化志愿服务。开展“传递书香、见证成长”图书馆嘉年华系列志愿服务活动、“欢乐节日，爱我中华”节日纪念日文化志愿服务活动、“共享历史，感受快乐”博物馆志愿服务活动等。以文化志愿者为主体，开展送演出下乡镇、到社区、进军营活动2600多场，举办各种展览和讲座1600余次。

【文艺创作】 文艺工作者认真贯彻习近平总书记在文艺工作座谈会上的讲话精神，坚持以人民为中心的创作导向，繁荣艺术创作和演出。创作演出一批抗战题材和现实题材的优秀剧目。组织省直艺术院团对新推出的大型剧目进一步修改、加工、提高，开展纪念中国人民抗日战争胜利暨世界反法西斯战争胜利70周年剧目展演活动。特别是话剧《祖传秘方》《孔子》《大国工匠》《张鸣岐》，舞剧《梅兰芳》、歌剧《雪原》、芭蕾舞剧《八女投江》、评剧《风流屯》、满族风情歌舞《八旗山水谣》、音乐舞蹈史诗《昨天我们不会忘记》等作品在省内外演出，广受好评，11月20日，中央电视台新闻联播报道了辽宁文艺创作演出盛况。各地也采取有效举措繁荣艺术创作，沈阳建立了艺术专家评委会，大连举办了三年一届的新人新剧目展演，锦州实施了艺术精品创作生产工程。全省共106个项目入选国家艺术基金项目，其中，辽宁儿童艺术剧院的3D版《人参娃娃》和辽宁芭蕾舞团《二泉映月》等16个项目获国家艺术基金资助。开展“深入生活，扎根人民”主题实践活动。全省各级艺术院团创作的优秀剧(节)目赴乡镇、企业、社区、学校、军营演出5700余场，观众近350万人，较好地完成了省政府确定的民生实事。组织全省中青年优秀编剧人才到鞍山市岫岩县开展采风活动，建立基层创作采风基地。辽宁芭蕾舞团被确定为参加教育部、文化部、财政部组织的2015年高雅艺术进校园活动的全国两个地方院团之一，到全国各地高校演出，为辽宁赢得荣誉。辽宁歌剧院组织文化志愿者到军营、海岛为战士演出，收到良好社会效益。振兴地方戏曲。组织开展评剧、辽剧、海城喇叭戏、铁岭秧歌剧、阜新蒙古剧等辽宁省主要地方戏曲调研，按照国务院关于支持地方戏曲传承发展的意见，省政府办公厅印发了《关于振兴辽宁地方戏曲的实施意见》，明确了振兴目标，提出了9项任务和3项保障措施。辽宁、吉林、黑龙江和内蒙古四省区文化厅在沈阳共同主办“菊苑流芳——首届辽吉黑内蒙古四省区地方戏曲优秀剧目展演”活动，演出7个剧种10台剧目，演出20场，观众达1.5万余人。启动省直艺术院团与基层艺术团体结对共建活动。省直4家院团和沈阳市、大连市各3家院团与全省18家基层院团开展“结对子”活动，组织优秀主创人员为基层院团进行业务培训和指导，共同推动辽宁舞台艺术创作。

【文化产业发展】 全省文化系统文化产业不断推进提质增效，文化企业单位3.23万个，从业人员51.8万人，继续保持强劲发展势头。积极发展演艺娱乐业。推进辽宁剧院联盟建设，大力促进民营演出发展，全省剧院联盟剧场达到31家，实现演出3600余场，票房收入近0.6亿元。重点扶持40家民营演出骨干企业，民营演出团体全年演出6万多场，收入3.66亿元。省内123家大型娱乐场所，共演出3万余场，收入1.58亿元。全省演艺娱乐业实现收入6.8亿元，比2014年增长18%。推动动漫游戏产业发展。全省有9家动漫企业入选国家动漫企业资源项目库，有3家动漫企业被国家认定为文化出口重点企业。2个项目入选文化部弘扬社会主义核心价值观动漫扶持计划。成功举办第七届中国（沈阳）动漫电玩博览会暨首届中国（沈阳）创意产业博览会，观众超过15万人次，交易额1.8亿元。全省动漫游戏产业产值达66.15亿，比2014年增长18.7%。培育工艺美术业品牌。成功举办辽宁工艺精品文化节，鞍山岫玉、阜新玛瑙、本溪辽砚、朝阳紫砂、抚顺琥珀等品牌得到进一步发展。沈阳古玩城、鞍山文化大市场、抚顺文化大市场、锦州古玩城、阜新十家子玛瑙城等城市影响力不断扩大。大连大白鲨系列、朝阳紫陶项目、沈阳皇宫绒绣项目入选国家特色文化产业项目。工艺美术业实现收入58.69亿元，比2014年增长22.3%。举办丰富多彩展会活动。成功举办第六届中国东北文化产业博览交易会，东北三省、京津冀等600余个企业参展，现场单项签约额高达200亿元。全省共举办文化会展活动27个，交易额突破30亿元，比2014年增长了20%。成功举办第十届中国锦州古玩文化节和阜新玛瑙文化节，影响力不断扩大。文化会展业实现产值26.5亿元。加强项目、园区和基地管理。全省新开工及增容扩建文化产业项目85个，完成项目投资155亿元，争取国家专项资金3640余万元。5家文化产业示范基地入选“中国文化产业园区100强”，列全国第四。4个项目入选财政部、文化部2015年度文化金融合作项目库，获国家专项资金2160万元。目前，省级文化产业示范（试验）园区达到11个、示范基地达到46个，各类国家级文化产业园区、基地达到18个。

【文化市场管理】 紧紧围绕文化市场规范发展，一手抓管理，一手抓繁荣，提升文化市场监管能力与管理水平，促进市场有序繁荣。开展综合执法对口交流。通过以案施训、培训执法骨干、两地调研座谈等形式与广西开展综合执法协作交流，邀请广西执法骨干100余人参加辽宁执法培训。选派省文化市场综合执法骨干20人次为广西各地执法培训班授课，联合办理网络文化案件4个，两省区开展执法座谈交流22次。提升综合执法能力。举办2期全省文化市场综合执法骨干培训，培训各地文化执法骨干100人。举办辽南、辽西和辽东北三片区执法培训，培训市县区一线年轻执法人员200人，组织1次执法案卷评查、2次案例评析、3次以案施训等活动，促进执法实践。推进平台应用。召开全省文化市场技术监管与服务平台应用工作推进会，对平台应用工作进行了通报、总结和再部署，组织督查组对各地平台应用情况进行督导。全省平台存量数据激活率和平台使用率接近100%，排在全国前列。促进市场繁荣。全面推进网吧转型升级，确定沈阳、大连、鞍山、锦州、葫芦岛5市为试点城市，全省现有新型网吧600余家，超过网吧总量的10%。落实“先照后证”要求，规范审批程序，编印下发了《文化市场行政审批办事指南业务手册》，出台了《辽宁省文化市场综合执法说理式执法文书规范》。全年审批20家演出机构，全省各地共审批各类文化经营场所252家，其中，上网服务场所130家。强化市场监管。在春节、“两会”、寒暑假等关键时间节点，有针对性地开展文化市场专项整治，全省共出动检查人员23万人次，检查文化经营场所8.1万家，办结案件1988件。其中娜娜动漫网、517票务网等案件得到文化部表扬，葫芦岛市文化市场综合执法队被文化部授予“全国文化市场综合执法先进集体”。

【文物保护】 坚持文物保护工作方针，切实推动文物和博物馆工作取得新进展。推进抗战纪念设施保护。阜新万人坑死难矿工纪念馆于8月15日开馆，开展抗战文物排查和调研，中共满洲省委旧址纪念馆、沈阳二战盟军战俘营旧址、抚顺平顶山惨案纪念馆、赵尚志纪念馆进入第二批国家级抗战设施、遗址名录。完成了台吉万人坑等3处省级文物保护单位保护方案编制、论证和审批工作，与吉林、黑龙江两省筹划召开了东北抗战遗迹联盟成立大会。加强文物保护工程管理。27个全国重点文物保护项目、20个保护工程设计方案、4处抗战纪念设施文物保护工程立项报告获国家文物局批准。完成文保工程勘察设计项目36项，有38个项目获国家补助资金1.7亿元。锦州广济寺古建筑群维修工程入选“第二届（2014年度）全国十佳文物保护工程”。强化“四有”保护工作，第六批、第七批共93处全国重点文物保护单位电子档案报送国家文物局；启动了第七批全国重点文物保护单位、第九批省级文物保护单位保护范围和建设控制地带划定工作。推进考古工作取得突破。医巫闾山辽代帝陵考古取得重大收获，新立辽代建筑遗址发掘发现了等级高、规模大的建筑址及一座大型陪葬墓；半拉山红山文化积石冢出土精美的石质雕像及玉器；燕州城山城发掘发现了高句丽大型建筑址；丹东一号沉船初步确定为清北洋水师“致远舰”；姜女石遗址海域发现一处水下人工建筑。配合基本建设，开展了京哈高速公路杏山枢纽立交改建等20余项大、中型基本建设过程中的文物保护工作。不断加强博物馆管理。省博物馆顺利搬迁新馆，5月16日试开馆以来，举办十余个展览，接待观众42.6万人次。全省各地围绕“5.18国际博物馆日”“文化遗产日”举办了多项宣传展示活动。沈阳“九·一八”历史博物馆、张氏帅府博物馆、阜新万人坑死难矿工纪念馆的三维数字展馆系统设计方案得到国家文物局批准。推进第一次全国可移动文物普查，启动全省非国有博物馆评估工作。有效开展文物科技保护。9项可移动文物保护方案和立项报告获国家文物局批复，申请国家经费6804万元。完成涉案文物鉴定196次，对全省文物拍卖企业5次拍卖会、3476件拍卖标的进行审核。加大文物执法力度。对鞍山、锦州进行文物执法督察，依法查处葫芦岛磨石沟砖塔地宫被盗案、锦州北镇市盗墓案。组织安消防和防雷电工程项目论证，向国家文物局申报项目42项，涉及10个市29个全国重点文物保护单位。印制文物执法督查记录标准表格，规范执法案件案卷。

【非物质文化遗产】 加强保护和传承体系建设，不断推进非物质文化遗产传承发展。抓好省政府民生实事。组织开展“辽宁省人民政府重点民生工程——‘传承民族文化　筑梦精神家园’非遗进校园、进社区系列活动”306场，较好地完成了省政府工作报告确定的非遗民生实事。评选代表性项目和传承人。

《辽宁省非物质文化遗产条例》于2015年2月1日正式实施，为非遗工作提供了法律保障。依照《辽宁省非物质文化遗产条例》，评选公布第五批省级非物质文化遗产代表性项目名录58项、第三批省级非物质文化遗产代表性项目传承人59人。举办宣传展示活动。省文化厅与朝阳市政府在朝阳市联合举办全国第十个文化遗产日展示展演活动，选调全省近百个非物质文化遗产代表性项目、300余名传承人及民间艺人参加现场表演和展示。省文化厅与沈阳市政府在沈阳市联合举办2015中国（沈阳）非物质文化遗产传统技艺大展暨金秋皇寺庙会，130项各具特色的非遗项目、400多名传承人齐聚一堂，展示绝活、交流技艺，观众达40万人次。推进整体性保护。完成辽东文化生态保护区申报国家级文化生态保护区工作，启动辽西（朝阳）文化生态保护区建设。

【对外和对港澳台文化交流】 紧密围绕文化工作大局，积极实施文化"走出去"和"引进来"战略，进一步活跃对外文化交流。圆满完成南非"中国年""中津建交35周年"访演任务。辽宁芭蕾舞团与约翰内斯堡芭蕾舞团联合排演的《天鹅湖》在南非约翰内斯堡和布隆方丹两个城市巡演33天21场。为庆祝中津建交35周年，辽宁芭蕾舞团赴哈拉雷访演，成为35年来踏入津巴布韦的首支中国芭蕾舞团，中国驻南非大使馆、驻津巴布韦大使馆给文化部、外交部、辽宁省政府发来专电，高度评价辽宁芭蕾舞团访演成功。圆满完成辽宁省与墨西哥中国文化中心对口合作项目。组织文艺演出、非物质文化遗产展览等文化交流团组5批79人次赴墨西哥中国文化中心开展文化交流，举办"辽宁省非物质文化遗产展览展示"、专业培训等交流活动。辽宁芭蕾舞团排演的《斯巴达克》，赴墨西哥参加第43届塞万提斯国际艺术节，并举办3场商业演出。中国驻墨西哥大使馆给文化部、辽宁省政府发来题为"学习落实刘奇葆同志指示精神推动中心工作接地气聚人气有士气——辽宁芭蕾舞团访墨总结和工作体会"的专电，高度评价辽宁芭蕾舞团访演成功。成功举办"2015中非文化聚焦——舞狮培训班"。由文化部外联局、辽宁省文化厅主办，大连市文广局等单位承办的"2015中非文化聚焦——舞狮培训班"在金州新区文化馆举办。来自毛里求斯和贝宁的10名非洲青年学习狮舞基本功、套路和器乐训练。这是辽宁省首次对外国人举办中国传统文化培训，文化部外联局给予高度评价。开辟新的交流领域。话剧《祖传秘方》赴台湾参加纪念抗战胜利70周年交流演出，这是辽宁人民艺术剧院建院61年首次赴台，台湾地区各界知名人士纷纷以题字、赠匾等方式向辽宁人民艺术剧院表示敬意与祝贺。省图书馆首次走出国门，在俄罗斯国立图书馆举办"中国传统节日系列图片展"，获得广泛赞誉。同时，引进美国、法国、德国、俄罗斯等文艺团体来辽宁演出，省博物馆举办"侯北人绘画作品展""拿破仑文物特展"。

（辽宁省文化厅　肖明伟）

吉林省

【概况】 2015年，吉林省文化系统认真贯彻落实习近平总书记系列讲话精神，在扩大文化交流、繁荣文艺创作、推动吉剧振兴等方面，做了大量卓有成效的工作。

【文化体制改革】 按照文化体制改革总体要求和《吉林省深化文化体制改革实施方案》安排，省文化厅对所涉及文化体制改革任务进行了逐一分解，建立《省文化厅文化体制改革工作台账》，明确了工作任务、工作责任、工作措施、完成时限，按计划完成了各项工作任务。

【公共文化服务】 贯彻落实国家《关于加快构建现代公共文化服务体系的意见》，吉林省委、省政府印发《关于加快构建全省现代公共文化服务体系的实施意见》，为推进全省现代公共文化服务体系建设提供了政策保障；印发《关于做好政府向社会力量购买公共文化服务工作的实施意见》，进一步完善了公共文化资源配置机制和供给机制。扶持建设农村文化小广场200个，提升农村文化大院1500个，吉林省委宣传部、吉林省文化厅在松原召开现场会，推广农村文化小广场建设成功经验。全省公共图书馆、文化馆（站）、博物馆、美术馆免费开放工作有序进行，长春市宽城区文化馆、安图县石门镇综合文化站被文化部评为全国优秀文化馆站（全国仅20家）。边疆万里数字文化长廊建设有效推进。成功举办“市民文化节”和“农民文化节”，开展文化共享工程活动1000余次，受众达76万人次，进一步活跃了群众文化生活。吉林市成功申报国家第三批公共文化服务体系示范区，白山市公共文化服务配送、四平市红色文化建设成功申报国家第三批公共文化服务体系示范项目；辽源图书馆、艺术馆、博物馆项目建设主体完工。公共文化服务领域创新发展氛围更加浓厚。省图书馆、省群众艺术馆积极探索开展群众评价和反馈机制、总分馆制建设新模式，“结对子、种文化”等工作取得初步成效；长春市图书馆、群众艺术馆、延吉市文化馆、敦化市图书馆等单位积极开展组建理事会、完善法人治理结构试点工作；长春市绿园区、朝阳区、双阳区和延边州敦化市、安图县积极开展基层综合性文化服务中心试点建设，取得明显成效。

【文艺创作】 吉林省文化系统深入贯彻落实习近平总书记文艺工作座谈会重要讲话精神和中央印发的《关于繁荣发展社会主义文艺的意见》，以全省艺术创作工作会议为契机，文艺创作演出取得可喜成果。深入开展“深入生活，扎根人民”主题实践活动和文化惠民演出，受到社会各界的广泛欢迎。通过政府购买公共文化服务的方式，较好地完成了“送戏下乡”演出4000场省政府年度民生实事项目。吉剧振兴工程深入推进。成立了吉剧音乐创作研究中心；创排了吉剧《吴亚琴》《关东草》；吉剧电影《大唐女巡按》在长春首映并荣获第三十届中国电影金鸡奖“最佳戏曲片奖”，这是继20世纪80年代吉剧影片《桃李梅》《包公赔情》《燕青卖线》在国内外发行后吉剧影片又一次登上全国性平台，也是吉剧影片首次获得“金鸡奖最佳戏曲片奖”，为戏曲界赢得了荣誉。舞台艺术影响力不断提升。成功举办吉林省首届交响音乐节、“吉林省第七届二人转·戏剧小品艺术节”、长白山森林音乐节等活动，“吉林省优秀戏曲剧目展演”在北京成功举办；朝鲜族唱剧《春香传》获得全国第四届少数民族戏剧会演“优秀剧目奖”；《大山里的红灯笼》《长白山精灵》入选第八届全国优秀儿童剧展演。创新工作理念。省直文艺院团从2015年年初开始推行演出季，一批精品剧目相继登台，实现了院团、剧场周周有演出，锻炼了队伍，开拓了市场，满足了群众的文化需求。京剧《杨靖宇》省内外巡演45场，参加了第十四届中国戏剧节并在国家大剧院汇报演出。

【文化产业发展】 歌舞演艺、动漫游戏、工艺美术、艺术培训为重点的文化产业加快发展。4名动漫人才加入“文化部动漫高端人才库”，5个动漫重点项目被列入“国家动漫企业项目资源库”。吉林风雷网络科技有限责任公司成功上市。工艺美术创意企业创新发展。农民画、刀画、剪纸、创意设计等特色文化产业保持快速发展态势，宇平工艺等一批特色文化企业坚持走“专、精、尖”发展之路，逐渐形成比较优势。松花石（砚）产业竞相发展。成立了吉林省松花石商会和吉林省工艺美术交流中心，成功举办松花石艺术节和松花石发展论坛，通化关东（松花石）文化产品交易市场被列入国家重点特色项目，吉林省八吉工艺美术有限公司在长春建立的松花石（砚）高端市场初具规模。文化产业示范园区和基地建设成效明显。充分发挥省文化产业发展引导资金作用，积极扶持园区和基地企业健康快速发展，为广大小微企业提供了成长壮大的平台。建立了文化产业综合数据管理平台，实现了对园区和基地的动态管理。探索实践政府职能转变新模式，推动成立吉林省文化企业商会，对全省文化产业聚合发展起到了积极的促进作用。

【文化市场管理】 以精简行政审批事项为契机，进一步强化了对文化市场的事中事后监管。按照国家和省委、省政府相关要求，经过对上承接、下放取消和对内理顺等多次清理规范，行政审批项目做到了“应进必进，应进全进”，简化了审批流程、压缩了审批时限，实现了“一站式”集中行政审批服务。以创建平安文化市场促进社会和谐稳定为目标，不断加大文化市场专项治理工作力度，依法严查各类文化经营场所的违法经营行为，经营管理秩序得到进一步规范。实现了文化市场技术监管与文化部平台数据的互联互通。积极推动上网服务行业转型升级，行业发展呈现良好态势。文化市场综合执法成果进一步巩固。开展安全生产专项行动，印发《吉林省文化市场监管办法》，有效保障了全省文化市场安全。印发《全省文化系统“四化融合”“三位一体”安全监管防控体系建设实施方案》，文化市场监管水平进一步提升。省文化厅连续七年被省政府评为全省安全生产工作先进集体。

【文化遗产保护】 积极推动全省重要文物保护工程的实施，对 11 项重点文物保护工程项目进行重点督办，项目实施率达到 100%。吉林省集中成片历史文化街区的保护工作取得历史性突破。长春市第一汽车制造厂历史文化街区入选国家住建部、国家文物局公布首批 30 个中国历史文化街区。为迎接世界反法西斯战争胜利七十周年暨中国人民抗日战争胜利七十周年，组织召开了东北抗战遗迹联盟成立大会，全省共开展各类纪念活动 165 项。可移动文物普查工作顺利推进。探索实践博物馆工作新模式，吉林市博物馆、延边州博物馆理事会试点工作顺利实施。加强了对全省文物安全工作的指导，文物执法督察力度进一步加强。

非物质文化遗产传承保护水平进一步提高。基础性保护工作稳步推进，全省 44 个国家级非遗保护项目有 12 个项目得到中央财政扶持；评选了第三批省级非物质文化遗产项目传承人 34 名；完成了第三批《满族说部》（28 部 800 万字）文字整理工作；探索社会力量承办专业展会新模式，成功举办吉林省非物质文化遗产及民族特色商品博览会。成功举办“2015 文化遗产日”系列活动，非遗文艺项目彩街巡游、非遗项目广场文艺演出等活动，受到社会各界好评。

【对外和对港澳台文化交流】 “走出去”成果丰硕。吉林省文艺团组以“吉风吉韵送吉祥”为主题，先后赴印度尼西亚、菲律宾、阿尔及利亚等地进行访问演出；圆满完成在朝鲜开展文化交流，在泰国举办“欢乐春节”，在法、德两国举办“感知中国——吉林文化周”和东北亚地区地方政府首脑会议暨"第十七届东北亚地区美术作品展"等演出、参展任务;大型歌舞晚会"雪韵春光"闭幕专场文艺演出亮相"2015中韩旅游年",受到各界好评;成功组织省内文化企业参加"海峡两岸文化创意产业展",成为吉林省与台湾文化交流的新平台。"引进来"异彩纷呈。美国"曼哈顿交响乐团新年音乐会"、英国"演唱音乐会"、俄罗斯"经典舞蹈集锦"、韩国"猫鼓秀"及北京、上海等地优秀剧目相继与观众见面,丰富了省内群众文化生活,促进了文化双向交流。京剧"名家名段"演唱会,尚长荣、孟广禄、于魁智、李胜素、史依弘等国内著名京剧表演艺术家联袂演出,满足了群众需求。成功举办歌剧《白毛女》长春站巡演活动(全国10个城市),受到文化部和省委、省政府领导及社会各界的高度赞誉。

【保障措施】 文化财政投入稳步增长,2015年中央和省补助全省文化文物事业专项资金7.8亿元,较上一年增长15%。其中,中央补助全省文化文物事业专项资金16项,共5.9亿元;省财政补助省本级及地方文化文物专项资金13项,共1.9亿元。财务运行管理更加规范,完善了《吉林省文化厅关于重大项目安排和大额资金使用事项决策制度》,资金使用效率进一步提高。重大公共文化基础设施建设项目加速推进。省文化活动中心、省美术馆、东北抗日联军纪念馆项目,方案设计招标工作顺利完成。全国第四次文化馆评估定级,全省达标率为70%,较上一次(2011年)提高了20%。队伍建设不断加强。调整充实了省直文化系统领导班子,完善了后备干部队伍。采取"走出去"与"请进来"相结合、选派进修与集中培训相结合、自主办学与联合办学相结合等方式,进一步拓宽文艺专业人才培养渠道。全省文化"馆站院"培训工程顺利实施,培训人数达17万人次。举办了两期非物质文化遗产管理人员培训班。针对全省文化市场综合执法队伍开展"培训年"活动,提高了依法行政和服务水平。文化与科技融合发展,东北亚文化创意科技园、省文化科技研究所申报的科研项目分别被列入国家文化科技提升计划项目(全国仅立9项)和文化部科技创新项目(全国共立22项)。文化厅机关政务运行进一步优化。制定了重点工作目标责任制台账,采取施工图和台账的方式,分解工作,明确任务、措施、时限和责任人,确保了各项工作任务按时完成。

(吉林省文化厅　赵　旭)

黑龙江省

【概况】 2015年,黑龙江省各级文化部门深入贯彻党的十八大和十八届三中、四中、五中全会精神和习近平总书记系列重要讲话精神,认真落实省委省政府各项决策部署,紧紧围绕中心服务大局、面向基层服务群众,以求真务实的作风、攻坚克难的勇气和团结奋进的精神,积极推进全省文化改革发展,圆满完成2015年各项工作任务,实现了"十二五"工作顺利收官。

【文化体制改革】 行政审批制度改革。按照省政府统一部署,完成省级、市级部门行政权力清单和责任清单梳理,规范权力名称、类型、依据,厘清责任、依据,绘制流程图,依申请类行政权力全部纳入网上办理。完成部门权力负面清单确认工作。取消各级一切形式年检项目。清查全省文化部门行政事业性收费和中介服务,清理规范省级中介机构。出台《黑龙江省文化行政处罚自由裁量权适用规则(试行)》,规范约束文化文物行政执法行为,压缩自由裁量空间。同时强化事中事后监管,针对各种违法违规、落实不到位、擅自变更变相增减审批事项和违规年检年审等突出问题,进行了彻底调查和全面清理。

深化文化单位体制机制改革。继续推进转企院团深化改革,完善现代企业制度,以黑龙江省演艺集团为代表的一批转企改制院团普遍建立决策机构、执行机构和监事机构,法人治理结构和符合市场规律的内部运行机制逐步形成,转企院团闯市场求生存谋发展的能力明显增强。推进公益性事业单位理事会试点,省编办指定黑龙江省图书馆作为省级法人治理结构改革试点单位,确定齐齐哈尔市博物馆和大庆市博物馆为博物馆理事会试点单位。分类推进事业单位改革,省直文化单位全部完成定岗定编和竞聘上岗,稳妥完成省、市京评剧院整合,新增编制 121 人。

【公共文化服务】 *落实中央重点改革任务*。省委成立公共文化服务体系建设协调机制领导小组并有效开展工作。以省委、省政府两办名义出台《黑龙江省关于加快构建现代公共文化服务体系的实施意见》(黑办发〔2015〕46 号,以下简称《实施意见》)和《黑龙江省基本公共文化服务实施标准(2015—2020 年)》,在充分落实中央政策的基础上,体现地方特色。召开全省加快公共文化服务体系建设电视电话推进会议,部署公共文化服务体系建设重点任务,推动《实施意见》的贯彻落实。组织 6 期培训班对中办《关于加快构建现代公共文化服务体系的意见》(以下简称《意见》)和黑龙江省《实施意见》进行解读。国家督查组对黑龙江省公共文化服务体系建设及中办《意见》落实工作给予充分肯定。

基层文化建设。继续推进中心村文体设施建设,在 2014 年工作基础上,落实资金 1.94 亿元,完成 1171 个中心村建设任务。至此两年整合资金 4.35 亿元,共完成 2604 个中心村文化室设备配置和文化广场建设,占行政村总数近 1/3。黑龙江省在全国基层综合性文化服务中心建设会议上做典型发言。争取中央和省财政资金 3264 万元,装备社区文化中心 152 个、活动室 288 个。作为国家“边疆万里数字文化长廊”示范省,制订《边疆万里数字文化长廊建设实施方案》,利用国家和省专项建设资金 4390 万元,新建 138 个乡镇基层服务点、1400 个数字文化驿站,依托边境县图书馆建设 18 个资源服务站,基本实现边境地区数字文化服务全覆盖。黑龙江省与全国公共文化发展中心共同组织“春雨工程——全国文化志愿者边疆万里数字文化长廊行”活动,搭建起文化帮扶与交流的平台。哈尔滨市道里区获得第三批国家公共文化服务体系示范区创建资格,庆安县和同江市获得示范项目创建资格。首批 3 个省级示范区全部通过中期验收。全省 148 个文化馆中 132 个文化馆参加第四次全国文化馆评估定级。集贤镇综合文化站获“全国优秀文化馆站”称号,绥芬河市图书馆获“全国最美基层图书馆”称号。

文化惠民活动开展。成功承办第十七届中国老年合唱节,来自全国 25 个省、自治区、直辖市的 46 支老年合唱团参加比赛,直接参演人员 2200 余人。举办全省首届“圆梦中国·唱响龙江”歌词大赛、第十四届“群星奖”比赛和“第六届全省声乐、器乐比赛”,丰富活跃群众文化生活,搭建创作、展示和推广平台。继续组织开展“高雅艺术进校园”“送欢笑到基层”演出活动和“城市之光”“金色田野”系列群众文化活动,惠及城乡群众千万人次。下拨免费开放补助资金 1.65 亿元,全省各级各类博物馆、图书馆、文化馆(站)全面免费开放,全年组织展览、活动 5000 余个(场),

接待读者观众2000万余人次。全省文化系统及各级直属单位、街道、乡(镇)成立文化志愿服务队2244个,注册文化志愿者30222名,举办各类文化志愿者培训班100余期,有组织地开展活动2000余次。

【文艺创作】 建立艺术生产良性运行机制。深入学习贯彻习近平总书记文艺工作座谈会讲话精神,加强艺术创作生产规划指导,坚守文化主阵地,把创作作为中心环节,探索艺术创作生产规律,从更新理念、创新推进机制、加强人才培养、多方筹措资金、改变工作抓法等方面入手,初步确立符合黑龙江省实际的剧目立项论证机制、剧目排演和储备机制、创作资源整合机制、人才建设和资金投入保障机制等,促进艺术精品生产的内生动力和外部环境正在形成,文化部门主导文艺作品创作的职能作用不断增强,全省艺术创作生产步入健康有序发展轨道。《黑龙江省支持戏曲传承发展若干政策措施》已征求完相关部门意见报省政府审定。

重点精品剧(节)目打造。围绕纪念抗战胜利70周年,新创排抗战题材现代京剧《红松林》、大型龙江剧《松江魂》、话剧《张·嘎丽娅》等,组织创作反映黑龙江省新农合题材的大型评剧《千里沃野》,推出经典时尚乐舞《炫酷北国》、冰上杂技晚会《惊美图》进行驻场演出。全年全省新创排剧节目500多个,多场景话剧《燃烧的旋律》、赫哲族印象剧《乌苏里传歌》等演出反响强烈。全省"和平万岁"抗战题材优秀剧(节)目全省巡演,7台新创剧目演出60余场,营造浓厚氛围。省京剧院优秀青年演员马佳获第27届中国戏剧梅花奖,省龙江剧艺术中心李雪飞被评为全国地方戏优秀中青年演员。实施全省重大历史题材美术创作工程,规划用五年时间创作收藏反映黑龙江历史文化的国画、油画、版画作品100件,首批作品申报、遴选、签约创作完成。

艺术人才培养。继续实施"艺术人才培养计划",与国家著名艺术院校合作,采取"送出去"与"请进来"方式,班次集中培训与"一对一"重点培养并举培养急需人才。2015年选送青年戏剧表演人才20人到中国戏曲学院、20名声乐表演人才到中国音乐学院进行集中培训,送出8人拜名师一对一重点培养,在省内举办33人参加的戏剧导表培训班,与北京戏曲艺术学院签订合作协议,定向培养京剧、评剧后备人才70人。学制5年。2015年获国家级艺术科研立项6项、国家社科基金青年项目2项、文化部科技创新项目1项。

【文化产业发展】 重点文化产业项目建设。省政府确定年度文化产业重点项目96个,逐个制订实施方案,逐月监测建设进展,实地跟踪督导推进,91个项目开复工,28个项目建成使用或部分使用,完成投资79.9亿元。安排省级文化产业重点项目扶持资金1亿元,扶持奖励重点项目和重点文化企业30个。积极争取国家扶持,冰上杂技、北大荒版画、绥棱黑陶、伊春柏成木艺4个项目入选国家特色文化产业重点项目;哈尔滨品格文化、新洋科技、盛源文化、英立科技、七剑数字5户企业进入国家动漫企业项目资源库;哈尔滨亿林网络被认定为国家动漫企业,雪娃文化《小豆豆成长记》入选国家弘扬社会主义核心价值观优秀产品;18户企业获得中央文化产业发展专项资金7255万元。政策引导和资金扶持,促进全省骨干企业不断壮大,引领示范作用日益显现,文化企业作为市场主体支撑文化产业发展的作用日益突出。政府积极构建服务平台推动文化产业发展,承办第六届东北文博会,举办龙江文博会,组织文化企业参加深圳文博会、北京文博会、中俄博览会等重大文化展贸交流活动,推介龙江文化企业;推动银企对接合作，组织金融机构和文化企业融资洽谈，全省在建设文化产业项目实际利用银行贷款超过 12.5 亿元。

开发地域资源打造特色文化产业。深度挖掘俄罗斯文化资源，将俄罗斯油画、俄式老建筑、音乐等元素嵌入旅游时尚产业，打造黑龙江特色文化产业品牌。整合分散的油画销售资源，建成哈尔滨国际油画交易中心，经营业态锁定为油画创作与展销，经过一年的打造，已成为哈尔滨国际油画展示交易新平台。发挥俄罗斯油画民间收藏优势，打造国内规模最大、水平最高的俄罗斯人民画家精品展和俄罗斯油画主题展，探索形成政府主导、企业支持和社会参与的有效工作机制，与油画交易中心互为补充，彰显哈尔滨城市历史文化底色，成为哈尔滨城市新的艺术名片。开发冰雪文化特色资源，推升各地雪博会、冰雪节等活动成为黑龙江文化旅游主打产品；提升黑龙江冰雕艺术展和冰上杂技内涵与水平，推动其走出国门运营发展。依托国有文艺院团和民营演出机构，在哈尔滨策划覆盖全年的驻场演出，在五大连池、北极村、镜泊湖、雪乡等重点旅游城市和景区打造特色驻场演出，促进文化与旅游时尚产业深度融合，助推龙江旅游向纵深发展。制订出台《黑龙江省"互联网+文化"行动计划》，对利用互联网模式发展文化时尚、创意产业进行全面规划。

【文化市场管理】 强化文化市场监管。强化演出市场监管，有效制止未经审批的涉外演出，文化市场违规经营问题明显好转。强化网络文化市场监管，通过"以案施训"提高网络文化案件办理水平，提升办案实践能力，得到文化部肯定。坚持开展专项整治，全年组织全省性专项整治行动 5 次，查处违法案件 809 件，维护和稳定市场秩序。强化行政执法监督，开展全省文化市场综合执法案卷评查工作，18 个重大案件参加全国案件评选，2 份案卷分别被评为全国文化市场综合执法优秀案卷和规范案卷，4 个案件被评为 2014—2015 年度全国文化市场重大案件。

文化市场规范化建设。推进互联网上网服务行业转型升级，在全省确定 100 家网吧作为转型升级试点，推动全省互联网上网服务营业场所从传统单一经营向"休闲娱乐""主题竞技""多业态融合"经营模式转变。探索艺术品市场管理方式，严格规范美术品市场经营行为和美术品进出口管理事项。提前完成全国文化市场技术监管与服务平台上线应用，在全省范围内实现平台数字化运行，实现省级政府与文化部两个网络审批平台有效对接。

【文化遗产保护】 重点文物保护。中央部署的"七三一"旧址保护展示工程圆满完成，核心区遗址保护展示工程和新馆陈列在 8 月 15 日如期开放，作为全国纪念抗日战争胜利 70 周年系列活动，在省市区党委政府和文化部门共同努力下，工程环境整治、文物本体保护、陈列馆新馆建设和展陈设计，专业水准得到国家文物局充分肯定。省政府召开长城保护工作会议，相继实施《金长城保护规划》编制、金长城水冲沟治理等国家重点支持项目。全面启动《中东铁路建筑群整体保护规划》编制工作，制订中东铁路建筑群保护工程重大专项规划，开展中东铁路建筑群数据库平台建设招标，线上节点文物保护实现重大突破，横道河子机车库及东正教圣母进堂教堂抢救保护工程成为黑龙江省首个全国十佳文物保护工程。推动以国家考古遗址公园建设和申遗为重点的金上京遗址保护工程，实施安技防项目和亚沟石刻文物保护项目。全年共审核上报 30 余项文物保护项目立项或技术方案，争取专项资金1.34亿元，年内15处文物保护单位修缮工程相继竣工。

文物保护基础工作和考古研究。完成第六批省级文物保护单位保护标志制作工作，开展第七批全国重点文物保护单位保护范围和建设控制地带划定。制定出台《黑龙江省全国重点文物保护单位文物保护规划、保护工程申报及保护工程施工管理暂行规定》，组织省拨文物保护专项资金绩检查和国保单位文物保护工程及专项资金使用情况自查。《黑龙江省历史文化建筑保护条例》颁布实施。配合基本建设组织实施32项考古勘查发掘。围绕学术研究，开展洪河遗址、小南山遗址、渤海上京城寺庙遗址、金上京皇城第四殿址西侧建筑址发掘工作。

博物馆事业发展。发挥博物阵地优势和资源优势，组织纪念抗战胜利70周年主题纪念活动，成立黑龙江省抗战文物单位联盟，参加东北抗战遗迹联盟，参与创建国际二战博物馆协会，举办黑龙江抗战历史图片展联展，更新推出6家抗战类博物馆、纪念馆基本陈列，举办25个抗战专题临时展览，8个抗战专题展览列入国家文物局集中宣传推介展示名单。梧桐河抗联纪念馆“东北抗联圣地——梧桐河抗日历史陈列”、大庆石油科技馆“科技大庆——创新奉献和谐”陈列获全国博物馆十大陈列展览精品推介优胜奖。完成《黑龙江博物馆概览》编辑出版。成立全国首家博物馆教育研究中心，召开黑龙江省首届博物馆教育学术研讨会。“黑龙江籍书画名家艺术典藏工程”收入著名国画家宿万盛先生320件无偿捐赠作品。第一次国有可移动文物普查已完成文物认定和清库建账工作，平台登录文物信息21.5万套45.3万件，完成比例72.9%。

非物质文化遗产保护传承。完成《黑龙江省非物质文化遗产条例》起草工作，已进入立法程序。赫哲族伊玛堪和望奎皮影两个联合国项目履约工作进展顺利，创新推出伊玛堪皮影戏《西温莫日根》，获全国皮影戏大赛金狮奖“最佳剧目奖”，被文化部列入全国非遗创新保护项目参加全国巡演。组织第五批省级非物质文化遗产名录评审工作，新增项目50项、扩展项目17项。评选命名首批17个非物质文化遗产生产基地、9个研究基地，设立黑龙江非物质文化遗产传承人薪传奖，首批奖励35名基层省级代表性传承人。修订《黑龙江省非物质文化遗产专项资金管理办法》，组织中央和省级专项资金绩效检查，规范资金使用效能。黑龙江省图书馆荣获“全国古籍保护工作先进单位”称号。

【对外和对港澳台文化交流】 巩固扩大对俄文化交流。成功举办第六届中俄文化大集。在以往工作基础上，第六届中俄文化大集又呈现出新的特点。中俄两国文化副部长跨境参加双方开幕式，中俄交流委员会文化分委会议在大集期间举办交流层次有新的提高，高层交流进一步深化；大集融入纪念抗战胜利70周年内容，开幕式上中俄两国高级别军队艺术团体参与演出，举办“中苏抗日战争历史特别展”和“‘共同的胜利’图片展”，烘托“牢记历史，珍爱和平”的主题；参与范围更加广泛，在文化大集的平台上，旅游、体育、经贸等活动竞相开展，文化贸易活跃，交易额有新的增加，丰富的群众性活动使大集真正成为两地市民的节日。中俄文化大集被俄罗斯联邦文化部誉为远东及西伯利亚地区最优秀的文化交流项目，中俄总理第二十次定期会晤就继续办好中俄文化大集达成共识。出色完成中俄两国共产党在哈巴罗夫斯克举办的“共同的胜利70年”系列纪念活动演出任务，有力配合了中共代表团访俄和两党系列纪念活动成功举办，中央政治局委员、中央书记处书记、中宣部部长刘奇葆同志给予充分肯定。同时,在哈巴罗夫斯克边区举办2015黑龙江日系列活动;与俄罗斯圣彼得堡军事历史博物馆联合举办"战争与和平——二十世纪苏俄战争题材美术作品展";举办中俄图书馆学术研讨会,省图书馆与俄罗斯远东国家科学图书馆签订长期战略合作意向;举办"2015首届哈尔滨中俄文化艺术交流周";推动哈尔滨工业大学与圣彼得堡国立大学合作成立"中俄中东铁路文化遗产保护创新研究中心",多角度、多层次、全方位搭建中俄经贸文化合作平台。

对港澳台等文化交流合作。《黑龙江省关于进一步加强对外和对港澳台文化工作的实施意见》由省委、省政府两办印发。与台湾文化交流取得新进展,黑龙江艺术团随黑龙江省交流考察团赴台交流,完成"黑龙江省冰雪·民俗文化风情展"以及联谊演出等系列任务,以文化的独特魅力和人文交流的特殊作用,缩短台湾与黑龙江民众间距离。落实部省合作项目,圆满完成与毛里求斯交流任务。组织2015年意大利米兰世博会中国馆黑龙江日经贸文化交流活动。

(黑龙江省文化厅　马　军　李文娣)

上海市

【概况】 2015年,在市委、市政府、市委宣传部的正确领导下,市文广影视局全面贯彻落实党的十八大,十八届三中、四中、五中全会和中央文艺工作座谈会精神,以习近平总书记系列重要讲话精神为指引,以推动社会主义核心价值观落细落小落实、弘扬中华优秀传统文化为主线,牢牢抓住深化改革、扩大开放的历史机遇,全面推进各项工作,圆满完成年初制定的工作目标和重点任务。

【文化体制改革】 推进依法行政和政府信息公开。按照市政府统一部署,全面完成市文广影视局权力清单、责任清单和负面清单编制工作,率先发布局权力清单、责任清单。积极推进政府信息公开平台渠道和信息化建设,推动重点领域政府信息公开,在全市政府信息公开工作社会评价调研中排名前列。

加强上海文化规划制订和引领。完成局"十三五"发展规划,本市博物馆、美术馆、电影院、剧场、图书馆文化设施专项规划和电影、演艺、艺术品文化产业专项规划。配合市委宣传部完成《上海文化改革发展"十三五"规划》征求意见稿。

进一步深化行政审批制度改革。加快推进行政审批标准化建设,完成市级行政审批项目《办事指南》和《业务手册》发布工作,制定下发《上海文广影视行政审批事中事后监管实施办法》。启动网上审批无纸化、分类管理和集中审批试点,提前完成网上政务大厅建设,在全市率先实现全部行政审批项目上网。

加大社会文化人才集聚和培养力度。对标科创中心人才政策,推动制订《上海市高层次文化艺术人才引进管理办法》,进一步明确本市高层次文化艺术人才引进条件、引进程序、管理办法和组织保障等。做好海外高层次文化人才引进工作,推进青年旅法钢琴家吴牧野和谭元元国际芭蕾艺术工作室在沪落户,逐项落实相关待遇。成立上海青年艺术家创作孵化基地。

积极培育文化类社会组织,丰富文化建设主体。做好重点社会组织培育扶持工作,指导上海市民文化协会、上海市非物质文化遗产保护协会完成筹备成立工作。发育举手机制,结合上海市社区活动中心社会化专业化管理工作，激发社会主体参与文化建设活力，首批目录涵盖31家社会主体。加大向社会力量购买服务力度，健全购买服务的标准、流程和评估机制，挖掘和培育更多社会主体承接公共服务事项，截至11月共发布64个招标项目。完善专项资金扶持办法，扶持和鼓励各类民营博物馆、美术馆、艺术院团、文创企业发展。

广泛开展文化领域基础调研。围绕依法治国方略、国家“一带一路”战略和上海推进全球科技创新中心建设、城乡文化一体化规划发展和文化融合发展，局领导牵头完成“法治思维引领上海文化发展”“上海文化领域科技创新研究”等15个调研项目，全年共完成89项调研课题，30余篇调研报告被文化部评为优秀调研报告。

【公共文化服务】 *创新文化治理模式，加强顶层设计*。正式出台《上海市贯彻〈关于加快构建现代公共文化服务体系的意见〉的实施意见》，并配套印发《上海市基本公共文化服务实施标准(2015—2020年)》。中宣部、文化部在上海召开创新公共文化服务体系运行机制经验交流会。上海市相关工作得到中宣部、文化部领导肯定。正式成立上海市民文化协会。

加强基层公共文化建设，丰富公共文化内容供给，激发社会力量广泛参与。印发《关于推进上海市社区文化活动中心社会化专业化管理的工作方案》及其服务标准、参考流程等配套文件，推动徐汇、浦东、嘉定、闵行先行开展试点工作。推荐发布首批101个公共文化建设创新项目，引导全社会积极参与公共文化建设。完成全市“十二五”公共文化网络设施建设，实现所有街镇和大型居住区全覆盖。

成功举办市民文化节各项市民文化赛事和活动。以纪念中国人民抗日战争暨世界反法西斯战争胜利70周年为主题的市民文化节市民合唱大赛、“为和平歌唱——上海市民抗战歌曲大联唱”及“抗战珍存——上海市民史料实物收藏展”等引发市民广泛参与和关注，举办中华语言文字大赛、阅读大赛、家庭故事大赛等活动，促进市民文化素养提升，推进社会主义核心价值观落细、落小、落实。

推动公共文化均衡发展。完善全市公共文化资源三级配送体系，继续加大向远郊地区的倾斜力度，保基本，促均衡。市东方公共文化资源配送服务平台共计配送演出1192场，东方讲坛讲座687场，社区文艺指导员13000人次，农村数字电影41824场，信息化公共文化活动服务项目60973项，惠及群众1233.9万人次。完成公共文化人才“三年万人培训计划”。

推进公共文化数字化建设。印发工作方案和建设标准等文件，指导各区县、市级公共文化机构稳步实施“文化上海云”各子平台建设，覆盖区县达十个。全市有线数字电视整转用户数达到605.4万，整转率达到92.4%，中国下一代广播电视网(NGB)覆盖用户数达到683.5万，覆盖率达到97.45%，年内基本完成有线整转和NGB建设。

【文艺创作】 *抓好文艺创作*。组织搭建局推进文艺创作工作平台贯彻落实习近平总书记一系列重要讲话精神，整合全市文艺创作资源，着重围绕抗日战争暨反法西斯战争胜利70周年和“中国梦”两大主题，推出一批广播影视、舞台、美术主题力作。推动完成电视剧《铁血淞沪》拍摄工作，完成并播出《生死地——1937淞沪抗战实录》等7部抗战主题纪录片。基本完成2015年全市创作50部舞台艺术作品，涌现了音乐剧《犹太人在上海》、交响合唱《八百壮士》、芭蕾舞剧《长恨歌》、昆剧《春江花月夜》、话剧《将军行》、沪剧《赵一曼》等舞台精品力作,举办全市小剧节目评选展演。组织上海美术界创作并举办“民族脊梁——纪念中国人民抗日战争暨世界反法西斯战争胜利 70 周年系列展”。完成“时代风采”上海现实题材美术创作工程第一期选题。推动网络文艺创作和网络美术发展。

推进文化管理机制改革创新。根据市委书记韩正同志在上海市文艺院团改革发展座谈会上的讲话精神,落实《关于推进上海文艺院团深化改革加快发展的实施意见》,正式出台对国有市级文艺院团实行“一团一策”考核办法,坚持社会效益第一,加强分类指导,改革管理体制、运营机制,营造人才发展环境,完善扶持政策,在剧目导向、艺术创作、演出情况、综合管理等方面加强对院团的绩效考核。

【文化市场发展】 推进文化与金融、科技、教育、旅游等融合发展。探索艺术品金融化运作,支持自贸区文化艺术产业的标杆企业与上海银行建立战略合作伙伴关系。与文化部对接,开展建立上海文化金融合作试验区前期准备工作,推动虹口区申报“国家文化金融合作实验区”,促成美国电影金融公司(FFI)落户自贸区注册。上海博物馆文物保护科技中心正式挂牌,中国数字音频广播(CDR)试验、超高清电视(UHDTV)、自贸区高科技文化装备应用示范中心建设等文科结合项目取得进展。上海科技大学与南加州大学电影学院开设编剧培训班,上海温哥华电影学院启动第二批招生。实施《上海文化旅游合作发展三年推进计划(2013—2015 年)》,与市旅游局等联手推出《文化旅游空间服务质量要求》商业体上海标准。

促进影视、动漫、艺术品交易等重点产业发展。出台《关于促进上海电影发展若干政策》实施细则,完成电影专项资金评审公示,并建立电影专项资金专家评审库。出台关于促进环上大国际影视产业园区发展专项扶持政策,为园区内企业提供上市融资、人才建设等六大领域发展支持。吸引更多电影创作主体和人才来沪发展,腾讯、阿里、优酷土豆等互联网巨头纷纷在沪成立影视公司或开展项目合作,著名导演黄百鸣、徐峥,青年作家郭敬明,青年演员赵薇等人创作重心逐步移到上海,吸引李洋、刘和平、阎建钢、王丽萍等知名影视人在沪设立个人工作室。举办“2015 上海影视四季沙龙”活动,指导上海影视摄制服务机构为各类来沪影视拍摄主体提供咨询、协调服务,编制完成《上海影视摄制指南(2015 版)》并正式发布。成功举办第 11 届中国国际动漫游戏博览会。迪士尼、东方梦工厂、日本万代等 300 余家展商参展,共吸引观众 20.3 万人次,达成商务意向交易金额逾 20.8 亿元。加强与(欧洲艺术和古董博览会)(TEFAF)方面的沟通交流,积极推动国际顶级艺术展会来沪办展事宜。举办首届全国家庭游戏开发者大会,增强上海自贸区文化市场开放政策的落地效应。

推进重大文化项目建设。立鼎影视后期制作中心落成,填补了国内影视后期制作关键环节技术空白。闸北环上大国际影视园区集聚效应不断显现,马尔科姆·克拉克、岩井俊二等大师工作室入驻。中国(上海)网络视听产业基地重点打造包括节目交易、集群渲染、高清编辑等在内的公共服务平台。刘海粟美术馆土建工程全部完成,上海世博会博物馆土建工程稳步推进,上海博物馆大修方案细化深化,上海历史博物馆新馆、上海博物馆东馆完成选址,并成立建设工作推进领导小组。

营造良好市场环境。推进文化市场分类管理试点,继续实施三级联动网格化管理,健全文化市场诚信档案。推动长三角文化市场一体化建设，联合江浙两省启动跨区域文化市场审批和监管联动、跨区域演出院线建设等项目。推动上海街头艺人持证上岗工作的常态化发展，在静安、长宁地区开展街头艺人试点工作，持证艺人的街头表演受到市民的欢迎。

*做好行业安全监督管理。*召开全市25家主要剧场、相关行业协会负责人出席的全市剧场消防安全工作会议，贯彻市委主要领导关于加强剧场等人群聚集场所消防安全工作重要指示精神，开展对本市剧场、影院、娱乐场所等各类文化经营场所安全生产大检查，整改安全隐患问题，确保场所运营安全和群众人身安全。

【文化活动】 *成功举办劳伦斯世界体育颁奖典礼。*经过历时两年的筹备，在沪成功举办劳伦斯世界体育颁奖典礼，吸引了来自全球118家媒体机构的576名中外记者和电视转播人员抵沪报道，颁奖典礼在177个国家和地区进行播出，覆盖人群超过10亿，对上海国际大都市的形象做出了积极有效的推广。

*上海影视"两节"推陈出新，影响力不断扩大。*第18届上海国际电影节立足"亚洲、华语、新人"定位，推动产业发展，扶持电影新人，在专业性、权威性、创新力和影响力方面有更进一步的提升。电影节报名影片再次刷新历史纪录，首次举办成龙动作电影周和互联网电影嘉年华活动，并精心策划"抗战暨反法西斯战争胜利70周年""丝绸之路风貌""金砖五国焦点"等影展，传播主流、多元价值观。第21届上海电视节首次设立国内综艺节目奖，影视"两节"市场和论坛继续集聚产业链各环节优秀企业，推动更广泛、更多元的业界合作，为行业发展寻找方向，树立标杆。

*第17届中国上海国际艺术节佳作迭出。*本届艺术节在节目内容策划上坚持国际性、经典性、创新性，紧紧围绕纪念抗战胜利暨反法西斯战争胜利70周年、"一带一路"建设、支持戏曲传承发展等主题，集聚了高品质、有特色的全球舞台艺术精品，力推原创新作，提升"艺术天空"和艺术教育联动，覆盖上海市区及17个区县，打造没有围墙的剧院。来自中国及其他55个国家近5000名艺术工作者相约申城，420多万人次参与其中，真正做到"好节目集中，好节目惠民"。

*继续实施《营造城市文化氛围三年行动计划》。*文化陆家嘴活动形成一批固定化、品牌化、针对年青白领的艺术活动品牌，并扩大辐射范围，升级成"文化陆家嘴"。完成"地铁音乐角""纪念闵惠芬专场演出""纪念周信芳专场演出"等，完成"国色京韵"等地铁文化列车项目。与市规土局合作打造"2015上海城市空间艺术季"。

【文物保护和非遗活态传承】 *运用抗战史迹和红色文物资源，做好抗战胜利70周年重大纪念活动。*成功举办"中流砥柱——中国共产党与全民抗日战争文物图片展"暨中共著名抗日将领后人座谈会。完成四行仓库抗战纪念馆开馆、淞沪抗战纪念馆改建和金山卫抗击日军登陆地点、大韩民国临时政府旧址等重要史迹修缮工作，并举办"血沃淞沪"等抗战主题展览。系统整理和研究上海地区抗战史料，策划编印《上海抗战重要史迹市民读本》《上海抗战史迹导览图》等四本抗战出版物。

*促进文物保护。*全面推进第一次全国可移动文物普查，完成111家国有文物收藏单位、196403件文物信息采集。成功举办2015国际建筑遗产保护博览会和第二届中国上海考古论坛。

*加强博物馆建设。*完成上海市博物馆发

展十三五规划编制。完成世博会博物馆基建工程。推进上海市历史博物馆选址立项工作。搭建上海市博物馆展览资源交流平台，以各馆馆藏藏品为基础，开展展览输出和引进，完成“上海博物馆藏欧洲瓷器玻璃器展”在金山博物馆新馆展出等交流。举办首届“上海市博物馆文创设计大赛”。借助博物馆开展青少年教育活动，开展首批上海市普通高中生社会实践基地遴选工作，共有42家博物馆被列入首批名单。

推进非遗保护立法和活态传承。《上海市非物质文化遗产条例》经市人大二审通过，有望于年内正式颁布。正式成立上海市非物质文化遗产保护协会，通过章程，选举和产生协会第一届理事会理事、会长、副会长。推出2015年“文化遗产日”系列活动，发动全市百余家非遗项目保护单位推出140项全民非遗体验活动。

【对外和对港澳台文化交流】 纪念联合国成立暨世界反法西斯战争胜利70周年音乐会成功举办。配合我国领导人重要外交举措，组织上海交响乐团于8月28日晚在纽约联合国总部举办纪念联合国成立暨世界反法西斯战争胜利70周年音乐会。

成功举办2015年米兰世博会中国国家馆日及上海周系列文艺演出。上海市文化广播影视管理局承办本届世博会中国国家馆日及上海周系列演出活动工作，荟萃全国和上海的艺术家与优秀演员，紧扣当今中国“一带一路”的外交战略构想，充分展示中国文化特色与海派文化风情。

加强央地合作，推动海外中国文化中心部市共建。与文化部共建“布鲁塞尔中国文化中心”于9月正式揭牌，国务院副总理刘延东与比利时副首相兼外交大臣雷德尔斯出席揭牌仪式。组派上海艺术家赴比利时为中心揭牌献演并举办开幕展览“张充仁与比利时”。首批派出4位同志常驻布鲁塞尔中心，完成中心改建和揭牌筹备工作。

文贸结合，进一步提升“欢乐春节”品牌影响力。充分发挥民营院团和社会主体积极性，10个文艺团组和机构共350人赴10个国家和地区的22个城市举办演展活动，参加洛杉矶艺术展共销售100多件展品，成交金额逾百万元；参加第58届全美演艺出品人年会(APAP)达成18项交易成果，居全国之首。

继续推动对港澳台地区文化交流。赴台成功举办第五届海派文化艺术节暨海峡两岸文化遗产节系列活动，推动沪台文化遗产领域交流与合作。组织上海文化艺术团赴香港举办“海派精粹”中秋彩灯文艺晚会，与近万香港市民欢度中秋，共襄盛举。

（上海市文化广播影视管理局　朱春霞）

江苏省

【概况】 2015年，全省文化系统深入学习贯彻党的十八大和十八届三中、四中、五中全会精神，深入学习贯彻习近平总书记系列重要讲话精神特别是视察江苏重要讲话精神，紧紧围绕“推动文化建设迈上新台阶”的新要求，认真落实省委、省政府各项决策部署，砥砺奋进，求真务实，各项工作取得新成效。

【“十三五”文化发展规划】 面向“十三五”发展，深入推进部省战略合作，文化部和省政府主要领导在北京举行工作会商，形成文化部部长办公会会议纪要，明确从五个方面全力支持江苏文化建设迈上新台阶。主动与省“十三五”总体规划相衔接，对标看齐，创新机制，面向社会公开遴选“十三五”文化发展规划课题承担单位,形成研究成果并编纂成册。厅领导班子集中开展“十三五”文化发展规划调研,厅主要领导专题开展文化民生建设、文化数字化建设、对外文化交流、文化人才培养、推进政府购买公共文化服务等调研,召开系列研讨会,广泛征集社会意见,厘清思路和发展方向。积极参与省“十三五”经济社会发展规划编制,基层综合性文化服务中心覆盖率、文化畅通工程、精准惠民工程等指标、项目纳入全省总盘子。按照谋划发展“往下落一个层次”的要求,广泛吸纳市级的重大工程、项目;推动有条件的厅直属单位谋划制订“十三五”发展专项规划。目前,“十三五”江苏文化发展规划已基本完成。

【公共文化服务】 紧跟中央文件,推动省委、省政府出台《关于推进现代公共文化服务体系建设的实施意见》,制定省级基本公共文化服务保障标准。省十二届人大常委会第十九次会议审议通过《江苏省公共文化服务促进条例》,将于2016年3月1日施行,是十八大以来公共文化服务体系建设方面全国首部地方立法。紧抓督促落实,省政府召开了全省现代公共文化服务体系建设推进会。省政府办公厅部署开展基层公共文化服务设施网络建设工作督查,厅领导带队分6个督查组进行实地督查。省政府办公厅转发省文化厅、省财政厅等部门制定出台《关于做好政府向社会力量购买公共文化服务工作实施意见》。牵头成立江苏省公共文化服务体系建设协调组并召开全体会议,落实责任分工,建立议事规则。紧扣示范区创建,无锡市、南京市、常州市第二批国家公共文化服务体系建设示范区和示范项目创建通过文化部中期督查,南京市江宁区以及扬州市、淮安市进入第三批国家公共文化服务体系示范区和示范项目创建名单,常州市等12个地区被列入第三批省级公共文化服务体系示范区创建名单。镇江基层综合性文化服务中心建设国家试点的“1+X”模式获文化部肯定。紧贴基层需求,全年送书80万册、送戏2800场、送优秀剧(节)目40场、送展览40个。推进基层公共文化服务数字化,全省96家市、县(区)公共图书馆电子阅览室、1300个乡镇基层点完成系统安装。常州市“文化100”、泰州市“百团千场”、宿迁市“文化四季”等文化惠民活动丰富多彩。扬州市文化馆、苏州吴江区图书馆分别荣获文化部2015年度全国10个最美文化馆、10个最美图书馆;苏州市公共文化中心、南京市文化馆分别被列为文化部数字文化馆10个试点单位和老年大学规范化建设10个试点单位。

【文艺创作】 贯彻落实习近平总书记在文艺工作座谈会上重要讲话精神,导向更加明确,措施更加有力,推出情景朗诵剧《一代楷模——学习恩来精神·践行三严三实》、淮剧《小镇》、扬剧《完节堂1937》、锡剧《紫砂梦》、锡剧《夕照青果巷》、舞剧《英雄玛纳斯》等一批优秀文艺作品,艺术创作生产特别是戏曲现代戏创作在全国产生较大影响。李学勇批示,全省文化系统为此付出了辛勤努力,省文化厅很好地发挥了统筹协调和推动作用,希望进一步做好戏曲保护、传承、发展各项工作,推出更多艺术精湛、群众喜爱的戏曲精品。省委、省政府印发《关于支持戏曲传承发展的实施意见》,省文化厅联合省财政厅出台《关于加大资金投入,繁荣美术创作的意见》。参照国家艺术基金模式,率先在全国成立省级政府艺术基金,同时成立江苏艺术基金管理中心(正处级全额拨款事业单位)。省戏校开办定向委培昆剧班和淮剧班。全省有31个项目获2015年度国家艺术基金1982万元资助,位列全国第一方阵;10部剧目入选省舞台艺术精品工程,5部剧目入选舞台艺术重点资助工程。成功举办第二届江苏艺术展演月，40 台舞台演出，11 个书画展览次第展开，评出第二届江苏省文华奖大奖 7 个，文华优秀剧（节）目奖 21 个，单项奖 54 个，文华美术奖 10 个及美术提名奖 19 个。苏州市精心实施的“第四次中国—中东欧国家领导人会晤”文艺演出获李克强总理批示。创办首届江苏省青年美术作品展览，举办“傅抱石双年展·2015 江苏中国画作品展”、纪念抗日战争胜利暨世界反法西斯战争胜利 70 周年江苏美术作品展、“新金陵画派”精品赴京展、“江南如画——中国油画作品展（2015）”等系列美术展，广受好评。镇江、泰州出台《繁荣美术创作的实施意见》。

【文化产业发展】 文化产业园区转型升级。出台《江苏省重点文化产业示范园区、重点文化产业示范基地认定管理办法》，开展首批省级重点文化产业示范园区（基地）的评选，全省 33 家园区（基地）入围参评，更加突出文化产业园区的产业集聚作用、项目孵化作用和示范引领作用。文化金融合作深入推进。省政府召开全省文化金融合作推进会，省文化厅联合相关部门出台了《关于促进江苏省文化金融发展的指导意见》及《三年行动计划》；12 个项目入选财政部、文化部做好“文化金融扶持计划”，入选数量在全国各省中名列第一。淮安市组建苏北首家文化银行，为文化企业放贷 3065 万元。文化创意与相关产业融合发展。全省 45 个项目获中央文化产业发展专项资金 1.479 亿元支持，其中文化创意类项目占 78%；214 个项目获省级文化产业引导资金 2.399 亿元资助，其中文化创意类项目占 80%。56 个项目入选文化部文化产业重点项目库，3 个项目入选文化部特色文化产业项目库。3 件动漫产品及创意项目入围文化部“2015 年度国家动漫品牌建设和保护计划”，数量居全国前列。文博展会水平明显提升。成功举办第四届中国苏州文化创意设计产业交易博览会、2015 第十二届中国（常州）国际动漫艺术周、第五届中国（无锡）国际文化艺术产业博览交易会等文展活动，组织省内文化企业参加境外演艺交易会、艺术博览会、动漫游戏节等国际大型展会。

【文化市场管理】 坚持简政放权，落实先照后证要求，定向修改娱乐场所、营业性演出、上网服务场所审批事项，降低了市场准入门槛，激发了社会力量兴办文化企业的活力。提升监管水平，积极推广文化市场技术监管与服务平台建设应用，全省基本实现全员、全业务进入平台，平台基础数据激活率已达 99% 以上，位居全国前列。培育基层执法人员的综合素质，通过以案施训、个案指导、大案要案督办、组织法制讲师团赴基层驻队巡讲和开展执法案卷评查等多种方式，提升基层执法人员综合能力和办案水平。积极开展“平安文化市场”创建活动，切实加强文化市场监督管理，常态化开展文化市场执法检查，组织农村演出市场、暑期文化市场等四次文化市场专项整治行动，全年办结案件 3105 件，取缔非法经营场所 1217 家，移交司法机关案件 35 起。2015 年，在文化部全国文化市场综合执法重大案件评比活动中，获得十大案件 1 件、重大案件 4 件；在文化部行政执法案卷评查活动中，获得十佳案件 1 个、优秀案件 1 个、规范案件 1 个，两次执法业务评比均居全国第一。培育发展艺术品市场，举办首届江苏省艺术品博览会，吸引了近 400 家国内外艺术机构、超过 10 万人次参观展览，现场成交额达 2.86 亿元，意向合同金额近 12 亿元，被授予“中国十佳优秀特色展会奖”，新华社深度报道了首届江苏省艺术品博览会盛况和做法。推进艺术品行业诚信体系建设，组织开展

2015年艺术品经营十佳诚信单位评选。联合中国人民银行南京分行出台《关于推动艺术品金融业务发展的意见》，与中国农业银行江苏省分行、招商银行南京分行、北京银行南京分行分别签署《艺术品金融合作战略框架协议》。

【文化遗产保护】 加强世界文化遗产保护与管理，省政府相继召开大运河文化带建设座谈会和世界文化遗产工作推进会，推进江南水乡古镇、中国明清城墙及海上丝绸之路等预备名单项目保护与申遗工作。常州成为江苏省第12座国家历史文化名城，南京梅园新村等5处历史文化街区被命名为“中国历史文化街区”。蒋庄良渚文化遗址入选2015年度“中国六大考古新发现”。继续推进全国第一次可移动文物普查，实施一批抗战文物抢救保护工程。实施博物馆陈列展览提升工程，推进博物馆展览数字化，博物馆社会教育功能进一步增强。南京博物院整合馆藏资源，创新策展方式，让文物“活起来”，举办“温·婉——中国古代女性文物大展”“和·合——中国传统文化中的和谐之道”等系列特色展览30个，全年累计接待观众超过250万人次。南京“六朝历史文明”陈列展获全国博物馆十大精品陈列精品奖。古籍保护成果显著，古籍普查登记数量在全国名列前茅。启动全省文物行政执法监控平台建设，深化文物安全综合管理实验区试点，加大文物违法案件查处力度，全年督办重大文物违法案件30起，罚款人民币200余万元，行政问责13人，有效制止了文物违法行为。加强非物质文化遗产保护传承，组织开展第四批省级非物质文化遗产代表性项目名录申报评审，245个项目入选；21家单位被命名为第一批江苏省非物质文化遗产传承示范基地，14家单位被命名为第二批江苏省非物质文化遗产生产性保护示范基地，建成2个省级文化生态保护实验区。组织开展国家级非物质文化遗产代表性项目的中长期规划保护，全省107项国家级项目、125个保护单位的十年保护规划全部编制完成。组织开展“5·18国际博物馆日”“文化遗产日”等系列主题活动，承办“锦绣江苏”织绣染技艺大展，组织非遗项目参加米兰世博会、成都国际非遗节等十多个全国和区域性非遗展示、展演活动。开展优秀传统文化研究，联合省炎黄文化研究会举办“文化强省建设与优秀传统文化”理论研讨会，省政协主席张连珍出席并讲话，研讨会共收到论文100多篇，17位学者做了交流发言。南京颁布《城墙保护条例》，宿迁出台《非物质文化遗产保护办法》。

【对外和对港澳台文化交流】 “精彩江苏”写进省委、省政府《关于推动文化建设迈上新台阶的意见》。全省文化局长座谈会提出把江苏的精彩传向世界，把世界的精彩引进江苏。积极参与文化部“欢乐春节”活动，按照“品牌化、本土化、市场化”的工作方针，组织江苏最具代表性的节目赴丹麦、荷兰、俄罗斯、智利、以色列等国开展“欢乐春节·精彩江苏”活动，受到文化部领导的肯定，曹卫星副省长应邀出席文化部“欢乐春节”协调动员会并讲话。积极发挥江苏海外友城多的优势，组派江苏文博代表团赴加拿大安大略省，参加“庆祝江苏省—安大略省结好30周年系列人文经贸交流活动”，省委书记罗志军见证了签署仪式。在米兰成功举办世博会江苏活动周文化艺术展演活动。举办“精彩江苏进剑桥”系列文化活动，时任省长李学勇专门发了贺信，省文化厅和剑桥大学达成合作协议。举办“精彩江苏·丝路情韵——中国江苏传统服饰秀”，庆祝中泰建交40周年。积极引进精品展览，南京博物院举办了“飞越欧洲的雄鹰——拿破仑文物特展”“伦勃朗的时代——

16至18世纪欧洲油画展”“乔治王时代”展等系列特色展览，省美术馆举办了“胜利：1945—2015——纪念世界反法西斯战争胜利70周年俄罗斯美术作品巡展”。积极开展港澳台文化交流，承办2015“两岸文学对话”活动，组团参加第26届澳门艺术节、“2015台中元宵灯会”、香港“2015中国戏曲节”“海峡两岸合唱节”等系列活动。南京图书馆联合台湾汉学研究中心等机构在台湾举办海峡两岸第二届玄览论坛。连云港民乐团获乌兹别克斯坦“东方旋律”音乐节特等奖。积极推动对外文化贸易，全省共有96家企业、28个项目入选商务部、文化部评选的国家文化出口重点企业和重点项目，数量居全国前列。苏州市制定《2015年度苏州市文化“走出去”境外展会名录》，为企业“走出去”搭建平台。

（江苏省文化厅　顾海军）

浙江省

【概况】 2015年，全省文化系统深入学习贯彻习近平总书记系列重要讲话精神，以创建全国文化发展示范区为目标，以“三严三实”为要求，着力抓好文化强省建设重点任务，各项工作取得明显成效，“十二五”时期确定的各项任务圆满收官，为“十三五”时期文化改革发展打下了坚实的基础。

【文化体制改革】 推进基本公共文化服务标准化、基层综合性文化服务中心建设和公共文化机构法人治理结构三项全国改革试点工作。浙江省较早在全国出台了富有浙江特色的《关于加快构建现代公共文化服务体系的实施意见》和《浙江省基本公共文化服务标准(2015—2020年)》，受到了文化部和媒体的高度评价。全省有38个市、县(市、区)已经制定《实施意见》或《工作方案》，63个正在制定过程中；有57个建立了协调机制；共制定了96个地方标准，其中与质监部门联合制定的有7个。印发了浙江省基层综合性文化服务中心(农村文化礼堂)建设试点工作方案，积极推动以农村文化礼堂为核心的基层综合文化服务中心建设，提供了2000多项服务“菜单”，开展了“百名专家联百村”四季行动，省本级专题培训农村文化礼堂人员1000余人次，还开展了百名图书馆馆长走进礼堂宣讲中华优秀传统文化故事、非遗进礼堂等系列活动，有效丰富了文化礼堂的内涵。推动公共文化机构法人治理结构改革，全省已有49家文化事业单位成立了理事会，其中，浙江图书馆率先制定公共图书馆事业法人组织章程，为全国公共图书馆改革提供了样本。文化部在浙江省召开公共文化机构法人治理结构建设交流研讨活动。深化国有文艺院团改革，谋划理顺国有院团管理体制，指导省属院团研究制订了中长期发展规划。指导推动新远集团深化改革，做大做强主营业务，创新经营项目，影院年度票房收入破亿元。深入推进简政放权，指导督促相关市县做好下放事项的承接工作，做好省深化“四张清单一张网”改革相关推进工作。深化行政审批制度改革，进一步放宽文化市场准入，全面落实文化市场主体准入“先照后证”制度，全省上网服务场所营业面积准入要求已全部降至20平方米的全国最低标准。

【公共文化服务】 推动成立浙江省公共文化服务体系建设协调组，牵头制定《浙江省关于加快构建现代公共文化服务体系的实施意见》和《浙江省基本公共文化服务标准》，制定实施《浙江省基本公共文化服务标准化均等化行动计划(2015—2020年)》，研究提出了推进基本公共文化服务标准化重点市县建设工作方案并确定10个重点市县,指导推动各重点市县人民政府制定实施为期两年的基本公共文化服务标准化提升计划。认真贯彻国办《关于推进基层综合性文化服务中心建设的指导意见》,研究起草了《浙江省推进基层综合性文化服务中心建设的实施意见》,2015年建成农村文化礼堂1512个;推进全省县图书馆乡镇分馆建设,全省共建成乡镇(街道)分馆577个。积极组织第三批国家公共文化服务体系示范区(项目)申报,浙江省有1个示范区、2个示范项目通过了文化部专家评审;15个项目入选浙江省第三批示范项目。开展浙江省文化强镇、文化示范村(社区)评选和复查工作。与省委宣传部等部门联合举办了首届浙江全民阅读节。加强基层公共文化服务工作,全省文化系统共送戏下乡1.78万场,送书235万册次,送讲座展览4140场,开展文化走亲1270场。成立了省文化志愿者总队。

【文化设施建设】 浙江音乐学院(筹)校区建设工程建成投用。中国丝绸博物馆改扩建工程顺利结项。浙江小百花艺术中心项目即将结项。浙江自然博物园核心馆区工程开工建设。浙江省之江文化中心项目地块征迁工作正式启动,同时开展了项目建议书的编制和概念性规划方案的设计。浙江京剧团与省广电集团的合作项目、浙江昆剧团土地房产整体置换项目等重大项目在积极协调中稳步推进。省文物考古研究所教工路科研业务用房、浙江话剧艺术剧院、浙江音乐厅等一批省级文化系统单位提升改造项目持续推进。

【文艺创作】 深入贯彻习近平总书记文艺工作座谈会重要讲话精神,制定实施了《浙江省文艺工作者深入基层蹲点采风活动实施管理办法》,加大文艺创作扶持力度,全省文艺创作日益活跃。围绕"中国梦"主题、纪念中国人民抗日战争暨世界反法西斯战争胜利70周年、弘扬浙商精神等重大创作题材,推动了话剧《凤凰》、京剧《东极英雄》、越剧《吴越王》、越剧版《牡丹亭》、交响音乐会《胜利之歌》、音乐舞蹈专场《和平三部曲》的创作。浙江省30个项目获国家艺术基金2015年度资助,获资助资金总额3350万元(立项率和获助资金数均列省区市第4位);32个项目入选2015年度文化部"中华优秀传统艺术传承发展计划"戏曲专项扶持项目。成功举(承)办了浙江省纪念中国人民抗日战争暨世界反法西斯战争胜利70周年系列活动并承担了全国纪念抗战胜利70周年优秀剧目巡演华东(南)片的组织工作,举办第八届全国儿童剧优秀剧目展演、第五届浙江曲艺杂技魔术节、李岚清同志篆刻书法素描艺术展、第二届世界互联网大会文艺演出等重大艺术活动;组织举办了浙江省第十四届音乐新作演唱演奏大赛、浙江省第二届村歌大赛、浙江省农村文化礼堂群众文艺展演等17次省级重大群文活动,促进了文艺创作,丰富了群众文化生活,营造了良好的社会氛围。浙江美术馆高票入选文化部第二批国家重点美术馆,跻身全国一流美术馆行列。

【艺术教育与人才培养】 浙江音乐学院筹建工作快速推进,校园建设、学科专业、师资队伍、管理制度等"硬件"和"软件"同步提升,"去筹"获全国高校设置评议委员会专家组高票通过。浙江艺术职业学院充分发挥全国文化干部培训基地和全国基层文化队伍培训基地的优势,充分整合省内外优质培训资源,逐步形成了"立足浙江,辐射全国"的培训网络格局。2015年,浙江艺术职业学院共开展51期培训班,培训3100余人次。青年艺术人才培养“新松计划”实施迎来十周年，累计实施各类青年艺术人才培养150多个项目，发现、培养和资助青年艺术人才1500余人，带动形成了青年文化艺术人才培养的“浙江模式”。成功举办了全省青年演奏员大赛、全省中青年创作人才（作曲）高级研修班、第十期全省戏曲表演人才高级研修班，持续实施全省中青年编剧扶持计划，推动艺术人才成长。深入实施基层文化队伍素质提升工程，全省培训基层文化队伍20万余人次。制定了文化系统各领域专业人才的评价条件，建立了文化专业人才评价机制。建立了基层文化艺术人才引进的绿色通道，切实解决了长期困扰基层“人岗不匹配”问题。建立了全省高层次文化艺术人才数据库。

【文化产业发展和文化市场管理】 研究制定了《关于扶持木雕根雕石刻产业传承发展的指导意见》和《关于扶持文房产业传承发展的指导意见》。推动义乌文交会、杭州动漫节转型升级向深度拓展，其中第十届义乌文交会实现洽谈交易额50.67亿元，同比增长3.2%，文化“广交会”地位进一步显现。举办第三届动漫衍生品授权交易会，交易额达1.58亿元。19个项目成功入选文化部文化产业重点项目库。2015年浙江省文化系统管理的29个文化产业项目得到中央专项资金补助8653万元。与省科技厅建立文化科技协同创新联席会议机制，2个专项、7个文化科技重大项目被纳入省重点研发计划。浙江省获批成立国内首个文化科技类部省协同创新平台，批复成立了两个全省文化科技创新基地（中心）。14个项目入选国家社科基金艺术学项目（总数居全国第三）。开展“上网服务行业转型升级”和“上网服务营业场所分级管理”试点工作。着力推进网络文化内容自审管理工作，对145家新设立网络文化企业内容审核人员进行了培训。加大对民营文艺表演团体扶持力度，重点支持曲目创作与人才培育，评出年度4家“优秀剧团”和4部“优秀剧目”，培训民营文艺表演团体演职人员近千人次，并开展了进农村文化礼堂活动。进一步加强对文化市场综合行政执法的指导监督，一手抓内容安全、一手抓场所安全，开展2015年“平安浙江”专项行动，全省文化市场保持了平稳有序、规范发展的良好态势，得到了文化部等上级部门的充分肯定。在文化部2013—2015年度全国文化市场综合执法案卷评查中，获得了全国“十佳案卷”“优秀案卷”和“规范案卷”全部三个奖项。

【文化遗产保护】 浙江省第一次全国可移动文物普查进展顺利，截至2015年12月底，全省申报藏品总数887399件（套），已登录藏品总数865324件（套），藏品报送进度达97.51%。加强大运河申遗后保护管理，统筹推动良渚古城遗址申遗和江南水乡古镇、海上丝绸之路、中国明清城墙、浙江青瓷窑址联合申遗。加强大遗址保护管理，13处遗址类国保单位保护规划编制获国家文物局批准立项。考古管理获重要成果，依法实施了36项考古发掘项目，上虞禁山早期越窑遗址被列入“2014年度全国十大考古新发现”，湖州钱山漾文化遗址被命名为“世界丝绸之源”。指导实施建德新叶等国家文物局首批传统村落保护利用项目，指导推动松阳县传统村落保护利用，松阳县被国家文物局列为传统村落保护利用试验区。推进水下考古工作，建立了全省水下考古工作业务指导机构，国家文物局水下文化遗产保护舟山工作站挂牌成立。4个历史文化街区入选首批中国历史文化街区，新增省历史文化名城1座。认真组织《博物馆条例》学习、宣传与贯彻。开展了非国有博物馆运行评估工作。持续实施博物馆陈列展览精品工程，两个展览荣获全国博物馆十大陈列展览精品推介优胜奖。开展“2015 年度完善博物馆青少年教育功能试点工作”。指导推动了各地平安工程的实施，国有文物收藏单位实现第十个安全年。进一步强化文物行政执法监察工作，加快推进“天地一体”预警系统研发应用。召开学习实践习近平总书记浙江非遗保护重要批示十周年座谈会，举办了第十个“文化遗产日”、第十届浙江省非物质文化遗产节、2015 年非遗电视春晚、第七届中国（浙江）非物质文化遗产博览会等活动。开展美丽非遗乡村行动，深化美丽非遗进礼堂活动。积极探索非遗主题小镇（实验）建设，共评出非遗主题（实验）小镇和民俗文化村 30 个。完成了第五批国家级代表性传承人推荐申报工作。建立 3 个国家级培训试点基地，实施了传承人群研修培训计划。全省 12 家市县综合非遗馆建成开馆。古籍保护工作持续推进，国家级古籍修复技艺传习中心、浙江传习所在浙江图书馆成立。

【传统戏曲保护】 率先制订实施了《浙江省传统戏剧保护振兴计划》，每年安排 1620 万元用于全省 56 个传统戏剧非遗项目的保护传承和越剧艺术的振兴发展。积极研究起草了《关于支持戏曲传承发展的实施意见》和《关于振兴发展越剧的指导意见》。推进传统戏剧非遗项目分级保护，出台《全省传统戏剧非遗项目“五个百”保护传承工作指导性计划（2015—2017）》，组织评审并命名了第二批浙江省传统戏剧之乡 20 个。在浙江电视台影视娱乐频道连续两个月播出“浙江好腔调”56 个传统戏剧项目微纪录片，组织举办了浙江省传统戏剧经典剧目展演、2015 年传统戏剧非遗项目 5 个专场活动，推动戏剧深入基层、走进校园、走进群众，赢得关注与好评。实施濒危传统戏剧项目抢救记录，浙江省已有 10 位传统戏剧代表性传承人抢救性记录列入国家抢救性记录工作计划。

【对外和对港澳台文化交流】 围绕国家重大公共外交活动、“一带一路”战略，组织实施了多项高水平的对外文化活动，组派艺术表演、非遗展示参加南非“中国年”活动，组派浙江小百花越剧团赴泰国参加庆祝中泰建交 40 周年演出活动，长兴百叶龙艺术团赴英参加 2015 年中英文化交流年“中国文化季”活动——爱丁堡皇家军乐节演出，举办中阿合作论坛框架下的首期阿拉伯国家文博专家研修班，组派浙江歌舞剧院有限公司赴“丝绸之路”沿线国家——卡塔尔和巴林演出；配合中日韩外交战略，成功推荐宁波市当选为 2016 年“东亚文化之都”；圆满完成文化部海外“欢乐春节”演出任务，组派三个艺术团赴美洲、非洲 6 国共演出 31 场，观众人数逾 7 万人。积极配合省委、省政府重大涉外活动，组派文化艺术团赴瑞士、捷克举办演出展览活动，赴澳门参与第四届世界旅游经济论坛活动。持续实施“浙江文化节”品牌项目，赴爱尔兰、土耳其、南非成功举办“浙江文化节”，进一步扩大了“浙江文化节”的影响力和辐射力。根据文化部工作部署，落实“2015 年对非文化工作部省对口合作计划”，继续开展与驻莫桑比克、马拉维、马达加斯加使馆的对口合作。发挥对台文化交流基地作用，赴台举办第九届“台湾 · 浙江文化节”，成功承办“情系青春——两岸青年吴越行”活动。继续深化对港澳文化交流，组派浙江小百花越剧团参加第 43 届香港艺术节演出活动；组织 15 家文化机构（企业）参加香港国际授权展，浙江省成为香港国际授权展中国内地馆主力；组派浙江歌舞剧院有限公司赴澳门参加“澳门之歌”音乐会演出。深入开展文化系统文化产品和服务对外贸易发展调研，扶持浙江省文化企事业单位赴国外开展商业性演展活动。2015年,浙江省共实施对外对港澳台文化交流项目1168起,其中,对外文化交流项目991起,对台文化交流活动94起,对港澳文化交流项目83起。

(浙江省文化厅　陈如福)

安徽省

【概况】　2015年,安徽省文化厅深入学习贯彻习近平总书记系列重要讲话精神,认真落实中央和省委、省政府各项重大决策部署,围绕中心,服务大局,推进改革创新,突出抓主抓重,全省文化建设整体推进,各项工作取得新进展、新成效。

【公共文化服务】　*加快公共文化服务体系示范区建设*。2015年,安徽省安庆市和蚌埠市花鼓灯特色群众文化建设项目、宣城市村级文化广场建设项目完成国家级公共文化服务体系示范区(项目)创建工作,并顺利通过验收。铜陵市获得第三批公共文化服务体系示范区创建资格,亳州市“五禽戏群众文化普及活动”项目、池州市“基层群众文化结对辅导”项目获得第三批公共文化服务体系示范项目创建资格。首批12个县(市)开展省级公共文化服务体系示范区创建顺利推进。

扎实推进基层综合性文化服务中心试点建设。2015年,安徽被列为全国基层综合性文化服务中心建设试点省,按照功能整合、设施整合、资源整合的要求,选择30个乡镇综合文化站开展试点建设,编制乡镇综合文化服务中心操作手册,规范管理与服务,推进试点工作。马鞍山市被确定为国家级公共文化服务标准化试点地区,制定公共文化服务地方标准,开展标准宣传培训,推进标准实施。

扩大农民文化乐园建设。按照“一场(综合文体广场)两堂(讲堂、礼堂)三室(文化活动室、图书阅览室、文化信息资源共享工程室)四墙(村史村情、乡风民俗、崇德尚贤、美好家园)”标准,在2013、2014年已建成两批省级农民文化乐园100个,实现16市全覆盖的基础上,2015年新建省级农民文化乐园200个,各市、县自行安排试点210个。10月,结合举办第五届中国农民歌会,组织文艺节目赴滁州市农民文化乐园演出,开展全省农民文化乐园联动文艺演出。11月,在合肥市、桐城市举办农民文化乐园管理员专题培训班。各地借助农民文化乐园开展电影放映、文化娱乐、培训讲座、举办民俗文化等活动。

加快推进文化民生工程及基础设施建设。安徽省美术馆基建工程顺利推进,完成主体结构验收。蚌埠市博物馆和宣城市博物馆建成对外开放。六安市文化馆、蚌埠市文化馆加快建设,亳州市文化馆和安庆市博物馆开工建设;全省17个美术馆、139个博物馆纪念馆、113个公共图书馆、120个文化馆、1437个乡镇综合文化站等公共文化场馆全部免费开放。

开展群众文化辅导工作。组织开展全省群众文化辅导工作评选表彰活动,共评选出167名优秀辅导员、26个优秀组织单位(团队)、23个优秀服务项目。9名全国优秀文化志愿者晋升为一级群众文化辅导员,167名全省优秀群众文化辅导员晋升为二级群众文化辅导员。全省群众文化辅导员10087人。

创新推进公共图书馆总分馆制建设。部署全省62个县(市)开展县级公共图书馆总分馆制建设,建立以县级公共图书馆为总馆、乡镇综合文化站为分馆的县乡两级图书资源建设、流通、服务网络,以县为实施主体,建立总分馆自动化管理平台,实现总分馆图书通

借通还，建立图书统采统编、分级运行模式，形成全面覆盖、均等便捷、实用高效的公共图书馆服务体系，提高县域公共文化设施和图书资源利用率。

不断优化“三馆一院联盟”运行机制。深度整合全省资源，优化全省图书馆、博物馆、文化馆三大联盟工作机制，创新组建全省书画院创作展览联盟。2015 年，以安徽省图书馆、博物馆、文化馆和书画院为龙头，通过省、市、县三级联动，围绕书香安徽、专题展览展陈、群众文化活动、书画创作展示等主题，推出一系列活动，带动基层馆院能力提升。

开展文化馆评估定级。2015 年，安徽省对各市（省直管县）文化馆开展评估工作，组建省级专家评估组，制订评估工作方案，抽查部分县（市、区）文化馆，审核市、县级文化馆评估数据，并对全省评估工作进行总结。118 个文化馆参评，其中省级馆 1 个、市级馆 14 个、县级馆 103 个，参评率达到 98%。对照文化部评估标准，经审核，达到等级馆要求的共 98 个（一级馆 45 个、二级馆 30 个、三级馆 23 个），无等级馆 20 个，等级馆比率达到 83%。

政府采购开展“送戏进万村”活动。“送戏进万村”纳入省级政府购买服务名录，由县级文化行政管理部门统筹使用，采取政府购买服务的方式，面向符合条件的国有、民营艺术表演团体，实行统一集中采购。通过成立专家评审团、变政府“派戏”为群众“点戏”，分步签订演出合同等多种方式，保证演出质量，全年共送戏下乡 18733 场，完成年度任务的 121%，观众达 300 多万人次。

精心组织实施文化消费试点工作。作为全国 4 个试点省市之一，安徽省通过省市联手，在合肥市开展拉动城乡居民文化消费试点工作，组织开展全省第二届文化惠民消费季活动。以政府购买服务方式，重点引导文化企业参与，用好用活财政资金，让消费者得到实惠，养成文化消费习惯，拉动社会消费增长。制定《安徽省向政府力量购买公共文化服务指导目录》，提升公共文化服务社会化水平。

实施民营院团发展“四个十”工程。2015 年，安徽省印发《全省民营艺术院团发展“四个十”评选管理办法》，评选出灵璧县雅客西文化传播有限公司等 3 家为第三批全省民营艺术“十大名团”，黄梅戏《胡久根卸任》等 3 部剧目为全省第三批民营艺术院团“十大名剧”，曹帮萍等 10 人为全省民营艺术院团“十大名角”，合肥风羽文化经纪有限公司等 10 家演出经纪机构为全省民营“十大演出经纪机构”。濉溪县四铺镇青年花鼓剧团获得第六届全国服务农民、服务基层文化建设先进集体称号；天长市俞金花扬剧团等 8 家民营剧团获得文化部与财政部联合下发的优秀基层戏曲院团奖励资金；芜湖县黄梅戏剧团团长曹帮萍作为民营院团代表，参加文化部第三批艺术院团管理人才高级研修班。鼓励民营艺术院团参与文化民生工程、政府购买公共服务等活动，全省民营院团承担 70% 以上“送戏进万村”任务。

【文艺创作】 创新举办第五届中国农民歌会。2015 年 10 月 15 日，第五届中国农民歌会开幕式在安徽省滁州市举行，歌会以习近平总书记在文艺工作座谈会上的讲话精神为指针，着力体现“以农民为中心，让农民当主角”。面向全国层层选拔农民歌手，评选出农民歌手二十强、十强和农民歌会等奖项。以农民歌手为主角，组织举办了主题演出。组织全国各地 11 支队伍，举办全国农民鼓舞展演等系列活动。实现会场演出和联动演出同时举行，在会场演出的同时，组织演出队伍走进美好乡村巡演，在全省 100 个农民文化乐园开展联动演出。组织开展“我最喜爱的十首乡村歌曲”评选，经网络投票，评出《在希望的田野上》等“我最喜爱的十首乡村歌曲”。新创作出《幸福花鼓》《出彩中国农民》等颇具徽风皖韵、歌会特色和时代特征的歌曲作品。

全力推进艺术创作生产和展演。2015年，安徽省先后创作演出黄梅戏《大清名相》、泗州戏《绿皮火车》、徽剧《徽班进京》等一批精品力作。话剧《徽商传奇》入选国家艺术基金首批滚动资助项目，16 个项目获国家艺术基金资助。京剧《天地人心》获文化部“2015 年度京剧优秀剧目演出奖励”。黄梅戏演员韩再芬再获中国戏剧“梅花奖”；省黄梅戏剧院赵媛媛、吴亚玲、黄新德入选文化部“名家传戏——当代地方戏曲名家收徒传艺”工程。围绕纪念抗战胜利 70 周年活动，组织创排抗战题材的文艺作品，一批优秀剧目在全省演出。大型抗战展览“皖江洪流——安徽军民抗战史实展”在全省巡回展出。组织“安徽新创精品剧目进京展演”“徽风皖韵中国行——安徽精品剧目全国巡演”等活动，一批彰显“徽风皖韵”的精品剧目在北京、上海、广东等 8 省市巡演。采取政府购买、差额补助等方式，组织 30 余个省内外文艺院团，演出 40 台大戏、8 台小戏以及童话剧、音乐演奏会、歌舞剧等共计 100 场。黄梅戏《半个月亮》《榴花不开盼哥回》参加文化部组织的“纪念抗日战争胜利 70 周年”巡演，赴山东、江苏演出受到欢迎。

大力发展美术事业。2015 年 10 月 12 日，安徽省书画院创作展览联盟正式成立。10 月 13—20 日，举办了“重履新安路 · 第二届全省书画院作品联展”，展出作品 170 幅，评选出优秀作品 35 幅。12 幅美术作品参加文化部举办的“纪念中国人民抗日战争暨世界反法西斯战争胜利 70 周年美术作品展”。合肥市赖少其艺术馆“赖少其山水画精品展”项目参加文化部 2015 年全国美术馆馆藏精品展出季活动。

创新举办第七届中国黄梅戏艺术节。2015 年 9 月 19 日至 10 月 8 日，第七届中国黄梅戏艺术节在安徽省安庆市举行，安徽、湖北、江苏、广东 4 个省的国有和民营黄梅戏院团参加此次活动，演出原创剧目 23 台，是历届艺术节中参演剧团和剧目最多的一次。本届艺术节突出惠民主旨，组织 100 家黄梅戏剧团下乡演出 1000 余场。推出了黄梅戏《小乔初嫁》《大清贤相》《寂寞汉卿》《凤鸣宏村》《青山鉴》等一批优秀剧目。新剧目展演期间，为城市建设者、公交出租车驾驶员、环卫工人、大学生、医卫人员、残疾人、教师、台企台胞以及公安民警家属等群体组织 11 场公益性专场演出。

【文化产业发展】 2015 年，安徽省共有两家动漫企业通过文化部、财政部、税务总局认定，全省被国家认定的动漫企业总数已达 35 家，位居全国前列。80 家企业被评选命名为第五届安徽省文化产业示范基地。深化与省建行、省中行等金融机构战略合作，推出 100 多家文化产业直接融资企业，积极推进银行意向性信用额度有效落实。全省文化部门直接联系的 100 亿元以上文化产业项目有 2 个，亿元以上项目有 107 个。

【文化市场管理】 2015 年，安徽省印发《关于加强执法监督 完善管理政策 促进互联网上网服务行业健康有序发展的通知》《允许内外资企业从事游戏游艺设备生产和销售的通知》及《实施方案》，出台《关于进一步加强游戏游艺场所监管促进行业健康发展的通知》，建立全省 2.2 万家经营单位和近千名管理执法人员的数据库，通过平台办理日常工作。抽调业务骨干，组织 8 个暗访组，对全省 16 个市 595 家经营场所进行暗访抽查。

【文化遗产保护】 加强文物保护与管理。2015年,安徽省完成国保和省保单位休宁齐云山石刻保护二期工程、泾县查济二甲祠等一批重点文物修缮工程。实施徽州区岩寺新四军军部旧址文峰塔、泾县新四军军部旧址大会堂维修工程,对天长抗大八分校建筑群、太湖抗日英烈园、潜山野寨抗日阵亡将士墓等一批抗战省保单位进行维修。凤阳县明中都皇故城城墙修缮一期工程、呈坎和黄田古建筑维修一期工程已初步完成,含山县凌家滩遗址防洪一期工程、全国古村落消防试点工程——宏村安防消防工程正在实施。泗县、濉溪县分别成立大运河保护管理利用委员会和大运河保护工作领导小组,对柳孜运河遗址核心区和周边环境进行整治。省文物考古研究所对宿州市大运河城区段、灵璧县花石纲遗址进行考古勘探,并组织专家进行论证验收。凤阳和寿县均成立申遗工作机构,筹办参与中国明清城墙联合申遗工作。新四军江北指挥部纪念馆、戴安澜烈士墓等4处抗战遗址被列入国务院公布的第二批国家级抗战纪念设施、遗址名录。“明德至善　家国天下——古代徽州优秀文化展览”入选国家文物局“弘扬优秀传统文化　培育社会主义核心价值观”主题展览,并获全国博物馆十大精品陈列奖。海峡两岸(合肥)纪念刘铭传首任台湾巡抚130周年大会在肥西县铭传乡刘铭传故居举行。

开展非遗濒危项目抢救工程。2015年,安徽省非遗保护中心在全面完成60项国家级、30项省级非遗项目采录工作的基础上,继续开展“跳五猖”等10个省级非遗项目的采录工作。完成凤阳花鼓孙凤城等4位国家级非遗项目代表性传承人口述史记录和3个国家数字化试点项目信息补录、上传工作。启动60岁以上国家、省级非遗项目代表性传承人口述史记录工程,10名国家级非遗项目代表性传承人抢救性采录工作已完成公开招标工作。

创新举办第二届中国非物质文化遗产传统技艺大展。2015年11月10—15日,第二届中国非物质文化遗产传统技艺大展在黄山市歙县举办。共有来自22个省(自治区、直辖市)的128个最具代表性的文房用品等传统技艺类项目参展。本届非遗大展以非遗传统技艺专题展示为重点,以非遗保护讲习堂为提升,在首届非物质文化遗产传统技艺大展的基础上,创新运作方式与展演方式,进一步拓展公众参与渠道,引进专家与民间对话机制,充分呈现非遗多元共生,民众共享之特质,形成政府主导、业界推动、民间促进、群众参与共同保护非物质文化遗产的社会格局。

【对外和对港澳台文化交流】 完成赴美国、泰国“欢乐春节”演出活动,组织赴加勒比海3国、韩国和中俄“两江地区”等地开展文化交流。在台湾举办“2015台湾·安徽文化交流周”活动,推出“安徽省非遗大师、工艺美术大师赴台技艺展示”等项目,引进台湾“炎黄之胄——纪念黄胄诞辰九十周年艺术展”来皖展出,邀请星云大师来安徽进行文化交流。组织优秀非遗项目祁门目连戏、池州傩戏赴澳门、香港演出,提升安徽文化影响力。

(安徽省文化厅　胡　克)

福建省

【概况】 2015年,在福建省委、省政府的正确领导和文化部的指导支持下,福建省文化系统深入贯彻落实习近平总书记系列重要讲话特别是关于文化工作重要讲话精神,抢抓机遇,改革创新,服务大局,有力推进全省文化改革发展。在艺术精品创作生产、地方戏曲保护传承、公共文化服务体系建设、文化遗产保护利用、对台和对外文化交流、发展文化市场和文化产业、编制“十三五”文化发展专项规划以及打响“海丝”文化品牌等方面取得显著成效。

【文化体制改革】 编制《福建省“十三五”文化改革发展专项规划》。“十三五”时期是落实“四个全面”战略布局的关键时期,也是落实中央支持福建进一步加快经济社会发展的关键时期。福建省文化厅牵头会同福建省委宣传部、省新闻出版广电局、省社科联、省文联、省文改办 5 家单位,深入调查研究,准确把握“十三五”时期新的发展特征,深刻认清文化改革发展的新形势新任务、新要求,研究提出“十三五”时期福建文化改革发展的基本思路、指导思想、主要目标、战略任务、重大举措以及重大文化项目等,共同编制《福建省“十三五”文化改革发展专项规划》。

推进简政放权工作。对涉及演出、娱乐、网络文化等审批项目实行“先照后证”,简化申报材料,落实注册资本登记制度改革工作。取消对含有电子游戏机的游艺娱乐场所、互联网上网服务营业场所总量控制和布局规划的要求,放开审批。落实福建省政府关于自贸区实施的省级行政许可事项,编制福建省文化厅 22 项行政许可、7 项公共服务事项运行流程图。开展福建自贸区文化市场开放政策试验工作。

推进文化单位改革。根据福建省委宣传部等七部门颁布的《关于积极稳妥推进省属国有文艺院团改革发展的意见》,福建省文化厅下发《进一步积极稳妥推进省属国有文艺院团改革发展任务分工方案》,明确建立艺术创作生产激励机制、深化内部收入分配制度改革等 6 个方面 20 项任务。

【公共文化服务】 推进公共文化服务体系建设。贯彻落实中办、国办《关于加快构建现代公共文化服务体系的意见》,牵头拟定《福建省关于加快构建现代公共文化服务体系实施意见》并由省委办公厅、省政府办公厅印发。开展国家公共文化服务体系示范区、示范项目创建工作,福州市、宁德溪山书画院分别入选第三批国家公共文化服务体系示范区(示范项目)创建单位。出台《福建省文化与食安协管员管理暂行办法》,规范村级文化协管员的选聘、管理和使用。推进海上丝绸之路数字文化长廊课题研究与服务系统、“文化一点通”服务、地方特色文化资源和特色文献数据库建设。继续开展全省书院普查、全省宗祠文化资源普查、古籍与民国文献保护工作。

开展群众公共文化活动。举办“读吧!福建”世界读书日阅读推广、“书香伴我同行”大型广场表演、少儿阅读推广与实践、名家讲坛等系列阅读推广活动。以“文化 · 传统 · 经典”为主旨的福州正谊书院举办了福建古代书院展、国学系列课程与讲座、国画系列课程等活动。“闽图大学堂”坚持每周末开展社科主题公益讲座,“东南周末讲坛”荣获“福建省十佳社会科学讲坛”。福建博物院全年举办 32 个临时展览,深化“纸上、网上、空中博物馆”服务,组织“文博大看台”80 余场演出。福建省美术馆举办了乔十光漆艺展、童小鹏与苏静摄影展等 16 场精品展览。

开展“美丽福建农村文化行”等 9 场文化志愿服务活动。举办第三届福建舞蹈百合花奖专业舞蹈大赛暨中国舞蹈荷花奖福建选拔赛和第三届福建声乐金钟花奖比赛。组织举办首届海峡杯两岸少儿获奖歌手音乐交流演唱会巡演和第十一届全省少儿故事大王比赛。参加首届华东六省一市现代地方小戏大赛,福建省获 1 金 2 银的好成绩。组织《丝海梦寻》舞剧赴新疆乌鲁木齐和昌吉州演出，圆满完成文化部安排的2015“春雨工程——全国文化志愿者新疆行”任务。

【文艺创作】 艺术创作生产呈现新气象。全省广大文艺工作者深入学习贯彻习近平总书记文艺工作座谈会重要讲话精神和中共中央《关于繁荣发展社会主义文艺的意见》、国务院办公厅《关于支持戏曲传承发展的若干政策》以及福建省委办公厅、省政府办公厅颁发的《关于传承和弘扬福建戏曲的若干意见》精神，深入生活、扎根人民，积极开展“中国梦”和社会主义核心价值观主题创作，推出了一批优秀文艺作品。创作或复排了历史剧《陈嘉庚》、红色经典京剧《红灯记》、闽剧《双蝶扇》《林则徐和王鼎》、音乐剧《啊！鼓岭》、杂技情景剧《逐梦山水间》、京剧《赵武灵王》、越剧《海丝情缘》、儿童剧《幼童留洋记》、高甲戏《大稻埕》、梨园戏《御碑亭》、歌仔戏《渡台曲》、莆仙戏《魂断鳌头》、木偶戏《卢俊义》等多部优秀剧目，并参加各类展演、巡演。召开闽剧艺术研讨会和莆仙戏保护传承座谈会，推进地方戏保护与发展。7个项目入选文化部“中华优秀传统艺术传承发展计划”扶持专项，18个项目获得国家艺术基金年度资助。福建省芳华越剧团王君安获第27届中国戏剧梅花奖。文化部委托福建省牵头组织开展全国地方戏曲剧种普查工作。

大型舞剧《丝海梦寻》应邀赴联合国总部、联合国教科文总部、欧盟总部，以及国内部分省市等重要场合演出近60场，反响热烈。10月25日晚，中央电视台《新闻联播》头条用近6分钟的篇幅介绍了福建省文化厅组织创排、演出舞剧《丝海梦寻》的盛况及福建文化现象。

举办第六届福建艺术节。以“艺术的盛会，人民的节日”为主旨的第六届福建艺术节于11月23日—12月15日在福州举行，本届艺术节荟萃全省戏剧、歌舞、杂技、曲艺、书法、美术、摄影等多门类艺术精品。戏剧会演有34台剧目参演，音舞曲杂类有15台专场演出，数量、质量都创新高，且基本上都是新创剧（节）目。本届艺术节最鲜明的特点是全省广大文艺工作者深入贯彻落实了习近平总书记文艺工作座谈会重要讲话精神，以讲话关于文艺工作的新思想、新观点、新论断，引领新时代的新风气。艺术节期间，举办了全省“激情广场大家唱”合唱比赛等十几场丰富多彩的社会文化及文博展览展示活动。

开展公益性文艺演出活动。完成福建省政府交办的新年茶话会和春节团拜会演出任务。开展文化拥军、文艺下乡等公益演出。实施“扶持39个非遗地方剧种剧团公益性演出”为民办实事项目，各非遗院团全年开展公益性演出1900多场次。组织省属艺术院团开展“八闽清风——廉政文艺走基层”演出活动。组织廉政题材的闽剧《兰花赋》全省巡演。省属艺术院团全年演出1018场次，其中公益性演出791场次。福建剧院联盟全年在全省13家剧场开展公益性演出60余场。

【文化产业发展和文化市场管理】 加强文化市场监管。推进全国文化市场技术监管与服务平台运用，加强文化市场综合行政执法，强化事中事后监管。厦门“0311”违法网络动漫网站案获评十大案件，福建省文化稽查总队和厦门市文化市场综合执法支队获全国文化市场综合行政执法先进单位。开展福建自贸区文化市场开放政策试验工作（在全省范围允许内外资企业从事游戏游艺设备生产和销售，在福建自贸区实施允许设立外商独资演出经纪机构、演出场所经营单位和外商独资的娱乐场所三项开放政策，允许台湾地区服务者在自贸试验区内设立由台方控股或占主导地位的合资、合作音乐厅、剧场等演出场所经营单位)。深化互联网上网服务行业改革,促进网络文化经营单位规范发展,100 家互联网上网服务场所完成转型升级。加强对演出市场的培育和引导,积极引进国内外优秀演出剧节目。

推动文化产业发展。举办第八届海峡两岸文化产业博览交易会,本届文博会签约项目共 90 个,总签约金额 414.9 亿元,现场交易额 10.73 亿;福建博物院"博物馆文化创意产品精品展区"获最佳展览展示金奖。参与承办第十届中国(莆田)海峡工艺品博览会。推进动漫产业发展,7 家企业通过国家动漫企业认定,5 个动漫创意产品、2 个动漫产品申报国家动漫品牌建设和保护计划,7 个动漫项目进入首批国家动漫项目资源库。向文化部申报 2015 年国家文化产业重点项目 32 个和特色产业项目 7 个。开展国家级文化产业示范园区基地巡检。评选了第九批福建省文化产业示范基地 13 家。

【文化遗产保护】 加强文物保护与合理利用。推进历史名城名镇名村保护和传统村落整体保护利用,会同福建省法制办、住建厅拟定《福建省历史文化名城名镇名村保护条例》,列入福建省政府立法计划;全面实施连城培田村等 3 个列入国家文物局第一批整体保护利用传统村落的保护展示工程;实施漳州寮村等 7 个列入国家文物局第二批整体保护利用传统村落的相关工作。大力推动涉台文物保护工程,开展朱子文物调查和保护利用工作,组织实施林则徐故居等涉台文物保护工程;组织编制古田临水宫等涉台文物保护规划和保护工程方案。完成 11 个考古发掘项目,发掘面积 6000 多平方米;完成 10 个田野考古调查勘探项目,勘探面积 8 万多平方米。

厦门鼓浪屿被确定为 2017 年中国世界文化遗产申报项目。启动"海丝古城——泉州"申报世界文化遗产工作。加强"海上丝绸之路"22 个史迹点的保护和展示利用。《福建省"海上丝绸之路——漳州史迹"保护管理办法》《古泉州(刺桐)史迹遗址保护管理办法》经福建省政府公布。推进万寿岩和城村汉城考古遗址公园建设。完成博物馆青少年教育功能试点工作。举办"血肉筑长城——福建省纪念抗日战争胜利暨世界反法西斯战争胜利 70 周年"大型主题展览并在全省巡展。福建博物院获"2015 年度全国最具创新力博物馆"(全国唯一国有博物馆)。

加强非物质文化遗产保护利用。组织开展了 2015 年春节元宵期间民俗活动和第十个文化遗产日系列活动。举办"派江吻海、山水相依的八闽古村落古民居"摄影作品展。推进朱子文化和福建(闽西)客家文化申报设立国家级生态保护实验区工作。加强省级妈祖文化生态保护区工作。组织开展第五批国家级非物质文化遗产代表性项目推荐申报工作。公布第一批省级畲族文化生态保护示范点,推进畲族文化建设。完成文化部部署的"中国非物质文化遗产传承人群培训计划"试点工作。与联合国教科文组织亚太地区非遗国际培训中心,在福州和泉州共同举办了"保护非遗实践国际培训及中国福建木偶戏在亚太地区的传播交流推广活动"。积极推进"福建文化记忆"数据库群建设,完成《福建古廊桥》《泉州南音》《福建春节》《福建地方戏(一期)》文献专题片摄制工作。

【对外和对港澳台文化交流】 深入开展对台文化交流。继续发挥福建对台优势,组织开展"福建文化宝岛行"28 批系列文化交流活动,全年有 42 个院团(组)近 3000 人入岛交流,展演 216 场次,成为福建入岛交流重要活动品牌，如组织舞剧《丝海梦寻》赴台湾佛光山和台湾艺术大学展演。在台湾民众中威望极高的星云法师观看了演出并发表即席讲话，福建东南卫视和海峡卫视频道同时向全球48个国家（地区）做现场直播。组织福建非遗项目35位工艺大师的近200件艺术珍品，在台湾佛光山举办为期一个月的“福建非物质文化遗产精品展”，彰显了闽台工艺美术一脉相承的传统风格。继续开展“福建文化宝岛校园行”系列交流活动，组织莆仙戏在台湾高雄“中山大学”等7所院校进行了多场演出和座谈；首届“海峡杯”两岸少儿获奖歌手音乐交流演唱会入岛在台北、新竹和屏东举办3场巡演。福建省杂技团春节期间赴台湾澎湖演出。厦门市组织“乡音之旅”文化交流团、泉州市组织木偶戏赴台湾开展巡演交流。配合福建省政府经贸交流团，厦门小白鹭民间舞艺术中心及泉州木偶剧团赴金门交流演出。开设闽台同根族谱网上查询系统，扩大宗亲文化对台影响。支持各地组织妈祖金身、保生大帝神像、陈靖姑金身入岛巡游等民俗信仰交流活动，开展福州闽都文化、南平朱子文化、宁德畲族文化等各类反映闽台文化渊源关系的专题活动。中国闽台缘博物馆从台湾岛内征集63件（套）文物藏品，全年接待台胞6.8万多人次。

拓展对外文化交流。主动融入并服务国家“一带一路”战略，积极打造“海丝”文化品牌。应中国常驻联合国代表团、联合国教科文组织和中国驻欧盟使团邀请，舞剧《丝海梦寻》分别于2月4日、4月21日、4月25日，在美国纽约联合国总部、法国巴黎联合国教科文组织总部和比利时布鲁塞尔欧盟总部演出。中国常驻联合国代表团刘结一大使、联合国秘书长潘基文，联合国教科文组织第37届大会主席郝平，中国驻欧盟使团团长杨燕怡大使等分别出席观看了演出。外交部及中国常驻联合国代表团、教科文组织代表团、中国驻欧盟使团分别发专电表扬，新华社内参做了专报。

在泉州举办以“情系亚洲、逐梦海丝”为主题的第十四届亚洲艺术节暨第二届“海丝”国际艺术节。落实部省合作项目，组派木偶戏赴柬埔寨、印度尼西亚、澳大利亚开展交流推广活动，完成“中国福建木偶戏在亚太地区传播交流推广”国家项目。落实“部省对口合作计划”，福建省杂技团赴几内亚、加纳和津巴布韦访问演出。组织“丝路帆远——海上丝绸之路文物精品图片展”，分别赴泰国曼谷、印度尼西亚雅加达和南美国家展出，该展被外交部列为2015年中国—东盟海洋合作年系列活动之一。赴美国参加“首届世界闽侨文化节”，并在纽约举办“忘不了乡愁——派江吻海，山水相依的八闽古村落古民居”摄影展。

（福建省文化厅　江建国）

江西省

【概况】 2015年，江西省文化系统认真贯彻落实党中央和省委的决策部署，以改革为动力，积极适应日益变化的文化发展条件和环境，提升发展理念，转变发展方式，文艺创作、公共文化服务、文化产业发展、优秀文化传承、对外文化交流等各项工作开创了新局面，为全省“发展升级、小康提速、绿色崛起、实干兴赣”凝聚了正能量。

【公共文化服务】 *公共文化服务体系*。围绕构建现代公共文化服务体系，着力补短板、抓改革、强服务。一是出台了未来五年全省实现文化小康的纲领性文件，江西省委办公厅、江西省政府办公厅印发《关于加快构建现代公共文化服务体系的实施意见》和《江西省基本公共文化服务保障实施标准(2015—2020年)》。在22个县(市、区)开展基本公共文化服务标准化、均等化试点,其中12个试点县为国定贫困县。二是启动了省级文化中心建设,全面完成建设方案设计、地面建筑拆迁和余土清运等工作,首期10亿元建设资金全部到位,省级文化中心的建成将彻底改变江西省公共文化基础设施落后于全国的状况。三是在九江、新余、赣州、上饶4个设区市和新干、靖安2个县开展公共文化机构理事会试点。出台了政府向社会力量购买公共文化服务的实施意见。四是江西省数字图书馆正式开放,全省文化馆"云服务"平台已经建成,赣州市实施"文化信息资源+电子商务",新余市建立数字文化网及手机APP服务,公共数字文化、在线服务、电子借阅等新兴服务快速发展。五是全省公共图书馆上等级率达93.7%,高于全国平均水平8.6个百分点,上等级博物馆总数达31家,居全国第11位,6个项目成功创建国家公共文化服务体系示范项目,3个市成功创建国家公共文化服务体系示范区。"百姓大舞台""书香赣鄱"、文化志愿服务等品牌活动惠及城乡,南昌"群星大讲堂"、抚州"梦想广场"、瑞金"红都之春群众艺术节"等各具特色的群众文化活动蓬勃开展,展现了老区人民意气风发的精神风貌。

完成第四次全省文化馆评估定级工作。江西省文化厅下发并制订了《关于开展江西省第四次文化馆评估定级工作的方案》,组织开展了全省各级文化(群艺)馆自评工作。6月底前,各设区市文化局完成对县(市、区)文化馆的评估;7月,对11个市级文化馆进行了评估,并抽查复评了48个县级文化馆。10月,江西省通过了文化部组成的第六评估组实地抽查评估。本次评估后符合上等级馆必备条件馆由2011年第三次评估定级的104个增加到110个,其中一级馆由25个增加到37个,二级馆由40个增加到44个,三级馆由39个减少为29个。

首次举办全省基层文化志愿者培训班。对全省基层文化志愿者(骨干)进行政治理论、业务素质、管理能力等方面的系统培训。培训工作采取集中学习,分期办班的方式进行。每期学员约100人,学时10天,已完成15期,共培训1500余人。

【文艺创作】 繁荣艺术精品创作。一是江西省歌舞剧团有限公司创作的歌剧《回家》赴台巡演8场,在新华社《参考清样》及多个中央部委刊发专题;江西省话剧团有限公司创作的话剧《遥远的乡土》,赴北大百年讲堂演出,江西省委书记强卫等30多位省部级干部前往观看。全省各级各类院团新创舞台剧目59部,比去年增加17部。江西省歌舞剧院有限责任公司原创歌剧《回家》巡演等10个项目入选国家艺术基金2015年度资助项目。全省国有改制院团全年下乡演出8439场,开展商业演出3568场。二是举办江西省首届"八大山人"全国山水画优秀作品展;参加文化部、中国美协举办的纪念抗日战争胜利暨世界反法西斯战争胜利70周年为主题的美术创作活动;开展"深入生活,扎根人民"首届江西省优秀美术作品展;成立江西省青年美术家协会,举办"朝气·梦想·未来"江西省首届青年美术家优秀作品展;成立江西省书法院;推动江西地方戏曲振兴工程。2015年全年,全省国有改制院团完成演出1.2万场,实现演出收入5954.5万元,其中下乡演出8440场,观众达686万人次。

组织策划重大展演活动。3月17—31日,组织江西省歌舞剧院有限责任公司原创民族歌剧《回家》赴台演出,演出得到国家领导人俞正声的高度评价,并载入新华社内参;

组织江西省话剧团有限责任公司史诗话剧《遥远的乡土》在北大百年讲堂演出；组织江西省京剧团有限责任公司京剧现代戏《生死愿》应邀参加第三届湖北艺术节、第十四届中国戏剧节；组织江西省杂技团有限责任公司杂技晚会《我们的生活比蜜甜》随江西省政府代表团赴乌法参加中俄文化交流演出。此外，话剧《寻找》参加文化部第八届儿童剧优秀剧目展演，情景歌舞《为了可爱的中国》参加文化部举办的“纪念抗日战争胜利暨世界反法西斯战争胜利70周年”展演。

【人才队伍建设】 文化人才队伍建设。2015年，江西2人获得戏剧“梅花奖”，填补了江西1997年以来18年未获“梅花奖”的空白；2人获评国务院津贴专家称号；3人入选江西省“百千万人才工程”。选派28名演艺人员参加戏曲人才高级研修班，选派30名基层文化局长参加“三区”文化局长高级研修班，选派1000名文化工作者赴“三区”开展帮扶，举办10期培训班培训1000名全省基层文化骨干，基层文化人才培训步入常态化。

【文化产业发展】 文化产业发展。2015年，首次举办文化产业合作推介会，签约项目70个、签约金额达360亿元，78个项目在深圳文博会签约，签约金额达317.25亿元。建立文化企业上市储备库，全年新增8家上市文化企业，是全省2010年到2014年五年上市企业总和的两倍，全省上市文化企业12家，直接融资超过26亿元。出台加快推进文化创意和设计服务与相关产业融合发展专项规划（2015—2020年），组建江西省文化产业公共服务平台，全年各类金融机构为文化企业发放贷款超过50亿元，20个项目获中央文化产业资金扶持，3家文化企业纳入文化部文化金融合作项目库。各地纷纷推出文化产业政策措施，新余市出台促进文化产业发展办法，南昌市出台鼓励社会资本进入文化领域实施办法，吉安市建立文化产业电子商务平台，鹰潭市加快建设黄蜡石创意产业公共服务平台，萍乡市通过政府购买服务的方式对安源大剧院市场化托管等。与此同时，推进文化旅游深度融合，全省景区（城区）演艺项目达15个。2015年全省文化产业主营业务收入预计达2350亿元，比2010年844.31亿元增长178.3%，文化产业增加值占GDP比重由2.43%提高至3.8%，全省文化产业发展综合指数、文化产业影响力指数、核心文化产品出口创汇均居全国前十以上。

江西首家省级文化产业公共服务平台上线。10月26日，江西省文化产业公共服务平台在南昌启动。平台由江西省文化厅主管、江西省文化企业协会主办，着力打造信息通、市场通、法规通、配套通、物流通、资金通、人才通、技术通、服务通和新经济平台的“九通一平”产业集群，力图扭转江西省文化企业长期单打独斗、各自为战的“小散弱”局面，推动江西省文化产业朝着抱团取暖、合作共赢的方向快速发展。

第二届江西省人民政府动漫奖颁发。9月30日，依据《江西省人民政府动漫奖管理暂行办法》，江西省文化厅与江西省财政厅启动开展2015年江西省人民政府动漫奖评选暨文化创意设计大赛活动。经过严格评审，最终从195件有效申报作品中评出54件优秀动漫作品。2015年12月，经省人民政府审核同意，2015年安排462万元奖励入选作品。

17家文化企业获得国家文化出口重点企业。12月，商务部办公厅、中宣部办公厅、财政部办公厅、文化部办公厅、新闻出版广电总局办公厅联合下发《关于公示2015—2016年度国家文化出口重点企业和重点项目名单的通知》，江西华奥印务有限责任公司、江西丝黛实业有限公司、景德镇法蓝瓷实业有限公司、江西腾王科技有限公司、江西金太阳教育研究有限公司5家文化企业成功入选。至此，江西累计17家文化企业获国家文化出口重点企业。

【文化市场管理】 监管文化市场。2015年，共梳理省级行政审批和处罚权力40项，并按要求明确了权力和责任清单。全省文化市场新增市场主体781个，包括互联网上网服务营业场所511个，互联网文化经营单位12个，娱乐场所209个，文艺表演团体、演出经纪机构等47个，艺术品经营单位2个。全省审批涉外演出128批（次），共有2129名国（境）外演艺人员来赣演出。先后举办2期全省平台业务应用系统培训班，共培训人员200余名。2015年，全省共出动检查人员27万人次，检查各类文化经营场所9.9万家，警告493家次，罚款781家次，罚款金额420余万元，责令停业整顿48家次，吊销许可证7家，没收违法所得5.8万元。

【文化遗产保护】 非物质文化遗产保护与传承。2015年，《江西省非物质文化遗产条例》颁布实施。评审并公布第三批省级非物质文化遗产项目名录代表性传承人和非物质文化遗产研究基地，传播、传承基地，江西现有国家级非物质文化遗产名录70项、省级488项，国家级非物质文化遗产项目代表性传承人33名、省级368名，国家级、省级非遗生产性保护基地14个。启动并实施传承人关爱和抢救性记录两项工程。完善省级代表性传承人的资助、培养、支持、管理措施。广泛开展非物质文化遗产宣传展示活动，选派一批项目参加米兰世博会江西活动日。举办第二届湘赣鄂皖非物质文化遗产联展。选派有江西特色的项目参加第五届中国成都国际非物质文化遗产节、第二届中国非物质文化遗产传统技艺大展、第33届中国洛阳牡丹文化节文化主题展、长江流域非物质文化遗产大展等。开展非物质文化遗产数字化试点项目景德镇手工制瓷和青阳腔，收录大量音像、图片和文字。完成116部国家级珍贵古籍数字化，启动建设国家古籍修复中心江西省分中心。

文物保护和考古发掘。2015年，景德镇御窑厂遗址保护利用工作得到中央领导的高度重视和关注，习近平总书记、李克强总理等中央领导先后做出重要批示。争取国家重点文物保护专项补助资金5.9亿元，资金数额位列全国第二。赣南等原中央苏区革命遗址保护工作继续深入推进，2015年争取国家重点文物保护专项补助资金3.1亿元，比2014年增涨了1亿。继续抓好中国传统村落和大遗址保护各项工作，抓好全省基层文物保护以及文物考古等工作。瑞金市成功被列为国家历史文化名城，设立并公布了江西省第一批省级历史文化街区名单。部署抗战文物点全面排查工作，经排查，全省共有132处抗战文物点。做好抗战文物的维修保护工作，在项目经费安排上给予倾斜。2015年，共争取国家重点文物保护专项补助资金3551万元，用于上高会战遗址、瑶里改编旧址和庐山民国图书馆等抗战文物保护；另外，全省各地共投入2088万元用于抗战文物点保护维修和展示利用。指导各地做好抗战遗迹遗址合理利用工作，瑶里改编旧址、万家岭战役遗址、上高会战遗址、庐山大厦、民国图书馆、南昌新四军军部旧址等抗战遗迹遗址经保护维修后对外开放。在抗战胜利七十周年纪念日期间，各地抗战内容的文物保护单位对外开放，开展主题纪念活动。

南昌西汉海昏侯墓考古发掘工作。截至2015年年底，江西南昌西汉海昏侯墓考古发掘出土各类文物1万多件，考古发掘工作取得重大成果，被国家文物局及专家评价为：我国迄今发现的保存最好、结构最完整、功能布局最清晰、拥有最完备祭祀体系的西汉列侯墓园，是我国长江以南地区发现的唯一一座带有真车马陪葬坑的墓葬，是我国目前发现的面积最大、内涵最丰富的汉代侯国聚落遗址，是研究西汉侯国历史最独特的大遗址。2015年11月14日主椁室考古发掘启动以来，《人民日报》、新华社、《光明日报》《文化报》《中国文物报》等中央媒体、江西电视台和《江西日报》等省内媒体，对发掘进展和成果进行了连续报道，成为全国第一个边发掘、边保护、边展示、边宣传的成功案例。

【对外和对港澳台文化交流】 推进对外文化交流。积极融入"一带一路"国家战略。策划"一带一路"项目，参与部省合作交流项目，顺利实施完成项目147个，文化交流出入境2114人次。其中派出项目21项，比上年增长27%；引进项目126项，比上年增长14%。

对港澳台文化交流。2015年，组织江西省歌舞剧院有限责任公司原创歌剧《回家》赴台湾巡演，8场演出总票数15539张，出票14992张，入场观众达14556人次，平均上座率达89%，票房收入达210万元新台币（折合人民币42万元），中共中央政治局常委、全国政协主席俞正声在第七届海峡论坛讲话中对《回家》在台湾的演出给予了高度评价；组织景德镇御窑博物馆赴澳门民政总署画廊举办"千年瓷都——景德镇御窑博物馆馆藏珠山出土永乐官窑瓷器展"，展出103件展品。

对国外文化交流。2015年，重点推进了中西省部对口合作交流、中俄"两河流域"文化交流，组织实施重大文化交流项目，参加米兰世博会。江西省部分设区市也结合实际开展对外交流，南昌市赴马其顿首都开展"欢乐中国年·魅力南昌"系列文化交流活动，得到外交部通报表扬，抚州市组团赴英国、西班牙开展文化交流等。江西省组织千年瓷都——中国景德镇陶瓷文化国际巡展，在俄罗斯、西班牙、意大利等国家引起热烈反响，中央政治局委员、书记处书记、中宣部部长刘奇葆同志参观了在西班牙马德里中国文化中心的展出后指出："'一带一路'就需要这样更多更好的中国故事、中国文化传播出去"。随着交流力度加大，江西陶瓷文化必将在国际上产生更大影响。

（江西省文化厅　伍文珺　郑志山）

山东省

【概况】 2015年，全省文化系统深入学习贯彻党的十八大和十八届三中、四中、五中全会精神，深入学习贯彻习近平总书记系列重要讲话和重要批示精神，按照省委、省政府"走在前列"和"一个定位、三个提升"的目标要求，坚持改革创新、锐意进取，正风肃纪、真抓实干，全年各项目标任务顺利完成，"十二五"规划圆满收官，文化事业、文化产业呈现出蓬勃发展的良好态势。

【文化体制改革】 文化体制改革扎实推进，国有文艺院团改革取得阶段性成果，文化执法力量不断加强。牵头负责的改革任务，需2015年度结项的已顺利完成，长线工作取得积极进展。继续深化国有文艺院团改革，完成省直文艺院团改革尾欠工作，人员身份、资产处置、院团整合等方面遗留问题得到妥善处理。确定山东歌舞剧院和山东省话剧院为国有文艺院团深化改革试点单位，组建理事会，完善法人治理结构，加快去行政化步伐。加快转变政府职能，继续完善省文化厅行政审批清单、行政权力清单,建立发布政府责任清单,确定 6 项主要职责、26 项具体责任事项、1 项部门职责边界、8 项事中事后监管制度、8 项公共服务事项;山东省文化厅政务信息公开工作全省名列前茅,山东省文化厅官网绩效考核再次荣获全国第一,连续三年蝉联第一名。加快推进文化立法,《山东省非物质文化遗产条例》颁布实施,《山东省公共文化服务保障条例》《山东省文化产业促进条例》列入三类立法计划,立法调研工作已经展开。加快推进文化科技创新,组织评选第二届“山东省文化创新奖”,评出“图书馆 + 书院”公共文化服务模式等 30 个创新项目。

【公共文化服务】 *五级设施网络日臻完善。*在“十二五”前 4 年全省各级投入 312 亿元的基础上,2015 年年初山东省文化厅又与各市签订文化建设目标责任书,进一步加大投入,完善设施,全年各级实现投入 73 亿元,全省五级公共文化设施网络进一步健全完善。充分发挥现代公共文化服务体系建设协调机制作用,整合宣传文化、党员教育、科技普及、普法教育、体育健身等资源,大力推进基层综合性文化服务中心建设。全省 1826 个乡镇(街道)综合文化站基本实现全覆盖,全省 80011 个村(居)有 75855 个建成文化活动室(文化大院),覆盖率达 94.8%,比“十一五”末增长 28%。“十二五”时期成为新中国成立以来山东公共文化服务体系建设投入最集中、投资量最大、水平提升最快的时期。

*体制机制更加健全有效。*在全国率先制定出台《关于加快构建现代公共文化服务体系的实施意见》和《山东省基本公共文化服务实施标准(2015—2020 年)》,各市均制订贯彻落实方案,形成了整体推进的战略态势。全省 6 个公共文化服务标准化试点市、5 个基层综合性文化服务中心建设试点市试点工作基本完成,威海标准化建设、日照基层综合性文化服务中心建设、潍坊数字化建设等先进经验做法在全省推广。山东美术馆等 10 个省级试点单位建立理事会工作扎实推进,济南市图书馆、群众艺术馆、美术馆在全省率先建立了理事会,其余单位已制订方案和章程。积极发展文化志愿服务,全省群文志愿辅导团发展到 20 万人,5 个项目被评为全国文化志愿服务示范项目。制定出台《山东省人民政府办公厅关于贯彻落实国办发〔2015〕37 号文件做好政府向社会力量购买公共文化服务工作的实施意见》,社会力量参与公共文化服务的各项政策进一步细化。

*文化惠民实事任务全部完成。*为 22056 个村居(社区)广场舞蹈队配备便携式拉杆音响,免费培训文化广场舞 27931 人。继续扩大“五馆一站”免费开放服务范围,各级图书馆、文化馆全部实现免费开放,新增服务窗口 705 个,新增服务品牌和服务项目 798 个。投入资金 8.82 亿元,优化提升村居(社区)综合性文化服务中心 11670 个。积极扶持非遗传承人收徒传艺,全省各级代表性传承人新收徒 5100 多人。

*文化扶贫取得阶段成果。*争取财政投入 3500 万元彩票公益金,为 700 个村(含 609 个省派第一书记帮包村)综合性文化服务中心设备购置予以补助。“十二五”期间,重点扶持 3035 个贫困村“有文化活动室”的行业扶贫任务全部完成。

【文艺创作】 *艺术创作呈现井喷态势。*全省舞台艺术创作投入 2.2 亿元,新创作舞台剧目 180 余部,创历史最好纪录,推出吕剧《回家》、舞剧《风筝》、话剧《茶壶就是喝茶的》、山东梆子《南下》、柳琴戏《沂蒙魂》等一大批精品剧目。基层院团呈现改革活力,全省 57 个县级剧团创作上演至少 15 台大戏,30 个县级院团复排传统大戏，总投入达5000万元。吕剧《姊妹易嫁》、柳子戏《张飞闯辕门》、新创作剧本《严蕊》入选文化部“三个一批”创作扶持项目，实现三个门类全覆盖。“十二五”期间，全省累计推出369部大戏，2个剧目获中宣部“五个一工程戏剧奖”，4个剧目获“文华大奖”或“文华特别奖”。美术创作呈现崭新气象，“大哉孔子·中国画创作工程”顺利推进，“齐鲁画派”加快打造，省“十艺节”美术大展申报作品800余件。

重大文化活动精彩纷呈。成功举办第十届山东文化艺术节，18台剧目入选“新创作优秀剧目展演”，285件美术作品入围“全省优秀美术作品大展”。组织举办全国纪念抗战胜利70周年优秀剧目华东（北）片区展演、“和平颂”——山东省纪念中国人民抗日战争暨世界反法西斯战争胜利70周年文艺演出、纪念抗日战争暨世界反法西斯战争胜利70周年优秀剧目展演，27部优秀抗战题材剧目累计演出100余场。歌剧《白毛女》在济南成功上演。“正道沧桑”刘宝纯诗书画展在国家博物馆成功举办。

“深入生活、扎根人民”蔚成风气。深入推进文艺下乡，争取公益性文艺演出服务资金800万元，支持省直院团深入城乡演出400场；争取补贴资金200万元，支持省直剧场引进国内外优秀文艺项目，开展低票价惠民演出；争取彩票公益金400万元，组织公益演出175场。“一村一年一场戏”免费送戏工程扎实推进，市、县文化惠民措施密集出台，全省完成免费送戏48000余场。积极推进美术惠民，组织“大师窖藏——走进山东半岛名作展”“接力2015——山东油画作品展巡回展”等多项美术精品全省巡展活动。鼓励艺术家深入基层创作采风，组织文艺工作者赴沂蒙山区体验生活，开展“文化援疆”“写生采风”“文化志愿者边疆行”等活动，取得良好效果。

扶持艺术创作长效机制进一步完善。深入实施舞台艺术“4+1工程”，制定出台《关于进一步推动山东艺术创作繁荣发展的意见》《重点选题评选资助办法》等，在选题立项、剧目加工、演出奖励、文艺评价、艺术人才培养各个环节进行“全链条”扶持引导，形成“山东模式”。积极争取国家艺术基金支持，35个项目入选，居全国第三，获资助资金2985万元，立项数量和资助金额同比增长220%和270%。与中国戏曲学院、山东艺术学院等合作举办舞蹈编导、戏曲表演等集中培训活动，140名艺术骨干人才参加培训。举办“全省优秀中青年作曲家创作作品演奏会”“全省艺术新秀优秀作品展演”。与山东教育电视台合作打造电视栏目《看大戏》，完成5部大戏和6期艺术新秀展演录像，获得良好反响。

【文化产业发展】 文化产业转型升级加快发展。制定实施蓝黄经济区、省会城市群经济圈、西部经济隆起带等4个文化产业发展专项规划，文化产业规模和效益不断提升，培育形成文化演艺、工艺美术与艺术品、会展广告、动漫游戏、互联网信息服务等骨干产业。截至年底，全省文化产业法人单位7万多家，从业人员149万，“十二五”期间文化产业增加值年均增长17%，2015年达到2370亿元，占全省GDP比重3.7%左右。研究制订山东文化产业转型升级实施方案，郭树清省长亲自主持召开专题座谈会研究部署。全省拥有国家级文化产业示范园区（基地）17个、国家级动漫产业基地4个、省级文化产业示范园区（基地）136个，5个项目入选文化部2015年度特色文化产业项目库，9个项目被列入文化部2015年文化金融合作项目库。开展演艺惠民消费季试点，与中国建设银行山东省分行联合发行齐鲁文化消费龙卡。召开全省文化金融合作推进会，286个文化企业、文化项目与金融机构达成合作意向，支持意向资金 112.2 亿元。建成山东省文化产业信息服务平台，潍坊文化金融试验区建设深入推进，文化艺术与金融融合发展综合服务平台初步形成。

【文化市场管理】 文化市场监管力度不断加大。实施文化市场综合执法能力提升工程，承办全国文化市场综合执法师资片区巡讲活动，联合河北、甘肃等中西部省份共同开展文化市场综合执法案卷评查活动。突出抓好农村文化市场和文化娱乐场所的监督管理，严厉打击各类违法违规行为，实现全领域覆盖，全方位监控。2015 年，全省执法人员出动 68 万余人次，检查经营单位 15 万余家次，办结案件 2430 件，有力维护了全省文化市场繁荣有序。

文化市场执法信息平台建设和使用不断完善。深入推进文化市场技术监管与服务平台应用，建成全国文化市场技术监管与服务平台北方分中心（服务覆盖 12 个省份），成为全国第一个所有市、县全面实现平台上网运行的省份。全省各级文化行政部门和文化市场综合执法机构平台使用率达到 80% 以上，存量文化市场主体数据激活率达到 99%，所有新增审批及执法业务均通过平台办理，全省文化市场信息反馈渠道基本建立。

互联网上网服务行业实现转型升级。召开全省上网服务行业转型升级现场会，引导上网服务企业进行业态创新，涌现出德州市“社区综合性文化上网服务站”、淄博市“文化惠民进社区工程”试点等一批典型。转型升级后上网服务场所的经营方式、服务方式发生根本性改变，场所干净整洁，服务多元细致，社会形象极大好转。

【文化遗产保护】 顶层设计更加完善。参与研究起草省委、省政府《关于实施齐鲁优秀文化传承创新工程的工作方案》，对全省本土文化资源普查调研工作做出安排部署。“传承弘扬优秀传统文化十大行动”加快实施，构建孔子及儒家思想研究传播体系、实施齐鲁优秀传统文化题材创作工程等 10 项重点工作进展顺利，中办回访调研组给予充分肯定。全国文化厅（局）长中华优秀传统文化继承与发展高级研讨班在山东举办，对山东经验进行了总结推广。

研究阐发和普及推广成效显著。进一步做好古籍保护工作，依托省图书馆普查各类古籍 3786 部 48800 册，修复古籍 1434 叶。《山东儒学文献珍本丛刊》《儒学与艺术学论丛》编纂出版工作有序推进，“大师引进工程”深入实施，“大哉孔子 · 儒家文化经典中国画创作”、大型人文艺术电视专题片《中国画坛齐鲁风》拍摄工作进展顺利。创新推进“图书馆 + 书院”模式，尼山书院、乡村儒学、社区儒学建设全面铺开，全省图书馆尼山书院基本实现全覆盖，建成乡村、社区儒学讲堂 7400 多个，开展活动 3 万余场次，服务群众超过 150 万人次。征集评选中华优秀传统文化故事会故事作品 500 篇。

非物质文化遗产保护成绩突出。坚持创造性传承、创新性保护、创意性发展，打造载体，培育品牌，积极构建项目、传承人、传习所、生产性保护基地、生态保护区“五位一体”的非遗保护传承体系。“十二五”期间，全省各级投入非遗保护资金超过 21 亿元。目前，全省共有联合国教科文组织认定的“人类非物质文化遗产代表作名录”项目 8 个，国家级非遗项目 173 个，占全国总数的 12.6%，居全国第二，建成 1 个国家级文化生态保护实验区、9 个省级文化生态保护实验区。启动国家级传承人抢救性记录工程，实施中国传承人群研修研习培训计划，开展“齐鲁文化喀什行”文化援疆行动，国家非遗保护数据库试点建设进展顺利。举办 7 期“齐鲁非遗大讲堂”，实现308个省级非遗项目保护单位和312个国家级、省级非遗传承人培训全覆盖。成功举办第十个“文化遗产日”非遗系列活动，全省各地开展活动3200多场次，参与群众达到700万人。中国非物质文化遗产博览会落户济南，中国非遗传承人群培训成功举办。

县及县以下历史文化展示工程加快实施。联合财政、民政、党史、文物、史志等部门，制定《关于实施县及县以下历史文化展示工程的指导意见》和《展陈指导大纲》，落实省级奖补资金5250万元。2015年，全省纳入考核的105个县（市、区）中有99个完成县域历史文化展示工作，完成总量的94.3%。计划到“十三五”末，基本完成镇村级历史文化展示工作。临沂市在全省率先建成红色文化主题展馆。

曲阜优秀传统文化传承发展示范区规划建设取得重要进展。文化部、山东省人民政府致函国家发改委，推动示范区列入国家“十三五”经济社会发展规划，国家发改委复函文化部、山东省人民政府表示支持示范区列入“十三五”规划，并在示范区规划编制、曲阜文化遗产保护项目上给予指导支持。尼山圣境、孔子学院总部体验基地等一批重大项目顺利推进。

【对外和对港澳台文化交流】 积极借力文化部对外文化交流品牌、阵地、载体，配合国家“一带一路”战略，紧紧围绕省委省政府重要出访、重大经贸洽谈、友好省州交流等重大外事活动，整合各类文化资源，大力开展多种形式的对外文化交流活动，建立文化交流关系的国家达到150多个。积极组织参加文化部海外“欢乐春节”活动，共派出12批322人次赴日本、韩国、埃及、新加坡、法国等8个国家和地区的15个城市开展系列演出、展览，取得圆满成功。着力推进“孔子文化展”标准化建设，在法国举办“孔府乐舞”演出，在立陶宛举办“孔子文化展”。开展“2015泰国·中国山东文化年”系列交流活动，成功举办“曼谷·尼山论坛”。“2015东亚文化之都·中国青岛活动年”策划开展活动150多项，承办中日韩文化部长会议，举办中日韩艺术之夜文艺演出。省杂技团《鼓韵》参加中非合作论坛《中非时刻》文艺晚会取得圆满成功，习近平总书记及50多位国家元首观看演出，山东演艺“走出去”得到文化部、外交部表扬认可。“十二五”期间，省直及各市艺术院团累计赴国外、境外演出交流6000多人次，举办演出3000余场，美术展览1500多场，非遗展示600多场，成功举办第二届、第三届尼山论坛，第四届、第五届、第六届、第七届世界儒学大会，在马耳他、俄罗斯、波兰、新西兰、澳大利亚等多个国家设立17家尼山书屋。

（山东省文化厅　王　忠）

河南省

【概况】 2015年，全省文化系统紧紧围绕省委、省政府的总体部署，认真贯彻党的十八大和十八届三中、四中、五中全会精神，深入学习贯彻习近平总书记系列重要讲话精神，以文化繁荣发展为主线，以文化惠民为主旨，以改革创新为动力，以全面从严治党为保障，突出问题导向，突出改革创新，突出思想建设和制度建设，抓落实、求实效，圆满完成全年各项任务，实现“十二五”圆满收官，为“文明河南”和文化强省建设做出了新贡献。

【公共文化服务】 公共文化服务扶持政策不断完善。省委、省政府成立河南省现代公共文化服务体系建设协调领导小组，省委办公厅、省政府办公厅出台《关于加快构建现代公共文化服务体系的实施意见》,印发《河南省基本公共文化服务实施标准》,全省公共文化服务体系建设迈出重大一步。

公共文化服务体系示范区(项目)创建工作积极推进。召开了全省加快构建现代公共文化服务体系现场会,组织对全省 24 个公共文化服务体系示范区(项目)进行了中期督导,济源市及平顶山市“文化客厅”、安阳市“政府—高校—社区 321”公益文化服务项目入选第三批国家级公共文化服务体系示范区(项目)。

文化惠民活动深入开展。全省 189 个博物馆(纪念馆)、6 个美术馆、175 个图书馆、203 个文化馆、2399 个乡镇文化站(街道文化中心)全部实现零门槛免费开放,全年接待观众达 8860 多万人次,公共文化服务水平进一步提升。持续开展“舞台艺术送农民”“高雅艺术进校园”“天天邮戏、戏送万家”等公益惠民演出,全年演出 1.9 万场次、受众 4500 万人次。配合省委宣传部面向城市启动“中原文化大舞台”惠民演出工程,首批安排演出 500 场次,实现了公益惠民演出城乡全覆盖。

重大文化活动亮点纷呈。围绕纪念中国人民抗日战争暨世界反法西斯战争胜利 70 周年,组织了反映抗战题材的全省优秀剧目展演、全省抗战歌曲大合唱、全省抗战主题美术创作、全省抗战主题陈列展览等 7 项活动,激发了全省人民的爱国主义热情。组织开展“春满中原”春节系列、“百城万场”广场系列等文化活动 3 万多场次,活跃了群众文化生活。举办黄帝故里拜祖大典精品剧目展演,中国洛阳牡丹文化节,浚县、淮阳、鹿邑非物质文化遗产展示展演,宝丰马街书会,中国文化遗产日等活动,弘扬传播了优秀传统文化。

【文艺创作】 艺术创作生产取得新成绩。全年全省推出新创剧(节)目 67 部,豫剧《玄奘》《魏敬夫人》等 19 个项目获得国家艺术基金 2314 万元的重点扶持,话剧《老街》、豫剧《玄奘》、越调《张伯驹》等 31 个项目获得省直艺术创作专项资金补助,其中豫剧《玄奘》《雁桥情仇》、越调《张伯驹》、话剧《孔子》已立上舞台。“深入生活、扎根人民”主题实践活动深入开展,省文化厅组织 24 名省直艺术创作人员下基层开展活动。

文艺演出广受好评。配合上合组织政府首脑(总理)理事会第十四次会议,精心筹划举办欢迎宴会文艺演出,为出席会议的各国嘉宾呈现了一台充分彰显河南特色的艺术盛宴,受到高度赞誉。围绕纪念抗日战争暨世界反法西斯战争胜利 70 周年,组织《红高粱》《口上的女人》《汴桥风云》《沙家浜》《红菊》《交响黄河大合唱》等 7 部剧目全省演出,弘扬了民族自救的伟大抗战精神。组织举办“乙未年黄帝故里拜祖大典河南省精品剧目展演周”“第 33 届中国洛阳牡丹文化节优秀剧目展演月”等展演活动,营造了浓厚的文化氛围。话剧《红旗渠》、豫剧《焦裕禄》应邀在全国 12 个省巡演。创排《全家福》《陈蕃》等 11 部优秀廉政戏剧在全省全国巡演 200 多场次,并应邀晋京为中直机关干部演出,使广大党员干部深受教育。创排了豫剧《玄奘》到台湾演出,豫剧《程婴救孤》到巴基斯坦、泰国演出,豫剧《苏武牧羊》在西安丝绸之路国际艺术节演出。

文艺赛事精彩纷呈。成功举办“全国豫剧院团工作交流会”、河南省第七届舞蹈大赛、第六届河南省专业声乐器乐大赛、第十二届河南省“群星奖”小戏小品大赛、第八届河南省少儿文化艺术节,助推出精品、出人才。

艺术名家推进工程反响良好。继续实施“河南省艺术名家推介工程”,全年推介申小梅、范军、李仲党 3 位艺术名家,截至目前共推介18位河南艺术名家,受到全国文艺界的关注和盛赞,调动了广大艺术工作者的积极性。

【文化产业发展】 政策资金扶持力度不断加大。会同省工业和信息化委员会、财政厅、人民银行郑州中心支行出台《大力推进文化金融合作促进小微文化企业特色文化产业发展的若干意见》,从营造发展环境、加大金融支持、完善财政政策等方面加大引导和支持力度,全年全省文化企业共获得贷款30多亿元。开封市宋都古城国家级文化产业示范园区建设等8个项目入选2015年度"国家文化金融扶持计划"。发挥新型文化业态专项资金引导作用,全年资助冰上杂技儿童剧《探险之旅》等39个项目4000万元资金。开展2012至2014年度新型文化业态发展专项资金绩效评估,撬动社会投入近30倍。

文化产业示范园区、基地加快建设。组织开展全省文化产业园区建设洛阳观摩活动,鼓励引导集聚发展。命名登封市"天地之中"文化旅游产业园区、灵宝市函谷关文化产业园两个园区为第四批"河南省文化产业示范园区"。全省国家级、省级文化产业示范园区、示范基地从业人员达35万人,总资产320多亿元,营业收入近280亿元,示范带动作用进一步彰显。

重点文化产业项目加快推进。郑州国际文化创意产业园等一批重大项目落地建设。实施郑州国际文化创意产业园入驻华特迪士尼、建业华谊电影小镇等规模以上大项目40多个,计划投资达200亿元。郑州华强文化科技基地一期建成运营,国家动漫产业基地(河南基地)企业入驻完毕。开封"一城宋韵"入选2015年度国家特色文化产业项目,《禅宗少林·音乐大典》实景演出升级改造等8个项目入选2015年度"国家文化金融扶持计划",《狼来了》等4个优秀动漫项目入选2015年"国家动漫企业项目资源库"。洛阳市"天下龙门"、华夏历史文明传承主题园等一批重大文化产业项目相继落地和签约,隋唐百戏城《国际大马戏》和丝路非遗嘉年华《天下洛阳》演艺项目成功上演。

新型文化业态势头良好。加大新型文化业态引导扶持力度,推动以数字内容服务、动漫游戏、新型演艺娱乐等为代表的新型文化业态发展,涌现了中国传统村落富媒体互动数字出版、数字马街、数字太极、戏剧数字云播平台等一批新型文化业态项目。文化与旅游、科技、信息服务、移动通信等行业融合发展成为新亮点,培育打造了河南全民阅读、手机网络游戏开发、索易儿童成长中心、松社文化休闲空间、非物质文化遗产传承复烧宋钧研发、上阳宫文化园等一批产业融合品牌。

【文化市场管理】 文化市场管理服务水平不断提升。适应商事制度改革,落实"先照后证"改革要求,制定出台《河南省文化厅关于贯彻落实"先照后证"制度改进全省文化市场行政审批和市场监管工作的意见》,放宽市场准入,简化行政审批,全年全省新增文化市场主体1839个。开展全省文化市场行政审批规范化建设试点工作,研究制定《河南省直管县(市)文化市场行政审批和综合行政执法监管工作规程》,进一步规范行政执法行为。

上网服务行业转型升级效果显著。调整完善上网服务企业管理政策,积极推动上网服务企业行业转型升级,研究出台《河南省文化厅关于互联网上网服务行业信用体系建设实施意见》《河南省上网服务行业信用等级评定办法(试行)》,部署在16个省辖市、4个直管县开展试点工作,河南省上网服务行业焕发新的活力,文化部在全国推广洛阳网吧转型升级经验。焦作市以网吧转型升级为抓手,重点抓文化市场经营单位的规模化、品牌化工作，涌现了一批全新复合式休闲场所。

文化市场监管力度不断加大。加强事中事后监管，组建了“全省网络文化市场执法协作小组”，组织开展了文化市场执法“闪电”系列活动、暑期集中整治、全省城乡网吧专项整治等行动，全年检查文化经营单位 10.3 万家次，办结案件 2837 件，有力净化了文化市场。聘任了 2132 名农村文化市场监管信息员，加强了对快速发展的农村文化市场的监管。

执法队伍综合素质得到加强。持续开展执法人员大培训、执法岗位大练兵、执法技能大比武活动，全年举办文化市场行政审批和行政执法培训班 11 个，培训人员 900 余人次，执法人员素质不断提高。

【文化遗产保护】 文物保护利用取得新成绩。推进洛阳龙门石窟、安阳殷墟、登封“天地之中”历史建筑群、大运河河南段、丝绸之路河南段 5 处世界文化遗产保护、管理、研究、展示、利用工作，开展年度监测巡视，完善基础服务设施，社会效益和经济效益实现新提升。持续推进大遗址保护展示、重点文物抢救维修、传统村落整体保护利用等工程，隋唐洛阳城明堂天堂遗址、开封城墙等阶段性抢救维修圆满完工，并对外开放。开展抗战文物挖掘、收集、整理和利用，开放一批抗战遗址，推出一批专题陈列。全省可移动文物普查取得阶段性成果，基本摸清了全省可移动文物家底和保存状况，全省 529 家国有单位共收藏文物 192 万余件（套）。郑州东赵遗址和河南隋代回洛仓与黎阳仓粮食仓储遗址考古发掘项目入选“全国十大考古新发现”，河南省获此殊荣项目达 42 项，居全国首位。

非物质文化遗产保护利用稳步推进。配合省人大常委会组织开展非物质文化遗产保护“一法一条例”执法检查。省政府命名第四批 114 项省级非物质文化遗产名录。探索非物质文化遗产分类保护方式方法，启动实施河南省传统美术抢救保护工程，国家级、省级非物质文化遗产代表性传承人抢救保护。唐三彩烧制技艺和钧瓷烧制技艺保护利用设施项目获 2015 年度国家非遗基础设施投资计划资金支持。35 个国家级非遗项目和 69 个省级非遗代表性项目获中央和省财政 3598 万元资金扶持。命名第三批 11 个单位为河南省非物质文化遗产研究基地。命名三门峡地坑院保护实验区、濮阳戏剧保护实验区、宝丰说唱文化保护实验区为第二批省级文化生态保护实验区。成功举办中国（宝丰）国家级非物质文化遗产曲艺类展演、中国（淮阳）非物质文化遗产展示展演、中国鹤壁非物质文化遗产展示展演三大品牌活动。组织开展第十个文化遗产日系列宣传，举办“河南省稀有剧种抢救工程成果展”，大力弘扬“保护成果、全民共享”的文化遗产保护理念。

古籍保护利用得到加强。推进古籍书库和数据库建设，深入开展古籍普查、修复、研究和利用等工作。

【对外和对港澳台文化交流】 对外文化合作交流不断深化。“欢乐春节”文化交流任务圆满完成，共组派 11 个团组，赴加拿大、突尼斯、哈萨克斯坦、新西兰、巴西、智利等 12 个国家和地区的 15 个城市开展文化交流活动，取得良好反响，中国驻美国等 8 个国家的驻外使领馆、乌克兰文化部等 3 个国家文化部致电河南省表彰对外文化交流活动。“央地合作”计划全面落实，赴孟加拉国成功举办“丝绸之路上的中国穆斯林摄影展”，中共中央政治局委员、国务院副总理刘延东，孟加拉国文化部长努尔等出席展览开幕式，给予充分肯定。完成赴巴基斯坦“中国文化交流年”演出任务。积极开展对非文化交流，举办“2015 南非中国年河南周”系列文化活动。成功承办青年汉学家走进河南活动。

对港澳台文化交流不断深化。“星云大师一笔字书法展”来豫成功展出，大型原创历史豫剧《玄奘》赴台佛光山佛陀纪念馆和南华大学交流演出。组织专家赴台开展豫剧、非遗、文物考古等交流研讨活动。在澳门举办“根与魂——河南非物质文化遗产系列展示展演活动”，组派鹿邑县民间艺人参加了“第五届澳门拉丁城区幻彩大巡游”活动。在香港举办“根之情——马文章周易榜书作品展”。首次选派豫剧研究专家、省豫剧院青年团赴香港大学、香港演艺学院等五所大学与香港青年学生就豫剧现状与传承等开展互动交流。

对外文物交流日趋活跃。组织“洛阳：丝绸之路上的大都会——唐代文明展”“汉唐中原——河南文物精品展”“中塞文化对话展”“河南木版年画展”等，分别赴瑞典、意大利、塞浦路斯、加拿大等地展出。与台北历史博物馆合作主办了“盛世风华——洛阳唐三彩特展”。成功引进俄罗斯“布里亚特的神灵”、捷克“欧洲玻璃艺术史珍品”等专题展览，为公众奉上了精品文化大餐。成功举办“2015（郑州）国际博协安全委员会第41届年会”。

【文化发展保障工作】 文化人才队伍建设不断加强。持续实施全省文化系统人才发展规划十大人才培养工程，全年省级层面举办各类业务培训班48个、培训人员2924人次。落实文化部“三区”人才支持计划，组派第二批800名文化工作者到38个国家级贫困县开展文化帮扶工作。

文化体制改革和机制创新稳步推进。公益性文化事业单位普遍实行定编定岗、竞争上岗、公开招聘、绩效工资等制度。9个公共图书馆、博物馆、文化馆等组建理事会试点单位已全部组建理事会。文艺院团内部机制改革取得新进展。牵头起草了《河南省人民政府办公厅关于做好政府向社会力量购买公共文化服务工作的实施意见》《河南省人民政府办公厅关于推进基层综合性文化服务中心建设的实施方案》，不断创新公共文化服务投入方式和建设管理模式。

文化法治建设取得新进展。进一步简政放权，梳理文化厅行政权力事项73项、文物局21项，建立文化厅、文物局权力清单、责任清单和权力运行机制。出台《河南省节庆论坛管理实施办法》，履行全省文化类节庆论坛管理审批职能。利用中国文化遗产日等重大节日，广泛开展《文物保护法》《非物质文化遗产法》等文化法律法规宣传教育。探索设立法律顾问制度，建立健全重大决策合法性审查机制。

文化资金申报管理力度加大。落实系列文化发展持续政策，积极获取各级财政支持，全省文化投入稳步增长。会同省财政厅研究出台《全省公共文化服务引导资金管理暂行办法》，开展文化资金使用情况监督检查，资金使用效益不断提升。

安全稳定和平安建设工作扎实开展。总体上确保了全省文化系统平安和谐的良好局面。

（河南省文化厅　张抗洪）

湖北省

【概况】 2015年，湖北省文化厅系统深入学习贯彻党的十八大和十八届三中、四中、五中全会和习近平总书记系列重要讲话精神，认真落实省委、省政府各项决策部署，紧紧围绕文化强省建设，坚持以人民为中心的工作导向，稳中求进，开拓创新，求真务实，积极作为，各项工作不断取得新突破。

【文化服务】 紧紧围绕中央和湖北省委、省政府工作大局谋划文化建设、推进文化工作，圆满完成《省委常委会 2015 年工作要点》和《政府工作报告》确定的重点工作任务，精心完成省委、省政府交办的重大政治任务。围绕“一带一路”、长江经济带及长江中游城市群重大战略实施，积极推进“万里茶道”联合申报世界文化遗产项目，组织举办第二届长江文化论坛、2015 中国长江非物质文化遗产大展，发起成立了长江流域矿冶考古联盟，促进了文化交流与合作。利用“长江讲坛”平台举办市场大讲堂、法治讲堂、廉政讲堂、中华优秀传统文化讲堂等系列高端公益讲座，充分发挥文化在实施“四个全面”战略布局中的教化作用。围绕纪念中国人民抗日战争暨世界反法西斯战争胜利 70 周年，创作生产一大批舞台艺术和美术精品，策划举办一系列展览展演活动，实施中共鄂豫边区委员会旧址等 7 处全国重点文物保护单位、石牌抗战遗址等多处省级文物保护单位的维修保护工程，推动天岳关抗日将士阵亡纪念亭、恩施抗战遗址等重要抗战文物争取列入全国红色旅游经典景区名录，举办抗战文物主题展览 18 个，特别是“中流砥柱——湖北省纪念中国人民抗日战争暨世界反法西斯战争胜利 70 周年展览”和“四万万人民——纪念中国人民抗日战争暨世界反法西斯战争胜利 70 周年”大型实物及图片展在社会上引起了强烈反响。落实省委、省政府重大决策部署，制订《关于贯彻落实省委十届六次全会精神扎实推进文化扶贫的工作方案》，深入推进文化援疆、援藏工作受到好评。配合省委、省政府重大活动，组织 2015 年春节团拜会、2015 年湖北省新年文艺晚会等高水平文艺演出活动，圆满完成省政府代表团出访澳大利亚、斐济、新西兰的文化交流活动和第九届中国中部投资贸易博览会邀商接待任务。

【公共文化服务】 省委办公厅、省政府办公厅于 2016 年 1 月正式印发《关于加快构建现代公共文化服务体系的实施意见》。襄阳市被文化部列为全国 10 个公共文化服务标准化建设试点单位之一。省博物馆三期、湖北艺术职业学院新校区、省京剧院谭鑫培大剧院、省群艺馆新馆等省直建设项目加快推进，列入国家规划的 35 个市级“三馆”建设项目开工率和完工率分别达到 57% 和 23%，位居全国前列，省规划的 100 个县级“两馆”建设项目补助资金全部落实到位，开工率达到 73%，首次将“百姓舞台”村级文体广场示范点建设纳入市州党政领导班子考核指标。宜昌、荆门、十堰申报创建第三批国家公共文化服务体系示范区（项目）取得优异成绩，圆满完成省级公共文化服务体系示范区第一批创建评估验收和第二批创建申报评审，襄阳市成功举办 2015 年国家公共文化服务体系示范区创建城市区域文化联动——华中片区经验交流活动。深入开展“文化力量・民间精彩”全省群众广场舞展演，组织举办第二届湖北艺术节群众文化活动，不断扩大“长江讲坛”受众覆盖面。成功举办全国首个“中国民间文化艺术之乡”剪纸艺术交流展示活动，首次开展全省“百佳”社会文艺团队评选工作，省群艺馆牵头成立中国文化馆协会音乐创作委员会，第二批全国基层文化队伍培训教材立项申报入围数量占全国七分之一强。

【文艺创作】 认真学习贯彻习近平总书记文艺工作座谈会重要讲话精神，深入开展“深入生活、扎根人民”主题实践活动，突出现实题材抓好以“中国梦”为主题的艺术创作，成功举办第二届湖北艺术节和第六届湖北省楚剧艺术节,推出《台北新娘》《刘伦堂》《犟妈》等一批反映时代精神、讲述湖北故事、弘扬主流价值的优秀作品。积极推动省京剧院与国家京剧院开展结对共建,深入全省70个县(市、区)对专业艺术院团和地方戏曲剧种进行普查式调研,争取全省地方戏曲保护发展专项资金由2013年的200万元增加到2100万元,大力推动戏曲传承发展。组织举办"深入生活、扎根人民"主题展演、"我们的中国梦"湖北地方戏曲获奖剧目展演、纪念中国人民抗日战争暨世界反法西斯战争胜利70周年优秀剧目展演、2015年秋之韵·东湖音乐会等系列展演活动,丰富了基层人民群众精神文化生活。国家艺术基金2015年度资助项目申报立项总数和立项率位居全国第四,国家社科基金艺术学项目申报立项数位居全国第一,湖北美术馆顺利通过全国重点美术馆复评,武汉美术馆入选第二批全国重点美术馆名单,连续三年荣获全国美术馆馆藏精品展出季活动优秀组织单位奖,重点项目申报捷报频传。

【文化产业发展】 开展全省文化产业示范园区(基地)巡检考核工作,评选第二批省级文化产业示范园区9家、第五批省级文化产业示范基地33家。制定出台《湖北省扶持文化产业示范园区及基地专项资金管理办法》,对71家优秀文化产业示范园区(基地)给予资金扶持。组织召开全省特色文化产业现场会,推动各地大力发展特色文化产业。成功举办第二届中国湖北文化艺术品博览会、第二届湖北省大学生文化创意设计大赛,积极搭建文化产业发展平台。扎实推进中部地区(武昌区)拉动城乡居民文化消费试点工作,得到文化部高度评价。文化产业项目申报取得新突破,5个项目进入文化部"文化金融合作项目库",3个项目入选国家特色文化产业重点项目。

【文化市场管理】 全面推进互联网上网服务行业转型升级,组织举办湖北省互联网上网服务行业转型升级成果展暨电子竞技大赛,《文化部简报》刊发湖北省工作经验。大力推进文化市场技术监管与服务平台应用,积极推动将其作为湖北省诚信体系建设的重点项目,实现文化市场管理与执法业务的互联互通、数据共享。举办全省文化市场综合执法业务培训班,完成全国第九、十批网络文化市场以案施训活动,承办2015年度第二届全国文化市场综合执法培训师资总结研讨活动,积极与吉林省开展文化市场综合执法对口交流协作,不断强化文化市场队伍规范化建设。深入开展全省文化市场"雷霆行动"暨"暑期集中行动",加大对基层文化市场管理的暗访抽查和考核督办力度,成功办理全国首例弹幕视频网案和武汉楚游科技网络有限公司违规经营案、VOX酒吧违规演出案等一批在全国有影响的重大案件,5个案件被评为全国文化市场重大案件,居全国前列;1个案卷被评为全国优秀案卷,2个案卷被评为全国规范案卷,获评数量占全国比5%。评选14家艺术品诚信经营单位,审批、备案营业性演出活动170批次,近500场次,全省营业性演出近2.7万场,观众达2000余万人次。

【文化遗产保护】 恩施唐崖土司遗址被成功列入《世界遗产名录》,成为全省第3处世界文化遗产,国家文物局正式确定湖北省为"万里茶道"申遗联络省份,武汉为牵头城市,编制完成武当山古建筑群保护总体规划,实施明显陵外罗城、外明塘及明楼修缮工程。大力推进盘龙城、龙湾、铜绿山等国家考古遗址公园建设,启动黄冈禹王城省级考古遗址公园建设试点,实施鹤峰县五里村、利川市鱼木村、赤壁市羊楼洞村等传统村落保护项目,加强新洲问津书院、郧阳府学宫、建始五阳书院等书院类建筑文物维修保护，报请省政府公布第五至七批全国重点文物保护单位保护范围和建设控制地带。加强屈家岭、石家河、容美土司考古与研究，举办考古资产保护与利用盘龙城论坛等国际学术研讨会，配合鄂北水资源配置、汉十高铁等重点工程实施 19 项考古发掘项目，对 1000 余件文物进行保护性修复，三峡、南水北调及水下文物保护工作取得新进展，可移动文物普查工作进度位居全国第四位。成立全省博物馆展览联盟，组织举办社会主义核心价值观等主题展览 16 个，《为天下先》和《探索与奠基》荣获全国十大陈列展优胜奖，4 个项目入选全国博物馆展览季。对 11 家博物馆进行安全达标验收，完成全省文博单位安全技术防范设施运行信息备案查询系统建设，排查文物安全隐患 280 处。启动全省非遗保护“十个一”行动计划，成功承办全国漆艺传承创新展示交流活动，成立湖北省中国漆文化研究会，命名省京剧院等 22 家省级非遗传承示范基地，命名 6 所院校和科研机构为省级非遗研究中心，数量跃居全国之首。省图书馆设立中部地区唯一的国家古籍修复技艺传习中心传习所。组织举办 2015 中国长江非物质文化遗产大展、全省第十个文化遗产日启动式暨黄石主场城市系列活动，积极参加第二届湘鄂赣皖非物质文化遗产联展。

【对外和对港澳台文化交流】 积极参与国家重大文化交流活动，组织开展“荆楚风　中埃情——湖北文化走埃及”对口合作活动，组织“长江之韵”艺术使团赴俄罗斯参加“第二届国际布兰诺沃艺术节”，组织京剧《真假美猴王》赴日本巡演，选派京剧演出团赴智利参加“中国文化年”暨“华艺新颜”活动。配合全省重大外事活动，组织举办“同一个太阳　同一个梦想”中国湖北—澳大利亚昆士兰儿童艺术交流项目 20 周年回顾展等文化交流活动。大力开展对港澳台文化交流活动，组织大型古装黄梅戏《苏东坡》赴台公演，组织省京剧院赴澳门进行交流演出，组织省博物馆赴香港举办“楚腔汉调——汉剧文物展”及汉剧演出，组织大型禅宗黄梅戏《传灯》赴台巡演。积极开展对外交流展览，先后赴台湾地区举办“铸鼎熔金——湖北省博物馆馆藏青铜器展”、赴美国举办“皇家品味——15 世纪明代藩王宫廷艺术展”，引进“奥地利百年绘画展”等 10 多个特色展览。全年办理入境文化交流活动 75 批次、860 人次，境外文化交流活动 25 批次、200 人次。

【文化保障】 大力加强领导班子和干部队伍建设，对 10 个厅直单位领导班子进行了调整充实，面向全省公开遴选 4 名厅直属单位领导班子成员，全年选拔处级干部 15 人。组织举办全省市县文化局局长培训班和公共文化服务体系与文化产业发展战略专题研讨班，扎实做好领导干部报告个人有关事项工作，开展厅系统干部人事档案专项审核。组织实施湖北省舞台艺术人才培养工程和美术人才培养工程，评选出舞台艺术人才培养对象 106 人、美术人才培养对象 102 人；组织实施“三区”人才支持计划文化工作者专项工作，完成 2015 年全省文化艺术行业专业技术职务水平能力测试工作，推荐朱世慧为第三届湖北省杰出专业技术人才人选，推荐裴咏杰、孟华平为全国文化名家暨“四个一批”人才人选，推荐冀少峰为 2015 年度享受省政府专项津贴人选，推荐省京剧院王铭为全省优秀青年骨干人才并成功入选，完成 2014 年度厅系统专业技术二级岗位和三级岗位推荐人选的申报和考核工作。组织召开 2014 年度省直艺术院团一级演职员承担创作演出活动择优资助经费评审会议，确定 92 名一级演职员为 2014 年度择优资助对象,资助经费总计134.8万元。组织举办全省地方戏曲表演人才、音乐创作人才能力提升班、剧本创作人员高级研修班和"三区"人才支持计划文化工作者专项编创人员高级研修班,夯实戏曲振兴发展人才基础。首次举办全省社会文艺团队文艺骨干培训班,成功举办"春雨工程"西藏山南地区文化培训班。承办中国非物质文化遗产传承人群培训班3个,数量位居全国首位。组织全省各地市州文化局产业科长和部分文化产业示范园区负责人赴京考察学习,并开展园区、基地提升战略培训。省全面深化改革领导小组确定由湖北省文化厅牵头组织实施的四项改革任务如期完成,《湖北省"十三五"时期文化事业发展规划》《湖北省振兴戏曲五年计划(2016—2020年)》《湖北省京剧振兴发展计划(2016—2020)》及《湖北省文物事业发展"十三五"规划》编制进展顺利,《湖北省文物安全管理办法(送审稿)》报送省政府法制办,圆满完成行政权力清单、责任清单编制工作,行政职权精简34%。落实省级部门预算5.2亿元,同比增长23.3%;全年向基层转移支付各类文化文物专项经费11.8亿元,同比增长11%。争取中央文物保护经费6.5亿元、省级专项补助资金4150万元,争取省财政设立"十三五"时期基层公共文化设施建设专项资金。制订《省文化厅关于贯彻落实省委十届六次全会精神扎实推进文化扶贫的实施方案》和援疆、援藏工作计划,向贫困地区转移支付各类文化专项资金3.89亿元。

(湖北省文化厅　杨　帆)

湖南省

【概况】 2015年,湖南省文化厅牢固树立以人民为中心的工作导向,抓服务、强基础、兴产业、补短板,着力抓好文艺创作、文化民生、文化产业、文化保护等四大攻坚战,各项工作稳中有进、全面升温。

【公共文化服务】 在出台《湖南省加快构建现代公共文化服务体系实施意见》的同时,促成建立湖南省公共文化服务体系建设联席会议制度。株洲市进入第三批国家公共文化服务体系建设示范区创建行列,湘潭市和湘西州两项文化服务活动入列第三批国家示范项目创建名单。长沙国家公共文化服务标准化试点工作全面铺开,得到中宣部、文化部高度肯定并作为典型推广。长沙福临镇文化站被文化部表彰为"全国优秀文化站"(全国共10个)。全面启动宁乡县等14个县市区省级公共文化服务体系示范区创建工作。现代公共文化服务体系建设典型做法获文化部及中央媒体联合来湘集中采访。文化扶贫内容纳入《湖南省农村扶贫开发条例》,贫困地区公共文化服务开始发力,文化扶贫成效明显。积极回应人民关切,全省掀起文化设施建设新热潮。全省人均拥有公共文化设施面积比上年增加0.29平方米,达到0.82平方米,每万人拥有"三馆一站"公用房建筑面积比上年增加100平方米,达到638.48平方米,文化小康建设指标实现程度比上年有新提高。公共文化设施免费开放工作深入开展,群众文化活动丰富多彩。各地节庆活动此起彼伏,影响广泛。各类公共文化服务场馆服务水平不断提升,各地普遍开展文化志愿服务活动,"湖南文化志愿边疆行"活动和1名"最美志愿者"作为全省"十佳"志愿服务项目和个人之一被推荐到中央文明办接受表彰,并就文化志愿者服务工作经验在全国会议上发言。

【文艺创作】 广大文艺工作者以崭新的面貌

投入创作生产,"深入生活、扎根人民"活动的丰富性、深入性近年来少有,全年新创重点剧目 41 台、小戏小品 82 个和一大批群众文艺作品。花鼓戏《我叫马翠花》、湘剧《月亮粑粑》通过国家艺术基金验收,木偶剧《留守大山的孩子》获全国木偶皮影剧展演最佳剧目奖。湘剧《李贞回乡》、花鼓戏《刘海戏金蟾》唱段参加全国元旦戏曲晚会,受到中央领导和群众好评。下大力气夯实创作基础,制订了舞台艺术创作生产规划,组建了全省艺术专家委员会,建立了首批 32 个文艺创作基地,成立了湖南书法院,启动文艺院团"名师传艺"工程,面向全国征集剧本 362 个。狠抓创作扶持力度,省级创作专项引导资金增加到 1500 万元,投入 2870 万元为 113 个国有演出团体统一配送流动演出通勤车,全省 23 个项目获得 2225 万元的国家艺术基金资助,在入选项目和受助金额上都比上年增加近三倍。长沙、湘潭、株洲、湘西、郴州、娄底等地创作投入大幅增长。成立"争鸣文艺评论社",开展"我是评委——寻找全国舞台艺术观众评委"活动,文艺评论正本清源、成果丰硕。文化部在长沙成功召开全国艺术创作工作会议,较好地展示了湖南省文艺创作的重大举措和重要成果,扩大了工作影响。

【文化产业发展】 据省统计局初步估算,全省文化产业增加值达到 1668 亿元、增长 10.18%,占 GDP 比重为 5.6% 以上,连续三年进入全国十强,继续领跑中西部省份。铜官窑陶瓷文化城等 2 个项目入选国家特色文化产业重点项目,《芷江 1945》等 2 个项目入选国家弘扬社会主义核心价值观动漫扶持计划。17 家企业、4 个项目入选国家文化出口重点企业和重点项目。召开全省文化系统文化产业工作现场推进会、文化产业座谈会等会议,对特色文化产业进行全面系统布局,推动出台《湖南省文化产业示范基地和园区基地管理办法》,并启动首批全省特色文化产业园区基地认定工作,其中园区扶持 100 万、基地扶持 50 万,扶持力度之大,在全国尚属首次。成功举办第六届海峡两岸文化创意产业展湖南展、湖湘动漫月、中国湖南(国际)艺术博览会、第三届中国湖南安化黑茶文化博览会等活动,文化创意经济凸显活力。坚持简政放权、放管结合、优化服务,力推 472 家上网服务企业实现转型升级,开展"春雷""利剑"等专项整治,严厉打击网吧违规接纳未成年人等违法行为,举办全省综合执法岗位大练兵技能大比武,不断提高文化市场管理水平。全年检查各类经营单位 18.4 万家次,立案调查 3087 件,警告 2737 家,责令停业整顿 375 家。全省文化市场健康繁荣,文化消费逆势上扬。

【文化遗产保护】 永顺老司城遗址申遗成功,实现湖南省世界文化遗产零的突破。老司城遗址考古荣获"世界十大田野考古发现",老司城本体保护工程荣获"第二届全国十佳文物保护工程",这是湖南首次获此殊荣。湖南省考古工作队在孟加拉国援外考古取得重大成果,引起国内外强烈反响。28 个传统村落入选全国集中成片整体保护利用传统村落,占全国十分之一强,同时利用"港洽周"平台,创新性地开展传统村落招商推介活动,在全国开创传统村落保护与利用新模式。一批文化遗产园区保护和建设加快推进。第一次全国可移动文物普查领先全国。策划播出全国首部文物题材系列动画片《时空博物卡》。非物质文化遗产保护传承水平进一步提高,新增省级传承人 16 人,推荐 54 人申报国家传承人,完成首批 20 个省级非遗项目数字化记录保护试点。非遗进校园扩大到全省 200 所学校,在全国率先开展戏曲动漫进校园活动。各类非遗展示活动丰富多彩,成功打造我国首台以非遗元素为主题的大型演出《梦里张家界》。全省首个非遗博览园——韶山非遗博览园正式开园。古籍保护工作扎实推进,举办大型古籍馆藏精品主题展览等活动。积极推动湖湘传统文化"走出去",对外文化交流的批次、团组和项目均大幅增长。赴悉尼举办"湘风楚韵——湖南文化季"活动,组织参加在澳大利亚、意大利、葡萄牙、保加利亚、捷克等国家举办的"欢乐春节"活动,充分展示了湖南文化魅力。

【基础工作】 省委改革办部署的七大重点改革项目全面完成,湖南图书馆和省博物馆法人治理结构改革形成可复制经验,非遗立法已经省人大常委会第一次审议。在引导和整合社会力量参与公共文化建设上迈出新步伐,主动加强与《湖南日报》报业集团、步步高集团、众益传媒等深度合作,形成中央和省级媒体聚焦、社会推广、自媒体发力、省市县三级联动的文化宣传崭新格局;文化湖南"两微一站"走在全省政务类平台前列,"文化湖南"政务微信荣获2015湖南微信影响力排行榜政务发布类第1名。积极推动文化与科技融合发展,不断拓展"互联网+"在文化领域运用的广度和深度,与腾讯公司合作建设湖南智慧文化平台;在全国率先应用LED灯作为皮影舞台光源,实现皮影艺术舞台灯具跨入第五代的历史性突破;简牍保护等考古工作在应用新科技、新技术方面取得重大成果。积极探索以中央、省级投入带动地方投入的文化投入机制,全年争取中央专项资金11.51亿元、新增1.66亿元、增长16.8%,投入省级专项资金5.26亿元、新增0.61亿元、增长11.6%,带动全省市州、县市区两级财政文化投入13亿元、增长约10%。人大建议办理工作经省人大代表现场测评排名第一,获2015年建议提案办理工作目标管理优秀单位。法治工作在全国文化法治工作会议上做典型发言(排名第二)。调研工作分别在全国文化系统调研工作培训班、全省宣传调研信息工作会议上做典型发言。"三严三实"专题教育获省委组织部通报表彰;上下联动整改工作在省委教育实践活动后续整改工作推进会上做典型发言。参加省直机关第二届文化建设成果汇展获一等奖1个、三等奖1个;参加省直单位第四届职工运动会获优秀组织奖、体育道德风尚奖和团体总分三等奖。

【湖南艺术节】 高质量举办第五届湖南艺术节,通过专业舞台艺术板块31台大型剧目和一批小戏小品,专业美术板块的442件美术、书法、摄影精品,群众文化活动板块的252项作品,文化创意板块的1000余件工艺美术作品,充分展示了近年来全省艺术创作所取得的丰硕成果。湖南(国际)文物博览会、中南六省(区)演出工作交流会签约项目、成交金额都创历史新高。同时,围绕纪念中国人民抗日战争暨世界反法西斯战争胜利70周年,展演、展览活动精彩纷呈。首次大规模组织获得国家大奖的艺术名家,深入全省14个市州巡演35场。圆满完成文化部组织复排的歌剧《白毛女》长沙巡演。完成"雅韵三湘"高雅艺术普及计划演出219场、"送戏下乡"惠民演出10291场。

(湖南省文化厅　左孝峰)

广东省

【概况】 2015年,广东省文化厅认真学习贯彻党的十八届三中、四中、五中全会和习近平总书记系列重要讲话精神,在文化部和广东省委、省政府的正确领导下,改革创新,积极进取，推动文化改革发展取得新进展新成效。

至2015年年底，全省建有县级以上公共图书馆145个、文化馆144个、国有博物馆194个（在文物行政部门登记）、国有美术馆14个，乡镇（街道）综合文化站1602个，行政村（社区）文化室27383个。全省市和县“两馆”（图书馆、文化馆）覆盖率分别达到100%、97.5%，乡镇（街道）综合文化站覆盖率达到99.94%，村（社区）文化室覆盖率达到99.99%，全省每万人拥有公共文化设施面积（含文化室）1189平方米。全年共计下达基层公共文化服务设施建设专项资金2.5亿元，扶持基层馆站设施建设项目8474个，组织举办6项大型惠民活动、约3000场比赛演出，推进3项、15个试点改革工作，开展1个论坛和多个课题研究，举办了3期、共507人基层队伍培训等。

2015年，广东省有艺术表演团体391家，演出经纪机构448家，演出场所经营单位66家，上网服务营业场所（网吧）8307家，娱乐场所6649家（歌舞娱乐场所4165家、游艺娱乐场所2484家），经营性互联网文化单位1266家。

2015年，全省各级文化市场综合执法机构共出动行政执法人员87.8万余人次，检查经营单位32.7万余家次，受理举报1635件，立案调查2405件，办结案件1907件，警告2043家次，责令停业整顿93家次，吊销经营许可证12家，罚没人民币1137.8万余元。全省文化市场健康、有序、平稳发展。

至2015年，全省有国家历史文化名城8座、广东省历史文化名城15座，各级历史文化名镇名村91个，广东省历史文化街区20个，中国传统村落126个。2015年，广东省新增国家历史文化名城1座（惠州市），中国传统村落35处，广东省历史文化街区5处。经过第三次全国文物普查，全省核定公布不可移动文物2.5万多处，其中全国重点文物保护单位98处，省级文物保护单位615处，市县级文物保护单位4000多处。

至2015年，广东省国家、省、市、县四级非物质文化遗产代表性名录健全，现有联合国教科文组织公布的《人类非物质文化遗产代表作名录》4项，分别是粤剧、古琴（岭南派）、剪纸（广东剪纸）、皮影戏（陆丰皮影）；《国家级非物质文化遗产代表性名录》项目147项、省级609项；国家级代表性传承人84名，省级618人；全省各市、县均建立了保护名录，认定了项目代表性传承人。国家级文化生态保护实验区1个，省级8个；国家级生产性保护示范基地4个，省级45家；省级研究基地24个；先后表彰2批59名优秀传承人。

2015年，广东省双向文化交流共1033批、16117人次，其中来访653批、9353人次，出访380批、6764人次。

【贯彻落实中央和省重大政策部署】 2015年，广东省文化厅牵头或承办出台了一系列贯彻落实中央部署的政策措施，包括多个高规格的文化建设规范文件：省文化厅起草的以省委办公厅、省府办公厅名义联合下发的《关于加快构建现代公共文化服务体系的实施意见》和《加强对外和对港澳台文化工作的实施方案》，前一个是广东省具有里程碑意义的“文化惠民新政”，后一个则为广东当好全国对外文化交流排头兵提出具体要求。制订《广东省关于促进地方戏曲传承发展的意见》和《关于推进基层综合性文化服务中心建设的实施意见》，近期拟以省府办公厅名义出台实施。同时，省文化厅牵头与省旅游局、中国人民银行广州分行联合印发《关于促进文化旅游融合发展的实施意见》和《广东省文化旅游融合发展示范区创建办法（试行）》，推动文化与旅游融合发展。积极编制《广东省文化事业发展“十三五”规划》等。这些文件的出台和实施，力争从制度和机制上解决制约文化发展的一些重大问题，为今后广东省文化建设长效性发展奠定良好基础。

【文化体制改革】 积极推进文化领域改革创新，较好完成省委省政府部署的重点改革任务。推进中山市、东莞市、广东省博物馆、福田区图书馆等被文化部列入国家级试点地区或单位的基层综合文化服务中心、公共文化服务标准化和公共文化事业单位理事会改革建设工作，广东省承接的国家级公共文化体制改革试点数量居全国首位。省立中山图书馆、省博物馆、省文化馆等8个省级试点单位先后成立了理事会并开始运作，标志着公共文化事业单位改革迈上新台阶。推进公共文化服务的社会化发展，倡导“文化慈善”，积极探索文化投入新模式。深化行政审批制度改革，编制权责清单，推行行政审批标准化，网上办事大厅建设实现“三级深化办理率”百分之百。

【公共文化服务】 按照省委省政府部署要求，2015年是推进基层文化设施全覆盖的最后一年。省文化厅将此年作为“基层文化设施全覆盖冲刺年”，扎实推进基层公共文化场馆、县级文化馆和镇村电子阅览室等设施的全覆盖，两次组织督查工作小组分赴各地市重点是粤东西北欠发达地区开展全省基层公共文化设施全覆盖工程督导检查，并将实际情况特别是薄弱环节向各市党委政府通报，督促指导各地查漏补缺、抓紧扫尾。目前，全省已建有县级以上公共图书馆138个、文化馆147个，乡镇（街道）综合文化站1599个，行政村（社区）文化室27383个，每万人拥有公共文化设施面积已达1112平方米，位居全国前列，全省基层公共文化设施建设基本实现全覆盖目标。同时，加大对基层“三馆一站”免费开放的扶持力度，保障广大群众的基本文化权益。加强公共文化服务专项资金绩效管理，对全省各级文化馆评估进行了复评和现场指导，促进了基层文化馆站达标升级和服务效能提升。积极推进国家级公共文化服务体系示范区（项目）创建工作，第一批的东莞市国家示范区、中山市和佛山市南海区国家示范项目后续创建工作成果显现，第二批的深圳市福田区国家示范区、惠州市和广州市越秀区国家示范项目通过文化部中期督查，第三批的佛山市国家示范区、梅州市和深圳市罗湖区国家示范项目以优异成绩取得创建资格。省级第一批公共文化服务体系示范区（项目）创建工作顺利开展。着力实施均等化服务，开展文化下乡、文化对口支援和城乡帮扶活动，重点向农村和少数民族地区等倾斜，保障特殊群体文化权益。

【文艺创作】 认真贯彻落实习总书记在文艺工作座谈会上的重要讲话精神，开展“广东省青年创作扶持计划”、“中国梦”主题创作计划等。2015年全省艺术精品创作有较大突破，呈现良好势头。广东省歌舞剧院打造的舞剧《沙湾往事》和广东民族乐团创作的大型民族交响套曲《丝路粤韵》先后在北京献演并在全国进行巡演，取得良好反响。广州交响乐团的交响诗《霸王别姬》、广东省话剧院的话剧《小战士与大俘虏》、广东粤剧院的粤剧《沙家滨》、南方歌舞团的音乐剧《烽火·冼星海》等一批优秀作品先后推出，深受观众欢迎。全省各地结合独特资源优势积极参与新剧目创作生产，陆续推出了粤剧《凉茶王传奇》、音乐剧《啊！鼓岭》等优秀新作品。同时，积极开展地方戏曲传承发展保护工作，认真实施“全省百台地方戏发展扶持计划”。开展“省直艺术院团与基层艺术团体结对共建”和“深入生活，扎根人民"主题实践活动，取得初步成效。

【文化产业发展和文化市场管理】 落实"先照后证"，进一步厘清各级文化市场管理职责，调整降低文化市场的准入门槛。完善上网服务场所管理政策，开展上网服务场所转型升级试点工作。争取文化部同意在自贸区范围内调整落实外资进入相关政策，在省内新增试点地区调整部分文化市场准入事项。目前全省文化市场审批项目基本实现在线审批，文化市场领域所涉及的行业全部向民间资本、民营企业开放。加大文化市场执法力度，有针对性地部署开展系列专项整治工作，确保全省文化市场繁荣稳定。去年以来，全省文化市场没有出现重大事件。大力推动文化产业发展，开展全省文化系统文化产业园区、基地考核巡检工作。加大对重点文化企业和项目的扶持，一批优秀项目成功进入国家各类项目库及文化产业项目服务平台，一批重点项目成功获得国家级、省级文化产业资金及各类奖项扶持。牵头做好深圳文博会广东团的组展工作，实现各地市组团参展"满堂红"，成交额再创新高。第十一届深圳文博会总成交额达 2648.18 亿元，其中广东团总成交 1419.37 亿元，省文化厅联合省旅游局、中国人民银行广州分行在深圳文博会期间举办银企对接活动，成功促成文化及文化旅游企业 319 个项目共获得银行授信 766.69 亿元。

【文化惠民服务】 坚持以重大惠民活动品牌为抓手，创新举办理念和方式，提升惠民效果，努力满足广大人民群众多样化的文化需求。开展全省群众文艺作品评选，推动群众性创作活动的普及开展。举办广东省第八届群众戏剧曲艺花会，进一步繁荣广东省群众戏剧、曲艺创作，丰富群众文化生活。举办"同饮一江水"全省打工者歌唱大赛，惠及群众近百万人。举办第二届社区文化节，开展了一些列以家庭、社区为参与主体的系列活动，其中"大手拉小手"文化志愿服务进基层，将老人、少儿、残疾人等作为重点服务对象，受到群众广泛好评。开展"春雨工程"2015 年文化志愿者边疆行活动，推动广东新疆两地的文化交流。成功举办广东省博物馆、广东美术馆馆藏精品展览等重大美术活动，推广广州"二沙岛户外音乐季"等艺术惠民品牌项目。组织艺术院团进行交响乐、民乐、经典地方剧的低票价演出和优秀舞台艺术作品到全省各地进行巡演，让基层普罗大众欣赏到艺术大餐。同时，积极加强与相关部门的密切合作：省文化厅与省委宣传部联合举办了 2015 广东省粤曲私伙局大赛、广东省客家山歌大赛和广东民间潮乐大赛三项活动，推动广东省丰富的民间艺术走进生活、焕发新的生机；与羊城晚报社联合发起"寻找最美文化站长"活动，引起了社会的广泛关注和各界的好评点赞。积极开展文化志愿服务，初步建立起覆盖省、市、县（区）、镇（街）四级文化志愿服务网络。

【文化遗产保护】 全省文物系统以 2015 年是中国人民抗日战争暨世界人民反法西斯战争胜利 70 周年、全社会广泛关注抗战文物为契机，加大重点文保单位特别是抗战文物的保护力度，消除了一批文物保护隐患，带动了全省文物保护工作。经过第三次全国文物普查，全省核定公布不可移动文物 2.5 万多处。第一次全国可移动文物普查工作取得阶段性成果，全省目前已登录藏品总数 720804 件/套，居全国第 6 位。广州南越国遗迹和海上丝绸之路列入了中国世界文化遗产预备名单，汕头、湛江、江门、阳江、潮州等地积极开展海上丝绸之路申遗工作。重点推进"南海 I 号"、

“南澳Ⅰ号”水下考古工作，取得丰硕成果。博物馆事业发展势头良好，民办博物馆发展快速，扩大了文物惠民。在非遗保护方面，完善国家、省、市、县四级名录体系，逐步健全广东省非物质文化遗产保护与传承机制。组织开展第五批国家级非遗代表性项目代表性传承人、第二批广东省非遗优秀传承人、第六批省级非遗代表性项目、第二批广东省非遗生产性保护示范基地和研究基地评审评选等工作。加快非遗数字化建设，加强全省珍稀剧种的保护传承。将第十个中国文化遗产日广东主会场活动选择在粤北山区郁南县兰寨村举办，宣示文化遗产保护重在基层、重在乡村的理念，受到各界好评。

【对外和对港澳台文化交流】 配合国家外交大局和省委省政府中心工作，采取与文化部“部省合作”、与各地市“厅市合作”、与省有关单位“联合组团”、与社会力量“借力合作”等方式促进广东省对外文化交流发展，以文艺精品讲好中国故事，传播广东声音，在海外主流社会和侨界赢得广泛赞誉。2015 年，全省双向文化交流共 1025 批 15820 人次，均居全国前列，并在文化部介绍经验。2015 年配合省委主要领导出访，组派广东艺术团赴斐济、萨摩亚、新西兰举办文化交流展演，取得良好反响。在海外实施的“欢乐春节”品牌活动，覆盖五大洲 16 个国家和地区，得到了文化部、外交部、国侨办等国家部委的充分肯定。顺利完成与柏林中国文化中心开展对口合作项目达 12 个，完成南非“中国年”开幕式演出及与我驻南非、津巴布韦使馆的对口合作。大力推动与东盟各国、太平洋岛国、中东地区等“一带一路”特别是“海上丝绸之路”沿线国家的文化交流，努力提升中国国际马戏节、广东现代舞周等文化交流、交易平台国际化水平。推出“粤港澳区域博物馆优惠证”、“粤港澳文化生活电子地图”移动终端软件等促进三地公共文化服务一体化的新成果。成功举办“2015 年粤港澳青年文化之旅”、“2015 年粤港澳青少年粤剧艺术培训夏令营”、“2015 年台湾青少年中国舞研习交流夏令营”、广东青年艺术团访台交流演出等活动。

（广东省文化厅　冯雅琳）

海南省

【概况】 2015 年，海南省文化系统深入学习习近平总书记系列重要讲话精神，坚决贯彻落实中央和海南省委省政府的决策部署，坚持以“四个全面”战略布局为统领，努力践行“三严三实”，攻坚克难，创新发展，使文化凝聚力、民生服务力、经济推动力和对外影响力得到了进一步提升，事业和产业取得了新成效、迈上了新台阶，为“十二五”画上了圆满句号。

【文化体制改革】 大力推进行政审批制度改革，调整合并行政审批项目 4 项，利用特区立法权停止审批项目 7 项，行政审批由原来的 45 大项、63 小项减至 38 大项、56 小项，完成 2015 年海南省重点改革文化行政审批事项的目标任务。完成对 126 项权力清单和 69 项责任清单的梳理和目录编制。行政审批服务更加优质高效，全年受理行政审批事项 2446 件，办结率 100%，平均提速 77%，继续保持服务对象零投诉。继续深化国有文化企业改革，5 家省属国有文化企业移交省国资委的工作取得明显进展。

【公共文化服务】 2015 年，围绕公共文化服务体系建设，重点抓服务机制、重大项目、惠民工程等工作。一是公共文化服务体系基础性、制度性建设稳步推进。认真落实中办、国办《关于加快构建现代公共文化服务体系的意见》,成立了海南省公共文化服务体系建设协调组。起草《关于加快构建海南省现代公共文化服务体系的实施意见》。积极推进海南省公共文化服务标准化、均等化,根据国家标准,结合实际,拟定了海南省标准。基本完成第二批国家公共文化服务体系示范区(项目)创建工作。二是重大公共文化服务项目建设进展顺利。国家南海博物馆项目已完成项目选址、规划许可、概念设计等相关工作,2015 年 11 月 28 日举行了项目启动仪式。国家文物局水下文化遗产保护中心南海基地项目选址、地质初勘等各项前期工作基本完成。西沙水下考古工作站顺利竣工。海南省博物馆二期和省民族博物馆改扩建主体工程完成。海南省文化监管平台项目开工建设。三是文化惠民工程深入实施。新建行政村(社区)文化活动室 400 个。加快推进市县数字影院建设、新增城市影院 24 家、86 块银幕,基本完成县城数字影院全覆盖。农村公益电影共放映 32219 场次。加强对农家书屋管理服务示范典型的指导,在五指山市、琼中县、白沙县开展卫星数字农家书屋试点建设。四是群众性文化活动丰富多彩。全省 35 个职业文艺院团积极送戏(歌舞)到乡镇、农村开展惠民演出 525 场,观众人数达 70 多万人次。

【文艺创作】 深入贯彻落实习总书记在文艺工作座谈会上的讲话和全国、全省繁荣发展社会主义文艺会议精神,以第十四届中国戏剧节、第二届海南省艺术节、海南书香节等平台为抓手,组织开展了一系列以“中国梦”为主题的精品创作活动,推出了一批思想性、艺术性、观赏性有机统一的优秀作品。第二届海南省艺术节评出文华大奖剧目 4 台、文华优秀剧目奖 7 台、文华表演奖 5 台、各类单项奖 92 个,涌现出民族歌剧《南海哩哩美》、琼剧《王国兴》《汉武之恋》、舞剧《秋菊传奇》等精品剧目。评出作品类“群星奖”73 个、项目类“群星奖”5 个、“群文之星”6 名。拍摄了《天涯浴血》《鹦哥岭,最后一枪》《远古魔咒》等影视作品。

【文化产业发展】 一年来,围绕文化产业发展,海南有关部门认真谋划,深入开展《优化产业结构、培育新的经济增长点》课题研究,着力加强文化产业示范园区、基地和文化产业重点项目建设,文化与旅游融合发展,推进海南文化产业博览会、海南书香节等重点文化产业展会转型升级,文化产业发展取得了可喜成绩。电影票房收入 3.55 亿元,比上年增长 63.8%。新华书店系统出版发行总码洋 7.44 亿元,比上年增长 10.5%。

【文化活动】 成功举办第二届海南省艺术节,16 台“文华奖”参评剧目轮番上演,逾 600 个“群星奖”参评作品一较高下,展示了数百件美术作品,为广大群众呈现了丰富的精神文化盛宴。第七届海南书香节围绕“名家大讲堂、文化海南、书香校园行、主题图书展、书香大篷车、图书公益捐赠”六大板块,密集开展了 100 余场丰富多彩的文化活动。

【文化遗产保护】 文物保护不断加强,海南全省可移动文物信息采集工作基本完成,登记文物藏品总量 10 万余件。完成第三批 108 处省级文物保护单位的核定公布。实施文物保护工程 10 项。积极参与海上丝绸之路申报世界文化遗产工作,成功举办第二届海上丝绸之路文化遗产保护论坛。考古工作扎实推进,完成陵水桥山遗址、三亚市江林遗址的阶段性发掘工作,海南省东南沿海地区新石器时代遗址入选2015年度“全国十大考古新发现”,西沙水下考古工作项目取得积极进展。非遗保护工作稳步开展,完成第四批国家级非遗代表性项目保护单位认定工作,“黎族原始制陶技艺”“花瑰艺术”两个非遗保护课题通过验收,举办第六届黎族织锦大赛等35场“文化遗产日”活动,营造了全民关注非物质文化遗产保护的社会氛围。

【对外和对港澳台文化交流】 全年海南省对外文化交流和营业性演展共186项990人次。其中,文化交流项目出访24项230人次,来访7项81人次;涉外营业性演出155项,579人次。海南省与韩国、俄罗斯、奥地利、马来西亚等多个国家进行了文化交流和贸易往来。网络游戏原创和演艺产品出口创汇总计1549.23万美元,与去年同期相比增长298%。深耕厚植港澳台、东南亚文化交流,进一步增进了文化认同和交流互鉴。同时,白俄罗斯国家电视广播公司来琼拍摄“欢乐春节”主题纪录片及中国文化旅游系列节目,泰国文化部长威拉访琼交流,与韩国济州岛的主题人文交流,以及海南省文物部门赴英国、瑞典洽谈沉船保护与展示等活动,都极大地拓展了海南省对外文化交流空间。

【法制建设】 加强法治建设,出台了全国第一个潜水管理地方性法规《海南省潜水经营管理办法》等规范性文件。深入开展“扫黄打非”工作,有效组织实施“清源”“净网、护苗、秋风”等专项行动,查堵收缴非法出版物56万多件,处理非法有害和淫秽色情信息18万多条,成功查办全国挂牌督办的“7.18”假期刊诈骗案等一批大案要案。加强对虚假违法广告的专项检查整治,虚假违法广告减少了33%。大力推进软件正版化,打击侵权盗版行动取得明显成绩,4个单位及个人受到国家版权局表彰。

(海南省文化广电出版体育厅　陈　雄)

广西壮族自治区

【概况】 2015年,广西全区文化系统认真贯彻落实党的十八大和十八届三中、四中、五中全会精神,深入学习贯彻习近平总书记系列重要讲话精神特别是在文艺工作座谈会上的重要讲话精神,围绕建设民族文化强区的目标,继续深化改革,开拓创新,围绕大局,把握重点,服务社会,在公共文化服务体系建设、文艺创作生产与展演、文化产业、文化市场、文化遗产保护、对外文化交流以及人才队伍建设等各项工作中都取得了新成效。

【公共文化服务】 村级公共服务中心建设。投入5.2亿元,建设了1500个村级公共服务中心,全自治区已建成7079个村级公共服务中心,覆盖近50%的行政村。

公共文化设施免费开放。争取中央和自治区财政免费开放经费1.7亿元,共有112个公共图书馆,2个美术馆,123个文化馆,1126个乡镇综合文化站和112个博物馆、纪念馆实现免费开放。全自治区有40个城市社区(街道)文化中心首次被纳入免费开放补助范围,实现了广西城镇街道、社区公共文化设施向公众免费开放零的突破。

完善公共文化服务体系新机制。牵头制定并由自治区党委办公厅、自治区人民政府办公厅印发实施《关于加快构建现代公共文化服务体系的实施意见》,明确了标准化、均等化、社会化和现代化的具体目标,成为推动自治区现代公共文化服务体系建设的纲领性文件。《关于加快构建现代公共文化服务体系的实施意见》经国家公共文化服务体系建设专家委员会评审、公示并报国家公共文化服务体系示范区(项目)创建工作领导小组批准同意。

国家公共文化服务体系示范区(项目)。指导来宾市、河池市罗城县巩固提升创建成果,召开示范区创建工作推进会和培训班,指导玉林市、柳州市鱼峰区、临桂县做好第二批国家示范区(项目)创建收尾工作及验收准备工作,指导创建防城港市、柳州市柳南区申报第三批国家示范区(项目)。5 月,防城港市和柳州市柳南区通过国家公共文化服务体系建设专家委员会的评审,进入国家专家委员会建议创建资格名单。7 月,自治区文化厅在全国率先组织广东、海南和广西的三批国家示范区(项目)创建单位到玉林市和柳州市开展区域文化联动,文化部公共文化司领导出席活动。

【文艺创作】 建立艺术家创作采风制度。全面开展"深入生活、扎根人民"主题实践活动,建立艺术家创作采风长效机制,制定出台《广西壮族自治区文艺工作者深入基层蹲点采风活动实施管理办法》,每年分批分选题组织艺术家开展深入基层蹲点采风活动。在京族三岛、金秀、三江等地建立了 24 个艺术创作基地,引导文艺工作者深入基层挖掘多姿多彩的民族文化资源,打造桂风壮韵的舞台艺术精品。

打造舞台艺术精品。推出了壮剧《冯子材》、彩调剧《紫金袍》、桂剧《校长爸爸》、民族音乐剧《山歌好比春江水》、话剧《人堆》、桂林方言话剧《龙隐居》等一批主题鲜明、题材广泛、风格多样、艺术感染力强又富有民族特色的舞台艺术作品。木偶剧《小八路》、歌剧《欧阳与桃花》被文化部评为纪念中国人民抗日战争暨世界反法西斯战争胜利 70 周年优秀剧目,并在全国巡演。音乐剧《魔豆》被评为第八届全国儿童剧优秀剧目展演的入选剧目。《瑶山谣》《梦幻翩翩》分别荣获"第九届中国杂技金菊奖第六次全国魔术比赛"铜奖、最佳表演奖,广西杂技《瑶心鼓舞》获中国吴桥国际杂技艺术节银狮奖。

申报国家艺术基金。组织申报国家艺术基金,31 个项目获得资助金 2719 万元,入选项目数在全国排名第五,在西部省区排名第一。

驻场演出。"南国之声"周末音乐会共演出 96 场,服务观众约 29000 人次,会员 7900 余人。广西演艺集团推出的 4 个驻场品牌共演出 365 场,发展会员共计 2.5 万多人。广西戏剧院推出的"民族戏苑"周末剧场经典戏曲剧目共演出 69 场。还有南宁市"邕州神韵"周周演、柳州市"柳江明珠"水上大舞台、桂林市"欢乐艺苑"周周演、梧州市"鸳江欢歌"周周演、来宾市"瑶都神韵"周周演等驻场演出,深受群众欢迎。

文化惠民演出。组织自治区各级文艺院团开展"唱响八桂中国梦·艺术精品到基层"活动,到 250 多个村屯、社区、企业、学校、军营举办各类文艺演出活动 400 多场次,观众人数达到 34 万人次。

第九届广西戏剧展演和第八届广西音乐舞蹈比赛。现代壮剧《第一书记》、壮族岩画音乐舞蹈诗《花山》、3D 舞蹈诗《侗寨人家》、话剧《水街》等 31 台大型剧目、88 个小戏小品和 142 个音乐舞蹈节目进行了集中展演。

【文化产业发展】 完善文化产业政策体系。率先在全国出台《关于推动特色文化产业发展的指导意见》和《关于进一步鼓励和支持小微文化企业发展的实施意见》,进一步完善推动文化产业特色发展、融合发展的政策体系,一手抓骨干企业发展、一手抓小微企业培育。

评选认定首批自治区级成长型小微文化企业共60个,安排专项扶持经费120万元。

推动文化产业转型升级。探索推动文化产业转型升级的有效途径,20个项目被评选为2015年度文化产业示范园区基地转型升级重点项目,安排前期支持经费400万元。

扶持动漫产业发展。评选认定10家企业为第三批自治区动漫骨干企业,会同财政厅下达了2014、2015年度广西动漫产业发展引导资金1400万元,对29个动漫产业重点项目(单位)进行资助和奖励。重点扶持的《广西少数民族民间故事动画系列片》《海上丝路》入选文化部2015年度弘扬社会主义核心价值观动漫扶持计划。动画电视《阿蒙的魔法时空》入选2015年国家动漫品牌建设和保护计划;桂林力港网络科技公司"动漫游戏设计技术与旅游融合发展应用"项目入选国家工信委全国信息消费创新应用示范项目。《捕鱼达人》系列游戏软件项目、大型山水神话动画片《龙母巡江》入选2015—2016年度国家文化出口重点项目名单。桂林力港网络科技股份有限公司成为广西第一家登陆"新三板"的互联网企业。

申报重点项目库及文化产业发展专项资金。20个项目入选文化部"文化金融合作重点项目库""特色文化产业重点项目库""丝绸之路文化产业重点项目库"和"国家动漫企业重点项目库"。10个项目获得国家文化产业发展专项资金4050万元,13个项目获得自治区文化产业发展专项资金960万元。

【文化市场管理】 整治文化市场秩序。制定和发布2015年文化市场工作要点以及关于开展各项文化市场专项整治的贯彻性和指导性文件,组织自治区各级文化行政管理部门和文化市场行政执法机构开展各项文化市场专项整治工作、安全隐患大排查专项行动,重点监管演出、游艺娱乐、网吧、网络游戏、网络文化活动等市场,全年自治区文化市场健康繁荣有序,无一例重大安全责任事故。

提升文化市场监管水平。重新编制和修订行政审批项目操作规范和审批流程图,办理时限在法定时限基础上压缩50%以上,办理事项提速75%。加强基层行政审批培训工作,举办了4期全区行政审批业务培训班,对全区文化(文物)行政审批人员进行全面培训。

上网服务场所转型升级。在全国较早出台《关于推进互联网上网服务营业场所转型升级的意见》,形成了"试点先行、带动全区"的发展态势,全自治区共计完成转型升级场所177家。出现了"上网服务+电竞""上网服务+水吧、餐饮""上网服务+休闲娱乐""上网服务+公共文化服务"等一些较为成功的转型升级模式。

【文化遗产保护】 世界文化遗产申报。左江花山岩画文化景观申报世界文化遗产工作完成了环境整治和展示中心、监测总中心等建设任务。自治区人民政府批准公布实施《左江花山岩画文化景观保护管理总体规划》。顺利通过联合国教科文组织世界遗产委员会专家现场考察评估和视频咨询评估,被正式列入向世界遗产大会推荐名单。推进灵渠、海上丝绸之路、三江侗族村寨保护、管理、研究、展示等申遗基础工作。

文化遗产保护和利用。实施柳州旧机场及城防工事旧址一期、钟山英家戏台、桂林甑皮岩遗址保护展示等一批文物保护与展示工程,配合重大项目建设工作开展重点工程考古调查、勘探、发掘,抢救保护了一批重要文物。组织开展那文化(稻作文化)、骆越文化、现代人类起源等课题研究,举办中国——东盟那文化(稻作文化)论坛。组织广西珍贵文物参加国家文物局和香港特区政府康乐及文化事务署在香港历史博物馆举办的“汉武盛世展”。广西民族博物馆“贝侬——壮族文化展”荣获全国博物馆十大陈列展览精品奖。

完成百家博物馆建设。自治区文化厅对44家第二批广西百家博物馆进行了授牌，广西百家博物馆建设项目总数达到153个，超额完成百家博物馆五年建设任务。全自治区博物馆、纪念馆数量达到225家。

非物质文化遗产宣传展示。在壮族“三月三”期间开展了“桂风壮韵三月三”非物质文化展示展演、“多彩印记·欢歌三月三”“民族风情三月三”展演等一系列文化活动270多场次。组织项目参加国际非遗节，广西荣获第五届中国成都国际非遗节组委会颁发的组织工作“太阳神鸟金奖”。2015年中秋节，自治区文化厅举办了“丝路行月八桂中秋”广西文化赏月行暨多民族中秋非遗展演活动，邀请了抗战老兵、广西明天孤儿学校的学生和印度尼西亚、泰国、越南、马来西亚、阿拉伯和马里的留学生参加。

非物质文化遗产传承体系建设。2015年，155人入选第四批自治区非物质文化遗产项目代表性传承人，全自治区的非遗项目代表性传承人总数增加到395人，增幅达65%。建设自治区级非物质文化遗产传承基地、展示中心和生产性保护示范基地（示范户）59个，全自治区总数达到96个。

【对外和对港澳台文化交流】 “美丽中国·美丽广西”文化交流活动。在马耳他、美国举办“美丽中国·美丽广西”海外“欢乐春节”专场活动，两国多位政要参加活动，我国驻外使领馆专门来信感谢广西代表团的演出。在米兰世博会广西活动周举办“美丽广西”文化展演活动，进行了16场广西民族歌舞、器乐、杂技表演及非物质文化遗产展示。在台湾佛光山举办“美丽广西——少数民族文化展演周”。

承办第10届中国—东盟文化论坛。文化部、自治区人民政府领导，东盟10国文化部门官员，东盟10国驻华使节，东盟秘书处、东盟基金会和中国—东盟中心等国际机构官员，国内部分省区文化厅（局）代表，自治区内文化部门、高校机构代表共200余人参加论坛。

【人才队伍建设】 提高干部学历，培养文化名家。自治区文化厅直属系统共有32人通过考试攻读清华大学、华中师范大学在职硕士，1人通过考试攻读华中师范大学博士研究生，20人攻读广西师范学院双学历或双学位，23人参加广西艺术学院的专升本学历教育全国成人考试。首次在新加坡举办广西文化创意产业发展培训班。11人被评为首批广西文化名家暨“四个一批”人才。

“三区”人才培训。先后委托华中师范大学、武汉大学、山东大学等区外高校举办“三区”各类文化人才培训班8期，受训人数达400多人；在自治区内举办“三区”各类文化人才培训班43期，受训人数2300多人。

（广西壮族自治区文化厅　陶少艺）

重庆市

【概况】 2015年，是全面深化改革的关键之年，是全面推进依法治国的开局之年，是“十二五”规划收官之年，是“十三五”规划谋划之年。全市文化系统认真贯彻落实习近平总书记系列重要讲话精神，按照文化部和市委、市政府对文化工作的部署要求，以深化文化体制改革为动力，以完善文化强市体系为抓手，着力推动文化在新常态下创新发展，圆满完成年初既定的各项目标任务，为重庆经济社会发展提供了强有力的思想保证、精神动力、舆论支持和文化条件。

【文化体制改革】 精心编制文化发展规划。坚持以规划引导项目，以项目支撑规划，策划十大项目库，储备150余个重大项目，着力构建“十三五”文化发展“1+6+15”规划体系，大文化总规已形成征求意见稿，6个分规、15个子规编制加快推进。完成《重庆市五大功能区文化遗产保护与利用总体规划》，编制完成全市调频广播频率重新规划和全市中央节目无线数字化覆盖建设频率规划。《主城区公共文化设施布局规划》形成初步成果并通过行政审查。

进一步转变政府职能。完成行政权力清单编制，加快简政放权，合并、取消、下放、调整行政审批项目14项，其中取消9项、合并2项、下放区县2项，调整到其他部门1项；45项其他行政权力类型中合并、取消13项，其中合并3项，取消10项，精简率达20%。坚持文化产业季度报告制度，统计分析深度进一步拓展。

抓好落实各项改革任务。完成市委下达的3项重点改革专项、11项重点改革任务。出台《重庆市推动上网服务行业转型升级实施方案》，制定完善加强执法监督促进游戏游艺行业健康发展专项政策，实施“先照后证”，放宽文化市场准入门槛，新设上网服务场所741家，增加投资6亿元以上、增加就业6000人，新设影视制作经营机构50家，较2014年同期增长163.16%。试点国有转企改制文艺院团领导干部聘任制，市话剧团、市歌舞团面向社会选聘优秀人才担当总经理、法定代表人。推动事业单位法人治理结构改革，组建了重庆图书馆理事会。加快推动华龙网、重庆有线、重庆出版社、新华传媒等文化企业改制上市，华龙网股份制改造方案获得中央文改办批准。完成美术公司改制前期评估和方案拟订，市级文艺院团宣传推广平台建设初具轮廓。中国文化网络电视台重庆“入站”试点有序推动，完成全市600个文化站“入站”试点工作。全面推开向社会购买演出服务，公共文化物联网服务试点扩大到21个区县。

【公共文化服务】 公共文化服务政策逐步完善。市委办公厅、市政府办公厅印发《关于加快构建现代公共文化服务体系的实施意见》，明确细化了重庆的实施标准。出台《政府向社会力量购买公共文化服务指导性目录》，完善对区县基本公共文化服务考核政策内容，与市财政局联合印发《2015年重庆市区县（自治县）“三馆一站”免费开放绩效评价工作方案》，公共文化设施常态保障与运行得到进一步加强。制定《重庆市中小学教材教辅包装运输统一执行标准》，有力地推动了“课前到书”运行系统改革。

公共文化设施建设继续加快。大足石刻博物馆、自然博物馆新馆相继开馆。国际马戏城一期、文化艺术职业学院一期竣工，国际马戏城二期提出优化设计方案，文化艺术职业学院二期学生宿舍启动建设。歌舞团、京剧团、话剧团、曲艺团团场装修改造进入施工阶段。工业博物馆动工建设。完成全市35个图书馆数字化推广工程建设任务和第六批295个社区文化室设备配置任务，建成主城九区社区标准化文化室200个。完成40个区县文化馆参加全国第四次地市级文化馆评估定级，向文化部申报一级馆30个、二级馆6个、三级馆2个。试点建设数字农家书屋100个，10个区县博物馆新馆建设加快推进。第一批50万户直播卫星“户户通”建设任务全面完成。争取到总局批准重庆市中央节目无线数字化覆盖建设项目，50座台站承担建设任务，争取地面数字电视频点资源 100 个,搭建起全市无线数字化公益覆盖网络。11 个高山台站通过验收,8 个台站建设即将完成,6 个台站已下达建设任务并将于 2016 年内完工。建成乡镇数字电影院 7 座,乡镇公益电影室内放映厅 84 个。38 个区县向社会购买公共流动文化服务 4.3 万场,惠及群众 1995 万人。

公共文化服务创新力度加大。建立由多部门组成的公共文化服务协调机制。第一批和第二批公共文化服务体系示范区(项目)创建顺利,国家公共文化服务标准化试点扎实推进。成功申报江津区、潼南区、荣昌区为第三批国家公共文化示范区(项目)创建城市。成功创建区县标准化广播电视台 10 个,即将完成其他 29 个区县定级评估,预计带动区县投入 8 亿元。探索扩大文化馆、图书馆、博物馆总分馆制,渝中区和大渡口区文化馆、图书馆总分馆建设得以深化,巫山博物馆正式成为三峡博物馆的第一个分馆。完善主城区公共图书馆"一卡通"服务,向有条件的乡镇(街道)综合文化站延伸。展览讲座联盟覆盖 22 个区县,在 14 个区县开展全民艺术普及试点。博物馆接待观众 2000 余万人次,其中免费开放参观人数 1716 万人次。公益惠民电影放映 124554 场、群众观影 2565 万人次,在全国率先启动实施社区电影放映,实现惠民电影全覆盖。深入实施惠民票价工程,在第四届重庆演出季期间推出 20 台国内外优秀剧目"惠民低票价专区",优惠票量占总票量的 20%。

文化活动开展进一步活跃。持续开展专业文艺院团"周周演";完成 2015 年"渝州大舞台"城乡文化互动工程送演出进基层活动,共演出 1000 场。整合利用全市文化系统资源持续开展"送文化下乡"活动,收到明显效果。成功举办第二届重庆声乐比赛、第四届重庆演出季、第七届中国西部动漫文化节、第二届巫山艺术电影周。圆满完成 2015 年第二届中国文化馆年会。组织参加第十七届中国老年合唱节、第六届中国少儿合唱节和第十三届中国西部民歌(花儿)歌会。完成第四届重庆市社区文化节、第十七届重庆市美术书法摄影联展、第二届美丽乡村原创歌曲大赛活动。全民阅读保障机制不断健全,设施平台建设日渐完善,各项品牌活动影响广泛,8 家实体书店推广阅读活动得到资金扶持,推动了事业与产业、传统与科技的融合发展。8 个基层文化志愿服务活动案例获文化部表彰奖励。

【文艺创作】 舞台艺术方面。新创排话剧《朝天门》、舞剧《杜甫》、歌剧《妙善公主》、京剧《大梦长歌》等一批舞台剧目,9 个项目获国家艺术基金资助。儿童剧《灰姑娘与水晶鞋》入选文化部"第八届全国儿童剧优秀剧目展演"参演剧目,话剧《朝天门》、京剧《沙家浜》入选文化部纪念中国人民抗日战争暨世界反法西斯战争胜利 70 周年优秀剧目巡演活动参演剧目。市川剧院吴熙夺得第 27 届中国戏剧梅花奖,市京剧团程联群夺得第 25 届"白玉兰戏剧表演艺术奖主角奖"。

美术创作方面。成功举办"走向西部——中国美术馆经典藏品西部巡展·重庆"展览活动,共展出中国美术馆馆藏西部主题作品 98 件、中国美术馆馆藏国家重大历史题材优秀作品 20 余件。綦江区美术馆"特色培训——带你来画綦江农民版画"成功入选全国美术馆优秀公共教育项目。

影视剧创作方面。备案公示国产电视剧 18 部 648 集,审查发行电视剧 9 部 352 集,审查发行国产电视动画片 3 部 1800 分钟。《突围突围》《铁核桃》等 7 部电视剧登陆央视、省级卫视播出。纪录片《大后方》获得中国(广州)国际纪录片"金红棉"优秀纪录片等 5 个奖项。备案影片 39 部,完成 12 部,电影《将离草》获第三届温哥华华语电影节"红枫叶奖"2

项大奖。成功举办重庆微视频大赛,《寻梦》等5部作品获6个国家级奖项,作品《霾没了》获得微电影组一等奖并获国家专项扶持资助。获国家新闻出版广电总局广播电视优秀公益广告扶持项目4项。

出版报刊方面。策划160种抗战类主题选题,成功出版100余种。《中华大典》的《天文典》《法律典》已全部出版,《地学典》已出版4本;《域外汉籍珍本文库》已出版752册,收录海外珍稀汉文文献近2000种;《抗战大后方历史文化丛书》书稿全部到位,已出版62卷。2015年,共获各类出版奖项107个,其中5件出版物获第五届中华优秀出版物奖。5个项目获2015年国家出版基金资助;7家报刊入选2015全国"百强报刊",总数西部第一;4种刊物荣获"百种中国杰出学术期刊"称号。

【文化产业发展】 抓好文化产业重大项目落地。北部新区华侨城、九龙坡皇庭珠宝城、万盛动漫产业园等大型项目快速推进。涪陵印包产业园区建成投用,年产值20亿元以上。重庆广告产业园等5个园区被评为"重庆市文化产业示范园区",重庆斯威特钢琴有限公司等25家企业被评为"重庆市文化产业示范基地"。5家出版单位获评国家传统出版转型升级示范单位,新增互联网出版单位2家,总量居西部前列。"互联网+印刷"推进较快,重庆品牌"印通天下"成为中国网络印刷的示范。大力推动红岩联线5A级景区、川剧艺术中心3A级景区建设。5个项目入选国家特色文化产业重点项目库,12个项目获中央文化产业发展专项资金扶持,2个项目入选国家动漫企业项目资源库,6个项目新入选国家新闻出版改革发展项目库。

加强文化市场主体培育。市财政投入3.5亿元,吸引社会资本14.5亿元,设立了两支基金规模分别为3亿元和15亿元的文化产业股权投资引导基金。建设文旅融合发展重点项目库,共征集项目83个。实施成长型文化企业培育计划,首批350家快速成长小微文化企业、53家民营文化小巨人、19家龙头文化企业进入培育名单。推动猪八戒网、天极网、大渝网、维普资讯等做大做强,年销售收入均实现过亿目标。推动重庆必然传媒成功上市,促成重庆广电集团(总台)成功申办西部第一个互联网电视内容牌照和移动互联网视听节目服务牌照。3家印刷企业进入2015年中国印刷百强,全市年产值超亿元印刷企业已达32家,规模以上印刷企业47家。全年电影票房11.97亿元,同比增长41.96%。积极组织企业参加第四届重庆文化产业博览会、第二十五届全国图书博览交易会、第十一届深博会、第十届京博会。2015年全市文化产业实现增加值536亿元,同比增长13%,占GDP比重升至3.4%左右。全年新注册主营文化的企业1.85万户,注册资本金总额增加535亿元,年末总量分别达7.67万户和2020亿元。

【社会管理】 文化法治建设深入推进。加大文化立法力度,政府规章《重庆市抗日战争遗址保护利用办法》颁布实施;政府规章《重庆市钓鱼城遗址保护办法》已报送市政府审查;地方性法规《重庆市大足石刻保护管理条例》《重庆市公共文化服务条例》文本基本成熟。完成直辖以来规范性文件清理,废止147件,继续有效36件。组织参加各类法治理论考试、练兵和培训,增强了全系统依法行政意识。

文化市场监管更加规范。联合开展"清源、固边、净网、秋风、护苗"等专项行动,共查处各类违法违规经营活动近1000起,未发生国家挂牌重大案件。持续开展"扫黄打非",及时查处违规违法出版物,接办出版物鉴定案件 16 起，有效查堵违法违禁出版物 69 种。强化卫星电视地面接收设施专项整治，严厉打击非法电台，扣缴发射设备 39 台套。利用文化市场技术监管与服务平台，健全全市文化市场经营主体信息库，收录文化市场主体 18072 家，采集有效信息 100433 项。开展规范电影放映市场秩序、打击偷漏瞒报电影票房专项治理；集中 3 个月开展 160 家影院参加的“文明观影·看你的看我的”主题宣传教育活动；推进审批流程信息化建设，实现文化市场行政审批网上接办。

广播影视网络监管持续加强。开展全市“境外电视网络接收设备专项整治行动”，收缴、拆除非法销售、安装和使用境外电视网络接收设备 744 件。严格执行“限娱令”“限广令”“禁丑令”和养生类节目备案管理，及时查处违规节目和广告，对违反规定的问题严令整改。安全播出管理重要保障期实现“零停播”目标，全年停播事故次数和重大停播次数连续 4 年实现大幅降低。督促指导区县广播电视监管平台建设，20 个区县完成监管平台建设。切实规范城市电影放映市场管理，对影院新票务系统验收和日间经营开展检查，并推动了全市电影票纸实行统一印制。

新闻出版监管力度加大。全年共审批图书、电子音像选题 4395 个，备案重大出版选题 44 种，审批书号 2901 个。加强成书审读，全年共审读出版物 68 种，处理违纪违规出版物 3 种。开展全市少儿出版物专项质量检查，合格率 100%。在总局开展的“出版物质量提升年”活动中，全市图书未发现有不合格产品。对全市 498 家互联网出版网站和 15 家互联网出版单位进行实时监控，处置淫秽色情或低俗媚俗网络出版物 21 种。继续开展打击新闻敲诈和假新闻专项行动，新闻行业秩序进一步规范。强化报刊审读，审读刊物数量由 2014 年的 146 家升至 149 家。完成中央新闻单位驻渝机构的清理整顿，保留 55 家、撤销 24 家。

版权保护工作成效明显。深入开展政府、企业及金融机构软件正版化工作，实施政府机关软件正版化工作考核，开展政府序列外机关软件正版化检查，启动全市国有企业软件正版化工作。指导黄桷坪艺术园区启动版权交易平台及衍生品研发中心的建设，深度推进文化创意和设计服务与相关产业融合发展。市版权保护中心与市协同创新知识产权研究中心加强了战略合作。

【文化遗产保护】 文物保护重点工作扎实推进。申报全国重点文物保护专项资金 2.65 亿元、获批 1.4 亿元；获批国家级项目 40 个，审批通过市级项目 19 个；实施市级以上重点文物保护工程 50 个（其中国家级保护项目 12 个、市级保护项目 38 个），竣工项目 24 个，在建项目 26 个。国家首个文物保护装备产业基地落户重庆。完成大足石刻千手观音修复、白鹤梁题刻参观廊道观察窗更换工程，启动实施南宋老鼓楼衙署遗址本体防风化加固处理等保护工程。推进实施 20 个抗战遗址保护修缮工程。完成三峡文物保护工程终验工作，组织实施三峡后续文物保护工程项目 34 个。做好湖广会馆、大足石刻宝顶山摩崖造像安全防范等安全防护工程。第一次全国可移动文物普查扎实开展，39 个区县 159 个国有文物收藏单位完成文物信息采集和登录工作。对全市古建筑类市级以上文物保护单位全面排查，对重大险情采取措施，坚决消除隐患。成功举办第六届文化遗产宣传月活动，顺利开展国际博物馆日活动、中国文化遗产日主场城市活动等文化遗产宣传活动。三峡博物馆“抗战岁月”基本陈列获全国十大陈列展览精品奖。

非物质文化遗产传承发展推进有力。渝

东南文化生态保护实验区正式启动建设。专题栏目《巴渝寻宝》摄制播出44部国家级非遗项目专题片，完成52部市级项目专题片摄制，《巴渝国宝》光碟、文集即将出版。完成第四批国家级非遗代表性项目保护单位认定，南岸区文化馆、石柱县文化馆等5家单位入选，重庆市国家级非遗项目保护单位增至44家，新增市级项目123项。完成首批非遗传承人群培训。第五批国家级非遗代表性传承人申报工作启动实施。举办首届民间文化艺术之星选拔赛，命名民间艺术之星、艺术之秀各12名。

【对外和对港澳台文化交流】 *服务大局工作有亮点*。配合国家外交大局和重庆市对外开放战略，努力开拓对外对港澳台文化交流渠道，对外开放水平取得新的进展。全年共出访41批495人次，来访208批2247人次。2015年9月，重庆文化艺术代表团在习近平主席访问西雅图期间，作为文化部安排的唯一一家国内演出团队赴美国西雅图和旧金山访问演出，有力地配合了习近平主席访美，进一步密切了与友城的关系，推动中国文化走出去，受到国家文化部和我国驻外使领馆的高度评价，社会各界对此次访演反响热烈。

文化交流合作有拓展。组织了10个文化代表团114人分赴四大洲的8个国家和地区参加“欢乐春节”“五洲同春”等海外春节庆祝活动，开展各类活动20多场。承办巴黎中国文化中心年度合作项目，完成出访项目5个，来访项目2个。完成赴南太平洋地区、俄罗斯、中东欧、美国等访演、展览任务。川剧赴荷兰参加国际艺术节演出，受到荷兰前女王等热烈欢迎。支持主办二战美国电影展映周。推进重庆中国三峡博物馆海峡两岸文化交流基地建设，举办“魅力重庆、壮丽三峡”、台湾原生态音乐访演等一系列文化交流活动，密切渝台关系。支持重庆演艺集团西班牙公司完成重庆芭蕾舞团在西班牙、法国的商业演出。鼓励支持重庆市文化企业利用法兰克福书展、明斯克国际书展等平台，更好地进入国际市场，拓展业务范围，推广重庆品牌，传播中国文化。赴俄罗斯、白俄罗斯等国洽谈文化交流合作项目，开辟了与“一带一路”北线国家交流合作的新领域，组团参加香港电影节，鼓励本地影视企业与印度、韩国等开展影视项目合作，制订对外文化交流年影视框架方案，启动影视合拍和节目交流等活动。深入开展文化贸易活动，带动了区县对外文化贸易加快发展。

【文化发展保障】 *强化政策支撑*。在改革上，推动出台了《重庆市媒体融合发展实施方案》等政策文件。在事业上，推动出台了加强对外和对港澳台文化工作、政府购买公共文化服务等加快文化事业发展的实施意见。在产业上，推动出台了文化创意和设计服务与相关产业融合发展、扶持重庆电影发展的若干意见、促进文化金融合作等扶持政策。在文化遗产保护上，推动出台了加快武陵山区(渝东南)土家族苗族文化生态保护实验区建设、进一步加强文物保护工作等文件。

强化人才建设。将人才队伍建设纳入委属单位目标考核专项，构建责任体系；全年举办培训项目共36项，培训人员3900余人次；与上海戏剧学院联合举办“重庆市紧缺人才舞美专业进修班”，选派13名优秀人才进行为期一年的进修培养；加大市川剧表演艺术人才培育力度，5年内将培养川剧人才45名；“三区”人才培养计划共下派210名文化工作者到14个贫困区县，举办专项培养项目5项，培养基层文化人才179人。印刷技能大赛人才覆盖面更加广泛，推动了质量水平实现稳步提升。高度重视并切实做好委系统离退休

老同志、老专家的服务工作，走访慰问 650 人次。

强化投入保障。2015 年，进一步规范和加强财务管理，中央、市级对全市文化事业投入 16.33 亿元，同比增长 9%。编制完成委系统 2016—2018 年滚动财政规划，建立预算评审和结算审计相结合的项目预决算第三方评估机制，预算评审项目 5 个、结算审计项目 27 个，委托第三方实施资金效益评价机制，资金检查 6.21 亿元、绩效评价约 1.44 亿元。建立预算执行动态跟踪监督机制，预算执行率同比提高 7%。建立《委属企业重大投资项目管理办法》等 7 个规章制度，委直属 6 家企业被纳入市级国有文化资产管理体系。

（重庆市文化委员会　王禹麟）

四川省

【概况】 2015 年，四川文化工作围绕中心、服务大局，攻坚克难，改革创新，文化体制改革不断深化，文艺精品力作不断涌现，公共文化服务效能不断提升，文化产业整体实力不断壮大，文化遗产保护力度不断增强，文化交流规模不断扩大，全省文化建设呈现出提质增效、跨越发展的良好局面。

【公共文化服务】 为全面贯彻落实中办、国办《关于加快构建现代公共文化服务体系的意见》和《国家基本公共文化服务指导标准》，根据中共四川省委、省政府领导批示精神，在省委宣传部指导下，省文化厅会同省新闻出版广电局成立了《四川省关于加快构建现代公共文化服务体系的实施意见》（以下简称《实施意见》）起草小组。10 月 10 日，《实施意见》以中共四川省委办公厅、省政府办公厅的名义正式出台。《实施意见》和《四川省基本公共文化服务保障标准》内容来源于国家和四川省关于文化的法规政策文件中的标准和数据，每一条内容和标准皆有出处，其特色亮点为量化了四川保障标准。

按照文化部、财政部通知要求，省文化厅指导省内各市（州）积极参加申报第三批国家公共文化服务体系示范区（项目）创建工作。5 月 24—28 日，省文化厅副厅长向华全带领乐山市、宜宾市、眉山市的市长和文化局、财政局局长一行“进京赶考”，参加文化部、财政部在中央文化管理干部学院举办的第三批创建国家公共文化服务体系示范区（项目）专家评审会议。专家评分位居西部第二位；宜宾市珙县农民文化理事会机制建设、眉山市丹棱县引导民间众筹文化院坝建设创建示范项目也获得专家全票通过，四川示范区（项目）数量已连续三批与其他省并列全国第一。

按照文化部的工作部署和《四川省文化厅关于开展全国第四次文化馆评估定级工作的通知》要求，四川启动了四川省全国第四次文化馆评估定级工作，下发了《四川省文化厅关于开展全国第四次文化馆评估定级工作通知》，明确了评估定级的评估依据、评估程序及工作要求。9 月，包括省文化馆、成都市文化馆在内的省内文化馆等接受了文化部第七评估组的检查督导。

公共文化服务工作重心下移。年初，省总工会、省文化厅、省人力资源和社会保障厅、共青团四川省委联合下发了《关于加强农民工文化驿站建设保障农民工公共文化权益的通知》，开展了“走基层”系列文化惠民活动，组织筹备了“非常梦想”四川省第二届农民工文艺作品原创大赛。根据四川省新农村建设示范片推进工作领导小组办公室《〈四川省幸福美丽新村建设行动方案（2014—2020 年）〉的责任分工方案》要求，由省文化厅办公室牵头公共文化处、非遗处、财务处、文保处共同制订了《关于落实"文化传承五大行动"责任分工专项实施方案》，确定了工作思路、工作目标，实施计划，并建立行动计划协调推进工作机制，新农村文化五大行动在全省全面推进。5 月 27 日，全省幸福美丽新村建设推进工作会议在成都召开，中共四川省委书记王东明出席会议并讲话，省文化厅在会上进行大会材料交流。继续鼓励县乡创新社区文化建设的内容和形式，融入社区风格化管理。

积极开展"春雨工程"云南行、宁夏行等示范性文化志愿活动。5 月 10—23 日，省文化厅组织四川交响乐团以"行边疆、走基层"为主要内容，选派天姿国乐和民族歌舞两支文艺小分队，赴云南省西双版纳傣族自治州景洪市和丽江市，深入少数民族乡镇、村寨、部队、学校，开展"春雨工程"——文化志愿者边疆行活动 7 场文化惠民演出，近 5000 名观众参与观看，当地新闻媒体对活动进行了采访报道，产生了广泛的社会影响。8 月 5—9 日，省文化厅组织由厅领导带队，四川交响乐团参与并牵头协调组织四川省川剧院、四川省曲艺研究院、南充市歌舞剧院、南充市杂技团等五个省市级专业艺术院团的四川文化志愿者"春雨工程"文艺小分队，前往宁夏回族自治区银川、石嘴山、吴忠、中卫和固原五个城市，开展文化部 2015 年"春雨工程"——全国文化志愿者边疆行活动，以"大舞台、大讲堂、大展台"为载体，把丰富的文化服务送到群众中去，让广大群众共享文化发展的成果。

【文艺创作】 四川艺术创作坚持以习近平总书记系列重要讲话精神为引领，紧扣中国人民抗日战争暨世界反法西斯战争胜利 70 周年这一重大历史节点，围绕举办首届四川艺术节这项重点工作，实施精品战略，推动创作繁荣。新创复排优秀剧（节）目 30 余台，新创、提升舞蹈、小品小戏、杂技、曲艺和木偶等节目近 300 个，涌现出一批思想性强、艺术水平高的剧（节）目，如川剧《还我河山》、民族歌剧《彝红》、舞剧《家》、话剧《铁血西迁》、音乐剧《我是川军》、舞蹈《滚灯》、曲艺《凤求凰》、杂技《遂宁小子——高椅》等，《梨园芳华》等节目入选 2015 年央视春晚。同时，通过舞蹈、曲艺杂技、小戏小品等比赛，涌现了一批年轻的本土编导、创作、表演人才，为四川艺术人才队伍更添新秀。

国家艺术基金申报实现突破。4 月，省文化厅在成都举办四川省国家艺术基金资助项目申报培训会，全省各地近 200 人参加了培训，为项目申报奠定了坚实的基础，自贡市川剧《还我河山》等 20 个项目入选 2015 年度国家艺术基金立项资助项目，获得 1993 万元资助资金，较 2014 年实现重大突破。

省直院团在引领全省艺术创作，在倡导新常态下群众精神文化生活方式上发挥了骨干和示范作用。通过广泛开展"深入生活、扎根人民'结对子、种文化'"主题实践活动，先后派出省直单位剧作家 100 余人次、表演艺术家和艺术工作者 350 余人次，到民族地区等基层群众火热的现实生活中汲取营养，极大地调动了各市（州）的艺术创作生产积极性。创作生产了反映凉山地区偏远乡村的农村信贷员巴交龙布事迹的大型话剧《巴交龙布》，甘孜州与四川人艺合作的话剧《雪域忠魂》，凉山州与四川人艺合作的民族歌剧《彝红》等等。《雪域忠魂》完成在甘孜等地的近 20 场巡演，受到当地群众的热情欢迎。成功举办中俄"两河流域"专场文艺演出，演出以"一带一路"宏伟战略为时代背景，艺术地表达了四川独特的地域魅力和四川人民深厚的情感。国务委员杨洁篪、省委书记王东明等领导对此次晚会给予高度评价和充分肯定。

经四川省人民政府批准,由四川省人民政府主办,四川省文化厅承办的首届四川艺术节11月在成都举行,这是60多年来四川首次搭建的全省文化艺术作品展示表演的平台。

艺术盛会包括艺术节开、闭幕式,“四川文华奖”优秀剧目展评、第二届“四川文华美术奖”优秀作品展览、四川文化建设成就展等在内的11项主题活动。围绕首届四川艺术节,成功举办了2015年舞蹈新作比赛、曲艺杂技木偶皮影比赛、第二届四川省文华美术奖作品评选及“纪念中国人民抗日战争暨世界反法西斯战争胜利70周年”优秀剧目展演、第十五届四川省小戏小品比赛等系列重要赛事活动。其中,舞蹈新作比赛120余件报送作品中的85件作品入围决赛。曲艺杂技木偶皮影比赛是自2004年以来,四川首次举行的全省曲杂木皮比赛,不仅有国家级非遗项目的经典曲目,也有四川杂技艺术强项及皮影经典剧目。第二届四川文华美术奖共收到408件作品,58件获奖。首届四川艺术节“四川文华奖”优秀剧目展演,吸引了全省各级文艺单位、艺术院校和企业文艺院团的推荐作品44台。

围绕省委、省政府打造“巴蜀画派”的战略部署,狠抓美术场馆和人才队伍建设,组织开展了一系列重要美术活动:年初召开了全省美术馆藏品普查工作动员暨培训会议,促进藏品科学保护与利用,推动美术馆专业化建设,截至9月,全省已登录藏区情况排名全国第9位,眉山市进入全国10家已完成藏品采集的单位。举办“新中国美术家系列·四川省国画作品展”,在中国国家画院美术馆、四川中国书画美术馆展出四川秦天柱、唐允明等11位国画家的110件作品。

【文化产业发展】 坚持进一步实施重大文化产业项目带动战略,做大做强特色文化产业,继续推进藏羌彝文化产业走廊建设,重点培育文化创意和设计产业同相关产业融合发展,发展壮大文化产业龙头和骨干企业,积极支持中小微文化企业成长和特色文化产品生产,搭建文化产业公共服务平台,努力推动文化产业成为四川国民经济支柱性产业。

开展重点文化产业项目征集,将四川文化产业服务平台与国家文化产业公共服务平台进行有效对接。全年全省共有54个项目被纳入国家重点文化产业项目库,列入中国文化产业重点项目库项目数量位居全国第五。全省共有包括成都·中国丝绸文化产业创意园、大型藏族原生态歌舞乐《藏谜》、四川白马王朗旅游文化综合配套项目以及羌文化艺术长廊、羌文化培训中心、羌族生活文化馆项目被列入2015年度中央文化产业发展专项资金支持项目。省文化厅重点梳理了藏羌彝文化产业项目38个,若尔盖西部牧场游牧部落体验园等6个项目被纳入国家藏羌彝文化产业走廊2015年重点项目库(全国共24个,四川占比25%)。藏羌彝文化产业走廊已被列为2015年中央文化产业发展专项资金支持重点,区域内5个项目获得支持。完成藏羌彝文化产业走廊建设巡礼工作。文化部文化产业司、财政部文资办有关人员以及来自《人民日报》、新华社、《光明日报》《经济日报》和新华网、人民网等多家中央媒体和四川卫视等当地多家媒体的记者参加了此次巡礼。

组织参加了第11届深圳文博会、第10届北京文博会、第10届义乌文交会、第十一届中国国际动漫游戏博览会、2015年香港国际授权展、第34届美国华人工商大展、第69届“台北国际礼品暨文具展”和第4届“台湾伴手礼名品展”等。在参加第11届中国(深圳)国际文化产业博览会期间,全省重点组织了40余家文化企业参展,现场销售及意向性订单420余万元。现场重点推介了芭乐影视基地、天艺浓园、中国艺库等10个文化产业项目，总投资额达343亿元，现场签约及意向性协议350亿元。展位现场精彩纷呈，推介签约成果显著。中共中央政治局委员、书记处书记、中宣部部长刘奇葆，中共四川省委副书记、宣传部部长尹力参观巡视了四川展区。

优化小微文化企业发展环境。为给重点项目提供更好的融资服务，在推进文化与金融深度融合的过程中，积极协调重点项目企业主体与金融机构之间的对接，协助文化部文化产业司在成都举办了全国小微文化企业发展工作培训班，同时与文化部文化产业司、深圳证券交易所共同主办了小微文化企业投融资路演暨项目推介活动。

为更好地落实文化部、工业和信息化部、财政部联合发布的《关于大力支持小微文化企业发展的实施意见》（文产发〔2014〕27号）和四川发布的《推进文化创意和设计服务与相关产业融合发展专项行动计划（2014—2020年）》（川办发〔2014〕82号）文件精神，结合四川文化产业发展现状，省文化厅创新服务模式，借鉴南京、杭州等东部地区和重庆小微企业孵化中心经验，组建了四川文化企业服务中心，最大限度地为全省小微文化企业提供系统性、全方位、多层次的服务。

围绕"互联网+"促进整体业态升级。充分发挥互联网和文化的双重叠加优势，依托四川特色鲜明的文化产业基础，利用藏羌彝文化产业走廊、国家动漫游戏基地、无线音乐基地等各具特色的载体，打通文化领域产业链，促进四川文化产业整体业态升级。四川文化企业服务中心通过建设门户平台以及开发定制化服务信息资讯，打造了融在线管理咨询，网络培训，服务产品评估、推荐、交易，投融资，企业信息化应用等知识产权服务，文化产品市场推广为一体的综合性服务平台。平台已逐步实现实体平台与新媒体平台互通，构建互联网服务体系，为全省3万余家文化企业提供全方位服务。

【文化市场管理】 四川各级文化部门按照简政放权、营造健康有序文化市场发展环境要求，砥砺奋进、积极主动，寓服务于管理，完善城乡文化市场服务体系，较好地完成了各项工作计划。全省文化市场经营单位逾17万家，其中演出主体方面（文艺表演团体、演出场所、演出经纪机构）共676家，歌舞、游戏娱乐方面共6778家，上网服务场所经营单位、互联网经营单位共9705家，计算机终端数11万台，艺术品经营单位备案共112家，文化市场总量获得较快的增长。全年出动文化执法人员42.6万人次，检查经营场所21万余家次，责令整改8081家，吊销许可证7家，立案查处1640件，办结案件1305件，罚款金额399.3万元。全省文化市场未发生任何安全事故和恶性事件，文化市场总体平安有序，为万众创新、大众创业营造了良好的市场环境。

与时俱进，推动法制建设。原《四川省娱乐场所管理办法》（四川省人民政府令253号）于2011年颁布实施，对规范娱乐场所管理、促进娱乐市场繁荣健康发展等方面发挥了十分重要的作用。但随着经济形势、文化市场发展新情况和《娱乐场所管理办法》（文化部令第55号）的出台，原《四川省娱乐场所管理办法》已经滞后于市场发展和监管实践。按照省政府的立法安排，与时俱进，结合娱乐场所设立行政许可"先照后证"商事制度改革，启动《四川省娱乐场所管理办法》修正前期工作。结合《2014年度娱乐市场发展报告》撰写工作，委托四川大学开展全省娱乐市场调研和娱乐场所设立政策评估，提出解决瓶颈的政策建议，并将课题研究成果融入《四川省娱乐场所管理办法》修正案。

【文博事业】 积极开展“十三五”规划编制前期工作。根据国家文物局相关要求，结合当前四川文物工作实际，对“十二五”期间取得的成绩经验、存在的不足进行认真梳理，对“十三五”时期的发展目标、发展思路以及重大项目、重大工程、重大政策等进行调研谋划，初步草拟完成《四川省文博事业“十三五”发展规划》。切实抓好项目储备和资金申报工作，全年中央财政累计下达四川国家重点文物保护、中央文体传媒、文化遗产保护设施建设、博物馆免费开放等文物保护资金近5亿元. 配合做好《四川省世界遗产保护条例》修订工作。按照《芦山地震灾后恢复重建总体规划》相关要求，灾后文物抢救保护各项工作深入推进，国家文物局重点工程眉山三苏祠、茶马古道·观音阁等灾后文物抢救保护重点工程顺利完工并得到国家文物局充分肯定，其中茶马古道·观音阁灾后文物抢救保护工程获评“第二届(2014 年度)全国十佳文物保护工程”。

第一次全国可移动文物普查强力推进。截至年底，全省注册登记国有文物收藏单位705 家，完成文物信息采集登录 80 万件(套)，普查工作继续走在全国第一方阵。

大遗址保护工作深入推进。邛窑遗址保护和考古遗址公园建设深入推进，一号窑包保护性大棚建设主体工程基本完成，遗址内11 处窑包整体保护工程、遗址区临河岸防护加固及环境整治工程有序实施。三星堆遗址、城坝遗址、邛窑遗址、宝墩遗址等大遗址考古工作有效进行，大邑高山古城遗址及崇州紫竹古城遗址考古工作取得重大成果。文物考古发掘工作成效显著。扎实推进全省范围内配合水电站、水库、高速公路、铁路等基本建设的文物考古调查、勘探发掘和文物抢救保护工作，组织实施成都新机场等考古调查勘探发掘项目 40 余项，发掘面积约 6 万平方米，出土文物标本 1 万余件；攀枝花米易县庙门前遗址、成都地铁七号线大型明代墓群等考古发掘工作获得重大收获。认真做好国家文物局 2014 年度考古项目实施状况评估工作，三星堆遗址、城坝遗址、沙坪站遗址等 6 个考古发掘项目顺利通过审核评估。四川省文物考古研究院“虚拟考古体验馆”等 3 个项目荣获“中国公共考古——首师论坛”一等奖。传统村落等保护利用工作有序进行，阆中市华光楼历史文化街区于 2015 年 4 月被住建部、国家文物局评为“第一批中国历史文化街区”。

博物馆公共文化服务体系建设。纪念抗战胜利 70 周年相关陈列展览顺利举办；组织评审建川博物馆“侵华日军罪行展”内容文本大纲，指导赵一曼纪念馆和泸州市博物馆开展“赵一曼生平事迹展”“抗战泸州——泸州市纪念抗战胜利 70 周年专题展”陈列布展工作，指导四川省博物馆学会以四川人民对抗日战争和世界反法西斯战争胜利所做的积极贡献为主题举办“2015 中国博物馆小镇·安仁论坛”。

对外文物交流反响强烈。“神秘的古蜀文化展”美国巡展圆满落幕，吸引观众近 20 万人次；建川博物馆赴美国海外抗日战争纪念馆“尊重历史·珍惜和平”文物展、四川博物院联合历丰国际分支·卡地亚珠宝“艺境天工——中西方珍宝艺术展”成功举办。积极参加中国文物交流中心赴大都会博物馆“秦汉文明展”，赴美国国家美术馆“从王国到王朝展”、赴韩国“古代佛教雕刻大展”，赴台湾“七宝瑞光——中国南方佛教艺术展”，赴香港“汉武盛世展”等对外文化交流展。指导推进“4·20”芦山地震纪念馆展陈和实物征集工作，收集文献类资料 24918 件、实物类资料 3109 件及口述类资料 2 件。

【文化遗产保护】 成功举办第五届非遗节，赢得社会各方面高度评价。本届非遗节以习近平总书记传承弘扬中华优秀传统文化系列重要论述，特别是推动人类文明交流互鉴和推动优秀传统文化创造性转化创新性发展重要论述为指导，以“传承文脉，创造未来”为主题，围绕“现代化进程中的非遗保护”主线，回顾设立“文化遗产日”10 年来非遗保护传承成果和经验，举行了国际非遗博览会、非遗国际论坛、非遗大戏台、非遗进万家、中国篆刻艺术双年展等 5 大类主体活动，400 多项学术交流、展示展演、产品展销、推介签约活动，共有 65 个国家（地区）和国际组织的 600 多名国际代表，4000 多名国内代表，280 多万市民和游客参与了各项节会活动，对非遗保护传承产生了积极的推动作用。本届非遗节突出创新创业，实现了常办常新，充分彰显了“文化的盛会、人民的节日”的办节理念，取得了显著的社会效益和经济效益，得到了国际国内和广大群众的广泛关注和积极参与，赢得了各级领导和国内外嘉宾的高度评价。

四川非遗立法。在前期深入调研，广泛征求社会各方面意见的基础上，形成了《四川省非物质文化遗产条例（草案）》。2015 年 5 月 6—8 日，四川省人民政府法制办、四川省文化厅联合组成非遗立法调研组，赴汶川县、理县、茂县开展了四川非物质文化遗产立法调研活动。通过调研，为四川下一步推进四川非遗立法工作，高质量地制定出台《四川非物质文化遗产条例》打下了良好基础。

传统村落保护。对盐源县摩梭文化传承人和摩梭母系大家庭进行了普查和认定，在经费方面予以补助扶持。

【对外和对港澳台文化交流】 四川省文化厅多渠道、多方式搭建四川文化“走出去”平台，全年审核审批涉外和涉港澳台文化项目 266 个。其中，赴外和赴港澳台项目 76 个，赴境外 1089 人次，赴境外演展 1155 场（天）；境外来川交流项目 32 个，境外来川 601 人次，演展活动 297 场；境外来川商业演出项目 240 个，来川 2235 人次，演出 14451 场。全省核心文化产品出口约 5.01 亿美元。

依循“一带一路”国家战略突出交流重点。实施“中俄两河流域合作计划”，推动四川交响乐团“天姿国乐”女子民乐团与俄罗斯国家民族交响乐团互访巡演，筹办“中俄两河流域地方领导人（成都）第四次座谈会”专场演出，向与会中俄两国领导人、俄罗斯伏尔加河沿岸 14 个联邦主体代表团和中国长江中上游 6 省市代表展示四川优秀舞台艺术；承办文化部“纪念中尼建交 60 周年——美术家互访采风活动”，推动省诗书画院和尼泊尔国家美术学院开展美术交流；结合捷克和波兰与四川省友好省州合作契机，推动四川博物院和捷克中波西米亚州美术馆签订友好馆际交流协议，在川合作举办“捷克中波希米亚州历史文化展”，并和波兰华沙民俗博物馆开展友好交流；支持成都民乐、德阳杂技、南充大木偶等各市（州）非物质文化遗产与突尼斯、波兰、克罗地亚等“一带一路”国家地区开展交流。

【人才队伍建设】 创新开展教育培训。首次与省委党校合作，举办了省直文化系统优秀中青年干部培训班，对 50 名厅直系统处级后备干部进行了为期 10 天、全封闭的系统性培训。以多种方式，常态化培训各类文化人才，促进与建设文化强省相适应的文化人才队伍建设。

充分整合多方资源，创新开展文艺人才培训。以第五届中国成都国际非遗节、首届四川省艺术节为平台，相继举办全省“三区”基层文化单位舞蹈编导培训班、全省“民间优秀舞蹈表演人才递进培养”培训班，继续探索创新多元化的培训方式。同时，承办文化部天津公共文化服务创建培训班、全国文化产业园区管理人员高级研修班、五省藏区文化培训班及省人社厅舞蹈编导人才研讨班等 14 期培训班，培训全国文化干部 719 人。

轮训文化人才，大力促进文化队伍建设。以“全国文化干部培训基地”四川艺术职业学院为平台，共举办了 26 期文化人才培训班，对非遗保护、文化馆评估、人事管理、行政审批等 2376 名文化人才进行了轮训。

实施“民间优秀舞蹈表演人才递进培养”项目，注重对民间文化艺术人才的培训培养。9 月初，为期半年的全省“民间优秀舞蹈表演人才递进培养”培训班开班，首次将民间文化艺术人才纳入培训范畴，50 余名学员参加培训。

主动加大对藏区文化干部人才队伍的培训力度，推动藏区文化发展。10 月，协助文化部举办了第二期五省藏区文化管理干部培训班，参训学员 56 名。

（四川省文化厅　向仕富）

贵州省

【概况】 在省委、省政府的领导和文化部指导下，真抓实干，改革创新，着力推进公共文化服务体系建设，打造艺术精品，推进文化遗产保护传承，助推文化产业加快发展，提升文化市场管理水平，深化文化交流与合作，贵州文化软实力进一步提升，影响力进一步增强。

【文化体制改革】 深入推进改革。根据省委全面深化改革领导小组和省文化体制改革专项小组的工作部署和要求，制订了《贵州省文化厅 2015 年重点改革任务实施方案》和《贵州省文化厅 2015 年文化体制改革工作实施方案》。省公共文化服务专题组办公室各项工作积极推进，部门协作联动机制初步形成，试点任务有序展开。印发并公布实施了省文化厅行政权力运行流程图和行政处罚自由裁量基准；对行政审批事项再次进行了清理、分类，认真做好取消和下放管理层级行政审批事项的落实和衔接工作，按时完成了“两单一表”的编制，报省政府批准；按照省政府要求将全部 24 项文化文物行政审批事项纳入省政务中心办理。推动贵州文化演艺集团建立现代企业制度，举办了 1 期企业财务制度培训班。推进立法工作，向省人大和省政府法制办报送了《贵州省公共图书馆条例（草案）》《贵州省全民阅读促进条例（草案）》，并申请纳入 2016 年立法计划。积极谋划“十三五”时期文化改革发展，抓好文化发展专项规划编制。

【公共文化服务】 积极贯彻落实《关于加快构建现代公共文化服务体系的意见》（中办发〔2015〕2 号文件）精神和省政府领导批示。加强部门协作联动，完成了贵州省《关于加快构建现代公共文化服务体系的实施意见》的起草，并由省委办公厅、省政府办公厅公布实施。在省公共文化服务专题组领导下，统筹推进公共文化服务体系建设；积极筹备建立“省公共文化服务体系建设专家库”；启动了构建现代公共文化服务体系试点。

积极提升基层公共文化服务水平。下达“两馆一站”免费开放中央补助经费 9264 万元，补助市、县两级公共图书馆 93 个、文化馆 97 个、乡镇综合文化站 1448 个；下达农村文化建设中央补助资金 7553 万元，补助 16859 个行政村文化信息共享工程村级基层服务点开展文化宣传讲座等活动；数字图书进农家项目为 300 户农户配送电脑及数字资源；毕节市获得第三批国家公共文化服务体系示范区创建资格，铜仁市的农村文化“种子工程”和黔东南州的“千村百节”传统节庆文化活动项目获得第三批国家公共文化服务体系示范项目创建资格。

出台《贵州省关于开展文化志愿服务工作的意见》，制定了《贵州省文化志愿者管理暂行办法》。省图书馆举办“全民齐阅读，书香溢中华”世界读书日活动，开展了7项活动，2万余人次参与；举办了主题为“履行图书馆职能，促进全民阅读，建设书香社会”的图书馆服务宣传周系列活动。组织开展了全省“群星奖”选拔推荐，开展了第四次文化馆评估定级；省文化馆走进县、市、乡村、医院、军营，开展文艺演出、摄影和农民画展览等系列活动；举办了“贵州省文化馆馆藏工艺品图片展”、第五届社区儿童图书音乐节。

【文艺创作】 着力打造舞台艺术精品。音乐剧《嘎老》创作完成并成功首演；省花灯剧院最新创作的花灯剧《盐道》把思南文化与花灯唱腔巧妙融为一体，10月在贵阳成功首演；省话剧团打造的纪念中国人民抗日战争暨世界反法西斯战争胜利70周年话剧《图云关》，从8月中旬起在贵阳、成都、重庆三地巡演，广获好评。贵州省歌舞剧院舞剧《天蝉地傩》、贵州大学“布依山歌传人培养”，赖辉个人美术创作3个项目获得国家艺术基金资助。

积极发挥演艺工作的社会效益。花灯剧《枫染秋渡》受邀在“第十一届中国（深圳）国际文化产业博览交易会”“2015中国—东盟（南宁）戏剧周”进行了展示。演艺集团组织省直院团在贵阳孔学堂开展了“我们的节日·春节”文化庙会活动；组织创作推出孔学堂主题音乐组曲；排演了《明礼知耻·崇德向善》贵州省劳模先进事迹巡讲报告会演出，巡回演出17场；筹排《道德之光·贵州骄傲》贵州省第四届道德模范先进事迹巡回报告会巡演，在省内巡演15场；结集出版了音乐专辑《最美贵州》；出版发行了孔学堂组曲《乐雅·正集》；先后引进了《天空之城》《天鹅湖》、芭蕾舞剧《葛蓓莉亚》等经典剧目来黔商演。省话剧团推出了多媒体话剧《动漫孔子》。

精心筹备的“生态家园·欢乐共享——最美是这里”民族生态文化展示于6月26日在生态文明贵阳国际论坛2015年年会开幕式精彩亮相。积极遴选反映少数民族生活和审美情趣的备选节目报送第五届全国少数民族文艺会演执委会。按照文化部工作安排设立了西南片区纪念中国人民抗日战争暨世界反法西斯战争胜利70周年优秀剧目巡演办公室，与片区内省份合作，在贵阳、成都、重庆组织巡演12场；贵州画院组织开展以“纪念抗日战争胜利暨世界反法西斯战争胜利70周年”为主题的美术创作，选拔出16件优秀作品报送文化部参加全国展览的评选，并适时在省内展出。与韩国方面共同筹备了“2015年中国（贵州）——韩国文化交流美丽之夜”文艺演出；组织了“与祖国同行·与人民同心——贵州文艺工作者送欢乐下基层”慰问演出系列活动；贵州文化演艺集团承办了“2015年贵州省职工文艺调演汇报演出”“贵州少儿中华才艺大赛”。

【文化产业发展】 发挥政策和项目引导作用。贵州省文化厅会同省发改委起草了《促进全省文化创意与设计服务与相关产业融合发展行动计划》，以省政府名义下发实施；如期完成《贵州彝族文化产业走廊建设规划》编制；省文化厅会同省有关部门出台了《关于大力发展文化及相关产业微型企业的通知》，为小微文化企业提供更多的政策支持。积极做好项目申报工作，3个项目入选文化部特色文化产业重点项目，1个项目入选藏羌彝文化产业走廊项目，3 个项目入选 2015 度文化金融合作项目库，1 个项目入选弘扬社会主义核心价值观国家动漫项目。遵义市汇川区作为国家西部地区唯一文化消费试点启动了试点项目，在引领和促进城乡居民文化消费方面进行了积极探索。积极推动贵州文化广场建设项目，完成了项目所涉贵州文化演艺集团下属子公司搬迁工作。

利用各种平台助推文化产业发展。开展县域文化产业发展“三个一工程”第二批示范项目巡检，对项目资金使用情况、企业生产经营情况等进行了检查；评选出“三个一工程”第三批示范项目文化产业示范村 9 个、优秀演出团 1 家、特色文化产品 13 项，并给予一定的经费扶持。按照文化部有关要求，对省内 6 家国家级文化产业示范基地进行了巡检。省文化厅参与筹办了首届中国（贵州）民族民间工艺品・文化产品博览会和贵州首届文化创意产业博览交易会，为广大文创企业搭建了展示交流平台。

推动文化企业“走出去”。精选优秀文化创意企业赴俄罗斯、韩国开展创意精品展示展销，搭建了对外展销和友谊的桥梁；推荐两家动漫企业派员参加文化部在京举办的国家动漫产业高级研修班学习，组织有关文化企业人员参加国家级文化产业示范园区基地高层经营管理人员研修班；派员参加贵州省经贸交流考察团赴台湾地区交流拜会活动；应台湾亚太文化创意产业协会邀请，组团赴台考察文化创意产业博览会，进行了广泛交流并达成有关合作意向；分别组织有关企业和负责人参加了“贵州台湾经贸交流合作恳谈会”“北京文博会”“深圳文博会”；组织省内 70 多家企业在厦门举办了贵州第二届“文化创意产业培训班”。

【文化市场管理】 探索创新文化市场管理。推动上网服务行业标本兼治、转型升级。选择 5 个市（州）108 家上网服务场所进行转型升级试点，通过改造经营环境、规范服务标准、拓展经营项目，提升了企业管理和服务水平，带动了行业良性发展。探索在上网服务场所引入基层公共文化服务，贵阳明德网络公司先行先试，在上网服务场所设立了图书馆小站。组织开展了无证照上网服务场所清理检查，通过疏堵结合，有效遏制了无证照经营问题。积极推进文化市场技术监管与服务平台应用工作，全省均已开始利用平台办理审批业务和综合执法业务。完成了综合执法人员数据采集、录入和执法案卷的录入工作，通过平台办理执法业务数达 3.4 万余件。开展了全省农村文化市场监管信息报送试点工作；大力推进文化（文物）信用信息平台建设；借鉴上海自贸区改革试点经验，积极推进本省游戏游艺设备内容审核管理工作。

依法打击各类违法违规经营行为。组织开展了校园周边文化环境整治、文化市场和文物保护单位安全专项整治、农村文化市场专项整治等行动，开展多次文化市场安全专项检查，有效净化了文化市场环境，保障了安全生产。查办文化市场重大案件 16 件，其中 4 件案件查处工作获文化部表彰；查处 23 起网络文化市场案件，有力打击了网络文化市场违法经营行为。组织开展文化市场综合执法案卷评查工作，促进了行政处罚案卷制作水平提升。重视抓好文化市场综合执法骨干培训，与北京市达成对口帮扶合作意向，北京有关区县与贵州省有关市州文化执法部门结对帮扶，促进了全省文化执法队伍素质提升。开展了全省文化市场综合执法交叉检查，推动了文化市场综合执法机构专业化、规范化建设。

【文物遗产保护】 文物保护工作取得新突

破。遵义海龙屯土司遗址申遗成功，实现了贵州省世界文化遗产零的突破；贵州省人民政府核定公布了第五批省级文物保护单位77处。组织指导编制全国重点文物保护单位保护规划和方案150余项，争取到中央资金近2亿元；开展了文物保护单位险情排查和文物保护工程及考古发掘工地检查；对国家专项补助资金项目的启动和推进进行了督促检查；组织、协调、指导开展了包括铁路、高速公路、水电站、水库、电厂、城建、公路建设等在内的26个文物考古调查及保护项目；积极推进第六批、第七批全国重点文物保护单位和第四批省级文物保护单位的保护范围和建设控制地划定和“四有”工作。认真抓好重点文物保护单位消防、技防、防雷项目建设，编制“三防”项目立项报告和设计方案84个，其中61个通过国家文物局审批。

抓好博物馆建设管理和传统村落保护。省博物馆新馆建成试运行，遵义会议纪念馆新陈列馆建成开馆。以纪念抗战70周年为契机推动全省博物馆、纪念馆推出了系列抗战专题展览。进一步推进博物馆免费开放工作，探索深化动态管理的方法及措施。组织编制可移动文物保护方案15个，获国家文物局批准8个。可移动文物普查登录藏品信息2300余件(套)，总量突破4万件(套)。坚持传统村落分层分级保护利用思路，扎实推进国保、省保集中成片传统村落保护和综合利用，完成了传统村落文物保护单位基础数据调查测绘及首批3个村落文物保护工程总体方案；继续推进文化遗产保护“百村计划”，积极推动建设一批新型生态博物馆。

【非物质文化遗产传承保护】 制订了《多彩贵州·非物质文化遗产传统手工艺振兴(培训)计划(2015—2017年)》，拟通过大规模分级分类分层培训，培养优秀非物质文化遗产传统手工艺人才，振兴贵州非物质文化遗产传统手工艺；分别在省内外有关院校举办了非物质文化遗产传承人培训班，培训学员600多名。贵州省非物质文化遗产博览馆完成布展并对外开放。省人民政府公布了第四批非物质文化遗产代表性名录121项(140处)；开展了第四批省级非物质文化遗产项目代表性传承人评审；举办了贵州省第二届侗族大歌百村歌唱大赛。分别配合文化部非物质文化遗产司、国家非物质文化遗产保护中心、联合国教科文组织完成了在黔举办的“第五批国家级非物质文化遗产代表性传承人申报工作培训班”“国家级非物质文化遗产代表性传承人抢救性记录工作规范培训班”“非物质文化遗产全球二类中心第三次联席会议”的会务保障工作。

【对外和对港澳台文化交流】 对外和对港澳台文化交流合作保持强劲势头。全年对外及对港澳台文化交流项目共25起366人次，其中出访20起286人次，来访5起80人次，涉及泰国、俄罗斯、德国、瑞士等国家和地区。

以部省合作项目为重点的各项交流活动有序展开。春节期间，按照文化部安排，组织44人演出团体赴泰国参加第99届北榄坡府农历新年游神盛会庆祝活动，共演出12场，观众达13万多人次。根据部省合作计划安排，贵州省文化厅与莫斯科中国文化中心合作举办了贯穿全年的“2015俄罗斯·多彩贵州文化年”系列活动，遵义文化展示周、“舞·贵州——多彩贵州风”演出、“情·贵州——莫斯科多彩贵州文化节”“忆·贵州——留存的记忆——贵州古村落文化的视觉再现”美术作品展、“梦·贵州——贵州风光专题摄影展”“霓裳银装——贵州民族服饰展”等活动先后在莫斯科中国文化中心亮相登台，向俄方观众展示了多姿多彩的贵州。10月，应曼谷中国文化中心邀请,贵州省黔剧院赴曼谷进行庆祝中泰建交四十周年《风华黔韵》民族音乐会演出,受到当地观众的热烈欢迎。

(贵州省文化厅　刘伟明)

云南省

【概况】 2015 年,云南省文化厅在省委、省政府和文化部的领导下,深入贯彻党的十八大和十八届三中、四中、五中全会精神,认真学习习近平总书记系列重要讲话和考察云南重要讲话精神,坚持社会主义先进文化前进方向,坚持以人民为中心的工作导向,全面贯彻落实云南省委、省政府和文化部的决策部署,努力践行“三严三实”和“忠诚干净担当”要求,积极推进文化体制改革,进一步转变职能,促进文化事业繁荣发展,“十二五”时期任务圆满收官,各项工作在继承中前行、在改革中推进、在创新中发展,全省文化改革发展取得新成效、实现新进展。

【文化体制改革】 完成云南省委安排的 2015 年 11 项重点文化体制改革任务,研究起草深化和完善国有文化单位改革方案,积极推进全省博物馆理事会改革和省图书馆理事会建设,深入调研云南文化艺术中心职能转变和云南省文化厅直属单位编制调整工作。积极推进事业单位分类改革和行政审批制度改革,继续清理规范行政审批事项,全面取消非行政许可审批事项和中介服务事项,制定并公布本部门行政权力清单和责任清单,完成云南省文化厅网上行政审批大厅建设。组织开展云南省“十三五”文化发展规划编制调研和起草工作,组织开展法治机关建设、依法行政和群众法治文化活动。

【公共文化服务】 组织起草《关于加快构建云南现代公共文化服务体系的实施意见》并报云南省委办公厅、省政府办公厅印发。完成楚雄州第二批国家公共文化服务体系示范区建设制度设计课题并通过省级验收,组织曲靖市成功申报第三批国家公共文化服务体系示范区,昭通市“西部贫困地区精神文化家园”和大理州弥渡县“小广场大喇叭”成功申报第三批国家公共文化服务体系示范项目。牵头建立跨部门的省级公共文化服务协调机制,制订并印发《基层综合性文化服务中心实施方案》,启动云南省基层综合文化服务中心建设试点工作。完成村级文化建设“弥渡经验”、乡级文化建设“芒宽经验”等 5 个公共文化建设先进经验的总结提炼。认真贯彻落实政府向社会力量购买公共文化服务要求,组织起草《向社会力量购买公共文化服务的实施意见》,省直文化系统全年向社会公开采购公共文化服务项目累计上亿元。成功举办第三届“建设者之歌——云南省农民工文化节”,组织开展国家“春雨工程”文化志愿者边疆行活动。基层公共文化设施不断完善,完成 2015 年新建 100 个文化惠民示范村(社区)任务,全省共建成文化惠民示范村 235 个,农村文化产业合作社 300 个,全省公共图书馆、文化馆达标率分别达到 80% 和 69%。完成 2015 年全省文化信息资源共享工程(农文网培训学校)、公共电子阅览室、数字图书馆、边疆万里数字文化长廊建设任务,全省文化共享工程地方资源总量达 16.9TB,数字图书馆资源总量达 44.6TB。楚雄州积极推进中国彝族文献图书馆建设,保山市积极探索“文化大院”标准化建设,一批州、县级文化馆、图书馆相继建成并投入使用。省图书馆开展流动图书馆、手机图书馆等创新服务,云南省文化馆顺利通过文化部评估定级验收,会同相关部门引导广场舞活动健康开展。

【文艺创作】 全省文化系统深入学习贯彻习近平总书记在文艺工作座谈会上的重要讲话精神，认真落实中央《关于繁荣发展社会主义文艺的意见》，深入实施云南文化精品工程和云岭文化名家工程，积极创作弘扬社会主义核心价值观、反映社会正能量的文艺作品，组织开展纪念抗战胜利70周年系列活动，与中国歌剧舞剧院合作完成歌剧《号角》创作排演并在京首演。云南省直各文艺院团分别创作排演了京剧《天道行》、滇剧《乡谣》、花灯剧《定西岭》、话剧《护国忠魂》等一批精品剧目。红河州、普洱市、楚雄州、德宏州等地区分别推出舞剧《诺玛阿美》、歌舞《天赐普洱》《佤部落》《彝歌》《目瑙纵歌》等一批精品力作，省话剧院排演的《拯救大兵友友》被列为云南省双拥活动主要剧目，省花灯剧院创作演出的《走婚》入选中国戏剧节优秀剧目，民族艺术研究院完成电视剧《走到西藏》、电影《永仁之恋》等剧本创作。在全省开展优秀舞蹈作品选拔，组织参加全国少数民族优秀声乐作品展演等系列国内重要赛事，完成云南省第十三届新剧目展演筹备工作。云南文化艺术职业学院获第十九届中国少儿戏曲小梅花奖比赛金奖和银奖，云南省京剧院朱福获第27届中国戏剧“梅花奖”。全省“文化大篷车·千乡万里行”万场惠民演出累计完成11160场，完成全年演出任务的112%，观众逾百万人次。云南省直文艺院团开展“高雅艺术进校园”演出80场、“艺术客厅”演出178场，继续开展优秀剧目巡演活动。在全省开展“深入生活、扎根人民”主题实践活动，组织全省文艺工作者深入基层，开展艺术采风、结对帮扶、慰问演出等活动，文艺工作者服务基层、服务人民的意识不断增强。完成2015年国家艺术基金项目和省级文艺精品创作专项扶持资金资助项目申报，云南省获国家艺术基金立项17项、资助资金1286万元。开展“中华优秀传统艺术传承发展计划”戏曲专项扶持、“三个一批”戏曲剧本创作扶持，完成2015年云南省哲学社会科学艺术科学规划课题首次评审。成功举办《画说云南——2015云南省优秀美术作品》和《非遗画忆——云南非物质文化遗产》等9个展览，完成全省美术馆藏品普查工作。

【文化产业发展】 继续推进全省藏羌彝等民族聚居地区文化与生态、旅游的融合发展，迪庆州德钦梅里雪山传统古村落传承保护及文化旅游建设项目、丽江中国纳西文化传承基地、丽江宋城旅游区被列为2015年国家藏羌彝走廊文化产业重点项目。丽江玉龙雪山印象旅游文化产业有限公司、云南汇通古镇文化旅游开发集团有限公司入选第六批国家文化产业示范基地，全省国家文化产业示范基地达到10家。制定印发《云南省文化厅关于推进文化创意和设计服务与相关产业融合发展的实施方案》，以“互联网+”为抓手，继续扶持以动漫为代表的创新型文化企业发展，联合省级有关部门对全省9家国家级动漫认证企业进行实地检查年审，完成全省动漫企业年度初审认定上报。推进文化与金融合作，不断激发文化领域创业创新活力。云南省文物总店组织多场社会流散文物和艺术品拍卖活动。

【文化市场管理】 认真贯彻落实文化部“先照后证”改进文化市场行政审批工作要求，进一步加大简政放权力度，简化审批程序，规范审批行为，放宽市场准入门槛，切实做好审批权下放后的文化市场事中事后监管。加强内容管理和信用体系建设，组织落实全省上网服务行业转型升级试点工作。进一步加强文化市场监管，推进全省文化市场技术监管与服务平台的推广应用。深入开展“平安文化市场”创建和“扫黄打非治违”等专项行动，狠抓文化市场违法案件的查办和督办，昆明市查办的“昆明爱康医院擅自设立广播电台案”“云南佳路达酒店容留他人吸毒案”分别被评为全国文化市场十大案件和全国文化市场重大案件，昆明市、曲靖市文化市场综合执法支队分别荣获全国文化市场综合执法先进集体称号。2015 年全省文化市场综合行政执法队伍共出动检查人员 26.7 万人次，检查经营单位 14.8 万家，责令改正 4047 家，立案调查 900 件，办结案件 798 件。

【文化遗产保护】 实施省级文物保护项目 85 个，申报并实施全国重点文物保护和基础设施建设项目 57 个。围绕景迈山古茶林申遗工作，开展 6 个传统村落民居维修和环境整治，完成申遗文件编制并上报国家文物局。组织申报第二批中国传统村落整体保护项目和第三批中国传统村落保护名单，开展 38 个中国传统村落保护利用规划评审。完成大理州巍山县拱辰楼火灾事故的调查处理并指导完成恢复重建工作。会同省消防总队在全省开展文物消防安全专项治理，制定并落实全省 464 处国家级和省级文物保护单位木构件文物“一项一策”文物安全消防制度。完成文物保护项目审批制度改革，委托中介机构对文物保护技术方案进行评审。颁布试行《云南省全国重点文物保护单位保护工程审批管理暂行规定》，进一步规范文物保护工程管理。祥云大波那古墓群发掘被评为“2014 年度全国十大考古新发现”，考古夏令营活动荣获第三届中国公共考古论坛一等奖，安宁曹溪寺宝华阁文物保护工程荣获“2014 年度全国十佳文物维修工程”。云南省文物考古所组织开展考古调勘 14 项、考古发掘 8 项，刊发科研论文 22 篇、出版专著 3 部。蒙自马鹿洞人研究和沧源农克硝洞“和平文化”调查研究取得突破。继续组织全省各级文博收藏单位开展第一次全国可移动文物普查，举办普查办主任培训班，重点督查 11 个州市 80 余个县区，共鉴定文物十万余件，文物登录工作进展顺利。加强对博物馆工程建设和展览、收藏、服务等业务工作的指导，全省备案博物馆达到 107 座，云南省博物馆新馆、文山州博物馆和巍山县博物馆建成并向社会免费开放，曲靖市博物馆完成土建并进入布展阶段，临沧市博物馆开工建设。牵头组织并完成卢汉公馆“云南起义”展览工作，指导各地开展 2015 年国际博物馆日活动和“茶马古道”等临时展览，省博物馆举办新馆开馆主题活动和多个临时展览，楚雄州博物馆打造流动博物馆展览。2015 年全省博物馆共举办各类展览及社会活动 700 余次，观众总人数逾 2500 万人次。组织起草《关于进一步加强农耕文化保护与传承工作的意见》并报省委、省政府印发。组织举办 2015 年“文化遗产日”主题宣传系列活动和第九届云南民族民间歌舞乐展演，组织中国非遗传承人群研修研习培训和省级传承人培训班。开展文化农庄建设试点，西双版纳州、曲靖市等地文化农庄建设试点取得初步成效。开展非遗代表性项目整体保护规划和云南民族传统文化生态保护区规划编制，23 个保护区规划通过评审。完成 12 项非物质文化遗产国家级名录项目、1 项省级非物质文化遗产名录项目和 30 名省级传承人的抢救性记录拍摄及入库。组织开展 59 名国家级非遗项目代表性传承人和 14 个国家非遗保护利用设施建设项目推荐申报，完成《中国非物质文化遗产普查报告·云南卷》编写。

【对外和对港澳台文化交流】 2015 年全省共派出文化交流团组及个人 26 起 475 人次分别前往 21 个国家和地区开展对外和对港澳台文化交流活动，接待外来文化交流团组及个人 5 起 35 人次。与马耳他中国文化中心开展为期一年的文化交流年度合作，共组派 6 个团组赴马耳他开展文化交流。组织云南文化艺术团赴越南、缅甸、孟加拉国开展文艺演出活动取得圆满成功,成功组织“古道记忆——驻华使节茶马古道考察活动”。文山州民族艺术团赴格林纳达参加中格复交系列庆祝活动,红河州《哈尼古歌》参加2015年意大利米兰世博会,云南文化艺术职业学院赴马来西亚参加“欢乐春节”演出活动,云南文化遗产代表团赴德国参加第39届世界遗产大会,云南省文物考古研究所与老挝相关机构合作在老挝开展考古发掘。组织相关机构和企业分别参加各类对外文化交流活动。

(云南省文化厅　谭继宁)

西藏自治区

【概况】 自治区文化厅内设9个职能处室:办公室、艺术处、公共文化处、文化市场管理处(政策法规处)、文化产业处、计划财务审计处、政工人事处(直属机关党委)、对外文化交流处、非物质文化遗产处。核定行政编制61人(含纪检监察派驻机构编制3人)、事业编制9人。现有在职人员64人,离退休人员44人。文化厅下设区歌舞团、区藏剧团、区话剧团、区艺术研究所、区图书馆、区群艺馆、区展览中心7个正县级文化事业单位。

2015年是西藏自治区成立50周年大庆之年,也是实施“十二五”规划决战之年。一年来,在自治区党委、政府的坚强领导和文化部有力指导下,全区各级文化部门和广大文化工作者认真学习贯彻党的十八大,十八届三中、四中、五中全会,中央第六次西藏工作座谈会精神,学习贯彻自治区党委八届七次、八次全委会和全区经济工作会议精神,紧紧围绕自治区党委、政府中心工作,按照年初确定的工作任务和要求,重点突破、整体推进,全区文化工作呈现出多点开花、全面发展的良好态势。

【公共文化服务】 完善政策,加快推进公共文化服务体系建设,全力确保公共文化服务标准化、均等化。把深入贯彻落实中办、国办《关于加快构建现代公共文化服务体系的意见》作为首要任务,健全完善公共文化政策体系,加大建设、指导和监督力度,加强示范带动,公共文化事业迈上新台阶。

政策体系得到强化。研究起草了《西藏自治区贯彻落实〈关于加快构建现代公共文化服务体系的意见〉的实施意见》和《西藏自治区基本公共文化服务实施标准(2015年至2020年)》,并由自治区党办、政办正式印发全区,为加快构建全区现代公共文化服务体系,促进基本公共文化服务标准化均等化,提供了有力政策保障。

文化设施增量提质。“十二五”文化设施建设项目圆满收官,顺利实现乡乡有综合文化站、53%的县民间艺术团有排练场的目标。完成了自治区群艺馆、图书馆改扩建和那曲地区图书馆新建,山南地区图书馆和博物馆新建,昌都市图书馆改扩建和博物馆新建项目。落实了地市级6个图书馆、群艺馆改扩建项目资金。争取国家投入近3000万元,启动山南、林芝、拉萨市边疆万里数字文化长廊建设项目。争取自治区投入2850万元,安排39个县民间艺术团排练场设备和那曲、山南、日喀则图书馆内部设备。为36个县配备了流动图书车,实现了县级流动图书车全覆盖。

示范创建成果明显。山南地区第二批国家公共文化服务体系示范区创建取得显著成果,通过自治区验收。拉萨市和那曲地区班戈县“乡音乡情·牧区流动文化服务机制”、阿里地区噶尔县“民间艺术团建设机制”获得第三批示范区和示范项目创建资格，创建工作全面启动。山南地区积极承担国家基层综合性文化服务中心试点建设任务，由地区财政投入700万元建成了集宣传文化、党员教育、科学普及、普法教育、体育健身等功能为一体的标准化、规范化的20个乡镇、20个行政村综合性文化服务中心。林芝市实施首批7个公共文化示范乡镇创建工作。

服务效能显著提升。据统计，去年全区各级公共文化设施共开展免费开放活动2.2万余场，活动数量比前年提高近1倍，公共文化设施的利用率得到显著提高。自治区群艺馆获“全国十佳群艺馆”，林芝市图书馆获“中国最美基层图书馆”称号。

文化联动日益活跃。全区各地市加大“春雨工程”实施力度，在区内外与14个省市联合开展培训、演出、展览等文化志愿服务活动27项，有力促进了与内地省市的文化交往交流交融。同时，各地市和县域间积极开展学习取经、联办活动、交流演出等文化联动活动，有效促进了优质公共文化产品和服务在全区合理流动和共建共享。

【文艺创作】 全面实施文化惠民，努力丰富群众的精神文化生活，积极推陈出新，不断繁荣艺术创作。把深入学习贯彻习近平总书记在文艺工作座谈会上的重要讲话精神和中共中央《关于繁荣发展社会主义文艺的意见》作为首要任务，进一步加强对文艺创作的引导，大力开展爱国主义、现实题材文艺创作，加强演出和交流，取得了丰硕成果。

文艺创作有力加强。全区10个专业文艺团体和74个县民间艺术团累计创作各类文艺作品1000余件。其中，50周年大庆主题晚会《中国梦·雪山欢歌》、民族舞剧《太阳的女儿》、驻村题材话剧《守望左旋柳》、爱国主义题材话剧《共同家园》、新编藏戏《朵雄的春天》等一批重点剧目顺利搬上舞台，得到广泛好评。特别是《太阳的女儿》《朵雄的春天》《共同家园》在全国4000多个优秀剧目竞争中，成功入选国家艺术基金资助项目，先后通过文化部结项验收。利用不到两年的时间，创作推出3台原创剧目并跻身全国舞台，是全区专业舞台艺术创作的新跨越。同时各地市也积极推出一批优秀剧目，如日喀则市推出的《最美庄园》、山南《雅江情》、阿里《梦回古格》等，构建了全区文艺舞台繁荣发展的新局面。

惠民演出更加活跃。在昌都市举办了“3·28”《中国梦——三江欢歌》专题文艺演出，话剧《解放，解放》赴内地13个省市巡回演出24场，在西藏大学、西藏藏医学院等举办了“高雅艺术进校园”——交响音乐会《喜马拉雅欢歌》巡演活动。全区专业文艺团体和各县民间艺术团全年下乡演出近5000场。日喀则市在地震集中安置点连续举办十余场抗震救灾慰问演出。

【文化产业发展】 努力适应新常态，积极推动西藏高原特色文化产业发展。把推动文化产业与旅游、金融等相关产业融合发展作为首要任务，加快完善文化产业发展政策体系，推动特色文化产业加快发展。

加大顶层设计。研究起草并以自治区政府名义出台了《关于大力推进文化与旅游深度融合　加快发展特色文化产业的意见》，完成《西藏自治区“十三五”时期文化产业发展规划》初稿。启动了由26个自治区职能部门组成的自治区特色文化产业发展部门联席会议制度的建立工作。《西藏唐卡分类地方标准》通过专家技术审查并上报国家标准委员会备案公布。完成《西藏传统手绘唐卡地方标准》的制定工作。

加强扶持引导。完成第三批自治区级文

化产业示范基地和第二批自治区级文化产业示范园区评选命名工作，自治区级文化产业示范基地（园区）总量突破30家，形成四级评选命名管理体系。24个项目获4300余万元的自治区文化产业发展专项资金扶持。批准成立了国内首个“藏民族音乐产业基地”，举办“2015年中国藏民族音乐产业论坛”。举办第五届西藏唐卡艺术博览会，命名“西藏唐卡艺术大师”1名、西藏等级唐卡画师33名。组织参加了第十届北京“文博会”，荣获“最佳组织奖”和“最佳展示奖”。

加大项目带动。启动了藏羌彝文化产业走廊18个重点项目建设。其中，西藏文化旅游创意园区进入实质运营阶段，并名列“2015年中国文化产业园区100强”第42位。昌都康巴文化产业园、拉萨吞米林藏艺文博园等大型文化产业园区建设进展顺利。《文成公主》《寻找香巴拉》《江孜印迹》等重点演艺项目运营状况不断优化。

【文化活动】 一年来，全区各级文化部门和广大文化工作者紧紧围绕党和政府中心工作，按照自治区党委、政府关于全力组织好自治区成立50周年大庆、第二届中国西藏国际旅游文化产业博览会（简称藏博会）、上海国际艺术节“西藏文化周”等各项重大文化活动重要部署，在“时间紧、任务重、标准高”的前提下，讲政治、顾大局、谋创新、求突破，高质量地完成了西藏自治区成立50周年大庆主题文艺晚会、彩车制作、群众游行、50周年大型成就展和第二届“藏博会”开（闭）幕式文艺演出、展览展销、非遗节目展演等各项任务。同时，组织大型民族歌舞《魅力西藏》、“西藏文物珍品展”“西藏非遗精品展”为主要内容的上海国际艺术节“西藏文化周”系列活动。举办了“翰墨颂西藏——庆祝自治区成立50周年当代书法名家作品邀请展”。三项重大文化活动，向国内外集中展示了西藏文化保护发展巨大成果，利用文化文艺形式充分展示了全区科学发展、和谐稳定、民族团结、宗教和睦、民生改善、生态良好、党建加强、边疆巩固的大好局面，充分展现了全区文化工作者的优良作风和良好精神风貌，各项活动主题鲜明、特色浓郁、组织缜密、隆重热烈，得到了中央代表团和自治区党委、政府的充分肯定。

【文化市场管理】 积极加大文化市场监管力度，努力确保国家文化安全。把强化监督管理作为首要任务，积极培育和发展文化市场体系，有效推动了文化市场健康有序发展。全面实施《互联网上网服务营业场所总量布局规划》，启动了上网服务行业转型升级工作，召开了全区转型升级经验交流会，全区60余家上网服务营业场所完成转型升级。制定实施《西藏自治区娱乐场所演出人员管理办法》，与全区771家娱乐场所、网吧签订了《政治安全责任书》，为539名社会演员办理了上岗证。基本建成了全区文化市场技术监管与服务平台，完成775家文化经营主体的录入工作，激活率达到93.72%，实现了网上审批和业务办理。完善了文化市场准入和退出机制，建立了文化厅行政职权运行权力清单，经营主体审批程序不断简化。

【文化遗产保护】 全面加强非物质文化遗产保护，努力构建民族精神家园。把深入贯彻落实《西藏自治区实施〈中华人民共和国非物质文化遗产法〉办法》作为首要任务，进一步加大非遗和古籍保护工作力度，普查、认定、保护、研究、宣传、利用等工作取得了新进展。

加强普查后续工作。开展了10名国家级代表性传承人抢救性记录，完成130余支民间藏戏队和84名格萨尔艺人的普查建档工作。日喀则市完成了10个县的普查登记工作，昌都市完成了70%的普查任务,完成自治区档案馆馆藏古籍的普查登记工作,古籍普查进度显著加快。

加大名录建设力度。实现了县县有非遗名录的目标,县级名录达到1153项。完成了第五批国家级非遗项目代表性传承人申报工作。制定出台了《西藏自治区非物质文化遗产项目代表性传承人认定与管理办法(试行)》《西藏自治区珍贵古籍申报评定暂行办法》《西藏自治区古籍重点保护单位申报评定暂行办法》。

加快保护工作步伐。评选命名西藏大学等7所院校为全区首批"非遗进校园示范基地"。加大投入力度,采取针对性的保护措施,实施了"昌都嘎玛嘎赤画派"等23个国家级非遗项目的重点保护工作,取得了良好成效。拉萨市在全区率先设立每人每年3000元的市级传承人补助资金。林芝市积极推动民族服饰、织布技艺、竹器工艺等非遗项目与市场对接,生产性保护取得显著成果。

加强保护研究宣传。完成了《藏戏基础知识读物》《藏东歌舞传承集萃》《自治区非物质文化遗产名录图典》《传统八大藏戏(剧本)》等非遗保护研究成果图书的编纂工作。"中国·拉萨·藏戏网"正式上线。那曲地区出版1套21册的《藏北文化系列丛书》。举办了第四届全区藏戏展演活动,组织各类非遗项目参加了"第五届成都国际非遗节"等展示宣传活动。西藏大学被列入中国非遗传承人群研修培训计划首批参与院校。

【对外和对港澳台文化交流】 开辟新模式,进一步深化对外文化交流。把深化对外文化交流作为推动西藏文化"走出去"的重要抓手,积极配合国家总体外交,先后派出3个团组30余人次赴法国等国家和地区开展文艺演出等文化交流活动。深化与尼泊尔的交流合作,邀请尼泊尔中国文化中心优秀学员到西藏自治区开展文化交流活动。配合接待国外团组30多个。加强"中国西藏·扎西德勒"品牌建设,积极建立对外文化交流项目库。加强涉外文化交流活动的管理,制定文化系统出国人员管理制度。

【人才队伍建设】 夯实人才基础,努力壮大文化工作队伍。把发展文化工作队伍作为重要保障,积极扩充队伍总量,提高队伍素质,文化繁荣发展的人才基础得到了有效夯实。

完善队伍建设政策。经过积极争取,自治区政府出台了《关于进一步加强专业艺术表演类人才队伍建设的意见》,解决了长期以来全区专业文艺团体人员进出渠道不畅,演员老化严重等突出问题。

队伍总量得到提高。各地市认真落实县乡文化设施专职人员配备要求,协调解决县综合文化活动中心和乡镇综合文化站人员编制,全区县综合文化活动中心共有专职人员256人(平均每县3.5人),乡镇文化站专职人员2788人(平均每乡4人)。山南地区为554个村各配备了1名享受财政补贴的文化指导员或辅导员,招募文化志愿者914人。

队伍培训全面加强。扎实开展"三区"人才支持计划文化工作者专项,落实选派和培养经费3260万元,共选派、挂职、培训文化工作者5097人次,基本完成了轮训工作,有力提高了队伍整体素质。

(西藏自治区文化厅　李维森)

陕西省

【概况】 省文化厅以"文化陕西"为统领,谋划"十三五"。重点是文化设施基础建设工程、基层公共文化服务体系建设工程、艺术创作繁荣工程、地方戏曲振兴工程、非物质文化遗产保护工程、丝绸之路文化艺术建设工程、文化产业促进工程、文化人才培养工程，积极实施“文化走出去”战略，整合陕西优质文化资源，提升陕西文化整体竞争力。

【公共文化服务】 贯彻落实国家《关于加快构建现代公共文化服务体系的意见》，牵头起草《陕西省关于加快构建现代公共文化服务体系的实施意见》（以下简称《实施意见》）。省委省政府重视实施意见起草工作，赵正永书记召集有关单位负责人多次研究讨论。经多次修改并经省全面深化体制改革领导小组审议通过，9月15日，以省委办公厅和省政府办公厅名义正式印发。按照《实施意见》精神，2020年全省将基本建成覆盖城乡、便捷高效、保基本、促公平、具有陕西特色的现代公共文化服务体系。铜川市和西安市公共图书馆总分馆信息化建设平台、榆林市榆林古城六楼民俗文化展演项目通过第三批国家公共文化服务体系示范区（项目）评审。深入推进文化志愿服务工作，分别在渭南市开展了“大地情深”国家艺术院团志愿服务走基层活动，赴新疆阿勒泰等地区实施了“春雨工程”文化志愿服务活动。提高基层文化队伍的业务能力和服务水平，制订了《2015年全省基层文化队伍示范性培训工作计划》，依托中央文化管理干部学院、全国基层文化队伍培训基地、省图书馆和省艺术馆，组织12期各类基层文化人才培训。举办专题惠民文化活动，分别举办“深入生活、扎根人民”春节文化惠民演出、陕西省庆祝建党94周年“七月的光辉”文化惠民主题音乐会、纪念中国人民抗日战争暨世界反法西斯战争胜利70周年惠民音乐会等文化惠民活动，同时启动实施了第三批政府购买公共演出服务活动。为少年儿童办好“优秀儿童剧走进山区小学”首届国际儿童戏剧周等年度10件实事。举办第三届陕西省阅读文化节，继续突出弘扬传统文化主题，邀请众多国内顶尖文化大家，以传统文化为核心举办大师传国学系列讲座、国学课堂、亲子国学知识竞赛、诵读国学经典和国学小达人竞赛活动，公布2014—2015年度老陕最爱买的十本书、最爱借阅的十本书两大榜单，并为全省28个县发放流动图书车。组织参加第十七届中国老年合唱节、第六届中国少年儿童合唱节和第十三届中国西部民歌歌会，取得优异成绩。

【文艺创作】 一是启动中国陕北民歌传承与创新工程，包括创建陕北民歌学术基地、举办演唱及创作大赛、推出系列主题音乐会等“十个一”民歌项目，对陕北民歌进行保护、规划和创新。二是举办陕西省终身成就艺术家艺术展演系列活动，目前已向全省12位老艺术家颁发荣誉证书并举办专场音乐会。三是为纪念歌剧《白毛女》首演70周年，弘扬经典文艺作品，文化部组织复排歌剧《白毛女》全国巡演首演在延安启动。四是大型情景交响音乐会《木兰诗篇》在西安上演，省委书记赵正永，省长娄勤俭，省委副书记胡和平，省委常委郭永平、魏民洲、刘小燕，副省长庄长兴，省总工会主席白阿莹等领导和各界群众一起观看演出。五是在清明公祭轩辕黄帝期间举办“华夏同根”主题音乐会，充分展现黄帝陵作为中华文明精神标识的重要价值。六是组织召开全省戏曲院团长工作座谈会，修改完善《关于陕西省振兴秦腔（小剧种）传承发展的若干政策（2015—2020年）》，推动秦腔保护传承工作取得新发展。七是加强艺术研究和人才培养，向文化部申报2015年度国家社会科学基金艺术学项目课题87项，与艺术类高等院校联合办学，选派优秀艺术人才进修深造，举办年度专题培训班等形式加大人才培养力度。八是继续抓好国家艺术基金申报工作，全年全省共30个项目入选，较2014年度大幅增加。九是为弘扬文学经典，引导创作方向，组织改编歌剧《白鹿原》和话剧《白鹿原》并成功搬上舞台，努力把两台剧目打造成攀登艺术高峰的精品力作。

【艺术发展】 发展繁荣现代文化艺术是陕西文化强省建设的重要内容。5月，在西安举办“首届陕西省现代艺术月”活动，现代戏剧展演、当代美术展和动漫游戏文化节三项活动交相辉映，集中呈现了陕西省近年来现代艺术发展成就。7月，举办了“首届中国——中东欧国家舞蹈夏令营”活动，来自斯洛文尼亚、保加利亚、波兰等国的艺术家、舞蹈教师和学生与国内舞蹈专业优秀师生齐聚一堂、参访交流、切磋舞艺，为促进多边文化合作与发展注入了新的活力。8月，举办了“丝绸之路国际现当代舞艺术周”专题活动，来自法国、以色列、斯洛伐克等国家和中国的6支优秀现代舞团带来6部优秀现当代舞剧表演，进一步推动了陕西与国际现代舞蹈艺术的交流合作。12月，联合中国艺术研究院举办了首届陕西省现代文化艺术节，内容包括现代艺术创新发展论坛、现代艺术展演、现代时尚表演艺术大赛和现代美术展览展示等多项活动。

【文化产业发展】 加强政策引导。年初开始分赴全省各市区调研文化产业发展情况，起草《陕西省文化产业发展调研报告》，启动《陕西省文化产业促进条例》立法调研工作，着手制定《陕西省关于扶持小微文化企业发展的实施意见》，同时正在修改完善《陕西省文化产业发展“十三五”规划》。

继续实施重大项目带动战略。积极与省发改委、省财政厅等部门协同做好全省30个重大文化项目的相关工作，参与组织了半数以上项目的规划评审。8月18日，全省重大文化建设项目——省图书馆新馆正式开工建设，新馆位于西安高新区软件新城内，占地85亩，建筑面积8万多平方米，重点突出图书、文献、文化艺术资源数字化生产与转化等现代图书馆服务功能，成为全省古籍文献收藏研究中心、读书学习交流中心、文化艺术培训中心、文化艺术数据中心、音乐交流中心和现代信息网络服务中心，达到国际一流图书馆水准。省群众文化艺术中心、省戏曲研究院实验剧场等省级重点文化设施建设工作有序推进。筹划建设陕西动漫创意产业基地，从2015年起每年投入2000万元，用3年时间推动设立6000万元的陕西文化产业发展基金动漫创意产业子基金。

推进对外文化贸易发展。在西安高新区综合保税区打造文化产品跨境电子交易中心，建设国家级对外文化贸易基地。

加强文化产业示范基地建设。命名了第五批陕西省文化产业示范基地(单位)。

指导延安市参加第十一届中国(深圳)国际文化产业博览交易会，参加第五届陕粤港澳经济合作周，展示推介陕西省优秀文化精品。

文化科技创新项目取得突破，“一带一路”文化共享机制和演示系统研究、全国文化信息资源共享工程文化微博平台、中国章草书数码字库创建及推广应用3个项目入选国家和文化部文化科技创新项目。

【文化活动】 筹备第十一届中华人民共和国艺术节。按照“建设一批文化设施、创作一批艺术精品、形成一批文化品牌、培养一批文艺人才、建立一套成熟机制”的总体目标，印发了《关于做好第十一届中国艺术节筹备工作的通知》和《关于分解落实十一艺节筹备工作任务的通知》等一系列文件。艺术精品创作，推出了舞剧《丝绸之路》《传丝公主》，戏曲《丝路长城》《大唐玄奘》《文成公主》，话剧《灯火阑珊》《秦岭深处》《明天》《白鹿原》（专业版、校园版），音乐《丝路欢歌》《黄河船夫曲》，舞蹈《岁月拴马桩》《汉江妹子》，戏剧《哎呀呀》《情感营销》，曲艺《沙海情话》《王大妈做鞋》等，充分发挥"群星奖"在繁荣群众文艺创作丰富基层群众文化生活方面的重要作用。加快推进场馆建设，全省新建、维修改造场馆共51个，覆盖到全省各地市。通过组织专家督查、以奖代补等方式，确保所有维修改造场馆于2016年3月前完工，努力将十一艺节场馆建成精品工程、民心工程和廉政工程。组织倒计时一周年系列文化惠民活动。2015年10月15日，在习近平总书记文艺工作座谈会讲话发表一周年之际，文化厅先后在延安举行了"艺术火种"采集仪式，在西安举行了一周年倒计时牌揭牌仪式，组织召开了纪念习近平总书记文艺座谈会讲话一周年暨十一艺节倒计时一周年座谈会，以新创秦腔历史剧《丝路长城》在西安首演为标志，组织部分优秀剧目进行了展演。百县千乡文化惠民活动也在全省拉开帷幕。2015年10月24日下午，陕西省和文化部在京召开第十一届中国艺术节第一次部省联席会议。会议肯定了陕西省的筹备工作，要求本届艺术节聚焦中国梦主题，坚持为人民办节、依靠人民办节的工作导向，打造文化精品，创新办节机制，提高组织管理水平，加强宣传引导和市场运作，让"精品、惠民、节俭、可持续"成为本届艺术节的亮点，努力办出一届永不落幕的艺术节。

举办第二届丝绸之路国际艺术节。2015年9月7—21日，第二届丝绸之路国际艺术节在西安召开。第二届丝绸之路国际艺术节参与的国家和地区达62个，有50多部舞台艺术剧目实施了100余场惠民演出、15场文化论坛、30场文化惠民讲座、5场国际性美术展览，举办了动漫创意文化周、国际儿童戏剧周、国际现当代舞艺术周、陕港音乐交流2015等专题文化活动。文化部部长雒树刚、省委书记赵正永、省长娄勤俭、突尼斯文化部部长拉提法·拉赫达和20余国驻华使节等出席了开幕式及相关活动。中外100多家媒体对艺术节进行了报道。

【文化市场管理】 简政放权，推进行政审批制度改革。制定下发《陕西省文化厅关于做好文化行政审批制度改革工作的通知》，完成文化部行政审批事项下放的承接工作，公开文化市场行政权力清单和责任清单，推广文化市场"双随机"检查制度，完善文化市场行政审批规范，提高依法行政效能。

加强省文化市场管理工作领导小组工作。召开全省文化市场管理工作会议，调整充实机构成员，积极开展调查研究，制定下发有关文件，明确部门职责和工作规则。

强化对基层执法工作的监督指导。制定印发了《陕西省文化市场综合执法考评细则》，组织开展专项检查、暗访抽查、案件督查、案卷评查对各市工作进行了综合考评。按季度下发《文化市场执法工作要点》。全省文化执法信息报送数量连续三个季度位居全国第一，信息采用量居全国各省前列。

调整管理政策，积极引导行业转型升级。制定印发《陕西省推动行业转型升级促进互联网上网服务行业健康有序发展的实施意见》，开展"百家网吧"转型升级试点工作。召开全省互联网上网服务行业转行升级推进工作会。

深入开展文化市场专项整治，净化社会文化环境。组织开展全省演出市场集中专项整治和检查验收工作、暑期文化市场专项整治、互联网上网服务营业场所专项整治等行动。在全省推行《互联网上网服务营业场所责任书》制度。组建陕西省网络文化市场执法协作小组,成功查办文化部第九批、第十批网络文化重点案件。对“青曲社”违规演出进行行政约谈。加大重点案件查处力度,西安承轩网络公司违法从事虚拟货币案等 4 起案件,荣获 2015 年全国文化市场重点案件。

紧抓文化市场安全防范工作。组织召开全省文化行业安全生产工作会议。落实文化市场安全管理责任制。组织开展全省文化市场安全隐患大排查、安全生产大检查、今冬明春安全隐患集中排查等行动。

信息化建设取得阶段性成果。全面完成 2015 年全国文化市场技术监管与服务平台的建设和应用工作任务,平台上线率和经营主体激活率均达到 95% 以上。建成陕西省文化市场网和陕西省文化市场远程教育培训系统。

加大培训力度提高执法水平。深化陕浙对口交流机制,建立两省“市对市”交流模式,2015 年实施省级对口交流活动 4 项、地市级 34 项、县区级 24 项。举办全省执法业务骨干培训、行政处罚案卷评查培训、网络案件“以案施训”“三区”文化执法业务培训、综合执法师资培训等 7 期培训,培训人数达到 600 人次。

【非物质文化遗产保护】 全面做好非遗保护工作。通过开展《中华人民共和国非物质文化遗产法》和《陕西省非物质文化遗产条例》执法检查,督促各地不断加大非遗保护经费投入。组织做好全省第五批省级非遗项目评审工作,79 个入选项目被列入名录。根据文化部工作安排,经推荐评审,确定 29 名省级代表性传承人申报第五批国家级非遗项目代表性传承人。启动拍摄 100 集大型 3D 系列电视专题片《非遗之光》。

举办庆祝第十个国家文化遗产日系列活动。先后组织开展陕西省联合国教科文组织人类非物质文化遗产代表作名录项目——西安鼓乐赴福建省与福建南音共同举办“穿越千年的丝路交响——西安鼓乐与福建南音的对话”、国家非遗项目秦腔代表性传承人“薪火相传——非遗项目秦腔代表性传承人惠民演出”、陕西省传统戏曲优秀剧目展演周等活动。

举办中俄人文合作委员会第十六次会议陕西非遗展。10 月 9 日,中俄人文合作委员会第十六次会议在西安召开,为展示中俄双方近年来在文化和教育方面的合作成果,陕西省文化厅承办了由文化部主办的非物质文化遗产展览,展览遴选了联合国教科文组织人类非物质文化遗产代表作名录和国家以及省级非物质文化遗产代表性项目名录的非遗项目,受到国务院副总理刘延东、俄罗斯副总理戈洛杰茨、省委书记赵正永及 200 余名与会代表的高度赞誉。

组织非遗品牌项目参加联合国教科文组织、文化部主办的第五届中国成都国际非遗节,陕西省两个项目获展览活动“太阳神鸟”金奖,省文化厅获组织工作“太阳神鸟”金奖。

公布了第一批陕西省重点古籍保护单位和第二批陕西省珍贵古籍名录。

【对外和对港澳台文化交流】 按照中央和全省加强对外文化工作的指示精神,推动陕西优秀文化“走出去”,积极宣传陕西文化,扩大文化陕西影响力。

积极参与文化部“欢乐春节”品牌活动,组织多个以陕西传统文化为载体的演出展览艺术团分赴美国、瑞士、意大利、新西兰和澳大利亚等国演出,为宣传陕西优秀文化,促进陕西与境外文化交流的深入发展起到积极的推动作用。

应日本京都书画院的邀请,陕西书画代

表团赴日本参加“第32届中国陕西·日本京都书画联展”和“第一届中国陕西·日本学生书画联展”活动。自1983年陕西与日本京都府缔结友好省府关系32年来，两地画院举办了30余次各种类型的书画艺术交流活动，累计作品达5000余幅，随展览两国互派书画家开展交流活动已有2000多人次，在两地文化界引起极大反响，为中日文化交流做出了积极贡献。

举办“艺海流金——丝路寻根之旅”内地与港澳文化交流活动。港澳特区政府文化官员、文化艺术机构负责人、文化艺术界知名人士以及内地相关单位领导和专家等100余位嘉宾于7月27日至8月2日赴西安、宝鸡、黄陵、韩城参加活动。活动以“感知国风秦韵，体验丝路文化，扩大交流合作，增进彼此友谊”为宗旨，以弘扬陕西优秀传统文化为主线，全面展示陕西省深厚的历史文化和人文资源，为推动陕西与港澳文化交流与合作起到了积极作用。

省文化厅精心策划创办了传统文化品牌项目“国风·秦韵”。继去年赴奥地利、斯洛伐克、美国、澳大利亚等国家和地区成功巡演后，今年又组织具有浓郁陕西特色的民俗文化优秀剧（节）目赴德国、意大利、以色列、土耳其、韩国等十多个国家和地区演出交流，观众达20多万人次，为推动陕西文化“走出去”，建设文化强省和“三个陕西”再谱新篇。与陕西卫视联合开办《国风·秦韵》栏目，集中展示近年来陕西在开展抢救、保护、传承优秀传统文化方面的成果，策划节目112期，向世界68个国家和地区推送陕西文化精品，传递陕西文化声音，彰显文化陕西风采。

（陕西省文化厅　吴建华）

甘肃省

【概况】 2015年，在甘肃省委、省政府的正确领导和文化部的精心指导下，全省各级文化部门全面贯彻落实党的十八大和十八届三中、四中、五中全会精神，以及甘肃省十二次党代会精神，深入学习贯彻习近平总书记系列重要讲话精神，紧紧围绕“四个全面”战略布局，坚持社会主义先进文化前进方向，坚持以人民为中心的工作导向，围绕中心、服务大局，团结一心、奋力拼搏，改革创新、攻坚克难，公共文化服务体系建设不断完善，艺术创作生产成果显著，文化产业发展势头良好，文化遗产保护水平明显提升，对外文化交流持续加强，文化改革发展不断深化，文化精准扶贫扎实推进，为甘肃“十三五”文化改革发展奠定了坚实基础，为甘肃全面建成小康社会提供了文化保障。

【公共文化服务】 “乡村舞台”建设硕果累累。全省各地因地制宜、突出特点，整合资源、发挥优势，强力推进“乡村舞台”建设和文化精准扶贫工作。一年来，召开4次全省精准扶贫精准脱贫文化场所建设暨“乡村舞台”建设推进会。全年投入资金9.51亿元，完成了2884个贫困村文化场所建设任务，占年度任务的144.2%；完成了268个乡镇综合文化站达标建设任务，占年度任务的134%。落实“乡村舞台”建设省级专项经费5161.5万元，累计建成“乡村舞台”11559个，占全省行政村的72%。“乡村舞台”建设受到中宣部、文化部及甘肃省委、省政府领导的充分肯定。文化部在甘肃省康县召开了“乡村舞台”建设现场会，向中西部11个省市区介绍了“乡村舞台”建设经验做法。开展国家公共文化服务体系建设示范区（项目）创建活动，白银市、平凉市泾川县“文化社团”和陇南市康县“乡村舞台”获批成为第三批国家公共文化服务体系示范区（项目）。

基层公共文化服务设施网络初步建立。甘肃省委办公厅、省政府办公厅印发了《关于加快构建现代公共文化服务体系的实施意见》和《甘肃省基本公共文化服务实施标准》，甘肃公共文化服务标准化、均等化建设推动实施，这项工作走在了全国前列。实施市州两馆新建及改扩建、县级“两馆”修缮改造、乡镇综合文化站建设与内部设备配套、社区文化中心服务条件改善等重点项目建设。改善公共文化服务条件，提升公共文化服务水平，丰富公共文化服务内容。全年为29个贫困县配送了流动图书车，实现了58个贫困县流动图书车配送全覆盖。为20个边疆乡镇基层服务点、80个边疆数字文化服务点和518个乡镇综合文化站公共电子阅览室配备设施设备，实现全省乡镇综合文化站公共电子阅览室全覆盖。

公共文化产品与服务不断创新。全省各级公共文化单位紧密结合各自职责，不断深化免费开放工作，面向城乡群众开展文化服务。全省各级文化馆（站）举办展览2800展次，组织文艺活动7500场次，举办各类群众文艺培训班3800场次，组织各类理论研讨和讲座300场次，指导基层群众性文艺团体、文化中心户1.5万多个。各级图书馆利用馆内设施，充分发挥传播知识的作用，开展图书借阅业务，举办讲座、展览、培训班等。各级博物馆改进陈展手段，提升服务效能。甘肃省博物馆组织展览赴内蒙古、四川、山东等十余个省市区进行了交流展出。省文化信息资源共享工程中心向基层传输资源量达到70TB，各县区支中心和服务站点下载使用资源量为20TB，实现文化建设成果共建共享。开展了第四次全国文化馆评估定级工作，向文化部推荐上报75个文化馆为等级文化馆。

【文艺创作】 多项举措扶持艺术创作生产。贯彻实施《甘肃省2014—2018年戏剧大省建设规划》，加强对文艺精品创作生产的理论研究和引导，加大对文艺名角和文艺领军人才的宣传推介，采取有效举措扶持艺术创作生产。启动实施甘肃省地方戏曲剧种普查工作，实施戏曲剧本孵化计划，建立选题指导制度，扶持戏曲剧本和“名家传戏”。实施“甘肃戏剧剧本工程”，面向全国征集舞台剧本，建立了舞台剧本库；面向全省征集艺术创作选题，建立了创作选题目录。重视陇剧、花儿等甘肃特有剧种的保护和创作，加强对艺术创作的指导，组织专家指导修排秦腔《大河儿女》、舞剧《丝路彩虹》，论证话剧剧本《秦时明月》、秦腔剧本《柴生芳》《陇上铁汉》、陇剧剧本《山花》等优秀剧本。

艺术创作生产成果显著。2015年，甘肃新创《王维舟在庆阳》《大秦文公》等剧目27个；打磨提升话剧《天下第一桥》、歌剧《貂蝉》、秦剧《大河情》、陇剧《庆阳八年王维舟》等多部剧目。继续打造敦煌画派、“西风烈·绚丽甘肃”原创歌曲创作工程。省歌剧院歌剧《貂蝉》剧组荣获“第25届上海白玉兰戏剧表演艺术奖集体奖”。省话剧院有限责任公司朱衡、省陇剧院窦凤霞荣获第27届中国戏剧梅花奖。

文艺展演活动备受欢迎。以文艺节庆展演带动创作演出，遴选22部近五年来全省戏剧艺术创作精品剧目，举办“推进戏剧大省建设剧目展演”。突出文化惠民，举办“纪念中国人民抗日战争暨世界反法西斯战争胜利70周年”演出季、“2015舞台精品惠百姓”、全省百姓文化广场惠民演出等活动。完成了2015

伏羲公祭大典祭祀乐舞、党政军春节团拜会等演出活动。举办甘肃省原生态民歌歌手大赛、“古塞奇珍——甘肃古代简牍及汉简书法展”系列巡展、中国岩画展甘肃巡展等活动。一年来,全省各级国有文艺院团深入基层演出1.5万余场,观众人数1600万人次,极大地丰富了基层群众的文化生活。

【文化产业发展】 文化与相关产业融合发展成效明显。2015年,全省文化系统文化产业在经济下行压力较大的情况下,与去年同期相比增长24.45%。定西市实施重大项目带动战略,培育壮大市场主体,推动文化与旅游等深度融合发展,增速达到了38%。嘉峪关积极推进文化与旅游深入融合,总投资22亿元的嘉峪关方特欢乐世界顺利建成开园,仅十一小长假期间,累计接待游客36万人次,全年旅游收入2.4亿元,实现了文化旅游双赢。全省11个重点项目进入国家扶持文化产业发展重点项目库,其中1个项目获得中央财政文化产业专项资金支持,总计金额4410万元。

文化产业园区和基地建设步伐不断加快。实施创新驱动发展战略,引导文化企业向园区集中,推动园区向集约化、规模化、专业化、品牌化发展,兰州创意文化产业园、敦煌文化产业园、甘肃万博金城珠宝古玩城、庆阳香包集群、张掖祁连玉文化产业园等园区和基地,进入全省文化产业前30强。全力配合大景区建设、敦煌国际文化旅游名城建设等工作,打造长城丝路文化旅游圈、河西五市精品丝路旅游建设。全省各地举办文化旅游节等文化节会活动,促进了文化旅游名城名镇名村建设,形成了华池“红色南梁”、两当“播撒火种”、腊子口“攻龙天险”、会宁“胜利会师”等红色文化旅游品牌。

小微文化企业不断发展壮大。认真贯彻落实文化部、工业和信息化部、财政部出台的《关于大力支持小微文化企业发展的实施意见》,提出了甘肃省关于进一步支持小微文化企业发展的办法和措施,积极营造小微文化企业发展的良好环境,提升小微文化企业创新能力,扩大发展规模。实施创新驱动发展战略,甘肃省文化厅班子成员分别联系帮扶非公文化企业,推动甘肃非公文化企业不断发展壮大。

【文化市场管理】 强化依法行政,确保文化市场健康有序。年初及时向14个市州传达文化部会议精神,转发全年执法工作要点。每季度及时制定下发《文化市场综合执法要点》,明确执法重点和任务,确保文化市场执法规范有力。以“扫黄打非”工作“清源”“秋风”“净网”“固边”四大专项行动为依托,依法查处网吧接纳未成年人等违规经营行为,重点对校园及周边的网吧、娱乐场所等进行检查,严厉打击和取缔各种反动、淫秽、色情、暴力、封建迷信的文化经营活动。全年共出动执法人员175141人次,检查经营单位85303家次,责令整改2395家,警告827家次,责令停业整顿140家,吊销许可证1家;受理各类举报309件,立案调查253件,办结案件207件,移交案件50件,有力保障了文化市场的规范安全运行。

降低准入门槛,激发文化市场活力。深入推进全省文化市场综合执法改革,研究提出了省级文化执法机构改革的意见。对网吧行业准入标准进行调整,取消了网吧总量和布局规划限制,全面开放单体网吧审批。同时,根据中央和省委、省政府简政放权的要求,省文化厅从2015年起不再制订《全省游艺娱乐场所的总量布局规划》,改为由各地文化行政部门按照放宽市场准入的精神,结合各地实际情况,制定实施办法,开放游艺娱乐场所的审批,积极为大众创业营造公平竞争、优胜劣汰的市场环境。积极推进互联网上网服务转型升级,在全省组织开展了互联网上网服务行业转型升级工作。全省 14 个市州有选择性地确定了转型升级试点企业 249 家,占全省互联网上网服务行业企业总数的 14%。引入"互联网 +"思维和经营模式,主动与休闲、娱乐、电商、社区服务、远程教育等融合发展,出现了"网咖"等互联网上网服务的新型业态,从根本上改变了"网吧"的经营状况和执法环境,完成转型升级的上网服务场所达到 120 多家。

建强执法队伍,执法水平不断提高。全省 14 个市州与山东省 13 个市和省文化市场稽查队结对协作,实现文化市场综合执法对口协作交流全覆盖。举办两省文化市场综合执法案卷评查交流活动,通过组织开展执法案卷评查、交互式检查、以案施训、法律普及等活动,全省各级文化市场行政综合执法人员素质明显提高,办案质量显著提升,连续五年无行政复议案件。在两年一度的重大执法案件评选活动中,白银市报送的执法案卷被文化部评为"十佳案件",并排列首位。积极开展文化市场平安创建活动,按照"管行业必须管安全"的要求,把文化市场领域内的安全生产摆在突出位置。全省各地积极行动,认真开展安全隐患排查工作,共计查出文化市场经营场所安全隐患 560 多处,下达整改通知 410 多份,有效杜绝了文化市场经营场所的安全隐患。

【文化遗产保护】 文物保护与开发利用协同推进。启动实施"历史再现"工程,大力发展形式多样的"乡村记忆"博物馆。2015 年,全省博物馆新增 165 个,总数已达 385 个。一批重要文化遗产展示工程和博物馆建设项目深入实施,大量行业和民间收藏的社会文物纳入规范化管理,进一步拓展了全省博物馆体系空间和数量类型。"乡村记忆"博物馆建设经验得到中宣部肯定;"历史再现"工程被甘肃省委宣传部评为 2015 年度全省宣传思想文化工作创新奖。

文化遗产保护与文物维修工程持续推进。嘉峪关文化遗产保护工程接近尾声,关城本体保护维修项目全部竣工,全省 7 处世界遗产地监测预警体系建设基本完成,并向国家文物局上报了年度监测报告和丝绸之路甘肃段保护状况报告。实施了拉卜楞寺文物保护和维修工程项目、青城古民居保护修缮、南石窟寺 1 号窟抢险加固、武威海藏寺保护维修等 21 项全国重点文物保护单位保护工程。实施兰州白塔山白塔加固纠偏、岷县前川寺保护修缮等 5 项省级文物保护单位保护工程。水帘洞石窟群壁画、彩塑及浮雕保护修复工程入选年度全国十佳文物保护工程。扎实推进大地湾国家考古遗址公园 F901 遗址保护大厅新建工程建设。56 件甘肃大堡子山遗址被盗掘流失珍贵文物及流失美国的 22 件文物回归。完成可移动文物普查工作,组织专家组对全省文物系统 2002 年以来新增的 29344 件(套)文物藏品进行了鉴定定级,甘肃省新增珍贵文物 5978 件(套)、重点保护古生物化石 1023 件,进一步巩固了文物资源大省的地位。

非物质文化遗产保护传承工作成效喜人。协调文化部对甘肃部分国家级非遗代表性项目保护单位进行了变更;对全省第四批国家级非遗代表性项目的保护单位进行核定、调整。向中央财政申请国家级非遗保护专项资金 2196 万元;争取到 2015 年省级非遗保护专项资金 1200 万元。参与国家级代表性传承人抢救性记录工程,为全省年满 70 岁以上的 10 名国家级传承人争取工作经费 400 万元,组织 5 名工作人员和专家参加了文化部举办的业务培训班。实施了第四批省级非遗代表性传承人推荐评审工作,公布 167 名传承人为甘肃省第四批省级非物质文化遗产代表性传承人。组织裕固族服饰、裕固族民歌、河西宝卷等国家级非遗保护项目，赴香港举办了“根与魂——甘肃省非物质文化遗产展演”。组织甘肃非物质文化遗产展演参加了“第五届成都国际非遗节”等5次展示展览活动。与中国文化传媒集团、“我的手艺网”协同举办2015“我的手艺”第二届全国青年设计大赛活动。

【对外和对港澳台文化交流】 丝绸之路（敦煌）国际文化博览会筹备工作顺利启动。深入挖掘甘肃丰富的文化资源禀赋，充分发挥“敦煌”这一知名文化品牌的国际影响力和甘肃作为丝绸之路黄金段的独特区位优势，成功申请获批举办丝绸之路（敦煌）国际文化博览会。在文化部的大力支持下，甘肃省委、省政府按照博览会“2＋X”的架构，制订了章程、总体方案和高峰论坛、文化年展分方案，成功召开了博览会准备工作大会、工作协调会议和组委会第一次会议，完成了顶层设计，动员大会、筹备工作领导小组第一次会议，首届丝绸之路（敦煌）国际文化博览会筹备工作顺利启动。

文化交流活动不断扩大。全年对外和对港澳台文化交流项目82起，678人次。积极开展与丝绸之路沿线国家人文交流与合作，组织甘肃艺术团赴尼泊尔、孟加拉、斯里兰卡三国执行文化部最大的海外品牌“欢乐春节”演出任务；组织舞剧《丝路花雨》赴韩国首尔参加了“2015中国旅游年”开幕式演出；赴蒙古参加乌兰巴托中国文化中心庆国庆活动；组派甘肃杂技团赴新加坡参加第22届“春城洋溢华夏情”“欢乐春节”和“妆艺大游行”演出活动；在希腊举办了“影像丝绸之路——甘肃风情图片展”；组织甘肃省艺术团赴印度孟买和新德里进行演出，同时推进甘肃与印度在壁画、石窟数字化研究等方面的合作。

【文化法制建设】 制定出台一系列文化政策法规。配合甘肃省人大开展了《甘肃省非物质文化遗产条例》立法调研、论证等各项立法筹备工作，该条例已于2015年6月1日起正式印发施行。根据文化部办公厅印发的《支持甘肃华夏文明传承创新区建设重点任务分工方案》，起草了具体制定的《关于推进华夏文明传承创新区建设的实施意见》和27个分方案。出台实施了《关于加快构建现代公共文化服务体系的实施意见》《关于做好政府向社会力量购买公共文化服务工作的实施意见》《甘肃省党政机关境内展会活动管理实施细则》《关于进一步加强对外和对港澳台文化工作的实施意见》《关于推进基层综合性文化服务中心建设的实施意见》等一批文化政策法规。组织起草了《关于支持戏曲传承发展加快戏剧大省建设的实施意见》，待甘肃省政府审定后印发实施。一大批文化政策法规的出台，推动了甘肃文化事业和文化产业较快发展。

大力推进简政放权和转变职能工作。开展了“三张清单一张网”清理梳理工作，共梳理出甘肃省文化厅权力和责任清单69项（其中行政许可12项、行政处罚39项、行政确认1项、行政奖励2项、其他行政权力15项），梳理便民服务事项25项，完成了行政执法权流程图编制工作，并在甘肃政务服务网予以公布。制订印发《甘肃省文化厅推进简政放权放管结合转变职能工作方案》，下放行政处罚权38项。在全面承接文化部下放审批项目的基础上，甘肃省文化厅减少审批环节，优化审批流程，审批时限由法定的20个工作日，压缩至目前的7个工作日，全年共受理行政审批75件。按照“一个窗口受理、一站式审批、一条龙服务”的管理要求，将甘肃省文化厅的行政审批事项全部入驻甘肃省政府政务大厅进行受理，明确了窗口首席代表、分管领导、联系处室，健全了窗口轮换制度，杜绝了不经窗口受理直接由各相关业务处室进行受理的现象。同时，将行政许可权力运行图与政务服务中心行政许可事项进行衔接核对，进一步完善政务服务中心行政审批流程。

政务公开力度进一步加大。制定了《甘肃省文化厅政务信息公开规定》和《甘肃省文化厅网站管理暂行办法》等制度，明确了甘肃省文化厅需要向社会、系统内部和机关内部三个层次公开的29项信息内容。不断完善甘肃省文化厅门户网站建设，按照《中华人民共和国政府信息公开条例》的要求，主动公开文化方面的政策法规、文化信息等，对厅长办公会议、重大人事任免、月度重要工作等内容，在不涉及党和国家机密的前提下不定期进行公告。全年通过门户网站公开信息115条，通过政务微博公开信息25条；编发《甘肃文化》杂志6期、《甘肃省文化厅工作简报》30期，组织召开新闻发布会两次，《甘肃日报》刊发专刊3版。

【"联村联户为民富民"行动】 全省文化系统紧紧围绕精准扶贫、精准脱贫，认真组织开展"联村联户为民富民"行动，着眼"重在联、贵在为、深在制"的新要求，积极宣传党的富民政策，细化工作措施，推动工作落实。筹集资金完善双联村文化、体育、照明灯设施，完成联系村自来水入户、危房改造、便民桥修建、路面硬化、垃圾池及农田灌溉渠等建设项目，双联村基础设施条件不断改善。筹集资金帮助双联村实施桃林、蔬菜大棚、樱桃、冬枣、藏柴胡、苹果等特色种植，发展鸡、牛、羊等养殖业，不断拓宽群众增收致富渠道。组织文艺院团深入基层和双联村开展"文化帮扶、惠民演出"、专题和综艺晚会演出，开展送书、送春联活动，丰富双联村群众文化生活。积极引进外力，帮助改善双联村办学条件，资助困难学生上学，双联工作取得显著成效。

（甘肃省文化厅　雒遵璞）

青海省

【概况】 2015年，青海省文化和新闻出版厅以党的十八大和十八届历次全会和省委十二届历次全会精神为指导，深入学习习近平总书记系列重要讲话精神，主动适应经济发展新常态，按照"四个全面"的总要求和省委省政府治青理政战略部署，紧紧围绕"三区"建设，服务经济社会发展大局，着力构建现代公共文化服务体系、现代文化市场体系和优秀文化传承体系，进一步深化文化体制改革，积极推进文化法治建设，各项工作取得新成效，为建设文化名省，推进"三区"建设奠定了坚实的文化基础。

【发展规划】 全力推进"十二五"文化建设"八大工程"。文化建设"八大工程"累计完成投资83亿元（文化事业41亿元，文化产业42亿元），超规划目标19亿元。全省、市州、县、乡、村五级公共文化服务网络覆盖率达到95%；精品力作不断涌现，各族群众精神文化生活日益丰富多彩；文化遗产保护力度不断加大，优秀传统文化得到有力传承和保护；特色文化产业不断发展壮大，年销售收入千万元以上的文化企业达到25个，文化产业增加值达46.7亿元，占全省GDP的2.03%，文化产业成为全省国民经济新的增长点，基本完成了"十二五"规划确定的各项目标任务。

深入调研，编制好"十三五"文化改革发展规划。召开务虚工作会议，以"找问题"为导向，进一步厘清思路，凝聚共识，统一思想。厅班子成员带队分赴全省各地，开展“十三五”规划编制的前期调研，累计在基层调研时间近500天，基本摸清了全省文化新闻出版工作情况。在“十三五”规划编制过程中，党组按照省委“四个搞清楚”的要求，多次研讨、修改、完善。力求把“十三五”规划编制作为理思路、抓问题、促发展的过程，作为深入基层、摸清文化省情的过程，作为转作风、抓落实、推工作的过程。开展文化理论研究，为文化新闻出版工作提供强大理论支撑。深入挖掘青海多元民族文化资源，梳理出民族文化、民族团结进步、打造精神高地、公共文化服务、特色文化产业发展、文化遗产保护等多方面的近40项理论研究课题，召开省文化新闻出版厅重点研究课题征询会，与省社科联、高校等沟通对接，广泛听取专家意见建议。

【文化投入】 全年共争取各类专项资金8.4亿元，其中中央资金6亿元，省级配套资金2.4亿元。主要项目有文化事业资金3.4亿元（中央1.8亿元、省级1.6亿元）；文化产业资金1.14亿元（中央0.63亿元、省级0.51亿元）；文化遗产保护资金3.69亿元（中央3.4亿元、省级0.29亿元）。

【文化体制改革】 推进行政审批事项和简政放权，6次认真清理、核对和确认青海省文化和新闻出版厅行政审批事项，确认保留文化新闻出版（文物）行政审批事项由原来的40项减少到21项。编制完成行政权力清单和责任清单。对接省委改革台账，全面完成公共文化服务体系建设协调机制、服务标准制定和事业单位法人治理结构3项改革年度销号任务。按照资源整合、归口划转的原则，完成了省外文书店划转归并工作中清产核资、人员安置等工作。

【公共文化服务】 以民族团结进步先进区创建为引领，努力构建现代公共文化服务体系。省委省政府出台《关于加快构建现代公共文化服务体系的实施意见》和《青海省基本公共文化服务实施标准（2015—2020年）》，对全省现代公共文化服务体系建设进行了全面制度设计，有力促进了全省公共文化事业的全面发展。实施了一系列填平补齐的文化基础设施建设项目和文化惠民工程，夯实了固定和流动相补充的群众精神文化阵地。以建设循环经济区为引领，抢抓大众创业、万众创新机遇，扎实推进现代文化市场体系建设。制订了《进一步加快培育和发展文化市场主体工作方案》，培育和发展文化市场主体。以创建全国生态文明先行区为引领，全面推进优秀文化传承体系建设，大力弘扬生态文化，保护、传承、发扬青海以昆仑文化为主体的多元民族文化。

文化基础设施进一步夯实。完成投资1.7亿元，省图书馆（二期）、文化馆、美术馆建设项目已封顶；投资2.34亿元，实施藏区28个县级文化馆、图书馆建设项目，19个县已完工；投资1.74亿元，实施藏区530个村级文化活动室建设项目，412个村已完工；“文化进村入户”工程完成400个村的建设任务；为23个连片贫困地区州、县级公共图书馆配发了流动图书车。

文化惠民水平进一步提高。建立公共文化服务体系建设协调机制，出台《关于加快构建现代公共文化服务体系的实施意见》和《青海省基本公共文化服务实施标准（2015—2020年）》。全年落实免费开放资金7325万元，全省各级公共图书馆、文化馆（站）、博物馆免费开放工作进一步深化，开展免费开放工作绩效考评，全省14个文化馆、11个图书馆、12个博物馆考评为优秀。山东、湖南和中国煤矿文工团在青开展“春雨工程”——全国文化志愿者边疆行活动;青海省第五届"欢乐乡村"巡回演出活动演出 25 场。开展慰问农民工文艺演出、全国助残日文艺演出等活动,保障了特殊群体的基本文化权益。

【文艺创作】 多次召开文艺工作座谈会,深入学习习近平总书记在文艺工作座谈会上的重要讲话精神,贯彻落实《中共中央关于繁荣社会主义文艺的意见》和全国戏曲工作座谈会精神,出台《青海省关于支持戏曲传承发展若干政策的实施意见》,组织修改京剧《七个月零四天》、歌舞话剧《草原之子》等 4 部剧目,创作《大美青海 · 丝路之光》《千里和缘》《音画玉树》等剧目和动漫作品《格萨尔王》等。积极开展送戏下乡活动,全省各专业艺术表演团体共演出 1097 场,其中送戏下乡、下基层 742 场,观众人数达 115 万人次。指导省内相关艺术团体和个人成功申报国家艺术基金项目 85 项,共获资助金近 700 万元。

【文化产业发展】 下达省级文化产业发展专项引导资金 5000 万元,95 个项目获得支持。全省 19 个项目入选国家藏羌彝文化产业走廊、丝绸之路文化产业带重点项目,18 个文化产业项目获中央文化产业发展专项资金 7390 万元。中国首个藏文图书批销中心暨省新华发行集团仓储配送中心开工建设。落实《青海省关于推动传统出版单位和新兴出版融合发展的实施意见》,传统出版业数字化转型取得重大进展。先后组织 120 余家文化企业参加义乌、深圳、北京、厦门文博会及刊博会、书博会,完成文化产业招商引资任务 9 个,资金达 4.11 亿元。文化产业增加值达到 46.7 亿元,占全省国民生产总值的 2.03%。2011—2014 年文化产业增加值年均增长 21.09%。

【文化活动】 青海文化旅游节、青海湖国际诗歌节、水与生命音乐会、西北五省"花儿"演唱会等特色文化品牌影响力不断提升。特别是 2015 青海文化旅游节以"绿色、创新、融合、发展"为主题,以转变经济发展方式、扩大交流合作、促进产业融合发展为主线,突出"一带一路"特色,彰显"我爱青海""老百姓自己的节日"的节庆理念,充分体现"文化 + "活力与魅力,共推出展览、演出、论坛、推介等近 50 项活动,得到郝鹏省长的充分肯定:"2015 文化旅游节有创新、有特色、有亮点,总体效果很好,值得肯定。望总结经验,鼓励先进,为把明年的文化旅游节办得更好奠定基础。"

【文化市场管理】 开展网络监管服务体系建设,推进上网服务场所转型升级工作。开展"固边""清源""净网""秋风""护苗"等"扫黄打非"专项行动,加大对涉藏、涉疆政治性非法出版物的打击力度,保持全省文化市场健康有序发展。全省共出动文化市场综合执法人员 47507 人(次),检查文化经营单位 36753 家(次),查处违规经营单位 409 家(次),查缴涉藏、涉疆等各类非法出版物及宣传品 4.3 万件,删除网络有害信息 2.6 万条,取缔游商摊点 320 个,查办"扫黄打非"案件 14 起,处理违法犯罪人员 30 名。

【文化遗产保护】 落实文物保护专项资金 2.87 亿元,比 2014 年增加 1.27 亿元;落实前期经费 850 万元,喇家国家考古遗址公园建设顺利推进;第一次可移动文物普查全省 101 家收藏单位,筛选藏品近 5 万件(套);瞿昙寺、拉加寺、保安古屯田寨堡古建筑群等一批全国重点文物保护单位保护修缮工程顺利推进,同仁县郭麻日传统村落保护工程开工建设;国家长城项目办对全省 10 年来长城保护工作进行检查评估,认为青海长城特色鲜明,保护成果显著。落实国家非遗保护资金 1870

万元,省级非遗保护资金400万元;热贡文化生态保护实验区、格萨尔文化(果洛)生态保护实验区建设顺利推进,积极开展互助土族、循化撒拉族、海西德都蒙古族三个省级文化生态保护区建设。部署开展第三批“寻根行动——全省非物质文化遗产资源再调查”工作。

【对外和对港澳台文化交流】 与尼日利亚、韩国中国文化中心的部省合作项目顺利开展。组派5批60人(次)的各类艺术团体赴尼日利亚、韩国中国文化中心开展活动。在尼日利亚举办的剪纸、掐丝唐卡和武术培训深受尼方学员欢迎。在韩国首尔举办了2015“欢乐春节——青海民族民间文化艺术品展”“青海文化周”及“青海民族传统手工技艺”等活动。香港青少年藏族文化艺术考察活动在青举办,来自香港的20余名青少年欣赏和体验了青海丰富的藏族文化艺术表现形式和多元的文化生活。第五届青海湖国际诗歌节成功举办,共有50个国家、地区和国内的150余位知名诗人来青参加。“2015走进大美青海——中韩缘文化节”作为“2015青海文化旅游节”活动的重要组成部分,成功举办了韩国文化展览、韩中联合演出、韩国文化体验等多项活动。

【文化法治建设】 《青海省出版物市场管理条例》经省人大常委会审议通过,于2016年2月1日正式实施。《青海省非物质文化遗产保护条例》《青海省传统工艺美术保护办法》的立法调研扎实推进。建立文化新闻出版法律顾问制度,健全了法律顾问参与重大决策合法性审查机制。落实行政决策听证制度,全面落实重大行政决策法定程序,健全完善了公众参与、专家论证和政府决定相结合的行政决策机制,充分发挥艺术、群文、文博、非遗、工艺美术、出版等专家组和法律专家、学者的作用,对重大文化项目等进行专家论证和咨询,提高了依法决策的科学性。深化政务公开,进一步办好青海民族文化网站、《青海文化》刊物,为群众了解文化最新动态、提出建议及业务咨询等提供方便。加强法治宣传教育活动,青海省文化和新闻出版厅被授予全省“六五”法治文化建设工作先进单位和“法律进机关”省级示范点荣誉称号。

【人才队伍建设】 完成文化部“三区”人才支持计划阶段性工作任务,拨付“三区”人才项目支持经费2309万元,选派志愿者、文化工作者1000名,召开全省“三区”人才支持计划文化工作者专项工作现场观摩会。举办各类培训班79期,培训5102人次,超额完成人才培训年度目标任务,完成目标任务的510%。其中利用“三区”人才支持计划,举办培训班25期,培训1848人次,此项工作得到文化部人事司的充分肯定。厅系统共有22人被推荐为全国“四个一批”人才、全省“四个一批”人才、全省优秀专业技术人才、百千万人才等荣誉称号。

(青海省文化和新闻出版厅 祁 鑫 岳霄雁)

宁夏回族自治区

【概况】 2015年,宁夏文化系统深入贯彻党的十八大和十八届三中、四中、五中全会精神,深入贯彻习近平总书记系列重要讲话精神,认真落实自治区党委、政府决策部署,砥砺奋进,改革创新,全区艺术创作生产精彩纷呈,公共文化服务水平持续提升,文化产业不断发展壮大,对外文化交流日趋活跃,文化遗产保护卓有成效,文化市场管理依法规范,文化体制改革有序推进，实现了“十二五”文化建设的圆满收官。

【公共文化服务】 强化顶层设计。出台《关于加快构建现代公共文化服务体系建设的实施意见》（宁党办〔2015〕45号）和《宁夏回族自治区基本公共文化服务实施标准（2015—2020年）》，确定了全区加快现代公共文化服务体系建设的总体目标、重点任务、保障措施，为加快构建覆盖城乡、便捷高效、保基本、促公平、具有宁夏特色的现代公共文化服务体系提供了政策保障。

国家公共文化服务体系示范区（项目）创建。石嘴山市第二批国家公共文化服务体系示范区创建全面完成，形成资源整合、综合利用、共建共享、统一管理的创建特色，文化部国家公共文化服务体系示范区（项目）创建城市区域文化联动西北片区经验交流会在石嘴山市召开；吴忠市被列为第三批示范区创建城市，固原市公共文化服务进移民新村、中卫市“民办公助”民族文艺团体惠民服务示范项目被列为第三批创建示范项目。

文化民生实事。2015年自治区十项民生计划为民办30件实事确定由文化厅牵头负责的有1项共4件实事，全部超额完成。其中建设标准化乡镇文化站8个；扶持村示范文化活动室、文化大院150个；送戏进农村、进社区、进校园、进军营、进工地演出1790场；开展“清凉宁夏”广场文化演出1656场。宁夏农民文化大院依托民间乡土人才打通公共文化服务“最后一公里”做法得到中央领导肯定，《人民日报》、新华网等中央媒体宣传推广。

群众文化活动。开展“欢乐宁夏”全区群众文艺会演，围绕“群众演、演群众、演给群众看”，自下而上举办初赛、复赛、决赛85场，推出音乐、舞蹈、小戏小品、曲艺、大合唱、广场舞节目648个，涌现出舞蹈《黄河长滩梨花湾》、笛子独奏《丝路情怀》、宁夏坐唱《请你回家作一会会客》、花儿联唱《花里头俊不过牡丹》等一批优秀文艺作品，有9000多名群众文艺工作者、文艺骨干参演，现场观众累计20多万人次，在全区城乡掀起群众文艺大交流热潮。通过专家评委现场打分，纪检监察现场监审方式，共评出表演奖62个、创作奖26个、优秀节目奖62个、优秀辅导奖17个、优秀组织奖6个。组织获奖优秀文艺节目全区巡演，为观众献上了秦腔《花儿声声》、舞剧《花儿》、杂技《耍花坛》、舞蹈《阿色俩目》、长笛独奏《野蜂飞舞》、话剧《工会主席》、京剧《杨门女将》选段《探谷》等精品节目。于6月23—30日开展了“中国梦·黄土情”晋宁地方戏曲及民乐民歌展演，先后在宁夏大学音乐厅、西塔剧院、贺兰县宣传文化中心、石嘴山市文化馆大剧院及部分文化广场演出11场，举行展览展示9场。山西省歌舞剧院民乐团、大同市北路梆子剧团、山西华夏之根艺术团先后为宁夏观众呈现了山西河曲《二人台》、山西省歌舞剧院民乐团《丝弦鼓韵》音乐会等精彩节目。推进“春雨工程”全国文化志愿者宁夏行活动，在文化部、中国艺术研究院和湖南省、四川省文化厅的支持下，先后开展“大舞台”演出5场，“大展台”展览6天，“大讲堂”培训基层群众文化干部300余名，为宁夏群众奉献了精彩的文艺演出和艺术展览，促进了优秀文化资源的交流共享，提高了基层文化业务干部工作能力。组织开展了农民书法摄影、新春文化庙会、社火大赛、乡村年俗文化、非遗展示等群众文化活动，城乡文化生活进一步丰富。

文化设施建设。宁夏大剧院建成投入使用。新建市县“两馆”7个。新建平罗县陶乐镇、崇岗镇、高庄乡、惠农区礼和乡、庙台乡、青铜峡市瞿靖镇、原州区黄铎堡镇、官厅镇标准化乡镇文化站8个。第四次全国文化馆评估定级工作圆满完成，组织7名专家对全区5个地市级、20个县区级文化馆进行检查评估，评出地市级一级馆4个、二级馆1个，县区级一级馆9个、二级馆11个，达到了"以评促建、以评促管、以评促用"的预期效果，宁夏评估定级工作受到文化部第八评估组充分肯定。

【文艺创作】 精品剧(节)目创演。新创话剧《丝路天歌》、京剧《庄妃》、眉户剧《河湾村的女人》，纪录片《神秘的西夏》、微电影《金色的鱼钩》5部文艺作品，打磨提升秦腔《狗爷儿涅槃》、舞蹈诗《九州花儿美》、儿童剧《绿野仙踪》3部优秀剧目。话剧《丝路天歌》在全区巡演并参加中国原创话剧邀请展演，京剧《庄妃》参加第27届中国梅花奖竞演，秦腔《花儿声声》《庄妃与多尔衮》亮相"第八届东方名家名剧月"，秦腔《狗儿爷涅槃》入选第十四届中国戏剧节展演和参加全国地方戏优秀中青年演员汇报演出，儿童剧《绿野仙踪》入选第八届中国儿童剧优秀剧目展演；纪录片《神秘的西夏》先后在央视科教频道、中文国际频道、宁夏公共频道、宁夏卫视频道播出，引发社会各界广泛关注和强烈反响，并入围2015年优秀国产纪录片；《丝路天歌》、"一带一路"伊斯兰风情文化国际摄影优秀作品展两个项目获得国家艺术基金资助；刘京获第27届中国戏剧梅花奖，李小雄获第四届全国中青年德艺双馨文艺工作者。

回族音乐汇宁夏项目。完成第一批歌曲歌词的征集评选，经国内专家评审，《回族儿女爱中华》《喊一声宁夏川》《宁夏川，我的金银滩》等20首歌词获得歌词类二等、三等及优秀奖；《宁之夏》《我在老巷子等你》《一弯新月》《回族人家》等20首歌曲获得歌曲类二等、三等及优秀奖。举办"凝聚民族情·共筑中国梦"全国优秀回族歌词征集活动，共征集歌词183首。开展"音乐名家塞上行"活动，邀请国内18名音乐名家来宁采风创作。

文化交流合作。配合海峡两岸(宁夏)经贸文化旅游周，组织演艺非遗团组在台湾开展文艺表演、非遗展示等7项交流活动，获得自治区党委书记李建华表扬。成功举办"情系丝路·牵手宁夏——两岸文化联谊行"，近百位台湾文化、教育等领域知名人士和30位大陆文化界人士出席，进一步促进了两岸文化交流，受到台湾访问团高度评价。组织宁夏文化项目赴泰国参加"欢乐春节"活动，赴苏丹、埃及和毛里塔尼亚参加"丝绸之路文化之旅"，赴阿联酋参加阿建国44周年文化活动，赴阿尔及利亚君士坦丁参加2015年阿拉伯文化之都庆典。推动宁夏杂技赴韩国、日本交流演出。联手中国驻老挝文化中心开展了为期一年的文化交流合作，受到驻老挝大使馆高度评价。2015年共邀请近20个国家(地区)文化使者来宁交流，组织宁夏文化项目赴10个"一带一路"沿线国家(地区)开展文化交流，受到文化部及中国驻外使馆的肯定。

【文化产业发展和文化市场管理】 规划编制。编制了《宁夏丝绸之路文化产业发展规划》《贺兰山东麓葡萄文化长廊文化发展规划》。指导中阿文化园、中阿文化创意园及市县规划编制工作。

政策服务。出台《关于推进文化创意和设计服务与相关产业融合发展的实施意见》《扶持成长型小微文化企业工作方案》，对文化产业进行统筹规划、政策引导。扶持宁夏演艺集团、中华回乡文化实业有限公司、新科动漫有限公司等9家重点骨干文化企业，全区规模以上文化企业超过100家。宁夏文化产业种子基金为中小微企业提供融资3.35亿元。建立文化产业项目库，96个项目被列入国家文化产业项目库。评选命名第七批自治区级文化产业示范基地 5 家,第二批自治区级文化产业示范户 19 家,累计分别达到 41 家和 56 家。

平台搭建。组织参加深圳文博会、东盟博览会、海峡两岸(厦门)文博会,签约资金 5440 万元。举办了首届宁夏动漫节,围绕"丰富学生暑假活动,启迪动漫文化创意,打造宁夏动漫节展品牌"目标,组织了一系列丰富多彩的文化活动。展览面积 5000 平方米,设置标准展位 40 个,特装展位 15 个,组委会邀请深圳华强数字动漫有限公司、北京梦之城文化有限公司等 55 家国内动漫企业参展。

人大监督。3 月 31 日,自治区十一届人大常委会第十六次会议审议自治区政府关于促进文化产业发展情况的报告,总体满意度为 97.8%。

文化市场。推动文化市场繁荣,将"游艺娱乐场所设立变更"审批权下放至县级文化主管部门,进一步简政放权;取消网吧、游艺娱乐场所设立的总量控制,降低最低营业面积、设置机器数量,放宽市场准入。实施宁夏互联网上网服务营业场所监管平台升级改造。加强文化市场整治和大案要案督查,开展暗访督查和交叉执法行动,2015 年全区文化市场执法机构共出动执法人员 43726 人次,检查经营单位 26470 家次,受理群众举报 206 件,立案调查 237 件,结案 237 件,移交案件 35 件,警告 304 家次,责令改正 655 家次,责令停业整顿 118 家次,取缔非法出版物经营单位 65 家,收缴非法出版物 3 万余册(张)。中西部执法能力提升计划得到落实。主动适应文化市场管理新形势,创新管理服务方式,探索出"执法 + 协会"文化市场管理模式,成为文化领域放管结合事中事后监管的新亮点,引起中宣部、文化部领导高度重视,文化部在宁夏召开全国文化市场综合执法形势研讨会,推广宁夏"执法 + 协会"文化市场管理经验。

【文化活动】 2015 中阿文化艺术展示周。9 月 1—13 日,由文化部、宁夏回族自治区人民政府共同主办,文化部外联局、自治区文化厅承办的 2015 中阿文化艺术展示周作为 2015 中阿博览会"164"活动之一,在宁夏成功举办。本届展示周举办了 3 大版块 8 项活动,其中文艺展演版块包括"丝路金桥"中阿博览会主题文艺晚会、"丝路华韵"全国丝路题材优秀剧目演出月、"艺耀五洲"中阿民间艺术展演暨约旦主宾国文艺演出 3 项活动;文化展览版块包括"丝路映象"艺术展、"丝绸之路"大西北遗珍展、"文明的维度"艺术展、第二届"东方瑞光"中阿书画展 4 项活动;文化产业版块包括中阿国际风情美食文化节 1 项活动。展演、展览、展示活动真正使展示周成为一次中阿文化交流的嘉年华、中阿民心相通的新金桥,为服务国家"一带一路"战略、建设开放宁夏提供了文化支撑。参与演出的阿拉伯及其他国家团组达 13 个 80 余人、区外团组 6 个 200 余人、宁夏院团 4 个 600 余人,成为博览会中最亮丽的一道风景,有效搭建了中阿人民心灵沟通的桥梁。展示周期间现场群众达 10 余万人次。宁夏回族自治区文化厅被自治区党委政府评为先进集体。

第十三届中国西部民歌(花儿)歌会。9 月 5—7 日,第十三届中国西部民歌(花儿)歌会在银川举行。来自西部 13 个省区的 20 多个民族的近 200 位歌手以 3 场民歌专场比赛、1 场花儿和原生态专场方式进行了激烈角逐,共演出各民族民歌、花儿等节目 112 个,并与中亚、西亚的艺术家进行了艺术展演。最终评出金奖 13 个、银奖 22 个、铜奖 20 个、优秀奖 16 个,其中宁夏代表队获得金奖 2 个、银奖 3 个、铜奖 4 个。歌会期间,还召开了以"丝绸之路上的民歌"为主题的民歌学术研讨会,征集论文近百篇,评选精华之作 6 篇。

第四届"黄河大合唱"全国合唱邀请赛。

11月2—3日，第四届“黄河大合唱”全国合唱邀请赛在宁夏大剧院举行。来自全国17个省（区、市）的31支合唱团、1600余名歌手参赛，参与省区、参赛团队、参赛人数、合唱水平均创历届之最。经过角逐，共评选出一等奖1名、二等奖3名、三等奖3名、优秀奖23名，作品编（创）奖1名。本届合唱邀请赛参赛团队均来自机关、部队、高校、企业等各行各业爱好合唱艺术的基层普通群众，充分体现了群众性的特点。邀请赛还首次设置合唱指挥讲座和专家点评交流活动，通过参赛交流，增进了友谊，提高了艺术水准。

【文化遗产保护】 *申报世界文化遗产*。全力推进西夏陵申遗工作，调整充实西夏陵申遗领导小组办公室，制订西夏陵申报世界文化遗产推进工作实施方案，召开西夏陵突出普遍价值学术研讨会，完成西夏陵保护规划、西夏陵博物馆展陈设计方案编制工作，实施西夏陵文物本体加固工程和环境集中整治。推进丝绸之路申遗宁夏（固原）段扩展项目，开展北朝隋唐墓地等遗产点规划编制、考古发掘和环境风貌整治。

文物保护基础工作。全区第一次全国可移动文物普查完成71家国有收藏单位平台注册登记工作，采集文物信息总数68000余件（套），在线登录上报67000余件（套），上传照片30万余张，全区各国有单位藏品报送进度达98%。完成18处第七批全国重点文物保护单位建设控制地带划定。启动全区“十三五”文物事业发展规划编制工作，开展自治区文物保护单位“四有”记录档案编制工作。积极申报国家重点文物保护项目，上报77项，获国家文物局批复立项25项，批复保护方案17项；申报国家重点文物保护专项补助资金项目37项，获得专项补助资金7247万元。

重点文物保护工程。完成《宁夏境内长城保护总体规划大纲》编制和全区长城保护工程基础信息采集系统录入。完成宁夏明长城三关口段、水洞沟段保护修缮工程并通过竣工验收。编制完成战国秦长城长城梁段抢救性加固修缮工程、彭阳县白岔村段修缮工程、明长城中卫姚滩段修缮保护工程、明长城吴忠盐池段保护工程的施工设计方案。启动明长城石嘴山红果儿段（一期）保护工程、银川河东墙五虎墩段抢险加固工程的施工设计方案编制。完成董府抢救性修缮工程和海宝塔安防工程并通过竣工验收。实施贺兰口岩画保护性加固修缮工程、固原古城北城墙西段及西城墙北段抢救加固保护（一期）工程。启动固原古城遗址抢险加固工程（二期）、须弥山石窟加固及壁画保护、拜寺口双塔及62座塔基保护、大营城址抢险加固、固原北朝隋唐墓地（M1401）展示利用等文物本体保护工程。完成宁夏古城考古调查测绘项目。

考古发掘。配合自治区重点工程建设，完成文物调查和考古发掘工作，有力地支持了地方经济建设。完成水洞沟、鸽子山遗址的发掘，宁夏中南部城乡饮水安全连通工程原州区南郊水厂及总管工程考古发掘项目。实施隆德北塬新石器遗址、开城遗址长虫梁城址1号基址发掘项目，以及贺兰山东麓古代文化遗址考古调查，宁夏南部山区新石器调查及沙塘北塬遗址、彭阳幸福城墓地和原州区开城镇南塬墓葬M1401项目考古发掘的资料整理及报告编写工作。

博物馆事业。实施固原博物馆展陈提升、自治区博物馆《红旗漫卷》革命文物展览改造项目。全区各级博物馆引进和推出展览46个，参观人数571.4万人次，其中自治区博物馆“丝绸之路——大西北遗珍”、固原博物馆“青铜之路——宁夏固原两周时期北方青铜器特展”入选国家文物局2015年度全国博物馆展览季活动推介目录。加强行业与民营

博物馆的运行管理,全面完成非国有博物馆运行评估工作。实施全区馆藏珍贵文物预防性保护、宁夏博物馆馆藏纸质文物保护修复工作。

文物安全工作。完成拜寺口双塔和承天寺塔防雷工程、董府安全监控技术防范系统和消防系统工程及承天寺塔安全防范工程、宏佛塔和田州塔防雷工程前期工作。配合自治区发改委投资项目在线审批工作,健全文物审批事项规程。依法督查水洞沟长城、马月坡寨子、中宁余丁段长城、泾源果家山遗址、海原墩墩梁烽燧等文物违法事件。开展全区文物重点保护工程和考古发掘项目工地安全督查工作。

非遗保护传承。加大非遗保护经费投入,自治区财政投入专项资金 400 万元,争取国家级非遗保护项目专项资金 7 个项目 527 万元,有力地支撑了非遗保护工作。扩大非遗对外交流,组织非遗代表性项目、传承人赴老挝等地展示交流,赢得广泛赞誉。撤销已完全丧失保护传承功能的保护传承基地 4 个,命名自治区第五批非遗代表性项目保护传承基地 16 个,资助优秀传承基地 8 个、代表性传承人 134 名。加强非遗社会宣传,精心组织开展全区第十个文化遗产日吴忠市主场活动和各市、县分会场活动,营造了全社会关心支持文化遗产保护的良好氛围。开设宁夏非物质文化遗产保护中心微信平台,运用新媒体展示非遗传承保护成果。

(宁夏回族自治区文化厅 张 斌)

新疆维吾尔自治区

【概况】 2015 年,在新疆维吾尔自治区党委、人民政府的坚强领导下,在文化部的大力支持和帮助下,新疆维吾尔自治区文化厅党组紧紧围绕社会稳定和长治久安的总目标,坚持"四个全面"战略布局,深入贯彻落实习近平总书记系列重要讲话精神,认真执行党中央和自治区党委的重大决策部署,以现代文化为引领,以庆祝自治区成立 60 周年为主线,唱响主旋律,打好主动仗,用现代文化对冲宗教极端思想,不断探索"去极端化"文化路径,倾力支持集中整治和"访惠聚"工作,筑牢维稳根基,文化治理能力和治理水平不断提高,全年各项工作呈现出了亮点突显、整体推进的良好发展态势。

【文化事业】 文艺创作生产繁荣发展。在习近平总书记文艺工作座谈会重要讲话精神的鼓舞下,各族文化工作者迸发出巨大创作热情,推出情景音乐汇《歌声使我迷了路》、交响乐《永远的丝绸之路》、新疆经典歌舞《丝路舞魂》、舞剧《英雄 · 玛纳斯》等剧目,激情讴歌新疆改革发展稳定的火热实践。大力扶持疆内各民营院团迅速成长,创编了《千回西域》《丝路秀》《在他的歌声里》等演艺剧目,对挖掘丝绸之路文化历史内涵做出了积极探索。组织开展"中国梦 · 丝路情"新疆画家主题采风活动,举办了"走上高原"等主题采风美术作品展。完成第三届"新歌唱新疆"新创作歌曲征集活动,推出一批新的反映自治区 60 年巨变、思想性艺术性相统一的优秀歌曲。成功举办"第三届中国西部交响乐周"和纪念中国人民抗日战争暨世界反法西斯战争胜利 70 周年音乐会。实现 2015 年度国家艺术基金项目申报工作新突破,共获批资助项目 17 个、扶持资金 2083 万元。

公共文化服务体系建设全面推进。顺利完成昌吉州、哈密、塔城第三批国家公共文化服务体系示范区(项目)申报工作和全国第四次文化馆评估定级工作。"四馆一站"免费开放深入推进，16950万元免费开放资金全部拨付到位，免费开放服务质量持续提升。积极争取文化部支持，为南疆四地州各县市和8个国家级贫困县配发流动图书车47辆。扎实推进2015年边疆万里数字文化长廊建设，启动多语种特色文化信息资源处理及共享服务平台项目建设。广泛开展“文化进万家、欢乐送基层”“百姓周末大舞台”“高雅艺术进校园”等文化惠民演出，开展“双百”等群众文化活动2.5万余场次，参与群众200余万人次。

文化遗产保护工作不断加强。第一次全国可移动文物普查工作有力推进，进展位居全国各省市前列。世界文化遗产地保护工作扎实开展。巴州烽燧群、吐鲁番烽燧群保护工程进展顺利。启动了吐鲁番地区坎儿井五期等重点保护项目。古籍保护工作继续推进。加大文物执法督查力度，查处了一批文物违法案件。制订了《维吾尔木卡姆艺术保护规划(2015—2020年)》。非物质文物遗产传承方式创新发展，非遗生产性保护力度不断加大，17家单位被列入第四批国家级非遗代表性名录保护单位，新增16名自治区级代表性传承人。“中华文脉——新疆非物质文化遗产保护记录工程”、《新疆非遗图典(二)》编纂工作全面推进。成功举办“天山南北贺新春——第二届春节习俗展”和第十个全国“文化遗产日”暨第三届新疆非物质文化遗产展示周活动。

文化产业发展态势良好。编制完成了《自治区文化产业发展规划(2015—2020)》。首次召开了文化部全国文化产业对口援疆暨文化产业工作会议，全面部署全国文化系统文化产业援疆工作。文化金融扶持工作稳步实施，银企对接平台不断拓展。积极推进文化创意和设计服务与相关产业融合发展，加快发展对外文化贸易，社会资本投资文化产业力度加大，旅游演艺业呈现趋旺势头。大力培育文化产业示范基地，新增2家国家文化产业示范基地、24家自治区文化产业示范基地。不断加大文化产业重点项目库建设力度，13个项目跻身文化部文化产业重点项目名录。争取2015年中央文化产业发展专项资金2260万元。积极参加深圳文博会、北京文博会，成功举办第三届新疆丝绸之路文化创意产业博览会，接待观众15万人次，现场交易总额达3000余万元。

文化市场发展健康有序。落实文化市场先照后证管理政策，共审批涉外营业性演出61件、经营性互联网文化单位设立申请6个、演出经纪机构设立申请11个。互联网上网服务行业转型升级试点工作深入推进。文化市场技术监管与服务平台加快运行，应用范围不断扩大。开展了中西部地区文化市场综合执法能力提升行动。依法加强文化市场监管治理，坚决遏制“三非”渗透蔓延，全疆文化市场行政执法机构共检查各类文化市场经营单位17万家次，责令改正3101家次，立案调查370件，吊销许可证5家。

对外文化交流深入开展。服务国家外交大局，研究制订了《自治区对外和对港澳台文化工作规划(2016—2018年)》，组织艺术院团分别赴新加坡、阿塞拜疆、土耳其等国家和地区参加“欢乐春节”“诺鲁孜节”等文化艺术交流活动。对外文化交流品牌效应不断彰显，在西班牙马德里、法国巴黎成功举办“中国海外文化中心——新疆文化展示周”活动，受到当地民众、华人华侨的热烈欢迎和高度赞誉。

文化体制改革逐步深化。文化市场综合执法改革迈出实质步伐，整合文化市场稽查总队和文物行政执法总队，成立了文化文物综合执法局。公益类、经营类文化事业单位机制体制改革继续深入，绩效工资改革试点工作顺利进行，文物总店转企改制工作稳妥推进。积极推进新疆公共文化服务体系协调机制建设，选取试点推进基层综合性文化服务中心建设。研究制定加快构建现代公共文化服务体系、政府向社会力量购买公共文化服务、繁荣发展社会主义文艺、支持戏曲传承发展的政策措施。

【文化惠民】 *倾力支持"访惠聚"工作接力奋进。*选派精兵强将组建 1 个集中整治工作队和 6 个住村工作组，48 名干部住村开展集中整治和"访惠聚"工作。厅党组多次专题研究"访惠聚"工作，筹集资金 117 万元解决周转房配套问题，投入 30 余万元为所住村配套完善文化设施，主要领导先后 5 次蹲点调研、指导工作、解决困难，厅系统各单位以各种途径和形式纷纷给予支持，汇聚起共同推进"访惠聚"工作的强大合力。紧紧围绕"三项重点、六大任务"，集中整治工作队和各住村工作组与群众打成一片，大办凝心聚力的实事好事，广泛开展结对帮扶，推动落实自治区油路连通惠民生项目 12 公里，铺设砂石路面 25 公里，千方百计争取项目和筹集资金 300 余万元，改善农村基础条件，促进当地农民增收。全面落实整顿软弱涣散基层党组织各项要求，大力开展村级组织"星级化"创建工作，积极为村党支部做好参谋助手，建好用好"三支队伍"，帮助壮大集体经济，各村实现了集体经济 3 万到 8 万元不等的增长，夯实了基层基础。深入开展"去极端化"工作，开展宣传教育活动 298 场次，覆盖群众 50486 人次，培育了十余支群众性文体活动队伍，开展群众性文体活动 181 场次，参与群众 30794 人次，以正听正信挤压了歪理邪说的空间，以现代文化对冲了"宗教至上"的极端思想，以法治观念约束了"信教不信法"的错误行为，夯实了维稳根基。

*"深入生活、扎根人民"主题实践活动根深叶茂。*积极引导广大文艺工作者深入基层，扎实开展"深入生活、扎根人民"主题实践活动。厅属各单位组织各门类文艺工作者各展所长，通过同台演出、结对帮扶、现场指导等形式，帮扶基层文化带头人、民间艺人、非遗传承人 400 余人次，为当地打造了"去极端化"的有生力量。自治区文化馆、图书馆、博物馆，新疆画院、艺术研究所等单位采取慰问演出、采风创作、对口帮扶、才艺比赛和辅导讲座等多种形式，广泛开展基层文艺工作者培训，培养了一大批农民画家、非遗传承人、文化带头人，受到基层群众的广泛欢迎。

*落实对口扶贫新要求，定点扶贫取得新成效。*针对调整后的定点扶贫对象。厅党组迅速行动，组织 3 次实地调研，了解扶贫点基本情况，研究制订对口扶贫方案。两次走访慰问 48 户生产生活确有困难的贫困户、"四老"人员，发放慰问金 2.82 万元。积极开展文化扶贫，赠送价值 12 万余元的文化设施和图书用品，为当地配送流动图书车 1 辆，组织基层文艺骨干人员培训，努力改变文化基础力量薄弱现状。

*加强综合治理和平安建设，构筑各族群众参与文化活动安全防线。*以突出抓好第四届中国新疆国际民族舞蹈节、自治区成立 60 周年文艺晚会等大型文化活动的安全为重点，完善综合治理和安全生产责任制。加强综治维稳和平安建设行业监管，创建"平安文化场所"3100 家。严格落实重要敏感节点综治维稳和平安建设工作，加大检查督促力度，强化人防、物防、技防"三位一体"防控体系建设。扎实开展综合治理、平安建设和安全生产宣传活动。全年文化厅及厅直属单位直接组织的重大文化活动全部平安完成，没有出现安全生产事故，为各族群众参与文化活动构筑了安全防线。

【文化活动】 *庆祝自治区成立 60 周年系列*

文化活动热烈喜庆。圆满完成庆祝自治区成立60周年文艺晚会《新疆礼赞》的创作演出，展现了自治区成立60年沧桑巨变和瞩目成就，赢得中央代表团和社会各界的广泛赞誉。在北京举办了“绘新疆新景、展农村新貌——庆祝自治区成立60周年农民画展”，充分展示各族干部群众喜迎大庆的豪迈之情和崭新的精神风貌。配合中央民族乐团、国家京剧院等国家直属艺术院团开展了庆祝自治区成立60周年赴疆巡演以及“中国美术馆典藏活动系列展：走向西部——我们新疆好地方”展等文化活动，为庆祝自治区成立60周年营造了浓厚的文化氛围。

第四届中国新疆国际民族舞蹈节绚烂多彩亮点纷呈。紧贴丝绸之路主题，彰显国际化大视野，汇集了11个国家和地区，6个国内演出团，以及8个疆内演出团共计26台剧目，为边疆各族群众奉献了80场精彩演出，举办6项社会活动，吸引10余万名各族群众现场观看和参与，带动了新疆及丝绸之路经济带艺术交流交易市场发展，加强了与丝绸之路沿线国家的互联互通。

现代文化引领“去极端化”宣传教育成效日益显现。聚焦南疆“棋眼”，实施文化对冲，组织区级文艺表演团体持续开展“四个一批”文化惠民活动，深入南疆四地州基层乡村开展惠民演出近500场次，惠及群众40余万人次，带动各级文艺院团开展惠民演出近万场次，掀起了一股基层群众追求现代文化、现代时尚的飓风。通过下派干部、业务指导、创作扶持等方式，帮助基层创编了一大批“去极端化”优秀话剧、小品等，在“去极端化”小品大赛中取得优异成绩。组织开展流动图书车、流动博物馆巡展活动，接待各族观众21万余人次，用文物说话，让历史发声，为基层群众普及新疆“三史”等发挥了重要作用。

（新疆维吾尔自治区文化厅　裴海寓）

新疆生产建设兵团

【文化体制改革】 积极推进兵团歌舞剧团文化体制改革试点工作，对兵团歌舞剧团拟订的《专业技术岗位竞聘实施方案》进行审核，按照规定程序，5月中旬实施了岗位竞聘工作，6月向兵团人社局呈报《关于兵团歌舞剧团实施办理“30”和“50”人员退休工作的报告》，申请实施办理“30”和“50”人员提前退休工作，得到兵团人社局批准，年底按时完成改革试点工作。

【文化发展规划及相关政策】 根据中办发〔2012〕18号精神，6月4日，兵团党委办公厅印发《新疆生产建设兵团节庆活动具体管理办法（试行）》，共计八章三十七条；起草编写了《“十三五”兵团文化改革发展规划》，已进入征求意见程序；根据国务院办公厅文件精神，10月23日，以兵团办公厅名义印发《兵团关于向社会力量购买公共文化服务的实施意见》；全程参与兵团发展改革委牵头的兵团贯彻落实《丝绸之路经济带和21世纪海上丝绸之路建设战略规划》的实施方案、兵团推进新疆丝绸之路经济带核心区建设2015年重点工作及分工及项目清单与政策清单等征求意见稿的编制工作。

【公共文化服务】 研究制定兵团公共文化服务体系建设实施意见。根据中办、国办《关于加快构建现代公共文化服务体系的意见》及其附件《国家基本公共文化服务指导标准（2015—2020）》（中办发〔2015〕2号）精神，研究起草了《关于加快构建新疆生产建设兵团公共文化服务体系的实施意见（讨论稿）》报请兵团审核下发；对兵团第二批创建国家公共文化服务体系示范区（项目）进行了后期督查，推进八师石河子市、六师五家渠市的公共文化服务体系示范区（项目）建设。同时，积极组织六师五家渠市、一师阿拉尔市、十师北屯市开展第三批创建国家公共文化服务体系示范区（项目）申报工作；组织开展第四次全国文化馆评估定级工作，1 个省级、7 个地级、135 个县级文化馆完成自评上报。

【文化基础设施建设】 启动“环塔里木文化传播共享工程”“边境文化长廊工程”“基层文化阵地建设工程”和“基层文艺骨干队伍培养工程”等四大工程，呈送兵团发展改革委，建议纳入“十三五”兵团经济社会发展规划予以实施；督查落实团场和连队文化基础设施投资建设，2015 年投资新建 46 个、改扩建 30 个团场（城镇）综合文化活动中心，总投资 3 亿元，申请中央预算内投资达 27890 万元；投资建设 59 个连队（社区）综合文化活动室，总投资 2124 万元，全部申请中央资金。为督促落实并在年底前全面完成，建立月报、季报制度，加强督查力度。截至 10 月底，各项目实施单位均已全面施工，年底可全部完成建设任务。

【文化活动】 *继续开展“送文化下基层”慰问演出活动。*根据《关于印发 2015 年兵团为职工群众办“十件实事”建设方案的通知》（新兵办发〔2015〕9 号）精神，2015 年将兵团直属文艺团体“送文化下乡”演出列入其中，各文艺团体赴南、北疆各师（市）、团场、连队及相邻县乡开展慰问演出 350 场，观众逾 35 万人次。

*组织开展第二届“兵团基层文化能人大赛”。*3 月，印发《关于举办第二届兵团基层文化能人大赛的通知》，经过认真评选推荐，上报兵团第二届基层文化能人候选人及作品 223 个。9 月，下发了《关于第二届兵团文化能人大赛评审工作的通知》，成立艺术表演类、艺术创作类两个评审小组，进行集中评审，并报领导小组审定，表彰第二届“兵团基层文化能人”共 87 人，11 月 22 日举办第二届兵团基层文化能人展示展演活动。

*录制 2015 年春节电视文艺晚会和戏曲迎春晚会。*2015 年兵团春节电视文艺晚会、戏曲迎春晚会分别于 2 月 5 日、7 日正式演出，并于春节期间播出。两台晚会共邀请中央电视台、中央人民广播电台、中国国际广播电台、中国广播艺术团、中国歌剧舞剧院、中国杂技团、海政文工团、空政文工团、二炮政治部文工团、兵团武警指挥部文工团、福建泉州市木偶剧团、安徽黄梅戏剧院和兵直及有关师市文艺团体等单位共 100 多位文艺工作者及民间艺人参演。

*开展兵团各师（市）、团场广场舞活动现状调研。*根据《文化部关于开展全国广场舞活动调研的通知》（公共函〔2015〕7 号）要求，就兵团各师（市）、团场广场舞活动开展情况进行了认真调研，并形成了调研报告。通过调研发现，兵团参与广场舞的人群以离退休的职工群众为主体，其中女性占 90%，男性占 10%，年龄相对集中在 30 到 60 岁。存在中老年人对广场舞缺乏认识、专业健身指导员和专门组织管理机构极其匮乏等问题，亟须加强引导、扶持、规范。

*支持兵团业余文艺团队积极开展活动。*按照 2015 年文化工作安排部署，制定支持业余文艺团体开展活动的实施办法，从 2015 年开始，设立支持专项资金，对开展活动有成效的业余文艺团队每年择优给予适当经费补贴，促进职工群众业余文化活动丰富多彩地开展。

*国内各类文艺演出活动。*应第十五届“相约北京”艺术节组委会邀请，兵团大型杂技剧《在那遥远的地方》、舞剧《戈壁青春》分

别于5月22—23日、5月27—28日在北京民族剧院、天桥剧场各演出两场。期间，还进行了《兵团六十年》展示宣介活动，召开了舞剧《戈壁青春》专家座谈会；兵团选送的3个作品参加2015年新疆电视小品大赛并获奖，兵团第十一师、兵团歌舞剧团《母与子》获一等奖，兵团第四师、兵团歌舞剧团《暖情》和兵团第六师《寻亲》获三等奖；6月26日10:30—12:00在八一剧场承办"中华文化四海行——走进新疆"文化讲座；为庆祝自治区成立60周年，积极组织兵团歌舞剧团歌舞剧《戈壁青春》参加第四届中国新疆国际民族舞蹈节；组织兵团歌舞、杂技两场专场文艺演出参加兵团绿洲产业博览会。

【文化遗产保护】 庆祝全国第十个"文化遗产日"系列活动。6月10—13日，兵团在六师五家渠市新湖农场举办了庆祝全国第十个"文化遗产日"系列活动。兵团首届非物质文化遗产作品展示会重点展示了16项兵团级非遗项目；400多位艺人参加兵团第二届戏剧展演会，进行了6场非遗专场演出，邀请自治区级非遗项目参加展示展演活动。6月4—20日，八师石河子市文体局于举办了主题为"弘扬传统文化，寻找兵团技艺"的师市首届非物质文化遗产宣传展示活动。

呈报文物保护单位专项经费预算。2014年上报文物局的白杨沟佛寺遗址抢险加固工程设计方案、兵团辖区岩画调查工作计划、十三师焉布拉克古墓群保护性设施工程设计方案、石人子沟（红山口）遗址群保护规划立项报告、图木舒克馆藏残块壁画一期保护方案，已经第三方论证立项，项目预算合计共1929.43万元；会同兵团财务局划拨了八师军垦遗址小李庄重点文物保护专项资金2300万元。指导八师文体局制订《小李庄军垦旧址保护修缮设计方案》，并已上报国家文物局。

可移动文物普查与预防性保护。经2013—2015年第一次全国可移动文物普查，兵团辖区内现有国有文物收藏单位53家，共登录藏品27978件（套），其中珍贵藏品148件（套）；2014年国家下拨兵团重点文物保护专项补助资金2155万元，用于兵团军垦博物馆、六师五家渠市博物馆、三五九旅屯垦纪念馆、十四师四十七团屯垦戍边纪念馆的可移动文物预防性保护。为加强资金管理，确保专款专用，要求各相关单位制定并报送资金使用计划和资金管理办法。兵团财务局已将此项补助下拨至各相关单位。

【对外和对港澳台文化交流】 兵团杂技团赴泰国进行慈善交流演出。应泰国皇宫弱智儿童慈善基金会的邀请，经报请文化部批准，兵团杂技团一行40人赴泰国进行了慈善交流巡回演出活动，在40个府（省）共演出70场，观众达30余万人；兵团歌舞剧团赴新加坡开展文化交流。应中国驻新加坡大使馆和新加坡"春城洋溢华夏情暨欢乐春节"组委会的要求，受文化部选派，兵团歌舞剧团赴新加坡演出25场，观众达10余万人；兵团杂技团应俄罗斯文化部邀请，赴莫斯科参加莫斯科大马戏团IDOL艺术节，参演作品《生命之旅》获得1个银奖和3个单项奖；10月，应意大利拉蒂纳第十七届马戏杂技国际艺术节组委会邀请，参加此次艺术节，参演作品《天鹅湖——男子造型》和《向太阳——绳技》获得两项金奖；应邀赴巴基斯坦参加外事演出。应中国驻巴基斯坦大使馆邀请，经兵团党委批准，由兵团杂技团、歌舞团演职员组成的演出团，于9月28—30日，赴巴基斯坦参加中国驻巴基斯坦使馆举办的庆祝中华人民共和国成立66周年演出活动。

【人才培养工作】 积极选送参加文化部与文

物局的各类培训班。据不完全统计,2015 年以来先后组织选派了 68 名文化干部外出培训;2015 年 4 月、10 月,在兵团群艺馆举办了三期基层文艺骨干培训班,共培训 18 天、70 个课时,对来自基层的 214 名文艺骨干进行了培训。10 月、11 月,在全国文化干部培训基地(浙江艺术职业学院)举办了"第六期新疆生产建设兵团文化管理干部培训班"和"2015 年春雨工程——新疆生产建设兵团部分基层骨干培训班",共培训 12 天,对基层 80 名文化骨干进行了培训。全年共培训基层各类文化骨干 294 名。

【评选推优工作】 推荐上报第六届全国服务农民、服务基层文化建设先进集体 14 个单位,其中 12 个单位获奖(公益性文化事业单位和文艺院团先进单位各 3 个,送电影、村村通、基层出版发行先进单位各 2 个);推荐第四届全国中青年德艺双馨文艺工作者候选人 3 名;评选推荐中宣部文艺名家 34 人、国家艺术基金评论员 9 人、"深入生活、扎根人民"优秀文艺工作者典型 3 人;推荐第六师五家渠市文化馆获评全国"十佳"文化馆。

【文化财务管理】 中央财政文化转移支付各类专项资金。2015 年度三馆免费开放补助资金申请到账 3028 万元,计划用于 3 个地市级图书馆、13 个地市级文化馆、145 个县级文化馆、75 个乡镇综合文化站的免费开放补助;2015 年度博物馆纪念馆免费开放补助资金申请到账 400 万元,用于纳入兵团军垦博物馆等 4 个博物馆(纪念馆)的运行维护及二师渤海教导旅纪念馆等 7 个博物馆(纪念馆)的奖励补助;"三区"人才文化工作者专项资金到账 258 万元用于 97 个边境团场、南疆困难团场和少数民族聚居团场选派文化工作者 108 人、培养文化工作者 30 人;中央补助文化体育与传媒事业发展专项资金 520 万元,用于团场公共文化服务单位运行保障;中央补助公共数字文化建设专项资金 815 万元,用于兵团公共数字文化建设;中央补助国家非物质文化遗产保护专项资金 221 万元,用于国家级非遗项目保护利用。

国家艺术基金资助工作。组织开展 2014 年度资助项目中期验收。兵团歌舞剧团舞剧《戈壁青春》是国家艺术基金 2014 年度大型舞台艺术创作资助项目。5 月 1—3 日,在米东区文化中心影剧院连演三场,顺利通过国家艺术基金管理中心中期检查验收。9 月 23 日,兵团豫剧团豫剧《大漠胡杨》接受国家艺术基金专家验收,得到专家一致好评,正在对该剧继续修改打造;组织开展 2015 年度资助项目申报及资格审查,获得国家艺术基金资助项目 4 项,资助资金总额 482 万元。包括八师石河子豫剧团豫剧《我的娘 · 我的根》150 万元、兵团秦剧团《兵团魂》250 万元、兵团文化中心军垦题材绘画创作人才培养 62 万元、青年艺术创作人才陈功军个人美术创作(油画)扶持资金 20 万元。

(新疆生产建设兵团文化广播电视局　欧阳习若)

2016

中国文化年鉴

Yearbook
of
Chinese Culture

法律法规及政策性文件

非物质文化遗产保护

文化部关于开展国家级非物质文化遗产代表性传承人抢救性记录工作的通知

文非遗函〔2015〕318号

各省、自治区、直辖市文化厅(局),新疆生产建设兵团文化广播电视局:

截至2015年1月底,文化部公布的4批1986名国家级非物质文化遗产代表性传承人中已有235人离世,在世的国家级非物质文化遗产代表性传承人中超过70周岁的已占到50%以上,开展传承人抢救性记录工作已刻不容缓。根据《文化部"十二五"时期文化改革发展规划》,为全面实施国家级非物质文化遗产代表性传承人抢救性记录工作,现将有关事宜通知如下:

一、记录对象

所有国家级非物质文化遗产代表性传承人,优先记录年满70周岁以上的、不满70周岁但体弱多病的国家级代表性传承人。

二、工作计划

2015年,启动300名年满70周岁以上及不满70周岁但体弱多病的国家级非物质文化遗产代表性传承人记录工作。

2016年,开展70周岁(以2015年到龄为准)以上的其他国家级非物质文化遗产代表性传承人记录工作。

2017年至2020年,开展70周岁(以2015年到龄为准,含70周岁)以下的国家级非物质文化遗产代表性传承人记录工作。

三、工作要求

(一)抢救性记录工作要区分轻重缓急,根据传承人的年龄、身体状况,统筹规划、分步实施,有力有序地开展抢救性记录,增强工作的针对性和时效性。

(二)抢救性记录工作要采用数字多媒体等现代信息技术手段,全面、真实、系统地记录代表性传承人掌握的非物质文化遗产丰富知识和精湛技艺。

(三)抢救性记录工作要避免重复记录,要把抢救性记录工作与已经开展的数字化工作全面对接。已经对国家级代表性传承人进行过记录拍摄的,要对已有的音像资料进行整理,符合《国家级非物质文化遗产代表性传承人抢救性记录工作规范》(见附件)要求的,不必进行再次拍摄,按工作规范进行必要的素材加工或数字化加工即可。

(四)抢救性记录成果要纳入各省(区、市)非物质文化遗产数据库,待国家非物质文化遗产数据库建成后,统一录入国家数据库。

(五)抢救性记录工作由各省(区、市)非物质文化遗产保护中心具体负责实施。各省

(区、市)非物质文化遗产保护中心要成立专门工作组,安排专职人员,明确职责分工,保障有关抢救性记录工作顺利进行。

(六)各省(区、市)文化厅(局)要高度重视,切实负起监督管理责任,指导本省(区、市)非物质文化遗产保护中心按照工作规范做好抢救性记录工作。

四、工作程序

(一)各省(区、市)文化厅(局)根据通知要求,研究确定本省(区、市)年度拟开展抢救性记录工作的国家级非物质文化遗产代表性传承人名单(见《文化部关于开展 2015 年度国家非物质文化遗产保护专项资金申报工作的通知》(文财务函〔2015〕277 号)之附件 5),随年度国家非物质文化遗产中央补助地方专项资金申请一并报送至文化部非物质文化遗产司。

2015 年度每省(区、市)申报人数最多不超过 10 人,已列入 2013 年度国家级非物质文化遗产代表性传承人抢救性记录工程试点的传承人,不得重复申报,对已有资料进行加工的请在申请表格"备注"一栏中注明"已有资料加工"。

(二)文化部组织审核后确定列入年度国家级非物质文化遗产代表性传承人抢救性记录工作的名单,并将名单反馈各省(区、市)文化厅(局)。

(三)各省级非物质文化遗产保护中心根据反馈的名单具体组织实施传承人抢救性记录工作。

(四)各省(区、市)文化厅(局)指导、监督具体实施工作,并负责验收。

(五)文化部非物质文化遗产司根据各省(区、市)文化厅(局)工作计划组织不定期抽查。

五、经费保障

国家非物质文化遗产保护专项资金补助开展国家级非物质文化遗产代表性传承人抢救性记录工作。

联系单位:文化部非物质文化遗产司保护处

联系电话:010－59882539,59882540

传真:010－59882539

电子邮箱:baohuchu@ sina. com

特此通知。

附件:国家级非物质文化遗产代表性传承人抢救性记录工作规范(试行稿)

文化部

2015 年 4 月 22 日

文化部办公厅　国家文物局办公室关于开展2015年文化遗产日活动的通知

办文物函〔2015〕117号

各省、自治区、直辖市文化厅、文物局；新疆生产建设兵团文化广播电视局、文物局：

根据《国务院关于加强文化遗产保护的通知》，2015年6月13日为我国第10个文化遗产日。现就2015年文化遗产日活动的有关事项通知如下：

一、指导思想

深入贯彻落实党的十八大和十八届三中、四中全会精神，认真贯彻落实习近平总书记关于文化遗产保护重要论述精神，围绕“四个全面”战略布局，大力宣传《中华人民共和国文物保护法》和《中华人民共和国非物质文化遗产法》，宣传文化遗产保护的成就，宣传文化遗产保护成果惠及民生的实践，提高全民文化遗产保护意识，动员全社会积极参与文化遗产保护。

二、活动主题及宣传口号

（一）活动主题

保护成果　全民共享

（二）宣传口号

1. 像爱惜自己生命一样保护文化遗产
2. 为文化遗产点赞　为美丽中国添彩
3. 文化遗产千秋传承　保护弘扬万代受益
4. 珍惜定格的历史　爱护不朽的文明
5. 心与梦的石刻　你和我的大足

三、时间安排

2015年4月下旬到6月下旬。

四、活动安排

（一）文化部将在河南省召开全国非物质文化遗产保护工作座谈会，开展书香中国——文房四宝制作技艺展、传统戏剧展演月、非物质文化遗产保护讲座月、非物质文化遗产摄影作品展、启动“中国非物质遗产传承人群研修、培训计划”试点等活动（具体活动安排见附件）。

（二）国家文物局将组织开展重庆市大足区文化遗产日主场城市活动、全国文物保护工程成果展、中国传统村落摄影展、社会力量参与文物保护先进典型事例推介等活动（具体活动安排见附件）。

请各地围绕上述活动主题和宣传口号，结合当地实际，参照文化部、国家文物局的相关活动安排，加强策划组织，丰富文化遗产日活动的内容与形式。

五、有关要求

（一）周密部署，精心组织。各地文化文物行政部门要高度重视文化遗产日宣传工作，及早制定本地区、本部门的文化遗产日活动方案和突发事件应急处理方案。严格落实中央八项规定要求，突出主题、讲实际、重实效。文化文物系统的领导干部要面向基层、深入一线，加强指导、统筹谋划，落实安全措施，确保文化遗产日活动安全顺利开展。

（二）传播理念，积极引导。各地要充分利用文化遗产宣传平台，借助传统媒体和新兴媒体，广泛征集宣传口号，设置宣传专栏专刊，张贴宣传海报，印发宣传材料，传播文化遗产保护理念，弘扬优秀传统文化。要将文化遗产日活动与群众生产生活相结合，努力使文化遗产日主题和文化遗产保护理念深入人心，激励公众自觉参与文化遗产保护实践。

（三）贴近实际，讲求效果。各地要注重结合当地实际，充分展示地方政府文化遗产保护的积极行动和工作成果，大力宣传文化遗产保护服务社会、推动发展、惠及民生所采取的举措和取得的成效，大力宣传文化遗产保护志愿者的先进事迹，强化价值导向，注重宣传效果。要善于借助各种媒体的力量，提高正面引导能力，切实增强宣传活动的辐射效应。

（四）多方合作，协调联动。各地要增强工作的主动性，积极争取当地党委政府的支持，主动加强与宣传、教育、出版、广电、共青团、妇联等部门的联系，联合开展宣传活动。要充分发挥文化遗产保护社会组织和志愿者的作用，积极参与相关宣传活动。

请各地文化文物行政部门于5月25日前报送2015年“文化遗产日”活动安排，并于6月22日前报送本地区“文化遗产日”活动总结。

非物质文化遗产类活动报送邮箱：feiyichu@sina.com

文物类活动报送邮箱：xinwenxuanchuanchu@sach.gov.cn

附件：2015年中国文化遗产日主要活动安排

文化部办公厅　国家文物局办公室

2015年5月8日

附件

2015年中国文化遗产日主要活动安排

一、重庆市大足区文化遗产日主场城市活动

2015年文化遗产日主场城市活动将在重庆市大足区举办,届时国家文物局将在重庆市大足区和重庆中国三峡博物馆将开展一系列主题活动。6月13日,大足石刻文化遗产博览园正式对外开放,大足石刻博物馆正式开馆,宝顶山石刻千手观音像抢救性保护工程举行竣工仪式,中国石质文物保护国际学术研讨会召开,大足石刻保护中心、大足石刻监测预警中心正式挂牌。

二、传统戏剧展演月

5月底至6月底,文化部在国家大剧院、梅兰芳大剧院、长安大戏院等剧场展演我国入选联合国教科文组织非物质文化遗产名录的昆曲、京剧、藏戏、粤剧、皮影戏、木偶戏的经典剧目,以及充分体现教育传承成果的豫剧、越剧等地方戏经典剧目。

三、社会力量参与文物保护典型事例推介

4月至6月,国家文物局开展社会力量参与文物保护典型事例征集活动,通过典型事例展示推介发挥示范作用,调动社会力量参与文物保护的积极性,提高全社会的文物保护意识。

四、全国文物保护成果展

4月至6月,国家文物局将系统梳理近年来重大文物保护工程,于6月13日开始举办"全国文物保护成果展",展览将通过丰富的图文材料全面介绍文物保护维修工程的意义、工作内容和丰硕成果,向社会展示文物保护维修在传承文化、改善民生中的重要作用。

五、中国传统村落摄影展

4月至7月,国家文物局与中国摄影家协会共同主办的"中国传统村落摄影展"。将从全国投稿作品中精选100幅反映中国传统村落特色建筑、人文魅力和保护成果的摄影作品,6月在重庆市大足石刻博物馆举办摄影展,推动传统村落整体保护利用工作。

六、非遗传承,人人参与——非物质文化遗产摄影作品展

6月,文化部在国家图书馆举办非物质文化遗产摄影作品展。从参与"非遗传承,人人参与——2014中国非物质文化遗产摄影活动"的3.7万余幅(组)作品中,评选出200余幅(组)优秀作品并举办展览。

七、非物质文化遗产保护讲座月

6月至7月,文化部在国家图书馆邀请文化遗产领域专家、学者、非物质文化遗产代表性传承人围绕文化遗产保护整体概况、学术成果、典型案例等主题开展普及性讲座。

八、书香中国——文房四宝制作技艺展

6月至7月,在文化部恭王府管理中心展示与笔、墨、纸、砚制作技艺相关的16个国家级非物质文化遗产代表性项目的生产性保护成果,同时销售相关产品。

九、"中国非物质文化遗产传承人群研修、培训计划"试点

6月"文化遗产日"活动期间宣布启动"中国非物质文化遗产传承人群研修,培训计划"试点。该计划拟通过研修和培训,提高非遗传承水平,扩大传承人群,增强传承后劲。

十、全国非物质文化遗产保护工作座谈会

6月底,文化部在河南省举办"全国非物质文化遗产保护工作座谈会",总结我国10余年来非物质文化遗产保护工作成果,统一工作思路,部署下一步工作。

文化部办公厅关于开展第五批国家级非物质文化遗产代表性项目代表性传承人申报工作的通知

办非遗函〔2015〕537 号

各省、自治区、直辖市文化厅(局),新疆生产建设兵团文化广播电视局:

为加强非物质文化遗产传承人队伍建设,有效保护和传承非物质文化遗产,根据《中华人民共和国非物质文化遗产法》和《国家级非物质文化遗产项目代表性传承人认定与管理暂行办法》的规定,文化部现开展第五批国家级非物质文化遗产代表性项目代表性传承人(以下简称国家级非遗代表性传承人)的申报工作。有关事项通知如下:

一、申报条件

申报国家级非遗代表性传承人,须符合以下条件:

(一)熟练掌握其传承的国家级非物质文化遗产代表性项目(从事该项遗产 25 年以上),在该领域或区域内被公认具有代表性和影响力;

(二)在该项非物质文化遗产的传承中具有核心作用,积极开展传承活动,培养后继人才;

(三)已入选该项目的省级非遗代表性传承人;

(四)遵纪守法,爱国敬业,德艺双馨。

二、申报范围

(一)新入选第四批国家级非遗代表性项目名录的项目;

(二)前三批中无国家级非遗代表性传承人的项目;

(三)国家级非遗代表性传承人已去世或丧失传承能力的项目。

本次申报工作重点关注以上三个方面的项目。此外,部分前三批国家级非遗代表性项目,虽然已经有国家级非遗代表性传承人,如确因传承工作的需要,可适当增补,但要从严掌握。

无法履行传承义务的代表性传承人和从事非物质文化遗产资料收集、整理和研究,不直接从事传承工作的人员暂不申报。

三、申报名额

各省(区、市)在以上三个重点关注范围内,每一项目申报数量不超过 1 人;其他需要增补的项目,每省(区、市)申报数量不超过 5 人。

四、申报材料

(一)申请报告:省级文化行政部门或中央直属单位向文化部推荐本省(区、市)或本单位申报国家级非遗代表性传承人的正式报告,附推荐清单(格式见附件 1)。

(二)申报表:包括申报人的基本情况,个人简历,传承谱系及授徒传艺情况,申请及授权书,当地文化行政部门意见,省级专家评审委员会意见及专家名单等(见附件 2)。

(三)申报片(具体要求见附件 3)。

(四)已正式公布的省级非遗代表性传承

人文件(含名单)。

申报材料应突出申报者的精湛技艺。各项内容应如实填写,文化部公示时,将公示推荐入选者的基本信息、个人简历和专家组评审意见。如发现隐瞒事实、伪造材料等情况,则取消入选资格。

五、申报程序

(一)省级文化行政部门收到申报材料后,组织省级非物质文化遗产专家评审委员会进行评审,提出通过审核名单和推荐意见。推荐意见应从技艺特点和水平、代表性和影响力、师承和授徒情况三方面对申报人进行针对性评价。推荐意见不合格的不进入评审程序。

中央各部门直属单位的代表性传承人经其主管部门审核同意后,可以将申报材料通过网上系统直接报送文化部。

(二)省级文化行政部门或中央直属单位,自2015年11月1日起可登录申报系统(申报系统入口另行通知),按要求上传相关材料,并于12月15日前将系统生成的代表性传承人申报表、申报片等申报材料电子版(统一拷贝至U盘或移动硬盘)以及省级文化行政部门申请报告(含推荐代表性传承人名单)、已正式公布的省级非物质文化遗产代表性传承人文件(含名单)纸件邮寄至文化部非物质文化遗产司。评审结束后,将另行通知寄送入选者申报材料,用于存档和宣传。

六、工作要求

(一)高度重视,加强领导,精心组织。非物质文化遗产主要依靠传承人得以世代相传,加强传承人保护是非物质文化遗产保护工作的关键。因此,各级文化行政部门一定要充分发挥有关部门、申报人所在单位、项目保护单位、专家学者以及各行业协会的作用,广泛听取意见,认真组织申报、审核、评选,可视情况增加面试等环节,确保申报人的代表性。

(二)做好信息公开,履行告知义务。在申报工作中,对于代表性传承人所享有的权利、承担的责任应详细告知申请人。同时,对上报的非遗代表性传承人名单、基本信息在省级文化行政部门官方网站或主要纸质媒体进行公示。

(三)严格审核,保证材料质量。各省(区、市)文化厅(局)要认真审核申报材料,确保真实、准确。此次评审,取消以往材料审核后返回修改的环节。凡不符合申报条件、材料不符合要求、推荐意见未针对技艺水平进行分析评价的,一律不进入评审程序。

(四)各地申报材料电子版请于2015年12月15日24:00前通过网上申报系统报送我部,网上申报系统将准时关闭,凡超过申报时限的,不予受理。统一拷贝的电子版及纸件也同时寄出,以当地邮戳为准。

联系单位:文化部非物质文化遗产司管理处

联系电话:010-59881281,59881282

地址:北京市东城区朝阳门北大街10号

邮编:100020

特此通知。

附件:

1. 省(自治区、直辖市)申报第五批国家级非物质文化遗产代表性项目代表性传承人清单

2. 第五批国家级非物质文化遗产代表性项目代表性传承人申报表

3. 第五批国家级非物质文化遗产代表性项目代表性传承人申报片制作要求

文化部办公厅

2015年10月21日

附件 1

____省（自治区、直辖市）申报第五批国家级非物质文化遗产代表性项目代表性传承人清单

序号	项目基本信息					代表性传承人基本信息							备注
	项目类别	项目编号	项目名称	申报地区或单位	入选国家级名录时间（具体到年）	姓名	性别	民族	出生年月	从艺起始年	当选省级代表性传承人时间（具体到年月）	所在单位/主要开展传承活动地区	

注：1. 如为国家级非物质文化遗产代表性项目代表性传承人去世或丧失传承能力重新申报的，以及存在其他情况的请在备注中予以说明。

2. 代表性传承人无单位的，可填写主要开展传承活动的地区。

3. 此表可扩展。

附件2

第五批国家级非物质文化遗产代表性项目代表性传承人申报表

项目类别：______________________________

项目编号：______________________________

项目名称：______________________________

申报人姓名：______________________________

所在单位/主要开展传承活动地区：______________

省、自治区、直辖市：______________________

中华人民共和国文化部

二〇一五年十月

注意事项及填表说明

一、注意事项

（一）封面中“项目类别”及“项目编号”、“项目名称”按已公布的国家级非物质文化遗产代表性名录项目类别、编号及名称正确填写。项目类别分别为：民间文学，传统音乐，传统舞蹈，传统戏剧，曲艺，传统体育、游艺与杂技，传统美术，传统技艺，传统医药，民俗。

（二）表格除签字外，一律用电脑填写，内容应准确、完整、真实。签字、盖章不得复印、打印。

二、填表说明

（一）“姓名”及“出生年月”均与身份证信息保持一致。姓名如与省级代表性传承人公布文件中不一致，请于身份证姓名后用括号标注，如加克·多尔吉（加·道尔吉）。

（二）“个人简历”中，简要填写申报人的工作、学习及与该项目有关的学艺、实践经历。

（三）“传承谱系及授徒传艺情况”中，以文本形式填写包括申请人在内的至少三代传承脉络。建议格式为第一代：张三、李四、王五、赵六；第二代：张小三（师傅张三）、张小四（师傅张三）、李小四（师傅李四）、王小五（师傅王五）、赵小六（师傅赵六）；第三代：以此类推，填写至申报人本人及现有弟子。

（四）在“省级专家评审委员会评议意见”栏目中应填写有针对性的专家评审意见，如概括申报人在该项目领域里独特的技艺表现形式等。

<table>
<tr><td>姓　名</td><td colspan="2"></td><td>性　别</td><td></td><td rowspan="4">2 寸彩照</td></tr>
<tr><td>民　族</td><td colspan="2"></td><td>出生年月
（以身份证为准）</td><td></td></tr>
<tr><td>身份证号码</td><td colspan="2"></td><td>文化程度</td><td></td></tr>
<tr><td>职　业</td><td colspan="2"></td><td>职务/职称</td><td></td></tr>
<tr><td>联系电话</td><td colspan="2"></td><td>电子信箱</td><td colspan="2"></td></tr>
<tr><td>通讯地址</td><td colspan="3"></td><td>邮　编</td><td></td></tr>
<tr><td>从艺起始年</td><td></td><td colspan="3">认定为省级代表性传承人时间（具体到年月）</td><td></td></tr>
<tr><td>个人简历</td><td colspan="5"></td></tr>
<tr><td>传承谱系及
授徒传艺情况</td><td colspan="5"></td></tr>
</table>

续表

为该项目保护所做的其他贡献（包括展演、宣传、调查研究及持有有关实物、资料等）及所获奖励（荣誉称号）	
照片一	反映申请人技艺特点的1000万像素以上6寸数码彩色照片，包括体现技能、技艺的工作照及代表性作品或剧（节）目照片 著作权人姓名：　　手机： 拍摄时间：　　拍摄地点： 照片说明（100字以内）：
照片二	反映申请人技艺特点的1000万像素以上6寸数码彩色照片，包括体现技能、技艺的工作照及代表性作品或剧（节）目照片 著作权人姓名：　　手机： 拍摄时间：　　拍摄地点： 照片说明（100字以内）：
照片三	反映申请人技艺特点的1000万像素以上6寸数码彩色照片，包括体现技能、技艺的工作照及代表性作品或剧（节）目照片 著作权人姓名：　　手机： 拍摄时间：　　拍摄地点： 照片说明（100字以内）：
本人申请及授权书	本人申请作为国家级非物质文化遗产代表性项目代表性传承人，积极履行传承义务，并同意文化部无偿使用申报材料进行宣传、推广。 签字（盖章） 年　月　日

续表

<table>
<tr><td rowspan="2">省级专家评审委员会推荐意见</td><td colspan="8">从技艺特点和水平、代表性和影响力、师承和授徒情况三方面对申报人进行评价,提出针对性推荐意见(200 字左右)。

专家组组长(签字)

年 月 日</td></tr>
<tr><td>姓名</td><td>性别</td><td>年龄</td><td>专业</td><td>职称</td><td>单位</td><td>联系电话</td><td>签字</td></tr>
<tr><td>省级专家评审委员会名单</td><td></td><td></td><td></td><td></td><td></td><td></td><td></td><td></td></tr>
<tr><td></td><td></td><td></td><td></td><td></td><td></td><td></td><td></td><td></td></tr>
<tr><td></td><td></td><td></td><td></td><td></td><td></td><td></td><td></td><td></td></tr>
<tr><td></td><td></td><td></td><td></td><td></td><td></td><td></td><td></td><td></td></tr>
<tr><td></td><td></td><td></td><td></td><td></td><td></td><td></td><td></td><td></td></tr>
<tr><td></td><td></td><td></td><td></td><td></td><td></td><td></td><td></td><td></td></tr>
<tr><td></td><td></td><td></td><td></td><td></td><td></td><td></td><td></td><td></td></tr>
<tr><td></td><td></td><td></td><td></td><td></td><td></td><td></td><td></td><td></td></tr>
<tr><td></td><td></td><td></td><td></td><td></td><td></td><td></td><td></td><td></td></tr>
</table>

附件3

第五批国家级非物质文化遗产代表性项目代表性传承人申报片制作要求

一、技术要求

(一)时长:5分钟内。

(二)画外音及字幕:

普通话配音,若使用方言需用字幕标注。中文字幕,字体形式不限。字幕要求加在遮幅里,不能影响画面内容。

二、内容要求

(一)视频内容应包括传承人的基本状况,如生活环境、师承经历、在传承该非遗项目中的作用、所具有的能力等;动态表现传承人在非遗项目传承中的状态,如表演过程、技艺流程、活动经过等;代表性作品和成果可适当表现。

(二)影像内容应真实。

三、版权要求

提交的申报片须是专为本次申报制作的视频文件,作品中使用的镜头要原创或有完整的版权。文化部可无偿使用申报片进行宣传、推广。

四、建议标准

(一)格式:AVI、MP4、MOV。

(二)视频分辨率:1920*1080。

以上标准不做强制要求。

文化部办公厅　教育部办公厅关于实施中国非物质文化遗产传承人群研修研习培训计划的通知

办非遗函〔2015〕581 号

各省(区、市)文化厅(局)、教育厅(教委),新疆生产建设兵团文化广播电视局、教育局:

为提高中国非物质文化遗产保护水平,增强传承活力,弘扬中华优秀传统文化,文化部、教育部在先期试点基础上,决定实施中国非物质文化遗产传承人群研修研习培训计划(以下简称研修研习培训计划),委托有关高校、设计企业等开展非物质文化遗产传承人群的教育培训。该计划将从传统工艺传承人群入手,逐步扩展到非物质文化遗产保护各领域。现将有关事项通知如下:

一、计划目的

研修研习培训计划着眼于"强基础、拓眼界",旨在通过组织非遗传承人群的研修、研习、培训,帮助非遗传承人群提高文化艺术素养、审美能力、创新能力,在秉承传统、不失其本的基础上,提高中国传统工艺的设计、制作水平,促进传统工艺走进现代生活,促进现代设计走进传统工艺,促进就业增收。该计划对于推动相关高校加强中华优秀传统文化教育、更好发挥文化传承创新功能、服务地方经济社会发展具有积极作用。

二、培训对象

根据不同培训对象,研修研习培训计划分为研修、研习和普及培训三个层次:

(一)研修

委托相关高校对具有较高技艺水平的传统工艺传承人或资深从业者进行研修培训,推动跨界交流,提高其文化艺术修养、审美能力和创新能力。

(二)研习

组织中青年传承人进入高校工作室、实验室及设计企业研究学习,通过手工实践与设计、学术、高新技术的跨界交流,开拓眼界,互汲营养,解决非遗保护传承中的瓶颈问题。

(三)普及培训

委托相关高校对传统工艺项目学徒或从业者进行普及培训,以提高其文化素养、学习和领悟能力,提高传统工艺的审美水平和实用程度。普及培训采取本省(区、市)培训与异地培训相结合的方式,各省(区、市)文化厅(局)在组织学员省(区、市)内培训的同时,可集中组织部分学员到北京、上海、成都、杭州等地进行异地培训。

三、时间和规模

研修、研习、普及培训时长 1—2 个月,具体时间由各高校或企业根据实际情况确定。各高校每年组织 3—5 期。

研修班每期不少于 20 名学员,普及培训班每期不少于 60 名学员,研习每期不超过 8 名学员。要争取经过各级各地共同努力,用 5 年时间,培训 10 万人次。

四、课程要求

各高校应充分发挥相关学科专业优势,

构建“通识课+专业课+参观交流+实践”的教育教学体系，完善课堂教学、实践训练、考察观摩、交流研讨、作品展示的培训模式。课程安排要充分考虑受训人群的实际情况，因人因事施教，坚持问题导向、作品导向，坚持案例教学，保证通俗易懂。专业课程要把握好非遗自身的传承发展规律，尊重文化多样性，尊重地方和民族文化。

五、实施机制

建立分级负责机制。文化部、教育部统筹开展研修研习培训计划，制订实施方案，在全国范围内遴选高校和设计企业等单位，并由文化部门拨付研修、研习和普及培训经费。在具体实施上，研修、研习和跨省（区、市）的普及培训由文化部牵头组织管理；其他普及培训由各省（区、市）文化厅（局）牵头组织管理。文化部、教育部将不定期对各高校和企业研修、研习、普及培训工作进展情况组织交流。

各省（区、市）文化厅（局）、教育厅（教委）应根据通知精神，制订本省（区、市）的非遗传承人群培训计划，并报文化部备案。各省（区、市）文化厅（局）应争取本级财政支持，将培训工作经费纳入本级财政预算。

六、工作步骤

（一）组织推荐

文化部、教育部印发通知，组织各省（区、市）文化厅（局）、教育厅（教委）推荐本地区内符合条件的高校和设计企业等单位。推荐材料应包括各单位基本情况及初步的工作思路。

（二）遴选单位

文化部、教育部在各地推荐基础上，按年度遴选高校和设计企业等单位参与研修研习培训计划。2016 年度计划遴选 50—60 所

高校和 20—30 家设计企业。

（三）审核方案

各参与单位根据培训要求，制定各期培训班的详细培训方案。研修、研习方案由文化部审核；普及培训方案由各省（区、市）文化厅（局）审核后报文化部备案，其中跨省（区、市）的普及培训方案由文化部会同相关省（区、市）文化厅（局）审核。

（四）组织招生

文化部和各省（区、市）文化厅（局）根据培训方案印发通知，组织报名。各培训班原则上采取定向招生的方式，其中研修、研习面向全国招生；普及培训主要面向本省（区、市）招生。

（五）实施培训

各参与单位按照培训方案组织实施研修、研习、普及培训工作。期间，各地要跟踪了解培训情况，并做好媒体宣传工作。结束时，参与单位应考核培训效果，总结交流培训经验，颁发结业证书，适时举办学员成果展示活动。

（六）颁牌命名

文化部、教育部将在各地推荐基础上，对研修、研习、普及培训工作成绩突出的单位，授予“中国非物质文化遗产传承人群培训基地”称号并授牌。文化部、教育部将另行制定管理办法，实行动态管理。

七、工作要求

实施研修研习培训计划，是创新人才培养机制、提高非物质文化遗产传承水平的重要举措。请各省（区、市）文化厅（局）、教育厅（教委）高度重视，精心组织，加强协调，将此计划纳入常态化工作。

各省（区、市）文化厅（局）应尽快组织开展区域内传承人群的摸底调查，了解其数量、分布范围和培训需求。在调查基础上，请各省（区、市）文化厅（局）会同教育厅（教委）按

照推荐条件(见附件1),推荐1—2所高校(其中北京市、上海市各推荐5所,四川省成都市、浙江省杭州市各推荐3所)和1家设计企业(其中北京市、上海市和广东省深圳市各推荐5家)参与2016年度研修研习培训计划,推荐材料(见附件2、3、4)请于2015年12月5日之前,以正式文件(一式两份)和电子邮件的形式报送文化部。

联系人和联系方式:

(一)文化部非物质文化遗产司　岳青

地址:北京市东城区朝阳门北大街10号

联系电话:010－59881282

电子邮箱:feiyichu@ sina. com

(二)教育部高等教育司　杨华杰

地址:北京市西城区西单大木仓胡同35号

联系电话:010－66097329

电子邮箱:gjs_wkc@ moe. edu. cn

特此通知。

附件:1. 推荐条件

2. 推荐汇总表

3. 推荐表

4. 工作思路(模板)(2016年度)

文化部办公厅　教育部办公厅

2015年11月17日

附件 1

推荐条件

一、高校

（一）具有较好的非物质文化遗产保护、研究和教学基础；

（二）已设立艺术类相关专业；

（三）具有安排学员在校内食宿的能力；

（四）有开展研修研习培训工作的积极性。

二、设计企业

（一）工艺美术、文化创意领域的大中型设计、制作企业；

（二）有开展研习工作的实践场所；

（三）有开展研习工作的积极性。

附件 2

推荐汇总表

序号	单位名称	参与类型（研修、研习或培训）	拟培训方向	2016 年度培训期数
1				
2				

____省（区、市）文化厅（局）（盖章）
年　月　日

____省（区、市）教育厅（教委）（盖章）
年　月　日

附件3

推荐表

填表日期：　　　　　　　　　　　　　　　　　　　　　　单位盖章：

<table>
<tr><td>单位名称</td><td colspan="3"></td></tr>
<tr><td>项目负责人</td><td></td><td>单位职务</td><td></td></tr>
<tr><td>联系方式</td><td></td><td>电子邮箱</td><td></td></tr>
<tr><td>通信地址</td><td colspan="3"></td></tr>
<tr><td>非遗保护研究和教学基础</td><td colspan="3"></td></tr>
<tr><td>后勤保障能力</td><td colspan="3"></td></tr>
<tr><td>拟参与工作</td><td colspan="3">研修□　研习□　普及培训□</td></tr>
<tr><td>2016年度拟培训方向或项目</td><td colspan="3"></td></tr>
</table>

附件 4

工作思路(模板)

（2016 年度）

一、培训项目

二、培训对象及人数

三、培训时间(请写明每期培训时间和课时)

四、培训地点

五、培训内容

六、师资安排

七、培训课程列表

八、后勤管理

九、组织机构

十、联系人及联系方式

文化市场

文化部关于加强网络游戏宣传推广活动监管的通知

文市发〔2015〕6号

各省、自治区、直辖市文化厅(局),新疆生产建设兵团文化广播电视局,西藏自治区、北京市、天津市、上海市、重庆市文化市场(综合)行政执法总队:

多年来,各地文化行政部门和文化市场综合执法机构依法加强对网络游戏宣传推广活动的管理和执法,违规营销现象得到有效遏制。但在网络游戏宣传推广中,还存在含有暴力色情内容、虚假欺诈、侵犯著作权、侵犯用户隐私等问题。为营造良好市场环境,规范市场秩序,打击违法违规行为,改善行业形象,现就有关事项通知如下:

一、树立“看得见、管得住”的指导思想,进一步将网络游戏宣传推广内容纳入监管视线

文化行政部门和文化市场综合执法机构要树立全领域监管的理念,将网络游戏宣传推广活动纳入监管视线。要对所在地网络游戏企业的宣传推广活动进行全面摸底,分类建立信息档案,确定重点关注的企业和重点监管的宣传推广形式。要注重末端整治和前端治理相结合,线上监管和线下监管相结合,对“事件营销”或其他公众参与的现场营销活动,要加强现场监管。

二、严查违规营销的网络游戏企业,明确第一责任,联合打击违规广告推广联盟

只要是网络游戏企业开展的宣传推广活动,宣传的是网络游戏产品,网络游戏企业都要对其中存在的问题负首要责任,由文化行政部门和文化市场综合执法机构对其进行监管和处罚。各地要抓典型案例,办重大案件,对存在违法违规问题的网络游戏企业坚决依法查处,起到威慑作用。对违规经营的网络游戏广告推广联盟,要联合当地公安、工业和信息化、工商等部门,依法重点查处。

三、充分发挥信息通报机制和举报渠道的作用,加强社会和舆论监督

各级文化行政部门和文化市场综合执法机构要发挥全国文化市场技术监管与服务平台和各地文化市场基层监管信息员的作用,将网络游戏宣传推广相关信息及时报送上级部门。要畅通全国文化市场举报网站(www.12318.gov.cn)和当地12318举报电话等举报渠道,对涉及网络游戏宣传推广的举报线索进行核实,查证属实的,处罚一批,就公布一批,加强对违规行为的威慑力。对属于公安、

工业和信息化、工商等部门管辖的，要及时通报举报及案件线索，加强部门间配合和协作。

四、建立健全“黑名单”制度，规范自由裁量权标准

建立健全违规宣传推广企业“黑名单”制度，及时向社会公布企业违规信息。根据宣传推广违规次数、违规情节等因素，对网络游戏企业实施分类监管。对屡教不改、屡教屡犯的企业，依法加大处罚力度。自本通知发布之日起，对在网络游戏推广和宣传中含有《网络游戏管理暂行办法》第九条禁止内容的网络游戏经营单位，违规 1 次的处 30000 元罚款，违规 2 次的责令停止游戏运营 15 天，违规 3 次以上的核销其《网络文化经营许可证》中涉及网络游戏的经营范围。

五、加强企业培训，强化正面引导

文化行政部门和文化市场综合执法机构要通过开展网络游戏企业培训，指导和督促网络游戏企业严格执行《网络文化经营单位内容自审管理办法》，引导网游企业开发健康游戏产品，开展合法营销，自觉抵制违法违规行为和低俗营销。

六、发挥各地协会作用，加强行业自律

各地要积极发挥本地网络文化协会及行业组织的作用，指导发布行业抵制低俗营销、维护行业形象公约。

七、建立部门协作机制，加强部门联动

要协同各有关部门建立会商、线索移送、联合执法等体制机制。对网络游戏宣传推广活动相关案件涉及刑事犯罪的要及时移送公安部门处理。

特此通知。

文化部

2015 年 3 月 19 日

文化部　公安部关于进一步加强游戏游艺场所监管促进行业健康发展的通知

文市发〔2015〕16号

各省、自治区、直辖市文化厅(局)、公安厅(局),新疆生产建设兵团文化广播电视局、公安局,西藏自治区、北京市、天津市、上海市、重庆市文化市场(综合)行政执法总队:

为贯彻落实《国务院关于促进市场公平竞争维护市场正常秩序的若干意见》精神,健全和规范游戏游艺行业准入、退出机制,坚决依法打击利用游戏机赌博等违法犯罪活动,促进游戏游艺行业健康有序发展,保障人民群众健康的文化娱乐环境,现就有关事项通知如下:

一、依法规范游戏游艺场所审批管理工作

根据《国务院关于印发注册资本登记制度改革方案的通知》和《国务院关于取消和调整一批行政审批项目等事项的决定》的规定,游戏游艺场所准入实行先照后证审批。县级文化行政部门在受理游戏游艺场所从事游戏游艺经营活动申请时,应当核查营业执照、场所权属证明等材料,经实地检查、公示、听证等程序后,在规定时限内,作出批准或者不批准决定。批准的,颁发娱乐经营许可证,并通知申请人15日内向所在地县级公安机关备案;不批准的,书面通知申请人并说明理由。取消对游戏游艺场所总量和布局规划的行政性规定,省级文化行政部门可以根据《娱乐场所管理条例》规定的条件,结合本地实际情况,按照方便市场主体准入、保护未成年人权益的原则,统一制定本地游戏游艺场所设立地点的认定标准和测量标准。文化行政部门受理审批后,应当按照本地区统一的测量标准,对场所设立地点进行实地勘察,查验场所周边环境和距中小学校距离是否符合设立规定,并出具书面意见。各级文化行政部门严禁擅自增加行政许可条件和程序,严格规范审批行为。

二、强化监管督促和保障游戏游艺场所合法经营

文化行政部门、公安机关要认真履责,依法行政,进一步强化事中事后监管,引导游戏游艺场所合法、健康经营。要完善常态化检查机制和随机抽查机制,通过全程、实时监管,引导、督促经营单位守法经营,预防、制止和查处经营单位违规经营和违法犯罪活动。要强化场所技术安防设施建设,积极推动场所监管信息化工作。要强化场所主体责任,签订《守法经营承诺书》,明确场所法定代表人、实际经营人为第一责任人,明晰部门责任,并悬挂在场所内显著位置,确保责任落实到位。要积极探索建立"黑名单"监管机制,对纳入"黑名单"的,依法予以限制或者禁入,形成"一处违法、处处受限"的联合惩戒机制。各级文化、公安等部门要严格依照法定职责,加大对无证场所查处力度,广辟线索来源,依法取缔无证经营的游戏游艺场所,严禁场所一证多用、证照不符、证址不一,对存在上述

问题的，坚决整治清理。要切实保障游戏游艺场所合法正常经营，杜绝“一刀切”式整治，不开展运动式、无针对性的全行业停业整顿的整治行动，对查处关停游戏游艺场所，要事实清楚、证据确凿、处罚有据。法无授权，不得擅自停止新设场所的审批受理。

三、坚决禁止游戏游艺场所从事赌博活动

各级公安机关要严格依法履行职责，严厉打击游戏游艺场所内的赌博违法犯罪活动。除专用的游戏代币、彩票及游戏过程中用于继续游戏的累计积分外，禁止游戏游艺场所内设置具有退币、退分、退钢珠等赌博功能的游戏设施设备（以下简称赌博机）。对游戏游艺场所内设置赌博机的，要一律依法收缴销毁。禁止游戏游艺场所以现金、有价证券等贵重款物作为奖品，或者以回购奖品方式给予他人现金、有价证券等贵重款物。存在上述情形的，依法按照组织赌博活动予以查处，涉嫌犯罪的，立案侦查，依法追究刑事责任。对游戏游艺场所内进行带有少量价值奖品的娱乐活动，不以赌博论处。奖品应当健康有益，奖品价值由省级文化部门商公安机关依据当地经济发展水平制定具体标准。

四、充分发挥行业协会作用

各级文化行政部门、公安机关要加强对行业协会的指导和培育，在科学评估的基础上，积极转变职能，把适合行业组织自律管理的职能交给行业协会。行业协会要做好行业和文化、公安等行业管理部门的“桥梁”、“纽带”，积极参与、组织对场所从业人员的培训，提高从业人员守法意识；主动收集涉赌等违规违法线索，及时提供给行业管理部门依法查处；积极配合行业管理部门开展反赌博宣传，通过协会网站、微博、微信等公共平台宣传国家政策法规、发布政府管理信息、公布违规企业、产品名录和违法事件。中国文化娱乐行业协会要通过制定行业标准和规范，指导各级行业协会和游戏游艺场所经营单位实行行业自律管理。

本通知印发之日起，各省级文化、公安部门应当根据本通知精神，结合本地区本部门实际情况认真贯彻落实，文化部、公安部将适时督导各地执行情况。

特此通知。

文化部　公安部

2015 年 9 月 16 日

文化部关于进一步加强和改进网络音乐内容管理工作的通知

文市发〔2015〕21号

各省、自治区、直辖市文化厅(局),新疆生产建设兵团文化广播电视局,西藏自治区、北京市、天津市、上海市、重庆市文化市场行政(综合)执法总队:

为推动网络文化内容建设,提高管理服务水平,促进网络音乐行业健康发展,根据《互联网文化管理暂行规定》(文化部令第51号)、《网络文化经营单位内容自审管理办法》(文市发〔2013〕39号)等有关规定,现就进一步加强和改进网络音乐内容管理工作通知如下:

一、网络音乐内容管理实行企业自主审核,文化行政部门进行事中事后监管的管理制度

网络音乐经营单位要按照“谁经营,谁负责”的原则,坚持社会效益和经济效益相统一、社会效益优先,切实履行内容审核主体责任,负责对拟提供的网络音乐进行内容审核,审核通过后方可上线经营。

文化行政部门和文化市场综合执法机构要加强对企业自审工作的指导和监督,加强对网络音乐市场日常巡查和随机抽查,建立网络音乐市场警示名单和黑名单等信用管理制度,强化事中事后监管。

二、严格执行网络音乐内容自审制度,强化网络音乐经营单位主体责任

(一)网络音乐经营单位应当严格按照《网络文化经营单位内容自审管理办法》和《网络音乐内容审核工作指引》等标准规范,开展本单位网络音乐内容审核工作,建立内部工作流程和责任制度,严把内容关,确保网络音乐内容合法。

提供网络平台(空间)供网民编创、表演及个人音乐上传服务的网络音乐经营单位,应当建立对本网络平台(空间)的实时监管制度,发现违规内容要立即进行处置。

(二)网络音乐经营单位应当将本单位内容管理制度、部门设置、人员配置、工作职责、审核流程、工作规范等情况通过“全国文化市场技术监管与服务平台”(以下简称“监管与服务平台”)报所在地省级文化行政部门备案。新设立的单位应当于取得《网络文化经营许可证》起30日内,在向公众提供服务前,完成上述内容的备案。

(三)网络音乐经营单位应当在每季度第一个月月底前,通过“监管与服务平台”将上一季度网络音乐内容自审相关信息报文化部备案。备案内容包括:内容自审总体情况、审核的网络音乐数量(包括审核通过和审核未通过,下同)、审核的网络音乐曲目列表(包括曲目名称、版权公司、词曲作者、表演者)等信息。提供网络平台(空间)服务的网络音乐经营单位,备案内容为本网站实时监运情况、发现问题处置情况等。网络音乐经营单位对报送信息的真实性、合法性负责。

(四)网络音乐经营单位对网络音乐内容

是否合法难以判定的，可向省级以上文化行政部门申请行政指导，文化行政部门应当在接到申请后7个工作日内予以回复。

三、加强业务指导和事中事后监管，促进网络音乐行业健康发展

（一）文化部负责对网络音乐内容审核工作的总体指导，负责制定并发布网络音乐内容审核工作指引等标准规范，编制内容审核培训教程，负责对网络音乐内容是否合法进行最终认定，负责建立警示名单和黑名单等网络音乐市场信用管理制度。

（二）省级文化行政部门负责具体指导、监督网络音乐经营单位开展自审工作，包括：指导企业培训自审人员，对企业自审制度执行情况进行随机抽查、核查，为网络音乐内容自审工作提供行政指导等。省级以上文化行政部门可以根据需要成立内容审查专家委员会，根据专家委员会审查意见，对网络音乐内容合法性提出认定意见。

（三）各级文化行政部门和文化市场综合执法机构要加强对网络音乐市场的事中指导检查和事后监管执法工作。做好对辖区内网络音乐经营单位的指导、服务和日常监管，建立网络音乐市场巡查、随机抽查制度，依法查处违法违规行为和相关责任单位，负责实施警示名单和黑名单等网络音乐市场信用管理制度。

（四）行业协会等社会组织要在文化行政部门的指导下，切实发挥企业与政府之间的沟通桥梁作用，主动加强行业自律，制定行业标准和经营规范，开展行业培训，推动企业守法经营。

本通知所称网络音乐是指通过信息网络传播的音乐产品，包括歌曲、乐曲以及有画面作为音乐产品辅助手段的音乐视频（MV）等。网络音乐经营单位是指从事网络音乐服务的经营性互联网文化单位。

本通知自2016年1月1日起施行。网络音乐经营单位自2016年4月1日起报送网络音乐自审相关信息。其他文件与本通知不符的，以本通知为准。

特此通知。

文化部

2015年10月23日

文化部关于在中国(广东)自由贸易试验区、中国(天津)自由贸易试验区、中国(福建)自由贸易试验区内调整实施有关文化市场管理政策的通知

文市函〔2015〕490号

广东省文化厅、天津市文化广播影视局、福建省文化厅:

为贯彻落实《国务院关于印发中国(广东)自由贸易试验区总体方案的通知》(国发〔2015〕18号)、《国务院关于印发中国(天津)自由贸易试验区总体方案的通知》(国发〔2015〕19号)、《国务院关于印发中国(福建)自由贸易试验区总体方案的通知》(国发〔2015〕20号),现将中国(广东)自由贸易试验区、中国(天津)自由贸易试验区、中国(福建)自由贸易试验区(以下统一简称为"试验区")内文化市场管理有关政策调整如下:

一、允许在试验区内设立外资经营的演出经纪机构、演出场所经营单位,为本省(直辖市)提供服务。

(一)设立合资、合作、独资经营演出经纪机构的,应当在领取工商营业执照后,向省级人民政府文化主管部门提出申请。省级人民政府文化主管部门自收到申请之日起20日内作出决定。

(二)设立合资、合作、独资经营演出场所经营单位的,应当自领取工商营业执照之日起20日内,持上述证照以及消防、卫生部门的批准文件,到省级人民政府文化主管部门备案,领取演出场所经营单位备案证明。

(三)合资、合作、独资经营的演出经纪机构,在本省(直辖市)内举办营业性演出活动,应当向演出所在地文化主管部门提出申请。举办国内文艺表演团体或者演员参加的营业性演出,应当向县级人民政府文化主管部门提出申请,县级人民政府文化主管部门自受理申请之日起3日内作出决定;举办涉外或者涉港澳台营业性演出,应当向省级人民政府文化主管部门提出申请,省级人民政府文化主管部门自受理申请之日起20日内作出决定。

(四)合资、合作、独资经营的演出场所经营单位,在本场所内举办营业性演出活动,应当向演出所在地文化主管部门提出申请。举办国内文艺表演团体或者演员参加的营业性演出,应当向县级人民政府文化主管部门提出申请,县级人民政府文化主管部门自受理申请之日起3日内作出决定;举办涉外或者涉港澳台营业性演出,应当向省级人民政府文化主管部门提出申请,省级人民政府文化主管部门自受理申请之日起20日内作出决定。

二、允许在试验区内设立外资经营的娱乐场所

设立合资、合作、独资经营娱乐场所的,应当符合《娱乐场所管理条例》、《娱乐场所管理办法》等法规规章规定的设立条件,向省级人民政府文化主管部门提出申请。省级人民政府文化主管部门自受理申请之日起20日内作出决定。

三、本通知调整的文化市场管理事项，适用于在试验区内投资、设立企业的香港特别行政区、澳门特别行政区、台湾地区投资者和在国外居住的中国公民。

特此通知。

文化部

2015 年 6 月 12 日

文化部关于允许内外资企业从事游戏游艺设备生产和销售的通知

文市函〔2015〕576号

各省、自治区、直辖市文化厅(局),新疆生产建设兵团文化广播电视局,西藏自治区、北京市、天津市、上海市、重庆市文化市场(综合)行政执法总队:

根据《国务院关于推广中国(上海)自由贸易试验区可复制改革试点经验的通知》的要求,文化部负责将"允许内外资企业从事游戏游艺设备生产和销售,经文化部门内容审核后面向国内市场销售"的改革试点经验,于2015年6月30日前在全国范围内推广。现将有关事项通知如下:

一、本通知所称游戏游艺设备,是指通过专用设备向消费者提供游戏内容和游戏过程的电子、机械类装置,包括营业场所使用的电子游戏机、与电视接收机设备配套使用的电子游戏机及手持类电子游戏机等,不包含用于出口销售的游戏游艺设备。本通知所称从事游戏游艺设备生产和销售的内外资企业,是指在工商行政部门依法登记,经营范围包括游戏游艺设备生产或者销售并具有独立法人资格的企业。

二、鼓励和支持企业研发、生产和销售具有自主知识产权、体现民族精神、内容健康向上的益智类、教育类、体感类、健身类游戏游艺设备。严禁含有《娱乐场所管理条例》第十三条禁止内容的,存在安全隐患的,具有退币、退分、退钢珠等赌博功能的游戏游艺设备面向国内生产和销售。

三、省级文化行政部门负责游戏游艺设备内容审核工作。各省(区、市)文化行政部门应当按照《中华人民共和国行政许可法》、《政府信息公开条例》规定,在行政审批服务大厅及有关政务网站,公布游戏游艺设备内容审核的法规依据、实施机关、审核条件、审核程序、审核时限、联系方式等信息,并做好政策咨询服务工作。从事游戏游艺机生产和销售的企业应当向所在地省级文化行政部门提出内容审核申请。省级文化行政部门应当自受理申请之日起20日内作出决定,审核通过的,出具《游戏游艺设备内容审核批准单》,并报文化部统一向社会公布,具体审核流程依照《游戏游艺设备内容审核管理办法》(见附件)。已取得《游戏游艺设备内容审核批准单》的游戏游艺设备可以面向全国销售,异地文化行政部门不再重复审核。省级文化行政部门可以建立由文化、公安等部门、行业专家、协会组成的游戏游艺设备内容审核专家组,对内容难以界定的,可以由专家组提出审核建议或者报文化部复核,复核时间不计入审核时间。文化部不再分批次发布《游戏游艺机市场准入机型机种指导目录》,原《游戏游艺机市场准入机型机种指导目录》继续有效。

四、游戏游艺设备生产和销售企业应当建立内容自审制度,并加强对审核人员的培训。从事游戏游艺设备生产和销售的内外资企业,应当每年向省级文化行政部门报送上一年度的年度报告,内容除向工商行政部门报送的外，还应当包括销售数量。未建立内容自审制度、未按规定履行年度报告义务的，省级文化行政部门可以将其列入文化市场经营异常名录。

县级以上文化行政部门、文化市场综合执法机构对于未经内容审核，擅自面向国内销售游戏游艺设备的企业，应当责令改正，未改正的，由省级文化行政部门将其列入文化市场经营异常名录；游戏游艺设备含有《娱乐场所管理条例》第十三条禁止内容的，由省级文化行政部门将其列入文化市场黑名单。

五、省级文化行政部门要根据本通知精神，结合本地区本部门实际情况，制定实施方案，建立由文化、工商、公安等部门组成的工作协调机制，做好政策宣传和解读，推进政策落地。实施中遇到的重要情况和问题要及时报告。文化部将适时对游戏游艺设备内容审核有关政策的落实情况进行督导。

特此通知。

附件：游戏游艺设备内容审核管理办法

文化部

2015 年 6 月 24 日

附件

游戏游艺设备内容审核管理办法

第一条 为加强游戏游艺设备内容审核工作，根据《娱乐场所管理条例》、《国务院关于推广中国（上海）自由贸易试验区可复制改革试点经验的通知》、《互联网文化管理暂行规定》等有关规定，制定本办法。

第二条 本办法所称游戏游艺设备，是指通过专用设备向消费者提供游戏内容和游戏过程的电子、机械类装置，包括营业场所使用的电子游戏机、与电视接收机设备配套使用的电子游戏机及手持类电子游戏机等，不包含用于出口销售的游戏游艺设备。

第三条 鼓励与支持企业研发、生产和销售具有自主知识产权、体现民族精神、内容健康向上的益智类、教育类、体感类、健身类游戏游艺设备。

第四条 面向国内生产和销售的游戏游艺设备禁止含有下列内容：

（一）违反宪法确定的基本原则的；

（二）危害国家统一、主权或者领土完整的；

（三）危害国家安全，或者损害国家荣誉、利益的；

（四）煽动民族仇恨、民族歧视，伤害民族感情或者侵害民族风俗、习惯，破坏民族团结的；

（五）违反国家宗教政策，宣扬邪教、迷信的；

（六）宣扬淫秽、赌博、暴力以及与毒品有关的违法犯罪活动，或者教唆犯罪的；

（七）违背社会公德或者民族优秀文化传统的；

（八）侮辱、诽谤他人，侵害他人合法权益的；

（九）法律、行政法规禁止的其他内容。

第五条 面向国内生产和销售的游戏游艺设备的外观、游戏内容、游戏方法说明应当使用我国通用语言文字，不得具有退币、退分、退钢珠等赌博功能。

第六条 在国内依法注册，具有独立法人资格的游戏游艺设备生产和销售企业，向所在地省级文化行政部门提出游戏游艺设备内容审核申请时，应当提交以下材料：

（一）《游戏游艺设备内容审核申请表》；

（二）企业营业执照复印件，经营范围应当含有游戏游艺设备生产或者销售；

（三）游戏游艺设备内设游戏内容全过程的视频文件或者软件的视频演示（DEMO）文件；

（四）能够反映产品整体外观并与实际销售产品一致的电子图片。其中一张正面图，两张侧面图，格式统一为“*.JPG”，图片分辨率不低于1280×720；

（五）游戏游艺设备使用的音频文件、名称列表和歌词的电子文本。电子文本应当是游戏游艺设备中使用的全部背景音乐、歌曲的名称列表、音频文件和歌词文本，如为外文歌曲须提供中外文对照文本；

（六）游戏游艺内容中对白、旁白、描述性文字以及操作说明文本，如涉及外文的应当提交中外文对照文本；

游戏游艺设备具备通过信息网络下载和提供网络游戏产品及服务功能的，应当使用按照《网络游戏管理暂行办法》通过内容审查或者备案的网络游戏产品。

第七条 省级文化行政部门受理申请时，应当核对申请材料，发现申请材料不齐全的，应当出具《游戏游艺设备内容审核补充材料清单》，一次性告知申请人；申请材料齐全的，应当当场受理。省级文化行政部门应当自受理申请之日起 20 个工作日内作出决定，符合本办法规定的，应当出具《游戏游艺设备内容审核批准单》，并通过全国文化市场技术监管与服务平台报文化部，由文化部统一向社会公布，公布内容应当包括游戏游艺设备名称、生产和销售企业、批准部门、批准日期及相关图片及说明等；不符合规定的，应当书面说明理由。有异议的，省级文化行政部门应当充分听取当事人的意见，对当事人提出的事实、理由和证据进行复核；当事人提出的事实、理由或者证据成立的，应予采纳。

第八条 从事游戏游艺设备生产和销售的企业取得《游戏游艺设备内容审核批准单》后，可以向国内市场销售其游戏游艺设备。游戏游艺设备规则和程序需要改进或者系统需要升级的，应当报原审核部门备案；因升级、改版等发生内容实质性变更的，应当重新报省级文化行政部门，经内容审核通过后方可面向国内销售。

第九条 在国家批准设立的自由贸易试验区等海关特殊监管区域生产的游戏游艺设备面向国内销售的，内容审核依照本办法执行。游戏游艺设备出区面向国内销售的，应当向商务部门提交《游戏游艺设备内容审核批准单》及其他相关材料，办理《自动进口许可证》后，持《游戏游艺设备内容审核批准单》和《自动进口许可证》到海关办理有关手续。

第十条 游戏游艺设备生产和销售企业及为游戏游艺设备提供网络游戏产品及服务的企业，应当建立内容自审制度，配备适应审核工作需要的人员负责内容管理工作，保障游戏游艺设备内容的合法性。

附表 1

游戏游艺设备内容审核申请表

<table>
<tr><td>企业名称</td><td colspan="3"></td><td>法定代表人</td><td></td></tr>
<tr><td>详细地址</td><td colspan="3"></td><td>邮政编码</td><td></td></tr>
<tr><td>联系人</td><td></td><td>电话</td><td></td><td>传真</td><td></td></tr>
<tr><td colspan="6">产品名称、型号：</td></tr>
<tr><td>功率</td><td></td><td>电源</td><td></td><td>尺寸(长＊宽＊高)</td><td></td></tr>
<tr><td colspan="6">游戏软件：□自主研发　□代理　产权拥有人：</td></tr>
<tr><td colspan="6">人物、故事、音乐等相关要素：　□自主研发　□代理
产权拥有人：</td></tr>
<tr><td colspan="6">其他：　□自主研发　□代理
产权拥有人：</td></tr>
<tr><td colspan="6">游戏主题：</td></tr>
<tr><td colspan="6">游戏内容简介：</td></tr>
<tr><td colspan="6">操作说明：</td></tr>
<tr><td colspan="6"></td></tr>
<tr><td colspan="6">企业自审情况：</td></tr>
<tr><td colspan="6">声　明
省(市)文化厅(局)：
本单位承诺所提交的材料真实、有效和合法，并愿意承担由此引发和产生的一切法律后果。
法定代表人签名并加盖公章
二〇　年　月　日</td></tr>
</table>

附表 2

游戏游艺设备内容审核补充材料清单

设备名称		型号	
申请人		申请日期	
联系人		电话	
材料内容：			
序号	全部材料清单		需补充的材料（打“√”）
1	游戏游艺设备内容审核申请表		
2	申报单位的工商营业执照复印件		
3	全部游戏游艺机过程的视频文件或者游戏软件的视频演示（DEMO）文件		
4	能够反映产品整体外观的电子图片，其中一张正面图，两张侧面图，格式统一为 .JPG，图片分辨率不得低于 1280×720；		
5	产品使用的音频文件、名称列表和歌词的电子文本（如为外文歌曲须提供中外文对照文本）；		
6	产品中对白、旁白、描述性文字以及操作说明的电子文本；		
经办人		日期	

附表 3

歌词文本提交模板

游戏名称：		
曲名	中文名	检索
1. ※此处填写歌曲名	※若歌曲为外文，此处填写歌曲名的中文译本	※此处填写歌曲存放位置
2.		
3.		
4.		
5.		

游戏中歌词列表：	
此处填写歌曲名，并在括号中填写歌曲名的中文译本以及演唱者姓名	
原文歌词	中文翻译
※此处填写歌曲的原文歌词，若歌曲为中文歌曲，直接填写中文歌词即可	
※每首歌曲另起一格填写	

附表 4

游戏文本提交模板

游戏名称：	
	※此处插入游艺机外形正面图片一张

画面类型	外文	中文
开机提示		

附表 5

游戏游艺设备内容审核批准单

你单位申报的(游戏产品名称、型号)审核申请收悉。经审核,该游戏游艺设备符合有关规定,现予以批准。批准之日起可以面向国内市场销售。

________省文化厅

年　月　日

文化部关于落实"先照后证"改进文化市场行政审批工作的通知

文市函〔2015〕627 号

各省、自治区、直辖市文化厅(局),新疆生产建设兵团文化广播电视局,西藏自治区、北京市、天津市、上海市、重庆市文化市场(综合)行政执法总队:

为贯彻落实《国务院关于印发注册资本登记制度改革方案的通知》、《国务院关于取消和调整一批行政审批项目等事项的决定》、《国务院关于规范国务院部门行政审批行为改进行政审批有关工作的通知》,做好文化市场主体准入工商前置(以下简称"先照后证"),改进文化市场行政审批工作,解决部分地区存在的擅自停止部分审批项目、调整审批层级、增减审批条件以及超规定时限审批等问题,现就有关工作通知如下:

一、贯彻落实文化市场主体准入"先照后证"制度

实施"先照后证"制度,是行政审批改革的重要内容,有利于进一步激发市场活力。根据国务院部署,文化部将涉及演出、娱乐、网络文化等主体准入审批项目实施"先照后证"制度。文化行政部门要按照便捷、高效、规范原则,完善工作流程,落实监管责任,依法规范行政审批工作。

(一)做好工作衔接。主动与工商行政部门沟通,已经建立工商登记信息推送机制的,文化行政部门应当在收到工商推送信息 2 个工作日内确认收悉,并督促指导文化市场主体申办许可;未建立工商登记信息推送机制的,文化行政部门要主动指导文化市场主体在开展经营活动前依法办理许可。

(二)简化申报材料。在受理《营业性演出许可证》、《娱乐经营许可证》、《网络文化经营许可证》申请业务时,工商行政部门已登记核准的经营主体名称、住所、注册资本、经济类型、法定代表人或者主要负责人等事项,以营业执照载明内容为准,文化行政部门不再要求提供办理营业执照时已经提供的材料。

(三)落实注册资本登记制度改革工作。取消设立经营性互联网文化单位最低注册资本 100 万元、从事网络游戏经营活动最低注册资本 1000 万元的限制。文化行政部门在审批演出经纪机构、演出场所、娱乐场所、网络文化等经营单位设立时,不再要求申请人提供相关验资报告或者资金证明及设立章程、合同、企业管理制度等材料,国家对外商投资有明确规定的以外。

(四)简化住所(经营场所)登记手续。取消文化行政部门对含有电子游戏机的游艺娱乐场所、互联网上网服务营业场所总量和布局规划的要求。省级文化行政部门可以根据《娱乐场所管理条例》及《互联网上网服务营业场所管理条例》规定的条件,结合本地实际情况和管理需要,按照方便市场主体准入、保护未成年人权益的原则,对经营场所设立地点的认定做出具体规定。文化行政部门受理审批后,应当按照本地区统一的测量标准,对场所设立地点进行实地检查,查验场所周边

环境和距中小学校距离是否符合设立规定，并出具书面意见。

二、制定权力清单，规范行政审批行为

文化部将根据国务院相关要求，公布文化市场行政审批事项清单(见附件1)，明确审批项目、设立依据和审批层级。各级文化行政部门应当根据文化市场行政审批事项清单，制定本部门权力清单，公布所承担的审批项目、条件、程序和时限，不得擅自增减项目、抬高或降低审批门槛，拖延办理时限。

(五)规范审批层级。目前，个别省份文化行政部门将文化市场部分涉外审批项目进一步下放，出现跨地区报批难度大、审批效率低等问题，甚至造成地区和政策壁垒，阻碍文化产品的全国性流通。对于2013年以后文化部下放的涉外行政审批事项，省级文化行政部门原则上不得再下放审批权限，降低审批层级。

(六)做好政务信息公开。文化行政部门对承担的每项行政审批事项应当编制办事指南，清晰、具体地列明申请条件、材料、基本流程、审批时限、注意事项等内容，并附示范文本以及常见错误示例。办事指南要方便申请人取用，并提供电子文档下载服务。各级文化行政部门应当依法公开审批信息，除涉及国家秘密、商业秘密或个人隐私外，应当及时、准确公开本部门行政审批事项的受理、进展情况和结果，确保申请人的知情权，并告知申请人依法享有的申请行政复议的权利。

(七)规范审批行为。文化行政部门要对承担的审批事项制定业务手册，逐项细化审批流程、标准、要点，严格规范行政裁量权。要建立和完善行政审批台账管理制度，每一季度向上级部门报送审批情况(见附件2)。有条件地区可以试行建立申请人评议制度，每年随机抽取一定数量的申请人，开展审批评议。加强审批行为监管，对违反行政许可法规、失职渎职的经办人员，依法依纪严肃处理。

(八)建立随机抽查机制。文化行政部门要结合本地区文化市场和执法队伍实际情况，建立随机抽查与日常检查相结合的监督检查制度。根据本部门的权力清单，逐项梳理出文化市场检查项目。对于法规要求现场检查的，应当现场检查，对于没有明确要求的，原则上每年度对所辖区每一家文化市场主体至少进行一次普遍性检查。文化行政部门应当建立本地区随机抽查办法，实行随机确定抽检企业，明确抽查范围、比例、频率、结果公示等内容。

三、提高审批人员履职能力

文化行政部门要通过加强培训、案卷检查等多种方式，努力提升审批人员的业务能力和履职水平。

(九)推进电子政务，加快开展网上审批工作。文化行政部门应当尽快部署在全国文化市场技术监管与服务平台上开展审批工作。到2015年12月，所有审批工作均应通过平台办理。

(十)加强审批人员的培训。文化部负责建立培训师资库、编撰培训教材、建设在线培训系统，对省级文化行政部门审批负责人和师资队伍进行培训，每年不少于1次；省级文化行政部门负责制定本地区年度培训计划，培训市、县(区)文化市场行政审批管理部门负责人，对行政审批窗口工作人员和新任文化市场行政审批管理人员进行岗前培训。

文化部将定期开展行政审批评估检查工作，对地方文化市场日常监管进行不定期抽查，省级文化行政部门要加强督导、落实。

特此通知。

附件：1. 文化市场行政审批事项清单

2. 文化市场行政审批台账报送表

文化部

2015年7月2日

附件 1

文化市场行政审批事项清单

一、审批层级:文化部

(一)审批事项:中外合资经营、中外合作经营的演出经纪机构设立审批

子项:无

设立依据:《营业性演出管理条例》(国务院令第 528 号)第十一条

(二)审批事项:中外合资经营、中外合作经营的演出场所经营单位设立审批

子项:无

设立依据:《营业性演出管理条例》(国务院令第 528 号)第十一条

(三)审批事项:互联网文化单位进口互联网文化产品内容审查

子项:无

设立依据:《国务院对确需保留的行政审批项目设定行政许可的决定》(国务院令第 412 号)第 194 项

二、审批层级:省级文化行政部门

(一)审批事项:中外合资经营、中外合作经营的娱乐场所设立审批

子项:中外合资经营、中外合作经营的歌舞娱乐场所设立审批;中外合资经营、中外合作经营的游艺娱乐场所设立审批

设立依据:《娱乐场所管理条例》(国务院令第 458 号)第六条

(二)审批事项:香港、澳门服务提供者在内地设立内地方控股的合资演出团体审批

子项:无

设立依据:《内地与香港关于建立更紧密经贸关系的安排》(CEPA)补充协议九、《内地与澳门关于建立更紧密经贸关系的安排》(CEPA)补充协议九;《文化部关于实施〈《内地与香港关于建立更紧密经贸关系的安排》补充协议九〉和〈《内地与澳门关于建立更紧密经贸关系的安排》补充协议九〉有关事项的通知》(文市函〔2012〕1916 号)

(三)审批事项:香港特别行政区、澳门特别行政区的投资者在内地投资设立合资、合作、独资经营的演出经纪机构审批

子项:无

设立依据:《营业性演出管理条例》(国务院令第 528 号)第十二条,《国务院关于取消和下放一批行政审批项目的决定》(国发〔2013〕44 号)第 40 项

(四)审批事项:台湾地区的投资者在内地投资设立合资、合作经营的演出经纪机构的审批

子项:无

设立依据:《营业性演出管理条例》(国务院令第 528 号)第十二条,《国务院关于取消和下放一批行政审批项目的决定》(国发〔2013〕44 号)第 42 项

(五)审批事项:香港特别行政区、澳门特别行政区的投资者在内地投资设立合资、合作、独资经营的演出场所经营单位的审批

子项:无

设立依据:《营业性演出管理条例》(国务院令第 528 号)第十二条,《国务院关于取消和下放一批行政审批项目的决定》(国发〔2013〕44 号)第 41 项

(六)审批事项:台湾地区的投资者在内地投资设立合资、合作经营的演出场所经营单位的审批

子项:无

设立依据:《营业性演出管理条例》(国务

院令第528号)第十二条,《国务院关于取消和下放一批行政审批项目的决定》(国发〔2013〕44号)第43项

(七)审批事项:演出经纪机构设立审批

子项:无

设立依据:《营业性演出管理条例》(国务院令第528号)第七条

(八)审批事项:举办外国的文艺表演团体、个人参加的营业性演出审批

子项:举办外国文艺表演团体或者个人在演出场所经营单位及临时搭建场地进行的营业性演出审批;举办外国文艺表演团体或者个人在非演出场所经营单位进行的营业性演出审批

设立依据:《营业性演出管理条例》(国务院令第528号)第十六条,《国务院关于取消和下放一批行政审批项目等事项的决定》(国发〔2013〕19号)第86项

(九)审批事项:举办香港特别行政区、澳门特别行政区的文艺表演团体、个人参加的营业性演出审批

子项:无

设立依据:《营业性演出管理条例》(国务院令第528号)第十六条

(十)审批事项:举办台湾地区的文艺表演团体、个人参加的营业性演出审批

子项:无

设立依据:《营业性演出管理条例》(国务院令第528号)第十六条

(十一)审批事项:美术品进出口经营活动审批

子项:一般美术品进出口经营活动审批、涉外商业性美术品展览活动审批

设立依据:《国务院对确需保留的行政审批项目设定行政许可的决定》(国务院令第412号)第193项、《国务院关于取消和下放一批行政审批项目的决定》(国发〔2013〕44号)第39项、《文化部、海关总署关于印发〈美术品进出口管理暂行规定〉的通知》(文市发〔2009〕21号)

(十二)审批事项:经营性互联网文化单位设立审批

子项:无

设立依据:《国务院对确需保留的行政审批项目设定行政许可的决定》(国务院令第412号)第193项

(十三)审批事项:游戏游艺设备内容审核

子项:无

设立依据:《国务院关于推广中国(上海)自由贸易试验区可复制改革试点经验的通知》(国发〔2014〕65号)附件1第22项;《文化部关于允许内外资企业从事游戏游艺设备生产和销售的通知》(文市函〔2015〕576号)

三、审批层级:县级文化行政部门

(一)审批事项:娱乐场所设立审批

子项:歌舞娱乐场所设立审批;游艺娱乐场所设立审批

设立依据:《娱乐场所管理条例》(国务院令第458号)第九条

(二)审批事项:文艺表演团体设立审批

子项:无

设立依据:《营业性演出管理条例》(国务院令第528号)第七条

(三)审批事项:演出场所经营单位备案

子项:无

设立依据:《营业性演出管理条例》(国务院令第528号)第八条

(四)审批事项:个体演员、个体演出经纪人备案

子项:无

设立依据:《营业性演出管理条例》(国务院令第528号)第十条

(五)审批事项:营业性演出审批

子项：无

设立依据：《营业性演出管理条例》（国务院令第 528 号）第十四条

（六）审批事项：互联网上网服务营业场所经营单位设立审批（县级以上）

子项：无

设立依据：《互联网上网服务营业场所管理条例》（国务院令第 363 号）第四条

附件 2

____文化市场行政审批台账报送表(　　年第　季度)

审批层级	文化部			省级文化行政部门									
审批事项	中外合资经营、中外合作经营的演出经纪机构设立审批	中外合资经营、中外合作经营的演出场所经营单位设立审批	互联网文化单位进口互联网文化产品内容审查	中外合资经营、中外合作经营的娱乐场所设立审批		香港、澳门服务提供者在内地设立内地方控股的合资演出团体的审批	香港特别行政区、澳门特别行政区的投资者在内地投资设立合资、合作、独资经营的演出经纪机构审批	台湾地区的投资者在内地投资设立合资、合作经营的演出经纪机构审批	香港特别行政区、澳门特别行政区的投资者在内地投资设立合资、合作、独资经营的演出场所经营单位	台湾地区的投资者在内地投资设立合资、合作经营的演出场所经营单位审批	演出经纪机构设立审批	举办外国的文艺表演团体、个人参加的营业性演出审批	
子项	无	无	无	中外合资合作歌舞娱乐场所设立审批	中外合资合作游艺娱乐场所设立审批	无	无	无	无	无	无	举办外国文艺表演团体、个人在演出场所经营单位、临时搭建场地进行的营业性演出审批	举办外国文艺表演团体、个人在歌舞娱乐场所等非演出场所经营单位进行的营业性演出审批
数量													

续表

审批层级	省级文化行政部门						县级文化行政部门							县级以上文化行政部门
审批事项	举办香港特别行政区、澳门特别行政区的文艺表演团体、个人参加的营业性演出审批	举办台湾地区的文艺表演团体、个人参加的营业性演出审批	美术品进出口经营活动审批		经营性互联网文化单位设立审批	游戏游艺设备内容审核	娱乐场所设立审批		文艺表演团体设立审批	演出场所经营单位备案	个体演员、个体演出经纪人备案	营业性演出审批	互联网上网服务营业场所经营单位设立审批
子项	无	无	一般美术品进出口经营活动审批	涉外商业性美术品展览活动审批	无	无	歌舞娱乐场所设立审批	游艺娱乐场所设立审批	无	无	无	无	无
数量														

文化部关于在北京市特定区域调整实施外商独资经营演出经纪机构政策的通知

文市函〔2015〕1237号

北京市文化局：

为贯彻落实《国务院关于北京市服务业扩大开放综合试点总体方案的批复》（国函〔2015〕81号）、《国务院关于在北京市暂时调整有关行政审批和准入特别管理措施的决定》（国发〔2015〕60号）等有关规定，现将北京市文化市场管理有关政策调整如下：

一、允许外国投资者在北京市石景山区国家服务业综合改革试点区、天竺综合保税区文化保税园、朝阳区国家文化产业创新实验区和平谷区中国乐谷园区等四个特定区域内，设立独资演出经纪机构，在北京市范围内提供服务。调整事项时限截至2018年5月5日。

二、在北京市特定区域内设立中外合资、合作、外商独资经营演出经纪机构的，应当在取得工商营业执照后，向北京市文化局提出申请。北京市文化局自收到申请之日起20日内作出决定。

中外合资、合作、外商独资经营的演出经纪机构，在本市内举办营业性演出活动，应当向演出所在地文化主管部门提出申请。举办国内文艺表演团体或者演员参加的营业性演出，应当向县级人民政府文化主管部门提出申请，县级人民政府文化主管部门自受理申请之日起3日内作出决定；举办涉外或者涉港澳台营业性演出，应当向省级人民政府文化主管部门提出申请，省级人民政府文化主管部门自受理申请之日起20日内作出决定。

三、本通知调整的文化市场管理事项，也适用于在北京市特定区域内投资、设立企业的中国台湾地区投资者和在国外居住的中国公民。

特此通知。

文化部

2015年12月18日

文化部办公厅关于印发《推广文化市场随机抽查规范文化市场事中事后监管工作实施方案》的通知

办市函〔2015〕590 号

各省、自治区、直辖市文化厅(局),新疆生产建设兵团文化广播电视局,西藏自治区、北京市、天津市、上海市、重庆市文化市场(综合)行政执法总队:

根据《国务院办公厅关于推广随机抽查规范事中事后监管的通知》(国办发〔2015〕58 号)精神,我部制定了《推广文化市场随机抽查 规范文化市场事中事后监管工作实施方案》,现印发给你们,请结合工作实际贯彻执行。

特此通知。

文化部办公厅

2015 年 11 月 19 日

推广文化市场随机抽查　规范文化市场事中事后监管工作实施方案

为贯彻落实《国务院办公厅关于推广随机抽查　规范事中事后监管的通知》(国办发〔2015〕58号)精神,推广文化市场随机抽查,创新文化市场监管方式,规范文化市场综合执法行为,营造健康有序、规范发展的文化市场环境,结合文化市场实际,制定本方案。

一、工作目标

落实国办发〔2015〕58号文件要求,坚持依法监管、公正高效、公开透明、协同推进的原则,推广文化市场随机抽查,建立符合文化市场特点的日常巡查与随机抽查有机结合的工作机制。严格履行法定监管职责,公开文化市场随机抽查事项清单,开展“双随机”抽查,依法查处违法违规经营行为,主动接受社会监督。加强文化市场事中事后监管,做到严格规范公正文明执法,提升文化市场监管效能,规范文化市场经营秩序。鉴于歌舞娱乐、游戏游艺、互联网上网服务等场所人员密集、流动频繁,需要进一步加强日常巡查监管,随机抽查重点对非实体场所类文化经营单位实施。

二、工作任务

(一)制定文化市场随机抽查事项清单。对法律法规规章规定的文化市场检查事项,大力推广随机抽查。各级文化行政部门和文化市场综合执法机构依据文化市场法律法规规章,参考文化部制定的随机抽查事项清单(附后),结合执法权限,制定本部门或本机构随机抽查事项清单,明确抽查依据、抽查主体、抽查内容、抽查方式等。随机抽查事项清单及时通过本级政府、本部门或上级部门政务网站等方式向社会公布,方便社会监督和文化经营单位自查。

(二)建立“双随机”抽查机制。依托全国文化市场技术监管与服务平台,建立健全文化市场经营主体名录库和执法检查人员名录库。通过摇号等方式,随机抽取检查对象和执法检查人员,每次抽取的执法检查人员不得少于2人。抽取的执法检查人员与检查对象有利害关系的,应依法回避。利用全国文化市场技术监管与服务平台,记录随机抽取的检查对象、执法检查人员、检查事项、检查结果等,做到全程留痕,实现过程可溯源、责任可追溯。

(三)加强抽查结果运用。对随机抽查中发现的违法违规行为,依据《文化市场行政处罚自由裁量权适用办法(试行)》和各地区行政处罚自由裁量基准,依法依规加大惩处力度。对于经抽查发现严重违规的文化市场经营主体,视情况将其列入文化市场监管警示名单,并及时向同级发展改革、公安、财政、金融、工商、税务、海关等部门及行业协会通报,实现联合惩戒,一处失信、处处受限,加强文化市场信用监管,增强市场主体守法的自觉性。抽查情况、抽查结果及时通过本级政府、本部门或上级部门政务网站等方式向社会公布,主动接受社会监督。

三、工作要求

(一)合理确定随机抽查的比例和频次。

根据当地文化市场状况、市场秩序和文化市场综合执法机构实际情况等,合理确定各门类文化市场随机抽查的比例和频次。抽查比例原则上不得超过 20%,抽查频次原则上每月不得低于 2 次。要结合文化市场监管实际,在寒暑假、重大节假日、违规经营行为高发时段等重点节点,提高抽查频次;在文化市场违规经营行为多发的地区,提高抽查频次。根据文化经营单位信用情况确定抽查机率,对投诉举报多、违法经营行为多发或有严重违法违规记录等情况的文化市场经营主体,提高抽中机率。

(二)对实体场所类和非实体场所类文化经营单位区别对待、分类指导。对互联网文化、网络游戏等非实体场所类文化经营单位,要加强随机抽查,提高抽查频次;对歌舞娱乐、游戏游艺、互联网上网服务等人员密集、流动频繁、安全生产事故易发的实体场所类文化经营单位,要严格按照《文化市场日常检查规范(试行)》的规定,加强日常巡查,震慑闲杂人员,严防安全生产事故,及时处置突发事件。在保证日常巡查频次、市场秩序规范的基础上,对不涉及场所安全的事项,积极推行随机抽查。

(三)科学处理随机抽查和日常监管的关系。随机抽查不代替日常执法巡查、上级交办检查、群众举报核查、责令改正复查、集中整治检查。不得以实施随机抽查为名,削弱文化市场监管工作力度。对于日常执法巡查、上级交办检查、群众举报核查、责令改正复查、集中整治检查等执法检查工作,可推行随机抽取执法人员的检查方式,严格公正开展执法检查。

四、时间进度

(一)准备阶段。2015 年 12 月前,文化部制定全国实施方案,各省级文化行政部门或文化市场综合执法机构制定本省(区、市)随机抽查工作方案。

(二)启动阶段。2016 年上半年,各地文化行政部门或文化市场综合执法机构启动随机抽查工作。

(三)总结评估与推广阶段。2016 年下半年,文化部总结评估启动阶段的经验和问题,制定加强文化市场随机抽查工作的指导意见,全面推广"双随机"抽查工作。

五、工作职责

文化部制定抽查事项参考清单和抽查机制,组织实施全国网络文化市场随机抽查工作;省级文化行政部门或文化市场综合执法机构制定本省抽查工作实施方案并组织实施;市、县级文化行政部门或文化市场综合执法机构负责制定本部门抽查事项清单并对外公布,具体实施随机抽查工作。

六、加强组织领导

各级文化行政部门和文化市场综合执法机构加强组织领导,有序推进文化市场领域随机抽查工作。充实并合理调配一线执法检查部门和执法人员,切实做好本单位的随机抽查工作,并积极配合跨部门的随机抽查工作。将随机抽查工作列为"文化市场平安建设"的重要内容,纳入文化市场综合执法考评体系。健全工作机制,加强社会宣传和执法人员培训。在文化市场法制宣传和文化市场综合执法培训工作中,将随机抽查工作列为重点法制宣传内容和培训内容,争取市场主体对随机抽查工作的认知和支持,提高综合执法人员的能力和水平,严格落实执法责任。请各省级文化行政部门或者文化市场综合执法机构于 12 月 15 日前将本省(区、市)具体落实方案报文化部文化市场司。

附件:文化市场随机抽查事项清单

附件

文化市场随机抽查事项清单

一、娱乐场所

抽查依据:《娱乐场所管理条例》《娱乐场所管理办法》

抽查主体:县级以上文化行政部门或文化市场综合执法机构

抽查内容:歌舞娱乐场所播放、表演的节目含有禁止内容,使用的歌曲点播系统连接至境外曲库,歌舞娱乐场所接纳未成年人,擅自变更场所使用的歌曲点播系统;游艺娱乐场所设置未经文化主管部门内容核查的游戏游艺设备,擅自变更游戏游艺设备;法律法规规章规定的其他事项。

抽查方式:现场检查

二、艺术品

抽查依据:《美术品经营管理办法》

抽查主体:县级以上文化行政部门或文化市场综合执法机构

抽查内容:经营含有禁止内容的美术品;不能证明经营的美术品的合法来源;法律法规规章规定的其他事项。

抽查方式:现场检查

三、互联网上网服务营业场所

抽查依据:《互联网上网服务营业场所管理条例》

抽查主体:县级以上文化行政部门或文化市场综合执法机构

抽查内容:互联网上网服务营业场所接纳未成年人进入营业场所;擅自停止实施经营管理技术措施;未悬挂《网络文化经营许可证》或者未成年人禁入标志;未按规定核对、登记上网消费者的有效身份证件或者记录有关上网信息;变更名称、住所、法定代表人或者主要负责人、网络地址或者终止经营活动,未向文化行政部门办理有关手续或者备案;法律法规规章规定的其他事项。

抽查方式:现场检查

四、互联网文化

抽查依据:《互联网文化管理暂行规定》

抽查主体:县级以上文化行政部门或文化市场综合执法机构

抽查内容:互联网文化单位未在网站主页的显著位置标明文化行政部门颁发的《网络文化经营许可证》编号或者备案编号;经营性互联网文化单位经营进口互联网文化产品未在其显著位置标明文化部批准文号、经营国产互联网文化产品未在其显著位置标明文化部备案编号;经营性互联网文化单位擅自变更进口互联网文化产品的名称或者增删内容;经营性互联网文化单位经营国产互联网文化产品逾期未报文化行政部门备案;经营性互联网文化单位提供含有禁止内容的互联网文化产品,或者提供未经文化部批准进口的互联网文化产品;法律法规规章规定的其他事项。

抽查方式:现场检查、网络巡查

五、网络游戏

抽查依据:《网络游戏管理暂行办法》

抽查主体:县级以上文化行政部门或文化市场综合执法机构

抽查内容:提供含有禁止内容的网络游戏产品和服务;获得《网络文化经营许可证》的网络游戏经营单位变更有关内容未按规定向原发证机关办理变更手续;上网运营未获得文化部内容审查批准的进口网络游戏;进

口网络游戏变更运营企业未按照要求重新申报;对进口网络游戏内容进行实质性变动未报送审查;网络游戏经营单位授权无网络游戏运营资质的单位运营网络游戏;网络游戏经营单位在网络游戏中设置未经网络游戏用户同意的强制对战;网络游戏的推广和宣传含有禁止内容;网络游戏经营单位存在以随机抽取等偶然方式,诱导网络游戏用户采取投入法定货币或者网络游戏虚拟货币方式获取网络游戏产品和服务;网络游戏运营企业未要求网络游戏用户使用有效身份证件进行实名注册,并保存用户注册信息;法律法规规章规定的其他事项。

抽查方式:现场检查、网络巡查

公共文化服务

中共中央办公厅　国务院办公厅印发《关于加快构建现代公共文化服务体系的意见》的通知

中办发〔2015〕2号

近年来，在党中央、国务院高度重视下，我国公共文化建设投入稳步增长，覆盖城乡的公共文化服务设施网络基本建立，公共文化服务效能明显提高，人民群众精神文化生活不断改善，公共文化服务体系建设取得显著成效，呈现出整体推进、重点突破、全面提升的良好发展态势。但是，与当前经济社会发展水平和人民群众日益增长的精神文化需求相比，与基本建成公共文化服务体系的目标要求相比，公共文化服务体系建设水平仍然有待提高。在新的形势下，构建现代公共文化服务体系，是保障和改善民生的重要举措，是全面深化文化体制改革、促进文化事业繁荣发展的必然要求，是弘扬社会主义核心价值观、建设社会主义文化强国的重大任务。为贯彻党的十八届三中全会审议通过的《中共中央关于全面深化改革若干重大问题的决定》的有关要求，加快构建现代公共文化服务体系，现提出如下意见。

一、总体要求

（一）指导思想。以邓小平理论、“三个代表”重要思想、科学发展观为指导，贯彻落实党的十八大和十八届三中、四中全会精神，贯彻落实习近平总书记系列重要讲话精神，按照全面建成小康社会的总体要求，牢固树立以人民为中心的工作导向，以改革创新为动力，以基层为重点，构建体现时代发展趋势、适应社会主义初级阶段基本国情和市场经济要求、符合文化发展规律、具有中国特色的现代公共文化服务体系，促进基本公共文化服务标准化、均等化，推动社会主义文化大发展大繁荣，提高全民族文化素质，增强民族凝聚力，为实现中华民族伟大复兴中国梦提供强大的精神动力和文化支撑。

（二）基本原则

坚持正确导向。以人民为中心，以社会主义核心价值观为引领，发展先进文化，创新传统文化，扶持通俗文化，引导流行文化，改造落后文化，抵制有害文化，巩固基层文化阵地，促进在全社会形成积极向上的精神追求和健康文明的生活方式。

坚持政府主导。从基本国情出发，认真研究人民群众的精神文化需求，因地制宜，科学规划，分类指导，按照一定标准推动实现基本公共文化服务均等化，切实保障人民群众基本文化权益，促进实现社会公平。

坚持社会参与。简政放权，减少行政审批项目，引入市场机制，激发各类社会主体参与公共文化服务的积极性，提供多样化的产品和服务,增强发展活力,积极培育和引导群众文化消费需求。

坚持共建共享。加强统筹管理,建立协同机制,明确责任,优化配置各方资源,做到物尽其用、人尽其才,发挥整体优势,提升综合效益。

坚持改革创新。加快转变政府职能,完善管理体制机制,创新公共文化服务内容和形式,促进文化与科技深度融合,推动文化事业和文化产业协调发展。

(三)主要目标。到 2020 年,基本建成覆盖城乡、便捷高效、保基本、促公平的现代公共文化服务体系。公共文化设施网络全面覆盖、互联互通,公共文化服务的内容和手段更加丰富,服务质量显著提升,公共文化管理、运行和保障机制进一步完善,政府、市场、社会共同参与公共文化服务体系建设的格局逐步形成,人民群众基本文化权益得到更好保障,基本公共文化服务均等化水平稳步提高。

二、统筹推进公共文化服务均衡发展

(四)促进城乡基本公共文化服务均等化。把城乡基本公共文化服务均等化纳入国民经济和社会发展总体规划及城乡规划。根据城镇化发展趋势和城乡常住人口变化,统筹城乡公共文化设施布局、服务提供、队伍建设、资金保障,均衡配置公共文化资源。整合利用闲置学校等现有城乡公共设施,依托城乡社区综合服务设施,加强城市社区和农村文化设施建设。拓展重大文化惠民项目服务"三农"内容。加大对农村民间文化艺术的扶持力度,推进"三农"出版物出版发行、广播电视涉农节目制作和农村题材文艺作品创作。完善农家书屋出版物补充更新工作。统筹推进农村地区广播电视用户接收设备配备工作,鼓励建设农村广播电视维修服务网点。大力开展流动服务和数字服务,打通公共文化服务"最后一公里"。建立公共文化服务城乡联动机制。以县级文化馆、图书馆为中心推进总分馆制建设,加强对农家书屋的统筹管理,实现农村、城市社区公共文化服务资源整合和互联互通。推进城乡"结对子、种文化",加强城市对农村文化建设的帮扶,形成常态化工作机制。

(五)推动革命老区、民族地区、边疆地区、贫困地区公共文化建设实现跨越式发展。与国家扶贫开发攻坚战略结合,编制老少边穷地区公共文化服务体系建设发展规划纲要。根据国家基本公共文化服务指导标准,明确老少边穷地区服务和资源缺口,按照精准扶贫的要求,以广播电视服务网络、数字文化服务、乡土人才培养、流动文化服务、农村留守妇女儿童文化帮扶等为重点,集中实施一批文化扶贫项目。落实对国家在贫困地区安排的公益性文化建设项目取消县以下(含县)及西部地区集中连片特困地区市地级配套资金的政策。加强边境地区基层公共文化设施建设。促进地区对口帮扶,加大人才交流和项目支援力度。深入实施边远贫困地区、边疆民族地区、革命老区人才文化工作者专项支持计划。支持老少边穷地区挖掘、开发、利用民族民间文化资源,充实公共文化服务内容。力争在较短时间内使老少边穷地区公共文化服务能力和水平有明显改善。

(六)保障特殊群体基本文化权益。将老年人、未成年人、残疾人、农民工、农村留守妇女儿童、生活困难群众作为公共文化服务的重点对象。积极开展面向老年人、未成年人的公益性文化艺术培训服务、演展和科技普及活动。开展学龄前儿童基础阅读促进工作和向中小学生推荐优秀出版物、影片、戏曲工作。指导互联网网站、互联网文化企业等开发制作有利于青少年身心健康的优秀作品。将中小学生定期参观博物馆、美术馆、纪念馆、科技馆纳入中小学教育教学活动计划。加强乡村学校少年宫建设。实施青少年体育活动促进计划。公共文化服务机构要为残疾人提供无障碍设施。实施盲文出版项目,开发视听读物,建设有声图书馆,鼓励和支持有条件的电视台增加手语节目或加配字幕。加强对残疾人文化艺术的扶持力度。加快将农民工文化建设纳入常住地公共文化服务体系,以公共文化机构、社区和用工企业为实施主体,满足农民工群体尤其是新生代农民工的基本文化需求。

(七)建立基本公共文化服务标准体系。以人民群众基本文化需求为导向,围绕看电视、听广播、读书看报、参加公共文化活动等群众基本文化权益,根据国家经济社会发展水平和供给能力,明确国家基本公共文化服务的内容、种类、数量和水平,以及应具备的公共文化服务基本条件和各级政府的保障责任,确立国家基本公共文化服务指导标准,明确政府保障底线,做到保障基本、统一规范。各地要根据国家指导标准,制定与当地经济社会发展水平相适应、具有地域特色的地方实施标准,逐步形成既有基本共性又有特色个性、上下衔接的标准指标体系。标准以县为基本单位推进落实。建立基本公共文化服务标准动态调整机制,根据经济社会的发展变化,适时调整提高具体指标。

(八)提升公共文化设施建设、管理和服务水平。健全公共文化设施布局、土地使用、建设规模、设计和施工规范以及技术要求等标准。按照城乡人口发展和分布,坚持均衡配置、严格预留、规模适当、功能优先、经济适用、节能环保的原则,合理规划建设各类公共文化设施。结合基层公共服务设施建设,制定村(社区)综合公共文化服务中心建设标准,充分利用现有城乡公共设施,统筹建设集宣传文化、党员教育、科技普及、普法教育、体育健身等多功能于一体的基层公共文化服务中心,配套建设群众文体活动场地。坚持设施建设和运行管理并重,健全公共文化设施运行管理和服务标准体系,规范各级各类公共文化机构服务项目和服务流程,完善内部管理制度,提高服务水平。

三、增强公共文化服务发展动力

(九)培育和促进文化消费。在公共文化服务体系建设中统筹考虑群众的基本文化需求和多样化文化需求,推动公共文化服务向优质服务转变,实现标准化和个性化服务的有机统一。广泛开展公益性文化艺术活动,培养健康向上的文艺爱好,扩大和提升文化消费需求。鼓励有条件的公共文化机构挖掘特色资源,加强文化创意产品研发,创新文化产品和服务内容。完善公益性演出补贴制度,通过票价补贴、剧场运营补贴等方式,支持艺术表演团体提供公益性演出。鼓励在商业演出和电影放映中安排低价场次或门票,鼓励出版适应群众购买能力的图书报刊,鼓励网络文化运营商开发更多低收费业务,推动经营性文化设施、非物质文化遗产传习场所和传统民俗文化活动场所等向公众提供优惠或免费的公益性文化服务。积极发展与公共文化服务相关联的教育培训、体育健身、演艺会展、旅游休闲等产业,引导和支持各类文化企业开发公共文化产品和服务,满足人民群众多层次的文化消费需求。

(十)鼓励和引导社会力量参与。进一步简政放权,减少行政审批项目,吸引社会资本投入公共文化领域。建立健全政府向社会力量购买公共文化服务机制。出台政府购买公共文化服务指导性意见和目录,将政府购买公共文化服务资金纳入财政预算。推广运用政府和社会资本合作等模式,促进公共文化服务提供主体和提供方式多元化。鼓励和支持社会力量通过投资或捐助设施设备、兴办实体、资助项目、赞助活动、提供产品和服务等方式参与公共文化服务体系建设。推动建立健全公开透明的社会捐赠管理制度。鼓励党政机关、国有企事业单位和学校的各类文体设施向社会免费或优惠开放。创新公共文化设施管理模式,有条件的地方可探索开展公共文化设施社会化运营试点,通过委托或招投标等方式吸引有实力的社会组织和企业参与公共文化设施的运营。

(十一)培育和规范文化类社会组织。加强对文化类行业协会、基金会、民办非企业单位等社会组织的引导、扶持和管理,促进规范有序发展。制定完善关于文化类社会组织的规章,明确功能定位。鼓励各类公共文化服务机构成立行业协会,发挥其在行业自律、行业管理、行业交流等方面的重要作用。加快推进文化行业协会与行政机关脱钩,将适合由社会组织提供的公共文化服务事项交由社会组织承担。引导文化类社会组织依法依规开展公共文化服务。加大政府向文化类社会组织购买服务力度。加强政府管理和社会监督,严格执行社会组织年检制度和信息公开制度,开展运营绩效评估和社会信用评估,实现依法管理、依法运营。

(十二)大力推进文化志愿服务。大力弘扬志愿服务精神,坚持志愿服务与政府服务、市场服务相衔接,奉献社会与自我发展相统一,社会倡导和自愿参与相结合,构建参与广泛、内容丰富、形式多样、机制健全的文化志愿服务体系。创新服务内容、工作方式和活动载体,探索具有地方或行业特色的文化志愿服务模式。完善文化志愿者注册招募、服务记录、管理评价和激励保障机制。动员组织专家学者、艺术家、优秀运动员等社会知名人士参加志愿服务,提高社会影响力。要建立"结对子、种文化"工作机制,推动专业艺术院团、体育运动队和艺术体育院校等到基层教、学、帮、带,建立志愿服务下基层制度。加强对文化志愿队伍的培训,提升文化志愿者的服务意识、服务能力和服务水平。

四、加强公共文化产品和服务供给

(十三)提升公共文化服务效能。完善公共文化设施免费开放的保障机制。深入推进公共图书馆、博物馆、文化馆、纪念馆、美术馆等免费开放工作,逐步将民族博物馆、行业博物馆纳入免费开放范围。推动科技馆、工人文化宫、妇女儿童活动中心以及青少年校外活动场所免费提供基本公共文化服务项目。建立群众文化需求反馈机制,及时准确了解和掌握群众文化需求,制定公共文化服务提供目录,开展"菜单式"、"订单式"服务。加强公共文化服务品牌建设,推动形成具有鲜明特色和社会影响力的服务项目。加大对跨部门、跨行业、跨地域公共文化资源的整合力度。以行业联盟等形式,开展馆际合作,推进公共文化机构互联互通,开展文化服务"一卡通"、公共文化巡展巡讲巡演等服务,实现区域文化共建共享。加强基层广播电视播出机构服务能力建设。充分利用广播、电视、网络双向互动功能,为各级政府部门便民服务提供窗口和平台。

(十四)丰富优秀公共文化产品供给。进一步发挥国家级评奖和艺术、出版等基金的引导带动作用,创作生产更多传播当代中国价值观念、体现中华文化精神、反映中国人审美追求,思想性、艺术性、观赏性有机统一的优秀文化产品。建立优秀传统文化传承和发展体系。加强戏曲等优秀文化艺术的普及推广工作。开展优秀文化遗产、高雅艺术进校园、进社区,推进送戏、送书、送电影下乡等项目和优秀出版物推荐活动。提高网络文化产品和服务供给能力,促进优秀传统文化瑰宝和当代文化精品网络传播。推动少数民族地区广播电视播出机构在推广国家通用语言文字的同时，开办少数民族语言的频率频道，提高少数民族语言节目译制、制作、播映和传输覆盖能力；继续实施少数民族新闻出版“东风工程”，加强少数民族文字及双语出版物的出版发行和少数民族语言文艺作品的创作；推进少数民族语言文字网站建设。加强知识产权审核和版权保护，防止侵权或盗版产品进入公共文化服务供给体系。大力发展公益广告，有效推广公益慈善理念。

（十五）活跃群众文化生活。深入开展全民阅读活动，推动全民阅读进家庭、进社区、进校园、进农村、进企业、进机关。积极开展全民艺术普及、全民健身、全民科普和群众性法治文化活动。实施基层特色文化品牌建设项目，以富有时代感的内容形式，吸引更多群众参与文化活动。引导广场文化活动健康、规范、有序开展。推进民间文化艺术之乡建设。以“我们的节日”为主题，组织开展群众性节日民俗活动；传承和发展民族民间传统体育，广泛开展形式多样的群众性体育活动。鼓励群众自办文化，支持成立各类群众文化团队。通过组织示范性展演等形式，为民间文化队伍提供展示交流的平台。推进红色文化、社区文化、乡土文化、校园文化、企业文化、军旅文化、家庭文化建设，培育积极健康、多姿多彩的社会文化形态。促进边疆少数民族地区和其他地区群众文化交往交流交融。加强群众性文化活动的国际交流，支持群众文化走出去，形成多层次的对外文化交流格局。

五、推进公共文化服务与科技融合发展

（十六）加大文化科技创新力度。围绕公共文化服务体系建设的重大科技需求，发挥文化和科技相互促进的作用，结合中央财政科技计划（专项、基金等）管理改革要求，将公共文化科技创新纳入科技发展专项规划，深入实施国家文化科技创新工程。研究制定公共文化服务领域科技标准规范。开展文化专用装备、软件、系统的研发应用，推进公共文化服务创新手段、提高效能。加强科技成果转化应用，实施一批公共文化服务科技创新应用示范项目；支持公共文化机构、科研院所、高科技企业合作开展各类关键技术研究。依托国家公共文化服务体系建设示范区（项目）、高新技术园区和可持续发展实验区，开展公共文化服务与科技融合示范工作。

（十七）加快推进公共文化服务数字化建设。结合“宽带中国”、“智慧城市”等国家重大信息工程建设，加快推进公共文化机构数字化建设。统筹实施全国文化信息资源共享、数字图书馆博物馆建设、直播卫星广播电视公共服务、农村数字电影放映、数字农家书屋、城乡电子阅报屏建设等项目，构建标准统一、互联互通的公共数字文化服务网络，在基层实现共建共享。提高资源供给能力，科学规划公共数字文化资源建设，建设分布式资源库群，鼓励各地整合中华优秀文化资源，开发特色数字文化产品。支持数字版权公共服务平台建设，实现公共数字文化资源有效保护。加强公共文化大数据采集、存储和分析处理。加快推进数字文化资源在智能社区中的应用，实现“一站式”服务。

（十八）提升公共文化服务现代传播能力。着眼于形成与我国经济社会发展水平相称的传播能力，加快构建现代文化传播体系，保障信息传播的高效快捷和安全有序。灵活运用宽带互联网、移动互联网、广播电视网、卫星网络等手段，拓宽公共文化资源传输渠道。大力推进“三网融合”，促进高清电视、互动电视、交互式网络电视（IPTV）、手机电视等

新业务发展，推广数字智能终端、移动终端等新型载体。推进数字出版，构建数字出版物传播平台。加强广播电视台、发射台（站）、监测台（站）建设，继续实施广播电视高山无线发射台站建设工程。积极推进有线电视网络建设和数字化双向化改造，加快推进直播卫星和地面数字电视覆盖建设，努力实现广播电视户户通。实施国家和地方应急广播工程，完善应急广播覆盖网络，打造基层政务信息发布、政策宣讲和灾害预警应急指挥平台。

六、创新公共文化管理体制和运行机制

（十九）建立公共文化服务体系建设协调机制。立足当前公共文化服务体系建设实际，完善党委领导、政府管理、部门协同、权责明确、统筹推进的公共文化服务体系建设管理制度。以国家公共文化服务体系建设协调组为平台，由文化部门牵头，充分发挥各部门职能作用和资源优势，在规划编制、政策衔接、标准制定和实施等方面加强统筹、整体设计、协调推进。各地要根据实际，建立相应的协调机制。推进国家公共文化服务体系示范区（项目）创建。发挥基层党委和政府作用，建立统一的基层公共文化服务平台，加强各类重大文化项目的统筹实施，探索整合基层公共文化服务资源的方式和途径，实现共建共享，提升综合效益。

（二十）加大公益性文化事业单位改革力度。按照关于深化文化体制改革和推进事业单位分类改革的要求，理顺政府和公益性文化事业单位之间的关系，探索管办分离的有效形式。进一步落实公益性文化事业单位法人自主权，强化公共服务功能，增强发展活力，发挥公共文化服务骨干作用。全面推进人事制度、收入分配制度、社会保障、经费保障制度改革。创新运行机制，建立事业单位法人治理结构，推动公共图书馆、博物馆、文化馆、科技馆等组建理事会，吸纳有关方面代表、专业人士、各界群众参与管理，健全决策、执行和监督机制。完善年度报告和信息披露、公众监督等基本制度，加强规范管理。加强和改进公益性文化事业单位党组织建设，充分发挥基层党组织的战斗堡垒作用和共产党员的先锋模范作用。

（二十一）创新基层公共文化管理机制。发挥城乡基层群众性自治组织的作用，推动开展公共文化服务参与式管理，推广居民、村民评议等行之有效的做法，健全民意表达和监督机制，引导城市社区居民和村民参与公共文化服务项目规划、建设、管理和监督，维护群众的文化选择权、参与权和自主权。调动驻村（社区）单位、企业和社会组织等多方面力量，统筹资源，共同参与基层文化的管理和服务，形成多元联动格局。扎实推进社区文化志愿服务。推进将公共文化服务纳入基层社区服务网格进行管理，培育城乡社区互助文化，营造社区和谐环境。

（二十二）完善公共文化服务评价工作机制。以效能为导向，制定政府公共文化服务考核指标，作为考核评价领导班子和领导干部政绩的重要内容，纳入科学发展考核体系。建立公共文化机构绩效考评制度，考评结果作为确定预算、收入分配与负责人奖惩的重要依据。加强对重大文化项目资金使用、实施效果、服务效能等方面的监督和评估。完善服务质量监测体系，研究制定公众满意度指标，建立群众评价和反馈机制。探索建立公共文化服务第三方评价机制，增强公共文化服务评价的客观性和科学性。

七、加大公共文化服务保障力度

（二十三）加强组织领导。各有关部门和单位要进一步认识构建现代公共文化服务体

系的重要意义，根据本意见的要求，结合“十三五”规划的编制，尽快制定完善相关配套政策，明确责任，统筹建设，协同推进，狠抓落实。地方各级党委和政府要将构建现代公共文化服务体系纳入本地区国民经济和社会发展总体规划，纳入重要议事日程，切实加强组织领导，并结合实际制定实施方案、规划或专项行动计划，明确责任和时间表、路线图，集中力量推进工作落实。做好宣传和舆论引导工作，形成全社会支持和参与现代公共文化服务体系建设的良好氛围。

（二十四）加大财税支持力度。合理划分各级政府基本公共文化服务支出责任，建立健全公共文化服务财政保障机制，按照基本公共文化服务标准，落实提供基本公共文化服务项目所必需的资金，保障公共文化服务体系建设和运行。进一步完善转移支付体制，加大中央财政和省级财政转移支付力度，重点向革命老区、民族地区、边疆地区、贫困地区倾斜，着力支持农村和城市社区基层公共文化服务设施建设，保障基层城乡居民公平享有基本公共文化服务。进一步拓展资金来源渠道，加大政府性基金与一般公共预算的统筹力度。创新公共文化服务投入方式，采取政府购买、项目补贴、定向资助、贷款贴息等政策措施，支持包括文化企业在内的社会各类文化机构参与提供公共文化服务。落实现行鼓励社会组织、机构和个人捐赠公益性文化事业所得税税前扣除政策规定。加强对公共文化服务资金管理使用情况的监督和审计，开展绩效评价。

（二十五）加强基层文化队伍建设。进一步完善选人用人机制，着力培养一批具有现代意识、创新意识的公共文化管理者和基层公共文化服务人才队伍。按照控制总量、盘活存量、优化结构、有减有增的要求，研究制定公共文化机构人员编制标准，并根据业务发展状况进行动态调整。对实行免费开放后工作量大量增加、现有机构编制难以满足工作需要的公益性文化事业单位，要结合实际和财力，合理增加机构编制。加强对农村文化队伍的管理和使用，在现有编制总量内，落实每个乡镇综合文化站（中心）编制配备不少于1至2名的要求，规模较大的乡镇适当增加。设立城乡基层公共文化服务岗位，配置由公共财政补贴的工作人员。将公共文化服务专业人才培养纳入国民教育体系。稳步推进基层公共文化服务队伍培训，建立培训上岗制度，全面提高从业人员素质。乡镇综合文化站（中心）从业人员应熟悉广播电视技术，具备组织群众文化活动等多方面的服务能力。完善基层公共文化服务人才激励和保障机制。加强基层乡土文化人才建设。发展壮大社会体育指导员队伍。

（二十六）建立健全公共文化服务法律体系。加快建立健全坚持社会主义先进文化前进方向、遵循文化发展规律、有利于激发文化创造力、保障人民基本文化权益的文化法律制度，依法保障公民的文化权利得到有效落实。加快出台公共文化服务保障法等相关法律法规，为现代公共文化服务体系建设提供法律支撑。加强公共文化立法与文化体制改革重大政策的衔接，加快制定地方性公共文化服务法律规范，提高公共文化服务领域法治化水平。

附件

国家基本公共文化服务指导标准(2015—2020 年)

一、服务项目与内容

项　目	内　容	标　准
基本服务项目	读书看报	1. 公共图书馆(室)、文化馆(站)和村(社区)(村指行政村,下同)综合文化服务中心(含农家书屋)等配备图书、报刊和电子书刊,并免费提供借阅服务。 2. 在城镇主要街道、公共场所、居民小区等人流密集地点设置阅报栏或电子阅报屏,提供时政、"三农"、科普、文化、生活等方面的信息服务。
	收听广播	3. 为全民提供突发事件应急广播服务。 4. 通过直播卫星提供不少于 17 套广播节目,通过无线模拟提供不少于 6 套广播节目,通过数字音频提供不少于 15 套广播节目。
	观看电视	5. 通过直播卫星提供 25 套电视节目,通过地面数字电视提供不少于 15 套电视节目,未完成无线数字化转换的地区,提供不少于 5 套电视节目。
	观赏电影	6. 为农村群众提供数字电影放映服务,其中每年国产新片(院线上映不超过 2 年)比例不少于 1/3。 7. 为中小学生每学期提供 2 部爱国主义教育影片。
	送地方戏	8. 根据群众实际需求,采取政府采购等方式,为农村乡镇每年送戏曲等文艺演出。
	设施开放	9. 公共图书馆、文化馆(站)、公共博物馆(非文物建筑及遗址类)、公共美术馆等公共文化设施免费开放,基本服务项目健全。 10. 未成年人、老年人、现役军人、残疾人和低收入人群参观文物建筑及遗址类博物馆实行门票减免,文化遗产日免费参观。
	文化活动	11. 城乡居民依托村(社区)综合文化服务中心、文体广场、公园、健身路径等公共设施就近方便参加各类文化活动。 12. 各级文化馆(站)等开展文化艺术知识普及和培训,培养群众健康向上的文艺爱好。
硬件设施	文化设施	13. 县级以上(含县级、下同)在辖区内设立公共图书馆、文化馆,乡镇(街道)设置综合文化站,按照国家颁布的建设标准等进行规划建设。 14. 公共博物馆、公共美术馆依据国家有关标准进行规划建设。 15. 结合基层公共服务综合设施建设,整合闲置中小学校等资源,在村(社区)统筹建设综合文化服务中心,因地制宜配置文体器材。
	广电设施	16. 县级以上设立广播电视播出机构和广播电视发射(监测)台,按照广播电视工程建设标准等进行建设。

续表

项　目	内　容	标　准
硬件设施	体育设施	17. 县级以上设立公共体育场；乡镇（街道）和村（社区）配置群众体育活动器材设备，或纳入基层综合文化设施整合设置。
	流动设施	18. 根据基层实际，为每个县配备用于图书借阅、文艺演出、电影放映等服务的流动文化车，开展流动文化服务。
	辅助设施	19. 各级公共文化设施为残疾人配备无障碍设施，有条件的配备安全检查设备。
人员配备	人员编制	20. 县级以上公共文化机构按照职能和当地人力资源社会保障、编办等部门核准的编制数配齐工作人员。 21. 乡镇综合文化站每站配备有编制人员 1 至 2 人，规模较大的乡镇适当增加；村（社区）公共服务中心设有由政府购买的公交文化岗位。
	业务培训	22. 县级以上公共文化机构从业人员每年参加脱产培训时间不少于 15 天，乡镇（街道）和村（社区）文化专兼职人员每年参加集中培训时间不少于 5 天。

二、标准实施

（一）本标准是国家颁布的指导性标准，各省、自治区、直辖市和新疆生产建设兵团要根据国家指导标准，结合当地群众需求、政府财政能力和文化特色，制定适合本地区的实施标准，建立国家指导标准与地方实施标准相衔接的标准体系。

（二）国家基本公共文化服务指导标准从 2015 年起开始实施，各相关部门根据职能职责和任务分工，制定具体实施方案；各地根据国家指导标准以及本地制定的实施标准，明确具体的落实措施、工作步骤和时间安排，确保标准实施工作科学、规范、有序开展。标准以县为基本单位推进落实。

（三）县级以上各级政府按照标准科学测算所需经费，将基本公共文化服务保障资金纳入财政预算，落实保障当地常住人口享有基本公共文化服务所需资金。中央和省级财政通过转移支付对老少边穷地区基本公共文化服务保障资金予以补助，同时，对绩效评价结果优良的地区予以奖励。县级以上各级政府安排资金，面向社会力量购买公共文化服务。

（四）文化部、各省级文化行政部门会同有关部门建立对标准实施情况的动态监测机制和绩效评价机制，加强督促检查。积极引入社会第三方开展公众满意度测评，对公众满意度较差的要进行通报批评，对好的做法和经验及时总结、推广。

国务院办公厅关于推进基层综合性文化服务中心建设的指导意见

国办发〔2015〕74号

各省、自治区、直辖市人民政府，国务院各部委、各直属机构：

为贯彻落实《中共中央办公厅　国务院办公厅关于加快构建现代公共文化服务体系的意见》精神，推进基层公共文化资源有效整合和统筹利用，提升基层公共文化设施建设、管理和服务水平，经国务院同意，现就推进基层综合性文化服务中心建设提出如下意见。

一、推进基层综合性文化服务中心建设的重要性和紧迫性

基层是公共文化服务的重点和薄弱环节。近年来，我国公共文化服务体系建设加快推进，公共文化设施网络建设成效明显，基层公共文化设施条件得到较大改善。但随着我国新型工业化、信息化、城镇化和农业现代化进程加快，城市流动人口大幅增加，基层群众的精神文化需求呈现出多层次、多元化特点，现有的基层文化设施和服务已难以满足广大人民群众的实际需要。一是基层特别是农村公共文化设施总量不足、布局不合理。尤其在西部地区和老少边穷地区，基层文化设施不足的问题突出。二是面向基层的优秀公共文化产品供给不足，特别是内容健康向上、形式丰富多彩、群众喜闻乐见的文化产品种类和数量少，服务质量参差不齐。三是由于缺少统筹协调和统一规划，公共文化资源难以有效整合，条块分割、重复建设、多头管理等问题普遍存在，基层公共文化设施功能不健全、管理不规范、服务效能低等问题仍较突出，总量不足与资源浪费问题并存，难以发挥出整体效益。

党的十八届三中全会明确提出"建设综合性文化服务中心"的改革任务。推进基层综合性文化服务中心建设，有利于完善基层公共文化设施网络，补齐短板，打通公共文化服务的"最后一公里"；有利于增加基层公共文化产品和服务供给，丰富群众精神文化生活，充分发挥文化凝聚人心、增进认同、化解矛盾、促进和谐的积极作用；有利于统筹利用资源，促进共建共享，提升基层公共文化服务效能。要从战略和全局的高度，充分认识加强基层综合性文化服务中心建设的重要性和紧迫性，增强责任感和使命感，为巩固基层文化阵地、全面建成小康社会奠定坚实基础。

二、指导思想、基本原则和工作目标

（一）指导思想。全面贯彻党的十八大和十八届二中、三中、四中全会精神，按照党中央、国务院决策部署，以保障群众基本文化权益为根本，以强化资源整合、创新管理机制、提升服务效能为重点，因地制宜推进基层综合性文化服务中心建设，把服务群众同教育引导群众结合起来，把满足需求同提高素养结合起来，促进基本公共文化服务标准化均等化，使基层公共文化服务得到全面加强和提升，为实现"两个一百年"奋斗目标和中华民族伟大复兴中国梦提供精神动力和文化

条件。

（二）基本原则。

坚持导向，服务大局。发挥基层综合性文化服务中心在宣传党的理论和路线方针政策、培育社会主义核心价值观、弘扬中华优秀传统文化等方面的重要作用，推动人们形成向上向善的精神追求和健康文明的生活方式，用先进文化占领基层文化阵地。

以人为本，对接需求。把保障人民群众基本文化权益作为工作的出发点和落脚点，把群众满意度作为检验工作的首要标准，建立健全群众需求反馈机制，促进供需有效对接，真正把综合性文化服务中心建成服务基层、惠及百姓的民心工程。

统筹规划，共建共享。以中西部地区和老少边穷地区为重点，从城乡基层实际出发，发挥基层政府的主导作用，加强规划指导，科学合理布局，整合各级各类面向基层的公共文化资源和服务，促进优化配置、高效利用，形成合力。

因地制宜，分类指导。综合考虑不同地区的经济发展水平、人口变化、文化特点和自然条件等因素，坚持试点先行，及时总结不同地区建设经验，发挥典型示范作用，推动各地形成既有共性又有特色的建设发展模式。

改革创新，提升效能。围绕建设、管理、使用等关键环节，改革管理体制和运行机制，创新基层公共文化服务的内容和形式，鼓励社会参与和群众自我服务，提高综合服务效益。

（三）工作目标。到2020年，全国范围的乡镇（街道）和村（社区）普遍建成集宣传文化、党员教育、科学普及、普法教育、体育健身等功能于一体，资源充足、设备齐全、服务规范、保障有力、群众满意度较高的基层综合性公共文化设施和场所，形成一套符合实际、运行良好的管理体制和运行机制，建立一支扎根基层、专兼职结合、综合素质高的基层文化队伍，使基层综合性文化服务中心成为我国文化建设的重要阵地和提供公共服务的综合平台，成为党和政府联系群众的桥梁和纽带，成为基层党组织凝聚、服务群众的重要载体。

三、加强基层综合性文化服务中心建设

（四）科学规划，合理布局。在全面掌握基层公共文化设施存量和使用状况的基础上，衔接国家和地方经济社会发展总体规划、土地利用总体规划、城乡规划以及其他相关专项规划，根据城乡人口发展和分布，按照均衡配置、规模适当、经济适用、节能环保等要求，合理规划布局公共文化设施。

（五）加强基层综合性文化设施建设。落实《国家基本公共文化服务指导标准（2015—2020年）》，进一步完善基层综合性文化设施建设标准，加大建设力度。基层综合性文化服务中心主要采取盘活存量、调整置换、集中利用等方式进行建设，不搞大拆大建，凡现有设施能够满足基本公共文化需求的，一律不再进行改扩建和新建。乡镇（街道）综合性文化设施重在完善和补缺，对个别尚未建成的进行集中建设。村（社区）综合性文化服务中心主要依托村（社区）党组织活动场所、城乡社区综合服务设施、文化活动室、闲置中小学校、新建住宅小区公共服务配套设施以及其他城乡综合公共服务设施，在明确产权归属、保证服务接续的基础上进行集合建设，并配备相应器材设备。

（六）加强文体广场建设。与乡镇（街道）和村（社区）综合性文化设施相配套，按照人口规模和服务半径，建设选址适中、与地域条件相协调的文体广场，偏远山区不具备建设条件的，可酌情安排。文体广场要建设阅报栏、电子阅报屏和公益广告牌，并加强日常维

护，及时更新内容。配备体育健身设施和灯光音响设备等，有条件的可搭建戏台舞台。

四、明确功能定位

（七）向城乡群众提供基本公共文化服务。着眼于保障群众的基本文化权益，按照《国家基本公共文化服务指导标准（2015—2020年）》和各地实施标准，由县级人民政府结合自身财力和群众文化需求，制定本地基层综合性文化服务中心基本服务项目目录（以下简称服务目录），重点围绕文艺演出、读书看报、广播电视、电影放映、文体活动、展览展示、教育培训等方面，设置具体服务项目，明确服务种类、数量、规模和质量要求，实现"软件"与"硬件"相适应、服务与设施相配套，为城乡居民提供大致均等的基本公共文化服务。

（八）整合各级各类面向基层的公共文化资源。发挥基层综合性文化服务中心的终端平台优势，整合分布在不同部门、分散孤立、用途单一的基层公共文化资源，实现人、财、物统筹使用。以基层综合性文化服务中心为依托，推动文化信息资源共建共享，提供数字图书馆、数字文化馆和数字博物馆等公共数字文化服务；推进广播电视户户通，提供应急广播、广播电视器材设备维修、农村数字电影放映等服务；推进县域内公共图书资源共建共享和一体化服务，加强村（社区）及薄弱区域的公共图书借阅服务，整合农家书屋资源，设立公共图书馆服务体系基层服务点，纳入基层综合性文化服务中心管理和使用；建设基层体育健身工程，组织群众开展体育健身活动等。同时，加强文化体育设施的综合管理和利用，提高使用效益。

（九）开展基层党员教育工作。结合推进基层组织建设，把基层综合性文化服务中心作为加强思想政治工作、开展党员教育的重要阵地，发挥党员干部现代远程教育网络以及文化信息资源共享工程基层服务点、社区公共服务综合信息平台等基层信息平台的作用，广泛开展政策宣讲、理论研讨、学习交流等党员教育活动。

（十）配合做好其他公共服务。按照功能综合设置的要求，积极开展农民科学素质行动、社区居民科学素质行动、法治宣传教育和群众性法治文化活动，提高基层群众的科学素养和法律意识。要结合当地党委和政府赋予的职责任务，与居民自治、村民自治等基层社会治理体系相结合，根据实际条件，开展就业社保、养老助残、妇儿关爱、人口管理等其他公共服务和社会管理工作，推广一站式、窗口式、网络式综合服务，简化办事流程，集中为群众提供便捷高效的服务。

五、丰富服务内容和方式

（十一）广泛开展宣传教育活动。围绕新时期党和国家的重大改革措施及惠民政策，采取政策解读、专题报告、百姓论坛等多种方式，开展基层宣传教育，使群众更好地理解、支持党委和政府工作；开展社会主义核心价值观学习教育和中国梦主题教育实践，推进文明村镇、文明社区创建和乡贤文化建设，利用宣传栏、展示墙、文化课堂、道德讲堂以及网络平台等方式开展宣传，举办道德模范展览展示、巡讲巡演活动，通过以身边人讲身边事、身边事教身边人的方式，培养群众健康的生活方式和高尚的道德情操，引领社会文明风尚；弘扬中华优秀传统文化，利用当地特色历史文化资源，加强非物质文化遗产传承保护和民间文化艺术之乡创建，开展非物质文化遗产展示、民族歌舞、传统体育比赛等民族民俗活动，打造基层特色文化品牌；积极开展艺术普及、全民阅读、法治文化教育、科学普及、防灾减灾知识技能和就业技能培训等，传播科学文化知识，提高群众综合素质。

（十二）组织引导群众文体活动。支持群众自办文化，依托基层综合性文化服务中心，兴办读书社、书画社、乡村文艺俱乐部，组建演出团体、民间文艺社团、健身团队以及个体放映队等。结合中华传统节日、重要节假日和重大节庆活动等，通过组织开展读书征文、文艺演出、经典诵读、书画摄影比赛、体育健身竞赛等文体活动，吸引更多群众参与。加强对广场舞等群众文体活动的引导，推进广场文化健康、规范、有序发展。工会、共青团、妇联等群团组织保持和增强群众性，以基层综合性文化服务中心为载体开展职工文化交流、青少年课外实践和妇女文艺健身培训等丰富多彩的文体活动，引导所联系群众继承和弘扬中华优秀传统文化，自觉培育和践行社会主义核心价值观。

（十三）创新服务方式和手段。畅通群众文化需求反馈渠道，根据服务目录科学设置“菜单”，采取“订单”服务方式，实现供需有效对接。实行错时开放，提高利用效率。为老年人、未成年人、残疾人、农民工和农村留守妇女儿童等群体提供有针对性的文化服务，推出一批特色服务项目。广泛开展流动文化服务，把基层综合性文化服务中心建成流动服务点，积极开展文化进社区、进农村和区域文化互动交流等活动。充分发挥互联网等现代信息技术优势，利用公共数字文化项目和资源，为基层群众提供数字阅读、文化娱乐、公共信息和技能培训等服务。推广文化体育志愿服务，吸纳更多有奉献精神和文体技能的普通群众成为志愿者，在城乡社区就近就便开展志愿服务活动。探索国家和省级文化体育等相关机构与基层综合性文化服务中心的对口帮扶机制，推动国家及省级骨干文艺团体与基层综合性文化服务中心“结对子”。

六、创新基层公共文化运行管理机制

（十四）强化政府的主导作用。县（市、区）人民政府在推进基层综合性文化服务中心建设中承担主体责任，要实事求是确定存量改造和增量建设任务，把各级各类面向基层的公共文化资源纳入到支持基层综合性文化服务中心建设发展上来；宣传文化部门要发挥牵头作用，加强协调指导，及时研究解决建设中存在的问题；各相关部门要立足职责、分工合作；公共文化体育机构要加强业务指导，共同推动工作落实。

（十五）建立健全管理制度。加强对乡镇（街道）综合文化站的管理，制定乡镇（街道）综合文化站服务规范。建立村（社区）综合性文化服务中心由市、县统筹规划，乡镇（街道）组织推进，村（社区）自我管理的工作机制。结合基本公共文化服务标准化建设，重点围绕基层综合性文化服务中心的功能定位、运行方式、服务规范、人员管理、经费投入、绩效考核、奖惩措施等重点环节，建立健全标准体系和内部管理制度，形成长效机制，实现设施良性运转、长期使用和可持续发展。严格安全管理制度，制定突发事件应急预案，及时消除各类安全隐患。

（十六）鼓励群众参与建设管理。在村（社区）党组织的领导下，发挥村委会和社区居委会的群众自治组织作用，引导城乡居民积极参与村（社区）综合性文化服务中心的建设使用，加强群众自主管理和自我服务。健全民意表达机制，依托社区居民代表会议、村民代表会议和村民小组会议等，开展形式多样的民主协商，对基层综合性文化服务中心建设发展的重要事项，充分听取群众意见建议，保证过程公开透明，接受群众监督。

（十七）探索社会化建设管理模式。加大政府向社会力量购买公共文化服务力度，拓宽社会供给渠道，丰富基层公共文化服务内容。鼓励支持企业、社会组织和其他社会力量，通过直接投资、赞助活动、捐助设备、资助项目、提供产品和服务，以及采取公益创投、公益众筹等方式，参与基层综合性文化服务中心建设管理。率先在城市探索开展社会化运营试点，通过委托或招投标等方式吸引有实力的社会组织和企业参与基层文化设施的运营。

七、加强组织实施

（十八）制定实施方案。各省（区、市）政府要把加强基层综合性文化服务中心建设发展作为构建现代公共文化服务体系的重要内容，对接相关规划，结合本地实际，尽快制定实施方案，明确总体思路、具体举措和时间安排。市、县两级政府要结合农村社区建设、扶贫开发、美丽乡村建设等工作，抓紧制定落实方案。

（十九）坚持试点先行。要稳步推进，先期确定一批基础条件较好的地方和部分中西部贫困地区进行试点，并逐步在全国范围推广实施。支持试点地区因地制宜探索符合本地实际、具有推广价值的基层综合性文化服务中心建设发展模式，创新服务内容和提供方式，拓宽优秀公共文化产品和服务供给渠道。

（二十）加大资金保障。地方各级政府要根据实际需要和相关标准，将基层综合性文化服务中心建设所需资金纳入财政预算。中央和省级财政统筹安排一般公共预算和政府性基金预算，通过转移支付对革命老区、民族地区、边疆地区、贫困地区基层综合性文化服务中心设备购置和提供基本公共文化服务所需资金予以补助，同时对绩效评价结果优良的地区予以奖励。发挥政府投入的带动作用，落实对社会力量参与公共文化服务的各项优惠政策，鼓励和引导社会资金支持基层综合性文化服务中心建设。

（二十一）加强队伍建设。乡镇（街道）综合文化站按照中央有关规定配备工作人员，村（社区）综合性文化服务中心由“两委”确定1名兼职工作人员，同时通过县、乡两级统筹和购买服务等方式解决人员不足问题。推广部分地方基层文化体育设施设立文化管理员、社会体育指导员等经验。鼓励“三支一扶”大学毕业生、大学生村官、志愿者等专兼职从事基层综合性文化服务中心管理服务工作。加强业务培训，乡镇（街道）和村（社区）文化专兼职人员每年参加集中培训时间不少于5天。

（二十二）开展督促检查。把基层综合性文化服务中心建设纳入政府公共文化服务考核指标。由各级文化行政部门会同有关部门建立动态监测和绩效评价机制，对基层综合性文化服务中心建设使用情况进行督促检查，及时协调解决工作中的各种问题。同时，引入第三方开展公众满意度测评。对基层综合性文化服务中心建设、管理和使用中群众满意度较差的地方要进行通报批评，对好的做法和经验及时总结、推广。

国务院办公厅
2015 年 10 月 2 日

文化部　国家发展改革委　国家民委　财政部　新闻出版广电总局　体育总局　国务院扶贫办关于印发《“十三五”时期贫困地区公共文化服务体系建设规划纲要的通知》

文公共发〔2015〕24号

各省、自治区、直辖市文化厅(局)、发展改革委、民(宗)委(厅、局)、财政厅(局)、新闻出版广电局、体育局、扶贫办,新疆生产建设兵团文化广播电视局、发展改革委、民宗委、财务局、新闻出版局、体育局、扶贫办:

现将《“十三五”时期贫困地区公共文化服务体系建设规划纲要》印发给你们,请结合实际认真贯彻执行。

特此通知。

文化部　国家发展改革委　国家民委　财政部
新闻出版广电总局　体育总局　国务院扶贫办
2015年11月23日

“十三五”时期贫困地区公共文化服务体系建设规划纲要

构建中国特色现代公共文化服务体系、实现基本公共文化服务标准化均等化，最艰巨最繁重的任务在贫困地区。为推动贫困地区公共文化建设跨越式发展，促进贫困地区整体脱贫致富，实现到2020年全面建成小康社会的目标，根据《中国农村扶贫开发纲要(2011—2020年)》、《关于创新机制扎实推进农村扶贫开发工作的意见》(中办发〔2013〕25号)和《关于加快构建现代公共文化服务体系的意见》(中办发〔2015〕2号)等文件精神，制定本规划纲要。

近年来，在党中央、国务院的高度重视下，在地方各级党委和政府的大力支持下，贫困地区公共文化投入逐步增加，公共文化设施网络基本建立，重大文化惠民工程深入实施，基层公共文化人才队伍不断壮大，公共文化服务效能逐步提高，对丰富群众精神文化生活、促进经济社会发展、维护边疆稳定和社会和谐发挥了重要作用。但由于贫困地区公共文化服务体系建设起点低、基础差、投入不足，公共文化服务水平总体不高，在设施建设、管理运行、人才队伍、服务效能等方面，与发达地区的差距仍在持续扩大。“十三五”时期加快推进贫困地区公共文化服务体系建设，是服务脱贫攻坚大局、构建现代公共文化服务体系的重要任务，也是统筹城乡区域文化一体化发展、维护国家文化安全、保障人民群众基本文化权益、促进全体人民共享文化改革发展成果的重大举措，更是全面建成小康社会、构建社会主义和谐社会的迫切需要。

本规划纲要实施范围为六盘山区、秦巴山区、武陵山区、乌蒙山区、滇桂黔石漠化区、滇西边境山区、大兴安岭南麓山区、燕山—太行山区、吕梁山区、大别山区、罗霄山区等区域的集中连片特困地区和已经明确实施特殊政策的西藏、四省藏区、新疆南疆四地州，以及连片特困地区以外的国家扶贫开发工作重点县，共计839个县，含民族自治地方县426个、革命老区县357个、陆地边境县72个，共有乡镇(街道)1.29万个，行政村14.2万个，总人口3.26亿，占全国人口的23.8%；总面积479.6万平方公里，占国土面积的49.9%，涉及22个省级行政区、167个地级行政区。本规划纲要规划期为2016—2020年。

一、总体要求

(一)指导思想

全面贯彻落实党的十八大和十八届三中、四中、五中全会精神，以邓小平理论、“三个代表”重要思想、科学发展观为指导，深入贯彻习近平总书记系列重要讲话精神，按照促进贫困地区脱贫致富和如期实现全面建成小康社会的总体要求，以社会主义核心价值观为引领，以完善公共文化设施网络、提升服务效能、促进均衡发展为主线，加大政策和资金支持力度，创新公共文化服务体制机制，因地制宜采取精准措施解决突出矛盾和问题，促进基本公共文化服务标准化、均等化，实现服务群众同教育引导群众相结合、满足群众文化需求同提高群众文化素质相结合，为建设“美丽乡村”、促进贫困地区文化建设与经济社会建设协调发展作出积极贡献。

（二）基本原则

服务大局，统筹规划。深入贯彻全面建成小康社会奋斗目标和国家扶贫开发战略部署，将贫困地区公共文化建设纳入新型城镇化建设、新农村建设和国家扶贫开发工作总体布局，纳入专项扶贫、行业扶贫、社会扶贫“三位一体”大扶贫格局。

因地制宜，精准建设。充分发挥地方特别是基层政府的主动性，以县为基本单元和落实主体，加强调查研究，全面梳理公共文化服务体系建设存在的突出矛盾和问题，结合本地区经济社会发展实际，因地制宜采取精准措施加以解决。

突出重点，讲求实效。全面推进与重点突破相结合，着力完善贫困地区公共文化设施网络，加强基层公共文化服务资源整合，进一步提升服务效能，在提升贫困地区公共文化服务体系建设整体水平上取得实效。

改革创新，激发活力。全面落实中央关于深化文化体制改革、加快构建现代公共文化服务体系的要求，加强公共文化服务体制机制改革创新，结合贫困地区实际，在公共文化服务标准化、均等化、数字化、社会化建设等方面采取有效措施，激发公共文化服务活力。

（三）总体目标

到2020年，贫困地区公共文化服务能力和水平有明显改善，群众基本文化权益得到有效保障，基本公共文化服务主要指标接近全国平均水平，扭转发展差距扩大趋势，公共文化在提高贫困地区群众科学文化素质、促进当地经济社会全面发展方面发挥更大作用。

——公共文化服务设施网络基本完善。设施种类齐全，规模质量达到国家建设标准。通过固定场馆、流动设施和数字服务，全面有效覆盖服务人群；

——基本公共文化服务项目逐步健全。公共文化服务的内容、种类、数量和水平达到《国家基本公共文化服务指导标准（2015—2020年）》和本省实施标准，符合“十三五”时期公共文化服务体系建设相关规划要求；

——公共文化服务效能显著提升。基层公共文化资源整合力度不断加强，公共文化服务的内容和手段更加丰富，服务质量明显提高；

——公共文化管理体制和运行机制建设取得突破。公共文化机构内部管理体制健全，公共图书馆、文化馆总分馆制初步建立并推广。政府向社会力量购买公共文化服务的力度不断加大，政府、市场、社会共同参与公共文化服务体系建设的格局基本形成；

——公共文化服务保障切实加强。公共文化服务的财政和人才队伍保障政策全面落实，公共文化服务法律和政策保障体系进一步完善；

——群众受益程度不断提高。多样化的群众需求反馈和评价机制基本建立，公共文化服务的需求适应性、群众参与率、受益率和满意度明显提升。

二、主要任务

（一）加快完善公共文化设施网络

适应新型城镇化和社会主义新农村建设发展的要求，根据国家公共文化设施建设标准和当地实际情况，因地制宜推进贫困地区公共文化设施建设，实现固定设施与流动设施、数字设施有机结合、相互补充和有效覆盖。

1. 推动县级公共文化设施全面达到国家标准

消除县级公共文化设施空白点，没有县级公共图书馆、文化馆的县，要按照已公布的国家建设标准进行建设。文物资源丰富、具备建设条件的县，可因地制宜开展博物馆建设。人口少于5万的县，相关公共文化设施可合并建设。县级公共文化设施未达到国家建设标准的县,根据实际需要进行改建或扩建。

2. 积极开展基层综合性文化服务中心建设

加大资源整合力度,主要采取盘活存量、调整置换、集中利用等方式,在乡镇(街道)和村(社区)建设集宣传文化、党员教育、科学普及、普法教育、体育健身等功能于一体的基层综合性文化服务中心,配套建设文体广场并配备活动器材。重点加强牧民定居点、移民新区、城乡结合部地区、城镇新兴社区和农村"中心村"的基层综合性文化服务中心建设。

3. 扩大广播电视服务网络覆盖

统筹有线、无线、卫星等方式,加强广播电视传输覆盖网络建设,实现广播电视户户通。强化贫困地区的中央广播电视节目无线数字化覆盖,推进广播电视无线发射台基础设施建设。实施地方应急广播工程,加强广播电视卫星接收等基层公共数字文化设施设备运营维护,提高设施设备质量和使用效率。统筹推进农村地区广播电视用户接收设备配备工作,鼓励建设农村广播电视维修服务网点。

4. 合理配备流动文化服务设施设备

为县级公共文化机构配备流动文化服务车,使其具备经常性开展流动文化服务的条件。根据人口聚集的实际情况,依托基层综合性文化服务中心建立稳定的流动服务点,重点加强农村集市、边贸口岸、边疆哨所流动服务点建设,配备新型集成化、便携式、多功能的流动文化服务设备器材,逐步实现流动文化服务常态化。

专栏1　贫困地区公共文化设施建设项目

县级公共文化设施建设项目。按照国家建设标准,对贫困地区未建成或未达标的县级公共图书馆、文化馆进行新建和改扩建,到 2020 年实现县级公共文化设施全部达到国家建设标准。

基层综合性文化服务中心设施建设项目。在贫困地区乡镇(街道)和村(社区)建设基层综合性文化服务中心,配套建设文体广场并配备阅报栏(屏)、灯光音响设备、广播器材和体育健身设施等,有条件的可搭建戏台舞台。

广播电视传输覆盖网络建设项目。统筹有线、无线、卫星等多种方式,基本实现数字广播电视户户通;完善贫困地区县级广播电视发射(监测)台建设;实施地方应急广播工程,完善传输网络,布置应急广播终端,实现应急信息及时有效传输发布。

流动文化服务车配置项目。根据贫困地区实际,为每个县配备用于图书借阅、文艺演出、电影放映等服务的流动文化车。

(二)全面推进基本公共文化服务均衡发展

坚持以标准化促进均等化,强化县级人民政府在公共文化产品生产和服务供给中的落实责任,发挥公益性文化体育单位的骨干作用,加大公共文化产品生产和服务供给力度,保障贫困地区群众的基本文化需求。

1. 以县为基本单位全面落实国家指导标准和地方实施标准

制定县域基本公共文化服务项目供给目录,围绕文艺演出、读书看报、广播电视、电影放映、文体活动、展览展示、教育培训等方面,设置具体服务项目,明确服务种类、内容和数量要求,提升服务质量和效率。到 2020 年,基本公共文化服务内容各项指标达到国家指导标准和本省实施标准要求。

2. 丰富公共文化服务内容

结合乡土文化特色和群众实际文化需求，进一步加大公共文化产品和服务供给。大力开展全民阅读活动，实施阅读能力提升计划。积极开展文化艺术普及公益行动，培养群众积极向上的文艺爱好。组织各级文艺院团、文博机构为乡镇、农村送演出、展览、戏曲等服务。进一步丰富农村数字电影影片供给，加强中小学爱国主义影片放映工作。组织群众广泛开展体育健身活动和科普活动。

3. 提高边疆民族地区公共文化服务水平

加强优秀文化作品的民族语言译制和在民族地区的传播，鼓励和扶助民族文化产品的创作生产，支持开展具有民族特色的群众性文化体育活动。进一步加强文化援藏、援疆工作，把公共文化建设作为重点内容，加大项目、资金、人才、技术和培训等方面的支持。加强少数民族文字及双语出版物的出版发行，支持少数民族语言文字数字出版。提高西藏、四省藏区和新疆等边疆民族地区广播电视安全防控能力、少数民族语言广播电视节目译制制作能力和广播电视节目覆盖水平。

4. 切实保障特殊群体基本文化权益

加强对农村留守儿童在阅读辅导、艺术培训、科学普及、文体活动等方面的文化服务。基层综合性文化服务中心要配备儿童康乐设施，增加儿童课外读物，并为留守儿童与外出务工父母之间的视频沟通提供便利。加强面向农村留守妇女、流动妇女在计生知识、心理咨询、文艺活动等方面的文化服务。鼓励建立老年体协、老年艺术团、老年大学等文体组织，并提供必要的活动经费。支持公益性文化机构针对“五保户”、孤寡老人等开展送文化活动。提高面向农村残疾人的无障碍公共文化体育服务水平，为残疾人提供实用技术培训。加大对盲文图书、有声读物出版支持力度。将返乡农民工纳入本地区公共文化服务体系，帮助开展就业创业辅导和职业技能培训。

专栏2　贫困地区基本公共文化服务建设项目

阅读能力提升计划。每个县每年举办主题阅读活动。依托数字图书馆建设工程，每年为中小学生提供精品电子书、电子期刊报纸和网络精品公开课。实施“书香童年”阅读工程，为学龄前儿童发放阅读书包、开展阅读指导服务。对接群众需求，完善农家书屋出版物补充更新工作，开展农民阅读活动。

文化艺术普及公益行动。每个县每年举办文化艺术普及活动。依托各级各类公共文化机构，通过集中办班、下乡辅导、远程培训等多种形式，组织开展面向不同群体的文化艺术知识普及和培训服务。

送地方戏下基层项目。根据地方实际，将送地方戏曲纳入基本公共文化服务目录。鼓励有条件的县级文化馆综合设置戏曲排练演出场所，推动部分有条件的地方为县级国有戏曲院团和民族地区文艺院团建设小型综合排演场所，通过多种渠道为地方戏曲艺术表演团体免费或低价提供排练演出场所。采取政府购买服务等方式组织地方戏曲艺术表演团体到农村演出。

边疆文化建设“春雨工程”。加强民族自治地方县、边境县的公共文化基础设施建设，组织开展导向性、带动性的少数民族文化活动，加强少数民族数字文化资源建设，保护少数民族文化遗产资源，加大边疆民族地区基层文化队伍培训。到2020年，边疆民族地区公共文化服务能力和水平有明显改善。

文化援藏援疆项目。根据西藏、四省藏区和新疆实际文化需求，广泛发动中央宣传文化、体育系统各单位和地方对口支援省市，制定对口援助工作计划，明确具体援助项目，通过捐赠文化设备、选派文化干部、创排文艺作品等多种形式支持当地公共文化建设。

少数民族新闻出版"东风工程"。加强新疆等民族地区少数民族语言文字译制出版能力和印制发行能力建设，支持民族文字主流媒体和新兴媒体融合发展，推进民族文字出版单位数字化转型升级。扶持少数民族文字和双语出版项目，开展面向基层少数民族群众出版物赠阅。

新疆广播电视安防工程。重点支持新疆边境口岸广播电视发射台改扩建，加强边境县和重点乡镇广播电视网络覆盖，建设少数民族语言广播电视节目译制系统，提高少数民族语言频率频道覆盖水平。

藏区广播电视节目覆盖能力提升项目。加强西藏和四省藏区州县级广播电视节目传输覆盖，进一步提高广播电视节目译制制作能力，扩展广播电视服务功能，全面提升藏区广播电视节目有效覆盖能力。

（三）有效增强公共文化发展活力

尊重人民群众主体地位，不断创新公共文化服务供给方式，大力发展群众自办文化，广泛动员社会力量参与公共文化建设，推动公共文化服务社会化发展。

1. 创新公共文化服务供给方式

通过政府购买、票价补贴等方式，支持各类艺术表演团体为农村提供公益性演出，支持经营性文化设施、传统民俗文化活动场所等为群众提供优惠或免费的文化服务。支持电影企业深入城乡基层开展公益放映，鼓励在商业电影放映中安排低价场次或电影票。

2. 大力支持群众自主参与

依托民间文化艺术之乡建设工作，深入挖掘民族民间优秀传统文化资源，组织开展群众乐于参与、便于参与的节日民俗活动和形式多样的群众性文化体育活动，引导广场文化活动健康、规范、有序开展。大力支持群众自办文化，扶持以文化能人为核心的文化大院、文化中心户、农民书社、电影放映队、农民演艺团体、业余剧团等群众文化组织。促进文化体育类行业协会、基金会、民办非企业单位、公益组织等文化类社会组织在贫困地区发展。到 2020 年，初步形成"一县一特色"、"一乡一品牌"、"一村一团队"的发展格局。

3. 推进政府向社会力量购买公共文化服务

建立和完善政府购买公共文化服务工作机制，制定政府购买目录并进行动态调整。选择符合条件的社会力量作为承接主体，将公益性文化体育产品创作传播、公益性文体活动组织承办、民族民间优秀传统文化体育项目传承保护、公共文化体育设施的运营管理和民办文化体育机构免费或低收费服务等内容纳入政府购买范围。

4. 鼓励社会力量参与公共文化建设

运用政府与社会资本合作、公益创投、公益众筹等多种模式，鼓励和引导各类企业、社会组织和个人等社会力量投资或捐助贫困地区公共文化设施设备、资助文化活动、提供公共文化产品和服务。鼓励有条件的地方探索开展公共文化设施社会化运营试点，支持社会力量在符合条件情况下利用闲置用地、历史街区、老旧民宅村落等兴办公共文化项目，促进公共文化服务举办主体多元化、建设运营社会化、融资方式多样化。

专栏3 增强贫困地区公共文化发展活力项目

民间文化艺术之乡建设项目。深入发掘和盘活贫困地区具有鲜明地域特色的各类优秀民间文化资源，命名一批民间文化艺术之乡，培养一批民间文化队伍及乡土文化人才，培育一批特色文化品牌，充分发挥民间文化艺术之乡的示范导向作用，弘扬民族民间优秀传统文化，增强基层公共文化发展活力。

优秀群众文化团队扶持计划。通过加强技能培训、搭建交流平台、评选示范团队等形式，在贫困地区培养一批长期活跃在基层、丰富广大群众文化生活的优秀群众文化团队，充分发挥优秀团队的示范带动作用，全面提高基层群众文化团队的发展水平，使其成为丰富群众精神文化生活的重要力量。到2020年，基本实现每个行政村至少建立一支人员比较稳定、经常开展活动的群众文艺团队。

（四）切实提高公共文化服务效能

坚持“重心下移、资源下移、服务下移”，进一步提高公共文化机构服务能力，加强重大文化惠民项目的统筹整合，推进公共文化共建共享、互联互通，实现公共文化服务多元互补。

1. 提高公共文化机构服务能力

加强公共文化机构免费开放工作，进一步增加服务项目，健全服务标准，规范服务流程，完善管理制度，不断提高服务水平和设施使用效益。逐步推动体育场、妇女儿童活动中心、工人文化宫、青少年校外活动场所免费提供基本公共文化服务项目。深化基层公益性文化事业单位改革，选择有条件的公共图书馆、文化馆、博物馆开展法人治理结构试点。采取试点先行、逐步推广的方式，到2020年初步形成以县级公共图书馆、文化馆为总馆，乡镇（街道）综合文化站为分馆，村（社区）综合性文化服务中心（农家书屋）为流通服务点的总分馆体系。

2. 加大基层公共文化资源整合力度

依托基层综合性文化服务中心，整合文化信息资源共享工程、公共电子阅览室、数字图书馆推广工程、农村数字电影放映、农家书屋、城乡电子阅报屏、农民体育健身工程等项目资源，提供公共文化“一站式”服务。整合基层公共文化设施设备资源，加强对文化体育设施的综合管理和利用，推动实现基层文化惠民项目和公共文化服务的综合集成。

3. 创建“按需点单”的公共文化服务模式

建设“县建总站、乡镇（街道）建分站、村（社区）建基点”的文化配送网络，形成“你点单、我配送”的文化服务工作机制。积极对接“互联网+”行动计划，利用信息化技术实现县域内公共文化服务线上自主预约、线下按需配送、定点跟踪服务，全面提升公共文化服务效率。优化文化阵地、文化活动、文化队伍等资源，借助网络平台，以“线上预约+线下配送”方式，创建向群众提供培训、讲座、展览、演出等公共文化服务的综合服务平台。

专栏4　贫困地区公共文化服务效能提升项目

公共图书馆总分馆体系建设。以县级公共图书馆为总馆，乡镇（街道）综合文化站为分馆，村（社区）综合性文化服务中心（农家书屋）为流通点。县级公共图书馆统筹全县图书资源建设和服务提供，对乡、村按需配置图书并定期更新，组织乡、村服务人员的岗前培训、业务指导和监督考核，实现县域范围内图书统一采编，资源统一调配，人员统一培训、服务统一规范、绩效统一考评。到 2020 年，力争三分之一的县建立公共图书馆总分馆体系。

文化馆总分馆体系建设。以县级文化馆为总馆，乡镇综合文化站为分馆，村级综合文化服务中心为服务点。县级文化馆统筹全县群众文艺产品创作生产和特色文化资源传承创新，为乡、村群众文艺团队、文化骨干提供经常性的指导和培训服务，指导和协助乡、村因地制宜开展群众文化活动，组织基层文化队伍的技能培训、业务指导和考核评估，实现县域群众文化活动资源整合。到 2020 年，力争三分之一的县建立文化馆总分馆体系。

（五）大力推进公共数字文化建设

充分发挥公共数字文化推动贫困地区公共文化建设跨越发展的重要作用，加强公共数字文化平台建设、资源建设和服务推广，促进公共文化服务与现代科技融合发展。

1. 畅通公共数字文化资源传输渠道

整合文化信息资源共享工程、公共电子阅览室建设计划和数字图书馆推广工程，构建县域公共数字文化综合服务平台和区域性公共数字文化综合管理平台，实现基层公共数字文化服务的综合管理和“一站式”提供，方便群众获取数字文化资源。深入开展“边疆万里数字文化长廊”建设，在牧区、边远山区和人口稀少的地区建设小型无线服务器，扩大无线传播覆盖面积，畅通无线传播渠道。

2. 加强公共数字文化资源供给配送

加大国家级公共数字文化资源向贫困地区推送力度，加强少数民族语言数字资源的征集、整合、译制及服务工作。依托重大公共数字文化工程建设，征集制作县域少数民族文化、民间传统文化、文化遗产、红色历史文化等特色数字文化资源，建设地方特色文化资源库。通过网络传输、硬盘固化、光盘录制、手机下载等多种方式，推动数字文化资源“进村入户”。进一步丰富基层应急广播内容建设。

3. 提升公共文化机构数字化水平

加强国家文化科技提升计划项目、文化部科技创新项目对贫困地区的支持力度。结合“宽带中国”、“智慧城市”等国家重大信息工程，推动数字图书馆、数字文化馆、智慧博物馆建设，加强县级公共文化机构和基层综合性文化服务中心数字文化设施设备运营维护。到 2020 年，县级公共文化机构基本具备数字资源提供能力和远程服务能力。

4. 提高新闻出版广播电视现代传播能力

积极推进“三网融合”，大力加强县级广播电视播出机构服务能力建设，全面提高数字节目的制播能力和网络数字传输能力。探索支持西藏、四省藏区和新疆等地域广阔、传输覆盖手段不足的地方省（市）节目“上星定点覆盖”，更好满足群众收听收看贴近性、本地化广播电视节目的需求。鼓励边远地区通过卫星网络手段，解决时政报刊不能及时送达的问题。

专栏5　贫困地区公共数字文化建设项目

县域公共数字文化综合服务平台建设项目。以国家公共文化数字支撑平台为依托，构建县域公共数字文化综合服务平台，对基层公共文化服务网络设施及惠民项目进行综合智能管理，实现基本公共数字文化资源共建共享，提升数字文化资源的传播服务效率，为公共文化服务体系建设提供数字化支撑。

边疆万里数字文化长廊建设项目。统筹边疆地区全国文化信息资源共享工程服务点和公共电子阅览室建设，以提升服务效能为目标，整合边疆特色数字文化资源，运用互联网和移动通讯等现代信息技术手段，基本实现边疆地区公共数字文化服务网络全覆盖。

地方特色文化资源库建设项目。支持贫困地区征集制作文化遗产、社会文化、戏剧戏曲、曲艺杂技、音乐舞蹈、历史地理、少数民族文化等方面的特色文化资源。在“戏曲动漫”、“大众美育馆”、“心声·音频馆”、“社区文化生活馆”等重点数字文化资源产品中加强对贫困地区特色资源内容的建设与服务。

少数民族语言数字资源建设项目。加强少数民族语言数字资源征集、译制和服务工作，在贫困地区建立一批少数民族语言资源建设中心，建设一批贴近少数民族群众生活、反映少数民族特色、帮助少数民族农牧民群众生产致富的数字文化资源。

广播电视节目无线数字化覆盖工程。按照国家基本公共文化服务指导标准，充分利用现有资源，增配数字广播电视发射系统，实现15套电视节目、15套广播节目在贫困地区的无线数字化覆盖。

(六)不断加强公共文化人才队伍建设

按照存量优化、增量优选的原则，加强公共文化人才队伍建设，完善机构编制、学习培训、待遇保障等方面的政策措施，建立稳定的、高素质的基层公共文化人才队伍。

1. 加强基层公共文化队伍建设

在现有编制总量内，落实《国家基本公共文化服务指导标准(2015—2020年)》的乡镇综合文化站编制政策。探索设立乡镇基层公共文化服务岗位，配置由公共财政补贴的工作人员。探索建立基层文化专干激励机制，对在贫困地区乡镇基层从业一定年限、工作成绩突出的文化专干给予鼓励。劳动模范、先进工作者等评选表彰适当向贫困地区基层文化专干倾斜。

2. 加强基层文化队伍培训

深入实施全国基层文化队伍培训计划，依托基层文化队伍培训基地、各级公共文化机构、广播电视技术中心和图书馆学会、文化馆协会等行业组织，结合公共数字文化重点工程，分级分类分批对县、乡基层文化干部进行系统培训。实施“一员三能”提升工程，加强农村(社区)文化管理员和业余文化骨干培训。将公共文化建设内容纳入贫困地区党校教育、干部培训的教学体系。鼓励与艺术学校、艺术职业学院及传媒类职业院校等教育机构合作开展基层文化干部学历教育，采取定向培养等方式选派优秀基层文化干部在职学习深造。全国基层文化队伍示范性培训、公共文化巡讲等项目加大向贫困地区倾斜力度。

3. 大力培育乡土文化人才

重视发现和培养扎根基层的乡土文化能人、非物质文化遗产项目代表性传承人，大力营造有利于乡土人才成长的环境。建立县域乡土人才信息资源库，通过搭建交流平台、提供活动经费、加强培训辅导等方式,鼓励和扶持乡土人才开展农村文化艺术、民族民间文化、文物保护管理等乡土文化技能培训与传承、普及与推广,发挥他们在传统文化传承、手工技艺培训、文化遗产保护等方面的积极作用。

4. 加大文化人才培养力度

深入实施"边远贫困地区、边疆民族地区和革命老区"人才支持计划文化工作者专项,针对当地实际文化需求,选派优秀文化人才,加大基层文化人才培养。制定国家、省、市文化行政部门和文化单位与贫困地区干部交流工作计划,在职务晋升、职称评定中对有贫困地区工作经历的干部在同等条件下优先考虑。在重大文化工程、重大文化项目实施中加大对贫困地区基层文化人才的培养、使用和支持。

专栏6　贫困地区公共文化人才队伍建设项目

村(社区)级公益文化岗位配置项目。按照公开招募、自愿报名、组织选拔、集中派遣的形式,采取"县聘乡管村用"的管理方式,探索在村级综合性文化服务中心设置由政府购买的公益文化岗位。

"边远贫困地区、边疆民族地区和革命老区"人才支持计划文化工作者项目。"十三五"期间,每年选派1.9万名优秀文化工作者到"三区"工作和提供服务,每年为"三区"培训1500名急需紧缺的文化工作者。

"一员三能"提升工程。依托全国基层文化队伍远程培训网络和文化信息资源共享工程服务网络,采取集中培训、业务辅导、远程教学等多种形式,提升农村文化管理员的政治素养、专业技术和服务管理能力。

(七)大力开展文化帮扶工作

广泛调动和充分利用各方资源,建立对贫困地区的文化对口帮扶长效机制,策划实施一批文化帮扶项目,帮助贫困地区提升公共文化服务的能力和水平。

1. 深入开展文体志愿服务活动

深入开展文化志愿者边疆行和艺术院团志愿服务走基层活动。鼓励和支持专家学者、艺术家、优秀运动员、青年学生、专业技术人才、退休人员和社会各界人士为贫困地区提供文体志愿服务,推动公共文化单位、艺术院团、体育运动队和艺术体育院校等到贫困地区教、学、帮、带。支持贫困地区建立文体志愿服务组织,广泛开展基层文体志愿服务活动,探索具有地方特色的文体志愿服务模式。在贫困地区大力发展社会体育指导员队伍,开展全民健身志愿服务活动。到2020年,基本实现每县建立机制健全、运行有效的文体志愿者组织机构,拥有人员稳定、管理规范、活动经常的文体志愿者队伍。

2. 建立健全文化结对帮扶工作机制

将公共文化帮扶纳入行业扶贫、东西部扶贫协作和定点扶贫工作内容。通过合作共建、结对帮扶、区域文化联动等形式,建立国家和省级文化单位、国家公共文化服务体系示范区(项目)城市、全国文化先进单位(文化先进县、市、区)、本省区域内发达市(县)与国家扶贫开发工作重点县结对帮扶工作机制,确保每个县都有对口帮扶单位。在集中连片特困地区建立毗邻省市县公共文化服务体系建设协作机制,推进公共文化设施、文化品牌、特色文化产业、文化人才培养等协同共建。

3. 广泛动员企业和社会各界参与文化帮扶

为企业和社会各界参与文化帮扶提供准确信息，推进帮扶资源供给与帮扶需求的有效对接，提高社会帮扶资源配置与使用效率。建立本地区企业和社会各方面力量参与文化帮扶的工作制度，广泛动员区域外企业和社会力量参与文化帮扶。打造一批文化帮扶公益品牌，发挥品牌效应，积极引导社会各方面资源向贫困地区聚集，动员社会各方面力量参与文化帮扶重点项目，形成政府、市场、社会协同推进贫困地区公共文化建设的工作格局。

专栏7　贫困地区文化帮扶项目

文化志愿者边疆行活动。以满足老少边穷地区群众基本文化需求为主要任务，以加强老少边穷地区公共文化服务能力和队伍建设为重点，以"大舞台"、"大讲堂"、"大展台"为主要形式，通过供需对接、双向互动，组织招募文化志愿者开展各种文化服务活动，丰富老少边穷地区基层群众精神文化生活。

公共文化发展"一县一策"帮扶计划。依托公共文化结对帮扶工作机制，发挥东部地区、定点扶贫单位和省内发达市(县)的资源优势，通过选派文化人才、资助项目、赞助活动、购买文化产品和服务等方式，帮助对口帮扶县制定实施符合地方特点和实际需要的公共文化发展政策，实现"一县一策"发展战略。

优质文化产品帮扶项目。依托"文化下乡"、"送欢乐下基层"、艺术院团志愿服务走基层、"群星奖"巡演等活动，组织国家、省、市级文艺院团和文化单位为贫困地区提供高水平的演出、讲座和展览，帮助贫困地区人民群众提高艺术鉴赏水平。

(八)积极推动群众脱贫致富

充分发挥公共文化对提升群众素质、促进社会发展等方面的积极作用，加强特色文化资源合理开发利用，带动群众脱贫致富，推动贫困地区经济社会发展。

1. 积极为群众脱贫致富创造有利条件

依托公共文化设施和文化惠民工程，通过联合办班、提供场地、远程培训等多种方式，积极开展科学普及、法治宣传、社保救助、卫生计生、养老助残等惠农服务，提高群众科学文化素质。与贫困村、贫困户建档立卡和贫困识别结果工作相衔接，配合有关部门开展各类生产技术培训，帮助贫困群众掌握1至2项实用技术。积极探索互联网上网服务企业参与农村公共文化建设的模式。深入开展"农民(社区居民)科学素质行动"，培养群众健康文明的生活方式。

2. 大力促进地方特色文化保护和发展

充分发挥公共文化机构的作用，推动地方特色文化和民族文化保护、传承和发展。支持贫困地区依托当地民族民间特色文化资源和非物质文化遗产，发展特色手工艺品、传统文化展示表演和乡村文化旅游。深入开展经济社会发展变迁物证征藏工作，进一步加强对文物保护单位、历史文化名镇名村和传统村落的保护。积极开展非物质文化遗产生产性保护，促使其在保护传承的同时，带动当地经济发展，有效拉动就业，增强贫困地区自我发展能力。

3. 深入推进生态文化建设

将贫困地区公共文化建设纳入生态文明建设，贯彻节能、节地、节水、节材的文化建筑设计理念。充分利用广播、电视、报刊等现代媒体，深入宣传保护生态环境的重要作用和意义，不断提高当地群众的节约意识、环保意识和生态意识。发挥文化活动潜移默化、以文化人的作用，营造全民参与环境保护和生态文明建设的良好风气，促进贫困地区生态可持续发展和国家生态安全。

专栏8　推动群众脱贫致富项目

农民素质教育网络培训项目。根据“三农”工作需要和农民群众脱贫致富需求，以文化信息资源共享工程为平台，以基层综合性文化服务中心为依托，通过多媒体教学、上机自学、集中授课、基地实训等多种形式，组织开展各类专项培训，培养具有一定科学文化素质和掌握实用技术的新型农民。

农民（社区居民）科学素质行动。通过形式多样、内容丰富、群众喜闻乐见的文化科普活动，面向贫困地区农民（社区居民）大力开展保护生态环境、节约能源资源等内容的宣传教育，开展新型农民培训和现代农业科学技术培训，提升社区居民应用科学知识解决实际问题、改善生活质量、应对突发事件的能力，引导农民（社区居民）养成科学文明健康的生活方式，形成良好的社会公德、职业道德、家庭美德和自觉抵制反科学、伪科学、破除愚昧迷信的社会风尚。

三、保障措施

（一）加强组织领导

按照中央统筹、省负总责、县抓落实的总体要求，加强对贫困地区公共文化建设工作的组织领导。推动地方各级党委和政府把贫困地区公共文化建设作为扶贫开发重点工作，纳入重要议事日程，纳入经济社会发展全局，纳入评价地区发展水平、发展质量和领导干部工作业绩的重要内容。在国家和各地公共文化服务体系建设协调机制的框架下，明确部门分工，加强统筹协调。建立完善党委和政府统一领导、文化部门组织协调、有关部门分工负责、社会力量积极参与的工作格局。

（二）推进精准建设

省级文化行政部门会同有关部门对本省贫困地区县、乡、村三级公共文化设施、服务资源、人才队伍等基本情况开展专项调查，摸清公共文化服务和资源底数，明确突出矛盾和问题；对照国家基本公共文化服务指导标准和地方实施标准，按照基本服务项目、硬件设施、人员配备等类别，逐项测算服务和资源缺口，列出公共文化建设项目清单；按照前三年集中攻坚、后两年巩固提高的阶段目标，指导县级文化行政部门制定公共文化服务建设实施方案，明确工作措施，建立工作台账，分年度确定重点解决事项和工作内容，形成可操作、可检查、可评估的工作计划、时间表和路线图。

（三）加大财政支持

中央和省级财政通过转移支付对贫困地区基本公共文化服务项目资金予以补助，并根据绩效考核结果实施奖励。地方各级政府要将落实基本公共文化服务标准所需资金纳入预算管理，统筹利用现有资金渠道，按照规划目标集中调配资源，支持贫困地区公共文化建设。落实国家安排的公益性文化建设项目取消县及县以下和集中连片特困地区地市级资金配套的政策，加大相关转移支付资金对贫困地区公共文化建设的支持力度。中央补助基层的公共文化服务体系建设专项资金，在确保专项任务完成和资金用途不变的前提下，可按规定由县级财政部门会同文化行政部门统筹使用。进一步加强对公共文化服务资金管理使用情况的监督和审计。运用村级公益事业建设一事一议民主决策机制，开展农村公共文化项目建设，提高资金使用效益。

（四）加强考核评估

各级政府要把规划纲要落实情况作为政府督查督办事项，对规划纲要实施进展、质量和成效进行动态监测评估，将结果作为对下一级政府绩效考核的重要内容。地方文化、新闻出版广电部门要加强与发展改革、财政、体育、扶贫等部门的综合协调，及时研究解决规划纲要实施过程中出现的新情况新问题，定期向本级政府和上级文化、新闻出版广电行政部门报告规划纲要实施情况。省级文化、新闻出版广电行政部门每年向文化部、新闻出版广电总局报告规划纲要实施情况。文化部会同有关部门对规划纲要实施情况进行跟踪分析，适时开展中期评估和后期评估。

文化部　体育总局　民政部　住房城乡建设部关于引导广场舞活动健康开展的通知

文公共发〔2015〕15 号

各省、自治区、直辖市文化厅(局)、体育局、民政厅(局)、住房城乡建设厅(建委),新疆生产建设兵团文化广播电视局、体育局、民政局、建设局:

广场舞是深受广大群众喜爱的文化体育活动,包括排舞、有氧健身操、搏击操、啦啦操、健身腰鼓、健身秧歌等多种样式,近年来在全国蓬勃开展,在丰富城乡基层群众精神文化生活、推动全民健身运动广泛开展、展示群众良好精神风貌等方面发挥了积极作用。但广场舞活动场地和设施结构性欠缺、噪声扰民、引导扶持和管理机制不健全等问题日益凸显,不利于广场舞活动的健康发展。为促进广场舞活动健康、文明、有序开展,现就有关事项通知如下:

一、总体要求

1. 目标任务

以活跃基层群众文化生活、提高公民身体素质和道德素质、促进基层社会和谐稳定为根本,以扶持、引导、规范为重点,培育一批扎根基层、综合素质较高、专兼职结合的广场舞工作队伍,推出一批具有文化内涵、审美品位和健身功能,便于群众接受的广场舞作品,培育一批具有导向性、示范性的广场舞品牌活动,实现城乡基层广场舞活动健康、文明、有序开展。

2. 工作原则

坚持积极引导与尊重群众意愿相结合。坚持弘扬社会主义核心价值观,加大对广场舞的引导和扶持力度,切实加强基层文化阵地建设。尊重群众意愿,引导群众需求,为群众开展广场舞活动提供便利条件,创造良好发展环境。

坚持统筹协调与因地制宜相结合。整合各方优势资源,形成工作合力,加强对城乡基层广场舞活动的统筹协调。鼓励各地因地制宜,结合当地文化资源和特点,开展富有地方特色、符合群众品位的广场舞活动,吸引基层群众积极参与。

坚持创新管理与规范服务相结合。牢固树立现代治理理念,按照建设服务型政府的要求,与基层社会管理机制相结合,创新广场舞活动的管理方式。加强法制宣传和社会公德教育,不断提升广场舞工作的规范化水平。

二、为广场舞活动创造良好条件

3. 为基层群众就近方便地提供广场舞活动场地。积极优化广场用地和文化、体育活动设施布局,在旧城区改造和新城区建设时,按人口规模或服务半径以及有关要求配套建设选址适中、与地域条件协调、适合开展群众性文体活动的场地。发掘利用城乡商业广场、企业和社区场地、边角空地等社会场地资源,盘活现有场地存量。加大公共文化体育场馆免费开放力度,充分提高场馆利用率,根据群众需求特点实行错时开放,适当延长夜间、休息日开放时间。做好室外广场适用电源、夜间照明等基础设施配套，合理配置广场舞活动设备器材，有条件的地方应当为各类广场舞团队免费提供移动音箱等设备。

4. 为广场舞活动提供优质服务。充分尊重各地传统文化和群众审美需求特点，大力支持基层群众自发开展具有文化艺术内涵、体现科学健身理念、符合群众审美特点的形式多样的广场舞活动。充分发挥公共文化体育单位的骨干作用，将广场舞作为公共文化体育单位的重要工作内容，采取划片指导、结对帮扶、培训指导等多种方式，加大对广场舞活动的服务和指导力度。广泛开展免费发放教学光盘、公益培训、展演展示、原创作品征集评选等普及推广活动，为广大群众更好地学跳广场舞提供方便。

5. 为广场舞活动搭建良好平台。各级文化、体育行政部门要因地制宜组织开展各类群众文化体育活动，引导基层群众结合地域、民族文化特色，充分挖掘和利用本地优秀文化资源，创新广场舞活动形式和组织方式，丰富活动内容，提升活动内涵。广泛开展社会主义核心价值观主题广场舞活动，结合广场舞作品创作、队伍培训、宣传推广等引导基层群众培育和践行社会主义核心价值观。通过政府购买服务等方式，对优秀广场舞团队予以扶持、表扬、宣传，大力培育广场舞活动品牌，为广大群众搭建展示文艺才能、参与文化创造的良好平台。

三、加强对广场舞活动的规范管理

6. 完善广场舞管理规范。大力宣传《中华人民共和国环境噪声污染防治法》、《国家声环境质量标准》等法律法规，提高基层群众的法治意识和社会公德意识。推动基层政府和社区自治组织结合本地实际制定人性化、针对性强的广场舞活动管理办法、活动准则或文明公约。探索实施广场文化活动登记备案制、星级评定制等相关管理制度，提升广场舞管理的制度化、规范化、科学化水平。

7. 鼓励群众自我管理。积极引导和推动建立基层广场舞协会等文化体育社团组织，充分发挥其自我管理、自我教育、自我服务、自我监督的作用，吸纳广场舞团队负责人、文艺骨干、社会体育指导员、群众代表参与广场舞管理，统筹组织辖区内广场舞团队及基层群众协商制定和落实相关管理规定，广泛吸取群众智慧，依靠群众力量，提升管理水平。

8. 将广场舞活动纳入基层社会治理体系。按照属地化管理的原则，建立由政府牵头、相关部门依法管理、场地管理单位配合、社区居委会和业主委员会以及相关社会组织等广泛参与的广场舞活动管理机制，推动相关管理规范有效落实，加强日常巡查，关注群众诉求，及时了解基层广场舞活动开展情况，把因广场舞产生的矛盾化解在基层、化解在萌芽状态。

四、加强组织领导和统筹协调

9. 加强组织领导。积极推动将广场舞工作纳入当地现代公共文化服务体系建设和群众体育事业发展的总体规划，纳入当地政府重要议事日程，纳入公共文化服务协调机制的工作内容，明确各部门职责分工，加强统筹协调，形成分工明确、统筹有力、部门联动、齐抓共管的工作格局。

10. 加强经费保障。通过现有资金渠道加大对广场舞活动的投入，重点支持城乡基层广场舞活动设施建设、设备配备、队伍培训、作品创作、普及推广、展示交流。积极拓展资金来源渠道，引导和鼓励社会力量对广场舞活动给予资金及设备支持。

11. 加强队伍建设。结合全国基层文化、体育队伍培训工作，强化对基层文化、体育工作者和群众文体骨干开展广场舞编创、普及推广、规范管理等方面知识的系统培训，培养一支适应广场舞工作需要的编创、培训、管理人才队伍。切实加强文化管理员、社会体育指导员、文化志愿者等兼职队伍建设，吸纳有丰富实践经验的广场舞团队负责人和领头人参与管理和服务。

12. 加强宣传引导。积极拓宽宣传渠道，充分利用传统媒体及各类新兴媒体，大力宣传广场舞工作的好做法、好经验，树立一批优秀广场舞工作者典型、广场舞领头人典型、广场舞团体典型，营造健康、文明、规范、有序参与广场舞活动的良好氛围。

各地区、各有关部门要充分认识广场舞活动的重要意义，切实强化组织领导，抓好贯彻落实，制定符合本地实际的具体工作方案。各省（区、市）文化厅（局）、体育局、民政厅（局）、住房城乡建设厅（建委）要会同有关部门加强监督检查，确保本通知各项要求落实到位。

特此通知。

文化部　体育总局　民政部　住房城乡建设部

2015 年 8 月 26 日

文化部办公厅关于印发《文化部公共数字文化工程管理办法》的通知

办公共发〔2015〕16号

各省、自治区、直辖市文化厅(局),新疆生产建设兵团文化广播电视局,本部各司局,国家图书馆,文化部全国公共文化发展中心:

为加强公共数字文化工程建设和管理,促进公共数字文化工程规范科学发展,文化部制定了《文化部公共数字文化工程管理办法》,现印发给你们,请结合实际,认真遵照执行。

特此通知。

文化部办公厅

2015年6月18日

文化部公共数字文化工程管理办法

第一章　总则

第一条　为加强对公共数字文化工程建设的组织管理，完善工作机制，提高工程建设的科学化水平，更好保障人民群众基本文化权益，按照党的十八届三中全会关于构建现代公共文化服务体系的要求，结合公共数字文化建设工作实际，制定本办法。

第二条　本办法所称的公共数字文化工程是指文化部、财政部组织实施的全国文化信息资源共享工程、数字图书馆推广工程、公共电子阅览室建设计划等，承担以下任务：

（一）优秀公共数字文化资源的征集、建设与使用；

（二）推进公共图书馆、文化馆等公共文化机构数字化服务；

（三）推进乡镇（街道）、村（社区）公共数字文化服务；

（四）公共数字文化服务标准体系建设；

（五）公共数字文化服务平台建设。

第三条　按照“统筹管理、分类实施、规范服务、提高效能”的原则，建立文化部统筹协调，专家委员会咨询指导，工程组织实施单位具体负责，省级文化行政部门配合实施的工作机制。

第四条　按照政府向社会力量购买公共文化服务相关文件要求，放开准入条件，通过政府采购、委托管理等方式，以资源建设、服务应用为重点，推动公共数字文化工程的设备升级和机制创新，逐步提高社会力量参与的比例。

第五条　公共数字文化工程建设应加强知识产权的保护和运用，遵守国家关于信息安全和保密管理的有关规定，健全和落实信息安全管理的规章制度。

第六条　公共数字文化工程建设严格执行国家有关法律法规政策，并接受文化、财政、审计、纪检监察等部门的监督检查。

第二章　机构与职责

第七条　文化行政部门作为管理部门负责公共数字文化工程建设的组织管理。组织实施单位受管理部门委托，负责公共数字文化工程建设的具体实施。

第八条　文化部承担以下职责：

（一）牵头制定和发布公共数字文化工程建设发展规划、年度计划及相关管理政策文件；

（二）发布公共数字文化资源建设、平台建设和服务推广等方面的重要工作文件；

（三）建立公共数字文化工程工作协调机制和专家咨询制度，统筹指导工程建设；

（四）根据公共数字文化工程建设发展规划和年度计划，审核工作任务，并向财政部提出资金分配建议；

（五）对公共数字文化工程实施情况进行监督检查，确定奖惩。

第九条　省级文化行政部门承担以下职责：

（一）牵头制定和发布本地区公共数字文化工程建设实施方案及相关管理政策文件；

（二）发布本地区公共数字文化资源建设、平台建设和服务推广等方面的重要工作文件；

（三）建立本地区公共数字文化工程工作协调机制和专家咨询制度，统筹指导本地区工程建设；

（四）根据工程建设重点和要求，汇总审核本地区公共数字文化建设工作任务，向文化部提出工程任务申请，同时向本地财政部门提出资金申报建议；

（五）对本地区公共数字文化工程实施情况进行监督检查，确定奖惩。

第十条 文化部组织实施单位承担以下职责：

（一）受文化部委托，组织实施本单位职责范围内的公共数字文化工程建设；

（二）负责编制工程建设发展规划、年度计划及资源建设、平台建设和服务推广等方面的重要工作文件，报文化部审批；

（三）受文化部委托，编制和发布本年度相关公共数字文化建设项目申报指南，并负责申报评审的具体组织工作；

（四）负责中央财政专项资金支持的相关公共数字文化资源建设、平台建设和服务推广；

（五）完成本单位承担的网络建设、软硬件系统开发及数字资源建设等任务。

第十一条 省级组织实施单位承担以下职责：

（一）在省级文化行政部门的指导下，按照本单位职责，组织实施本地区公共数字文化工程建设；

（二）负责编制本地区工程建设发展规划和年度计划，报省级文化行政部门批准和文化部组织实施单位备案；

（三）负责本地区公共数字文化资源建设、平台建设和服务推广；

（四）完成本单位承担的网络建设等任务。

第十二条 省级以下组织实施单位根据本地区公共数字文化工程建设发展规划和相关管理政策文件，组织实施公共数字文化工程建设。

第十三条 文化部设立国家公共数字文化建设专家委员会，承担工程建设的咨询职能。负责为全国公共数字文化建设提供咨询指导，参与重大项目、规划、方案的论证，工程建设的申报评审、中期督查、后期验收，公共数字文化队伍培训，以及其他相关工作。

第三章　工程实施管理

第十四条 依据国家及文化部相关规划，结合事业发展需要，文化部组织实施单位承担公共数字文化工程发展规划编制的具体工作。

省级文化行政部门委托地方组织实施单位，依据本地区经济和社会发展规划纲要和文化改革发展规划纲要，结合事业发展需要，编制本地区公共数字文化工程发展规划，并报文化部备案。

第十五条 文化部组织实施单位依据工程发展规划，负责拟订公共数字文化工程年度计划，明确年度工作要点、进度安排、激励约束机制等，于每年1月底前报文化部批准后实施。

地方组织实施单位依据本地区工程发展规划，负责拟订本地区公共数字文化工程年度计划，于每年年底前将下年度工作计划报省级文化行政部门批准后实施，并报文化部组织实施单位备案。

第十六条 公共数字文化工程建设实行立项申报制度。资源建设、平台建设、服务推广等相关工作，严格履行申报、审核、评审、审批、立项程序。

第十七条 文化部组织实施单位承担的、由中央本级专项资金予以支持的项目，依据文化部审定的发展规划和年度计划执行，履行《中央本级项目支出预算管理办法》规定的审批程序。执行过程中涉及重大调整、变更或新增内容的，应按照申报、审批程序执行。

第十八条 由中央财政转移支付、各省级文化行政部门组织实施的公共数字文化建设项目，执行以下立项审批程序：

（一）文化部委托文化部组织实施单位依据工程规划与年度计划，于每年2月底前向各省发布本年度公共数字文化建设项目申报指南。

（二）各省级文化行政部门委托地方组织实施单位，组织本地区符合申报条件的公共文化机构、企业和有关社会组织，按要求向文化部组织实施单位提交申报材料。

（三）文化部委托文化部组织实施单位对各省申报的建设项目进行评审。评审专家从国家公共数字文化建设专家委员会中随机抽取产生。文化部对评审过程予以监督。评审结果公示后由文化部批准实施。

（四）项目执行过程中涉及重大调整、变更的，应由工程组织实施单位提出申请、省级文化行政部门同意，经文化部组织实施单位审核后报文化部批准。

第十九条 建立公共数字文化工程验收制度，重点对工程规划实施情况、完成情况、资金使用情况和实际效果等进行检查验收。

（一）工程项目验收包括中期检查和结项验收。中期检查结果纳入结项验收考核之中。

（二）中央转移支付资金支持的地方工程建设任务，验收工作由管理部门委托组织实施单位开展。

（三）中央本级资金支持的工程建设任务，验收工作由文化部组织开展。

第四章 重点任务

第二十条 在文化部的统筹协调下，组织实施单位依据工程规划与职能任务要求，遵循“开放接口、兼容互用”原则，面向各级各类公共文化服务机构，构建开放互动、共建共享的统一服务管理平台，为基层群众提供集成化、一站式公共数字文化服务。

第二十一条 按照“需求导向、分工合作、共建共享”原则，文化部统筹制定资源建设规划，发布资源建设目录。

资源建设应突出工程功能定位和重点方向。全国文化信息资源共享工程重点建设与文化艺术普及和基本公共文化服务相适应的资源；数字图书馆推广工程重点建设与公共图书馆服务相适应的资源；公共电子阅览室建设计划重点为基层群众提供公共数字文化资源导航服务，原则上不进行资源建设。

第二十二条 按照“技术支撑、需求牵引”的原则，适应现代信息技术的发展，建立信息技术应用定期更新机制，促进公共数字文化服务方式与手段及时升级换代。

工程组织实施单位应结合公共文化服务机构免费开放，建立公共数字文化服务宣传推广机制，保证人民群众的知情权、参与权和监督权。

第二十三条 文化部结合国家公共文化服务标准化建设，统筹组织制订公共数字文化服务标准、评价标准和技术标准。

（一）已有国家标准和行业标准的，由组织实施单位在工程实施过程中推广应用；尚无相关国家标准和行业标准的，由文化部依托相关标准化技术委员会制订通用标准，组织实施单位组织制订个性化标准。

（二）各地区开展公共数字文化工程建设，应遵循国家标准和行业标准要求。

（三）标准制定和落实情况作为工程建设评价的重要依据。

第二十四条 按照“统一规划、分级实施、合作共享”的原则，将公共数字文化队伍培训统筹纳入全国基层文化队伍培训范围，建立培训资源共建共享机制。

（一）文化部组织实施单位重点面向省级工程实施人员开展管理和业务骨干培训。

（二）各省级文化行政部门负责制订本地区培训计划，重点组织开展地市级、县区级工程实施人员和基层服务人员培训。

（三）培训情况纳入工程建设评价和考核指标。

第五章　评价、考核与奖惩

第二十五条　建立工程组织实施单位内部自评、管理部门评价、第三方评估和群众监督相结合的科学评价机制。

（一）文化部组织实施单位按年度对工程实施情况开展自评，向文化部报告自评结果。各省级文化行政部门会同文化部组织实施单位组织本地区工程建设年度检查评价，结果报送文化部。

（二）文化部委托第三方专业机构，定期对工程建设与服务情况、群众满意度等进行检查评估。

（三）工程建设与服务的评价结果纳入各级文化行政部门对本级工程组织实施单位的年度考核。

第二十六条　建立公共数字文化工程年度考核制度，重点考核工程规划和年度计划的实施情况，以及资金使用情况。

各级文化行政部门对本级组织实施单位就公共数字文化工程建设进行年度考核。省级文化行政部门应将考核情况报文化部备案。

各级文化行政部门对公共数字文化工程建设的年度考核情况，应纳入工程组织实施单位领导班子和个人年度考核指标体系。

第二十七条　文化部根据评价和考核结果，对工作成绩突出的地区、单位和个人给予表扬奖励；对工作不力的地区和单位提出整改意见，限期整改达不到要求的予以通报批评，并核减下一年度工程建设资金；对工程实施过程中出现严重失误，造成重大损失和严重社会影响的地区和单位给予通报批评，并取消有关项目申报资格。

第六章　附则

第二十八条　工程建设经费管理另行制定办法。

第二十九条　本办法由文化部负责解释。

第三十条　本办法自印发之日起施行。

文化统计数据

2015 年全国文化发展基本情况

2015 年是“十二五”规划的收官之年，是全面深化改革的关键一年。一年来，全国文化系统全面贯彻党的十八大和十八届三中、四中、五中全会精神，深入学习贯彻习近平总书记系列重要讲话精神，紧紧围绕“四个全面”战略布局，坚持社会主义先进文化前进方向，坚持以人民为中心的工作导向，开拓创新，积极作为，文化改革发展取得新成效，“十二五”时期各项任务圆满收官，为建设社会主义文化强国、全面建成小康社会、实现中华民族伟大复兴的中国梦奠定了坚实文化基础。但总体上看，制约文化发展的深层次因素依然存在，文化发展整体水平还不高，文化发展的不平衡问题依旧存在，推动文化改革发展的任务仍然比较艰巨。在新的历史起点上，必须以新发展理念引领文化建设，进一步坚定文化自信，增强文化自觉，全面提高文化发展的质量和效益，推动社会主义文化大发展大繁荣。

一、文化改革发展全面稳步推进

2015 年，全国文化机构和从业人员有所增长。据统计，截至 2015 年年底，纳入统计范围的全国文化单位 29. 91 万个，比上年末增加 1. 17 万个；从业人员 229. 44 万人，比上年增加 25. 42 万人。其中，各级文化文物部门所属单位 65712 个，增加 150 个；从业人员 64. 54 万人，增加 7194 人。

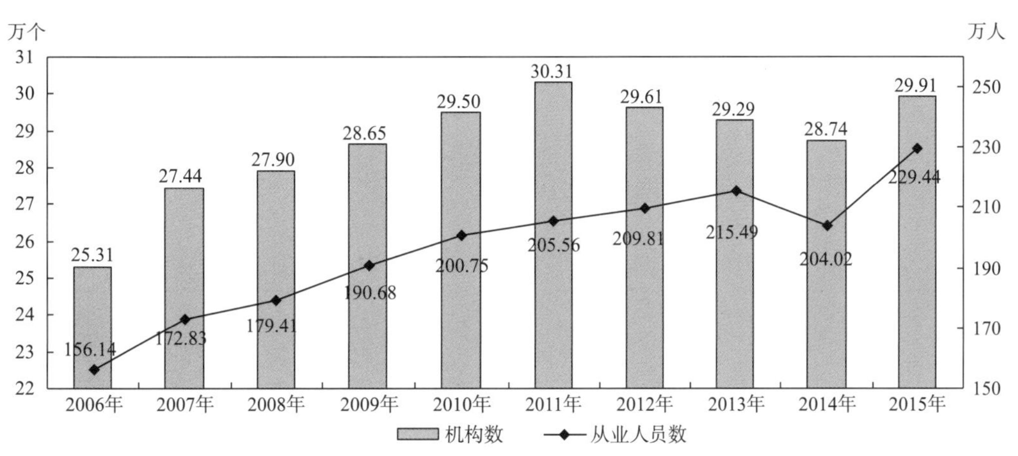

图 1　2006 年—2015 年全国文化单位机构数及从业人员数

2015 年，我国各项文化建设工作取得了新的成就。文化体制机制改革稳步推进，文化市场健康有序，文化发展的基础更加坚实；文艺创作演出进一步繁荣，现代公共文化服务体系更加完善，文化产业蓬勃发展，文化遗产保护水平明显提升，文化发展的成果更加丰硕；对外和对港澳台文化交流向纵深拓展，文化对外影响力进一步增强。

（一）完善法制深化改革，文化改革发展路径更加明晰

1. 文化法治建设取得新进展。文化部召开全国文化法治工作会议，明确未来五年文化法治建设的总体思路、目标和重点任务。《博物馆条例》正式颁布实施，公共文化服务

保障法已报请全国人大常委会审议,公共图书馆法已面向社会征求意见。文化产业促进法、文物保护法修订等重点立法项目取得阶段性进展。

2. 重点领域改革持续深化。深化行政审批制度改革,取消两项中央指定地方实施的行政审批项目。深化国有文化企业改革,贯彻落实《关于推动国有文化企业把社会效益放在首位、实现社会效益和经济效益相统一的指导意见》。出台《文化部直属企业管理办法》,推动直属企业建立有文化特色的现代企业制度。深入开展深化国有文艺院团体制改革对策研究,探寻解决方案和有效路径。

3. "十三五"规划明确发展方向。开展前期研究,召开系列研讨会,广泛征集社会意见,进一步理清思路和方向。深入研究论证总体思路和重大工程、重大项目、重大政策,初步完成文化部"十三五"时期文化改革发展规划草案编制工作。深度参与国家"十三五"规划纲要相关工作,确保文化工作重要内容纳入国家总体规划。

(二)坚持以人民为中心,文艺创作演出更加繁荣

2015 年,全国文艺工作者认真学习贯彻习近平总书记文艺工作座谈会上重要讲话和《关于繁荣发展社会主义文艺的意见》,坚持弘扬主旋律和提倡多样化并重,坚持把社会效益放在首位,努力实现社会效益和经济效益相统一,全国文艺事业呈现繁荣发展的生动景象。

1. 艺术扶持政策措施更加完善。文化部推动出台《关于支持戏曲传承发展的若干政策》,启动全国地方戏曲剧种普查,扶持"三个一批"戏曲剧本 26 个、"名家传戏"师徒 141 组,开展戏曲剧本孵化计划。实施中国民族音乐舞蹈扶持工程,扶持"一带一路"主题采风创作项目 16 个。组织 186 批次文艺工作者深入基层,开展创作采风、结对帮扶、慰问演出等活动。国家艺术基金组织专家对 2014 年度立项资助的项目实施进行中期监督和结项验收。经专家评审,2015 年立项资助 728 个项目。发布 2016 年度国家艺术基金资助项目申报指南,新增美术创作资助项目指南。

2. 艺术演出市场繁荣发展。2015 年年末,全国共有艺术表演团体 10787 个,比上年末增加 2018 个,从业人员 30.19 万人,增加 3.90 万人。其中各级文化部门所属的艺术表演团体 2037 个,占 18.9%,从业人员 11.54 万人,占 38.2%。

表 1　2007 年—2015 年全国艺术表演团体基本情况

年份	机构数(个)	从业人员数(人)	演出场次(万场)	国内演出观众人次(万人次)	总收入(万元)	
						#演出收入
2007 年	4512	220653	92.7	75895.6	829045	203757
2008 年	5114	208174	90.5	63186.8	933685	204842
2009 年	6139	184678	120.2	81715.9	1121559	288214
2010 年	6864	185413	137.1	88455.8	1239255	342696
2011 年	7055	226599	154.7	74585.1	1540263	526745
2012 年	7321	242047	135.0	82805.1	1968802	641480
2013 年	8180	260865	165.1	90064.3	2800266	820738
2014 年	8769	262887	173.9	91019.7	2264046	757028
2015 年	10787	301878	210.8	95799.0	2576499	939310

2015年，全国各级艺术院团努力开拓国内外市场，积极组织各类文艺演出活动，观众人次有所增长，演出收入有所增长。全国艺术表演团体共演出210.78万场，比上年增长21.2%；观众人次9.58亿人次，增长5.3%；总收入257.65亿元，比上年增长13.8%，其中演出总收入93.93亿元，增长24.1%。

2015年年末，全国共有艺术表演场馆2143个，观众坐席数178.67万个。其中各级文化部门所属艺术表演场馆1264个，比上年增加16个，全年共举行艺术演出5.45万场次，比上年增长7.3%；艺术演出观众人次2388.11万人次，增长11.3%。

2015年年末，全国共有国有美术馆418个，比上年末增加54个，从业人员4095人，增加521人。全年共举办展览5264次，比上年增长6.3%，参观人次3088万人次，增长5.0%。

3. 社会效益有力彰显。2015年，全国各级艺术院团在大力开拓演出市场的同时，通过“文化下乡”、低票价演出等方式，面向基层、服务群众，将经济效益与社会效益有机统一起来，受到了广大人民群众的热烈欢迎和社会的广泛赞誉。据统计，2015年，全国文化部门所属艺术表演团体共组织政府采购公益演出13.87万场，比上年增长27.8%；观众12179.31万人次，比上年增长23.1%。利用流动舞台车演出11.71万场次，比上年增长10.3%；观众10661.15万人次，比上年增长7.7%。2015年全国艺术表演团体赴农村演出139.08万场，增长22.0%，赴农村演出场次占总演出场次的66.0%，比重比上年增加0.4个百分点；农村观众5.85亿人次，比上年增长4.6%。

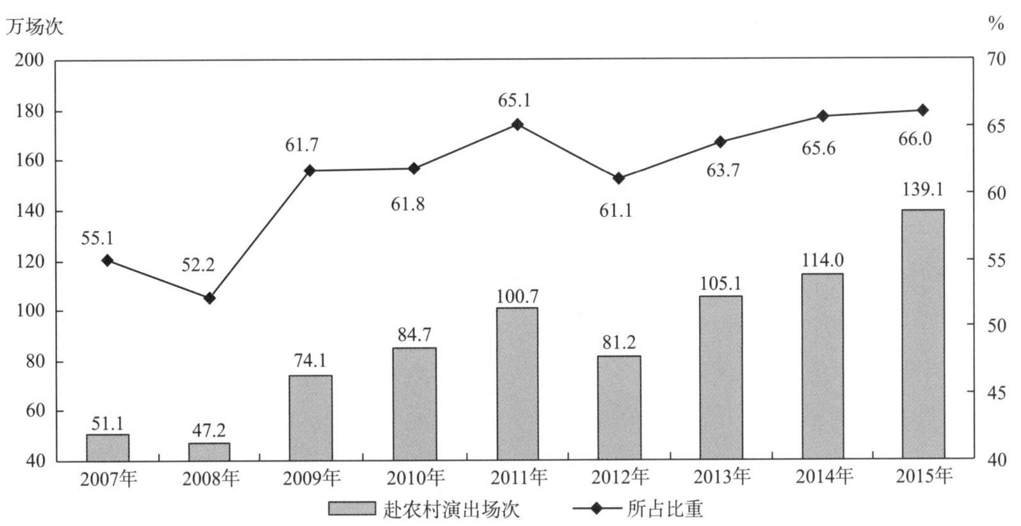

图2 全国艺术表演团体赴农村演出场次及比重

4. 国家艺术院团示范引导作用明显。2015年，中央直属院团坚持以人民为中心的创作导向，坚持面向基层、面向群众，充分发挥了国家艺术院团的导向性、代表性和示范性作用。创作方面，集中推出了京剧《西安事变》、话剧《中华士兵》、歌剧《我的母亲叫太行》、芭蕾舞剧《鹤魂》、儿童剧《红缨》、音乐会《国之瑰宝》《东方之声》《抗日战争安魂曲》等一批优秀作品。演出方面，截至2015年12月，话剧《战马》演出105场、票房销售3300万元，民族乐剧《又见国乐》演出30多场、演出收入达2200万元，实现了“两个效益”的双丰收。组织歌剧《白毛女》复排巡演和3D舞台艺术片拍摄，得到社会各界高度评价。国家艺术院团全年共开展公益性演出1300余场，其中纯公益性演出156场，低票价演出

1144 场。全年共组织 186 批次、近 4400 名文艺工作者深入基层，开展创作采风、结对帮扶、慰问演出等活动，文艺工作者服务基层、服务人民的意识不断增强，“深入生活、扎根人民”逐步成为常态。

（三）促公平提效能，现代公共文化服务体系更加健全

1. 宏观管理水平不断提高。2015 年，文化部通过完善顶层设计，从多个角度切实推进基本公共文化服务标准化均等化。一是加强制度建设。推动出台《关于加快构建现代公共文化服务体系的意见》和《国家基本公共文化服务指导标准（2015—2020 年）》《关于推进基层综合性文化服务中心建设的指导意见》《“十三五”时期贫困地区公共文化服务体系建设规划纲要》等文件，为全国公共文化事业的发展提供了有力保障。推动出台《关于做好政府向社会力量购买公共文化服务工作的意见》，引导社会力量参与公共文化服务体系建设。二是加强行业管理。加强公共文化服务技术标准和评价标准建设开展第四次全国文化馆评估定级工作。启动第三批国家公共文化服务体系示范区（项目）创建工作。继续扩大免费开放范围，首次将城市社区文化中心纳入其中。三是加强活动引导。印发《关于引导广场舞活动健康开展的通知》，举办中国老年合唱节、中国少年儿童合唱节、中国农民歌会，引导群众文化活动健康开展。实施“‘春雨工程’——全国文化志愿者边疆行”和“‘大地情深’——国家艺术院团志愿服务走基层”示范项目 140 个，5000 多名文化志愿者赴少数民族聚居区、贫困县举办各类活动 400 多场，服务群众 50 多万人次。

2. 公共图书馆事业再上新台阶。2015 年年末全国共有公共图书馆 3139 个，比上年末增加 22 个。其中少儿图书馆 113 个，增加 5 个。年末全国公共图书馆从业人员 56422 人，比上年末增加 351 人。其中具有高级职称的人员 5746 人，占 10.2%；具有中级职称的人员 18475 人，占 32.7%。

2015 年年末，全国公共图书馆实际使用房屋建筑面积 1301.46 万平方米，比上年末增长 5.7%；图书总藏量 83844 万册，增长 6.0%；电子图书 83041 万册，增长 63.9%；阅览室坐席数 91.07 万个，增长 6.5%；计算机 21.18 万台，增长 6.6%；供读者使用的电子阅览终端 12.67 万台，增长 4.2%。

2015 年年末，全国平均每万人公共图书馆建筑面积 94.7 平方米，比上年末增加 4.7 平方米；全国人均图书藏量 0.61 册，比上年末增加 0.03 册；全国人均购书费 1.43 元，比上年增加 0.19 元。

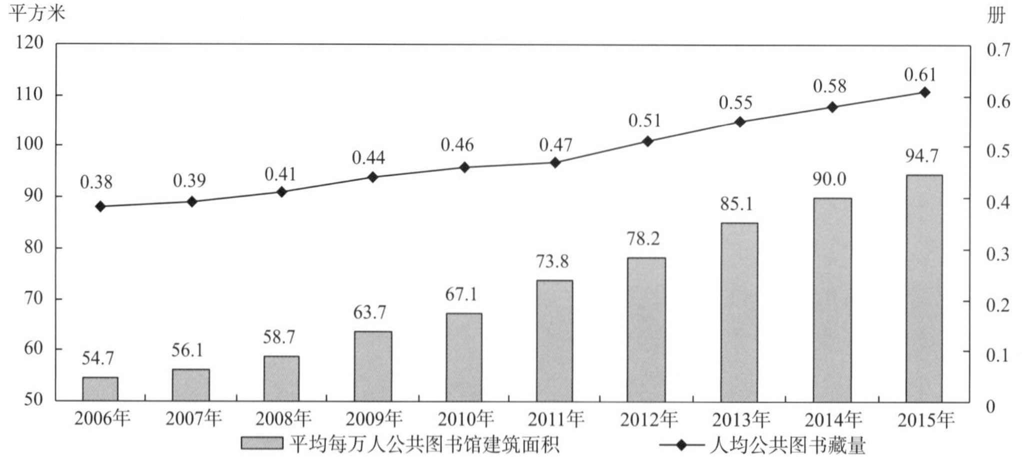

图 3　2006 年—2015 年全国公共图书馆人均资源情况

全年全国公共图书馆发放借书证5721万个，比上年增长45.1%；总流通人次58892万，增长11.0%。书刊文献外借册次50896万，增长8.9%；外借人次23085万，增长1.5%。全年共为读者举办各种活动114544次，增长10.6%；参加人次5908万，增长17.8%。

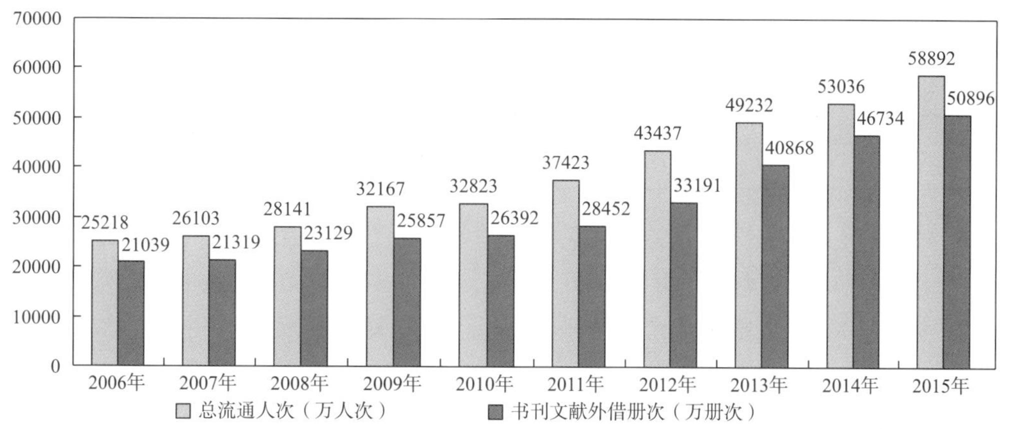

图4　2006年—2015年全国公共图书馆总流通人次及书刊外借册次

3. 群众文化事业蓬勃发展。2015年年末，全国共有群众文化机构44291个，比上年末减少132个。其中乡镇综合文化站34239个，减少226个。年末全国群众文化机构从业人员173499人，比上年末增加3200人。其中具有高级职称的人员5893人，占3.4%；具有中级职称的人员16898人，占9.7%。

年末全国群众文化机构实际使用房屋建筑面积3848.27万平方米，比上年末增长4.4%；藏书2.62亿册，增长5.6%；计算机36.14万台，增长4.2%；对公众开放的阅览室109.23万平方米，增长1.1%。年末全国平均每万人群众文化设施建筑面积279.95平方米，比上年末提高10.44平方米。

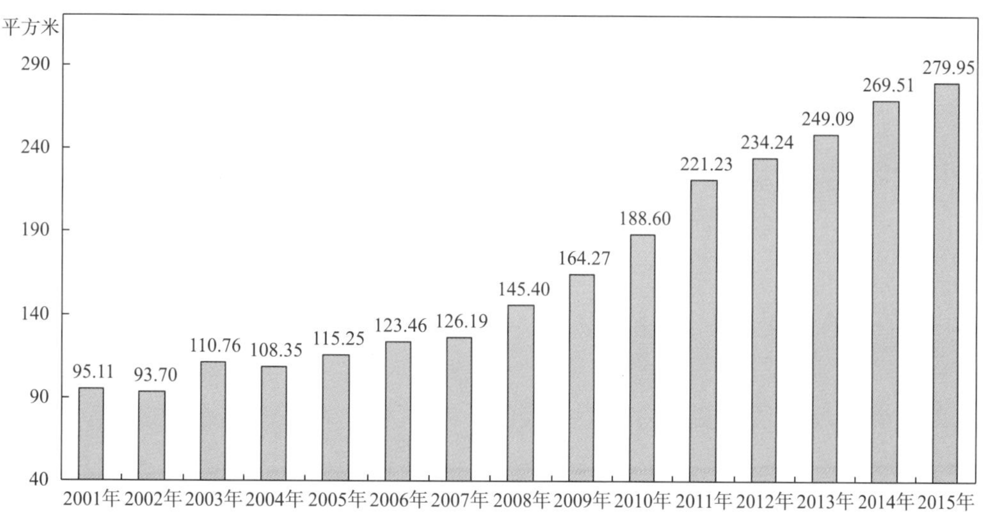

图5　2006年—2015年全国平均每万人群众文化设施建筑面积

全年全国群众文化机构共组织开展各类文化活动166.39万场次，比上年增长13.0%；服务人次54826万，增长8.2%。

表 2 2015 年全国群众文化机构开展活动情况

	总量		比上年增长(%)	
	活动次数(万次)	参加人数(万人次)	活动次数	参加人次
各项活动总计	**166.39**	**54826**	**13.0**	**8.2**
#展览	13.98	10752	6.2	4.8
文艺活动	95.99	39728	13.5	9.2
公益性讲座	2.79	478	9.0	7.4
训练班	53.63	3868	14.3	8.1

年末全国群众文化机构共有馆办文艺团体 7618 个，演出 15.23 万场，观众 8430 万人次。由文化馆(站)指导的群众业余文艺团体 38.32 万个，馆办老年大学 853 个。

4. 信息化水平快速提高。随着信息技术的广泛应用和现代信息设备的迅速普及，全国文化信息资源共享工程、数字图书馆推广工程和公共电子阅览室建设计划等公共数字文化惠民工程稳步实施，初步构建起覆盖城乡的公共数字文化服务网络，公共文化机构信息化水平显著提升。据统计，2015 年年末文化共享工程资源总量达 532TB，数字图书馆资源总量达 1129TB。2015 年年末，全国各级公共图书馆共有电子阅览终端 126702 台，比上年增加了 5105 台，增长 4.2%；电子阅览室面积 55.9 万平方米，比上年增长 4.1%。

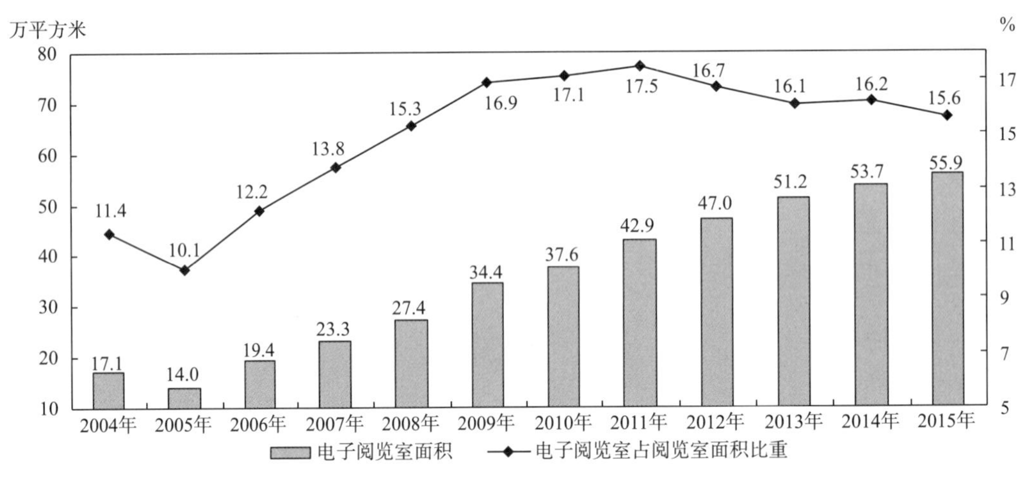

图 6 全国电子阅览室面积及比重

(四)放管结合优化服务，文化市场发展规范有序

1. 文化市场政策法规更加完善。2015 年，文化部落实简政放权、放管结合、优化服务的要求，定向修改《娱乐场所管理条例》《营业性演出管理条例》《互联网上网服务营业场所管理条例》有关条款，修订出台《艺术品经营管理办法》，印发《文化部关于落实“先照后证”改进文化市场行政审批工作的通知》，放宽准入条件，取消总量布局限制，简化审批材料，优化公共服务。制定在天津、福建、广东、北京等省市特定区域扩大文化市场对外开放的相关政策。全面放开游戏游艺设备面向国内的生产和销售，推动游戏游艺场所管理常态化、规范化、法治化。广东、安徽、四川、贵州分别制定了本区域游戏游艺设备内容审核

办法。制定外国人入境进行短期营业性演出活动的办理程序和工作指引。制定进一步深化文化市场综合执法改革的有关文件,完善文化市场综合执法有关政策和运行机制。

2. 文化市场经营主体不断壮大。2015年,全国文化市场经营单位23.17万家,比上年增长1.15万家;从业人员156.47万人,比上年增加24.08万人。全年全国文化市场经营单位营业收入2965.63亿元,营业利润1002.09亿元。其中,演出市场平稳运行,票房总收入161.72亿元,增长9.0%;游艺娱乐经营场所全年营收592.6亿元,全国连锁企业扩张速度加快,知名连锁品牌的连锁门店超过200家,游戏游艺机销售收入达到96.7亿元,家用主机游戏全年销售收入21.5亿元;上网服务营业场所营业收入641.7亿元,同比增长12.6%;网络游戏市场销售收入达1330.8亿元人民币,同比增长25.3%,产生了世界最大的网游企业。

表3 2015年按区域全国文化市场经营单位主要指标

		机构数(个)	从业人员数(人)	营业总收入(万元)	营业利润(万元)
总量	**总计**	**231709**	**1564660**	**29656347**	**10020910**
	城市	83598	720371	22838853	7965993
	县城	93228	653781	5356224	1616637
	县以下	54883	190508	1461269	438280
比重(%)	**总计**	**100.0**	**100.0**	**100.0**	**100.0**
	城市	36.1	46.0	77.0	79.5
	县城	40.2	41.8	18.1	16.1
	县以下	23.7	12.2	4.9	4.4

2015年,文化部继续大力推动行业转型升级。上网服务行业方面,印发转型升级工作指引,开展片区调研和工作交流,加强对典型经验做法的宣传推广,指导行业协会开展服务环境分级评定、制订培训规划、举办行业年会,在上网服务场所举办首届智力竞技网络夏令营,举办转型升级媒体恳谈会、高级研修班等交流研讨活动。上网服务场所环境明显改观,服务水平明显提高,市场环境逐步改善,行业开始提质增效。文化娱乐行业方面,启动转型升级工作,鼓励企业增加投入、改善装备、改造服务环境、扩大消费人群、参与公共服务,促进行业健康发展。湖南、河北、云南开展阳光文化娱乐活动,支持综合娱乐场所建设,倡导健康娱乐方式,扩大文化市场惠民消费。

3. 文化市场监管手段有所创新。全年共处理网络举报19301件,督办含有禁止内容类案件185件。其中以打击暴恐动漫、网络游戏低俗宣传为重点,开展第二十三批、第二十四批违法违规互联网文化活动查处工作,依法给予88家互联网文化经营单位行政处罚,关停15家网站。公布了含有诱导未成年人违法犯罪、渲染暴力、危害社会公德内容的38部网络动漫,含有渲染淫秽暴力、教唆犯罪内容的120首网络音乐等2批文化产品黑名单,禁止以任何方式出版、发行、流通或者提供。进一步改进网络音乐、网络游戏、营业性演出、艺术品市场等方面的内容审查政策。开展进口网络游戏内容审查和国产网络游戏备案工作,全年审查进口网络游戏76款,备案国产网络游戏1232款。

同时,以内容监管为重点、信用管理为手段,以划定红线、精确打击的理念,加强文化市场事中事后监管。研究制定《文化市场黑名单管理办法(试行)》,在全国试行文化产品黑名单制度,在河北、天津、上海、浙江、湖南、广东、广西、重庆、云南等9省市试点文化市场主体黑名单制度。文化部会同近40个部门签订《失信企业协同监管和联合惩戒合作备忘录》,启动对严重失信主体的联合惩戒工作。通过全国文化市场技术监管与服务平台,将文化市场业务活动、违法违规信息与经营主体信息相关联,为信用体系建设及黑名单制度实施提供保障。

4. 文化市场执法能力不断提升。2015年全国各级文化行政部门和文化市场综合执法机构共出动执法人员964万余人次,检查经营单位435万余家次,受理举报1.8万余件,立案调查3.7万余件,办结案件4.2万余件,警告5.2万余家次,罚款1.4亿余元,责令停业整顿4814家次,吊销经营许可证131家,有力打击了违法经营行为,确保文化市场平稳有序运行。文化部派出13个暗访抽查组、6个交叉执法检查组,赴76个地市的140个县(市)区,抽查3115家文化市场经营单位。

2015年,继续加大对文化市场综合执法队伍的培训考核,开展年度综合执法考评工作和形势分析研讨活动,评选文化市场十大案件和重大案件。文化部直接组织和支持文化市场综合执法培训31个班次,培训执法业务骨干3285人次。全国各级文化行政部门和文化市场综合执法机构组织开展各类培训7035场,培训近18.1万人次;组织考试1871场,近5万人参加。深入推进"中西部地区文化市场综合执法能力提升三年行动计划",2015年东部地区共投入500多万元支持中西部地区。经全国评比达标表彰工作协调小组批准,文化部组织评选了50个单位为"全国文化市场综合行政执法先进集体",100名执法人员为"全国文化市场综合行政执法优秀个人"。各级综合执法机构队伍建设不断增强,执法办案日益规范,执法水平不断提升。

5. 监管平台建设纵深推进。全国文化市场技术监管与服务平台"1511"整体构架初步实现,全国共有356个地市、3321个区县上线应用平台,占全国地市、区县总量的90%;通过平台办理审批业务63917起,发起日常检查1069341次,立案调查18201件,基本实现了预期目标。平台以全国文化市场基础数据库为纽带,全面实现市场主体和产品服务数据的"一户一档"。数据资源在全国范围内"部、省、市、县"共享互用,消除信息孤岛、打破部门隔阂,为文化市场信用体系建设打下坚实基础。

(五)落实政策优化环境,文化产业快速发展

1. 文化产业发展环境进一步优化。2015年,文化部推进国家文化产业创新实验区建设,开展拉动城乡居民文化消费试点项目,积极探索建立扩大文化消费长效机制。推动落实国务院关于推进文化创意和设计服务与相关产业融合发展的政策措施,实施文化产业创业创意人才扶持计划。推动将特色文化产业发展纳入中央财政文化产业发展专项资金重点支持范围,支持专项资金1.66亿元。落实《藏羌彝文化产业走廊总体规划》,推进藏羌彝等民族聚居地区文化与生态、旅游的融合发展。建设文化产业项目服务平台,为优质文化产业项目提供公共服务。截至2015年年末,共征集7134个文化产业项目。开展文化企业品牌建设现状及政策建议调研,推进文化企业品牌建设工作。目前,文化产业领域已形成规划引导、项目带动、财税激励、金融支持、服务支撑等相结合的政策体系,为文化产业发展营造了良好的政策环境。

2. 文化产业市场主体进一步发展壮大。文化部门联合相关部门积极推动文化领域大众创业万众创新，大力支持小微文化企业发展，充分发挥文化产业鼓励创新、吸纳就业的功能。据统计，截至2015年年底，我国文化产业法人单位114.0万户，比2014年增长14.5%。从业人员2041万人，比上年增长6.0%。同时，以各级文化部门命名的文化产业园区、基地为代表的一批文化产业集群和骨干文化企业发展壮大，竞争力、影响力和自主创新能力不断增强，成为产业发展的领航者和探索者。据统计，2015年年末全国共有10个国家级文化产业示范园区，10个国家级文化产业试验园区和335个国家文化产业示范基地。

3. 文化产业总量规模稳步提升。据国家统计局根据《文化及相关产业分类(2012)》范围初步测算，2015年我国文化产业实现增加值25829亿元，按同口径和现价计算，比上年增长7.9%，增速比同期GDP现价增速高1.5个百分点。文化产业增加值占GDP的比重为3.82%，按同口径计算，比上年提高0.06个百分点；文化产业对当年GDP增量的贡献为4.6%。大多数地方文化产业的增长速度高于经济的整体增长速度，成为促进经济增长和就业创业的重要产业、推动产业结构优化的朝阳产业。

表4　2004年—2015年文化及相关产业增加值和占GDP比重

年份	增加值(亿元)	占GDP比重(%)
2004	3440	2.15
2005	4253	2.3
2006	5123	2.37
2007	6455	2.43
2008	7630	2.43
2009	8786	2.52
2010	11052	2.75
2011	13479	2.85
2012	18071	3.48
2013	21351	3.63
2014	24017	3.77
2015	25829	3.82

注：1. 2004—2011年按2004年颁布的《文化及相关产业分类》测算。

2. 2004年、2008年和2013年根据经济普查数据测算，其他年份根据年报数据测算。

3. 2004—2008年及2013年、2014年、2015年数据为全口径，其他年份仅包括法人单位数据。

4. 2012—2015年按《文化及相关产业分类(2012)》新标准测算。按新标准2011年数据为15516亿元，占GDP的3.28%。

4. 文化产业投融资体系逐步形成。在国家政策引导和宏观经济形势的影响下，文化产业高附加值的特性吸引了投资者的目光，成为各类资本投资热点。2015年，我国文化产业固定资产投资额达28898亿元，比同期全社会固定资产投资年均增速高8.2个百分点。以阿里巴巴、百度、腾讯、万达等为代表的大型企业集团通过并购、控股、参股以及股权投资、业务合作等形式，全面进入文化产业领域。文化部联合财政部、中国人民银行等部门深入推进文化产业投融资体系建设，2015年，中央财政文化产业发展专项资金“文化金融扶持计划”对138个重点项目给予11.8亿元资金支持，资金量同比增长75%。文化企业信贷融资、上市融资、债券融资等方面取得积极进展，不少银行机构将文化产业作为信贷投放的重要方向，成立文化产业专营机构、特色支行。

（六）文化遗产保护全面推进，中华优秀传统文化得到弘扬

1. 文物机构总量和从业人员持续增加。2015年年末，全国共有文物机构8676个，比上年末增加258个。其中，文物保护管理机构3307个，占38.1%，博物馆3852个，占44.4%。年末全国文物机构从业人员14.61万人，比上年末减少0.20万人。其中高级职称8000人，占5.5%，中级职称18314人，占12.5%。

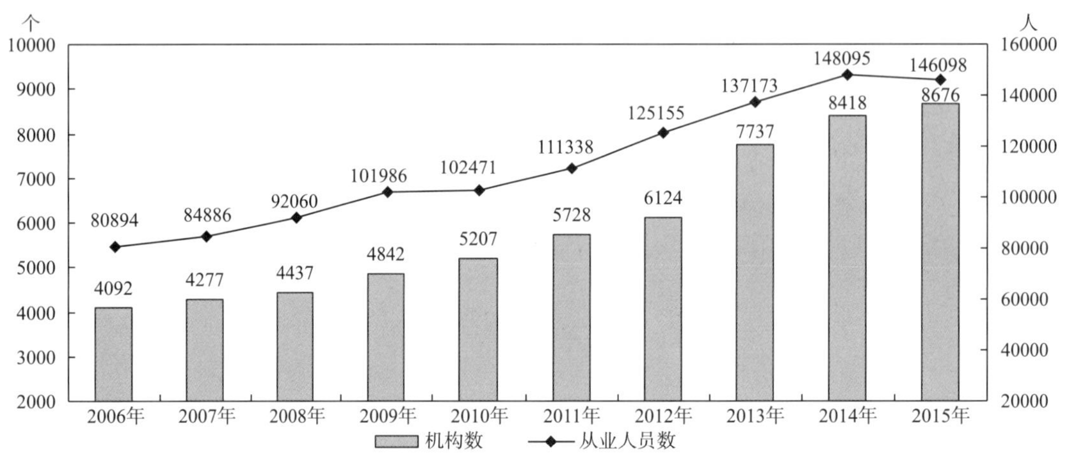

图7　2006年—2015年全国文物机构及从业人员情况

2. 文物机构服务能力进一步提升。国家文物局实施40个抗战类国保单位维修项目，完成731部队旧址、阜新万人坑遗址等抗战文物保护修缮和展示提升工程，113处抗战类全国重点文物保护单位全部对外开放。“土司遗址”成功申遗。首批51个传统村落保护工程全面完工，启动第二批100个传统村落保护利用项目。国务院召开长城保护工作会，全面部署长城保护工作。“平安故宫”工程、中共六大会址修复工程扎实推进。

2015年年末全国文物机构拥有文物藏品4138.86万件，比上年末增加75.27万件，增长1.9%。其中，博物馆文物藏品3044.14万件，占文物藏品总量的73.6%；文物商店文物藏品728.02万件，占17.6%。文物藏品中，一级文物10.87万件，占0.3%；二级文物71.54万件，占1.7%；三级文物388.46万件，占9.4%。截至年末，全国不可移动文物共有76.67万件。

3. 文物机构服务水平进一步提高。2015年，全国文物机构利用文物资源，开展了丰富多彩的业务活动。全国文物机构共安排基本陈列10859个，举办临时展览11805个，接待参观92508万人次，比上年增长9.8%。其中未成年人24653万人次，增长10.0%，占参观总人数的26.6%。博物馆接待观众78112万人次，增长8.8%，占文物机构接待观众总量的84.4%。

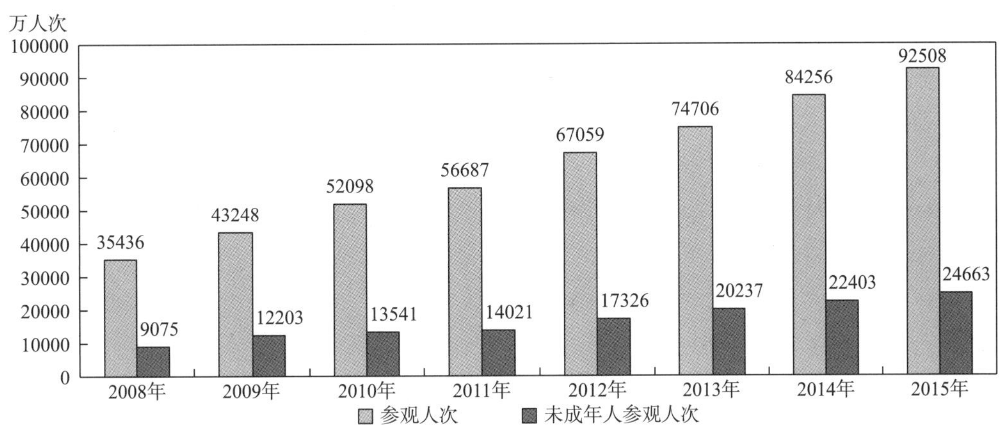

图8　2008 年—2015 年全国文物机构接待观众人次及未成年人观众人次

4. 非遗保护工作取得新进展。文化部开展中国非物质文化遗产传承人群研修研习培训计划试点工作，在全国范围内委托 23 所试点院校举办 33 期研修培训班，培训学员 1700 人，帮助非遗传承人群提高了文化艺术素养、审美能力和创新能力。在总结试点工作基础上，与教育部联合印发《关于实施中国非物质文化遗产传承人群研修研习培训计划的通知》，正式启动大规模培训工作。举办漆器类、刺绣类非遗项目传承与创新交流活动，召开“传统工艺与现代设计座谈会”，探索传统工艺发展思路。制定《国家级非物质文化遗产代表性传承人抢救性记录工作规范》，累计对 318 位国家级非遗代表性传承人开展了抢救性记录。对山西晋中、安徽徽州、福建闽南文化生态保护实验区进行试点评估，推动文化生态保护实验区的规范化建设。支持各地建设 23 个非遗保护利用设施。认定 464 家第四批国家级非遗代表性项目保护单位，对 331 家不适合的项目保护单位进行调整和重新认定。举办 60 个非遗保护工作人员业务培训班，培训人员 4500 人。成功举办第五届中国成都国际非遗节，开展第十个“文化遗产日”活动和“我们的家乡，我们的节日”春节文化活动，进一步提高了全民非遗保护意识。据初步统计，截至年末全国共有非物质文化遗产保护机构 2637 个，从业人员 18657 人。全年全国非物质文化遗产保护机构共举办展览 16937 次，比上年增长 5.6%，接待观众 3297 万人次，比上年降低 2.7%；举办演出 39161 场，观众 3958 万人次，分别比上年增长 12.8% 和 4.3%；举办民俗活动 13567 次，比上年增长 4.5%，观众 3717 万人次，比上年降低 4.3%；举办培训班 20588 次，比上年降低 1.7%，培训人数 151 万人次，比上年增长 10.2%。

5. 古籍保护工作进入新阶段。继续实施“中华古籍保护计划”“民国时期文献保护计划”，推进国家级古籍修复中心建设，推动海外中华古籍调查暨数字化合作项目。成立中国古籍保护协会，开展第五批国家珍贵古籍名录和全国古籍重点保护单位评审。启动中华珍贵典籍资源库、国家文献整理与研究计划，推进《中华优秀传统文化文库》编纂工作。《清史》完成 144 个主体类审改项目，举办清史工程优秀出版成果展，出版图书 200 余种。

（七）对外和对港澳台文化交流工作全面推进，中华文化国际影响力不断提升

1. 文化服务国家外交战略作用进一步发挥。2015 年，文化部服务国家“一带一路”战略，举办第十四届亚洲艺术节暨第二届海上丝绸之路国际艺术节、第二届陕西“丝绸之路”国际艺术节、“东亚文化之都”、中国—中东欧国家文化合作论坛等活动，并在上海国

家艺术节、新疆国际舞蹈节、宁夏中阿博览会设置"一带一路"文化专题版块。举办中加、中英文化交流年、中美文化论坛、智利中国文化年、中俄文化大集、南非中国文化年、赫尔辛基艺术节中国主宾国等重点文化外交活动。积极参与高级别人文交流机制以及政府间对话活动,有力配合国家外交大局。

2. 海外文化阵地和品牌建设不断加强。推动地方政府与中资企业参与海外中国文化中心建设,2015 年 5 家海外中国文化中心投入运营,总数达到 25 个。"欢乐春节"活动以"品牌化、本土化、市场化"为宗旨,在全球 119 个国家和地区开展 900 多项文化活动。北京、上海、深圳国家对外文化贸易基地的影响力和辐射带动作用进一步显现。

3. 中外思想文化交流机制更加有效。成功举办 2015"汉学与当代中国"座谈会,被媒体誉为"国际性的思想盛宴"。组织"青年汉学家研修计划""中外文学翻译研修班""中外影视译制合作高级研修班",致力于传播中华文化的国际学者、民间人士不断增多。汉学家数据库、中外文化译研网等服务平台基本建立,为思想文化交流的长期发展夯实了基础。

4. 对港澳台文化交流深入开展。深化职能转变,调整台湾来大陆文化交流项目审批权限。成功举办港澳大学生文化实践活动、"粤港澳青年文化之旅""艺海流金——丝路寻根之旅""两岸文学对话"等活动,为海峡两岸暨港澳地区青年搭建交流平台,提升思想领域深度交流。举办"根与魂"非遗展演、庆春节、庆中秋等活动,入岛举办北京文化庙会等,共促中华文化传承发展,发挥文化交流在促进人心回归、凝聚亲情方面的长效作用。

全年经文化系统审批的对外文化交流项目 1882 起,27386 人次参加;对港澳文化交流项目 425 项,7684 人次参加;对台文化交流项目 313 项,6804 人次参加。

(八)全国文化(文物)事业费稳步增长,文化发展的资金保障更加坚实

1. 中央资金带动作用更加明显。2015 年,中央财政通过继续实施"三馆一站"免费开放、非物质文化遗产保护、公共数字文化建设、地市级公共文化设施建设等文化项目,共落实中央补助地方专项资金 47. 80 亿元,比上年增长 1. 8%。同时,积极推动国家美术馆、中国工艺美术馆、国家图书馆国家文献战略储备库等 16 项国家级重大文化设施建设,总建筑面积 116. 1 万平方米,计划总投资 182. 3 亿元。

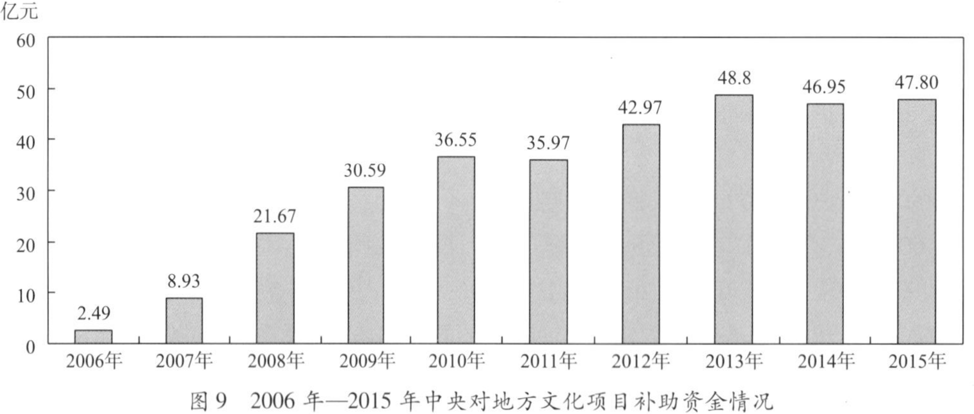

图 9　2006 年—2015 年中央对地方文化项目补助资金情况

2. 全国文化事业费持续快速增长。在中央资金的带动和引导下,各级党委政府纷纷加大对文化事业的经费投放力度,全国文化事业费明显增加。据统计,2015 年全国文化

事业费682.97亿元,比上年增加99.53亿元,增长17.1%,增长速度比上年提高7.1个百分点;全国人均文化事业费49.68元,比上年增加7.03元,增长16.5%。

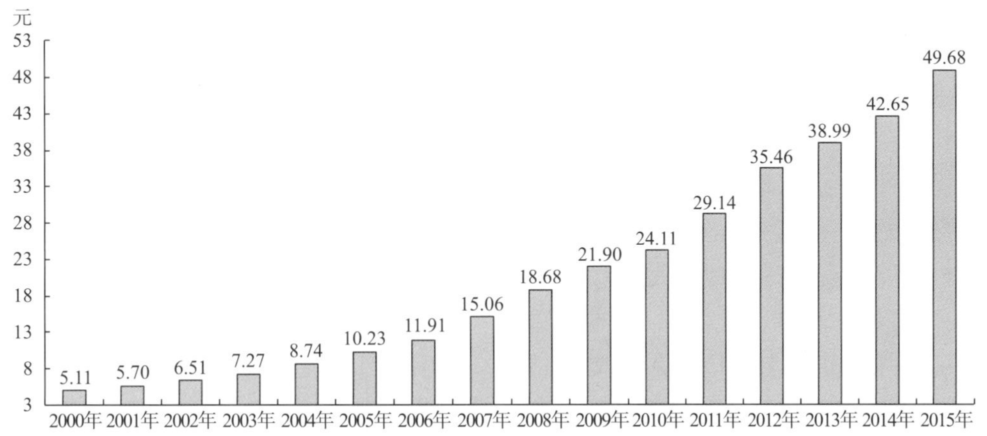

图10　2000年—2015年人均文化事业费情况

文化事业费占财政总支出的比重为0.39%,比重比上年增加0.01个百分点。

全国文物事业费280.37亿元,比上年增加32.50亿元,增长13.1%;文物事业费占财政总支出的比重为0.16%,比重与上年基本持平。

3. 文化事业费主要集中在县以上单位和东部地区。全国文化事业费中,县以上文化单位352.84亿元,占51.7%,比重比上年提高了1.6个百分点;县及县以下文化单位330.13亿元,占48.3%,比重比上年下降了1.6个百分点。东部地区文化单位文化事业费287.87亿元,占42.1%,比重提高了0.5个百分点;中部地区文化单位164.27亿元,占24.1%,比重提高了1.2个百分点;西部地区文化单位193.87亿元,占28.4%,比重下降了0.9个百分点。

表5　全国文化事业费按城乡和区域分布情况

		1995年	2000年	2005年	2010年	2013年	2014年	2015年
总量（亿元）	**全国**	**33.39**	**63.16**	**133.82**	**323.06**	**530.49**	**583.44**	**682.97**
	# 县以上	24.44	46.33	98.12	206.65	272.67	292.12	352.84
	县及县以下	8.95	16.87	35.70	116.41	257.82	291.32	330.13
	# 东部地区	13.43	28.85	64.37	143.35	231.41	242.98	287.87
	中部地区	9.54	15.05	30.58	78.65	120.01	133.46	164.27
	西部地区	8.30	13.70	27.56	85.78	152.16	171.15	193.87
所占比重（%）	**全国**	**100.0**	**100.0**	**100.0**	**100.0**	**100**	**100.0**	**100.0**
	# 县以上	73.2	73.4	73.3	64.0	51.4	50.1	51.7
	县及县以下	26.8	26.7	26.7	36.0	48.6	49.9	48.3
	# 东部地区	40.2	45.7	48.1	44.4	43.6	41.6	42.1
	中部地区	28.6	23.8	22.9	24.3	22.6	22.9	24.1
	西部地区	24.9	21.7	20.6	26.6	28.7	29.3	28.4

二、存在的主要问题

(一)文化发展的总体水平还不高

近年来,我国文化建设全面快速发展,取得了令人瞩目的成就。文化建设在引领当代价值、提升公众素养、提高生活质量、推动经济发展、优化社会氛围、塑造国家形象等方面的作用明显增强。但整体上看,我国文化发展的总体水平还不高,还难以满足人民群众日益增长的多样化精神文化需求,还难以更好地维护日益突出的国家文化安全,还难以适应我国经济社会又好又快发展的新形势。从公共文化领域看,2015 年年底全国仍有 37.8% 的县公共图书馆和 46.3% 的县文化馆建筑面积达不到国家最低标准。2015 年全国人均借书量仅为 0.4 册(美国 7.7 册,日本为 5.9 册),人均到公共图书馆次数 0.4 次(美国近 6 次,日本近 3 次),全国图书馆人均藏书量 0.6 册,远低于国际平均水平。从文化产业领域看,我国文化产业的增加值占 GDP 的比重仅为 3.82%,居民人均文化娱乐消费支出占人均消费支出的比重为 4.8%,与发达国家还有较大差距。从艺术市场看,全年全国平均每人观看演出次数仅为 0.7 次,艺术创作依然存在有数量缺质量、有"高原"缺"高峰"等突出问题。

(二)文化发展的结构还欠平衡

文化发展的结构不平衡主要体现在两个方面,一是城乡的不平衡,二是区域的不平衡。文化发展的不平衡从内容上是全方位的,从文化投入到文化服务,从公共文化到文化产业。

1. 城乡结构不平衡。农村一直是文化发展的薄弱环节,尽管近些年来国家采取了一系列调控政策,城乡的文化发展差距有所缩小,但整体上看,差距依旧明显。从文化投入看,2015 年,全国文化事业费 682.97 亿元,其中县及县以下投入 330.13 亿元,占 48.3%;从公共文化看,2015 年,主要服务于农村的 1988 家县图书馆图书总藏量 23027 万册,占全国图书馆总藏量的 27.5%;总流通人次 18003 万人次,占 30.6%;主要服务于农村的 34239 家乡镇综合文化站组织开展各类文化活动 829487 次,占 49.9%,文化服务人次 23106 万人,占 42.1%。

2. 区域结构不平衡。受经济发展水平、自然环境条件、历史文化传统等多种因素影响,我国文化发展存在着较大的地区差异。从文化投入和公共文化发展程度看,东部地区最好,西部次之,中部地区最差。究其原因,东部地区主要是由于当地经济发展水平较高,地方财政投入较多,西部地区则更多地得益于中央的转移支付;从演出市场情况看,中部地区明显好于东部地区和西部地区,这主要缘于中部地区丰富的演艺文化资源和厚重的演艺文化底蕴;从文化市场情况看,由于东部地区整体市场化发育程度较高,其文化市场经营状况也明显好于中西部地区。

表 6　分区域 2015 年文化发展情况

	东部地区	中部地区	西部地区
人均文化事业费(元)	59.27	31.97	52.21
人均公共图书馆藏书册数(册)	0.89	0.39	0.47
人均到公共图书馆次数(次)	0.72	0.26	0.28
人均参加文化活动次数(次)	0.49	0.27	0.46
人均观看演出次数(次)	0.63	0.91	0.50
人均文化市场经营资产(元)	823.03	139.22	176.19
人均文化市场经营利润(元)	154.41	21.31	38.40

（三）文化发展的效益还比较低

从艺术领域看，全国艺术表演团体年平均演出场次处于下降趋势。据统计，2015 年全国艺术表演团体平均每团演出 195.4 场，比上年减少了 2.9 场，比 2013 年减少了 6.4 场。二是专业剧场利用率不高。2015 年国有专业剧场年平均艺术演出场次只有 52.3 场；从公共文化领域看，以群众文化需求为导向的公共文化服务供给模式尚未完全建立，广大群众喜闻乐见的公共文化产品还比较缺乏，公共文化设施尤其是基层公共文化设施的利用效率还普遍较低。如“十二五”期间，每平方米乡镇综合文化站年服务人次仅为 10.17 人次，不足公共图书馆 1/4，其中年服务人次少于 1000 的占 18.9%。从文化产业看，部分领域经营情况不佳。如 2015 年，全国娱乐场所人均利润率仅为 2.02 万元，比上年减少 1.55 万元，是“十二五”期间的最低。全国网吧人均利润率 2.71 万元，比上年减少 1.63 万元。

（四）文化发展的保障机制仍不健全

从法制保障看，相对经济、社会、教育、卫生等领域，文化政策法规体系不健全的问题十分突出，文化法规体系建设立法盲点多、层级低、覆盖也不均衡。目前与文化关系密切的法律有 3 部，行政法规有 10 多部，文化部现行有效的部门规章只有 32 个；从机制保障看，目前一些地方党委政府缺乏文化自觉，对文化建设重视不够，没有将文化建设纳入政府效能和领导干部政绩考核指标体系，缺少刚性约束机制，政府主导责任得不到落实；从资金保障看，整体上总量不高、比重偏低。20 世纪 90 年代，文化事业费占财政总支出比重在 0.5% 左右，在 1992 年最高达到了 0.52%，但 21 世纪以来已连续 15 年徘徊在 0.38% 左右。同时，由于缺乏有效的激励措施，社会力量参与公共文化服务体系建设的积极性也不是很高；从人才保障看，一是基层公共文化领域从业人员严重不足。每个乡镇文化站从业人员只有 2.8 人，其中，专职人员 1.7 人。二是专业人才不足。如目前全国公共图书馆具有中高级职称人员仅占 42.9%，文化馆具有中高级职称人员仅占 41.2%。三是各领域的拔尖人才和领军人物、专门的文化产业管理人员，特别是懂策划、善经营、会管理的复合型人才和适应文化走出去需要、善于开拓市场的外向型人才尤为缺乏。

三、“十三五”时期文化改革发展基本思路和主要举措

“十三五”时期是全面建成小康社会、实现第一个百年奋斗目标的决胜阶段，文化小康是全面建成小康社会的题中应有之义。“十三五”时期，文化系统将高举中国特色社会主义伟大旗帜，全面贯彻党的十八大和十八届三中、四中、五中全会精神，以马克思列宁主义、毛泽东思想、邓小平理论、“三个代表”重要思想、科学发展观为指导，深入贯彻习近平总书记系列重要讲话精神，坚持全面建成小康社会、全面深化改革、全面依法治国、全面从严治党的战略布局，牢固树立和贯彻落实创新、协调、绿色、开放、共享的发展理念，加快社会主义文化强国建设步伐，为全面建成小康社会、实现中华民族伟大复兴中国梦提供强大的价值引导力、文化凝聚力、精神推动力。

到 2020 年，力争实现以下目标：社会主义文化强国建设取得重要进展，国家文化软实力进一步增强。中国梦和社会主义核心价值观更加深入人心，人民群众精神文化生活更加丰富，文化参与的广度和深度不断拓展，国民素质和社会文明程度显著提高。文学艺术繁荣发展，无愧于民族、无愧于时代的文艺精品不断涌现，中华优秀传统文化传承体系加速构建，现代公共文化服务体系基本建成，现

代文化产业体系和现代文化市场体系更加完善,文化产业成为国民经济支柱性产业。对外文化交流体系基本形成,中华文化影响持续扩大。国家文化安全得到有效维护。区域文化发展格局更加优化,文化治理体系和治理能力现代化水平显著提升。

为实现这个目标,“十三五”时期将重点开展以下工作:

(一)繁荣艺术创作生产

坚持“二为”方向、“双百”方针,坚持以人民为中心的创作导向,把创作生产优秀作品作为文艺工作的中心环节,努力创作生产更多传播当代中国价值观念、体现中华文化精神、反映中国人审美追求,思想精深、艺术精湛、制作精良的文艺精品。一是创作生产优秀文艺作品。聚焦中国梦时代主题,以中华优秀传统文化为根脉,以创新为动力,大力弘扬社会主义核心价值观,唱响爱国主义主旋律。持续开展“深入生活、扎根人民”主题实践活动。实施精品战略,加强艺术创作规划和资源统筹。二是完善文艺评价激励机制。进一步完善评奖机制,建立获奖作品跟踪考核机制,推动获奖作品面向公众多演出。开展积极健康的文艺批评,加强文艺评论阵地建设、理论研究和成果推广。三是加强优秀作品的传播推广。发挥中国艺术节等重大艺术活动的示范引导作用,扩大优秀艺术作品的知名度和观众覆盖面。四是提升文化艺术科研水平。以重大理论和现实问题为主攻方向,坚持基础研究和应用研究并重,推出一批高质量的文化艺术研究成果。加大对全国艺术研究院所建设的指导和支持。

(二)构建现代公共文化服务体系

坚持政府主导、社会参与、重心下移、共建共享,以基本公共文化服务标准化均等化为突破口,立足人民群众基本文化需求,构建体现时代发展趋势、符合文化发展规律、具有中国特色的现代公共文化服务体系。一是全面推进基本公共文化服务标准化均等化。以县为基本单位,全面落实国家基本公共文化服务指导标准和地方实施标准。以标准化促进均等化,填平补齐公共文化资源,推动区域间、城乡间公共文化服务均衡协调发展。二是完善公共文化设施网络。以公共图书馆、文化馆、博物馆、乡镇(街道)综合文化站、村(社区)综合性文化服务中心为重点,以流动文化设施和数字文化设施为补充,推动各级公共文化设施达到国家建设标准。三是加大贫困地区公共文化服务体系建设力度。加强对中西部地区特别是老少边穷地区公共文化建设的帮扶。深入实施文化扶贫项目,动员社会力量积极参与,实现“一县一策”、精准扶贫。四是提高公共文化服务效能。创新公共文化管理体制和运行机制,完善公共文化服务体系建设协调机制。建立健全基层公共文化服务监督评价机制,开展常态化的公共文化服务效能评估。五是推动公共文化服务社会化发展。建立健全政府购买公共文化服务工作机制,培育文化类社会组织。支持企业、社会组织和个人提供公共文化设施、产品和服务,推动有条件的公共文化设施社会化运营。建立和完善文化志愿者注册招募、服务记录、管理评价和激励保障机制,提高文化志愿服务规范化、专业化和社会化水平。六是全面加强边境地区文化建设。以边境县为主体,以县、乡、村三级为重点,以公共文化服务体系建设为主要方面,全面加强边境地区文化建设,推动文化稳边、固边、兴边。

(三)构建中华优秀传统文化传承体系

围绕国家经济社会发展大局,全面加强文化遗产保护和利用,传承弘扬中华优秀传统文化,努力推动中华优秀传统文化创造性转化和创新性发展,加快构建中华优秀传统文化传承体系。一是加大文物保护力度。坚持全面保护，实现文物保护对象的全覆盖，统筹兼顾不可移动文物与可移动文物、各级文保单位与一般不可移动文物的保护，推动文物保护由抢救性保护为主向抢救性与预防性保护并重转变，逐步形成预防性保护的理念、制度和机制，确保文物安全。二是加强非物质文化遗产保护。进一步完善非物质文化遗产保护制度，健全非物质文化遗产代表性项目名录体系，编制国家级非遗项目保护规划。在总结经验的基础上，统筹推进国家级文化生态保护区建设。统筹建设一批传统表演艺术类、传统技艺类、传统民俗活动类非物质文化遗产项目保护利用设施。三是推进历史文化遗产的合理利用。促进文物保护与扶贫开发、生态旅游以及新型城镇化、社会主义新农村建设相结合，推动特色小镇、美丽乡村建设。

（四）推动文化产业成为国民经济支柱性产业

落实供给侧结构性改革战略部署，完善现代文化产业体系，着力发展骨干文化企业和创意文化产业，打造新型文化业态，培育形成新的增长点、增长极和增长带，全面提升文化产业发展的质量效益。一是推动文化产业结构优化升级。加快发展动漫、游戏、创意设计、网络文化等新型文化业态，继续引导上网服务营业场所、游戏游艺场所、歌舞娱乐等行业转型升级，推动“互联网＋”对传统文化产业领域的整合。二是优化区域文化产业发展布局。实施差异化的区域文化产业发展战略，推动形成文化产业优势互补、联动发展的布局体系。围绕“一带一路”建设、京津冀协同发展、长江经济带建设，加强重点文化产业带建设。三是培育健全各类市场主体。营造各类文化企业一视同仁、公平竞争的发展环境，推动形成不同所有制文化企业共同发展、大中小微文化企业相互促进的文化产业格局。四是扩大和引导文化消费。从供需两端发力，以创新供给带动需求扩展，努力实现更高层次的供需平衡。着力扩大文化产品和服务有效供给，改善消费条件，推动建立扩大和引导文化消费的长效机制。五是鼓励和引导社会资本进入文化产业。落实鼓励和引导社会资本进入文化领域的各项政策措施，进一步拓宽社会投资的领域和范围，鼓励社会资本进入文化企业孵化器、文化众创空间、文化资源保护开发等新兴领域。六是建立统一开放、竞争有序、诚信守法、监管有力的现代文化市场体系。以文化市场信用信息数据库建设为基础，以信息公开为监督约束手段，以警示名单和黑名单为基本制度，以协会开展信用评价、分类评定为辅助，构建守信激励、失信惩戒和协同监管机制。

（五）提高文化开放水平

坚持政府统筹、社会参与、官民并举、市场运作，统筹对外文化交流、传播和贸易，创新方式方法，有效传播当代中国价值观念，讲好中国故事，传播好中国声音，展示中华文化独特魅力，提升国际话语权，全面提高国家文化软实力。一是积极开展文化外交。构建畅通的政府间文化交流合作机制。以重要外事活动为契机，积极开展对外文化交流。支持在各大洲举办中国文化年（节）等大型文化交流活动，持续提升“欢乐春节”等品牌的影响力。二是加强国际汉学交流和中外智库合作。促进中外智库交流与合作，大力推动国际汉学和中国研究的发展，培养一批青年汉学家、翻译家。举办高端国际文化论坛，积极参与国际文化事务，建立国际文化专家队伍，支持民间智库和社会组织在文化类公约框架下为政府间委员会提供咨询。三是加强与“一带一路”沿线国家文化交流与合作。制定实施文化部“一带一路”发展行动计划。推进与“一带一路”沿线国家的项目援助和专业交流，建设“一带一路”文化遗产长廊，鼓励丰富多样的民间文化交流,发挥妈祖文化等民间文化的积极作用,促进民心相通,夯实民意基础。四是推进海外中国文化中心建设与发展。鼓励地方政府、中资机构等参与中国文化中心建设,多模式建设布局科学、功能完善、规模适宜的海外中国文化中心,筹建中国文化中心总部。为中国文化中心提供高质量项目资源,使中国文化中心成为中华文化传播的综合服务平台。五是大力发展对外文化贸易。构建国际文化贸易合作体系,建立健全双边、多边政府间对话与合作机制。积极参与国际文化贸易规则制定。发挥国家对外文化贸易基地示范作用。引导文化企业和社会资本境外投资,拓展海外文化市场,扩大境外优质文化资产规模。提升民族文化品牌内涵,突出“中国创造”理念,建设核心文化产品资源库。六是深化对港澳台地区文化交流。加强面向港澳台地区青少年的文化交流,促进民族认同、文化认同、国家认同。与港澳特区政府定期签署内地与港澳特区文化合作执行计划,将港澳文化活动纳入国家文化交流平台。把握大势,稳妥推进两岸文化交流合作,推动两岸文化交流机制化进程。

(六)提升文化保障能力

继续加大文化改革发展的政策、资金、法治、人才、科技等保障力度,进一步落实各项政策措施,有效发挥引导、扶持、激励、规范作用,营造良好的制度环境,确保各项工作顺利推进。一是深入推进文化体制改革。建立健全党委领导、政府管理、行业自律、社会监督、企事业单位依法运营的文化管理体制和富有活力的运行机制。深化文化事业单位人事、收入分配、社会保障、经费保障等制度改革,创新管理运行机制。深化国有文化企业改革,建立健全有文化特色的现代企业制度。培育和规范文化类社会组织。二是加强文化人才队伍建设。健全文化人才发展体制机制,加快各类文化人才成长步伐,实现人才队伍总量稳步增长,结构更加合理,活力不断增强,效能充分发挥,为文化改革发展提供坚强的人才保障和广泛的智力支持。三是加强文化财政保障。进一步健全文化财政保障机制,加大政府投入力度。加大政府性基金与一般公共预算的统筹力度,引导和激励社会力量参与文化建设,建立政府、社会、市场共同参与的多元文化投入机制。推动财政进一步优化完善转移支付机制,重点向贫困地区、革命老区、民族地区、边疆地区倾斜。四是健全文化法律制度。积极推进公共文化服务保障法和文化产业促进法、公共图书馆法、故宫保护条例、古籍保护条例、文化市场综合执法管理条例等重点立法项目进程,修订《文物保护法》等法律法规。建立健全重大决策合法性审查工作制度。建立健全文化领域知识产权保护机制,提升文化领域知识产权运用效益,发挥知识产权对文化创新发展的驱动作用。建立健全文化安全工作机制。五是提升文化科技支撑水平。探索跨部门、跨地区的文化科技融合工作机制,支持社会力量参与文化创新活动。加快文化行业标准和国家标准的制定修订,积极参与国际标准制定。围绕文化发展重大需求,加强文化领域关键共性技术研发,提升文化科技自主创新能力和技术研发水平。发挥企业主体作用,加强技术转移和科技项目成果应用。

(文化部财务司　文化部政策法规司)

2015 年全国文化发展主要统计数据

指标	单位	总量指标		增长速度(%)
		2014 年	2015 年	
机构和人员				
机构数	个	287356	299149	4.1
从业人员数	人	2040199	2294445	12.5
文化投入				
文化事业费	亿元	583.44	682.97	17.1
人均文化事业费	元	42.65	49.68	16.5
公共图书馆				
机构数	个	3117	3139	0.7
总藏量	万册	79092	83844	6.0
总流通人次	万人次	53036	58892	11.0
群众文化				
机构数	个	44423	44291	-0.3
#文化站	个	41110	40976	-0.3
提供文化服务次数	万次	147.21	166.39	13.0
举办展览	万次	13.17	13.98	6.2
组织文艺活动	万次	84.54	95.99	13.5
组织公益性讲座	万次	2.56	2.79	9.0
举办训练班	万次	46.93	53.63	14.3
文化服务惠及人次	万人次	50668	54826	8.2
艺术表演团体				
机构数	个	8769	10787	23.0
演出场次	万场次	173.91	210.78	21.2
#农村演出场次	万场次	114.04	139.08	22.0
国内演出观众人次	万人次	91019.68	95798.99	5.3
#农村观众人次	万人次	55862.67	58453.69	4.6
演出收入	万元	757028	939310	24.1
艺术表演场馆				
机构数	个	1338	2143	—
艺术演出场次	万场次	6.95	13.68	—
艺术演出观众人次	万人次	2598.27	2853.63	—

续表

指标	单位	总量指标		增长速度(%)
		2014 年	2015 年	
艺术演出收入	万元	84512	257173	—
文化市场				
机构数	个	220164	231709	—
从业人员数	个	1323902	1564660	—
营业收入	万元	16142494	29656347	—
营业利润	万元	4682893	10020910	—
文物业				
机构数	个	8421	8676	3.0
总藏品	万件/套	4063.58	4138.86	1.9
参观人次	万人次	84256	92508	9.8

注:1. 2014 年文化市场数据包括民营艺术表演团体、互联网上网服务营业场所及娱乐场所数据。2015 年文化市场数据包括民营艺术表演团体、民营艺术表演场馆、互联网上网服务营业场所、娱乐场所、经营性互联网文化单位、艺术品经营机构、演出经纪机构数据。鉴于统计口径有所调整,因此增长速度不可比。

2. 2014 年艺术表演场馆仅包括公有制场馆,2015 年艺术表演场馆包括公有制场馆和非公有制场馆。鉴于统计口径有所调整,因此增长速度不可比。

按年份全国主要文化机构数

单位：个

年　份	公共图书馆	文化馆	文化站	博物馆	艺术表演团体	艺术表演场馆
1949 年	55	896		21	1000	891
1952 年	83	2430		35	2084	1510
1957 年	400	2748		72	2884	2296
1962 年	541	2575	1192	230	3320	2249
1965 年	562	2660	2125	214	3458	2943
1970 年	323	2332	1794	182	2541	1432
1975 年	629	2670	2717	242	2836	1464
1978 年	1218	2840	4053	349	3150	1095
1980 年	1732	3130	5609	365	3533	1444
1985 年	2344	3295	5281	711	3317	1377
1986 年	2406	3330	5583	777	3195	2058
1987 年	2440	3321	5653	827	3094	2148
1988 年	2485	3333	5712	903	2985	2081
1989 年	2512	3321	5716	967	2850	2050
1990 年	2527	3321	5895	1013	2805	1955
1991 年	2535	3265	7242	1075	2772	2068
1992 年	2558	3272	6292	1106	2753	2037
1993 年	2572	3256	6899	1130	2707	2024
1994 年	2589	3261	8015	1161	2698	1998
1995 年	2615	3259	10228	1194	2682	1958
1996 年	2620	3284	41969	1219	2664	1934
1997 年	2628	3286	42163	1282	2663	1947
1998 年	2662	3287	42547	1339	2652	1929
1999 年	2669	3294	42543	1363	2632	1911
2000 年	2675	3297	42024	1392	2619	1900
2001 年	2696	3241	40138	1461	2605	1854
2002 年	2697	3243	39273	1511	2587	1829
2003 年	2709	3228	38588	1515	2601	1900
2004 年	2720	3221	38181	1548	2759	1928
2005 年	2762	3226	38362	1581	2805	1866

续表

年　份	公共图书馆	文化馆	文化站	博物馆	艺术表演团体	艺术表演场馆
2006 年	2778	3214	36874	1617	2866	1839
2007 年	2799	3217	37384	1722	4512	1732
2008 年	2820	3218	37938	1893	5114	1662
2009 年	2850	3223	38736	2252	6139	1499
2010 年	2884	3264	40118	2435	6864	1461
2011 年	2952	3285	40390	2650	7055	1429
2012 年	3076	3301	40575	3069	7321	1279
2013 年	3112	3315	40945	3473	8180	1344
2014 年	3117	3313	41110	3658	8769	1338
2015 年	3139	3315	40976	3852	10787	2143

注:2007 年以前艺术表演团体为文化部门系统内数据,2007 年起含非文化部门单位。1996 年以前文化站数据未包括其他部门所属乡镇综合文化站,1996—1998 年文化站数据包括其他部门所属单位,1999 年以后,其他部门所属文化站归文化部门管理。

按年份全国文化事业费基本情况

单位:亿元、%

	文化事业费	国家财政总支出	文化事业费总支出占国家财政比重
1978 年	4.44	1122.09	0.40
1979 年	5.84	1281.79	0.46
1980 年	5.61	1228.83	0.46
六五时期	**36.03**	**7483.18**	**0.48**
1985 年	9.32	2004.25	0.47
七五时期	**62.45**	**12865.67**	**0.49**
1986 年	10.74	2204.91	0.49
1987 年	10.77	2262.18	0.48
1988 年	12.18	2491.21	0.49
1989 年	13.57	2823.78	0.48
1990 年	15.19	3083.59	0.49
八五时期	**121.33**	**24387.47**	**0.50**
1991 年	17.28	3386.62	0.51
1992 年	19.46	3742.20	0.52
1993 年	22.37	4642.30	0.48
1994 年	28.83	5792.62	0.50
1995 年	33.39	6823.72	0.49
九五时期	**254.51**	**57043.46**	**0.45**
1996 年	38.77	7937.55	0.49
1997 年	46.19	9233.56	0.50
1998 年	50.78	10798.18	0.47
1999 年	55.61	13187.67	0.42
2000 年	63.16	15886.50	0.40
十五时期	**496.13**	**128022.85**	**0.39**
2001 年	70.99	18902.58	0.38
2002 年	83.66	22053.15	0.38
2003 年	94.03	24649.95	0.38
2004 年	113.63	28486.89	0.40
2005 年	133.82	33930.28	0.39

续表

	文化事业费	国家财政总支出	文化事业费总支出占国家财政比重
十一五时期	**1220.40**	**318672.05**	**0.38**
2006 年	158.03	40422.73	0.39
2007 年	198.96	49781.35	0.40
2008 年	248.04	62592.66	0.40
2009 年	292.31	76299.93	0.38
2010 年	323.06	89575.38	0.36
十二五时期	**2669.62**	**702374.40**	**0.38**
2011 年	392.62	109247.79	0.36
2012 年	480.10	125952.97	0.38
2013 年	530.49	139744.00	0.38
2014 年	583.44	151661.54	0.38
2015 年	682.97	175768.10	0.39

注:1. 国家财政总支出系国家财政决算数。

2. 文化事业费:1953 年—1980 年系国家财政决算数(“一五”至“四五”时期含文物、出版经费,“五五”时期不含文物、出版经费);1981 年以后系文化事业统计年报数(不含文物、出版及科学研究费;不含基本建设的财政拨款和行政运行经费,以下各表同)。

按年份各地区文化事业费

单位:万元

地 区	1995 年	2000 年	2005 年	2009 年	2010 年	2011 年	2012 年	2013 年	2014 年	2015 年
全 国	**333853**	**631591**	**1338193**	**2923138**	**3230646**	**3926223**	**4801015**	**5304904**	**5834377**	**6829708**
中 央	20973	55498	113028	207120	152788	184867	212300	269177	358420	369620
北 京	8427	24008	64587	139070	161693	179115	228738	244620	249386	275832
天 津	5098	9796	31592	59419	56348	74595	79282	95616	122666	153744
河 北	11393	18984	39626	67514	70307	93048	114728	127775	143751	185348
山 西	9215	12347	29832	68915	78000	111854	131218	141055	140919	182007
内蒙古	8624	14515	30543	90834	112982	127692	162157	173791	189673	228905
辽 宁	17525	26790	47578	103852	113430	109256	147143	139102	148061	165405
吉 林	10613	15711	26566	81951	90327	93047	94962	111561	136021	156425
黑龙江	10722	16598	33742	66055	74631	87957	93551	96252	125077	152601
上 海	15431	42608	79201	179641	186266	241757	287144	294524	332623	365523
江 苏	18234	38527	77658	156415	163123	228144	297752	369077	343980	403417
浙 江	14764	35334	110397	210702	242002	288595	357094	360199	379174	488225
安 徽	8836	15849	30541	68005	76813	91387	90303	111141	119933	146252
福 建	11023	22174	42949	89566	101855	107639	127062	144997	148123	187522
江 西	7404	10696	23398	66782	73401	69643	79760	89733	103717	127094
山 东	16315	30944	61687	127359	138876	175411	206838	246349	253539	299770
河 南	12447	20948	37708	91641	95143	122440	150441	161446	173942	206034
湖 北	11268	19367	43585	97863	114389	108101	138694	154138	168048	235648
湖 南	10525	16564	34771	87969	86133	98805	126938	144707	162613	193798
广 东	27486	58321	128095	226179	269940	337369	384588	419594	452260	539257
广 西	8617	14608	28089	68074	80097	82743	117052	131614	144457	172230
海 南	2965	3468	6007	25626	27356	37297	57209	62250	60611	57512
重 庆		9151	17505	51464	77350	93801	120734	121134	133289	169727
四 川	16905	20500	44523	118242	143902	205784	274876	304646	349146	395788
贵 州	4785	9131	18731	53265	53676	74805	96876	96869	105913	119936
云 南	14563	23945	42036	76259	86881	121629	130776	143712	174862	191211
西 藏	2124	4264	8003	12921	21050	19239	27131	31966	50826	57816
陕 西	8583	13976	23462	72478	89457	119207	153402	191783	193209	205168
甘 肃	6935	9130	20882	47046	55563	83375	91199	98665	110710	113802
青 海	2574	3696	7349	25570	41114	34114	51457	50669	63784	65393
宁 夏	2108	3625	9646	24661	24483	35539	44538	38052	46671	58611
新 疆	7371	10518	24877	60681	71273	87971	125076	138694	148975	160088

按年份各地区文化事业费占财政支出比重

单位:%

地 区	1995 年		2000 年		2005 年		2009 年		2011 年		2012 年		2013 年		2014 年	
	比重	位次	比重	位次	比重	位次	比重	位次	比重	位次	比重	位次	比重	位次	比重	位次
全 国	**0.49**		**0.40**		**0.39**		**0.38**		**0.36**		**0.38**		**0.38**		**0.38**	
北 京	0.55	28	0.54	14	0.61	4	0.60	4	0.55	3	0.62	4	0.59	4	0.55	3
天 津	0.55	28	0.53	15	0.71	3	0.53	7	0.42	12	0.37	19	0.38	19	0.43	16
河 北	0.60	23	0.46	28	0.40	24	0.29	30	0.26	30	0.28	29	0.29	26	0.31	26
山 西	0.82	7	0.55	11	0.44	14	0.44	14	0.47	8	0.48	9	0.47	8	0.46	12
内蒙古	0.84	5	0.59	8	0.44	15	0.47	11	0.43	11	0.47	10	0.47	9	0.49	6
辽 宁	0.64	15	0.52	17	0.39	25	0.39	19	0.28	26	0.32	24	0.27	29	0.29	28
吉 林	0.88	3	0.90	1	0.42	18	0.55	6	0.42	13	0.38	18	0.41	14	0.47	9
黑龙江	0.61	18	0.45	30	0.42	19	0.35	26	0.31	24	0.29	28	0.29	27	0.36	22
上 海	0.59	25	0.68	5	0.48	9	0.62	3	0.62	2	0.69	2	0.65	2	0.68	2
江 苏	0.72	10	0.61	6	0.46	12	0.39	20	0.37	17	0.42	15	0.47	10	0.41	19
浙 江	0.82	7	0.82	2	0.87	1	0.79	1	0.75	1	0.86	1	0.76	1	0.73	1
安 徽	0.65	14	0.49	23	0.42	20	0.32	28	0.28	27	0.23	31	0.26	30	0.26	31
福 建	0.64	15	0.69	4	0.72	2	0.63	2	0.49	6	0.49	8	0.47	11	0.45	13
江 西	0.67	13	0.48	26	0.41	22	0.43	15	0.27	29	0.26	30	0.26	31	0.27	30
山 东	0.59	25	0.51	18	0.42	21	0.39	21	0.35	19	0.35	22	0.37	20	0.35	23
河 南	0.60	23	0.47	27	0.33	31	0.32	29	0.29	25	0.30	26	0.29	28	0.29	29
湖 北	0.69	12	0.53	15	0.55	6	0.47	12	0.34	21	0.37	20	0.35	21	0.34	24
湖 南	0.61	18	0.49	23	0.39	26	0.40	17	0.28	28	0.31	25	0.31	24	0.32	25
广 东	0.52	30	0.55	11	0.55	7	0.52	10	0.50	4	0.52	5	0.50	6	0.49	7
广 西	0.61	18	0.57	10	0.45	13	0.42	16	0.33	22	0.39	17	0.41	15	0.42	18
海 南	0.70	11	0.51	18	0.39	27	0.53	8	0.48	7	0.63	3	0.62	3	0.55	4
重 庆			0.49	23	0.35	29	0.40	18	0.36	18	0.40	16	0.40	18	0.40	20
四 川	0.61	18	0.45	30	0.41	23	0.33	27	0.44	10	0.50	7	0.49	7	0.51	5
贵 州	0.56	27	0.46	28	0.35	30	0.39	22	0.33	23	0.35	23	0.31	25	0.30	27
云 南	0.62	17	0.58	9	0.54	8	0.39	23	0.42	14	0.37	21	0.35	22	0.39	21
西 藏	0.61	18	0.71	3	0.43	16	0.27	31	0.25	31	0.30	27	0.32	23	0.43	17
陕 西	0.84	5	0.51	18	0.36	28	0.39	24	0.41	15	0.46	11	0.52	5	0.49	8
甘 肃	0.85	4	0.50	22	0.48	10	0.38	25	0.47	9	0.44	13	0.43	13	0.44	15
青 海	0.89	2	0.55	11	0.43	17	0.53	9	0.35	20	0.44	14	0.41	16	0.47	10
宁 夏	0.92	1	0.60	7	0.60	5	0.57	5	0.50	5	0.52	6	0.41	17	0.47	11
新 疆	0.76	9	0.51	18	0.47	11	0.45	13	0.39	16	0.46	12	0.45	12	0.45	14

按年份各地区人均文化事业费及位次

单位:元

地区	1995年		2000年		2005年		2011年		2012年		2013年		2014年		2015年	
	人均经费	位次	人均经费	位次	人均经费	位次	人均经费	位次	人均经费	位次	人均经费	位次	人均经费	位次	人均经费	位次
全　国	**2.75**		**4.99**		**10.23**		**29.14**		**35.46**		**38.99**		**42.65**		**49.68**	
北　京	8.74	2	17.37	2	41.99	2	88.71	2	110.55	2	115.66	2	115.91	3	127.08	3
天　津	7.56	3	9.79	4	30.29	3	55.05	6	56.11	9	64.96	8	80.87	5	99.39	5
河　北	1.78	25	2.81	25	5.78	25	12.85	31	15.74	30	17.42	30	19.47	30	24.96	29
山　西	3.12	15	3.74	19	8.89	16	31.13	16	36.34	14	38.86	16	38.63	19	49.67	16
内蒙古	4.13	9	6.11	11	12.80	9	51.45	8	65.12	7	69.57	5	75.72	6	91.16	6
辽　宁	4.31	6	6.32	10	11.27	12	24.93	21	33.53	20	31.69	20	33.72	21	37.74	23
吉　林	4.21	8	5.76	12	9.78	14	33.85	11	34.53	17	40.55	14	49.42	12	56.81	11
黑龙江	2.95	16	4.50	16	8.83	17	22.94	22	24.40	24	25.10	26	32.63	22	40.03	22
上　海	13.10	1	25.45	1	44.54	1	103.01	1	120.65	1	121.96	1	137.13	2	151.34	2
江　苏	2.62	8	5.18	15	10.39	13	28.88	18	37.59	13	46.49	12	43.21	14	50.58	14
浙　江	3.26	13	7.55	5	22.54	5	52.83	7	65.20	6	65.51	7	68.84	8	88.14	7
安　徽	1.48	28	2.65	26	4.99	30	15.31	28	15.08	31	18.43	29	19.72	29	23.81	30
福　建	3.27	12	6.39	9	12.15	11	28.94	17	33.90	19	38.42	17	38.92	18	48.85	17
江　西	1.94	22	2.58	28	5.43	27	15.52	27	17.71	28	19.84	28	22.83	28	27.84	28
山　东	1.93	23	3.41	21	6.67	21	18.20	25	21.36	26	25.31	25	25.90	26	30.44	26
河　南	1.34	30	2.26	31	4.02	31	13.04	30	15.99	29	17.15	31	18.43	31	21.73	31
湖　北	2.04	21	3.21	23	7.63	19	18.77	24	24.00	25	26.58	24	28.89	258	40.27	21
湖　南	1.67	26	2.57	29	5.50	26	14.98	29	19.12	27	21.63	27	24.14	27	28.57	27
广　东	3.93	10	6.75	7	13.93	7	32.12	14	36.30	15	39.42	15	42.17	17	49.71	15
广　西	1.93	24	3.25	22	6.03	24	17.81	26	25.00	23	27.89	22	30.39	23	35.91	24
海　南	2.50	19	4.41	17	7.25	20	42.53	9	64.50	8	69.55	6	67.09	9	63.14	10
重　庆			2.96	24	6.09	23	32.13	13	41.00	11	40.79	13	44.56	13	56.27	12
四　川	1.56	27	2.46	30	5.42	28	25.56	20	34.04	18	37.58	19	42.89	15	48.24	18
贵　州	1.36	29	2.59	27	5.02	29	21.56	23	27.81	22	27.66	23	30.19	24	33.98	25
云　南	3.47	11	5.58	13	9.45	15	26.26	19	28.07	21	30.66	21	37.09	20	40.32	20
西　藏	3.22	14	16.27	3	28.89	4	63.50	3	88.09	4	102.45	3	160.06	1	178.46	1
陕　西	2.42	20	3.88	18	6.31	22	31.85	15	40.87	12	50.95	11	51.18	11	54.09	13

续表

地区	1995年		2000年		2005年		2011年		2012年		2013年		2014年		2015年	
	人均经费	位次	人均经费	位次	人均经费	位次	人均经费	位次	人均经费	位次	人均经费	位次	人均经费	位次	人均经费	位次
甘肃	2.93	17	3.56	20	8.05	18	32.52	12	35.38	16	38.21	18	42.73	16	43.78	19
青海	5.30	5	7.14	6	13.53	8	60.06	4	89.80	3	87.66	4	109.33	4	111.13	4
宁夏	4.23	7	6.45	8	16.18	6	55.62	5	68.84	5	58.18	10	70.55	7	87.76	8
新疆	5.39	4	5.46	14	12.38	10	39.82	10	56.01	10	61.26	9	64.81	10	67.84	9

按年份各地区公共图书馆机构数

单位:个

地　区	1995 年	2000 年	2005 年	2006 年	2009 年	2010 年	2011 年	2012 年	2013 年	2014 年	2015 年
总　计	**2615**	**2675**	**2762**	**2778**	**2850**	**2884**	**2952**	**3076**	**3112**	**3117**	**3139**
北　京	22	24	25	24	24	24	24	24	24	24	24
天　津	31	31	32	32	31	31	31	31	31	31	31
河　北	134	145	153	156	164	165	166	172	173	172	172
山　西	119	121	122	122	126	126	126	126	127	126	126
内蒙古	107	108	110	110	113	113	114	114	116	116	117
辽　宁	127	128	126	127	128	128	128	129	129	129	129
吉　林	51	60	63	64	66	65	65	66	66	66	66
黑龙江	96	97	96	95	100	107	107	106	107	107	107
上　海	31	31	28	28	29	28	25	25	25	25	25
江　苏	94	101	103	104	109	111	112	112	113	114	114
浙　江	81	83	90	92	96	97	97	97	98	98	100
安　徽	83	84	88	85	89	88	100	102	107	113	122
福　建	78	81	84	85	85	86	86	87	91	88	90
江　西	104	104	104	105	108	108	114	114	114	114	114
山　东	130	133	145	145	150	149	150	150	153	153	154
河　南	132	134	136	136	142	142	152	156	157	157	158
湖　北	100	103	102	102	107	107	109	111	112	112	112
湖　南	116	115	120	120	120	124	130	136	136	136	137
广　东	114	124	129	129	133	132	134	137	137	138	140
广　西	99	94	95	100	100	108	108	112	112	112	112
海　南	19	19	20	20	20	20	20	20	21	21	21
重　庆		42	43	43	43	43	43	43	43	43	43
四　川	166	129	141	146	156	161	169	188	197	198	203
贵　州	87	89	91	91	93	93	94	93	94	95	96
云　南	148	148	149	149	150	150	152	152	152	151	151
西　藏	18	1	4	3	4	4	4	77	78	78	79
陕　西	114	114	111	111	112	112	112	112	114	114	110
甘　肃	86	91	92	92	93	94	100	103	103	103	103
青　海	41	38	43	43	44	44	49	49	49	49	49
宁　夏	20	22	20	20	20	20	27	26	26	26	26
新　疆	66	80	96	98	94	103	103	105	106	107	107

按年份全国公共图书馆主要业务活动情况

年份	机构数（个）	从业人员（人）	总藏量（万册、件）	总流通人次（万人次）		书刊、文献外借册次（万册次）	书架单层总长度（万米）	发放借书证数（万个）	本年新购藏量（万册）
					外借人次				
1979年	1651		18353	7787		9625			
1980年	1732		19904	9045		11830			
1985年	2344	29350	25573	11614		18942			1343
1986年	2406	31849	26133	11722		16205	504	523	1359
1990年	2527	40247	29064	12435		20242	772	603	895
1991年	2535	42037	30614	20496	7949	13325	758	631	771
1992年	2558	43051	31175	18495	7653	12625	748	563	740
1993年	2572	44656	31410	16973	6970	11685	797	562	631
1994年	2589	44367	32332	14451	7232	11852	776	552	556
1995年	2615	45323	32850	14142	7160	11814	899	540	551
1996年	2620	46457	33686	14793	7731	13544	967	527	577
1997年	2628	47882	37549	16114	8561	15685	817	556	680
1998年	2662	48313	38514	17058	8910	15422	873	582	700
1999年	2669	48792	39539	18040	9075	16290	934	596	678
2000年	2675	51342	40953	18854	9600	16913	978	623	692
2001年	2696	48579	42130	20757	9829	17559	945	792	819
2002年	2697	48447	42683	21950	10428	20021	995	918	946
2003年	2709	49646	43776	21440	10666	18775	1035	943	1049
2004年	2720	49069	46152	22095	10140	18536	1247	1056	1228
2005年	2762	50423	48056	23332	10821	20269	1320	1062	1535
2006年	2778	51311	50024	25218	11408	21039	1413	1160	1686
2007年	2799	51650	52053	26103	11454	21319	1318	1273	1871
2008年	2820	52021	55064	28141	12251	23129	1112	1454	2071
2009年	2850	52688	58521	32167	13277	25857	1216	1749	2939
2010年	2884	53564	61726	32823	13934	26392	1200	2020	2956
2011年	2952	54475	63896	37423	15316	28452	1218	2214	3985
2012年	3076	54997	68827	43437	17402	33191	1216	2485	5826
2013年	3112	56320	74896	49232	20552	40868	1191	2877	4865
2014年	3117	56071	79092	53036	22737	46734	1210	3944	4742
2015年	3139	56422	83844	58892	23085	50896	1262	5721	5151

按年份各地区公共图书馆总藏量

单位:万册件

地　区	1995 年	2000 年	2005 年	2006 年	2009 年	2010 年	2011 年	2012 年	2013 年	2014 年	2015 年
总　计	**32850**	**40953**	**48056**	**50024**	**58521**	**61726**	**63896**	**68827**	**74896**	**79092**	**83844**
北　京	670	767	1121	1206	1589	1715	1821	1948	2072	2223	2425
天　津	677	786	869	945	1159	1258	1286	1397	1474	1598	1697
河　北	845	1081	1307	1351	1549	1611	1643	1773	1937	2105	2200
山　西	777	867	963	993	1176	1208	1259	1363	1466	1472	1548
内蒙古	621	683	744	761	870	940	1056	1157	1325	1449	1513
辽　宁	1786	1970	2326	2400	2785	2953	2948	3185	3355	3563	3736
吉　林	921	1030	1202	1229	1338	1380	1399	1494	1597	1662	1768
黑龙江	1094	1186	1291	1436	1572	1644	1703	1751	1843	1721	1827
上　海	1586	5500	6049	6062	6593	6809	6783	6978	7239	7363	7568
江　苏	2420	2669	3179	3410	4071	4370	4781	5468	5770	6280	6847
浙　江	1511	1715	2324	2497	3552	3761	3964	4539	5165	5634	6250
安　徽	752	787	847	907	1136	1236	1208	1407	1776	1753	1942
福　建	902	985	1274	1362	1542	1682	1676	2080	2467	2660	2821
江　西	1070	1122	1282	1309	1474	1520	1602	1681	1990	2127	2159
山　东	1724	1989	2746	2846	3515	3636	3720	3888	4422	4480	4727
河　南	1062	1239	1429	1470	1724	1837	2045	2145	2218	2312	2472
湖　北	1445	1678	1923	1981	2181	2361	2376	2460	2648	2822	3003
湖　南	1362	1514	1667	1704	1839	1961	2031	2144	2282	2422	2555
广　东	1651	2316	3119	3454	4367	4615	5040	5426	6101	6367	7008
广　西	1243	1312	1491	1564	1760	1881	1868	1942	2110	2482	2606
海　南	137	154	184	193	341	285	316	385	377	412	424
重　庆		811	768	792	988	1031	986	1129	1129	1242	1304
四　川	2356	1722	2002	2094	2480	2599	2703	2802	3048	3162	3328
贵　州	616	681	764	771	800	812	868	990	1156	1217	1221
云　南	1104	1254	1371	1397	1508	1566	1573	1686	1765	1864	1944
西　藏	51	60	42	45	50	53	55	67	100	125	162
陕　西	733	837	887	913	1059	1127	1199	1281	1377	1514	1506
甘　肃	670	745	860	872	951	1042	1128	1176	1226	1307	1340
青　海	280	286	324	289	402	358	368	376	379	394	415
宁　夏	338	380	378	389	435	462	497	505	595	690	706
新　疆	489	579	817	811	934	1113	999	1084	1242	1292	1303

按年份各地区人均拥有公共图书馆藏量

单位:册/件

地　区	1995年	2000年	2005年	2009年	2010年	2011年	2012年	2013年	2014年	2015年
全　国	**0.27**	**0.32**	**0.37**	**0.44**	**0.46**	**0.47**	**0.51**	**0.55**	**0.58**	**0.61**
北　京	0.54	0.55	0.73	0.91	0.87	0.90	0.94	0.98	1.03	1.12
天　津	0.72	0.79	0.83	0.94	0.97	0.95	0.99	1.00	1.05	1.10
河　北	0.13	0.16	0.19	0.22	0.22	0.23	0.24	0.26	0.29	0.30
山　西	0.25	0.26	0.29	0.34	0.34	0.35	0.38	0.40	0.40	0.42
内蒙古	0.27	0.29	0.31	0.36	0.38	0.43	0.46	0.53	0.58	0.60
辽　宁	0.44	0.46	0.55	0.64	0.68	0.67	0.73	0.76	0.81	0.85
吉　林	0.36	0.38	0.44	0.49	0.50	0.51	0.54	0.58	0.60	0.64
黑龙江	0.30	0.32	0.34	0.41	0.43	0.44	0.46	0.48	0.45	0.48
上　海	1.12	3.29	3.40	3.43	2.96	2.89	2.93	3.00	3.04	3.13
江　苏	0.34	0.36	0.43	0.53	0.56	0.61	0.69	0.73	0.79	0.86
浙　江	0.35	0.37	0.47	0.69	0.69	0.73	0.83	0.94	1.02	1.13
安　徽	0.13	0.13	0.14	0.19	0.21	0.20	0.23	0.29	0.29	0.32
福　建	0.28	0.28	0.36	0.43	0.46	0.45	0.55	0.65	0.70	0.73
江　西	0.26	0.27	0.30	0.33	0.34	0.36	0.37	0.44	0.47	0.47
山　东	0.20	0.22	0.30	0.37	0.38	0.39	0.40	0.45	0.46	0.48
河　南	0.12	0.13	0.15	0.18	0.20	0.22	0.23	0.24	0.25	0.26
湖　北	0.25	0.28	0.34	0.38	0.41	0.41	0.43	0.46	0.49	0.51
湖　南	0.21	0.24	0.26	0.29	0.30	0.31	0.32	0.34	0.36	0.38
广　东	0.24	0.27	0.34	0.45	0.44	0.48	0.51	0.57	0.59	0.65
广　西	0.27	0.29	0.32	0.36	0.41	0.40	0.41	0.45	0.52	0.54
海　南	0.19	0.20	0.22	0.39	0.33	0.36	0.43	0.42	0.46	0.47
重　庆		0.26	0.27	0.35	0.36	0.34	0.38	0.38	0.42	0.43
四　川	0.21	0.21	0.24	0.30	0.32	0.34	0.35	0.38	0.39	0.41
贵　州	0.18	0.19	0.20	0.21	0.23	0.25	0.28	0.33	0.35	0.35
云　南	0.28	0.29	0.31	0.33	0.34	0.34	0.36	0.38	0.40	0.41
西　藏	0.21	0.23	0.15	0.17	0.18	0.18	0.22	0.32	0.39	0.50
陕　西	0.21	0.23	0.24	0.28	0.30	0.32	0.34	0.37	0.40	0.40
甘　肃	0.27	0.29	0.33	0.36	0.41	0.44	0.46	0.47	0.50	0.52
青　海	0.58	0.55	0.60	0.72	0.64	0.65	0.66	0.66	0.67	0.70
宁　夏	0.66	0.68	0.63	0.70	0.73	0.78	0.78	0.91	1.04	1.06
新　疆	0.29	0.30	0.41	0.43	0.51	0.45	0.49	0.55	0.56	0.55

按年份各地区公共图书馆总流通人次

单位:万人次

地 区	1995 年	2000 年	2005 年	2009 年	2010 年	2011 年	2012 年	2013 年	2014 年	2015 年
总 计	**14142**	**18854**	**23332**	**32167**	**32823**	**37423**	**43437**	**49232**	**53036**	**58892**
北 京	272	320	715	824	775	726	865	1033	1146	1264
天 津	265	461	483	676	606	572	630	714	681	789
河 北	473	736	635	713	736	796	1023	1079	1210	1428
山 西	227	261	256	350	374	398	475	603	676	830
内蒙古	282	270	380	310	312	373	417	575	621	649
辽 宁	829	1184	1133	1666	1457	1553	1939	1939	1892	2068
吉 林	385	409	505	490	503	611	691	540	599	732
黑龙江	631	608	505	617	622	694	836	822	893	968
上 海	687	1225	1249	1460	1853	1926	2062	3605	3961	3931
江 苏	883	1227	1735	2787	3006	3542	4527	5047	5425	6001
浙 江	555	1140	1398	4253	3454	3971	4572	4946	5480	7942
安 徽	372	561	461	671	760	1176	1264	1347	1546	1739
福 建	466	647	734	1182	1193	1315	1526	1809	2052	2396
江 西	413	485	534	596	639	756	1057	1165	1213	1258
山 东	509	795	1422	1603	1717	1915	2035	2355	2558	2729
河 南	650	713	828	1011	1026	1334	1638	1785	1968	2233
湖 北	559	714	1145	1271	1516	1342	1516	1763	1868	1955
湖 南	618	808	787	940	1028	1215	1490	1694	1570	1617
广 东	1447	2235	3543	4565	4540	6072	6418	7357	7657	7855
广 西	809	927	896	1100	1343	1231	1366	1471	1998	2065
海 南	94	121	115	193	172	150	270	247	268	445
重 庆		266	595	588	621	777	1078	1147	1221	1235
四 川	776	554	766	1151	1168	1433	1628	1738	1867	2010
贵 州	462	228	187	267	369	314	420	467	525	594
云 南	559	654	735	962	907	993	1070	1223	1210	1223
西 藏		2	2	2	3	3	4	11	17	20
陕 西	242	275	365	384	519	560	727	879	927	982
甘 肃	225	185	317	414	468	473	558	616	658	678
青 海	39	58	68	90	89	96	102	114	120	112
宁 夏	140	142	167	147	163	233	210	221	266	282
新 疆	140	263	212	364	350	425	645	502	544	474

按年份各地区每万人公共图书馆建筑面积

单位:万人次

地 区	1995 年	2000 年	2005 年	2009 年	2010 年	2011 年	2012 年	2013 年	2014 年	2015 年
全 国	**34.3**	**47.3**	**51.8**	**63.7**	**67.2**	**73.8**	**78.2**	**85.1**	**90.0**	**94.7**
北 京	56.7	75.3	99.5	94.0	86.6	82.8	107.2	113.8	115.7	113.6
天 津	81.6	99.9	162.0	104.2	103.1	121.4	181.7	168.1	169.4	167.4
河 北	26.9	33.5	38.5	36.5	34.6	41.9	46.7	52.9	65.3	59.2
山 西	27.6	34.3	45.0	92.8	67.8	76.9	81.6	108.1	111.8	114.3
内蒙古	46.0	53.0	65.8	92.1	90.4	94.6	105.0	131.5	137.0	135.5
辽 宁	53.8	61.6	81.3	97.9	100.8	103.4	108.4	103.4	112.6	126.7
吉 林	35.5	39.6	50.1	51.8	53.3	61.5	67.9	70.6	89.6	98.9
黑龙江	33.6	36.6	48.2	62.2	65.0	67.5	70.3	72.3	75.7	76.6
上 海	85.8	132.6	137.2	148.9	160.9	158.6	162.4	171.5	170.8	173.2
江 苏	30.3	35.5	57.9	83.9	83.1	85.8	104.3	112.1	119.4	129.3
浙 江	34.8	57.7	83.7	107.1	106.7	114.6	125.7	135.8	155.9	171.7
安 徽	14.6	15.9	23.9	34.4	37.0	41.0	47.1	58.7	60.6	65.0
福 建	42.2	47.5	65.9	84.9	117.1	114.9	89.6	93.4	98.5	99.1
江 西	38.6	39.9	47.6	65.9	61.1	64.9	70.3	75.9	80.7	80.1
山 东	22.6	26.9	42.3	49.1	49.7	73.0	57.6	73.5	74.7	83.8
河 南	21.6	25.9	27.2	33.5	34.5	44.9	45.7	56.8	57.8	57.9
湖 北	35.1	39.3	49.9	55.2	57.3	61.1	83.2	88.3	91.1	91.9
湖 南	33.6	38.7	39.7	46.1	54.9	55.6	53.8	56.9	56.7	61.1
广 东	43.2	132.1	57.8	81.3	80.6	92.8	95.6	102.8	105.2	115.9
广 西	38.1	46.8	45.1	48.6	55.8	55.5	60.9	59.6	70.3	72.0
海 南	36.0	41.9	53.1	91.4	98.2	95.2	96.7	91.4	89.7	88.5
重 庆		37.5	47.2	58.1	70.8	77.1	83.3	85.1	88.0	97.6
四 川	22.6	27.3	34.2	39.2	42.1	48.1	55.4	59.5	61.4	68.5
贵 州	23.9	39.7	35.7	40.8	44.5	49.3	46.7	59.9	62.3	63.7
云 南	44.6	48.5	78.4	62.8	65.5	72.2	71.0	73.2	72.6	75.1
西 藏	52.1	61.1	104.7	93.1	89.6	80.4	88.0	120.6	134.2	156.2
陕 西	32.8	33.8	52.7	49.3	53.5	58.0	64.0	64.1	65.4	64.4
甘 肃	34.5	43.7	41.6	56.2	63.2	67.0	71.2	74.9	81.0	84.3
青 海	60.5	73.4	68.1	80.8	78.9	81.7	93.7	79.5	77.8	105.9
宁 夏	78.2	78.3	68.8	134.4	133.9	177.1	160.9	163.7	167.1	158.8
新 疆	43.1	44.7	54.7	66.2	82.0	80.5	82.4	90.9	97.5	100.6

按年份全国群众文化机构基本情况

年　份	机构数（个）	从业人员（人）	举办展览个数（个）	组织文艺活动次数（次）	举办训练班次（次）	收入合计（万元）		支出合计（万元）	实际使用房屋建筑面积（万平方米）
							财政拨款		
1979 年	3965		13001	114307		10114	10114	10114	
1980 年	7723		23553	202828	20359	11270	11270	11376	
1985 年	8746	59599	30998	118888	31842	20835	20835	17686	308. 5
1986 年	8906	67501	32803	106726	30576	29573	25505	23751	354. 8
1990 年	9087	67817	34292	99068	37017	49763	36985	37475	457. 8
1991 年	10507	70319	35498	116618	39568	45874	31066	43559	484. 5
1992 年	9564	66938	32095	96481	40707	53735	35577	49798	496. 1
1993 年	10155	68097	29636	86680	34279	62098	37840	57877	538. 6
1994 年	11276	70489	30224	92167	39296	79167	48906	73174	560. 3
1995 年	13487	75263	31070	110509	46023	89411	56826	83628	614. 1
1996 年	45253	127742	76397	247357	130592	139090	74434	137775	1110. 0
1997 年	43738	129194	87795	278782	119873	160117	92275	158861	1176. 0
1998 年	45834	129842	86960	267351	125872	178165	96416	173207	1195. 3
1999 年	45837	128216	94270	280373	138195	111089	108656	177528	1195. 2
2000 年	45321	128420	91670	276574	143370	186896	118430	188437	1229. 9
2001 年	43397	120156	89392	284316	156089	210181	141754	210860	1213. 8
2002 年	42516	119072	92917	301792	137350	241050	165163	235593	1203. 6
2003 年	41816	123458	93514	327306	154502	271704	190424	265751	1431. 3
2004 年	41402	121441	116639	401818	165823	313104	227641	310850	1408. 4
2005 年	41588	122500	111300	391439	190194	365887	279033	358641	1507. 0
2006 年	40088	123465	141150	497779	218696	428962	322773	412430	1622. 8
2007 年	40601	128096	90900	546477	242055	548301	432311	575722	1667. 4
2008 年	41156	131142	100877	473613	299791	660111	528838	653613	1931. 0
2009 年	41959	137484	110251	555052	304955	807244	681147	794190	2193. 6
2010 年	43382	141002	117353	576799	358719	944397	803918	931951	2526. 7
2011 年	43675	147732	107785	620586	339883	1285601	1122872	1267505	2982. 6
2012 年	43876	156228	114774	688482	387201	1453601	1300692	1467803	3171. 7
2013 年	44260	164355	138225	740611	390758	1667594	1478439	1635395	3389. 4
2014 年	44423	170299	131728	845421	469300	1901726	1623756	1828632	3686. 4
2015 年	44291	173499	139792	959901	536328	2077606	1856374	2014894	3848. 3

注:1996 年以前数据未包括其他部门所属乡镇综合文化站,1996—1998 年包括其他部门所属乡镇文化站,1999 年以后,其他部门所属乡镇文化站划归文化部门管理。以下各表同。

按年份各地区群众文化机构组织文艺活动次数

单位:次

地区	1995 年	2000 年	2005 年	2009 年	2010 年	2011 年	2012 年	2013 年	2014 年	2015 年
总计	**110509**	**276574**	**391439**	**555052**	**576799**	**620586**	**688482**	**740611**	**845421**	**959901**
北京	1186	5382	11378	23165	24237	23972	29076	29787	26297	27175
天津	3883	3069	3234	4843	5067	6485	6354	6334	7734	9391
河北	3668	17997	23880	26284	27408	29338	33456	34445	38598	41732
山西	1462	4527	9107	14731	13905	14868	18473	20201	22319	22560
内蒙古	4282	11294	9977	10991	11127	9862	11482	13652	15431	17072
辽宁	7539	10365	27868	28568	26261	28261	27852	28630	31622	31635
吉林	3138	3745	4939	8428	7482	9549	11153	13412	14516	14977
黑龙江	3463	8149	7720	14454	17351	17507	18834	19250	20961	21569
上海	1021	7629	35027	37377	35600	31353	32762	36164	48725	64393
江苏	13698	17058	20548	32092	32586	30534	39352	42647	48370	55298
浙江	19063	20121	23580	34159	36619	35368	40738	45132	53039	67323
安徽	2416	5181	5661	11124	11937	17757	20196	27422	33318	36210
福建	3545	7689	7464	9965	9691	11320	12522	13771	14897	15940
江西	1142	5816	6853	11838	11781	13241	14759	14393	19078	20079
山东	2722	16033	21673	38477	41194	48307	42095	46978	60352	73897
河南	1792	9203	13405	34261	35713	33398	38639	41410	44527	48646
湖北	7190	11588	11031	17734	18100	18342	19638	21033	23058	22979
湖南	1218	9352	15898	22316	25945	26882	29331	28049	29194	29555
广东	5377	22969	23132	29983	32352	37970	38842	41121	47791	50270
广西	1429	8349	10592	15537	19775	19483	25171	26153	27993	28663
海南	167	1454	1422	2164	2351	2727	2856	2839	3022	2438
重庆		10491	7958	14022	15840	16235	15818	14293	15720	25658
四川	2628	17536	23760	28732	30194	39449	52552	56310	58761	66118
贵州	2581	4202	5759	10473	8544	11988	12731	14567	16786	18490
云南	11257	12437	17983	20250	21665	23108	25839	25762	29161	30717
西藏	455	346	439	784	1458	1923	2173	1933	4263	5575
陕西	1205	8612	8282	13592	13306	17317	16961	18113	20186	21539
甘肃	694	5101	11095	9888	9792	9730	11588	11797	13509	14721
青海	433	1043	1429	2486	2600	2964	3432	4405	5567	5067
宁夏	454	4247	2490	5672	6351	4808	6178	8890	10240	12126
新疆	1401	5589	17855	20662	20567	26540	27629	31718	40386	58088

按年份各地区群众文化机构培训人次

单位:万人次

地 区	1995 年	2000 年	2005 年	2009 年	2010 年	2011 年	2012 年	2013 年	2014 年	2015 年
总 计	**6.6**	**493.9**	**666.5**	**1593.3**	**1805.6**	**2414.4**	**2749.7**	**3105.1**	**3577.7**	**3868.0**
北 京	0.2	15.4	48.5	98.1	130.7	99.9	111.9	163.0	156.9	170.1
天 津	0.3	7.6	5.1	20.9	25.7	28.4	47.3	38.7	40.0	46.6
河 北	0.4	51.7	49.6	71.0	70.1	79.5	91.9	92.2	102.6	103.7
山 西	0.2	6.8	11.0	40.8	38.7	48.9	88.2	79.3	80.0	79.9
内蒙古	0.1	19.2	14.8	25.1	21.8	38.0	33.5	33.8	40.3	46.6
辽 宁	0.5	14.7	43.7	73.2	97.1	122.5	128.4	136.5	152.7	144.3
吉 林	0.3	7.2	6.8	20.5	24.9	32.6	39.2	54.7	51.4	63.7
黑龙江	0.2	15.3	8.2	31.4	32.5	36.0	44.8	49.4	52.7	55.9
上 海	0.1	6.8	63.1	92.8	116.4	139.8	173.2	241.0	287.1	341.7
江 苏	0.4	29.9	25.3	102.1	132.0	119.0	149.2	157.8	161.4	176.8
浙 江	0.6	30.5	46.4	104.7	103.4	120.4	149.8	198.2	248.5	294.0
安 徽	0.1	7.0	12.0	40.8	49.9	94.9	104.8	125.7	130.2	140.2
福 建	0.2	11.3	15.9	32.8	39.8	43.8	54.6	57.5	64.8	78.0
江 西	0.2	8.9	6.8	24.2	25.9	49.5	51.3	52.8	75.2	77.6
山 东	0.3	16.1	43.3	127.2	142.3	178.9	190.5	187.9	226.7	261.1
河 南	0.3	24.9	32.4	87.3	83.1	124.8	137.0	140.5	153.5	171.4
湖 北	0.2	9.4	12.7	45.9	54.3	69.6	83.8	87.8	95.1	97.6
湖 南	0.2	9.3	16.2	40.6	48.1	72.4	100.6	105.8	133.0	122.8
广 东	0.5	55.8	52.6	116.5	126.1	302.2	192.3	279.6	440.8	451.9
广 西	0.3	15.0	17.3	36.4	37.6	51.2	71.5	76.2	85.0	77.9
海 南		1.8	2.1	9.1	11.8	8.7	13.5	14.0	18.3	19.7
重 庆		5.1	7.9	49.1	50.6	69.2	80.1	91.1	108.6	131.0
四 川	0.6	28.4	50.0	97.7	111.1	164.9	211.1	189.7	174.2	224.3
贵 州		5.0	3.2	14.1	22.6	37.0	40.5	54.7	64.9	59.7
云 南	0.1	17.8	22.6	58.6	63.8	85.9	128.6	141.2	146.1	135.2
西 藏				0.6	2.2	2.4	3.9	5.0	9.6	12.3
陕 西	0.1	23.6	12.7	54.7	53.0	57.2	69.6	94.1	102.7	99.4
甘 肃	0.1	11.1	12.3	31.5	35.6	53.2	55.6	52.0	59.6	61.5
青 海		10.8	0.7	4.8	4.2	4.7	9.0	12.1	10.4	10.6
宁 夏		14.0	7.5	17.3	20.6	11.7	7.5	13.7	17.8	19.1
新 疆	0.1	13.5	15.4	23.5	29.8	67.4	86.5	79.1	87.7	93.3

按年份各地区每万人拥有群众文化设施建筑面积

单位:平方米

地　区	1995 年	2000 年	2005 年	2009 年	2010 年	2011 年	2012 年	2013 年	2014 年	2015 年
全　国	**50.7**	**97.2**	**115.3**	**164.3**	**188.6**	**221.2**	**234.2**	**249.1**	**269.5**	**280.0**
北　京	44.2	80.3	224.3	239.2	217.8	233.3	191.9	312.6	330	329.2
天　津	61.6	138.9	130.4	130.5	174.1	213.1	177.3	172.5	197.6	205.0
河　北	23.6	62.6	67.7	89.3	105.4	132.5	138.0	150.4	158.4	163.7
山　西	45.4	53.4	58.1	175.7	210.6	221.5	239.6	245.7	266.0	267.3
内蒙古	98.0	144.4	132.4	157.4	182.6	231.1	247.6	267.1	291.1	300.8
辽　宁	84.1	79.0	102.6	200.3	201.2	216.1	225.8	219.1	276.3	283.6
吉　林	38.2	42.2	38.3	61.2	81.5	130.3	144.9	156.8	171.6	185.3
黑龙江	26.2	38.5	43.2	97.7	140.2	180.7	194.6	190.1	206.0	214.0
上　海	71.9	216.2	379.1	577.4	485.0	496.5	536.4	566.0	561.0	567.7
江　苏	97.8	168.6	181.3	289.1	302.8	303.2	366.7	400.4	436.8	475.2
浙　江	135.2	190.7	276.0	374.9	432.5	478.4	539.5	566.4	622.0	677.4
安　徽	17.1	23.6	44.4	66.0	93.2	138.0	151.4	152.9	161.2	166.0
福　建	61.3	98.8	117.4	180.8	240.9	233.5	227.4	248.0	318.8	325.7
江　西	38.0	79.5	98.4	111.1	131.2	171.5	172.8	189.3	234.5	235.3
山　东	22.1	41.7	71.8	189.0	218.3	223.7	236.9	249.7	250.8	255.8
河　南	21.9	39.0	52.2	71.5	94.7	127.3	130.4	135.8	141.3	142.4
湖　北	80.5	149.5	140.6	173.1	180.6	183.8	184.8	192.9	206.9	206.2
湖　南	29.8	63.7	80.6	100.7	125.2	167.8	177.2	184.9	210.9	223.4
广　东	52.1	222.4	258.2	269.7	258.5	315.7	326.7	335.3	341.6	359.0
广　西	33.5	76.4	100.9	100.6	122.9	134.3	141.6	147.5	157.7	157.7
海　南	13.8	86.4	71.3	93.6	121.3	107.3	121.6	110.7	120.5	117.8
重　庆		99.4	96.5	183.9	201.4	226.9	237.1	260.9	285.9	305.9
四　川	32.1	107.9	83.9	126.1	166.3	234.1	235.4	252.7	258.3	262.6
贵　州	26.1	28.7	40.5	62.8	81.2	180.0	173.0	197.6	221.4	217.8
云　南	126.7	126.2	137.1	158.5	163.2	193.2	197.7	203.0	218.8	222.6
西　藏	145.4	164.1	238.3	352.2	437.9	477.2	522.1	947.2	1164.4	1164.2
陕　西	52.4	79.1	110.5	125.1	150.2	187.3	204.0	218.7	240.6	231.8
甘　肃	62.8	103.0	148.8	129.8	175.7	218.6	242.3	241.4	268.4	279.1
青　海	118.1	96.5	90.2	136.6	153.4	226.9	229.1	219.9	249.4	261.3
宁　夏	156.5	170.8	179.5	186.2	188.9	239.1	285.2	300.6	366.0	391.7
新　疆	60.7	116.4	149.3	277.6	288.4	353.4	352.5	371.8	402.4	434.9

按年份各地区群众文化机构举办训练班次

单位:次

地　区	1995 年	2000 年	2005 年	2009 年	2010 年	2011 年	2012 年	2013 年	2014 年	2015 年
总　计	**46023**	**143370**	**190194**	**304955**	**358719**	**339883**	**387201**	**390758**	**469300**	**536328**
北　京	505	2546	8708	20215	22836	14883	19465	22353	27707	37433
天　津	656	3062	1516	4226	4753	3917	7198	5502	6134	9201
河　北	1282	15233	11798	10462	13852	11486	14876	14845	15068	16189
山　西	518	1405	2248	4928	6886	8691	10719	9750	11465	12076
内蒙古	1091	5552	4099	6900	4082	4061	3940	5128	6008	8734
辽　宁	4767	4712	8200	14909	47452	20303	19206	19050	22736	20402
吉　林	3393	1586	2649	3499	4029	3525	5627	5498	6113	8096
黑龙江	1091	3109	3546	6586	6129	6419	5736	6437	7030	7620
上　海	659	3007	23313	19721	21078	24458	27506	28102	38930	51408
江　苏	3698	6488	7048	17410	18950	15768	19016	18787	20420	22725
浙　江	8058	9960	11354	19726	18539	19969	25300	27119	36555	43279
安　徽	2235	2132	2526	7712	9481	12850	13580	15174	17869	19436
福　建	1159	4885	9956	11105	11096	6397	7163	8331	10041	14366
江　西	480	3376	2757	5234	8217	6412	12350	7648	11647	12311
山　东	1793	17666	8280	22278	21787	26860	22633	21061	25211	29447
河　南	898	5552	7609	10677	11837	15985	19207	19783	21628	24281
湖　北	1548	3080	15320	8424	10654	7906	9881	9756	10444	12870
湖　南	736	2810	4953	7844	10505	10652	12904	13724	15499	15833
广　东	3949	11932	14288	27522	29041	29590	30198	31158	45111	45679
广　西	1314	4557	4798	7222	8747	8819	14254	11312	10940	12507
海　南	159	779	832	1373	1123	1239	2118	2119	1902	1801
重　庆		2236	2467	6866	7285	8188	11115	11275	13701	14827
四　川	1785	8693	12053	18412	19052	22212	26129	25350	27787	32833
贵　州	654	991	1089	3200	4285	13760	6059	7631	9113	8840
云　南	1765	3220	4585	11175	10183	9305	12834	13109	14785	15536
西　藏	7	25	50	81	313	383	459	635	1430	1858
陕　西	595	6320	5305	8327	9665	8718	8985	11147	12222	11801
甘　肃	238	4533	2900	8857	4960	6133	6482	6207	7054	7644
青　海	175	290	970	1280	1180	1021	1287	1495	1505	1643
宁　夏	327	994	1124	2922	3138	1122	1402	1822	2031	2478
新　疆	488	2639	3853	5862	7584	8851	9572	9450	11214	13174

按年份各地区群众文化机构数

单位:个

地　区	1995 年	2000 年	2005 年	2009 年	2010 年	2011 年	2012 年	2013 年	2014 年	2015 年
总　计	**13487**	**45321**	**41588**	**41959**	**43382**	**43675**	**43876**	**44260**	**44423**	**44291**
北　京	35	268	328	332	337	340	343	346	346	349
天　津	19	306	217	256	256	258	283	291	299	260
河　北	183	2257	2149	2265	2319	2360	2393	2399	2397	2402
山　西	130	1851	1355	1529	1533	1535	1538	1538	1538	1540
内蒙古	547	1712	1329	1020	1017	1105	1132	1156	1156	1179
辽　宁	1522	1520	1522	1534	1550	1549	1550	1543	1544	1543
吉　林	410	894	821	964	965	966	965	975	974	979
黑龙江	266	1201	1015	1227	1654	1652	1641	1640	1640	1641
上　海	45	340	249	242	240	241	240	239	238	237
江　苏	1180	1771	1534	1447	1442	1429	1419	1394	1395	1396
浙　江	1986	1932	1592	1613	1612	1449	1447	1432	1420	1417
安　徽	351	1898	1677	1480	1509	1532	1554	1557	1557	1559
福　建	249	1085	1116	1187	1190	1199	1199	1237	1215	1222
江　西	113	2000	1546	1834	1924	1947	1950	1877	1880	1881
山　东	158	2581	1926	2025	2013	1988	1979	1966	1969	1971
河　南	224	2479	2395	2466	2466	2506	2514	2527	2523	2533
湖　北	1280	1695	1258	1369	1376	1378	1379	1382	1390	1399
湖　南	137	2667	2617	2543	2561	2624	2617	2672	2673	2677
广　东	1100	2042	1725	1739	1738	1740	1744	1746	1746	1742
广　西	115	1408	1254	1254	1284	1285	1290	1290	1290	1291
海　南	21	327	243	232	230	234	233	233	233	228
重　庆		1248	1086	1035	1041	1037	1038	1038	1040	1045
四　川	246	3865	4716	4222	4652	4798	4800	4802	4808	4785
贵　州	693	1030	1401	1514	1524	1579	1661	1687	1686	1665
云　南	1687	1734	1684	1513	1517	1519	1526	1546	1558	1564
西　藏	60	94	208	295	321	320	320	615	772	774
陕　西	133	2065	1732	1801	1827	1761	1772	1772	1772	1591
甘　肃	98	1432	1190	1296	1417	1420	1423	1434	1434	1455
青　海	139	250	244	294	409	413	413	413	413	414
宁　夏	199	309	252	250	250	252	254	253	253	266
新　疆	161	1060	1207	1181	1208	1259	1259	1260	1264	1286

按年份全国文化部门执行事业会计制度的艺术表演团体基本情况

年份	机构数（个）	演出场次（万场次）		观众人次（万人）	平均每团演出场次（场）	总收入（万元）			总支出（万元）	经费自给率（%）
			农村演出				财政拨款	演出收入		
1949年	1000	30			300					
1952年	2084	66		2312	317					
1957年	2884	137		79245	474					
1958年	3181	205		120290	644					
1964年	3302	171	82	84293	518	19030	5290		19817	69.3
1978年	3143	65	22	79395	206	32086	19644	11079	30049	41.4
1980年	2183	54	20	61519	245	34687	22503	10685	29524	41.3
1985年	3295	74	49	72322	226	48568	30942	13091	47292	37.3
1990年	2788	49	32	51012	176	71535	43759	18041	67514	41.1
1991年	2760	45	29	46411	162	71756	42638	17798	76065	38.3
1992年	2744	43	28	46338	155	80959	46617	19559	87797	39.1
1993年	2698	41	26	42530	151	92770	51093	21756	100106	41.6
1994年	2691	40	26	40935	149	127628	75583	27276	134508	38.7
1995年	2676	41	26	43166	154	151388	86620	34382	160654	40.3
1996年	2656	42	27	47934	158	184240	109781	39870	183534	40.6
1997年	2651	42	26	46361	157	206794	125300	40716	202789	40.2
1998年	2640	42	26	53486	161	218546	139913	41730	223877	35.1
1999年	2622	42	26	46904	161	242645	155609	48967	242797	35.8
2000年	2619	41	26	46168	157	263664	172864	51650	268886	33.8
2001年	2590	42	24	47385	163	311852	210018	57448	312601	32.6
2002年	2577	42	24	45980	161	365331	246661	64884	363312	32.7
2003年	2601	38	22	39163	147	400867	269640	71781	397890	33.0
2004年	2512	41	24	37907	165	459183	313068	86125	459369	31.8
2005年	2472	40	23	35752	159	500262	342807	92603	488472	32.2
2006年	2456	41	24	40766	167	565018	387812	103431	558540	31.7
2007年	2455	42	25	45404	170	691050	487842	120396	670009	30.3
2008年	2465	41	25	41272	167	803030	573623	133077	777735	29.5
2009年	2481	42	25	43127	169	889046	631197	142227	860603	30.0
2010年	2421	42	24	44290	175	946742	654258	155743	917143	31.9

续表

年份	机构数(个)	演出场次(万场次)		观众人次(万人)	平均每团演出场次(场)	总收入(万元)			总支出(万元)	经费自给率(%)
			农村演出				财政拨款	演出收入		
2011年	2249	40	24	38209	176	1058959	777590	162684	1029564	27.3
2012年	1804	32	20	29796	179	1076060	824265	132713	1043740	24.1
2013年	1588	29	18	26067	182	998200	773381	123340	969206	23.2
2014年	1581	29	18	24294	183	1074246	843859	116572	1059017	21.8
2015年	1548	28	19	24261	178	1209567	969712	127431	1183497	20.3

历年全国文物业主要指标

	机构数（个）	从业人员（人）	文物藏品（件/套）	参观人次（万人次）		本年收入合计（万元）	实际使用房屋建筑面积（万平方米）
					未成年人参观人次		
2001 年	3717	64890	9979118	11316	2383	338767	1459
2002 年	3847	63435	13553824	11991	2634	395556	649
2003 年	3882	64214	15460345	9446	2023	400344	863
2004 年	3965	77101	23879724	14527	3454	631645	937
2005 年	4030	82988	23042098	17657	3979	758393	1142
2006 年	4092	80894	18453447	18444	4005	882854	1080
2007 年	4277	84886	25677354	45382	13855	1036917	1191
2008 年	4437	92060	25738228	35436	9075	1246751	1025
2009 年	4842	101986	26802714	43248	12203	1528467	1344
2010 年	5207	102471	28642200	52098	13541	1870728	1621
2011 年	5728	111338	30185365	56687	14021	2363064	2208
2012 年	6124	125155	35054763	67059	17326	2959894	2411
2013 年	7737	137173	38408146	74706	20237	3645841	2115
2014 年	8418	148095	40635827	84256	22403	3926216	2435
2015 年	8676	146133	41391946	92508	24653	4246960	2661

2015 年各地区博物馆主要指标

地　区	机构数（个）	从业人员（人）	藏品数（件/套）	基本陈列（个）	举办展览（个）	参观人次（万人次）	未成年人参观人次	资产总计（万元）	实际房屋建筑面积（万平方米）
全　国	**3852**	**89133**	**30441422**	**9977**	**11177**	**78112**	**21927**	**7957798**	**2033.75**
中　央	4	3035	3270312	44	140	2257	376	553172	50.26
北　京	40	1260	1229829	92	177	579	121	188793	28.07
天　津	22	783	673291	69	88	1003	301	28255	18.84
河　北	107	3519	406132	230	377	2646	959	202412	97.44
山　西	100	3139	808896	195	157	1466	300	168671	52.32
内蒙古	84	1543	505570	273	182	1150	288	259346	58.00
辽　宁	64	2100	453489	206	223	1158	324	155623	48.68
吉　林	76	1127	416815	120	261	949	339	48805	26.43
黑龙江	158	2618	750650	362	387	2092	642	229819	59.11
上　海	99	3117	2152643	428	407	1935	477	904929	68.61
江　苏	312	6181	1754310	837	1053	7850	2102	776812	211.81
浙　江	224	4516	1186230	570	1139	4577	1219	403593	118.42
安　徽	171	2781	733703	471	391	2680	801	198612	65.57
福　建	98	2063	514057	266	522	2412	845	96295	50.35
江　西	137	2985	415473	265	245	2949	1220	254702	54.71
山　东	312	6310	1619903	1134	1038	5130	1646	718444	175.12
河　南	248	6126	928893	530	543	4728	1461	210306	97.03
湖　北	175	3449	1602377	510	454	2624	797	199196	66.85
湖　南	113	2736	531079	201	237	4758	1716	241573	52.60
广　东	177	3475	958465	497	963	4252	912	304098	112.65
广　西	124	1996	422677	234	211	1655	511	122925	43.57
海　南	18	275	43375	37	55	137	37	12118	4.47
重　庆	78	2157	607418	247	202	2299	569	129596	50.10
四　川	225	6107	3414417	541	387	5997	1301	596162	129.48
贵　州	73	1310	95327	126	99	1581	410	55542	46.78
云　南	86	1063	1206919	255	211	1700	450	71083	39.96
西　藏	7	222	68026	10	14	49	4	5396	4.65
陕　西	249	8245	2675637	652	392	4208	855	484471	105.53

续表

地　区	机构数（个）	从业人员（人）	藏品数（件/套）	基本陈列（个）	举办展览（个）	参观人次（万人次）		资产总计（万元）	实际房屋建筑面积（万平方米）
							未成年人参观人次		
甘　肃	150	3265	558789	352	353	2191	652	220419	52.68
青　海	23	262	154674	35	35	147	29	20437	6.68
宁　夏	12	270	77592	32	48	198	47	14664	10.33
新　疆	86	1098	204454	156	186	756	216	81531	26.68

2016

中国文化年鉴

Yearbook

of

Chinese Culture

附 录

文化部关于公布第二次全国重点美术馆评估结果的通知

文艺函〔2015〕1037号

各省、自治区、直辖市文化厅(局),中国美术馆、中国国家画院:

根据文化部《全国重点美术馆评估办法(修订稿)》(文艺发〔2014〕33号)和《文化部办公厅关于开展第二次全国重点美术馆评估工作的通知》(办艺函〔2014〕478号)的规定,按照公平、公正、公开的原则,经由各省(区、市)文化厅(局)推荐申报,通过全国重点美术馆评估委员会严格的初审评选、实地考察和终审评选,并经文化部审定,浙江美术馆等4家美术馆被评为第二批国家重点美术馆。同时,对中国美术馆等首批9家国家重点美术馆进行了复审,复审结果均为合格。

现将第二批国家重点美术馆名单予以公布。

特此通知。

文化部

2015年10月14日

第二批国家重点美术馆名单

(排名不分先后)

序号	美术馆名称
1	浙江美术馆
2	广州艺术博物院(广州美术馆)
3	武汉美术馆
4	中国美术学院美术馆

文化部办公厅关于公布2015年度"中华优秀传统艺术传承发展计划"戏曲专项扶持入选项目名单的通知

办艺函〔2015〕482号

各省、自治区、直辖市文化厅(局),新疆生产建设兵团文化广播电视局,解放军总政治部宣传部艺术局,中国国家京剧院:

根据《文化部办公厅关于开展"中华优秀传统艺术传承发展计划"戏曲专项扶持工作的通知》(办艺函〔2015〕167号)精神,经各省(区、市)文化厅(局)及有关单位申报推荐,文化部组织专家认真评审,在公示后确定了2015年度"中华优秀传统艺术传承发展计划"戏曲专项扶持入选项目名单。现将名单予以公布,并就有关事项通知如下:

一、严格使用各项资助经费。文化部对所有入选项目均给予一定经费资助。请各省级文化行政部门督促所属各项目实施单位建立严格的财务管理制度,对文化部拨付的资助经费要专户管理、专账核算、专款专用,确保资金使用方向,提高资金使用效益。

二、按时完成项目实施工作。各项目实施单位要严格按照办艺函〔2015〕167号文件规定,按时保质完成项目实施工作。"名家传戏——当代京剧(昆曲、地方戏曲)名家收徒传艺"工程授课工作须于2015年12月31日前完成并录制汇报演出光盘;"2015年京剧优秀剧目演出补助"项目须于2015年12月31日前完成所申报的演出场次;"昆曲传统折子戏录制"及"地方戏曲剧种文献、资料数字化影像化保存"项目须于2016年3月31日前完成。

文化部将对上述项目实施和完成情况进行督导、抽查和验收。

三、加强信息交流。各省级文化行政部门要加强对所属承担项目实施任务单位的指导和协调,督促实施单位在项目完成后及时报送结项申请。文化部艺术司建立"中华优秀传统艺术传承发展计划"戏曲专项扶持工作信息双月报制度,请各省级文化行政部门每两月报送一次本地项目实施情况,项目重大进展情况请及时报送文化部艺术司。

联系人及电话:文化部艺术司陈珺,010-59881766、59881332(传真);电子邮箱:xjqyc2012@163.com。

本通知及附件可在文化部政府网站(www.mcprc.gov.cn)"通知公告"栏查询、下载。

特此通知。

附件:2015年度"中华优秀传统艺术传承发展计划"戏曲专项扶持入选项目名单

文化部办公厅

2015年8月25日

附件

2015年度“中华优秀传统艺术传承发展计划”戏曲专项扶持入选项目名单

一、“名家传戏——当代京剧名家收徒传艺”工程入选名单

	申报单位	名　家	拟传授剧目	学　生
1	国家京剧院	李世济	《祭塔》《二进宫》	李海燕
2		刘长瑜	《卖水》《秋江》	巩丽娟、张译心
3		李维康	《宝莲灯》	郭　霄
4		张春华	《三盗令》《九龙杯》《小放牛》	靳智棋、刘　佳
5		刘秀荣	《穆桂英大战洪州》	刘媛媛、刘　京
6		李　光	《野猪林》	巩发艺
7		杜近芳	《白蛇传》	付　佳
8		叶少兰(特聘)	《白蛇传》	张　兵
9	北京京剧院	杨少春	《蜈蚣岭》《林冲夜奔》	詹　磊、魏学雷
10		叶金援	《挑滑车》《恶虎村》	周恩旭、肖　扬
11		李红艳	《盗库银》《盗仙草》	王彦力、王　萌
12	天津京剧院	杨乃彭	《碰碑》《清官册》《战太平》《定军山》	崔伟杰、杨少彭
13		邓沐玮	《五台会兄》《探皇陵》	时　维
14		张幼麟	《反西凉》《赚历城》	王大兴
15		王　平	《艳阳楼》《观阵》《洗浮山》《别窑》	唐　恺、司　鸣
16	天津市青年京剧团	孟广禄	《探阴山》《赤桑镇》	方　旭、董洪松
17		张　克	《乌盆记》《珠帘寨》	张　桐、张博恩
18		石晓亮	《三盗令》《三盗九龙杯》	李　鹤、郝　杰
19	上海京剧院	奚中路	《麒麟阁》《恶虎村》	郝　帅、陈　麟
20		童祥苓	《乌盆记》《战太平》	傅希如
21		陈少云	《打严嵩》《三娘教子》	鲁　肃、于　辉
22	湖北省京剧院	王小蝉	《白帝城》《哭灵牌》	吴佳明、张　通
23		王婉华	《春秋配》《桂枝写状》	韩金梅、杜　玥
24		裴咏杰	《徐策跑城》《斩经堂》	杨　曦、吕　蒙
25	山东省京剧院	白云明	《赵家楼》《金沙滩》	张　亮
26		鞠小苏	《十三妹》《失子惊疯》	金　梦
27		王玉瑾	《送亲演礼》《淮安府》	姚志刚

续表

	申报单位	名　家	拟传授剧目	学　生
28	云南省京剧院	王　玲	《霸王别姬》《捧印》	刘青霞、胡小红
29		李春仁	《古城会》《华容道》	范奚文、李佳阔
30		韩福香	《断桥》《醉酒》	辛　苑、黄福仙
31	黑龙江省京剧院	邢美珠	《铁弓缘》《谢瑶环》	张　欢、陈　骥
32 33		王雨辰	《赵氏孤儿》《春秋笔》 《梅龙镇》《龙凤呈祥》	赵　亮、孙世宣
		刘秀杰	《窦娥冤》《武家坡》《锁麟囊》	杨佳迪、靳　情
34	江苏省演艺集团京剧院	李长春(特聘)	《赤桑镇》《将相和》	张　辉
35		苏德贵(特聘)	《夜奔》《挑滑车》	吴亮亮
36		李鸣岩(特聘)	《徐母骂曹》《哭灵》	陈丹娜

二、“名家传戏——当代昆曲名家收徒传艺”工程入选名单

	申报单位	名　家	拟传授剧目	学　生
1	北方昆曲剧院	顾凤莉	《昭君出塞》《游园惊梦》	陈娟娟
2		韩建成	《相梁》《刺梁》	张　欢
3	上海昆剧团	周启明	《铁冠图·对刀步战》《别母乱箭》	张伟伟、贾　喆
4		谷好好	《出猎》《劈山救母》	胡曼曼、史飞飞
5	江苏省演艺集团昆剧院	张继青	《逼休》《芦林》《说亲回话》	顾卫英、沈国芳、刘　煜
6		石小梅	《秋江》《见娘》	唐晓成
7		胡锦芳	《离魂》《借茶》	刘亚玲、孙伊君
8	江苏省苏州昆剧院	王　芳	《养子》《思凡》	翁育贤、杨　美
9	浙江昆剧团	张世铮	《鸣凤记·写本》《贩马记·三拉》	徐　霓、罗贝贝
10		龚世葵	《出猎回猎》《相梁刺梁》	张侃侃、耿绿洁
11	湖南省昆剧团	罗　艳	《女弹》《游园》	陈　莉、邓娅晖
12	永嘉昆剧团	林媚媚	《荆钗记·见娘》《张协状元·游街》	金海雷、杜晓伟

三、“名家传戏——当代地方戏曲名家收徒传艺”工程入选名单

	申报单位	名　家	拟传授剧目	学　生
1	中国评剧院	李惟铨	《包公赔情》《朱痕记·哭坟》	于海泉、张超群
2		刘　萍	《杜十娘－归舟、抛宝》	王　平、郑　岚
3		谷文月	《水冰心抗婚·隔帘相送》 《驼龙传奇·败走荒山》	王丽京、王　欢

续表

	申报单位	名　家	拟传授剧目	学　生
4	北京市曲剧团	孙　宁	《烟壶·铁窗牢狱》《烟壶·人活天地间》	李相岿、彭岩亮
5	天津评剧院	曾昭娟	《大祭桩》《半把剪刀》	王晓凌、王馨苹
6		剧文林	《乾坤带》《保龙山》	息玉辰、齐彦章
7		陈佩华	《桃花庵》《凤还巢》	刘洛含、刘灵芝
8	天津市评剧白派剧团	王冠丽	《珍珠衫》《玉堂春》	曹镱苧、柳雅煦
9		金　倩	《李香莲卖画》《烧骨记》	冯荣玲、杨瀚婷
10		马淑华	《断桥》《井台会》	王云珠、杨　蕾
11	河北省河北梆子剧院演艺有限公司	吴桂云	《钟馗·行路》《长剑歌·暮歌》	郝世超、丁云飞
12		刘凤岭	《大登殿》《杀庙》	计　晨、陈晓轩
13		许荷英	《大劈棺》《大登殿》	邢秀廷、赵　璇
14	山西省晋剧院	王爱爱	《教子》《算粮》	刘建平、杨丽丽
15		马玉楼	《打金枝》《芦花》	王铁梅、渠建红
16		田桂兰	《喜荣归》《打神告庙》	师学丽、宋美娟
17	呼和浩特市民族演艺集团二人台艺术研究剧院有限公司	段八旺	《打金钱》《花落花开》	张　恒、张智红
18		宋振莲	《走西口》《探病》	李春霞、张文娥
19		孙润元	《打金钱》《花落花开》	董云峰、银国相
20	沈阳评剧院	李冬梅	《打金枝》《对花枪》	魏　霞
21	吉林省戏曲剧院吉剧团	郇　丽	《闺戏》《燕青卖线》	刘　杨、孙慧媛
22		隋晶莹	《搬窑》《桃李梅·闹园》	李　欣、闵慧阳
23		霍福庆	《包公赔情》《闹园》	解建锋、陈　凯
24	松原市满族新城戏传承保护中心	赵彩霞	《绣花女》《铁血女真》	王冰冰、王　玉
25	黑龙江省龙江剧艺术中心	白淑贤	《双锁山》《挂帅难嫂》	李雪飞、栾　兰
26		郭　杰	《铁弓缘》《春灵庵》	侯佩君
27	上海越剧艺术传习所(上海越剧院)	钱惠丽	《甄嬛·深宫沉怨》《双飞翼》	杨婷娜、李璐彦
28	上海沪剧艺术传习所(上海沪剧院)	汪华忠	《借黄糠·放水墩、借贷》	吴争光、韩朝群
29		茅善玉	《董梅卿·探监》《魂断蓝桥·诀别》	吉燕萍、洪豆豆
30		韩玉敏	《救救她·师生情深》《借黄糠·借贷》	滕一茗、吴嘉倩
31	苏州市滑稽剧团	顾　芗	《钱笃笤求雨·请茶》《说方言》	朱雪燕、龚　薇、边　进
32		张克勤	《摩登瘪三》《剃头》	卞振华、梁寒寅

续表

	申报单位	名　家	拟传授剧目	学　生
33	浙江小百花越剧团	茅威涛	《周仁哭妻》《胭脂·慎思》《何文秀·算命》	蔡浙飞、陈丽君
34		董柯娣	《二堂放子》《五女拜寿·哭别》	娄亚利、金佳妮
35		陈辉玲	《拾玉镯》《凄凉辽宫月》《陆游与唐琬·小江楼》	章益清、李云霄
36	浙江婺剧艺术研究院(浙江婺剧团)	陈美兰	《辕门斩子》《断桥》	杨霞云、巫文玲
37	安徽省黄梅戏剧院	赵媛媛	《春香传》《游春》	赵　丽、何凤娇
38		吴亚玲	《路遇》《洞房》	袁　媛、宋　庆
39		黄新德	《戏牡丹》《夫妻观灯》	马　丁、熊东旭
40	福建省实验闽剧院	林　瑛	《王莲莲》《梅玉配·搜楼》	林青霞、许惠鎏
41		朱善根	《贻顺哥烛蒂·说媒》《贩马记》	黄伟亮、邓振辉
42		黄愿亭	《陈若霖斩皇子》《窦娥冤》	郑　宁、唐桂林
43	福建省梨园戏传承中心	蔡清平	《大闷》《赏花》	曾静萍、李　红
44		吴幼清	《睇灯》《公婆拖》	廖淑云、郭智峰
45		许天相	《井边会》《十朋猜》	林苍晓、郑亚婷
46	赣南采茶歌舞剧院	潘桃桃	《试妻》《四姐反情》	黄　芳、易晓艳
47		杨明瑞	《搭船巧遇》《刘二上路》	张　强、杨　俊
48		李　莉	《八子参军》《钓拐》	郑励勤、崔宁玲
49	山东省吕剧院	郎咸芬	《李二嫂改嫁》《责保》	杨晓梅、李　莎
50		林建华	《姊妹易嫁》《王小赶脚》	彭莉媛、张　娜
51		李岱江	《借年》《王小赶脚》	查　涛、南　栋
52	河南豫剧院一团	贾廷聚	《访帅出征》《关公》	宋子根、苏永唐
53		王清海	《包青天·捆美》《包龙图坐监》	李建中、张胜伟
54		王素君	《陈妙常》《拷红》	李　斌、魏俊英
55	河南小皇后豫剧团	王红丽	《风雨行宫·审金桂》《铡刀下的红梅·大庙》	周红梅、李　诗
56	湖北省戏曲艺术剧院有限责任公司楚剧团	吴昭娣	《庵堂认母》《白扇记》	李丽超、夏　芬
57		王晓东	《陈琳考寇》《贺端阳》	詹春尧、王立新
58		彭青莲	《逼休》《赶会》	胡雅雯、田肖肖
59	武汉汉剧院	贾振南	《乔府求计》《天水关》	童德望、吴正光
60		胡和颜	《亡蜀鉴》《丛台别》	王　荔、吴思雨
61		程良美	《哭祖庙》《四郎探母》	陈建平、吕　帅

续表

	申报单位	名　家	拟传授剧目	学　生
62	湖南省湘剧院	左大玢	《断桥》《打雁回窑》	张丽华、甘　思
63	湖南省湘剧院	王阳娟	《碰媒逼婚》《思凡》	肖　圆、曾丹妮
64	湖南省湘剧院	王永光	《古城会》《扫松》	李希恩、冯伏强
65	广东粤剧院	蒋文端	《断桥》《贵妃醉酒》	李嘉宜、李　颖
66	广东粤剧院	丁　凡	《抢伞》《斩经堂》	彭庆华、文汝青
67	广东粤剧院	罗家宝	《放裴》《沈园题壁》	李江林、刘建科
68	海南省琼剧院	梁家梁	《张文秀·偷包袱》《搜书院·诉身世》	符传杰、林　飞
69	海南省琼剧院	李桂琴	《百花公主·赠剑》《汉文皇后·生祭》	林川媚、梁　冰
70	海南省琼剧院	符致椿	《画龙点睛》《汉文皇后》	张昌义、李硕征
71	广西壮族自治区戏剧院彩调剧团	周　瑾	《王三打鸟》《探干妹》	李燕妮、朱　君
72	广西壮族自治区戏剧院彩调剧团	龙杰锋	《三看亲》《武大郎》	吴勇志、王　朔
73	重庆市川剧院	沈铁梅	《打神》《拷红》《打饼》	周　露、陈秋锦
74	重庆市川剧院	孙勇波	《逼侄赴科》《装盒盘官》 《打擂》《狐仙恨》	张廼夫、唐　纬
75	重庆市川剧院	何伯杰	《张飞审瓜》《包公赔情》	赵邦杰、张少虎
76	四川省川剧院	任庭芳	《跪门赠袍》《三跑山》	杨　旭、王　静
77	四川省川剧院	徐寿年	《五台会兄》《铡侄》	刘正友、李　科
78	四川省川剧院	杨昌林	《祭岳》《烛影摇红》	陈智林、郑德胜
79	贵州省花灯剧院有限责任公司	邵志庆	《征人行》《打舅娘》《月照枫林渡》	蔡妙禧、胡慧华
80	云南省花灯剧院	李丹瑜	《天女散花》《斩窦娥》	胡连波、赵　清
81	云南省花灯剧院	史宝凤	《探干妹》《喜中喜》	赵文杰、张筱薇
82	甘肃省陇剧院	边　肖	《坐楼杀惜》《苏武归汉》	杨瑞杰、谭　强
83	甘肃省陇剧院	雷通霞	《失子惊疯》《谢瑶环》	赵　丹、李　歌
84	甘肃省陇剧院	佟红梅	《滑油山》《追帅赠印》	刘洋谊、权燕婷
85	青海省平弦艺术保护传承中心	李义安	《魂断鸳鸯》《游园惊梦》	卢世佳、赵甲恒
86	青海省平弦艺术保护传承中心	张月芳	《假婿乘龙》《断桥》	张玉琼、沈佩瑶
87	青海省平弦艺术保护传承中心	邹亚玲	《杀庙》《巧县官》	索南才藏、李鑫钰
88	宁夏演艺集团秦腔剧院有限公司	柳　萍	《杀狗劝妻》《鬼怨杀生》	安凌蕊、谭　芳
89	宁夏演艺集团秦腔剧院有限公司	李小雄	《烙碗记》《打镇台》	马西峰、邓　文
90	宁夏演艺集团秦腔剧院有限公司	马桂芬	《破洪州》《哑女告状》	樊　莉、朱雪瑞
91	新疆昌吉回族自治州艺术剧院	邓金荣	《张琏卖布》《白先生教学》	秦　亮、段宏亮
92	新疆昌吉回族自治州艺术剧院	王长荣	《李彦贵卖水》《柜中缘》	邓汉章、杨　斐
93	新疆昌吉回族自治州艺术剧院	王　峰	《小放牛》《卖水》	尚　静、祝璐璐、 王天琦、单　雪

四、"2015 年度京剧优秀剧目演出补助"项目入选名单

实施单位	剧目名称	申报演出场次
国家京剧院	《安国夫人》	21
天津京剧院	《康熙大帝》	11
天津市青年京剧团	《墙头马上》	5
上海京剧院	《春秋二胥》	15
湖北省京剧院	《楚汉春秋》	11
沈阳京剧院	《苏秦》	12
黑龙江省京剧院	《月照塞北》	40
江苏省演艺集团京剧院	《镜海魂》	6
吉林省戏曲剧院	《杨靖宇》	22
浙江京昆艺术中心	《飞虎将军》	24
山西省京剧院	《紫袍记》	21
陕西省京剧院有限公司	《铜牛记》	16
广西壮族自治区京剧院	《独钓寒江雪》	18
甘肃省京剧团	《草原曼巴》	56
重庆市京剧团	《金锁记》	6
江苏省长荣京剧院	《如姬》	13
贵州京剧院有限责任公司	《黔人端菜》	24
青海省演艺集团有限责任公司	《七个月零四天》	20
青岛市京剧院有限公司	《齐王田横》	8
福建京剧院	《北风紧》	19
安徽省徽京剧院	《天地人心》	14
河南省京剧艺术中心	《刘伯温》	20
江西省京剧团	《追风亭》	31
乌鲁木齐市京剧团	《丫头医生》	5

五、"昆曲传统折子戏录制"项目入选名单

	实施单位	折子戏名称	主　演
1	北方昆曲剧院	《闹昆阳》	刘　恒
2		《幽闺记·踏伞》	周好璐
3		《牡丹亭·拾画叫画》	翁佳慧
4		《焚香记·阳告》	潘晓佳
5		《渔家乐·刺梁》	王丽媛
6		《铁冠图·刺虎》	于雪娇
7		《千里送京娘》	邵天帅

续表

	实施单位	折子戏名称	主　演
8	北方昆曲剧院	《连环记·问探》	张　暖
9		《牡丹亭·离魂》	朱冰贞
10		《西游记·借扇》	陈娟娟
11		《渔家乐·相梁》	张　欢
12		《小放牛》	柴亚玲
13		《百花记·赠剑》	王　琛
14		《义侠记·戏叔》	马　靖
15		《义侠记·杀嫂》	饶子为
16		《西楼记·楼会》	张　惠
17	上海昆剧团	《请神降妖》	谷好好、吴　双
18		《湖楼》	黎　安、侯　哲
19		《闻铃》	黎　安
20		《醉杨妃》	沈昳丽
21		《说亲》	沈昳丽、胡　刚
22		《开眼上路》	袁国良
23		《训子》	吴　双、季云峰
24		《絮阁》	余　彬、黎　安
25		《双下山》	侯　哲、倪　泓
26		《夜巡》	季云峰、娄云啸
27		《金刀阵》	赵　磊
28		《芦林》	侯　哲、余　彬
29		《刺虎》	罗晨雪、吴　双
30	江苏省演艺集团昆剧院	《疗妒羹·题曲》	徐云秀
31		《荆钗记·绣房》	徐云秀
32		《烂柯山·痴梦》	徐云秀
33		《雷峰塔·断桥》	孔爱萍
34		《牡丹亭·幽媾》	孔爱萍
35		《牡丹亭·写真》	孔爱萍
36		《牡丹亭·寻梦》	龚隐雷
37		《水浒记·活捉》	龚隐雷
38		《西游记·认子》	龚隐雷
39		《桃花扇·题画》	钱振荣
40		《荆钗记·见娘》	钱振荣
41		《白罗衫·看状》	钱振荣
42		《绣襦记·教歌》	李鸿良

续表

	实施单位	折子戏名称	主　演
43	江苏省演艺集团昆剧院	《风筝误·惊丑》	李鸿良
44		《鲛绡记·写状》	计韶清
45		《牡丹亭·问路》	计韶清
46	苏州昆剧院	《跪池》	王　芳、俞玖林、屈斌斌
47		《偷诗》	俞玖林、沈丰英
48		《琴挑》	王　芳、俞玖林
49		《问病》	俞玖林、沈丰英
50		《湖楼》	俞玖林、柳春林
51		《连环记·小宴》	周雪峰、翁育贤
52		《出猎》	王　芳、杨　美
53		《逼休》	陶红珍、屈斌斌
54		《千里送京娘》	唐　荣、沈国芳
55		《佳期》	吕　佳
56		《戏叔别兄》	吕　佳、屈斌斌、柳春林
57		《满床笏·跪门》	王　芳、赵文林
58		《满床笏·求子》	王　芳、赵文林
59		《吟风阁·罢宴》	陈玲玲
60		《借茶》	吕福海、陶红珍
61		《艳云亭·痴诉点香》	王如丹、朱双元
62		《说亲回话》	沈丰英、吕福海
63	浙江昆剧团	《幽闺记·请医》	王世瑶
64		《玉簪记·琴挑》	李公律、徐延芬
65		《界牌关》	林为林
66		《荆钗记·绣房》	王奉梅、王世瑶
67		《西厢记·寄柬》	唐蕴岚、曾　杰
68		《牡丹亭·游园惊梦》	张志红、唐蕴岚
69		《牡丹亭·硬拷》	李公律、张世铮
70		《彩楼记·拾柴》	李公律
71		《长生殿·迎像哭像》	汪世瑜
72		《金印记·不第》	程伟兵、郭鉴英
73		《金印记·投井》	程伟兵
74		《玉簪记·偷诗》	汪世瑜、徐延芬
75		《千钟禄·搜山打车》	张世铮、曾　杰
76		《贩马记·哭监》	陶伟民、王奉梅
77		《牧羊记·告雁》	陶伟民

续表

	实施单位	折子戏名称	主　演
78	浙江昆剧团	《鸣凤记·吃茶》	张世铮、王世瑶
79		《风筝误·前亲》	王世瑶
80		《虎囊弹·山门》	俞志青、汤建华
81		《吕布试马》	林为林
82	湖南昆剧团	《货郎担·女弹》	罗　艳、饶子为
83		《贩马记·写状》	罗　艳、王福文
84		《凤凰山·百花赠剑》	雷　玲、黎　安
85		《烂柯山·痴梦》	傅艺萍
86		《白兔记·出猎》	余　映、雷　玲
87		《荆钗记·见娘》	王福文、卢虹凯、左　娟
88		《义侠记·杀嫂》	唐　珲、刘　婕
89		《青冢记·昭君出塞》	罗　艳、王福文
90		《红梅阁·折梅》	王艳红
91		《抢棍》	雷　玲、唐　珲
92		《虎囊弹·醉打山门》	刘瑶轩、王　翔
93		《荆钗记·雕窗》	傅艺萍
94		《挡马》	史飞飞、曹文强
95		《贩马记·哭监》	罗　艳、卢虹凯
96		《八义记·闹朝扑犬》	唐　珲、刘瑶轩
97	永嘉昆剧团	《荆钗记·参相》	张玲弟、杜晓伟
98		《绣襦记·当巾》	林媚媚、张胜建
99		《钗钏记·讲书、落园》	南显娟、杜晓伟
100		《金印记·投魏》	吕德明、杜晓伟

六、"地方戏曲剧种文献、资料数字化影像化保存"项目入选名单

	实施单位	剧种	项目名称
1	北京市曲剧团	北京曲剧	《北京曲剧优秀剧目经典唱段——戴颐生作品集》
2	沈阳评剧院	评剧	评剧《韩、花、筱》三大流派抢救性收录
3	吉林省戏曲剧院吉剧团	吉剧	吉剧文献、资料数字化影像化
4	上海越剧艺术传习所(上海越剧院)	越剧	越剧曲谱、音视频数字化
5	浙江婺剧艺术研究院(浙江婺剧团)	婺剧	婺剧早期文献、资料数字化影像化保存
6	湖北省戏曲艺术剧院有限责任公司楚剧团	楚剧	楚剧文献、资料数字化
7	武汉汉剧院	汉剧	汉剧数字化影像化保存

续表

	实施单位	剧种	项目名称
8	湖南省湘剧院	湘剧	湘剧数字化影像化保存
9	广西壮族自治区戏剧院彩调剧团	彩调	彩调剧目、资料整理、录制、存档、实物(文物)收集
10	贵州省花灯剧院有限责任公司	花灯戏	六十年代剧目资料数字化影像化保存

文化部办公厅关于调整和重新认定部分国家级非物质文化遗产代表性项目保护单位的通知

办非遗函〔2015〕176 号

各省、自治区、直辖市文化厅(局):

为明确和落实保护责任,进一步促进国家级非物质文化遗产代表性项目保护和传承,经各地申报、材料初审、专家审议、社会公示等程序,我部决定对童谣(北京童谣)等 331 个国家级非物质文化遗产代表性项目的保护单位进行调整和重新认定。

各省(区、市)文化厅(局)要按照《中华人民共和国非物质文化遗产法》的有关规定,加强管理,指导重新认定后的项目保护单位做好国家级非物质文化遗产代表性项目保护和传承工作,为弘扬优秀传统文化,建设和谐社会作出积极贡献。

特此通知。

附件:国家级非物质文化遗产代表性项目保护单位调整和重新认定名单

文化部办公厅

2015 年 5 月 8 日

附件

国家级非物质文化遗产代表性项目保护单位调整和重新认定名单（331 项）

序号	省份	项目编号	项目名称	申报地区或单位	批次	文化部原核定项目保护单位名称	重新认定的项目保护单位名称
1	北京	Ⅰ－78	童谣（北京童谣）	北京市宣武区	2	宣武区师范学校附属第一小学	北京市宣武师范学校附属第一小学
2	北京	Ⅲ－1	京西太平鼓	北京市门头沟区	1	门头沟区文化委员会	北京市门头沟区文化馆
3	天津	Ⅱ－123	锣鼓艺术（汉沽飞镲）	天津市汉沽区	2	汉沽区文化馆	天津市滨海新区汉沽文化馆
4	天津	Ⅵ－56	拦手门	天津市河东区	3	无	天津市河东区文化馆
5	天津	Ⅶ－1	杨柳青木版年画	天津市	1	西青区文化局	天津市西青区文化馆
6	河北	Ⅱ－37	唢呐艺术（唐山花吹）	河北省唐海县	1－1	唐海县文化馆	唐山市曹妃甸区文化馆
7	河北	Ⅱ－139	道教音乐（广宗太平道乐）	河北省广宗县	2	广宗县太平道乐演奏团	广宗县文化馆
8	河北	Ⅲ－5	狮舞（沧县狮舞）	河北省沧县	1－1	沧县文化馆	沧州刘吉舞狮大世界有限责任公司
9	河北	Ⅳ－72	哈哈腔	河北省青县	1	河北省青县文化馆	青县哈哈腔戏剧协会
10	河北	Ⅵ－10	沧州武术	河北省沧州市	1	河北省沧州市体育局	沧州市武术协会
11	河北	Ⅵ－10	沧州武术（劈挂拳）	河北省沧州市	1－1	沧州市劈挂拳研究会	沧州市武术协会
12	河北	Ⅵ－10	沧州武术（燕青拳）	河北省沧州市	1－1	沧州市燕青拳研究会	沧州市武术协会
13	河北	Ⅵ－27	鹰爪翻子拳	河北省雄县	2	雄县武术协会	保定市鹰爪翻子拳文化研究会
14	河北	Ⅹ－60	安国药市	河北省安国市	1	安国市药王庙管理处	安国市文化馆
15	山西	Ⅱ－37	唢呐艺术（上党乐户班社）	山西省壶关县	1－1	壶关县文化馆	壶关县牛府鼓乐班社
16	山西	Ⅱ－66	五台山佛乐	山西省五台县	1	山西省五台山宗教文物管理局	五台县人民文化馆
17	山西	Ⅳ－49	碗碗腔（孝义碗碗腔）	山西省孝义市	1	山西省孝义市碗碗腔剧团	孝义市碗碗腔剧团演出有限公司
18	山西	Ⅳ－71	道情戏（临县道情戏）	山西省临县	1	山西省临县道情剧团	临县道情研究中心（吕梁市民间艺术团）

续表

序号	省份	项目编号	项目名称	申报地区或单位	批次	文化部原核定项目保护单位名称	重新认定的项目保护单位名称
19	山西	Ⅳ－99	眉户（晋南眉户）	山西省临汾市	2－1	临汾市眉户剧团	临汾市眉户剧艺术研究中心
20	山西	Ⅷ－35	阳城生铁冶铸技艺	山西省阳城县	1	山西省阳城县人民政府	阳城县文化馆
21	山西	Ⅷ－133	砚台制作技艺（澄泥砚制作技艺）	山西省新绛县	2	山西省新绛县绛州澄泥砚研制所	新绛县绛州澄泥砚研究中心
22	内蒙古	Ⅰ－60	科尔沁潮尔史诗	内蒙古自治区	2	内蒙古师范大学非物质文化遗产保护与研究中心	内蒙古师范大学
23	内蒙古	Ⅱ－92	漫瀚调	内蒙古自治区准格尔旗	2	准格尔旗文化馆	准格尔旗漫瀚调艺术研究所
24	内蒙古	Ⅷ－44	弓箭制作技艺（蒙古族牛角弓制作技艺）	内蒙古师范大学	1－2	无	内蒙古师范大学
25	内蒙古	Ⅷ－83	桦树皮制作技艺	内蒙古鄂伦春自治旗	1	鄂伦春自治旗博物馆	鄂伦春自治旗文化馆
26	内蒙古	Ⅷ－112	鄂伦春狍皮制作技艺	内蒙古自治区鄂伦春自治旗	2	鄂伦春自治旗博物馆	鄂伦春自治旗文化馆
27	内蒙古	Ⅸ－12	蒙医药（赞巴拉道尔吉温针、火针疗法）	内蒙古自治区	2	内蒙古自治区中蒙医医院	内蒙古自治区国际蒙医医院（内蒙古自治区蒙医药研究所）
28	内蒙古	Ⅸ－12	蒙医药（蒙医传统正骨术）	内蒙古自治区中蒙医医院	2－1	内蒙古自治区国际蒙医医院（内蒙古自治区蒙医药研究所）	内蒙古自治区国际蒙医医院（内蒙古自治区蒙医药研究所）
29	内蒙古	Ⅹ－40	祭敖包	内蒙古自治区锡林郭勒盟	1	内蒙古自治区锡林郭勒盟文化体育局	锡林郭勒盟群众艺术馆
30	内蒙古	Ⅹ－48	那达慕	内蒙古自治区锡林郭勒盟	1	内蒙古自治区锡林郭勒盟文化体育局	锡林郭勒盟群众艺术馆

续表

序号	省份	项目编号	项目名称	申报地区或单位	批次	文化部原核定项目保护单位名称	重新认定的项目保护单位名称
31	辽宁	Ⅰ－53	满族民间故事	辽宁省文学艺术界联合会民间文艺家协会	2	辽宁省文学艺术界联合会民间文艺家协会	辽宁省非物质文化遗产保护中心（辽宁文化艺术资料馆）
32	辽宁	Ⅲ－4	龙舞（金州龙舞）	辽宁省大连市金州区	1－1	大连市金州区文化馆	大连金州新区文化馆
33	辽宁	Ⅳ－91	皮影戏（复州皮影戏）	辽宁省瓦房店市	1	瓦房店市非物质文化遗产保护中心	瓦房店市图书馆（瓦房店市非物质文化遗产保护中心）
34	辽宁	Ⅹ－54	民间社火（朝阳社火）	辽宁省朝阳县	1－1	朝阳县文化馆	朝阳县非物质文化遗产保护中心
35	吉林	Ⅰ－116	陶克陶胡	吉林省前郭尔罗斯蒙古族自治县	3	吉林省前郭尔罗斯蒙古族自治县非物质文化遗产保护中心	前郭尔罗斯蒙古族自治县文化工作总站（前郭县非物质文化遗产保护中心）
36	吉林	Ⅱ－124	朝鲜族洞箫音乐	吉林省延吉市	2	延吉市北山街道办事处	延吉市文化馆
37	吉林	Ⅱ－153	伽倻琴艺术	吉林省延吉市	3	吉林省延边大学艺术学院朝鲜族民族乐团	延边文化艺术研究中心（延边非物质文化遗产保护中心）
38	吉林	Ⅲ－42	鼓舞（乌拉陈汉军旗单鼓舞）	吉林省吉林市	2－1	吉林省吉林市非物质文化遗产保护研究中心	吉林市艺术研究所（吉林市非物质文化遗产保护研究中心）
39	吉林	Ⅶ－16	（剪纸）长白山满族剪纸	吉林省通化市	1－1	通化师范学院满族民间美术研究中心	通化师范学院
40	吉林	Ⅶ－80	满族刺绣（长白山满族枕头顶刺绣）	吉林省通化市	2	通化师范学院满族民间美术研究中心	通化师范学院
41	吉林	Ⅷ－124	民族乐器制作技艺（马头琴制作技艺）	吉林省前郭尔罗斯蒙古族自治县	2－1	吉林省前郭尔罗斯蒙古族自治县非物质文化遗产保护中心	前郭尔罗斯蒙古族自治县文化工作总站（前郭县非物质文化遗产保护中心）

续表

序号	省份	项目编号	项目名称	申报地区或单位	批次	文化部原核定项目保护单位名称	重新认定的项目保护单位名称
42	吉林	Ⅹ－1	春节（查干萨日）	吉林省前郭尔罗斯蒙古族自治县	1－2	吉林省前郭尔罗斯蒙古族自治县非物质文化遗产保护中心	前郭尔罗斯蒙古族自治县文化工作总站（前郭县非物质文化遗产保护中心）
43	吉林	Ⅹ－84	庙会（北山庙会）	吉林省吉林市	2－1	吉林省吉林市非物质文化遗产保护研究中心	吉林市艺术研究所（吉林市非物质文化遗产保护研究中心）
44	吉林	Ⅹ－94	查干淖尔冬捕习俗	吉林省前郭尔罗斯蒙古族自治县	2	前郭尔罗斯蒙古族自治县非物质文化遗产保护中心	前郭尔罗斯蒙古族自治县文化工作总站（前郭县非物质文化遗产保护中心）
45	黑龙江	Ⅱ－37	唢呐艺术（杨小班鼓吹乐棚）	黑龙江省肇州县	1－1	肇州县文化馆	肇州县非物质文化遗产保护中心
46	黑龙江	Ⅲ－28	达斡尔族鲁日格勒舞	黑龙江省哈尔滨市	1	黑龙江省艺术研究所	齐齐哈尔市梅里斯达斡尔族区文化馆
47	黑龙江	Ⅴ－42	赫哲族伊玛堪	黑龙江省	1	黑龙江省艺术研究所	黑龙江省非物质文化遗产保护中心
48	黑龙江	Ⅴ－43	鄂伦春族莫苏昆	黑龙江省	1	黑龙江省黑河市艺术研究所	黑河市戏剧创作评论工作室
49	黑龙江	Ⅷ－83	桦树皮制作技艺	黑龙江省	1	黑龙江省双鸭山市饶河县文化馆	饶河县非物质文化遗产保护中心
50	上海	Ⅱ－119	琵琶艺术（浦东派）	上海市南汇区	2	上海市浦东新区群众文化艺术馆	上海市浦东新区文化艺术指导中心（上海市浦东新区群众文化艺术馆、浦东新区电影发行放映管理站）
51	上海	Ⅴ－22	锣鼓书	上海市南汇区	1	上海市浦东新区群众文化艺术馆	上海市浦东新区文化艺术指导中心（上海市浦东新区群众文化艺术馆、浦东新区电影发行放映管理站）

续表

序号	省份	项目编号	项目名称	申报地区或单位	批次	文化部原核定项目保护单位名称	重新认定的项目保护单位名称
52	上海	Ⅶ－50	灯彩（上海灯彩）	上海市卢湾区	1－1	上海市黄浦区第二文化馆（上海市雅庐书场）	上海市黄浦区文化馆（上海市雅庐书场）
53	上海	Ⅹ－3	端午节（罗店划龙船习俗）	上海市宝山区	1－1	上海宝山罗店文化馆	上海市宝山区罗店镇社会事务服务中心（上海市宝山区罗店镇社区文化活动中心）
54	江苏	Ⅰ－22	吴歌	江苏省苏州市	1	苏州市文化研究中心（苏州市民族民间文化保护管理办公室）	苏州市非物质文化遗产保护管理办公室（苏州市文化研究中心）
55	江苏	Ⅱ－34	古琴艺术（虞山琴派）	江苏省常熟市	1－1	常熟市虞山派古琴艺术馆	常熟市虞山琴派艺术工作室
56	江苏	Ⅱ－34	古琴艺术（梅庵琴派）	江苏省南通市	1－1	南通市文化馆	南通市非物质文化遗产研究会
57	江苏	Ⅱ－44	十番音乐（楚州十番锣鼓）	江苏省淮安市	1－1	淮安市楚州区文化馆	淮安市淮安区文化馆
58	江苏	Ⅲ－4	龙舞（骆山大龙）	江苏省溧水县	1－1	溧水县文化馆	南京市溧水区文化馆
59	江苏	Ⅲ－44	竹马（东坝大马灯）	江苏省高淳县	2	高淳县文化馆	南京市高淳区文化馆
60	江苏	Ⅳ－63	柳琴戏	江苏省徐州市	1－1	江苏省柳琴剧团	徐州演艺集团有限公司
61	江苏	Ⅳ－102	淮剧	江苏省盐城市	2	江苏省淮剧团	江苏省淮剧团有限公司
62	江苏	Ⅳ－103	锡剧	江苏省无锡市	2	无锡市锡剧院	无锡市演艺集团有限公司
63	江苏	Ⅳ－121	徐州梆子	江苏省徐州市	2	江苏省梆子剧团	徐州演艺集团有限公司
64	江苏	Ⅴ－25	扬州清曲	江苏省扬州市	1	扬州市扬州清曲研究室	扬州市广陵区扬州清曲传承发展研究会
65	江苏	Ⅴ－73	徐州琴书	江苏省徐州市	2	徐州市歌舞团	徐州演艺集团有限公司
66	江苏	Ⅶ－50	灯彩（苏州灯彩）	江苏省苏州市	1－1	苏州市民族民间文化保护中心	姑苏区苏艺灯彩艺术工作室
67	江苏	Ⅶ－59	核雕（光福核雕）	江苏省苏州市	2	苏州市光福香山核雕协会	苏州市吴中区光福镇文体教育服务中心
68	江苏	Ⅶ－94	盆景技艺（扬派盆景技艺）	江苏省扬州市	2	扬州市扬派盆景博物馆	扬州市瘦西湖风景区管理处
69	江苏	Ⅶ－94	盆景技艺（苏派盆景技艺）	江苏省苏州市	2－1	无	苏州市虎丘山风景名胜区管理处
70	江苏	Ⅷ－100	传统棉纺织技艺（南通色织土布技艺）	江苏省南通市	2－1	无	南通百草千花土布研究所

续表

序号	省份	项目编号	项目名称	申报地区或单位	批次	文化部原核定项目保护单位名称	重新认定的项目保护单位名称
71	江苏	Ⅷ－117	金银细工制作技艺	江苏省南京市	2	南京宝庆银楼首饰有限责任公司	南京宝庆首饰总公司
72	江苏	Ⅷ－145	酿造酒传统酿造技艺（封缸酒传统酿造技艺）	江苏省丹阳市	2	江苏省丹阳酒厂	江苏省丹阳酒厂有限公司
73	江苏	Ⅹ－2	清明节（溱潼会船）	江苏省姜堰市	1－1	姜堰市文化馆	泰州市姜堰区文化馆
74	江苏	Ⅹ－3	端午节（苏州端午习俗）	江苏省苏州市	1	江苏省苏州市沧浪区文化馆	苏州市姑苏区文化馆
75	浙江	Ⅰ－7	梁祝传说	浙江省上虞市	1	浙江省上虞市文化馆	绍兴市上虞区文化馆（区非物质遗产保护中心）
76	浙江	Ⅰ－37	西湖传说	浙江省杭州市	2	杭州市非物质文化遗产保护中心	杭州图书馆
77	浙江	Ⅰ－38	刘伯温传说	浙江省青田县	2	青田县文学艺术界联合会	青田县刘基研究会
78	浙江	Ⅰ－41	徐福东渡传说	浙江省象山县	2	象山县文化馆	象山县非物质文化遗产保护中心
79	浙江	Ⅰ－54	徐文长故事	浙江省绍兴市	2	绍兴市非物质文化遗产保护中心	绍兴市文化馆（绍兴市非物质文化遗产保护中心）
80	浙江	Ⅰ－98	钱王传说	浙江省临安市	3	临安市非物质文化遗产保护中心	临安市文化馆（临安市非物质文化遗产保护中心）
81	浙江	Ⅱ－43	舟山锣鼓	浙江省舟山市	1	舟山市文化馆	舟山市定海区非物质文化遗产保护中心
82	浙江	Ⅱ－97	海洋号子（舟山渔民号子）	浙江省岱山县	2	岱山县文化馆	岱山县非物质文化遗产保护中心
83	浙江	Ⅲ－16	滚灯（海盐滚灯）	浙江省海盐县	1－1	海盐县文化馆	海盐县非物质文化遗产保护中心
84	浙江	Ⅲ－47	十八蝴蝶	浙江省永康市	2	永康市非物质文化遗产保护中心	永康市民间艺术表演协会
85	浙江	Ⅳ－1	昆曲	浙江省	1	浙江省永嘉昆曲传习所	永嘉昆剧团（浙江永嘉昆曲传习所）
86	浙江	Ⅳ－9	宁海平调	浙江省宁海县	1	宁海县平调剧团	宁海县平调艺术传承中心
87	浙江	Ⅳ－39	乱弹（诸暨西路乱弹）	浙江省诸暨市	1－2	无	诸暨市文化馆
88	浙江	Ⅳ－91	皮影戏（海宁皮影戏）	浙江省海宁市	1	浙江省海宁市非物质文化遗产保护中心	海宁市文化馆（海宁市非物质文化遗产保护中心）

续表

序号	省份	项目编号	项目名称	申报地区或单位	批次	文化部原核定项目保护单位名称	重新认定的项目保护单位名称
89	浙江	Ⅳ－92	木偶戏（平阳木偶戏）	浙江省平阳县	1－1	平阳县木偶剧团	平阳木偶戏保护传承中心
90	浙江	Ⅳ－106	瓯剧	浙江省温州市	2	温州市瓯剧团	温州市瓯剧艺术研究院
91	浙江	Ⅳ－110	婺剧	浙江省江山市	2	江山市婺剧团	江山婺剧研究院
92	浙江	Ⅳ－110	婺剧	浙江省金华市	2	金华市艺术研究所	浙江婺剧艺术研究院（浙江婺剧团）
93	浙江	Ⅳ－140	醒感戏	浙江省永康市	3	永康市文化馆（永康市非物质文化遗产保护中心）	永康市民间艺术表演协会
94	浙江	Ⅴ－13	温州鼓词	浙江省瑞安市	1	瑞安市文化馆	瑞安市非物质文化遗产保护中心
95	浙江	Ⅴ－18	滩簧（绍兴滩簧）	浙江省绍兴市	1－1	绍兴市非物质文化遗产保护中心	绍兴市文化馆（绍兴市非物质文化遗产保护中心）
96	浙江	Ⅴ－23	绍兴莲花落	浙江省绍兴市柯桥区	1	浙江省绍兴县文化发展中心	绍兴市柯桥区文化发展中心（绍兴市柯桥区文化馆、绍兴市柯桥区图书馆、绍兴市柯桥区博物馆、绍兴市柯桥区文物保护管理所）
97	浙江	Ⅴ－38	小热昏	浙江省杭州市	1	浙江省杭州市滑稽艺术剧院	杭州滑稽艺术剧院演艺有限公司
98	浙江	Ⅴ－53	杭州评话	浙江省杭州市	2	杭州滑稽艺术剧院	杭州滑稽艺术剧院演艺有限公司
99	浙江	Ⅴ－54	绍兴词调	浙江省绍兴市	2	绍兴市非物质文化遗产保护中心	绍兴市文化馆（绍兴市非物质文化遗产保护中心）
100	浙江	Ⅴ－56	四明南词	浙江省宁波市	2	宁波市群众艺术馆	宁波市海曙区文化馆
101	浙江	Ⅴ－67	宁波走书	浙江省奉化市	2	奉化市非物质文化遗产保护中心	奉化市文化馆
102	浙江	Ⅴ－68	独角戏	浙江省杭州市	2	杭州滑稽艺术剧院	杭州滑稽艺术剧院演艺有限公司
103	浙江	Ⅴ－83	绍兴宣卷	浙江省绍兴县	2	绍兴县非物质文化遗产保护中心	绍兴市柯桥区非物质文化遗产保护中心（绍兴市柯桥区书画越社）

续表

序号	省份	项目编号	项目名称	申报地区或单位	批次	文化部原核定项目保护单位名称	重新认定的项目保护单位名称
104	浙江	Ⅴ-84	温州莲花	浙江省永嘉县	2	永嘉县非物质文化遗产保护中心	永嘉县曲艺家协会
105	浙江	Ⅴ-103	永康鼓词	浙江省永康市	3	永康市文化馆(永康市非物质文化遗产保护中心)	永康市民间艺术表演协会
106	浙江	Ⅵ-53	翻九楼	浙江省东阳市	2	东阳市佐村镇西营村管委会	东阳市非物质文化遗产保护中心
107	浙江	Ⅵ-53	翻九楼	浙江省杭州市	2	杭州市萧山区浦阳镇人民政府	杭州市萧山区浦阳镇民间文化研究协会
108	浙江	Ⅶ-33	青田石雕	浙江省青田县	1	浙江省青田石雕行业管理办公室	青田县石雕产业保护和发展局
109	浙江	Ⅶ-50	灯彩(硖石灯彩)	浙江省海宁市	1	浙江省海宁市非物质文化遗产保护中心	海宁市文化馆(海宁市非物质文化遗产保护中心)
110	浙江	Ⅶ-51	竹编(嵊州竹编)	浙江省嵊州市	1	嵊州市艺术村管理服务中心	嵊州市文化馆(嵊州市非物质文化遗产保护中心)
111	浙江	Ⅶ-91	镶嵌(彩石镶嵌)	浙江省温州市瓯海区	2	温州市瓯海区瓯越浮雕镶嵌研究所	温州市瓯海区文化馆
112	浙江	Ⅶ-99	嘉兴灶头画	浙江省嘉兴市	3	嘉兴市南湖区文化馆(嘉兴市南湖区非物质文化遗产保护中心)	嘉兴市文化馆
113	浙江	Ⅷ-78	雕版印刷技艺(杭州雕版印刷技艺)	浙江省杭州市西湖区	1-2	杭州市西湖区北山街道文化站	杭州黄小建雕版艺术工作室
114	浙江	Ⅷ-99	蚕丝织造技艺(余杭清水丝绵制作技艺)	浙江省杭州市余杭区	2	余杭区塘栖镇塘北村民委员会	杭州余杭塘北股份经济合作社
115	浙江	Ⅷ-99	蚕丝织造技(辑里湖丝手工制作技艺)	浙江省湖州市南浔区	2-1	南浔区南浔镇宣传文化中心	湖州市南浔区文化馆
116	浙江	Ⅷ-153	晒盐技艺(海盐晒制技艺)	浙江省象山县	2	象山县新桥盐场	象山县非物质文化遗产保护中心
117	浙江	Ⅷ-177	婺州传统民居营造技艺(诸葛村古村落营造技艺)	浙江省兰溪市	2	兰溪市文化馆	兰溪市诸葛旅游发展有限公司

续表

序号	省份	项目编号	项目名称	申报地区或单位	批次	文化部原核定项目保护单位名称	重新认定的项目保护单位名称
118	浙江	Ⅹ-3	端午节(嘉兴端午习俗)	浙江省嘉兴市	1-2	嘉兴市南湖区文化馆(嘉兴市南湖区非物质文化遗产保护中心)	嘉兴市文化馆
119	浙江	Ⅹ-4	七夕节(石塘七夕习俗)	浙江省温岭市	1-2	温岭市文化遗产保护中心	温岭市文化馆
120	浙江	Ⅹ-39	大禹祭典	浙江省绍兴市	1	浙江省绍兴市文化广电新闻出版局	浙江省会稽山旅游度假区景区管理处(绍兴会稽山景区管理处)
121	浙江	Ⅹ-101	水乡社戏	浙江省绍兴市	2	绍兴市非物质文化遗产保护中心	绍兴市文化馆(绍兴市非物质文化遗产保护中心)
122	安徽	Ⅱ-78	徽州民歌	安徽省黄山市	2	黄山市文化馆(非物质文化遗产保护中心)	黄山市艺术研究所
123	安徽	Ⅳ-29	徽剧	安徽省黄山市	1	黄山市徽剧研究中心	黄山市徽剧艺术传习所
124	安徽	Ⅳ-57	庐剧	安徽省六安市	1	安徽省六安市皖西庐剧团	六安市皖西演艺传媒有限公司
125	安徽	Ⅳ-57	庐剧	安徽省合肥市	1	安徽省合肥市庐剧院	合肥演艺有限责任公司
126	安徽	Ⅳ-112	花鼓戏	安徽省淮北市	2	淮北市花鼓戏剧团	淮北市杜集区大老周花鼓剧团
127	安徽	Ⅷ-39	芜湖铁画锻制技艺	安徽省芜湖市	1	安徽省芜湖市工艺美术厂	芜湖储金霞铁画艺术有限公司
128	安徽	Ⅷ-49	万安罗盘制作技艺	安徽省休宁县	1	安徽省休宁县博物馆	休宁县万安吴鲁衡罗经老店有限公司
129	安徽	Ⅷ-129	纸笺加工技艺	安徽省巢湖市	2	巢湖市掇英轩文房用品厂	安徽省掇英轩书画用品有限公司
130	安徽	Ⅷ-130	宣笔制作技艺	安徽省宣城市	2	宣城市非物质文化遗产保护中心	宣城市书画院
131	安徽	Ⅷ-178	徽派传统民居营造技艺	安徽省黄山市	2	黄山市建筑市场管理处	黄山市建筑设计研究院
132	安徽	Ⅸ-2	中医诊法(张一帖内科疗法)	安徽省黄山市	1-2	无	歙县新安国医博物馆
133	安徽	Ⅹ-102	界首书会	安徽省界首市	2	界首市非物质文化遗产保护中心	界首市文化馆
134	福建	Ⅱ-71	南音	福建省泉州市	1	福建省泉州市文化遗产办公室	泉州市艺术馆(泉州市闽南文化生态保护中心、泉州市非物质文化遗产保护中心)

续表

序号	省份	项目编号	项目名称	申报地区或单位	批次	文化部原核定项目保护单位名称	重新认定的项目保护单位名称
135	福建	Ⅱ－72	泉州北管	福建省泉州市	1	福建省泉州市泉港区文体旅游局	泉港北管传承保护中心
136	福建	Ⅳ－2	梨园戏	福建省泉州市	1	福建省梨园戏实验戏剧团	福建省梨园戏传承中心
137	福建	Ⅳ－46	寿宁北路戏	福建省寿宁县	1	福建省寿宁县北路剧团	寿宁县北路戏保护传承中心
138	福建	Ⅳ－48	高甲戏	福建省泉州市	1	福建省泉州市高甲戏剧团	泉州市高甲戏传承中心（泉州市高甲戏剧团、泉州市打城戏传承中心、泉州市打城戏传习所）
139	福建	Ⅳ－48	高甲戏（柯派）	福建省晋江市	1－1	晋江市高甲戏剧团	晋江市高甲柯派表演艺术中心
140	福建	Ⅳ－92	木偶戏（晋江布袋木偶戏）	福建省晋江市	1	福建省晋江市掌中木偶剧团	晋江市掌中木偶艺术保护传承中心
141	福建	Ⅴ－37?	答嘴鼓	福建省厦门市	1	福建省厦门市群众艺术馆	厦门市文化馆（厦门市美术馆、厦门市非物质文化遗产保护中心）
142	福建	Ⅵ－31	五祖拳	福建省泉州市	2	泉州市国际五祖拳联谊总会	泉州市武术协会
143	福建	Ⅵ－58	地术拳	福建省精武保安培训学校	3	福建省精武保安培训学校	福建省地术拳协会
144	福建	Ⅷ－11	德化瓷烧制技艺	福建省德化县	1	福建省德化县文体局	德化县文化馆
145	福建	Ⅷ－138	水密隔舱福船制造技艺	福建省宁德市蕉城区	2	宁德市蕉城区漳湾镇人民政府	宁德市蕉城区水密隔舱福船研究会
146	福建	Ⅹ－5	中秋节（中秋博饼）	福建省厦门市	1－1	厦门市鼓浪屿—万石山风景名胜区管委会	厦门市中秋博饼民俗文化研究会
147	福建	Ⅹ－87	抬阁（芯子、铁枝、飘色）（福鼎沙埕铁枝）	福建省福鼎市	2	福鼎市沙埕镇综合文化站	福鼎市沙埕民俗文化研究会
148	江西	Ⅲ－7	傩舞（婺源傩舞）	江西省婺源县	1	江西省婺源县徽剧团	婺源县徽剧传习所
149	江西	Ⅳ－5	弋阳腔	江西省弋阳县	1	弋阳县文化馆	弋阳腔艺术保护中心
150	江西	Ⅳ－6	青阳腔	江西省湖口县	1	江西省湖口县戏剧创作研究室	湖口县非物质文化遗产保护中心

续表

序号	省份	项目编号	项目名称	申报地区或单位	批次	文化部原核定项目保护单位名称	重新认定的项目保护单位名称
151	江西	Ⅳ－65	采茶戏(高安采茶戏)	江西省高安市	1－2	无	高安市文化馆
152	江西	Ⅳ－65	采茶戏(抚州采茶戏)	江西省抚州市临川区	1－2	抚州市临川区抚州采茶剧团	临川区抚州采茶戏传习所
153	江西	Ⅶ－16	剪纸(瑞昌剪纸)	江西省瑞昌市	1－1	瑞昌市非物质文化遗产保护中心	瑞昌市文化馆
154	江西	Ⅶ－37	徽州三雕(婺源三雕)	江西省婺源县	1	江西省婺源县文化研究会	婺源县文化研究所
155	江西	Ⅷ－74	歙砚制作技艺	江西省婺源县	1	江西省婺源县文化研究会	婺源县文化研究所
156	江西	Ⅹ－81	灯会(石城灯会)	江西省石城县	2	石城县非物质文化遗产保护中心	石城县文化馆
157	山东	Ⅰ－8	孟姜女传说	山东省淄博市	1	山东省淄博市非物质文化遗产保护中心	淄博市群众艺术馆
158	山东	Ⅰ－41	徐福传说	山东省胶南市	2－1	胶南市文化馆	青岛市黄岛区琅琊暨徐福研究会
159	山东	Ⅰ－41	徐福传说	山东省青岛市黄岛区	2－1	青岛经济技术开发区(黄岛区)文化体育中心	青岛市黄岛区琅琊暨徐福研究会
160	山东	Ⅰ－44	鲁班传说	山东省滕州市	2	滕州市非物质文化遗产保护中心	山东省滕州市文化馆
161	山东	Ⅰ－46	秃尾巴老李的传说	山东省即墨市	2	青岛龙山风景区管委会	青岛圣龙山旅游开发有限公司
162	山东	Ⅰ－104	泰山传说	山东省泰安市	3	泰安市艺术馆	泰安市泰山景区教育中心
163	山东	Ⅱ－22	聊斋俚曲	山东省淄博市	1	山东省淄博市非物质文化遗产保护中心	淄博市群众艺术馆
164	山东	Ⅳ－50	四平调	山东省成武县	1－1	成武县四平调剧团	成武县四平调保护传承中心
165	山东	Ⅳ－63	柳琴戏	山东省枣庄市	1	山东省枣庄市艺术剧院	枣庄市柳琴戏保护传承中心(枣庄市艺术剧院)
166	山东	Ⅳ－67	茂腔	山东省高密市	1	山东省高密市茂腔剧团	高密市艺术剧院
167	山东	Ⅳ－91	皮影戏(泰山皮影戏)	山东省泰安市	1－1	泰安市皮影艺术保护研究中心	泰安市泰山皮影艺术保护研究中心
168	山东	Ⅳ－116	吕剧	山东省滨州市	2－1	滨州市吕剧团	滨州市吕剧演艺有限公司

续表

序号	省份	项目编号	项目名称	申报地区或单位	批次	文化部原核定项目保护单位名称	重新认定的项目保护单位名称
169	山东	Ⅳ－117	柳腔	山东省即墨市	2	即墨市柳腔剧团	即墨市柳腔艺术中心(即墨市柳腔剧团)
170	山东	Ⅳ－146	鹧鸪戏	山东省淄博市临淄区	3	无	淄博市临淄区文化馆
171	山东	Ⅴ－11	胶东大鼓	山东省青岛市	1－1	青岛市歌舞剧院曲艺团	青岛市歌舞剧院有限公司
172	山东	Ⅵ－17	蹴鞠	山东省淄博市	1	山东省淄博市临淄区非物质文化遗产保护中心	淄博市临淄区文化馆
173	山东	Ⅵ－60	孙膑拳	山东省青岛市市北区	3	无	青岛市武术文艺协会
174	山东	Ⅶ－5	杨家埠木板年画	山东省潍坊市	1	山东省潍坊市寒亭区非物质文化遗产保护中心	潍坊市寒亭区文化馆
175	山东	Ⅶ－16	剪纸(高密剪纸)	山东省高密市	1－1	高密市非物质文化遗产保护中心	高密市非物质文化遗产保护办公室
176	山东	Ⅶ－47	泥塑(聂家庄泥塑)	山东省高密市	1－1	高密市民间艺术中心	高密市非物质文化遗产保护办公室
177	山东	Ⅶ－55	柳编(曹县柳编)	山东省曹县	2－1	曹县绿洲工艺品有限公司	曹县民间传统手工技艺研究会
178	山东	Ⅶ－56	石雕(嘉祥石雕)	山东省嘉祥县	2	嘉祥县石雕艺术家协会	嘉祥县文化馆
179	山东	Ⅶ－86	砖塑(鄄城砖塑)	山东省鄄城县	2	鄄城县文物管理所	山东省鄄城县文物管理所(中国鲁锦博物馆)
180	山东	Ⅷ－88	风筝制作技艺(潍坊风筝)	山东省潍坊市	1	山东省潍坊市寒亭区非物质文化遗产保护中心	潍坊市寒亭区文化馆
181	山东	Ⅷ－103	鲁锦织造技艺	山东省嘉祥县	2	嘉祥县鲁锦协会	嘉祥县文化馆
182	山东	Ⅹ－87	抬阁(芯子、铁枝、飘色)(阁子里芯子)	山东省淄博市临淄区	2	淄博市临淄区南仇东村村民委员会	淄博市临淄区文化馆
183	河南	Ⅰ－50	木兰传说	河南省虞城县	2	虞城县非物质文化遗产保护中心	虞城县文化馆(虞城县非物质文化遗产保护中心)

续表

序号	省份	项目编号	项目名称	申报地区或单位	批次	文化部原核定项目保护单位名称	重新认定的项目保护单位名称
184	河南	Ⅱ－46	板头曲	河南省南阳市	1	河南省南阳市非物质文化遗产保护中心	南阳市群众艺术馆（南阳市非物质文化遗产保护中心）
185	河南	Ⅱ－79	信阳民歌	河南省信阳市	2	信阳市非物质文化遗产保护中心	信阳市群众艺术馆（信阳市非物质文化遗产保护中心）
186	河南	Ⅱ－121	笙管乐（超化吹歌）	河南省新密市	2	新密市非物质文化遗产保护中心	新密市文化馆（新密市非物质文化遗产保护中心）
187	河南	Ⅱ－123	锣鼓艺术（开封盘鼓）	河南省开封市	2	开封市非物质文化遗产保护中心	开封市群众艺术馆
188	河南	Ⅲ－9	高跷（高抬火轿）	河南省沁阳市	1－1	沁阳市非物质文化遗产保护中心	沁阳市群众艺术馆（沁阳市非物质文化遗产保护中心）
189	河南	Ⅲ－51	官会响锣	河南省项城市	2	项城市非物质文化遗产保护中心	项城市文化馆（项城市非物质文化遗产保护中心）
190	河南	Ⅳ－26	大平调	河南省延津县	1	河南省延津县大平调剧团	延津县大平调艺术传承保护中心
191	河南	Ⅳ－148	落腔	河南省内黄县	3	内黄县落腔剧团	内黄县文化馆
192	河南	Ⅴ－12	河洛大鼓	河南省洛阳市	1	河南省洛阳市非物质文化遗产保护中心	洛阳市文化馆（洛阳市非物质文化遗产保护中心）
193	河南	Ⅴ－64	三弦书（南阳三弦书）	河南省南阳市	2	南阳市说唱团	南阳市说唱团演艺有限公司
194	河南	Ⅴ－69	大调曲子	河南省南阳市	2	南阳市曲剧团	南阳曲剧艺术中心
195	河南	Ⅵ－11	太极拳（陈氏太极拳）	河南省焦作市	1	河南省焦作市非物质文化遗产保护中心	焦作市群众艺术馆（焦作市非物质文化遗产保护中心）
196	河南	Ⅵ－64	撂石锁	河南省开封市	3	开封市非物质文化遗产保护中心	开封市群众艺术馆
197	河南	Ⅶ－16	剪纸（辉县剪纸）	河南省辉县市	1－1	辉县市非物质文化遗产保护中心	辉县市文化馆
198	河南	Ⅹ－60	药市习俗（百泉药会）	河南省辉县市	1－1	辉县市非物质文化遗产保护中心	辉县市文化馆

续表

序号	省份	项目编号	项目名称	申报地区或单位	批次	文化部原核定项目保护单位名称	重新认定的项目保护单位名称
199	河南	Ⅹ－103	洛阳牡丹花会	河南省洛阳市	2	洛阳市非物质文化遗产保护中心	洛阳市文化馆（洛阳市非物质文化遗产保护中心）
200	湖北	Ⅱ－142	利川灯歌	湖北省利川市	3	利川市文化馆	利川市非物质文化遗产传承馆
201	湖北	Ⅲ－52	肉连响	湖北省利川市	2	利川市文化馆	利川市非物质文化遗产传承馆
202	湖北	Ⅳ－35	荆河戏	湖北省荆州市	1－1	荆州市荆河戏剧团	荆州市群众艺术馆
203	湖北	Ⅳ－58	楚剧	湖北省	1	湖北省地方戏曲艺术剧院	湖北省戏曲艺术剧院有限责任公司
204	湖北	Ⅳ－89	傩戏（恩施傩戏）	湖北省恩施市	1－1	恩施市文化馆	恩施市非物质文化遗产保护传承展演中心
205	湖北	Ⅴ－58	湖北评书	湖北省武汉市	2	武汉市说唱团	武汉说唱团有限责任公司
206	湖北	Ⅴ－61	湖北大鼓	湖北省武汉市	2	武汉市说唱团	武汉说唱团有限责任公司
207	湖北	Ⅴ－70	湖北小曲	湖北省武汉市	2	武汉市说唱团	武汉说唱团有限责任公司
208	湖北	Ⅴ－74	恩施扬琴	湖北省恩施市	2	恩施市文化馆	恩施市非物质文化遗产保护传承展演中心
209	湖北	Ⅹ－33	炎帝祭典（随州神农祭典）	湖北省随州市	1－2	无	随县文化馆（随县非物质文化遗产保护中心）
210	湖南	Ⅳ－7	高腔（辰河高腔）	湖南省泸溪县	1	泸溪县非物质文化遗产保护中心	泸溪县辰河高腔传习所
211	湖南	Ⅶ－16	剪纸（踏虎凿花）	湖南省泸溪县	1－1	泸溪县非物质文化遗产保护中心	泸溪县踏虎凿花传习所
212	湖南	Ⅶ－19	湘绣	湖南省长沙市	1	湖南省长沙市非物质文化遗产保护中心	长沙市群众艺术馆
213	湖南	Ⅷ－24	蓝印花布印染技艺	湖南省邵阳县	1－1	邵阳蓝印花布研究所	邵阳县文化馆
214	湖南	Ⅷ－40	苗族银饰锻制技艺	湖南省凤凰县	1	凤凰县非物质文化遗产保护中心	凤凰县传承民族工艺有限责任公司
215	湖南	Ⅷ－152	黑茶制作技艺（茯砖茶制作技艺）	湖南省益阳市	2	湖南省益阳茶厂	益阳茶厂有限公司
216	湖南	Ⅸ－15	苗医药（钻节风疗法）	湖南省花垣县	2－1	花垣县非物质文化遗产保护中心	花垣青山苗医苗药诊所

续表

序号	省份	项目编号	项目名称	申报地区或单位	批次	文化部原核定项目保护单位名称	重新认定的项目保护单位名称
217	湖南	Ⅹ-3	端午节（汨罗江畔端午习俗）	湖南省汨罗市	1	湖南省汨罗市文化局	汨罗市文化馆
218	广东	Ⅲ-43	麒麟舞（大船坑舞麒麟）	广东省深圳市	2-1	深圳市宝安区大浪街道文化体育中心	深圳市龙华新区大浪办事处文化体育中心
219	广东	Ⅳ-47	西秦戏	广东省海丰县	1	广东省海丰县西秦戏剧团	海丰县西秦戏艺术传承中心
220	广东	Ⅳ-74	白字戏	广东省海丰县	1	广东省海丰县白字戏剧团	海丰县白字戏艺术传承中心
221	广东	Ⅳ-92	木偶戏（潮州铁枝木偶戏）	广东省潮州市	1	广东省潮州市潮安县文化馆	潮州市潮安区文化馆
222	广东	Ⅳ-129	广东汉剧	广东汉剧院	2	广东汉剧院	广东汉剧传承研究院
223	广东	Ⅴ-34	歌册（潮州歌册）	广东省潮州市	1-1	潮州市群众艺术馆	潮州市文化馆（加挂“潮州市非物质文化遗产保护中心”）
224	广东	Ⅶ-16	剪纸（广东剪纸）	广东省潮州市	1	广东省潮州市群众艺术馆	潮州市文化馆（加挂“潮州市非物质文化遗产保护中心”）
225	广东	Ⅹ-107	茶艺（潮州工夫茶艺）	广东省潮州市	2	潮州市群众艺术馆	潮州市文化馆（加挂“潮州市非物质文化遗产保护中心”）
226	海南	Ⅱ-44	十番音乐（海南八音器乐）	海南省海口市	1-1	无	海口市美兰区文化馆
227	海南	Ⅳ-92	木偶戏（三江公仔戏）	海南省海口市	1-1	无	海口市美兰区文化馆
228	海南	Ⅷ-19	黎族传统纺染织绣技艺	海南省乐东黎族自治县	1	海南省乐东黎族自治县非物质文化遗产保护中心	乐东黎族自治县文化馆
229	广西	Ⅰ-23	刘三姐歌谣	广西壮族自治区宜州市	1	宜州市刘三姐文化传习中心	宜州市刘三姐文化传承中心
230	广西	Ⅳ-138	邕剧	广西壮族自治区南宁市	2	南宁市邕剧团	南宁市民族文化艺术研究院（南宁市戏剧院、南宁市非物质文化遗产保护中心）

续表

序号	省份	项目编号	项目名称	申报地区或单位	批次	文化部原核定项目保护单位名称	重新认定的项目保护单位名称
231	广西	Ⅹ－15	壮族蚂虫另节	广西壮族自治区河池市	1	广西壮族自治区河池市文化局	河池市非物质文化遗产保护中心
232	广西	Ⅹ－16	仫佬族依饭节	广西壮族自治区罗城仫佬族自治县	1	广西壮族自治区罗城仫佬族自治县文化和体育局	罗城仫佬族自治县文化馆
233	广西	Ⅹ－46	壮族歌圩	广西壮族自治区南宁市	1	广西壮族自治区南宁市非物质文化遗产保护中心	南宁市民族文化艺术研究院（南宁市戏剧院、南宁市非物质文化遗产保护中心）
234	重庆	Ⅷ－98	陶器烧制技艺（荣昌陶器制作技艺）	重庆市荣昌县	2－1	荣昌县西部陶都博艺馆有限公司	荣昌县文化馆
235	四川	Ⅱ－24	川江号子	四川省	1	四川省音乐舞蹈研究所	四川省艺术研究院
236	四川	Ⅳ－12	川剧	四川省	1	四川省川剧艺术研究院	四川省艺术研究院
237	四川	Ⅳ－77	灯戏（川北灯戏）	四川省南充市	1	四川省南充市川剧团	南充市非物质文化遗产保护中心
238	四川	Ⅳ－80	藏戏（巴塘藏戏）	四川省巴塘县	1－1	巴塘县藏戏团	巴塘县文化馆
239	四川	Ⅳ－80	藏戏（色达藏戏）	四川省色达县	1－1	色达县藏戏团	色达县文化馆
240	四川	Ⅳ－80	藏戏（德格格萨尔藏戏）	四川省德格县	1－1	德格县藏戏团	德格县文化馆
241	四川	Ⅳ－92	木偶戏（川北大木偶戏）	四川省	1	四川省大木偶剧院	南充市非物质文化遗产保护中心
242	四川	Ⅴ－75	四川扬琴	四川省音乐舞蹈研究所	2	四川省音乐舞蹈研究所	四川省艺术研究院
243	四川	Ⅶ－46	竹刻（江安竹簧）	四川省江安县	1－1	江安县文物管理所	江安县文化馆
244	四川	Ⅶ－56	石雕（白花石刻）	四川省广元市	2	广元市铁笔斋白花石刻工作室	广元市利州区文化中心
245	四川	Ⅶ－77	民间绣活（麻柳刺绣）	四川省广元市	2	广元市朝天区宣传文化中心	广元市朝天区文化馆
246	四川	Ⅷ－16	蜀锦织造技艺	四川省成都市	1	四川省成都市蜀锦文化发展有限公司	成都蜀锦织绣有限责任公司

续表

序号	省份	项目编号	项目名称	申报地区或单位	批次	文化部原核定项目保护单位名称	重新认定的项目保护单位名称
247	四川	Ⅷ－26	扎染技艺（自贡扎染技艺）	四川省自贡市	1－1	四川省自贡扎染工艺厂	自贡市扎染工艺有限公司
248	四川	Ⅷ－40	银饰制作技艺（彝族银饰制作技艺）	四川省布拖县	1－1	四川省布拖县彝族银饰协会	布拖县文化馆
249	四川	Ⅷ－101	毛纺织及擀制技艺（藏族牛羊毛编织技艺）	四川省色达县	2	色达县格萨尔文化公司	色达县文化馆
250	四川	Ⅹ－30	都江堰放水节	四川省都江堰市	1	四川省都江堰市文体局	都江堰市文化馆
251	四川	Ⅹ－81	灯会（自贡灯会）	四川省自贡市	2	自贡市彩灯艺术协会	中国彩灯博物馆（自贡彩灯公园管理处）
252	贵州	Ⅰ－1	苗族古歌	贵州省黄平县	1	黄平县文化馆	黄平县非物质文化遗产保护中心
253	贵州	Ⅰ－5	刻道	贵州省施秉县	1	施秉县文化馆	施秉县非物质文化遗产保护中心
254	贵州	Ⅱ－109	苗族民歌（苗族飞歌）	贵州省雷山县	2	雷山县文化馆	雷山县非物质文化遗产保护中心
255	贵州	Ⅲ－23	苗族芦笙舞	贵州省雷山县	1－1	雷山县文化馆	雷山县非物质文化遗产保护中心
256	贵州	Ⅲ－26	铜鼓舞（雷山苗族铜鼓舞）	贵州省雷山县	1－1	雷山县文化馆	雷山县非物质文化遗产保护中心
257	贵州	Ⅶ－22	苗绣（雷山苗绣）	贵州省雷山县	1	雷山县文化馆	雷山县非物质文化遗产保护中心
258	贵州	Ⅶ－22	苗绣（花溪苗绣）	贵州省贵阳市	1	贵州省贵阳市花溪区非物质文化遗产保护中心	贵阳市花溪区文物保护管理所（贵阳市花溪区非物质文化遗产保护中心）
259	贵州	Ⅶ－22	苗绣	贵州省凯里市	1－1	凯里市文化馆	凯里市非物质文化遗产保护中心（凯里市民族歌舞文化传承保护研究中心）
260	贵州	Ⅶ－23	水族马尾绣	贵州省三都水族自治县	1	三都水族自治县文化馆	三都水族自治县非物质文化遗产保护中心
261	贵州	Ⅶ－47	泥塑（苗族泥哨）	贵州省黄平县	1－1	黄平县文化馆	黄平县非物质文化遗产保护中心
262	贵州	Ⅶ－107	侗族刺绣	贵州省锦屏县	3	锦屏县文化馆	锦屏县非物质文化遗产保护中心
263	贵州	Ⅷ－25	蜡染技艺（黄平蜡染技艺）	贵州省黄平县	1－2	黄平县文化馆	黄平县非物质文化遗产保护中心

续表

序号	省份	项目编号	项目名称	申报地区或单位	批次	文化部原核定项目保护单位名称	重新认定的项目保护单位名称
264	贵州	Ⅷ－31	苗寨吊脚楼营造技艺	贵州省雷山县	1	雷山县文化馆	雷山县非物质文化遗产保护中心
265	贵州	Ⅷ－33	苗族芦笙制作技艺	贵州省雷山县	1	雷山县文化馆	雷山县非物质文化遗产保护中心
266	贵州	Ⅷ－40	苗族银饰锻制技艺	贵州省雷山县	1	雷山县文化馆	雷山县非物质文化遗产保护中心
267	贵州	Ⅷ－40	苗族银饰锻制技艺	贵州省黄平县	1－1	黄平县文化馆	黄平县非物质文化遗产保护中心
268	贵州	Ⅷ－105	苗族织锦技艺	贵州省雷山县	2	雷山县文化馆	雷山县非物质文化遗产保护中心
269	贵州	Ⅷ－105	苗族织锦技艺	贵州省麻江县	2	麻江县文化馆	麻江县非物质文化遗产保护中心
270	贵州	Ⅷ－105	苗族织锦技艺	贵州省凯里市	2－1	凯里市文化馆	凯里市非物质文化遗产保护中心（凯里市民族歌舞文化传承保护研究中心）
271	贵州	Ⅷ－108	枫香印染技艺	贵州省麻江县	2	麻江县文化馆	麻江县非物质文化遗产保护中心
272	贵州	Ⅷ－124	民族乐器制作技艺（苗族芦笙制作技艺）	贵州省凯里市	2－1	凯里市文化馆	凯里市非物质文化遗产保护中心（凯里市民族歌舞文化传承保护研究中心）
273	贵州	Ⅸ－15	苗医药（骨伤蛇伤疗法）	贵州省雷山县	2	雷山县文化馆	雷山县非物质文化遗产保护中心
274	贵州	Ⅹ－19	苗族鼓藏节	贵州省雷山县	1	雷山县文化馆	雷山县非物质文化遗产保护中心
275	贵州	Ⅹ－20	水族端节	贵州省三都水族自治县	1	三都水族自治县文化馆	三都水族自治县非物质文化遗产保护中心
276	贵州	Ⅹ－83	苗年	贵州省雷山县	2	雷山县文化馆	雷山县非物质文化遗产保护中心
277	云南	Ⅰ－27	格萨（斯）尔	云南省	1	迪庆藏族自治州文化馆	迪庆藏族自治州非物质文化遗产保护中心
278	云南	Ⅰ－121	阿细先基	云南省弥勒县	3	弥勒县文化馆	弥勒市文化馆
279	云南	Ⅲ－20	锅庄舞（迪庆锅庄舞）	云南省迪庆藏族自治州	1	云南省迪庆藏族自治州文化馆	迪庆藏族自治州非物质文化遗产保护中心
280	云南	Ⅲ－35	傈僳族阿尺木刮	云南省维西傈僳族自治县	1	云南省维西傈僳族自治县文化馆	维西傈僳族自治县文化遗产保护所

续表

序号	省份	项目编号	项目名称	申报地区或单位	批次	文化部原核定项目保护单位名称	重新认定的项目保护单位名称
281	云南	Ⅲ－36	彝族葫芦笙舞	云南省文山壮族苗族自治州	1	云南省西畴县文化馆	西畴县民族文化群众艺术馆
282	云南	Ⅲ－75	彝族三弦舞(阿细跳月)	云南省弥勒县	2	弥勒县文化馆	弥勒市文化馆
283	云南	Ⅳ－78	花灯戏	云南省花灯剧团	1－1	云南省花灯团	云南省花灯剧院
284	云南	Ⅳ－82	壮剧	云南省文山壮族苗族自治州	1－1	文山州壮剧团	富宁县民族文化工作队
285	云南	Ⅷ－68	傣族、纳西族手工造纸技艺	云南省香格里拉县	1	云南省香格里拉县文化馆	香格里拉县非物质文化遗产保护中心
286	云南	Ⅷ－98	陶器烧制技艺(藏族黑陶烧制技艺)	云南省迪庆藏族自治州	2	迪庆香格里拉县尼西黑土陶有限责任公司	香格里拉县非物质文化遗产保护中心
287	云南	Ⅷ－151	普洱茶制作技艺(贡茶制作技艺)	云南省宁洱县	2	宁洱困鹿山兴昌技艺茶场	宁洱哈尼族彝族自治县文化馆
288	云南	Ⅷ－166	火腿制作技艺(宣威火腿制作技艺)	云南省宣威市	2－1	无	宣威市文化馆
289	云南	Ⅹ－41	白族绕三灵	云南省大理白族自治州	1	大理白族自治州文化艺术研究所	大理白族自治州非物质文化遗产保护中心
290	西藏	Ⅷ－47	拉萨甲米水磨坊制作技艺	西藏自治区	1	西藏自治区拉萨市娘热民俗博物馆	西藏嘎吉林旅游开发有限公司
291	西藏	Ⅸ－9	藏医药(藏药珊瑚七十味丸配伍技艺)	西藏自治区雄巴拉曲神水藏药厂	1－1	西藏自治区雄巴拉曲神水藏药厂	西藏雄巴拉曲神水藏药有限公司

续表

序号	省份	项目编号	项目名称	申报地区或单位	批次	文化部原核定项目保护单位名称	重新认定的项目保护单位名称
292	西藏	Ⅹ－121	藏族天文历算	西藏自治区	2	西藏自治区藏医院天文历算研究所	西藏自治区藏医院
293	陕西	Ⅶ－53	面花（黄陵面花）	陕西省黄陵县	2	黄陵县非物质文化遗产保护中心	黄陵县非物质文化遗产办公室
294	陕西	Ⅹ－32	黄帝陵祭典	陕西省黄陵县	1	陕西省黄陵县文体事业局	黄陵县非物质文化遗产办公室
295	甘肃	Ⅲ－15	兰州太平鼓	甘肃省兰州市	1	甘肃省兰州市群众艺术馆	皋兰县太平鼓协会
296	甘肃	Ⅳ－16	秦腔	甘肃省秦剧团	1－1	甘肃省秦剧团	甘肃秦腔艺术剧院有限责任公司
297	甘肃	Ⅳ－134	武都高山戏	甘肃省陇南市	2	陇南市武都区文化馆	陇南市武都区高山戏研究中心（陇南市武都区非物质文化遗产保护中心）
298	甘肃	Ⅴ－19	贤孝（河州贤孝）	甘肃省临夏市	1	甘肃省临夏市文化馆	临夏市非物质文化遗产保护中心
299	甘肃	Ⅴ－113	河州平弦	甘肃省临夏市	3	临夏市文化馆	临夏市非物质文化遗产保护中心
300	甘肃	Ⅷ－50	雕漆技艺	甘肃省天水市秦州区	1－1	天水飞天雕漆工艺厂	天水市秦州区文化馆
301	青海	Ⅱ－20	花儿（瞿昙寺花儿会）	青海省乐都县	1	青海省乐都县文化馆	海东市乐都区文化馆
302	青海	Ⅵ－42	传统箭术（南山射箭）	青海省乐都县	2	乐都县文化馆	海东市乐都区文化馆
303	青海	Ⅶ－56	石雕（泽库和日寺石刻）	青海省泽库县	2	青海省泽库县和日寺	泽库县和日寺石刻经文重建协会
304	青海	Ⅷ－98	陶器烧制技艺（藏族黑陶烧制技艺）	青海省囊谦县	2	囊谦藏族民间黑陶工艺有限责任公司	囊谦藏黑陶文化研究开发有限公司
305	青海	Ⅹ－71	元宵节（九曲黄河灯俗）	青海省乐都县	2	乐都县文化馆	海东市乐都区文化馆
306	宁夏	Ⅱ－20	花儿（宁夏回族山花儿）	宁夏回族自治区	1	宁夏回族自治区非物质文化遗产保护中心	宁夏回族自治区文化馆（宁夏回族自治区非物质文化遗产保护中心、宁夏回族自治区展览馆）
307	宁夏	Ⅷ－133	砚台制作技艺（贺兰砚制作技艺）	宁夏回族自治区银川市	2－1	银川市非物质文化遗产保护中心	银川市文化艺术馆（银川市群众艺术馆）

续表

序号	省份	项目编号	项目名称	申报地区或单位	批次	文化部原核定项目保护单位名称	重新认定的项目保护单位名称
308	宁夏	Ⅸ－17	回族医药（回族汤瓶八诊疗法）	宁夏回族自治区银川市	2	宁夏回族自治区汤瓶八诊保健按摩有限公司	宁夏汤瓶八诊文化产业发展有限公司
309	宁夏	Ⅹ－139	婚俗（回族传统婚俗）	宁夏回族自治区	3	宁夏回族自治区非物质文化遗产保护中心	宁夏回族自治区文化馆（宁夏回族自治区非物质文化遗产保护中心、宁夏回族自治区展览馆）
310	新疆	Ⅰ－25	玛纳斯	新疆维吾尔自治区克孜勒苏柯尔克孜自治州	1	新疆维吾尔自治区克孜勒苏柯尔克孜自治州群众艺术馆	克孜勒苏柯尔克孜自治州文化馆
311	新疆	Ⅰ－26	江格尔	新疆维吾尔自治区和布克赛尔蒙古自治县	1	新疆维吾尔自治区和布克赛尔蒙古自治县文体局	和布克赛尔蒙古自治县文化体育广播影视局
312	新疆	Ⅰ－83	柯尔克孜约隆	新疆师范大学	2	新疆师范大学人文学院	新疆师范大学
313	新疆	Ⅱ－3	蒙古族长调民歌	新疆维吾尔自治区巴音郭楞蒙古自治州	1－1	巴音郭楞蒙古自治州非物质文化遗产保护中心	新疆巴音郭楞蒙古自治州文化馆
314	新疆	Ⅱ－20	花儿（新疆花儿）	新疆维吾尔自治区巴音郭楞蒙古自治州	1－1	焉耆回族自治县非物质文化遗产保护办公室	焉耆回族自治县文化馆
315	新疆	Ⅱ－70	新疆维吾尔木卡姆艺术（吐鲁番木卡姆）	新疆维吾尔自治区鄯善县	1	新疆维吾尔自治区鄯善县吐鲁番木卡姆传承中心	鄯善县文化体育广播影视局（新闻出版局＜版权局＞）
316	新疆	Ⅱ－70	新疆维吾尔木卡姆艺术（哈密木卡姆）	新疆维吾尔自治区哈密地区	1	新疆维吾尔自治区哈密地区文体局	哈密地区非物质文化遗产保护中心（哈密东天山古伊州文化研究院）

续表

序号	省份	项目编号	项目名称	申报地区或单位	批次	文化部原核定项目保护单位名称	重新认定的项目保护单位名称
317	新疆	Ⅱ－126	哈萨克六十二阔恩尔	新疆维吾尔自治区伊犁哈萨克自治州	2	伊犁哈萨克自治州六十二阔恩尔工作领导小组办公室	伊犁哈萨克自治州六十二阔恩尔研究学会
318	新疆	Ⅱ－127	维吾尔族鼓吹乐	新疆维吾尔自治区	2	新疆维吾尔自治区非物质文化遗产保护研究中心	新疆维吾尔自治区艺术研究所（新疆维吾尔自治区非物质文化遗产保护研究中心）
319	新疆	Ⅲ－94	蒙古族萨吾尔登	新疆维吾尔自治区和静县	2	和静县非物质文化遗产保护中心	和静县东归文化馆
320	新疆	Ⅴ－30	新疆曲子	新疆维吾尔自治区昌吉回族自治州	1	新疆维吾尔自治区昌吉回族自治州新疆曲子剧团	昌吉回族自治州艺术剧院（昌吉回族自治州民族歌舞剧团、昌吉州《新疆曲子》剧团）
321	新疆	Ⅵ－44	叼羊（维吾尔族叼羊）	新疆维吾尔自治区巴楚县	2	新疆维吾尔自治区巴楚县非物质文化遗产保护领导小组办公室	巴楚县文化馆
322	新疆	Ⅷ－6	维吾尔族模制法土陶烧制技艺	新疆维吾尔自治区吐鲁番地区	1	新疆维吾尔自治区吐鲁番地区大漠土艺馆	新疆大漠土艺馆
323	新疆	Ⅷ－23	维吾尔族花毡、印花布织染技艺	新疆维吾尔自治区吐鲁番地区	1	新疆维吾尔自治区吐鲁番地区大漠土艺馆	新疆大漠土艺馆
324	新疆	Ⅷ－70	维吾尔族桑皮纸制作技艺	新疆维吾尔自治区吐鲁番地区	1	新疆维吾尔自治区吐鲁番地区大漠土艺馆	新疆大漠土艺馆

续表

序号	省份	项目编号	项目名称	申报地区或单位	批次	文化部原核定项目保护单位名称	重新认定的项目保护单位名称
325	新疆	Ⅷ－110	地毯织造技艺（维吾尔族地毯织造技艺）	新疆维吾尔自治区洛浦县	2	和田地毯有限责任公司	洛浦县时代地毯厂
326	新疆	Ⅷ－124	民族乐器制作技艺（维吾尔族乐器制作技艺）	新疆维吾尔自治区疏附县	2	疏附县乐器制作中心	疏附县文化馆
327	新疆	Ⅷ－124	民族乐器制作技艺（维吾尔族乐器制作技艺）	新疆维吾尔自治区新和县	2	新和县龟兹文化协会	新和县文化馆
328	新疆	Ⅹ－48	那达慕	新疆维吾尔自治区和静县	1－1	巴音郭楞蒙古自治州和静县非物质文化遗产保护中心	和静县东归文化馆
329	新疆	Ⅹ－49	新疆维吾尔族麦西热甫（新疆维吾尔刀郎麦西热甫）	新疆维吾尔自治区阿瓦提县	1－1	阿瓦提县非物质文化遗产保护中心	阿瓦提县文化馆
330	新疆	Ⅹ－49	新疆维吾尔族麦西热甫（维吾尔族塔合麦西热甫）	新疆维吾尔自治区木垒哈萨克自治县	1－1	木垒哈萨克自治县非物质文化遗产保护研究中心	木垒哈萨克自治县文化馆
331	新疆	Ⅹ－49	新疆维吾尔族麦西热甫（维吾尔族阔克麦西热甫）	新疆维吾尔自治区哈密市	1－1	哈密市非物质文化遗产保护中心	哈密市文物局（哈密市非物质文化遗产保护中心）

文化部艺术司关于公布第八届全国儿童剧优秀剧目展演入选剧目名单的通知

艺戏函〔2015〕12号

各省、自治区、直辖市文化厅(局),中国儿童艺术剧院:

由文化部艺术司、浙江省文化厅共同主办的第八届全国儿童剧优秀剧目展演定于2015年5月底至6月上旬在杭州举办。本届全国儿童剧优秀剧目展演的申报剧目内容丰富生动,形式多姿多彩,体现了全国儿童剧艺术工作者在党的十八大精神和习近平总书记在文艺工作座谈会上的重要讲话精神指引下,为促进儿童剧事业健康繁荣发展,满足广大少年儿童的精神文化需求做出的不懈努力。经文化部艺术司组织专家对各地各单位申报的作品进行审看遴选并对遴选结果予以公示,最终确定24台剧目入选,现将入选剧目名单予以公布。

请入选剧目所在地文化行政主管部门高度重视,指导各演出单位做好参演剧目修改、加工、打磨、提高工作,以良好的精神风貌和精湛的艺术水准参加展演。

演出剧场及时间安排由浙江省文化厅与各参演院团协调确定。

通知及附件可在文化部政府网站(www.mcprc.gov.cn)查询、下载。

特此通知。

附件:第八届全国儿童剧优秀剧目展演入选剧目名单

文化部艺术司
2015年4月22日

附件

第八届全国儿童剧优秀剧目展演入选名单

展演剧目	展演单位
《宝船》	中国儿童艺术剧院
《少年马连良》	北京戏曲艺术职业学院
《木偶仓库》	天津儿童艺术剧团
《蔬菜总动员》	河北省杂技团演艺有限公司
《七彩梦》	山西省晋城市少儿艺术团有限公司
《小王子》	大连话剧团有限公司
《大山里的红灯笼》	长春演艺集团有限公司　长春话剧院
《森林运动会》	中国福利会儿童艺术剧院
《创世纪》	上海话剧艺术中心有限公司
《猿人在天上飞》	江苏省演艺集团话剧院
《第十二夜》	浙江话剧团有限公司
《灰姑娘的梦》	杭州艺术学校
《海的女儿》	安徽省话剧院
《判官审石头》	福州市歌舞剧院　福州市东明文化传播有限公司
《寻找》	江西省九江市演艺有限责任公司
《绿色的梦想》	济南市儿童艺术剧院
《尼尔斯骑鹅历险记》	武汉人民艺术剧院有限责任公司
《小八路与大俘虏》	广东省话剧院有限公司
《魔豆》	广西演出有限责任公司
《灰姑娘与水晶鞋》	重庆市话剧团有限责任公司
《魔笛》	贵阳演艺集团艺术剧院
《公主的头花》	西安儿童艺术剧院有限责任公司
《传统的味道》	兰州市儿童艺术剧团
《绿野仙踪》	银川中青影艺文化有限公司

2015年度国家社科基金艺术学项目立项结果公布

2015年度国家社科基金艺术学项目已完成受理申报、通讯初评、会议评审、网上公示等程序,经全国艺术科学规划领导小组批准,现将立项课题名单予以公布。

2015年度国家社科基金艺术学项目共立项184项,其中,重点项目7项,一般项目112项,青年项目49项,西部项目16项。

附件:2015年度国家社科基金艺术学项目立项名单

文化部文化科技司

2015年9月7日

附件

2015 年度国家社科基金艺术学项目立项名单

立项批准号	项目名称	立项类别	项目负责人	项目负责人所在单位
15AC001	媒介融合环境下的广播电视发展战略研究	重点	段鹏	中国传媒大学
15AF002	巴丹吉林沙漠岩画图像语言及美学品质研究	重点	王毓红	广东外语外贸大学
15AG003	社会转型与传统工艺美术的发展研究	重点	方李莉	中国艺术研究院
15AG004	中国汉族纺织服饰文化遗产价值谱系及特色研究	重点	崔荣荣	江南大学
15AG005	民国设计艺术实践研究(1912－1949)	重点	何洁	清华大学
15AH006	海外中国文化中心对外文化传播研究	重点	刘晓天	首都师范大学
15AH007	国家文化管理体制改革与创新研究	重点	陈世香	武汉大学
15BA008	马克思主义艺术理论关键词的中国化研究	一般	庄桂成	江汉大学
15BA009	陕北延安地区宋金时期石窟艺术考察与研究	一般	郑文宏	西京学院
15BA010	三星堆文化的造器之道研究	一般	李社教	湖北理工学院
15BA011	中国当代艺术话语范式研究	一般	时胜勋	北京大学
15BA012	艺术的技术文化学研究	一般	祁林	南京大学
15BA013	社会语境中的艺术风格流变	一般	轩小杨	沈阳师范大学
15BA014	南亚文化对南北朝隋唐艺术的影响	一般	李静杰	清华大学
15BB015	城镇化进程中地方戏曲的现代样态和传承策略研究——以湖南花鼓戏为例	一般	周勇	湖南城市学院
15BB016	河南濒危曲种声腔艺术研究	一般	杨冬梅	洛阳理工学院
15BB017	河南剧种发展史研究	一般	刘明阁	南阳师范学院
15BB018	戏曲改革与“十七年”戏曲经典的生成研究	一般	李伟	上海戏剧学院
15BB019	莆仙戏与莆仙文化关系研究	一般	庄清华	厦门大学嘉庚学院
15BB020	汉剧“十大行”的衍变历程与文化价值研究	一般	龚战	湖北省艺术研究所
15BB021	民国年间的京剧唱片研究	一般	赵炳翔	上海师范大学
15BB022	戏曲文献学史研究	一般	詹怡萍	中国艺术研究院
15BB023	陇剧艺术史论	一般	顾善忠	甘肃省文化艺术研究所
15BB024	京剧器乐曲牌研究	一般	王秀庭	临沂大学
15BB025	民国戏曲期刊研究(1912－1949)	一般	单永军	湖北文理学院
15BB026	川剧剧目概论	一般	杜建华	四川省艺术研究院
15BB027	中俄传统戏剧音乐在舞台表演上的比较研究	一般	王琼	天津师范大学
15BB028	北京人民艺术剧院演出史研究	一般	罗琦	北京联合大学
15BB029	粤港澳文化生态与近代粤剧发展演变研究	一般	李静	华南师范大学
15BC030	中国电影的叙事伦理批评	一般	曲春景	上海大学

续表

立项批准号	项目名称	立项类别	项目负责人	项目负责人所在单位
15BC031	全球化语境下中国纪录片发展战略研究	一般	张同道	北京师范大学
15BC032	中国动画电影创作现状与传播方式研究	一般	孙立军	北京电影学院
15BC033	中国动画电影人口述史	一般	屈立丰	西华大学
15BC034	互动纪录影像的方法研究与创新实践	一般	黎小锋	同济大学
15BC035	新中国电影表演美学史述	一般	厉震林	上海戏剧学院
15BC036	港台抗战电影史稿	一般	史博公	中国传媒大学
15BC037	中国电影的国家理论建设研究	一般	陈犀禾	上海大学
15BC038	影视文化的社交媒体传播机制研究	一般	张洪忠	北京师范大学
15BC039	当前农村题材电视剧生产、创作研究	一般	丁莉丽	浙江工商大学
15BC040	生态批评视野下的中国电影研究	一般	崔辰	上海交通大学
15BC041	新媒体艺术创作理论与实践探索	一般	肖庆	中国艺术研究院
15BD042	中国传统音乐表演艺术与音乐形态关系研究	一般	肖梅	上海音乐学院
15BD043	20世纪中国哲学家、思想家、政治家音乐观之研究	一般	褚灏	曲阜师范大学
15BD044	瑶族婚俗音乐的跨界比较研究——以中、老瑶族为考察个案	一般	赵书峰	河北师范大学
15BD045	锡伯族传统音乐文化研究	一般	肖学俊	中央音乐学院
15BD046	岭南音乐史研究	一般	孔义龙	华南师范大学
15BD047	江南音乐文化的历史语境研究	一般	赵玉卿	温州大学
15BD048	广东传统音乐东南亚传播研究	一般	刘富琳	广州大学
15BD049	蒙古(中国、蒙古国)呼麦(浩林潮尔)及图瓦呼麦演唱艺术的比较研究	一般	那顺吉日嘎拉	内蒙古会展经济科学发展研究会
15BD050	百年“海派”传统器乐文化研究(1843－1949)	一般	汪海元	安徽师范大学
15BD051	壮族民歌演唱艺术研究	一般	党宇娜	广西师范大学
15BD052	理性结构的多风格嬗变——20世纪以来的西方管弦乐赋格	一般	孙志鸿	山东艺术学院
15BD053	新中国交响音乐创作观念研究	一般	檀革胜	华侨大学
15BD054	唐前士人音乐观念与行为之研究	一般	程乾	中央音乐学院
15BD055	明万历泰律的传承与保护研究	一般	唐继凯	西安石油大学
15BD056	抗战时期的延安鲁艺音乐系	一般	王丽虹	国防科学技术大学
15BD057	殷墟音乐考古与商代礼乐研究	一般	王秀萍	洛阳师范学院
15BE058	民间傩舞形态研究	一般	刘永红	南昌师范学院
15BE059	中国当代舞蹈的理论与实践—体制外青年当代舞蹈创作与理论研究	一般	卿青	中国艺术研究院
15BE060	中国当代舞蹈发展的“现代性”研究——以历史书写与艺术实践为中心	一般	仝妍	北京舞蹈学院

续表

立项批准号	项目名称	立项类别	项目负责人	项目负责人所在单位
15BE061	道教对中国宫廷舞蹈的影响研究	一般	张素琴	南京艺术学院
15BE062	西周雅乐舞文化及其当代复兴研究	一般	王晓茹	福建师范大学
15BF063	西夏书法史研究	一般	赵生泉	河北师范大学
15BF064	中国重彩画三十年(1985—2014)发展研究	一般	牛金梁	河南师范大学
15BF065	佛教美术演变进程——丝绸之路中外美术比较研究	一般	欧阳启名	首都师范大学
15BF066	藤岛武二与中国近现代油画	一般	冯旭	渤海大学
15BF067	博物馆的公共美术教育功能及实施策略研究	一般	郑勤砚	中央美术学院
15BF068	瓦尔堡学派研究	一般	杨贤宗	华中师范大学
15BF069	西藏佛教造像业史研究	一般	李向民	南京艺术学院
15BF070	中国美术的现代转型与民族性:民国美展研究	一般	司开国	绍兴文理学院
15BF071	新中国画报史——图像中的社会变迁	一般	曹培鑫	中国传媒大学
15BF072	青瓷艺术史	一般	吴越滨	扬州大学
15BF073	20世纪上半叶西洋油画的“中国化”衍变	一般	杜少虎	陕西师范大学
15BF074	国有美术馆体制与运营方式研究	一般	朱琰	江苏省文化厅
15BF075	解放区木刻研究(1937—1949)	一般	杨锋	西安美术学院
15BF076	传统文化视野下的湘西少数民族宗教美术体系研究	一般	谷利民	吉首大学
15BF077	赣闽粤边区客家民间美术传承人口述史研究	一般	张海华	赣南师范学院
15BF078	舍卫城大神变与中印佛像莲花座源流研究	一般	张同标	华东师范大学
15BF079	丝绸之路汉文书法研究	一般	毛秋瑾	苏州大学
15BF080	中国古代山水画理论史	一般	张建军	湖北大学
15BF081	跨文化视域下佛教图像的象征图式研究	一般	王忠林	盐城师范学院
15BF082	中国与东南亚书法艺术交流研究	一般	帅民风	广西大学
15BG083	文化景观遗产的“文化DNA”提取及其景观艺术表达方法研究	一般	周武忠	上海交通大学
15BG084	中外设计产业对比研究	一般	柴春雷	浙江大学
15BG085	岭南园林艺术研究	一般	梁明捷	华南理工大学
15BG086	山东明清庄园建筑群落测绘调研及保护	一般	胡英盛	山东工艺美术学院
15BG087	城市公共环境行为研究	一般	李宇宏	中国人民大学
15BG088	我国城市“医养融合”型社区居家养老的服务体验设计研究	一般	胡飞	广东工业大学
15BG089	跨界融合趋势下国际设计学交叉学科建设比较研究及启示	一般	冯节	中国美术学院
15BG090	隋唐丝绸之路艺术东渡入日史探论	一般	程雅娟	无锡商业职业技术学院

续表

立项批准号	项目名称	立项类别	项目负责人	项目负责人所在单位
15BG091	楚文化元素在现代服装设计中的传承与应用研究	一般	郭丰秋	武汉纺织大学
15BG092	海南黎族传统村落民居的保护性设计研究	一般	张引	海南师范大学
15BG093	1851 年以来西方设计理念的演变研究	一般	刘华年	泰州学院
15BG094	丝绸之路（中国段）古代玻璃艺术研究	一般	陈强	西北民族大学
15BG095	“正仓院”藏唐代乐器设计工艺及当代价值研究	一般	贾荣建	北京工业大学
15BG096	晚清民国设计思想研究（1840－1949）	一般	郭秋惠	清华大学
15BG097	城镇化下古建筑周边环境景观设计与地域文化研究	一般	朱向东	太原理工大学
15BG098	中国古代仪礼服饰制度研究	一般	纪向宏	天津科技大学
15BG099	张光宇与中国现代装饰学派研究	一般	张玉花	北京化工大学
15BG100	晋域道观建筑艺术语言的模式研究	一般	要宇	山西大学
15BG101	现代审美语境下中国古村落传承与发展研究	一般	陆峰	安徽工程大学
15BG102	中外服务设计产业应用的比较研究	一般	陈嘉嘉	南京艺术学院
15BG103	民族性视野下的当代哈尔滨建筑遗产保护与应用价值研究	一般	单琳琳	黑龙江大学
15BG104	海丝文化视角下的闽南“非遗”渔女服饰研究	一般	卢新燕	闽江学院
15BG105	中国设计产业竞争力理论与实践研究	一般	束霞平	苏州大学
15BH106	转制文艺院团发展的产业生态研究	一般	林凡军	山东演艺集团
15BH107	当代中国国际钢琴节发展趋势研究	一般	娄雪玢	东北师范大学
15BH108	提高中国文化贸易出口品质的理论基础和政策途径研究	一般	雷达	中国人民大学
15BH109	农村公共服务体系与基层文化建设研究	一般	庆跃先	安徽省社会科学院
15BH110	中国艺术品鉴证体系建构及市场研究	一般	周峰	湖北工业大学
15BH111	文化艺术资助机制及政策研究	一般	任珺	深圳市社会科学院
15BH112	中国传统手工艺术活态传承机制研究	一般	吴南	中国艺术研究院
15BH113	区域特色文化产业发展研究	一般	杭敏	清华大学
15BH114	动漫创意产业融资平台构建研究	一般	王健	长沙理工大学
15BH115	“一带一路”视域下中国丝绸产业的文化发展路径研究	一般	李加林	浙江理工大学
15BH116	从琉璃匠籍到文化世家——明清博山孙氏家族研究	一般	王勇	山东师范大学
15BH117	中国体育竞赛表演业全媒体运行模式研究	一般	李鹏	天津体育学院
15BH118	我国智慧城市建设与传统文化传承创新互动共赢的路径研究	一般	李林	华中师范大学

续表

立项批准号	项目名称	立项类别	项目负责人	项目负责人所在单位
15BH119	国际艺术节运作管理模式及对提升我国文化艺术国际影响力的作用研究	一般	张蓓荔	天津音乐学院
15CA120	抗战民歌民谣与中华民族精神塑造研究	青年	王兆辉	重庆图书馆
15CA121	新时期以来中国艺术人类学的知识谱系研究	青年	王永健	中国艺术研究院
15CB122	美国现代戏剧的中国叙事	青年	高子文	南京大学
15CB123	抗日战争时期解放区戏曲研究	青年	智联忠	福建京剧院
15CB124	陈伯华唱腔艺术及传承研究	青年	魏林	武汉市艺术创作研究中心
15CB125	城市语境中评弹的生态研究	青年	张延莉	上海音乐学院
15CC126	当代印度电影导演创作研究	青年	李姝	成都大学
15CC127	“盎格鲁—美利坚”体系对我国引进电视节目模式“再造”的借鉴性研究	青年	陶冶	浙江传媒学院
15CC128	战后香港“南来影人”研究	青年	苏涛	中国人民大学
15CC129	中国少数民族题材动画创作与民族文化传承研究	青年	常亚恒	六盘水师范学院
15CC130	互联网时代的电影粉丝文化研究	青年	许航	北京电影学院
15CC131	媒介融合背景下节目主持人传播力研究	青年	苏凡博	广州大学
15CC132	国产儿童电影发展战略研究	青年	彭静宜	中国电影艺术研究中心
15CC133	建国以来西南少数民族电影的影像叙事研究	青年	袁源	贵州大学
15CD134	中缅景颇—克钦跨界民族基督教音乐文化研究	青年	徐天祥	中国音乐学院
15CD135	青海地区祭祀乐舞仪式音乐遗产的人类学解读	青年	黄和	青海师范大学
15CD136	蒙汉杂居区的音乐与文化认同	青年	魏琳琳	中央民族大学
15CD137	红河流域哈尼族仪式音乐研究	青年	王美佳	玉溪师范学院
15CD138	古代“朝贡”体制与中国、朝鲜半岛音乐文化交流研究	青年	曹贞华	中国艺术研究院
15CE139	现当代舞蹈创作的“透视性”舞台调度研究	青年	郑萌	广东工业大学
15CF140	中印佛像海上丝路传播研究	青年	赵玲	浙江大学
15CF141	20世纪初德国艺术科学及其学术背景研究	青年	范白丁	中国美术学院
15CF142	20世纪中国美术史学理论与方法研究	青年	曹贵	武汉理工大学
15CF143	黑龙江流域少数民族美术历史与现状整理研究	青年	朱磊	东北林业大学
15CF144	海上丝绸之路与泉州宗教石雕艺术研究	青年	黄忠杰	福建师范大学
15CF145	俄罗斯美术中的国家形象研究	青年	于润生	中央美术学院
15CG146	西部地区少数民族文字的图像艺术应用机制创新研究	青年	崔清浩	北方民族大学
15CG147	交互式城市导识设计研究	青年	胡珊	湖北工业大学
15CG148	“哲匠录”与中国设计师传记及其设计思想研究	青年	何振纪	中国美术学院

续表

立项批准号	项目名称	立项类别	项目负责人	项目负责人所在单位
15CG149	中国近现代平面设计史研究	青年	周博	中央美术学院
15CG150	明清江南文人书斋设计文化的变迁与传承	青年	王文瑜	苏州科技学院
15CG151	汉代建筑明器的造物学研究	青年	兰芳	徐州师范大学
15CG152	中国当代平面设计史(1979－2010)	青年	石晨旭	青岛科技大学
15CG153	伪满洲国设计艺术史研究(1932－1945)	青年	张蕾蕾	长春大学
15CG154	创意产业背景下工业遗产地保护利用及景观重塑研究	青年	陈书芳	长沙理工大学
15CG155	丝绸之路上的中西方染织与服饰文化交流研究	青年	宋炀	北京服装学院
15CG156	鄂南传统聚落地域特征及动态保护研究	青年	董黎	武汉科技大学
15CG157	中国工业设计产业竞争力研究——基于设计产业链构建的理论分析、作用机制与政策建议	青年	黄雪飞	武汉理工大学
15CG158	中国公共艺术发展史研究	青年	武定宇	北京联合大学
15CG159	城镇变迁视角下的晚明江南器物艺术研究	青年	蒋晖	南京林业大学
15CG160	汉代以前的新疆早期服饰	青年	信晓瑜	新疆大学
15CG161	中国发型发饰史	青年	孔凡栋	青岛大学
15CG162	城镇化进程中仫佬族文化特色村寨生态景观研究	青年	于瑞强	河池学院
15CH163	基于互联网的代际文化消费研究:80后、90后、00后	青年	何苗	浙江大学
15CH164	中韩两国影视艺术传播交流中历史文化认同性及同盟性研究	青年	李艺谋	广西师范大学
15CH165	台湾布袋戏影视传播研究	青年	沈毅玲	闽南师范大学
15CH166	区域特色文化产业发展研究	青年	陈娴颖	中国传媒大学
15CH167	中国创新型城市建设中“创客文化”的发展路径研究	青年	温雯	深圳大学
15CH168	荆楚简帛文字空间形态研究	青年	李刚	华中师范大学
15EA169	丝绸之路“青海道”多民族民俗艺术发展研究	西部	拉毛卓玛	青海师范大学
15EB170	云南少数民族剧种传承与发展研究	西部	刘佳云	云南省民族艺术研究院
15EB171	新疆维吾尔族民间活形态说唱传统调查研究	西部	买提库尔班·买吐迪	新疆艺术学院
15EC172	青春电影的道德价值审视与重建	西部	袁智忠	西南大学
15EC173	节日影像志——人类学纪录片新形态研究	西部	刘广宇	西南交通大学
15ED174	音乐比较分析与作品结构辨异——兼中国音乐分析文献的梳理与评鉴	西部	雷兴明	北方民族大学
15ED175	鄂温克族敖包祭祀仪式音声的音乐民族志研究	西部	苗金海	内蒙古大学
15EF176	二十世纪西藏现代美术先驱安多强巴研究	西部	次旺扎西	西藏大学

续表

立项批准号	项目名称	立项类别	项目负责人	项目负责人所在单位
15EF177	丝绸之路北道佛教艺术研究	西部	任平山	西南交通大学
15EF178	内蒙古三少民族民间美术研究——以呼伦贝尔地区鄂伦春、鄂温克、达斡尔族为例	西部	薛文峰	内蒙古农业大学
15EF179	中国西南少数民族题材油画创作研究	西部	侯宝川	四川美术学院
15EG180	新疆地域文化与公共艺术形式语言研究	西部	肖锟	新疆师范大学
15EG181	川西藏式民居建筑装饰艺术中宗教文化与世俗文化交融研究	西部	凌霞	西南民族大学
15EH182	民族地区手工技艺传承机制与文化产业化发展研究	西部	高云龙	云南师范大学
15EH183	公共文化服务体系建设职责主体“三层架构”研究	西部	龙希成	贵州省社会科学院
15EH184	丝绸之路染缬文化传承的多维创新机制研究	西部	管兰生	兰州交通大学

2015年度国家社科基金艺术学重大项目立项名单

序号	批准号	课题名称	首席专家	责任单位
1	15ZD01	“中国梦”影视创作与传播策略研究	项仲平	浙江传媒学院
2	15ZD02	中国当代音乐的海外传播研究	王耀华	福建师范大学
3	15ZD03	国家文化法制体系研究	周刚志	中南大学
4	15ZD04	文化产品价值评估的方法与标准研究	彭祝斌	湖南大学

文化部文化科技司

2015年7月23日

2015 年度文化部文化艺术科学研究项目立项名单

立项批准号	项目名称	项目负责人	项目负责人所在单位
15DA01	创意绘画的实践与理论研究	季敏	黑龙江省艺术研究所
15DA02	汉降以来粟特乐舞图像资料整理与研究	杨洪冰	陕西师范大学
15DA03	艺术学理论学科的学科边界及学科价值研究	王谦	南京艺术学院
15DA04	不同历史时期党的文艺政策价值取向之嬗变研究	金宜鸿	武汉纺织大学
15DA05	六朝艺术聚落的形态体系与地域流变研究	雍文昴	中国艺术研究院
15DB06	吉剧音乐研究	金士友	东北师范大学
15DB07	鼎峙春秋与京剧三国戏	李小红	中国戏曲学院
15DB08	20 世纪以来中国戏剧对西方经典剧作的移植研究	赵建新	中国戏曲学院
15DB09	昆剧流变史	王丽梅	浙江工商大学
15DB10	最后的影戏:晚清以降成都大皮影的百年兴衰	罗兰秋	成都体育学院
15DB11	黄梅戏声腔研究	陈兆舜	安庆市文广新局
15DB12	中国抗战戏剧研究	胡薇	中央戏剧学院
15DB13	新疆曲艺传承研究	周建国	新疆艺术研究所
15DB14	昆曲表演艺术传承方式研究	刘静	中国艺术研究院
15DB15	韩世昌昆曲表演艺术编年史	顾卫英	中国戏曲学院
15DB16	戏曲市场研究—以西南地区的川剧为例	晏一立	四川省艺术研究院
15DB17	山西雁北耍孩儿戏艺术传承的田野调查与研究	钱建华	天津师范大学
15DB18	戏剧的阐释空间——解读文本的共时性 与接受心理的历时性研究	张红武	河北省艺术研究所
15DB19	陆洪非研究	张莹	安徽省艺术研究院
15DC20	20 世纪三四十年代中国电影中的诗性传统	孙萌	中国艺术研究院
15DC21	中国类型电影的异质性研究	吴青青	福建师范大学
15DC22	自媒体时代微电影青年亚文化研究	刘强	山东艺术学院
15DC23	新时期中国乡土电影研究(1979 – 1999)	李焕征	中国农业大学
15DC24	文化融合视域下的国产类型动画研究	汤梦箫	郑州轻工业学院
15DC25	吉卜力工作室动画创作及其在中国的接受研究	杨晓林	同济大学
15DC26	民国时期南京地区的电影院及 放映业研究(1927 – 1949)	陈捷	南京艺术学院
15DC27	21 世纪以来中外动画佳作中的核心价值观比较	曹小卉	北京电影学院
15DD28	中韩朝鲜族仪式歌谣比较研究	金顺爱	东北师范大学
15DD29	视唱练耳教学的发展脉络研究	殷英	中南大学

续表

立项批准号	项目名称	项目负责人	项目负责人所在单位
15DD30	20世纪中国音乐表演观念与实践研究	范晓峰	南京艺术学院
15DD31	汉族民间音乐“一曲多变”的观念及其实践研究	李小兵	信阳师范学院
15DD32	浙江民间仪式音乐与区域社会——一种传播生态学的视角	林莉君	杭州师范大学
15DD33	混生音乐族性的美学分析	宋瑾	中央音乐学院
15DD34	桂越沿边传统歌节的音乐范式与社会表演研究	楚卓	广西艺术学院
15DD35	乐律表微校释	石林昆	天津科技大学
15DE36	中国现当代舞蹈创作的类型学研究	刘炼	东北师范大学
15DE37	中国舞剧学研究	李力	山西艺术职业学院
15DE38	“黄河三部曲”时期山西民间舞创作口述史	黄建新	山西大学
15DE39	“中国民族民间舞”的观念发展研究	闫桢桢	北京舞蹈学院
15DE40	“零－动点”原创性舞蹈表演与编创的训练方法研究	史晶歆	北京舞蹈学院
15DF41	巴蜀地区“天龙八部”造（图）像文化形态研究	刘显成	西华师范大学
15DF42	徐悲鸿美术教育研究	华天雪	中国艺术研究院
15DF43	道教图像学研究：以元明时期道教版刻图像为中心	胡春涛	广西艺术学院
15DF44	二十世纪中国画的转戾点：国立北平艺专三教授罢教及国画论战事件的历史考察研究	朱京生	中国艺术研究院
15DF45	古代朝鲜绘画史中的“中国画学”整理与研究	黄戈	江苏省国画院
15DF46	良友画报与民国时期摄影研究	赵昊	安徽师范大学
15DF47	土家族传统民间丧葬绘画研究	马健	重庆师范大学
15DF48	江苏美术史研究	汤永炎	江苏省文化艺术研究院
15DF49	川渝地区隋唐道教造像研究	耿纪朋	四川文化艺术学院
15DF50	中西扇文化比较研究	杨祥民	南京邮电大学
15DG51	广西壮族干栏木构建筑技艺再造价值研究	韦自力	广西艺术学院
15DG52	10－13世纪印藏佛教装饰纹样比较	易晴	中国艺术研究院
15DG53	中国传统家具艺术在近代的断流与当代的创新研究	戴向东	中南林业科技大学
15DG54	新文化运动与中国书籍设计现代转型研究	万长林	湖南理工学院
15DG55	明清时期鄂湘赣移民圈民居建筑装饰图形谱系及现代设计应用研究	冷先平	华中科技大学
15DG56	中国传统营造技艺及其当代价值研究	刘托	中国艺术研究院
15DG57	西夏服饰纹样研究	魏亚丽	宁夏回族自治区文化厅
15DG58	汉画像石、画像砖建筑装饰艺术研究	黄续	中国艺术研究院
15DG59	中国古代历史题材绘画中的人物服饰研究	宋丙玲	山东艺术学院
15DG60	上海“非院校式”设计培训模式研究（1843－1949）	姚爱强	南京林业大学

续表

立项批准号	项目名称	项目负责人	项目负责人所在单位
15DG61	滇西北民族建筑传统营造的当代变迁	潘曦	北京交通大学
15DH62	大众媒介与乡村戏曲文化变迁	秦红雨	西南大学
15DH63	萨满文化的动漫化传承与保护研究	宗世英	长春大学
15DH64	京剧术语翻译研究	董单	中国戏曲学院
15DH65	维吾尔木卡姆和汉文化的互动、交融及其定型	黄适远	新疆艺术剧院
15DH66	海上丝绸之路妈祖信俗艺术研究	王英暎	福建师范大学
15DH67	少数民族节日的现代转型类型与典型案例研究	王学文	文化部民族民间文艺发展中心
15DH68	抗日战争时期中国艺术界抗敌活动研究	陈洁	南京艺术学院
15DH69	江西省“团、场、线”联盟发展现状及新型组织模式探究	郜海镭	江西艺术中心
15DH70	激活我国大众文化消费潜力的研究	徐望	江苏省文化艺术研究院
15DH71	文化科技融合创新的理论构建与政策研究	钟晟	武汉大学

文化部文化科技司

2015 年 10 月 16 日

2016

中国文化年鉴

Yearbook of Chinese Culture

索　引

B

C

D

E

F

G

H

J

K

L

R

S

T

W

Y

Z

(衡中青编制)

2016

中国文化年鉴

Yearbook
of
Chinese Culture

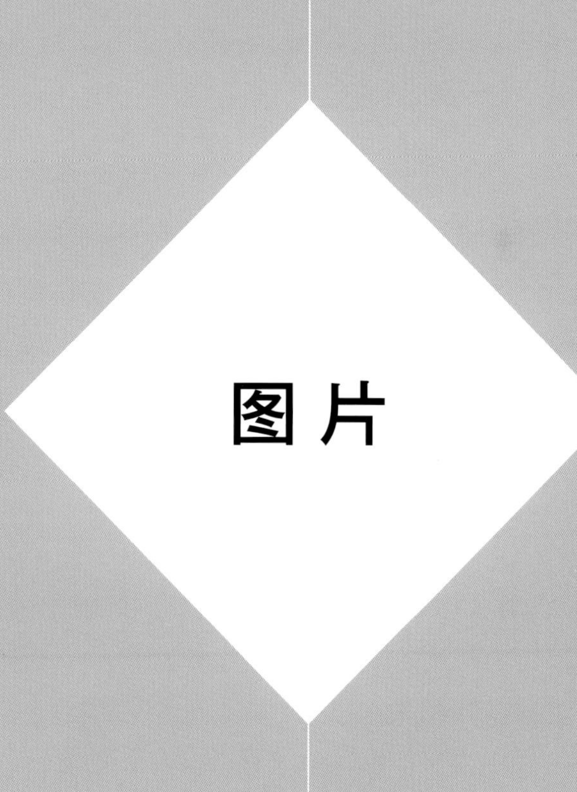

1　文化部、中央文明办春雨工程全国文化志愿者广西行——走进合浦

2　“中国民间文化艺术之乡”民歌山歌展演在苏州吴江举行

3　第六届中国少年儿童合唱节在浙江嘉兴举行

4　2015年中国文化馆年会于10月在重庆举行

1 庆祝中玻建交三十周年《墨与彩—玻利维亚文化周中玻绘画作品联展》

2 2015年6月至7月，港澳大学生文化实践活动在北京举行

3 第八届国际青年艺术周俄罗斯主宾国开幕式演出

4 2015年7月，中央芭蕾舞团《红色娘子军》赴纽约巡演

5 2015年第三届拉美艺术季，参加“客座艺术家”交流项目的艺术家正在创作

1 文化部信息中心党支部组织党员参观国博陈列

2 文化部信息中心技术骨干与国家体育总局信息中心进行技术交流

3 文化部信息中心全体学习文件

4 文化部信息中心工程师调试机房设备

5 新改建的互联网机房

1 2015年度国家艺术基金理事会第一次会议（赵北辰 摄）
2 国家艺术基金2015年度复评专家见面会现场（赵北辰 摄）
3 国家艺术基金2015年度项目复评工作现场——项目主体答辩（赵北辰 摄）
4 国家艺术基金2014年度资助项目滑稽剧《探亲公寓》演出剧照
5 国家艺术基金2014年度资助项目话剧《徽商传奇》演出剧照
6 国家艺术基金2014年度资助项目歌剧《白毛女》演出剧照

1 2015非物质文化遗产保护实践研究&传统技艺研究方向研究生教学成果展
2 第三届亚洲文化论坛
3 2015两岸汉字艺术节开幕式
4 俄罗斯圣彼得堡国立列宾美术学院来访
5 文明的融合与互动——东西方陶艺对话展

1 第十届文津图书奖颁奖仪式
2 中国古籍保护协会成立大会在国家图书馆隆重召开
3 “我与中华古籍”摄影大赛优秀摄影作品巡展启动仪式在河北省图书馆举行
4 “冯仲云图书馆”揭牌暨“重走抗联路”主题纪念活动在黑龙江省兴隆林业局举办
5 国家图书馆主办的“炫彩童年——中国百年童书展”在国家典籍博物馆开幕

1 故宫北院区设计图
2 慈宁宫雕塑馆
3 午门雁翅楼展厅
4 观众观赏《清明上河图》
5 故宫博物院成立安全部

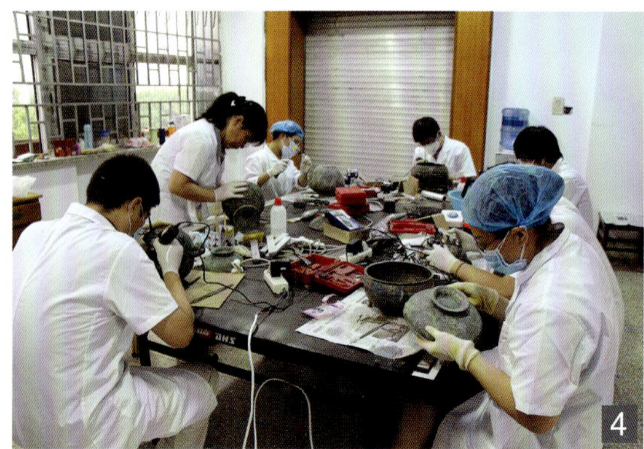

1 《抗战与文艺：纪念抗日战争胜利70周年馆藏文物系列展》在国家博物馆开幕

2 国家博物馆“历史与艺术的体验”实践课堂

3 6月2日，吕章申馆长欢迎参加“中国少年先锋队第七次全国代表大会”的少先队员代表并向他们介绍国家博物馆的重要使命和作用

4 国家博物馆文物科技保护部与山东滕州博物馆工作人员一同开展青铜器修复工作

5 7月1日，国家博物馆举办公益鉴赏活动现场

1 2015年第三期全国演艺企业经营管理人才培训班开班典礼

2 公共文化空中大课堂——贵州麻江教学点学员课堂

3 优秀青年创意作品展

4 2015年刚果（金）文化管理官员研修班课堂（陈璐 摄）

5 青海省“三区”公共文化服务体系建设舞蹈编导培训班汇报演出

6 文化部党校2015年秋季学期处级干部进修班学员在沂南红嫂纪念馆现场教学（张帆 摄）

1 第十届全国艺术院校院（校）长高峰论坛现场

2 第三届中国游牧文化旅游节开幕式现场

3 沙特阿拉伯文化传媒控股集团签署战略合作协议

4 中传艺术品（北京）股份有限公司成立大会暨揭牌仪式现场

5 “视觉中国·洲际行 水墨本色——中国中青年艺术家日本东京联展”展览现场

1 7月1日召开全体党员大会，重温入党誓词
2 重点创排现代京剧《西安事变》
3 与意大利基金会联合制作京剧《浮士德》，赴意大利参加VIE艺术节并巡演
4 赴爱沙尼亚、拉脱维亚、立陶宛演出，拉脱维亚领导人到场观看

1 复排《萨勒姆的女巫》1月14日在国家大剧院演出
2 舞台剧《战马》中文版9月4日在国家话剧院剧场首演
3 《中华士兵》9月3日在北京保利剧院首演
4 复排《生死场》7月9日在国家话剧院剧场演出

1 2015年重点创作歌剧《星海》

2 赴澳大利亚、新西兰为纪念中国抗日战争暨世界反法西斯战争胜利70周年专场演出《黄河大合唱》

3 2015年复排民族歌剧《白毛女》并完成近30场巡演

4 2015年新创剧目民族管弦乐音乐会《国之瑰宝》首演留念

1 大型环球经典音乐会《东方之声》演出现场

2 大型环球情景秀《东方之爱》剧照

3 《东方情——崔京浩音乐会》剧照

4 为第54届亚非法律协商组织年会表演《风华百代》

1 2015年6月25日，“聆赏经典”纪念西贝柳斯诞辰150周年音乐会（罗维 摄）

2 2015年9月3日，中国交响乐团为参加“抗战阅兵”招待午宴的嘉宾演出（罗维 摄）

3 2015年8月24日，指挥大师严良堃执棒“铭记历史 向英雄致敬”交响音乐会（罗维 摄）

4 2015年6月15日，音乐戏剧《士兵的故事》（罗维 摄）

5 2015年5月，中国交响乐原创中心云南采风（金亮快 摄）

1 2015年7月，第五届中国儿童戏剧节盛大开幕
2 2015年3月，《小吉普·变变变》走进茂名公益演出现场
3 2015年12月，儿童剧《木又寸》走进北京市东城区景山学校
4 2015年8月，全英文儿童音乐剧《公主与豌豆》在中国儿童剧场演出

1 2015年8月19日，中央歌剧院在东直门百姓文化大舞台慰问演出

2 2015年1月30日，中央歌剧院“深入生活 扎根人民”赴河北抗日老区任丘市史村慰问演出

3 2015年7月31日，原创歌剧《北川兰辉》公演

4 2015年10月10日，原创歌剧《我的母亲叫太行》首演

5 2015高雅艺术进校园——中央歌剧院走进重庆师范大学

1 联合国“五常音乐会”排练
2 芭蕾舞剧《鹤魂》第二幕
3 与鹤共舞——扎龙保护区慰问演出
4 芭蕾舞剧《牡丹亭》在林肯中心艺术节演出

1 《土地与生命的赞歌》剧照
2 中央民族乐团赴台文化交流活动
3 演奏家吴玉霞与王次恒表演《春江花月夜》
4 指挥家陈燮阳指挥《泱泱国风》演出

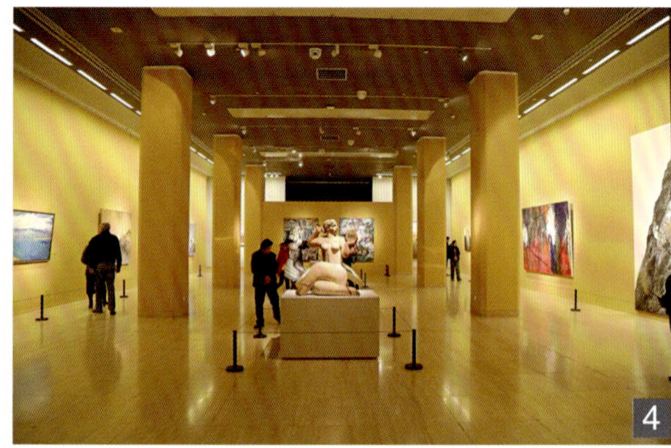

1 铸魂鉴史 珍爱和平——纪念中国人民抗日战争暨世界反法西斯战争胜利70周年美术作品展隆重开幕
2 适吾所适——高二适遗墨展学术座谈会举行
3 黑白的力量——珂勒惠支经典作品展
4 中国写意——中国美术馆邀请展
5 胜利：1945-2015！——纪念世界反法西斯战争胜利70周年俄罗斯美术作品展
6 浑厚华滋本民族——黄宾虹诞辰150周年纪念特展

1 中国国家画院博士后科研工作站开题报告会（武广宇 摄）
2 新中国美术家系列（甘肃省）国画作品展（盛鸣 摄）
3 刘勃舒先生作品捐赠仪式
4 中国书画艺术培训班在德国举办
5 陈云岗《老子》青铜雕像作品落户德国杜塞尔多夫市
6 中国国家画院丝绸之路采风写生作品展

1 NHK交响乐团来华访问演出
2 第十五届“相约北京”艺术节海报
3 第十五届“相约北京”开幕式演出“天鹅湖”海报
4 京剧表演艺术家张火丁海报

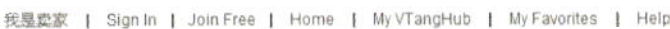

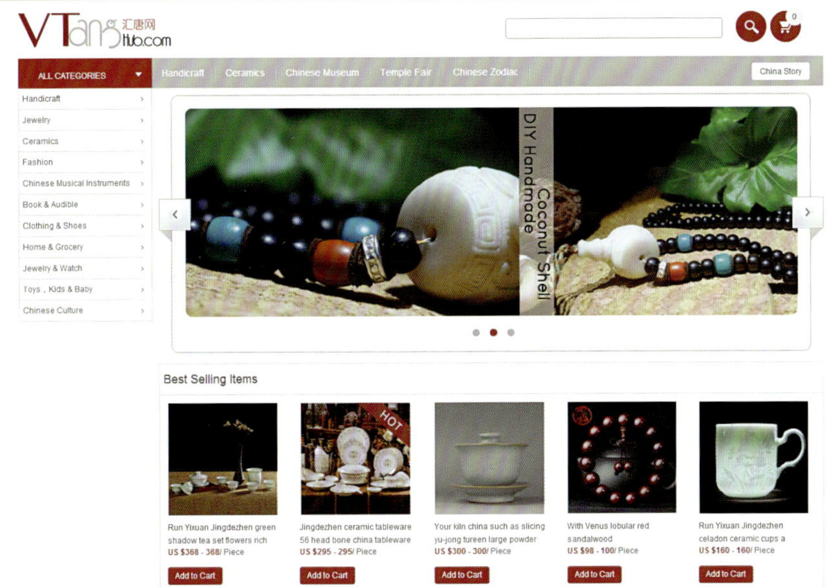

1

2

3

1 中数集团推出海外数字文化产品海外营销平台——汇唐网

2 儿童剧《天哪，原来你是一只羊》

3 动漫电影《西游新传——真心话大冒险》

1 第十三届网博会开幕
2 举行公文写作培训
3 举办动画及制作流程培训
4 “文艺座谈会精神与网络文化产业发展机遇”座谈会在北京召开

1 2015年“园林之光”活动
2 “四季长歌”演出
3 丹麦女王和孙旭光共同揭幕中国肖像作品
4 恭王府非遗展示活动
5 2015“海棠雅集”

1 2015年5月5日—6月3日，“国家艺术基金2014年度人才培养资助项目艺术品营销人才培训班”现场（刘茜 摄）
2 2015年，职称培训测试现场（任国仿 摄）
3 2015年，海外中国文化中心招聘面试现场（刘若峰 摄）
4 社会艺术水平考级专家论证会（聂乔 摄）
5 2015年文化行业职业技能鉴定工作座谈会（黄玉洋 摄）

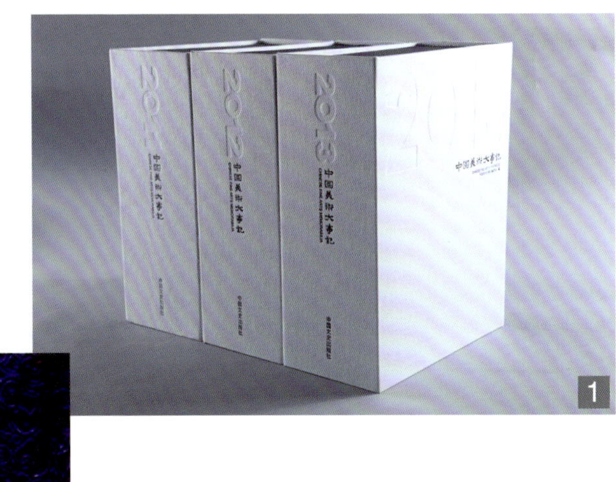

1 编辑出版《中国美术大事记》
2 策划出品大型原创音乐剧《昆仑神话》
3 《2012中国美术大事记》编辑座谈会
4 2015年，中国国际艺术博览会现场

1 2015年5月13日，中央电视台为戴逸先生拍摄专题片现场
2 10月11日，召开国家清史工程出版成果《国之大臣》学术研讨会
3 端方档案整理现场
4 5月27日，国家清史纂修工程《盛宣怀档案选编》一百卷出版座谈会在上海图书馆举行

1 2015年，“青年汉学家研修计划”座谈会现场
2 王蒙、库尔班江出席《我从新疆来》作者见面会
3 库尔班江为读者签名赠书
4 “禅境三味”展览现场
5 赫尔辛基艺术节

1 《中国史诗百部工程》项目交流会在京召开
2 2015年，澳门“内地春节习俗展演”系列演出活动中的舞龙舞狮表演
3 天津老美华的传承人在工作坊教授参观者传统的盘扣技艺
4 彝族史诗专项会议在京顺利召开
5 四川阿坝州的杨香花老师教授孩子们刺绣羌族的典型纹样——云朵花

1. 2015年12月9日，中国艺术科技研究所浙江协同创新平台成立
2. 毕节科技文化艺术中心大剧院检测
3. 山西永济人民剧院检测
4. 2015年3月24日，“移动式公共文化方舱系统”项目结题会议

1 与公安部边防管理局政治部就共建“边疆万里数字文化长廊”签订战略合作协议
2 “文化中国”2015年微视频征集评选活动网上专栏
3 “大年小戏闹新春”视频节目征集展播活动
4 边疆万里数字文化长廊2015年建设经验交流会

1 六大会址修复工程施工现场
2 中共六大会址修复工程攻坚克难采用“逆做法”上下结构同时施工
3 中共六大会址修复前内部结构现状
4 按原貌复原的中共六大会议召开房间
5 中共六大会址修复前南立面现状
6 中共六大会址修复修复后的外貌

1 新编历史京剧《正考父》剧照

2 京津冀非物质文化遗产展暨传统手工艺作品设计大赛——学抖空竹

3 "动漫北京"活动现场

4 2015"艺术北京"当代馆

5 第十届"舞动北京"群众舞蹈大赛

1 天津市第六届社区艺术节开幕式演出
2 天津市第八届家庭文化艺术节相声演出
3 京津冀河北梆子优秀剧目巡演（天津站）开幕
4 平津战役纪念馆举办《天津人民抗战纪实》展
5 2015天津国际少年儿童艺术节开幕

河北省

1 大型情景声乐套曲《西柏坡组歌——人间正道是沧桑》

2 第十届河北省戏剧节、河北省纪念中国人民抗日战争暨世界反法西斯战争胜利70周年、京津冀舞台精品（河北站）展演活动

3 2015“春满燕赵”迎新春群众音乐演唱会

4 京津冀三地公共图书馆签约仪式

5 第八届河北省民俗文化节开幕式

1 全省"乡村文化记忆工程"工作会议

2 "山西省戏曲精品老区行"在武乡启动

3 山西华晋舞剧团参加中泰"欢乐春节"文化交流活动

4 山西第二届文博会开幕式现场

1 第三届驻华外交官“文化中国行·内蒙古文化之旅”
2 国际蒙古舞蹈艺术展演
3 中蒙文化交流活动周
4 “我从草原来”——2015年中国文化遗产日公益演出
5 “美丽的草原我的家——丹麦·中国内蒙古文化周”活动

1 “植根沃土 筑梦辽宁”2015辽宁省第三届群众文化节启动仪式
2 2015年9月10日，辽宁省文化厅扶贫惠民演出走进葫芦岛建昌县
3 “菊苑流芳——首届辽吉黑内蒙古四省区地方戏曲优秀剧目展演”在沈阳举行
4 2015年04月10日，高雅艺术进校园——辽宁芭蕾舞团走进珠江五校

1 2015年吉林省优秀戏曲剧目晋京展演
2 第七届二人转戏剧小品艺术节演出剧目——《老西厢》
3 2016年吉林省百姓春晚
4 “第十届文化遗产日”非遗项目展演活动——《盛世长鼓》

1 《抗战十四年》——东北抗日联军历史陈列
2 “博物馆里过大年”系列活动
3 “梨园春秋 百媚人生”——京剧脸谱 盔头 髯口真人艺术展
4 2015年投入使用的哈尔滨大剧院

1 2015年8月28日，上海交响乐团参加纪念联合国成立暨世界反法西斯战争胜利70周年音乐会
2 第十三届“虹桥文化之秋”艺术节
3 大型原创音乐剧《犹太人在上海》剧照1
4 大型原创音乐剧《犹太人在上海》剧照2

1 第六届中国昆剧艺术节
2 首届江苏省艺术品博览会
3 第二届江苏省文华奖颁奖仪式
4 精彩江苏进剑桥
5 第六届江苏廉政文化周优秀文艺节目展演

1 浙江省纪念中国人民抗日战争暨世界反法西斯战争胜利70周年大型交响乐晚会（黄宝林 摄）
2 义乌文交会“浙江非物质文化遗产传承与创新生活主题馆”吸引八方来客（吴延飞 摄）
3 浙江农村文化礼堂吸引众多群众观看（俞乐斌 摄）
4 “美丽浙江文化节”在土耳其开幕（杨惠 摄）
5 浙江湖州市钱山漾遗址被命名为“世界丝绸之源”（孙海逊 摄）

1 世界文化遗产预备名单“中国明清城墙”项目——寿县古城墙
2 第二届中国非物质文化遗产传统技艺大展
3 全省重点文物保护项目调度督查会召开
4 2015年文化遗产日安徽省主场活动

1 第十四届亚洲艺术节暨第二届海上丝绸之路国际艺术节在福建泉州开幕

2 第八届海峡两岸文化产业博览交易会在厦门举办

3 “读吧！福建”2015年世界读书日阅读推广系列活动启动

4 福建大型舞剧《丝海梦寻》在美国纽约联合国总部会议大厅上演

5 大型舞剧《丝海梦寻》和非物质文化遗产精品赴台演出展示

1 江西省2015年"国际博物馆日"暨"中国文化遗产日"主场城市活动在九江市举办
2 杂技晚会《我们的生活比蜜甜》赴俄罗斯巴什科尔托斯坦共和国演出
3 2015年江西省"百姓大舞台"全省优秀文艺节目汇演在江西省电视台录播
4 《南昌西汉大墓考古发掘成果展》在江西省博物馆展出
5 大型史诗级话剧《遥远的乡土》在北京大学百年讲堂演出

1 全省非物质文化遗产春节年俗活动启动仪式（苏锐 摄）
2 日照市林泉社区综合文化中心的“四点半学校”内，文化志愿者正在辅导孩子们上语文课（苏锐 摄）
3 山东省群众文艺新创作品汇演在济南启幕（苏锐 摄）
4 “深入生活 扎根人民”主题实践活动走进淄博市博山区岱北村（苏锐 摄）
5 “中国非物质文化遗产传承人群培训班”培训成果展览（苏锐 摄）

1 河南省文化艺术团赴泰国交流演出（王彭 摄）
2 第三届少林功夫非洲学员培训班汇报演出
3 第六届中国（淮阳）非物质文化遗产展演
4 “唱响和平”——河南省纪念中国人民抗日战争暨世界反法西斯战争胜利70周年合唱活动

1 2015中国长江非物质文化遗产大展在武汉展出
2 “同一个太阳 同一个梦想”中国湖北—澳大利亚昆士兰儿童艺术交流项目回顾展
3 第二届湖北艺术节基层惠民展演——民族舞剧《茶山七仙女》
4 唐崖土司城列入世界文化遗产（陈旭 摄）
5 “文化力量·民间精彩”湖北省第二届群众广场舞展演活动

1 湖南省2015年“三下乡”活动启动仪式（林华军 摄）
2 永顺老司城遗址成功列入《世界遗产名录》（董砚 摄）
3 第五届湖南艺术节在湖南大剧院开幕（董砚 摄）
4 湖南省文化团体参加海外“欢乐春节”活动（董砚 摄）
5 “春雨工程”——海南、湖南文化志愿者边疆巡演活动湘西州专场在凤凰拉开帷幕（董砚 摄）
6 湖南省现代公共文化服务体系建设现场推进会议召开（董砚 摄）

1 广东艺术团在斐济举办“岭南风·岛国情”交流演出

2 深圳艺术团在柏林红色市政厅进行“欢乐春节”系列活动开幕演出

3 广州交响乐团在瑞士巡演

4 “南海Ⅰ号”发掘与保护工作现场

5 第三届广东社区文化节启动仪式在佛山市南海区大沥镇黄岐文化中心广场举行

1 “国家南海博物馆”建设启动仪式在琼海市潭门中心渔港码头南岸举行

2 “巨变——海南解放65周年图片展”在省博物馆正式开展

3 “群艺大舞台·文化进万家”暨春雨工程文化共享志愿者边疆万里数字文化长廊活动海南接旗仪式文艺晚会在澄迈县金江镇绿地广场举行

4 “海南省非物质文化遗产走进黑河”展览展示活动，图为黎族非遗代表性传承人展示非遗技艺

5 南海丝绸之路文化遗产保护研讨会在海口召开

1 5·18国际博物馆日主场城市活动在贵港市举办（韩江 摄）

2 “桂风壮韵三月三”群众文化活动，图为“芦笙踩堂”（广西文化宣传信息中心 摄）

3 “唱响八桂中国梦”文艺惠民演出（韩江 摄）

4 花山岩画文化景观被列为2016年中国申报世界文化遗产的唯一项目（严造新 摄）

1 重庆市文化工作会议召开（侯文斌 摄）
2 大足石刻千手观音造像抢救性保护工程竣工仪式（侯文斌 摄）
3 中国美术馆经典藏品西部重庆巡展（侯文斌 摄）
4 重庆自然博物馆新馆开馆（侯文斌 摄）
5 重庆图书馆第一届理事会成立大会（侯文斌 摄）
6 第二届重庆市声乐比赛（侯文斌 摄）

1 “大雅新农民 快乐新农村”广场文艺活动
2 国家非物质文化遗产项目——羌绣
3 首届四川艺术节演出现场
4 维护加固的小金县沃日土司官寨与碉楼
5 民族歌剧《彝红》获中国歌剧节二等奖

1 贵州省第二届侗族大歌百村歌唱大赛
2 “与祖国同行·与人民同心”送欢乐下基层文艺演出
3 “舞·贵州——多彩贵州风”赴俄罗斯演出
4 首部侗族音乐剧《嘎老》排演启动仪式
5 海龙屯成功入选世界文化遗产

1 “建设者之歌”第三届云南省农民工文化节才艺大赛（阮坤瑾 摄）
2 云南省第九届歌舞乐展演金奖节目——声乐《普米茶咧》云南省民族村代表队（阮坤瑾 摄）
3 云南省花灯剧院第三分团在屏边新现乡双拥希望小学演出（阮坤瑾 摄）
4 云南省博物馆新馆开馆仪式（阮坤瑾 摄）
5 云南艺术团参加马来西亚原住民艺术节（韩悦 摄）
6 云南省文化厅与马耳他中国文化中心年度合作项目——马耳他中国文化中心国画培训课

1 藏戏《白玛雯巴》剧照
2 话剧《共同家园》剧照
3 民族舞剧《太阳的女儿》剧照

1 第二届丝绸之路国际艺术节开幕式
2 第二届丝绸之路国际艺术节文化论坛现场
3 国风秦韵——陕西传统文化新年庙会
4 民族大剧《白鹿原》全国巡演活动

1 原创主题歌舞《敦煌韵》
2 西秦腔传奇歌舞剧《轩辕大帝》
3 第七届兰州社区艺术节
4 艺术家深入农村送春联
5 甘肃省流动图书车发放仪式

1 2015年青海省重大经贸文化活动暨清真产业园项目推介会
2 第五届青海湖国际诗歌节
3 2015韩国·青海文化周活动
4 第十一届深圳文博会·青海文化产业项目现场签约仪式
5 2015青海国际水与生命音乐之旅——世界防治荒漠化与干旱日主题音乐会
6 文化旅游节展示民间传统刺绣工艺

1 “欢乐宁夏”全区群众文艺会演
2 宁夏大剧院
3 宁夏演艺集团参加“欢乐春节”泰国演出
4 “情系丝路 牵手宁夏”宁台文化联谊活动
5 西夏陵突出普遍价值学术研讨会

1 新疆艺术剧院民族乐团“四个一批”文化惠民演出
2 新疆艺术剧院爱乐乐团赴塔城地区慰问演出
3 第四届舞蹈节开幕式演出《千回西域》
4 中国歌剧舞剧院舞剧《孔子》在第四届舞蹈节期间演出

1 原创舞剧《戈壁青春》在北京天桥剧场演出

2 杂技《生命之旅》

3 兵团杂技团“送欢乐下基层”活动

4 《大漠胡杨》剧组演员与剧中原型人物合影

图书在版编目（CIP）数据

中国文化年鉴. 2016/中华人民共和国文化部编. --北京：国家图书馆出版社，2017. 8
ISBN 978-7-5013-6048-2

Ⅰ. ①中… Ⅱ. ①中… Ⅲ. ①文化事业—中国—2016—年鉴 Ⅳ. ①G12-54

中国版本图书馆 CIP 数据核字（2017）第 035203 号

国家图书馆出版社官方微信

书　　名　中国文化年鉴 2016
著　　者　中华人民共和国文化部　编
责任编辑　张　颀　高　爽　唐　澈　于春媚

出　　版　国家图书馆出版社（100034　北京市西城区文津街 7 号）
（原书目文献出版社　北京图书馆出版社）
发　　行　010-66114536　66126153　66151313　66175620
66121706（传真）　66126156（门市部）
E-mail　nlcpress@ nlc. cn（邮购）
Website　www. nlcpress. com ——→投稿中心
经　　销　新华书店
印　　装　北京信彩瑞禾印刷厂
版　　次　2017 年 8 月第 1 版　2017 年 8 月第 1 次印刷

开　　本　889×1194 毫米　1/16
印　　张　32. 625　彩图　4. 25
字　　数　750 千字

书　　号　ISBN 978-7-5013-6048-2
定　　价　360. 00 元